한국경제론

김호범

KOREAN ECONOMY

박영사

머리말

　이 책은 지난 10여 년간 강의했던 자료를 바탕으로 작성되었다. 2년 전 한국경제해설을 출간했다. 그런데 강의하다 보니, 한국은행과 같은 기관에서 발표하는 통계의 기준 연도가 변경되고 새로운 통계도 추가해야 할 필요성이 생겼다. 한국경제해설을 쓸 당시에 이미 많은 표와 그림이 삽입된 터라 몇 년 치의 통계만 추가하면 될 줄 알고 덥석 달려들었다. 하지만 표와 그림을 새로 다시 만들어야 했고, 지난번 설명한 내용도 급변하는 세계 경제와 한국 현실에 맞는지, 더 추가하거나 보완해야 할 것은 없는지 검토하지 않을 수 없었다. 무엇보다 많은 표와 그림의 정리가 힘들었다. 이 책의 생명이 통계에 있는지라 시간 싸움이 될 수밖에 없었다. 새벽까지 앉아있거나 밤샘하는 날이 잦아졌다. 거의 1년을 소비한 후에 탈고하고 보니, 내용도 이전과 완전히 달라져 있었다. 그래서 책의 제목도 한국경제론으로 바꾸었다.

　이 책을 만드는 데 가장 큰 고민은 두 가지였다. 우리 경제의 현황을 어떻게 설명하고 미래상을 제시할 것인가 하는 것과 이를 뒷받침하는 통계를 어떻게 제시할 것인가 하는 문제였다. 저서 작성에 중점을 둔 것을 요약하면 다음과 같다.

　첫째, 제1장에 한국 경제의 현황과 문제점을 지적하고 미래상을 제시하고자 했다. 따라서 제1장은 이 책의 총론이자 결론이다. 선진국들의 경제발전사를 검토하여 우리의 미래상을 복지국가로 설정하였고, 나머지 장들은 이를 염두에 두고 서술했다. 물론 모든 장들이 제1장과 직접 연결되는 것은 아니며, 때에 따라서는 현황의 이해에 집중하여 서술된 부분도 있다. 그렇지만 본서에 제시된 주장이 타당한 것인지 끊임없이 자문하고 여러 자료를 통해서 확인하고자 하였다. 각 장의 어떤 부분부터 읽어도 무방하지만, 제1장을 읽고 다른 장을 읽으면 우리 경제의 현실을 이해하는 데 도움이 될 것으로 생각한다.

　둘째, 통계의 소개와 그림의 제작에 상당히 많은 시간과 노력을 기울였다. 통계는 현실을 반영하고 우리가 가야 할 길을 제시하기 때문이다. 여러 기관에 산재한 통계를 찾아내 알기 쉽게 정리하기가 쉽지 않은 일이었지만, 새삼 통계의 의미와 중요성을 느낄 수 있었다.

　셋째, 되도록 장기시계열의 통계를 제시하고자 했다. 이는 우리 경제가 걸어 온 길을 이해하기 위한 필수적인 작업이라고 여겼기 때문이다. 다만, 모든 통계를 동일한 과거의 시점에서 보여주지는 못했다. 통계 기관에서 발표한 과거의 통계가 없어지거나 공표 기준의 변경 등으로 일관성 있는 작성이 불가능한 경우가 있기 때문이다. 통계의 시계열 작성은 또 다른 독립적인 작업이다.

넷째, 국제 비교를 통해 우리의 위상을 파악하고자 했다. 국제 비교는 우리 경제의 위상은 물론 우리 사회가 나아가야 할 방향을 제시하는 데 도움을 주었다.

다섯째, 이해하기 쉽도록 소제목을 많이 달았고, 내용에도 첫째, 둘째 혹은 ①, ② 등의 번호를 달아서 설명했다. 또한 지난 저서에서 제시된 표와 그림 중 설명이 부족한 곳을 보완했다.

우리나라는 GDP 규모, 1인당 GDP 등에서 선진국 단계로 진입했지만, 저성장 경제로의 진입, 4차 산업에 대한 대응, 선진국과의 기술력 격차, 소득양극화, 세계 최저의 출산율과 세계 최고 속도의 고령화, 인구 절벽, 비수도권과 수도권의 격차 심화 등 난제에 직면해 있다. 특히 양극화, 인구 감소 및 고령화 대책은 해결해야 할 매우 시급한 과제이다. 기로에 서 있는 한국 경제의 앞날을 위해서는 재정정책의 적극적 역할이 필요한 것으로 보인다.

마지막으로 이 책의 출간에 힘써 주신 분들께 감사드린다. 수많은 그림과 표가 포함되어 있어서 편집하기 쉽지 않았을 것이다. 편집을 책임지고 가독성을 높여 준 배근하 과장과 그림과 표, 내용을 순서에 맞게 조정하느라 고심했을 편집진은 이 책 출간의 가장 큰 공로자이다. 또한 이 많은 내용을 읽고 통계의 단위와 문장, 오탈자 등 꼼꼼하게 수정해 준 대학원생과 박사과정생 김 부권, 정재현 군에게도 진심으로 감사드린다.

2022년 12월
저자

차례

CHAPTER 03

고용 문제와 노동시장

CHAPTER 04

확대일로 개방경제

CHAPTER 05

적극 역할이 요청되는 재정

CHAPTER 06

대외개방의 선두 금융

CHAPTER 07

튼튼 경제의 뿌리 중소기업

CHAPTER 08

선진사회로 가는 길 복지

CHAPTER

/01/

한국 경제의
위상과 비전

01 한국 경제의 위상과 비전

제 1 절

경제성장의 목적

1.1 경제성장의 궁극적 목적

경제성장의 궁극적 목표가 무엇인가란 물음에 대한 대답은 사람마다 다르겠지만, 한 가지 공통점은 경제성장 그 자체가 최종 목표가 아니라는 점이다. 성장의 궁극적 목표를 간단히 요약한다면, 다 함께 잘 먹고 잘 살면서 인간적인 삶을 누리는 것이 될 것이다.

근대 이전의 사회에서는 대중적 빈곤이 만연되어 있고 귀족과 평민 간에는 생활상의 격차가 매우 컸다. 동서양을 막론하고 귀족은 생산에 직접 참여하지 않으면서도 주거나 의복, 음식 등 모든 면에서 평민과는 비교가 되지 않을 정도로 부유한 생활을 누렸다. 반면, 평민은 각종 세금과 지대를 내느라고 일 년 내내 뼈 빠지게 일하면서도 굶주림을 비롯한 절대적 빈곤에서 헤어나지 못하는 경우가 다반사였다. 이러한 사회에서는 의복이나 식량의 질 따위는 아예 문제가 될 수 없었다. "백성의 가난은 나라님도 구하지 못한다"는 말처럼 대중적 빈곤은 일상화되고 당연한 일로 받아들여졌다.

그러나 산업화 이후의 사회에서는 이러한 인식은 근본적으로 변화하였다. 현대 사회에서 국가의 가장 중요한 임무는 빈곤층을 구제하고 중산층(中産層)을 육성하는 일이다. 선진국에서는 이러한 목표를 얼마나 잘 달성하였는가가 선거에 커다란 영향을 미친다. 가난 구제와 중산층 육성에 소홀한 나라님은 그야말로 존재를 부정당하게 된다.

오늘날 이러한 측면에서 국가 경제를 가장 잘 운영하고 있는 나라들은 북유럽과 서유럽의 국가들이다. 스웨덴과 노르웨이, 핀란드, 덴마크의 북유럽 국가들은 물론 영국, 독일, 프랑스, 네덜란드 등의 서유럽 국가들은 상당한 수준의 복지제도를 구축하고 있으며, OECD에 가입한 그 외의 국가들도 복지 부문에 국가 재정의 상당액을 투입하고 있다. 우리는 복지제도가 잘 구축되어 있어서 국민들이 행복하게 잘 사는 나라를 복지국가 혹은 복지사회라고 부른다.

제2차 세계대전 이후 선진국은 복지사회를 구현함으로써 자유와 평등이 나름대로 조화를 이루고 인권이 보장받는 사회를 구축하였다. 가장 발전한 자본주의 경제의 한 유형이며 현재까지 증명된 성장의 궁극적 목적에 가장 가까운 사회라고 할 수 있다. 물론 선진국이라고 해서 모든 국가가 서유럽과 같은 복지사회인 것은 아니며, 복지제도가 모든 사회경제적 문제를 해결해 주는 것도 아니다. 가령, 미국이나 일본은 세계 1위와 3위의 경제 규모를 자랑하고 있지만 서유럽이나 북유럽에 비해 복지제도가 미흡한 것이 사실이다.

그러나 선진국 전체적으로 볼 때 복지정책은 국가의 제반 정책에서 가장 중요한 위치를 차지하고 있다. 오늘날 선진국의 복지정책은 국가가 재원을 사용하고 남는 잔여분을 빈민에게 투입하는 부차적 정책이 아니라 시장경제의 기둥인 중산층을 육성하여 시장을 확대하고 경제를 안정시키는 체계화된 시스템으로서 매우 중요한 역할을 하고 있다. 잘 먹고 잘 살며 인권을 가장 소중히 여기는 사회, 현재까지의 역사에서 이러한 취지에 가장 근접한 국가라면 그것은 복지사회일 것이다.

미국과 일본의 복지

미국은 공공의료보험제도가 매우 취약하고 보험은 기본적으로 기업에 의해 운영되고 있어 개인은 보험에 개별적으로 가입해야 한다. 2013년 노약자를 제외한 성인 인구의 18%인 약 4,400만 명이 의료보험에 가입하지 못하고 있었다. Obama 대통령(재직: 2009~2017)이 ACA(Patient Protection and Affordable Care Act), 속칭 오바마 케어를 만들어 2014년 초부터 실행한 것도 이러한 이유 때문이다. ACA의 실시로 2017년 1분기에 의료보험 비가입자의 비율이 노약자를 제외한 성인 인구의 10.9%로 줄어들었다고 한다. 그러나 개인의료보험은 여전히 가입 조건이 까다롭고 그 액수도 매우 높다. 또한 소득이나 개인의 건강 상태 등에 따라 납부하는 보험료가 천차만별이고, 모든 질병이 보장되지 않는 보험에 가입되어 있는 사람들도 많다. 일본은 노인복지 등의 분야에서 고령화 사회를 맞이하여 나름대로 높은 수준의 복지를 제공하고 있지만, 유럽의 복지국가에 비해서는 아직 미흡한 수준이라고 한다. 그러나 우리나라의 복지제도는 일본과 비교가 안 될 정도로 취약하다.

1.2 우리의 비전

1.2.1 복지경제의 등장

그렇다면 우리나라는 미래 사회를 위한 비전을 어떻게 설정하고 어떤 정책을 추진하는 것이 바람직한가? 이 문제에 대한 해답을 구하기 위해서는 우리보다 앞서 나간 선진국 시장경제의 발달과정을 살펴볼 필요가 있다.

제2차 세계대전이 끝나자 미국과 서유럽은 국내외적으로 새로운 정치경제적 상황에 직면하였다. 하나는 전시경제로 인해 극도로 내핍을 강요당했던 시민들이 생활 수준의 개선에 대한 요구를 본격적으로 분출하였고, 정당들은 이러한 요구를 정책에 반영하지 않을 수 없었다는 점이다. 또 하나는 동유럽을 비롯하여 중국이 공산화되는 등 사회주의 영역이 확대되고 식민지의 독립으로 종전의 제국주의적 질서가 붕괴되었다는 사실이다. 시장경제의 영역 축소에 대해 서방 세계는 1930년대와 같은 경제공황을 미연에 방지하고 호황을 만들어 내기 위한 정책으로서 빈곤 구제와 중산층 육성에 힘을 쓰게 되었다.

이 같은 대내외적인 환경의 변화에 직면하여 Keynes 경제학은 세계 시장의 확대와 성장을 이론적으로 뒷받침하였다. 즉, Keynes 경제학은 적극적인 재정금융정책, 특히 재정정책을 중심으로 경제성장을 이끌면서 장기호황을 유도하였다. 서방국가들은 1950년대 중반부터 1970년대 초까지 그 이전에는 보지 못했던 높은 성장률을 달성하였다. 특히 일본은 1955년부터 1973년 제1차 오일쇼크 이전까지 선진국 중에서 성장률이 가장 높았다. 이 시기에 영국을 비롯한 서유럽 및 북유럽 국가는 노동과 복지 등 각종 제도를 정비함으로써 복지국가체제를 구축하였다. 정부 재정의 상당 부분을 차지하게 된 복지재정은 국가 경제를 지탱하는 주요 부문으로서 소득 증대 및 소비 수준의 평준화를 실현하고 중산층을 양산하는데 크게 기여하였다. 그러므로 복지국가는 제2차 세계대전 이후 미국과 소련을 중심으로 세계경제구조가 변화하는 과정에서 등장한 역사의 필연적 산물이라고 할 수 있겠다.

1.2.2 우리의 미래상

2021년 7월 2일 유엔무역개발회의(UNCTAD)는 우리나라의 지위를 개발도상국에서 선진국으로 변경했다. 그러나 우리나라는 아직 무늬만 선진국이다. 명실상부하게 선진국이 되기 위해서는 여러 부문에서 그 내실을 갖추기 위한 노력이 뒤따라야 하므로 우리 경제가 해결해야 할 과제를 생각해보자.

현재 한국 경제가 직면한 과제로서는 성장률 제고와 일자리 창출, 4차 산업혁명 대응, 규제 개혁, 중소기업 지원 및 육성, 재벌 개혁, 경제성장과 환경의 조화, 소득양극화 해소, 저출산과 고령화 대책, 조세 개혁, 부동산시장의 안정, 노동복지의 달성, 남북한 경제협력, 복지사회의 건설 등 많은 것을 들 수 있다. 이 과제들은 대체로 서로 밀접한 관련을 맺고 있다. 이 과제들을 몇 가지로 묶어보면 우리 경제의 미래상을 설정하는 데 도움이 될 수 있다.

첫째, 남북한 경제협력 혹은 통일경제는 장래 우리가 반드시 달성해야 할 숙제이다. 그렇지만 이것은 한반도를 둘러싼 여러 나라의 이해관계가 첨예하게 얽혀있어 우리의 의지만으로 해결되기 어려운 문제이므로 일단 제외하고 살펴보기로 한다.

둘째, 4차 산업혁명 시대의 과학기술 발전, 규제 개혁, 중소기업 지원 및 육성, 재벌 개혁, 경제성장과 환경의 조화는 산업경쟁력을 강화시켜 성장률을 제고하고 양질의 일자리를 창출하기 위한 수단이다. 그러나 성장률 제고와 일자리 창출도 인간적인 삶을 누리는데 요구되는 중간 목표이지 최종 목표나 한국 경제의 미래상이 될 수 없다.

셋째, 소득양극화 해소, 저출산과 고령화 대책, 조세 개혁, 부동산시장의 안정, 노동복지의 달성 중 소득양극화 해소, 부동산시장의 안정, 노동복지 달성은 우리 사회가 심각하게 직면하고 있는 문제로 인간적인 삶의 영위와 직접적 관계에 있는 과제이고, 저출산과 고령화대책은 하강하는 잠재성장력을 회복하기 위해, 조세개혁은 산업경쟁력 강화와 삶의 수준을 직접적으로 향상시키는 데 소요되는 자금을 확보하기 위한 수단이지 최종 목표라고 할 수 없다.

이와 같이 열거한 경제적 과제들은 우리가 잘 살기 위한 중간 목표이다. 그런데 이 중에서 중간 목표를 포괄하는 최상위의 과제는 당연히 산업이 강한 경제를 바탕으로 하는 복지사회의 건설이다. 즉, 복지국가 체제의 확립은 미래에 반드시 달성해야 할 최종 목표이자 선진 경제로 가는 핵심적 전략이라 할 수 있다.

우리 사회가 선진 복지사회로 가기 위해서는 산업경쟁력 강화와 함께 특히 분배문제의 조속한 해결이 요구된다. 특히 자본주의 경제에서 분배문제는 시장기구의 힘만으로는 해결될 수 없다. 여기서 국가의 중요성이 강조된다. 국가는 다양한 사회 및 경제정책을 통해 분배문제를 해결하고 복지사회를 건설하는 추진자의 역할을 할 수 있기 때문이다.

제 2 절 한국경제의 국제적 위상과 문제점

여기에서는 몇 가지 경제지표를 통해서 우리나라 경제의 국제적 위상과 극복해야 할 문제점을 파악해 보기로 한다.

2.1 GDP와 성장률

2.1.1 GDP

GDP는 한 나라의 경제 규모와 국제적 위상을 보여주는 대표적 지표이다. GDP는 그 나라 내부에서 생산된 총생산물의 가액으로서 경제의 대체적인 크기를 나타낸다.

표 1-1 GDP 및 1인당 GDP(1953~2021)

	GDP		1인당 GDP	
	조원	억달러	만원	달러
1953	0.05	13	0	66
1955	0.11	14	1	64
1960	0.25	20	1	79
1970	2.80	82	9	253
1980	40	654	104	1,714
1990	201	2,833	468	6,608
2000	652	5,764	1,386	12,261
2010	1,323	11,439	2,669	23,083
2015	1,658	14,653	3,250	28,724
2016	1,741	15,000	3,399	29,287
2017	1,836	16,233	3,574	31,605
2018	1,898	17,252	3,678	33,429
2019	1,924	16,510	3,722	31,929
2020	1,941	16,446	3,744	31,727
2021	2,072	18,102	4,003	34,984

주: 2015년 기준, 명목가격
자료: 통계청, 국가통계포털

GDP는 2015년의 명목가격 기준으로 한국전쟁이 끝난 1953년의 약 500억 원에서 2021년에는 2,072조 원으로 4만 1천 배가 넘게 증가하였다. 달러 기준으로는 1953년 13억 달러에서 1960년에는 약 20억 달러가 되고 1972년에는 108억 달러로서 최초로 100억 달러를 넘어섰다. 1985년에는 1,012억 달러, 1995년 5,668억 달러, 2006년 1조 524억 달러, 2016년 1조 5천억 달러를 넘었으며 2021년에는 1조 8,102억 달러로서 1953년 대비 약 1,400배로 증가하였다.

표 1-2 GDP규모의 국제 비교(2010~2021) (단위: 10억달러)

순위	2021		2020	2019	2015	2010
1	미국	22,996	미국	미국	미국	미국
2	중국	17,734	중국	중국	중국	중국
3	일본	4,937	일본	일본	일본	일본
4	독일	4,223	독일	독일	독일	독일
5	영국	3,187	독일	인도	영국	프랑스
6	인도	3,173	인도	영국	프랑스	영국
7	프랑스	2,937	프랑스	프랑스	인도	브라질
8	이탈리아	2,100	이탈리아	이탈리아	이탈리아	이탈리아
9	캐나다	1,991	캐나다	브라질	브라질	인도
10	한국	1,810	한국	캐나다	캐나다	캐나다
11	러시아	1,776	러시아	러시아	한국	러시아
12	브라질	1,609	브라질	한국	러시아	스페인
13	호주	1,543	호주	호주	호주	호주
14	스페인	1,425	스페인	스페인	스페인	한국
15	멕시코	1,293	멕시코	멕시코	멕시코	멕시코

자료: World Bank(https://database.worldbank.org)

이에 따라 GDP의 국제 순위도 빠르게 올라갔다. 1960년에는 비교 가능한 103개국 중 32 위, 1970년에 128개국 중 31위였지만, 1980년에는 148개국 중 26위로, 1990년에는 180개 국 가 중 15위로 올라섰다. 2010년에는 14위였는데, 2015년 이후에는 대체로 10~12위로서 캐 나다, 러시아와 순위 다툼을 하고 있다.

달러 기준으로 미국의 GDP와 비교하면 1960년에 한국은 미국의 0.4%였지만, 2000년 에는 5.6%, 2021년에는 약 12분의 1 수준인 8.0%까지 확대되었다. 일본과 비교하면, 1960 년에는 일본의 4.5%로서 20분의 1에도 미치지 못했지만, 2021년에는 36.7%로서 3분의 1수 준을 넘어서고 있다.[1] 2021년 기준 한국의 인구가 일본의 41%라는 점을 고려하더라도, 이 러한 지표는 일제의 가혹한 식민지 착취에 시달렸던 한국 경제의 실적이 얼마나 대단한 것 인지를 단적으로 보여준다.

한편, GDP 세계 15위 이내의 국가 중에 중국, 일본, 인도, 한국의 4개국이 포함된 것이 눈에 띈다. 이 외에도 러시아, 브라질, 호주, 멕시코가 포함되고 있어서 아시아를 비롯한 신 흥 지역이 성장 지대로서 세계 경제의 확대에 크게 기여하고 있음을 알 수 있다.

---

1) 2021년 말 기준 한국 인구는 5,182만 명으로 일본 1억 2,605만 명의 41.1%에 해당한다.

2.1.2 1인당 GDP

1인당 GDP에 대해서 살펴보자. 1인당 GDP는 1953년 66달러, 1960년에 79달러에 지나지 않았지만(<표 1-1>), 2006년에는 2만 달러, 2017년에는 3만 달러를 넘어서 2021년에는 약 3만 5천 달러를 기록했다.

1인당 GDP 국제 순위는 2017년에 31위에서 2021년에는 네 계단 상승한 27위가 되었다(<표 1-3>). 2017년에 27위였던 일본과는 순위 차이가 두 단계 줄었고, 일본 대비 소득수준도 2017년 77.4%에서 2021년에는 90% 수준으로 따라 붙었다.

표 1-3 1인당 GDP 국가비교(2021) (단위: 달러)

순위	달러	국가
1	135,683	룩셈부르크
2~6	11만~7만 달러	버뮤다, 아일랜드, 스위스, 노르웨이, 싱가포르
7	69,288	미국
8~11	6만 달러	아이슬란드, 덴마크, 카타르, 스웨덴
12~19	5만 달러	호주, 네덜란드, 핀란드, 오스트리아, 캐나다, 벨기에, 이스라엘, 독일
20~25	4만 달러	홍콩, 뉴질랜드, 영국, 마카오, 프랑스, 안도라
26	39,285	일본
25	35,551	이탈리아
27	34,984	한국

자료: 통계청, 국가통계포털에서 정리

1인당 GDP 세계 1위는 13만 5천 달러인 룩셈부르크인데, 우리보다 1인당 GDP가 높은 고소득 국가들은 대부분 우리보다 인구와 GDP(경제규모)가 작다. 1인당 소득 3만 달러 이상, 인구 5천만 명 이상의 국가는 2021년에 8개국에 지나지 않는다. 미국의 1인당 GDP가 가장 높고 독일, 영국, 프랑스, 일본, 이탈리아를 뒤이어 한국은 2017년에 일곱 번째로 이 클럽에 들었다(여덟번째는 스페인).

이렇게 보면, 그동안 한국 경제가 이룩한 성장이 결코 과장된 것이 아님을 알 수 있다. 그러나 보다 내실있는 선진경제로 가려면, 1인당 GDP 수준이 앞으로도 꾸준히 상승해야 한다. 만약 4만 달러 수준이라면, 부동의 선진국일 것이다. 그러나 최근에 한국 경제는 다음에서 보듯이 저성장이 지속되고 있다. 선진 경제 진입과 일자리 창출을 위해서 경제성장률 제고가 일차적 과제가 되는 이유는 바로 여기에 있다.

2.1.3 경제성장률

① 경제성장률의 추세

<그림 1-1> GDP 실질성장률(1954~2021) (단위: %)

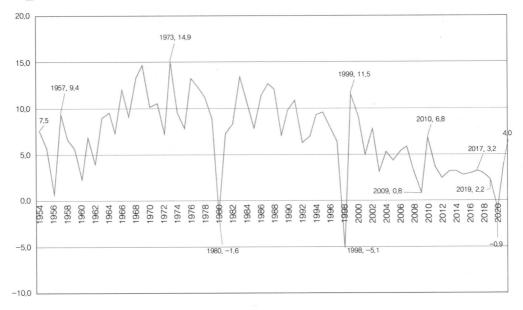

주: 2015년 기준
자료: 한국은행경제통계시스템(https://ecos.bok.or.kr)

<그림 1-1>은 1954년 이후의 연도별 경제성장률을 보여주고 있다.

첫째, 1960년대만큼은 아니지만 한국전쟁 이후 1950년대의 성장률이 그리 낮지 않았다. 1945년 제2차 세계대전 종전 이후 UN에서는 1950년대를 발전의 10년으로 설정하고 식민지를 겪은 제3세계에 각종 지원을 했지만, 선후진국간의 경제력 차이는 더욱 벌어지고 말았다. 반면, 한국은 1954년부터 1958년에 연평균 경제성장률이 5.4%로서 2000년대 전반의 수준과 비슷하다. 비록 이 시기가 미국의 원조를 바탕으로 삼백산업(三白産業)[2]이 주력산업으로 발전한 시기였지만, 식민지 경제의 유제를 극복하면서 나름대로 식품, 섬유, 봉제, 철강, 화학, 기계, 조선 등 다양한 부문에서 많은 기업들이 발전했던 의미있는 기간으로 평가할 수 있다. 이 시기 성장률은 1960년대 및 1970년대보다 낮지만 다른 제3세계 국가들에 비하면 상당히 높다.

---

2) 미국의 잉여농산물 원조를 바탕으로 발전한 소비재 산업으로서 면방직, 제분, 제당공업을 말한다.

둘째, 2000년대 전반까지 대체로 5% 이상으로 성장률이 높았다. 다만, 1980년, 1998년, 2009년, 2020년의 네 차례에 걸쳐 성장률이 급락하였다. 특히 1980년과 1998년, 2020년은 성장률이 마이너스이다. 1980년의 −1.7%는 제2차 오일쇼크와 광주민주화운동의 충격으로 인한 것이다. −5.5%로 성장률이 가장 낮았던 1998년은 외환위기로 인해 IMF로부터 구제 금융을 받았던 시기이다. 이 때는 IMF로부터 뼈아픈 구조조정을 강요받았는데, 이 해를 기점으로 주요 경제 지표가 달라질 정도로 우리의 경제성장사에서 가장 큰 충격을 받았다. 2009년의 성장률 0.8%는 2008년 미국발 글로벌 금융위기의 여파로 인한 것이다. 2020년 −0.9%는 코로나19 유행으로 인해 세계 경제가 수축했기 때문이다.

셋째, 전체적으로 성장률은 정점이었던 1973년 이후 점차 하강하고 있다. 이러한 흐름은 2000년 이후에 눈에 띄게 진행되는데, 2011년 이후에는 대체로 4%에도 미치지 못하는 수준에 머물고 있다.

<그림 1-2> 2000년대 GDP 실질성장률(2000~2021) (단위: %)

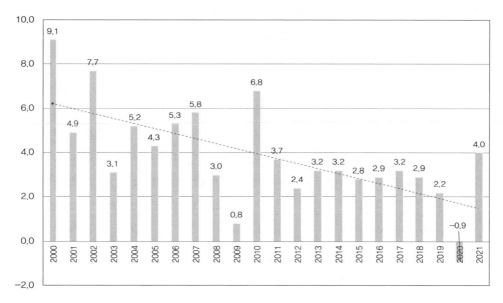

주: 2015년 기준
자료: 한국은행경제통계시스템(https://ecos.bok.or.kr)

2000년대의 상황을 좀더 자세히 살펴보자(<그림 1−2>). 횡선은 2021년까지 성장률이 지속적으로 하강하고 있는 추세를 보여주고 있다. 2010년도 성장률이 6.8%로 올라간 것은 2008년 글로벌 금융위기로 인해 급락했던 성장률이 회복하면서 나타난 데 지나지 않는다.

이후 경제성장률은 2~3% 수준을 유지하고 있고, 2021년 4.0%는 2020년 코로나19의 격심한 충격의 반전으로 나타난 것이다.

② 저성장 경제의 고착화

표 1-4 기간별 GDP 실질성장률(1954~2021) (단위: %)

기간	1954-59	1960-64	1965-69	1970-74	1975-79	1980-84	1985-89
성장률	5.8	6.3	11.2	10.4	10.6	7.6	10.2
기간	1990-94	1995-99	2000-04	2005-09	2010-14	2015-19	2020-21
성장률	8.6	6.0	6.0	3.8	3.9	2.8	1.6

주: 2015년 기준
자료: 한국은행경제통계시스템

성장률을 기간별로 나누어 살펴보자. 먼저 한국전쟁 다음 해인 1954년부터 1959년까지 6년간 GDP는 매년 평균 5.8%씩 성장하였다. 고도성장기였던 1960년대나 1970년대보다 낮지만 다른 후진국들에 비하면 상당히 높은 성장률이었다. 1950년대는 한국전쟁에도 불구하고 일본이 남기고 간 사업체와 토지 등 귀속재산을 물적 자산으로 나름대로 성장기반을 구축하고 있었던 것이다. 특히 우여곡절 끝에 1950년 3월에 시작된 농지개혁은 지주-소작관계를 일거에 제거하여 농가소득 증대, 취학률 증대 및 인적 자원 육성에 기여하였다. 또한 미국의 원조물자에 의존한 수입 대체적 소비재공업의 발전이 이루어졌다.

둘째, 제2차 경제개발계획이 추진된 1960년대 후반부터 고도성장단계로 진입하였다. 제1차 경제개발계획은 수입대체를 주요 목표로 수립하였지만 소기의 목적을 달성하기 힘들었다. 그러자 1964년부터 수출지향적 공업화정책으로 전환했는데, 노동집약적 경공업제품을 중심으로 수출이 늘면서 성장률이 높아지기 시작했다. 이리하여 1980~1984년을 제외하고 1965년부터 1980년대 말까지 연평균 10%를 넘는 성장률을 달성하였다.

셋째, 그러나 1990년부터 성장률이 점차 떨어지기 시작하여 1990년대 후반부터 2000년대 초반은 6%, 2005~2014년은 3%대, 2015~2019년은 2%대, 2020~2021년은 1.6%로 하락했다. 늦어도 2000년대 후반부터는 4% 이하로 저성장이 고착화하면서 성장률은 더욱 하락하고 있다.

③ 국제 비교

표 1-5 2000년 이후 주요국의 경제성장률 비교(불변가격)(2000~2020)   (단위: %)

	2000	2005	2010	2015	2016	2017	2018	2019	2020
한국	9.1	4.3	6.8	2.8	2.9	3.2	2.9	2.2	−0.9
중국	8.5	11.4	10.6	7.0	6.8	6.9	6.7	5.9	2.3
인도	3.8	7.9	8.5	8.0	8.3	6.8	6.5	4.0	−8.0
일본	2.8	1.7	4.2	1.2	0.5	2.2	0.3	0.3	−
캐나다	4.9	5.0	3.1	0.7	1.0	3.0	2.4	1.9	−5.4
멕시코	4.9	2.3	5.1	3.3	2.6	2.1	2.2	−0.1	−8.2
미국	4.1	3.5	2.6	3.1	1.7	2.3	3.0	2.2	−3.5
브라질	4.4	3.2	7.5	−3.5	−3.3	1.3	1.8	1.4	−4.1
프랑스	3.9	1.7	1.9	1.1	1.1	2.3	1.8	1.5	−8.1
독일	2.9	0.7	4.2	1.5	2.2	2.6	1.3	0.6	−4.9
이탈리아	3.8	0.8	1.7	0.8	1.3	1.7	0.9	0.3	−8.9
러시아	10.0	6.4	4.5	−2.0	0.2	1.8	2.8	2.0	−3.0
영국	3.5	3.0	2.1	2.4	1.7	1.7	1.3	1.4	−9.8

자료: 국가통계포털

첫째, 코로나19 대유행 직전인 2019년까지 미국, 일본, 캐나다, 독일, 이탈리아, 영국 등 모든 선진국은 낮은 성장률을 기록하고 있다. 신흥국으로서 높은 성장률을 보이던 중국, 인도 등도 성장률이 점차 하락하고 있다. 이것은 자본주의 경제가 성숙단계에 들어서면 성장률 저하가 피할 수 없는 현상이라는 것을 보여준다.

둘째, 한국의 성장률은 20세기 보다는 많이 하락하였으나 주요 선진국과 비교하여 낮지 않다. 제조업 강국으로서 강한 성장력을 보이던 일본조차 2015년 이후에는 0~1%대의 성장률이 일반화되고 있으며 심지어 마이너스 성장률도 나타나고 있다. 특히 코로나19 유행이 본격화한 2020년도에 주요국들은 −3.0%~−9.8%일 정도로 급락했다. 반면, 한국은 2.3%인 중국을 제외하고 성장률이 가장 높았다.

<그림 1-3> 한국과 세계 연평균 경제성장률 비교(불변가격)(1995~2020) (단위: %)

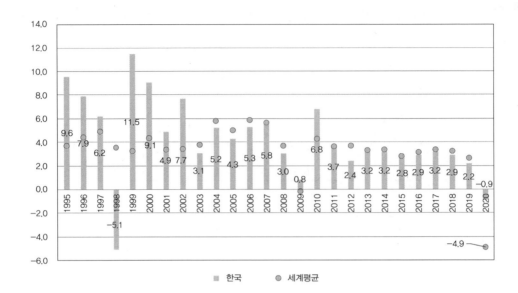

자료: 국가통계포털

그러나 눈을 돌려, 한국의 성장률을 전세계와 비교하면 최근에 세계 평균에 미치지 못하고 있다. <그림 1-3>을 보면, 2002년 이전까지 한국의 성장률은 1998년 외환위기를 제외하곤 세계 평균보다 한 번도 낮은 적이 없었다. 특히 1990년대까지만 해도 한국의 성장률은 세계 평균 성장률보다 2배 이상인 적도 적지 않다.

그러나 한국은 2003년 이후에 세계 평균보다 높은 해는 2009, 2010, 2015년에 지나지 않는다. 한국의 성장률은 2010년에 오른 것을 제외하고는 2008년 글로벌 금융위기를 계기로 크게 하락한 것으로 보이는데, 세계 평균과 차이가 크지는 않지만 낮은 수준을 유지하고 있다. 다만, 2020년에 코로나19의 역습으로 세계경제가 −4.9%를 기록한 데 비해 한국은 −0.9%로 하강하여 상대적으로 강한 면모를 보여주고 있다.[3] 하지만 이러한 하락 추세는 성장률이 향후에 1990년대 이전과 같은 고도성장기로 돌아갈 수 없음을 시사한다.

한국 성장률의 하락은 산업경제사의 측면에서는 당연한 결과라고 할 수 있다. 그러나 문제는 선진국 진입 초기에 너무 빠른 속도로 성장률이 하강하고 있다는 점이라 하겠다.

---

3) 세계 성장률 계산에 포함되는 국가 수는 2007~2020년 201~176개국으로 차이가 있다.

2.2 실업률

국가의 경제 규모를 나타내는 GDP는 2015년 이후 대체로 11~12위였다가, 2020년, 2021년의 코로나19 국면에서 오히려 10위로 상승했다. 하지만 성장률의 하락과 함께 실업률을 비롯한 몇 가지 지표들은 우리 경제가 해결해야 할 만만치 않은 과제들이 산적해 있음을 보여준다.

2.2.1 실업률 동향

<그림 1-4> 한국의 실업률(2000~2021) (단위: %)

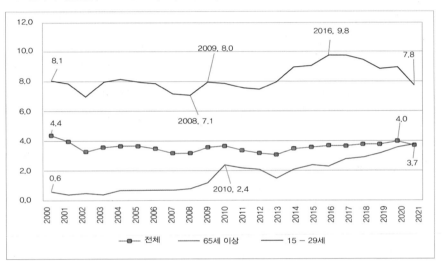

자료: 국가통계포털

첫째, 우리나라 전체 노동력의 평균 실업률은 2000~2001년을 제외하면 4% 이하의 완전고용을 유지하고 있다. 그런데 이 실업률은 현실을 정확하게 반영하지는 않는다. 여기에 표시된 실업률은 통계 당국에서 표본을 선정하여 파악한 언평균이기 때문이다. 실제로 2000년대 이후 발표되는 월별 혹은 분기별 통계에는 완전고용이 아닌 경우가 가끔씩 보고되고 있고 그 빈도수도 잦아지고 있다.

둘째, 보다 심각한 것은 청년층(15~29세)의 실업이다. 나라마다 상황이 다르기는 하지만 전체 실업률보다 청년층의 실업률이 높은 것이 일반적이다. 이것은 이 연령대가 노동시장 참가 초기로서 직업을 탐색하는 경향이 강한 것과도 관계가 깊다. 마찬가지로 우리나라도 청년층이 전체 평균보다 높다. 우리 청년층 실업률은 2000년 8.1%에서 2016년 9.8%까지 상승했다. 2017년 이후에는 하강 추세로서 코로나 국면인 2021년에는 7.8%까지 떨어졌다. 그러나 청년 남성과 여성 간의 갈등이 사회적 이슈로 자주 등장하고 있다. 이것은 기본적으로 노동시장에서의 경쟁 격화가 원인이다. 양적인 일자리 창출뿐만 아니라 실질적으로 마음을 붙이고 일할 수 있는 양질의 일자리 창출이 시급한 과제라 하겠다.

셋째, 65세 이상 노인층의 실업률은 대체적으로 전체 노동력보다 낮고, 특히 청년층보다 크게 낮았다. 그렇지만 노인 실업률은 1998년의 외환위기 여파로 2000년 0.6%, 2010년에는 글로벌 금융위기의 여파로 무려 2.4%로 급상승하였고, 2021년에는 3.7%나 된다.

이같이 노인 실업률이 꾸준히 증가하는 것은 우리나라의 높은 노인 빈곤율과 관계 깊다. 실업률 조사에서는 구직을 포기했다거나 일하기 싫다고 응답하면 경제활동인구에서 제외된다. 나이가 들면 일하지 않고 노후를 즐기고 싶은 것은 동서양을 막론하고 예나 지금이나 마찬가지이다. 그럼에도 우리나라에서 노인 실업률이 상향일로인 것은 당연히 노동 의사가 없음을 표시해야 할 계층이 어쩔 수 없이 노동시장에서 활동하지 않으면 안되는 절박한 사정을 나타낸다. 즉 노후 준비가 매우 취약한 계층이 상대적으로 증가한다는 것을 뜻한다. 노인 복지를 비롯한 정부의 근원적 대책이 요청된다고 하겠다.

2.2.2 국제 비교

표 1-6 주요국의 실업률 비교(1990~2020) (단위: %)

	1990	2000	2010	2015	2016	2017	2018	2019	2020
한국	2.4	4.4	3.7	3.6	3.7	3.7	3.8	3.8	4.0
중국	2.5	3.1	4.1	–	–	3.9	3.8	5.2	–
인도	–	2.7	2.4	–	–	–	5.3	5.3	–
일본	2.1	4.8	5.1	3.4	3.1	2.8	2.4	2.4	2.8
캐나다	8.1	6.8	8.1	6.9	7.0	6.3	5.8	5.7	9.5
멕시코	–	2.7	5.3	4.3	3.9	3.4	3.3	3.5	4.5
미국	5.6	4.0	9.6	5.3	4.9	4.4	3.9	3.7	8.1
브라질	3.7	–	–	8.4	11.6	12.8	12.3	11.9	13.7
프랑스	9.4	10.2	8.9	10.4	10.1	9.4	9.0	8.4	8.0
독일	4.9	7.9	7.0	4.6	4.1	3.8	3.4	3.1	3.8
이탈리아	9.8	10.8	8.4	11.9	11.7	11.2	10.6	10.0	9.2
러시아	–	10.6	7.4	5.6	5.6	5.2	4.9	4.5	5.6
스페인	16.3	13.8	19.9	22.1	19.6	17.2	15.3	14.1	15.5
영국	7.0	5.6	7.8	5.3	4.8	4.3	4.0	3.7	–
호주	6.9	6.3	5.2	6.1	5.7	5.6	5.3	5.2	6.5

주: 2020년 GDP순위 15개국 이내
자료: 국가통계포털

<표 1-6>은 각국의 작성 기준이 약간씩 다르기 때문에 일방적인 비교가 어렵지만 대강의 추세는 파악할 수 있다. 실업률이 특히 높은 프랑스, 이탈리아, 스페인은 물론 기타 국가와 비교해도 한국의 상황은 결코 나쁘지 않다. 한국은 일본, 독일과 같은 제조업 강국 다음으로 노동시장 상황이 상대적으로 좋은 것으로 보인다.

<그림 1-5> 한국과 OECD 평균 실업률 비교(1990~2020) (단위: %)

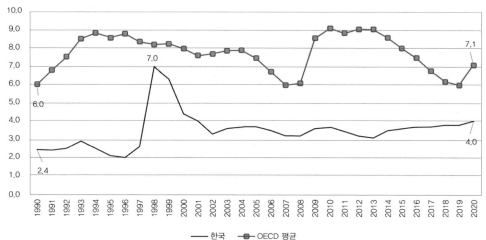

주: OECD평균에 한국 포함
자료: 국가통계포털.

한국과 OECD 평균을 비교해 보아도 한국 노동시장의 취업 사정은 좋아 보인다. 한국은 1998년의 외환위기에 실업률이 정점인 7.0%에 도달했지만 이마저도 OECD 평균보다 낮다. 2008년 글로벌 금융위기 후에도 한국의 노동시장 상황이 유럽시장보다 훨씬 좋게 나타나고 있다. 코로나19 국면인 2020년도에는 OECD 회원국 전체가 한국의 상황보다 실업 충격이 컸던 것으로 보인다.

다만, 이러한 상황은 양적인 측면에서의 실업률을 반영한 것으로서 정규직 및 비정규직 등과 같은 취업상황이나 임금 수준 등 노동자의 생활과 직접 관계되는 질적 측면을 보여주는 것은 아니다. 이에 대해서는 따로 세심한 분석이 필요하다.

요컨대, 한국은 다른 나라보다는 양적인 고용시장 상황은 좋지만 1990년대의 2%대에 비하면 크게 악화되었다. 인력을 절감하는 과학기술혁명이 지속되고 있기 때문에 향후에도 1990년대처럼 실업률이 호전되기는 쉽지 않을 것이다.

2.3 소득양극화

2.3.1 소득양극화 추세

소득불평등 문제가 사회적 이슈로 등장한지 꽤 오래되었다. 우리나라는 고속성장을 지속하는 동안 소득이 세계적으로 평등한 국가군에 속했다. 하지만 1997년 말에 불어닥친 아시아 외환위기를 기점으로 소득불평등이 심화되었고, 이 문제는 해결될 기미를 보이지 않고 있다. 소득만 불평등한 것이 아니다. 자산의 불평등 또한 소득불평등 못지 않게 심각하여 사회적 불평등을 심화시키는 요인으로 작용하고 있다.

적극적으로 분배의 불평등을 해소해야 한다고 주장하는 측에서는 복지정책을 강화해야 한다고 주장하는 반면, 이를 반대하는 편에서는 재정 낭비와 국가채무의 증가만을 초래할 것이라고 비판의 날을 세우고 있다. 과연 어느 쪽 주장이 맞을까? 어느 쪽의 주장이 맞든 소득불평등에 대한 사실 파악이 우선적 과제이다.

소득불평등도를 측정하는 수단에는 지니계수, 5분위배율, 소득점유율(5분위), 팔마(Palma)비율, 10분위배율, 상대적 빈곤율 등 여러 가지가 있다. 이 중에서 대표적 지표인 지니계수를 중심으로 소득불평등의 추이를 파악해 보자.

<그림 1-6> 지니계수의 추이(1990~2020)

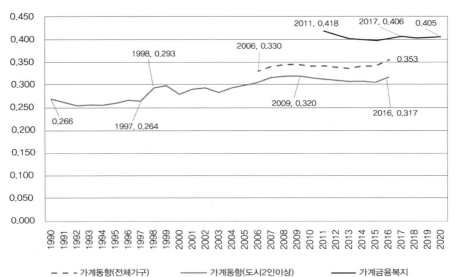

주: 1) 시장소득 기준
   2) 가계동향=가계동향조사, 가계금융복지=가계금융복지조사
자료: 국가통계포털

<그림 1-6>은 통계청의 가계동향조사와 가계금융복지조사를 근거로 작성한 지니계수이다.[4)]

먼저, 가계동향조사의 지니계수를 보자.

① 가장 긴 기간을 보여주는 가계동향조사의 도시2인이상의 지니계수는 우리 경제에 대타격을 입힌 1998년 외환위기 때에 급상승하였다. 4대 재벌인 대우그룹의 해체, 제1금융권의 위기와 종금사를 비롯한 제2금융권 기관의 대량 파산, 수많은 기업의 부도 등으로 인한 실업 증가가 불러온 결과였다. 공황으로 부유층보다는 노동자 및 서민이 더 크게 타격을 입었다.

② 외환위기 이후 도시2인이상의 지니계수는 일시적으로 약간 줄었으나 2003년부터 다시 올라가기 시작하여 2004년 이후에는 지니계수가 급상승했던 1998년의 외환위기 때보다 낮아지지 않는다. 이 지수는 2008년 글로벌 금융위기까지 상승하였고 이후 약간 줄다가 2010년대 후반 들어 다시 상승한 것으로 보인다.

③ 같은 가계동향조사의 전체 가구 지니계수도 거의 동일한 추세를 보이는데, 이 지수는 도시2인이상보다 높다. 즉 도시2인미만 및 비도시지역의 소득불평등은 더욱 심각하다.

둘째, 고소득층의 높은 소득을 고려한 가계금융복지조사를 보자. ① 이 조사의 지니계수는 발표 시점인 2011년 이후 하락하고 있지만, 2015년 이후 도로 올라가면서 소득분배가 약간 악화되었고 코로나 유행기인 2020년에도 낮아질 기미를 보이지 않는다.

② 더욱이 가계금융복지조사 결과는 가계동향조사의 지표보다 훨씬 악성으로 나타나고 있다. 가계금융복지조사가 가계동향조사보다 현실을 더 잘 반영하고 있다는 점에서 소득불평등은 가계동향조사를 통해서 이제까지 알려진 것보다 더욱 심각하다고 할 수 있다.

위의 <그림 1-6>의 지니계수는 시장소득을 기준으로 한 것이다. 세금 공제 후 정부의 각종 이전지출을 합한 처분가능소득을 기준으로 한 지니계수는 당연히 시장소득 기준의 지니계수보다 낮게 나타난다. 그 차이만큼 공적 이전을 통한 소득분배 개선효과가 생기게 되었기 때문이다. 통계에 의하면, 이 양자 간의 차이가 약간씩 벌어지고 있다. 이것은 정부지출에서 소득불평등을 개신하기 위한 노력이 강화되고 있음을 의미한다. 그러나 이런 정책이 과연 만족스러운 것인지는 별개의 문제이다.

---

4) 지니계수는 작성 · 공표하는 기관이나 작성자가 적용하는 기준에 따라서 다르고 동일 기관의 것도 발표 시기에 따라 다르게 나타난다. 통계청의 지니계수는 가계동향조사(통계청이 설치되기 이전에는 경제기획원에서 조사함)를 바탕으로 산출한 것과 가계금융복지조사(패널)에서 만든 것으로 구분된다. 가계동향조사는 ① 전체 가구, ② 2인 이상 비농가, ③ 도시의 2인 이상을 대상으로 한 세 가지가 있는데, ③의 도시 2인 이상이 가장 긴 기간을 보여준다. 최근에 그동안 공표된 지수의 대표성에 의문이 제기됨에 따라 계수 산출에 정확성을 기하기 위하여 가계금융복지조사를 이용한 새로운 지니계수가 발표되고 있다.

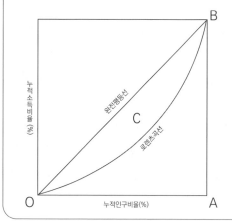

지니계수란?

소득불평등도를 나타내는 지수에는 5분위배율, 10분위배율, 상대적 빈곤율 등이 있다. 이 중에서도 지니계수는 가장 많이 사용되는 지수이다.

OB는 전체 인구에서 차지하는 인구비율이 전체 소득에서 점하는 비율과 일치하는 완전평등선이다. $\overline{OB}$는 누적인구비율만큼 소득을 차지하지 못하는 불평등선을 나타낸다.

∴ 지니계수 = C/△OAB

0에 가까울수록 불평등도가 낮고 1에 가까울수록 불평등도가 높다.

2.3.2 국제 비교

그렇다면 정부의 분배불평등 해소를 위한 정책과 소득 보정효과가 과연 만족할 만한 것일까? 국제 비교를 통해서 판단해보자.

<그림 1-7> OECD 회원국의 지니계수(2018년)

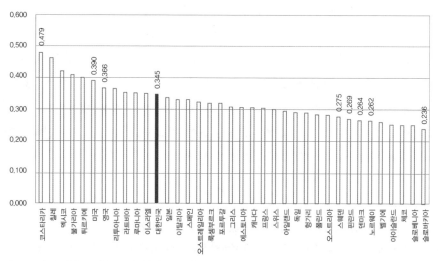

주: 칠레, 미국, 스위스, 헝가리, 덴마크, 아이슬란드는 2017년 수치
자료: 국가통계포털

<그림 1-7>은 2018년 OECD 회원국의 지니계수이다. 한국의 통계는 가계금융복지조사의 처분가능소득을 기준으로 한 것이다. 2015년분부터 OECD 권고안을 받아들여 작성한 자료이기 때문에 국제 비교 면에서 가계동향조사 보다 정확하다 하겠다. 네덜란드를 제외하고 조사대상 자료제출국 37개국 중 한국은 12위에 지나지 않는다(2022년 8월 기준 OECD 회원국 38개국). 2015년 한국은 36개국 중에서 10위[5]였으므로 3년 만에 두 단계 좋아졌다. 그러나 이것은 바로 후순위에 있던 라트비아와 루마니아를 제친 것이므로 정부의 분배개선 노력이 충분하다고 할 수 없다.

상대적 빈곤율을 비교해 보자. 상대적 빈곤율이란 세금을 내고 소득이전을 받은 뒤 국민 상위 50% 소득(중앙값)의 절반 이하 인구가 차지하는 비율이다. 즉, 이것은 하위 소득 25% 이하의 인구가 전체 인구에서 차지하는 비율이다. 2015년에 한국은 OECD 회원국 중에서 이 비율이 0.175(즉 인구의 17.5%)로서 코스타리카-이스라엘 다음의 3위였다. 2018년에는 0.165로서 5위로 약간 개선되었다. 그러나 38개국에 달하는 OECD 회원국 중에서 상대적 빈곤율 꼴찌에서 다섯 번째는 부끄러운 성적표라고 하지 않을 수 없다(소득재분배 효과 = 세전의 시장소득 기준 지니계수 - 공적 이전 후 처분가능소득 기준 지니계수). 다시 말해, 우리나라의 소득불평등은 1998년의 외환위기를 계기로 결정적으로 악화된 다음 개선되지 못하고 오히려 심화되어 왔으며, 국제 비교를 통해볼 때 이를 개선하려는 정부의 노력이 더욱 가중되어야 함을 의미한다.

2.4 출산율의 급감

2.4.1 출산율 동향

인구는 1952년 2,050만 명[6]에서 1960년 약 2,500만 명, 1970년 3,220만 명, 1980년 3,810만 명으로 증가한 후, 1984년에는 4천만 명, 2010년에는 5천만 명을 넘어설 정도로 지속적으로 증가해 왔다.[7] 그러나 주민등록인구는 2019년 5,185만 명을 정점으로 점차 감소하여 2022년 7월말 기준 5,157만 명이다. 참고로 남녀 구성비를 보면, 2015년까지는 남성이 여성보다 약간 많았으나 2016년 이후에는 여성이 많은데, 수명이 길어지면서 남녀 간 인구 수의 차이도 2016년 4만 명에서 2022년 7월 약 16만 명으로 점차 벌어지고 있다.

---

5) 2015년의 멕시코 통계는 없으나, 다른 연도에는 한국보다 항상 높게 나온다. 멕시코를 포함하여 10위이다.

6) 해방 이후에는 한국전쟁기에 남한 지역에서 몇 차례 인구조사가 실시되었으나 사회혼란과 전쟁으로 인한 자료 상실 등으로 정확한 통계를 파악할 수 없었다(내무부, 『한국통계연감』, p.1.).

7) 경제기획원, 『1983 한국통계연감』, p.37; 통계청, 『1992 한국통계연감』, p.36.

표 1-7 주민등록 인구(1995~2022)   (단위: 천명)

	총인구수	남자	여자
1995	45,858	23,041	22,817
2000	47,733	23,962	23,770
2005	48,782	24,456	24,326
2010	50,516	25,310	25,205
2015	51,529	25,758	25,771
2016	51,696	25,828	25,869
2017	51,779	25,856	25,923
2018	51,826	25,866	25,960
2019	51,850	25,865	25,985
2020	51,829	25,841	25,988
2021	51,639	25,747	25,892
2022.07	51,574	25,709	25,866

자료: 국가통계포털

　　우리나라의 인구 규모는 2021년 기준 세계 28위이며, OECD 국가 중에서는 미국, 멕시코, 일본, 튀르키에, 독일, 영국, 프랑스, 이탈리아 다음으로 아홉 번째이다. 선진국 집단인 OECD에서 인구 규모는 그리 적지 않지만, 출산율이 떨어지고 있어 앞으로 절대 인구수가 크게 감소할 것으로 우려되는 실정이다.

　　그동안 연평균 인구성장률은 1960년대 약 2.6%에서 1990년대 말까지 1% 수준 가까이 유지하여 인구 수가 빠르게 증가하였다. 그러나 2000년대부터 2010년대에 걸쳐 연평균 성장률이 약 0.5%로 급락하였는데, 2021년에는 드디어 −0.2%로 떨어졌다. 출산율도 예상을 크게 뛰어 넘는 속도로 감소하고 있으며 출생아수 역시 매년 감소 일변도이다. 1970년만 하더라도 여성 1인의 합계출산율은 4.53명, 신생아는 100만 명이었지만 1975년에 합계출산율 3.43명, 신생아 87만 명으로 줄어들었다가 10여 년 후인 1987년에 각각 1.53명, 62만 명으로 감소하였다.[8]

> **합계출산율과 대체출산율**
>
> 합계출산율은 가임여성(15~49세) 1명이 낳을 것으로 기대되는 평균 출생아수를 가리킨다. 이에 대해 현재의 인구를 유지하는데 요구되는 출산율을 대체출산율이라고 하는데, 보통 2.1명 수준으로 본다.

---

8) 통계청, 2016 출생 통계(확정) − 보도자료, p.2.

<그림 1-8> 출생아수 및 합계출산율(1970~2021) (단위: 명, 천명)

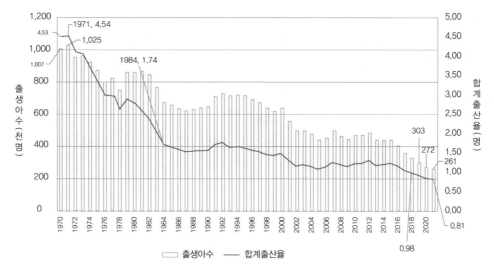

자료: 국가통계포털

　　1970년 이후의 출생아 수와 합계출산율의 변화를 살펴보자. 합계출산율은 1990년대 초반 이후로 계속 줄고 있다. 1991년 1.71명 → 2000년(1.48명) → 2010년(1.23명) → 2020년 0.84명, 그리고 2021년에는 0.81명으로 떨어졌다. 출생하는 아기의 숫자도 1991년 71만 명에서 2000년(64만 명) → 2010년(47만 명)이 되고, 2020년에는 30만 명이 안되는 27만 명, 2021년에는 26만 명으로 감소했다. 이러한 감소 속도는 원래의 추계보다 훨씬 빠른 것이다.

　　만약 이런 추세대로라면, 출생아 수가 30만 명이 된다 해도 60년 후 60세까지의 인구는 1,800만 명에 불과하게 된다(외국인 거주자 제외). 2021년 말 기준으로 주민등록인구 5,164만 명 중 60세까지의 인구가 2,955만 명(전체 인구의 57.2%)인 것과 비교하면 인구 감소나 고령화가 얼마나 심각할 것인지를 단적으로 알 수 있다.

　　실제로 통계청의 『장래인구추계』(2020)에 따르면, 약 50년 후인 2070년 총인구 3,766만 명, 60세까지 인구 1,824만 명이다. 이것은 경제활동인구가 격감한다는 의미로 잠재성장률에 매우 부정적인 영향을 줄 것이다. 합계출산율은 2021년 0.81명에서 2024년 0.70명의 최저 수준으로 하락한 후 약간씩 증가하지만 2046~2070년에 1.21명에서 고정될 것으로 예측되고 있다.

2.4.2 국제 비교

한국 출산율의 시기별 변화를 다른 나라와 비교해 보자. 한국의 합계출산율은 1960년대 초만 하더라도 약 6.0명으로서 현재의 OECD 회원국 평균인 3.0명의 두 배에 가까웠으며, 일본은 이때 이미 1.3명 수준에 지나지 않았다. 한국은 1983년에 현존 인구 수준을 유지할 수 있는 2.1명의 대체출산력에 도달하여 저출산 단계에 진입하였으며, 2001년에는 합계출산력 1.3명으로 초저출산단계로 진입하였다.

한국의 합계출산율은 1980년대 초에 OECD 수준 이하로 떨어졌고 2000년대에 들어서는 일본보다도 낮아졌다. 한국의 합계출산율은 전세계와 비교해보아도 너무 낮다. 예를 들면, 2010년에 우리나라의 합계출산율은 1.22명으로서 세계 224개국 평균 2.59명의 절반에 미치지 못하고 대만, 마카오, 홍콩, 싱가포르 등보다 낮은 하위 6위였다. 2015년도에는 1.20명으로서 대만, 마카오 등을 제외하고 세계 5위의 수준으로 낮아졌으며, 2019년에는 0.91명으로 드디어 세계 최저 수준으로 낮아졌다.

<그림 1-9> OECD 회원국의 합계출산율 비교(1990, 2021) (단위: 명)

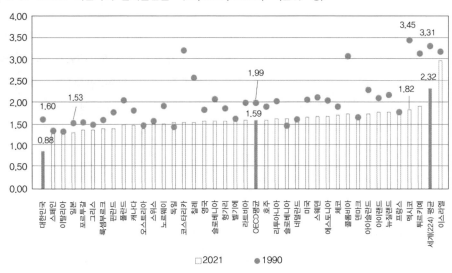

자료: 국가통계포털

<그림 1-9>에서 OECD 38개국의 합계출산율을 비교해 보자. UN에서 발표한 244개국의 통계를 OECD를 중심으로 정리하였다.

첫째, ① 대부분의 OECD 국가들의 2021년의 합계출산율은 1990년에 비해 하락했다.

다만, 오스트리아, 독일, 네덜란드, 덴마크, 프랑스는 예외이다. ② 2021년에는 현재의 인구 수준을 유지하는 대체출산력 이상의 국가는 이스라엘이 유일하다.

둘째, 한국의 합계출산율은 가장 급속하게 하락한 편에 속하여 최저의 출산율을 보이고 있다. 1990년 한국의 합계출산율은 1.60명에서 2021년에는 0.88명으로 절반 가까이 떨어졌다. 한국은 1990년에도 OECD 평균보다 낮았지만 2020년에는 더욱 낮아져서 OECD의 절반 수준을 약간 넘을 뿐이다. OECD의 최저 수준이자 세계 최저 수준이다.

셋째, 한국의 합계출산율을 세계 평균과 비교하면, 1990년에는 세계 평균의 48.3%에 해당되었지만 2021년에는 38.0%로 떨어졌다.

출산 문제는 개인의 프라이버시이자 인권과 강력하게 결부되어 있는 개인 선택의 문제이다. 그렇지만 출산력의 급격한 하락은 단순히 인구 감소나 성장잠재력의 약화에 그치지 않고 많은 사회경제적 문제들을 일으킬 수 있기 때문에 우리나라도 출산대책을 점차 강화해 왔다. 하지만 공공보육시설의 공급, 육아수당의 지급, 공공(임대)주택의 공급 등과 같은 실질적인 지원 정책은 태부족이다. 이 문제를 해결하기 위한 지원 정책의 정비가 시급한데도 몇년 전 보육 시설의 공적 공급을 둘러싼 갈등이 큰 사회적 물의를 일으킨 것은 그동안 국가의 정책이 얼마나 소홀했는가를 역으로 방증한다.

제 3 절　복지재정의 현황

우리나라는 세계에서 보기 어려울 정도로 단기간에 고도성장을 이룩하고 선진국 단계에 진입하였다. 그러나 우리나라는 압축성장의 결과 심각한 사회경제적 갈등을 겪고 있다. 그중 성별 간, 계층 간, 연령 간의 대립과 세계 최저 출산율 등은 기본적으로 노동시장에서의 경쟁 격화와 소득양극화에 그 원인을 두고 있는 것으로 보인다. 특히 소득양극화는 양적 성장 위주의 경제정책이 지속된 결과로서 사회적 대립을 초래하는 근본 원인이 되고 있다. 그러므로 복지정책을 비롯한 소득재분배정책은 매우 시급한 과제이다. 복지정책의 의의와 재정지원 강화의 필요성에 대해서 구체적으로 살펴보자.

3.1 복지정책의 의의

3.1.1 복지재정 확충의 필요성

그동안 우리나라도 복지제도의 구축과 확충에 신경을 쓰지 않은 것은 아니다. 헌법 전문에는 "각인의 기회를 균등히 하고", "국민생활의 균등한 향상"을 기하며(헌법 전문), "국가는 사회보장·사회복지의 증진에 노력할 의무를 진다(헌법 제2장 제34조 ②)"라고 하여 복지사회의 구현을 위한 국가의 의무를 명확하게 제시하고 있다. 그러나 이러한 취지는 양적 성장에 치우친 정책이 지속되는 과정에서 선언적 의미에 그치고 말았다.

우리나라에서 복지 부문에 대한 대대적 정비는 1980년대 후반부터 이루어졌다. 1986년 말에는 국민연금제도가 공포되었고, 1963년에 제정된 의료보험법은 수 차례의 개정을 통해서 1989년에 전 국민이 혜택을 볼 수 있도록 확대되었다. 최저임금법은 1986년 말에 제정된 후 1988년 1월부터 시행되었고, 1987년에는 최초로 사회복지전문요원이 선발되었다. 모자보건사업과 가족계획사업을 연계시킨 모자보건법의 전면 개정(1986년), 아동 주간보호시설 규정을 신설한 아동복지법 시행령 개정(1989년)이 이루어졌으며, 영유아보육법(1991년), 장애인고용촉진 등에 관한 법률(1990년) 등도 제정되었다.[9] 이와 같이 1980년대 후반을 기점으로 다양한 복지제도가 도입되거나 정비되고 복지부문에 대한 국가의 예산도 많이 늘었지만, 아직 우리 경제는 복지 수요를 제대로 충족하고 있다고 보기 어렵다. 사회복지 부문에 대한 지출은 이러한 사실을 단적으로 보여준다.

우리의 복지에 대한 지출이 어느 정도인지 국제 비교를 통해서 파악해 보자. 다음의 <그림 1-10>은 OECD 회원국들의 GDP 대비 공공사회복지지출을 비교하고 있다. 공공사회복지지출은 불리한 환경에 처해있는 가구나 개인에게 공적제도에 의해 지급하는 사회적 급여나 재정적 지원을 말한다.[10]

코로나19 유행 직전인 2019년도에 우리나라의 공공사회복지지출이 GDP에서 차지하는 비중은 OECD 국가 중 꼴찌에서 네 번째이다. 이 비중은 상위에 속하는 프랑스, 핀란드, 이탈리아, 독일, 스웨덴 등 선진국의 절반도 되지 않고 심지어 OECD 평균인 20%보다도 크게 낮다. 이것은 2000년대 초 5%에도 미치지 못하는 수준으로 최하위였던 데 비하면 나아진 것이지만 우리보다 낮은 수준의 국가는 튀르키예, 칠레, 멕시코 정도에 지나지 않는다.

---

9) 박병현, 『사회복지로의 초대』, 공동체, 2015, p.140.

10) 일반정부지출(공공부조, 사회보상, 사회복지서비스) 및 사회보험지출(연금, 건강, 산재, 고용, 장기요양), 취약계층을 위한 교통통신요금 감면 등이 포함된다.

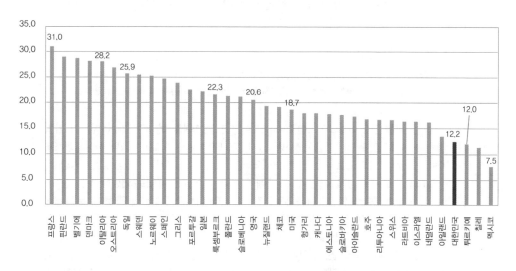

<그림 1-10> OECD 회원국의 GDP 대비 공공사회복지지출(2019) (단위: %)

주: 일본, 호주는 2017년, 캐나다, 스위스, 뉴질랜드는 2018년.
자료: 통계청, 국가통계포털(kosis.kr)

우리나라는 해방 이후 최빈국이었으나 수십 년 동안 매우 빠른 속도로 성장하여 2021
년 기준 GDP 세계 10위로 1인당 GDP는 약 3만 5천 달러이다. 무역액은 1조 달러 전후로
2015년 이후 수출은 세계 5~7위이며, 1998년 이후 매년 거액의 경상수지 흑자를 기록하
였다.[11] GDP 대비 R&D는 세계 2위일 정도로 기술력이 크게 발전했다.

그러나 다른 한편으로 압축성장 과정에서 누적된 문제점들이 곳곳에서 터져 나오고 있다.
성장률은 급락하고 청년실업 문제와 좋은 일자리의 부족 현상은 해결되지 않고 있으며, 비정규
직 비율도 OECD 국가 중에서 가장 높은 편이다. 2017년에 OECD 국가 중 자살률은 2위이고
노인 빈곤율과 노인 자살률도 가장 높다. 합계출산율 또한 세계 최저 수준으로 떨어져 잠재성
장률 하락에 대한 우려가 가시화하고 있고, 부동산가격은 천정부지로 뛰어올라서 서민들의 집
걱정은 태산같이 더해 가고 있다.

이런 문제점들을 보고 있자면, "과연 한국 사회의 미래에 사람이 사람답게 살 수 있는
희망은 있는가?"란 의문이 들지 않을 수 없다. 수십 년 동안 성장률의 성취에만 매달려 새
로운 사회의 구축에 대한 철학이 부족했던 것은 아닐까 라는 반성을 하게 되는 것이다. 사
실 현재 우리가 겪고 있는 심각한 사회경제적 현상들은 경제적 성공을 불러온 양적 팽창

---

11) 무역수지(수입 CIF 기준)는 2021년 12월, 2022년 1월, 그리고 2022년 4월~8월에 적자이다. 단, 상품수지
(수입 FOB 기준)는 2022년 7, 8월에 적자가 났다.

을 추구하는 과정에서 파생되었다. 반면에 이러한 문제점들은 오히려 잘 극복하면 한 층 더 나은 사회로 갈 수 있음을 알려주는 신호라고 긍정적으로 해석할 수도 있다. 발상의 역전이 요청되는 시점이라고 하겠다.

OECD 최고 수준의 심각한 자살률, 노인빈곤율, 노인자살률

우리나라의 자살률은 2003~2016년간 OECD회원국 중 1위를 하다가 리투아니아가 가입하는 바람에 2017년 1위의 불명예를 벗어났다. 2017년에 인구 10만 명당 자살률은 OECD 회원국 평균 12.1명으로서 한국 24.3명의 절반도 안된다. 한국의 남성 10만 명당 자살률은 34.9명으로서 여성 13.8명의 2.5배에 이른다. 자살률은 대체로 연령대가 높을수록 증가하는데, 65세 이상 노인자살률은 58.6명으로서 OECD 평균 18.8명에 비해 무려 3.1배이다(보건복지부, 『2019 자살예방백서』). 노인에게 삶의 극단적 선택을 강요하는 빈곤율 또한 OECD 회원국 중에서 최고 수준이다. 한국보건사회연구원(『한국의 노인빈곤과 노후소득보장』, 2019)에 따르면, 노인가구의 절반 이상이 공적연금을 받지 못하고 있는데, 2013년 GDP 대비 노인에 대한 공적 지출은 2.23%로서 OECD 평균 7.7%의 3분의 1 수준에도 못 미쳤다.

(조선일보, 2019.7.3.)

우리보다 앞서 나간 선진국의 정부들은 자국 국민들의 요구를 수용하기 위해 보다 다양하고 상호보완적인 정책 수단을 동원하여 왔다. 우리나라 경제도 이제 한층 규모가 커지고 성숙해졌기 때문에 성장 일변도의 정책만으로는 성장률 급락을 막기도 어렵고 국민의 다양한 요구도 충족할 수 없다. 당면한 과제를 즉시 해결하지 않고 방치하면 계층 간, 세대 간, 지역 간에 심화되고 있는 사회경제적 갈등이 더욱 확산될 수밖에 없다. 복지를 비롯한 재분배정책은 이러한 측면에서 현재 우리 사회가 직면하고 있는 갈등과 대립을 해소하는 데 매우 유효한 수단이 될 것이다.

3.1.2 복지정책의 경제적 의의

정부는 재정이란 정책 수단을 통해서 첫째, 제4차 산업혁명 시대에 요구되는 연구개발투자를 자극하고 중소기업 육성, 소재 및 부품산업의 육성, 지식산업을 비롯한 서비스업의 발전 등을 적극적으로 지원해야 하고, 둘째, 복지사회 구현을 위한 제반 정책을 추진해야 할 것이다. 그중에서도 복지 관련 재정지출의 확대는 서민 경제의 활성화 및 내수시장 확대를 통해 경제 활성화에 기여할 것이다.

첫째, 복지 관련 예산 증액은 경제적 약자를 배려하고 중산층을 육성함으로써 계층 간 갈등을 치유하고 국민적 통합을 달성하는 데 기여할 것이다.

둘째, 성장률을 올리는데 도움을 준다. IMF는 150개국을 대상으로 분석한 결과, 소득 상위 20%의 소득이 1% 오르면 매년 성장률이 0.08% 감소하고, 소득 하위 20%의 소득이 1% 상승하면 매년 성장률이 0.38% 증가한다고 보고한 바가 있다. 저소득층은 한계소비성향이 높기 때문에 이들에 대한 경제적 지원은 민간의 소비 수요를 증가시켜 국내 소비 시장의 활성화에 도움을 줄 것이다.

셋째, 현재의 지나치게 높은 해외의존도를 어느 정도 낮추는데 도움을 줄 것이다. 우리나라는 해외의존도가 매우 높아서 대외 충격에 노출될 가능성이 매우 높다. 가령, GNI 기준으로 수출의존도는 2000년 초반 35% 전후에서 굴곡이 있지만 2021년도에 44.3%나 된다.[12] 수출의존도를 비교하면, 일본 13.9%(2019년), 중국 17.6%, 미국 7.7%(2019년), 프랑스18.4%, 영국 14.1%, 이탈리아 26.2%인 데 비하여 한국은 31.1%로서 독일의 36.3%와 함께 OECD 국가 중에서 매우 높다.

이렇게 볼 때 복지재정의 확충은 70년 가까이 지속된 대외의존적, 양적 성장 위주의 정책에서 벗어나 국가 경제 운영의 패러다임을 근본적으로 바꾸고 개혁한다는 의미를 띠고 있다고 하겠다. 성장과 분배를 동시에 해결함으로써 우리가 도달해야 할 경제성장의 최종 목표를 실현하는 데 요청되는 매우 중요한 정책이라는 점을 명심할 필요가 있겠다.

3.2 복지재정의 현황

먼저, 전체 중앙정부 재정에서 차지하는 복지 관련 예산의 규모를 살펴보자. 정부 재정 중에서 보건·복지·고용부문의 지출은 액수가 가장 크고 비중도 3분의 1을 넘을 정도로 높다. 2022년도 이 분야 예산은 추경 기준으로 229조 원으로서 총지출 680조 원의 33.7%를 차지한다. 또한 2010년에 이 분야 예산이 81조 원, 27.7%였는데, 이것은 지난 10여년 간 다른 분야의 재정지출보다 상대적, 절대적으로 가장 많이 증가한 것이다. 다만, 2019년에 34.2%에서 2020년 35.2%까지 늘었지만 2022년에는 2019년 보다 직은 33.7%로 줄어들었는데, 이깃은 이 부문에 대한 지출 증대가 전염병 유행에도 불구하고 그만큼 쉽지 않았다는 것을 뜻한다.

그러나 이 통계에는 복지뿐만 아니라 보건 및 고용 예산도 포함되어 있기 때문에 실질적인 액수나 비중은 이것보다 훨씬 적다. 우리의 복지 예산이 정부지출에서 차지하는 비중을 다른 나라와 비교해 보자.

---

12) 한국은행경제통계시스템

<그림 1-11> 한국과 OECD의 재정지출 항목 비교(2016) (단위: %)

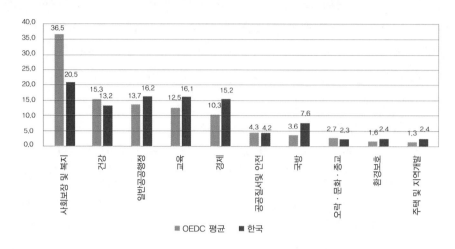

주: 1) 정부지출 대비 비중
      2) 국회예산처에서 OECD의 분류 기준 재구성
자료: 국회예산정책처, 재정경제통계시스템

<그림 1-12> 사회보장 및 복지 지출의 국제 비교(2016) (단위: %)

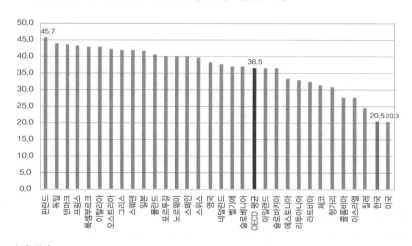

주: 〈그림 1-11〉과 동일
자료: 〈그림 1-11〉과 동일

　　〈그림 1-11〉과 〈그림 1-12〉는 12개 분야(보건·복지·고용, 교육, 국방 등)[13]로 발표되는 우리나라의 재정지출 항목을 OECD 기준으로 개편한 것이다.

13) 구체적인 항목은 국회예산정책처, 재정경제통계시스템 참조.

첫째, 우리나라에서 보건·복지·고용의 재정 지출은 중앙정부 총지출의 3분의 1을 차지할 정도로 가장 큰 비중을 차지한다. 하지만 OECD 기준으로 OECD 국가들은 국가 재정의 평균 36.5%를 지출한 데 비하여 한국의 지출 비율은 20.5%이다. 즉 한국의 복지부문 재정지출 비율은 OECD 평균의 56%에 지나지 않는다.

둘째, 2016년에 OECD 국가 중에서 한국의 사회보장 및 복지 지출의 순위는 31개국 중 미국보다 한 단계 앞선 30등, 즉 밑에서 2위이다. 그 이전인 2012~2014년에는 꼴찌였다. 이러한 지표는 정책 당국이 전통적인 정책 기조에 매달려 사회보장제도 및 복지의 강화에 얼마나 소홀한지를 보여준다.

사회보장 및 복지부문에 대한 정부의 정책이 강화되어 온 것은 사실이다. 그러나 OECD 국가 중 최하위 수준의 복지지출은 한국의 복지정책을 규정짓는 특징의 하나라 할 정도로 개선 속도가 느리다.

사회보장 및 복지제도는 당연히 누려야 할 권리임에도 많은 정책 당국은 아직 개발시대의 관념에서 벗어나지 못하고 있다. 복지정책이 퍼주기라는 비합리적인 비난도 복지가 국가적 낭비라는 부정적 인식을 확산시키는 데 일조하고 있다. 통계청이 발간한 자료에 따르면 2014~2016년에 국민들은 삶의 만족감은 OECD 35개국의 평균보다 낮은 하위 7위였고, 2018년에는 38개국 중 밑에서 6위로 평가되었다.[14] 이런 순위는 OECD 최악의 복지수준이라는 뒤떨어진 우리의 현실을 대변한다.

복지지출의 어두운 전망, 그리고 삶의 만족도 41개국 중 35등

본문의 국제 비교는 몇 년 전의 자료이다. 그러나 복지부문에 대한 재정지출이 찔끔 정책인 것은 지금도 마찬가지이기 때문에 상황이 별로 나아진 게 없다. 심지어 코로나19의 위기상황에서도 정부는 적극책을 동원하지 않았다.

예전에 전망은 어땠을까? 보건복지부는 2014년의 제6차 사회보장위원회에서 한국의 GDP 대비 공공사회복지지출은 2040년이 되어야 22.6%가 되어(2019년 12.2%) 2009년의 OECD 수준에 다다를 것이며, 2060년에는 29%가 되어 2009년의 프랑스, 스웨덴, 덴마크의 수준과 비슷하게 될 것이라고 했다(경향신문, 2014.1.29, "한국 복지지출, 국내총생산의 9.8% OECD 국가 평균되려면 30년 걸려").

물론 현재의 수준은 2000년에 OECD 평균의 4분의 1이었던 것이나 2017년에 OECD 20.2%의 절반 수준인 10.1%보다는 나아진 것이다. 그러나 지금의 방관에 가까운 소극 정책이 계속되면 보건복지부의 암울한 전망은 현실이 될 것이다. OECD는 2022년도 우리나라 삶의 만족도를 10점 만점에 5.8점으로서 조사 대상국 41개국 중 35등이라고 발표하였다.

---

14) 일본, 라트비아, 리투아니아, 슬로베니아와 동률 6위이다.

정책 전환의 필요성과 방향

4.1 정책 전환의 배경

우리나라 경제적 현황을 외국과 비교하면 전체적으로 그리 나쁘다고 할 수 없다. GDP 규모, 1인당 소득, 수출의 국제적 순위, 선진국 대비 성장률, 실업률, 장기에 걸친 경상수지 흑자, 외환보유고, R&D 규모 등에서 나름대로 선방하고 있기 때문이다. 이 외에도 삼성전자, LG전자, SK하이닉스, 현대자동차, 기아자동차 등을 비롯하여 적지 않은 세계적 기업들을 보유하고 있다. 국가 전체의 R&D 액수가 수십 년 전 미국이나 독일 1개 기업의 금액보다 적거나 합판, 의류 및 봉제, 신발(운동화) 등 노동집약적 산업제품이 주력 수출품이던 시절과 비교하면 그야말로 격세지감이라고 하지 않을 수 없다. 대한민국을 국토 면적만으로 마냥 작은 나라라고 할 수 있을까 라는 생각이 들 정도이다. 조금만 더 노력하면 확실한 선진국 수준의 1인당 GDP에 도달할 것이고, 대한민국도 서유럽이나 북유럽 선진국처럼 고소득의 복지사회가 될 수 있다는 희망을 가지게 된다.

반면, 최근 양질의 일자리 창출 및 청년층의 실업 문제가 본격적으로 대두하고, 겉으로 드러난 분배 지표보다 소득양극화는 심각하며 국제적으로는 OECD 회원국 중에서 불평등 도가 상당히 높은 것으로 나타난다. 출산율도 세계 최저수준으로 하락하여 급격한 인구 감소가 우려되고 있으며, 이로 인한 노동력 부족은 잠재성장력을 잠식하고 내수시장 위축을 야기할 것으로 우려된다. 이러한 문제가 중첩되면서 분배 갈등은 이제 세대 간 갈등으로 확산될 조짐마저 보이고 있다. 왜 이러한 현상과 갈등이 벌어지는가? 한마디로 한국 경제의 덩치는 상당히 커졌으나 그것을 채우는 각 부문의 내용이 빈약하기 때문이다. 정책의 운용 방향을 적극적으로 전환할 시점이라고 하겠다.

향후 우리나라는 1960년대 후반부터 2000년대 초에 걸쳐 달성했던 높은 성장률을 달성하지 못할 것이 명백하다(<그림 1-1>, <표 1-4> 참조). 이제 성장률에 지나치게 집착하는 고도성장의 사고방식에서 벗어나야 한다. 예전처럼 고도성장을 달성하기 위해 양적 팽창 정책을 무리하게 추진하면 여러 가지 문제가 발생할 가능성이 크다. 이른바 "747정책(7%성장률, 1인당 소득 4만 달러, 7대 선진국 진입)"의 무리한 추진은 2008년 불어닥친 글로벌 금융위기와 상승 작용을 일으켜 한국 경제에 커다란 위기를 초래한 적이 있었다.

1960년대 후반부터 1990년대 말까지 한국 경제의 고도성장을 이끈 것은 투자와 수출이었다. 투자를 통한 생산 확대와 수출 증대는 자본축적 및 자본효율성 제고, 노동력의 질적 수준 향상, 기술개발, 고용증대 등을 통해 높은 경제성장률을 달성하는 데 크게 기여했다. 고도성장을 이끌었던 경제개발계획은 1962년에 착수되었다. 당시에 우리나라는 자본이 부족했기 때문에 외화 도입을 위한 각종 제도를 정비하고 외자를 도입하였다. 정부는 도입된 자금이 수출산업에 집중적으로 투자되도록 유도하였다. 수출 증대를 주도한 산업 부문은 합판, 의류 및 봉제, 신발 등 노동집약적 산업으로 이 부문은 재투자를 촉진하고 수출을 증대하여 높은 성장률을 달성하고 고용을 증대하는 선순환을 창출했다. 1973년에는 중화학공업화가 시작되었고, 1980년대에는 안정화정책 및 산업합리화 조치, 1990년대에는 금융실명제와 함께 마지막 개발계획인 제7차 신경제개발5개년계획(1992~1997)이 실시되었다. 그 후 정부주도의 개발 계획은 중단되었지만 투자와 수출의 증대를 통해 성장률을 높게 유지하려는 정책은 최근까지도 지속되어 왔다.

이처럼 우리나라에서는 제1차 경제개발계획 이후 현재까지도 주로 투자와 수출 위주의 성장 정책을 추구해 왔다. 그러나 앞에서 살펴본 바와 같이, 기존 방식의 경제 운용으로는 고도성장 과정에서 야기된 제반 사회경제적 문제는 물론이고 저성장의 추세에 효과적으로 대처하기 어려울 것이다. 다음에서는 정책의 전환이 필요한 배경과 방향을 구체적으로 살펴보자.

4.2 정책 전환의 방향

4.2.1 지출 항목별 실질성장률의 하락

① 지출 항목의 동향

지난 60여 년 동안 경제성장의 내용이 어떻게 변화해 왔는지를 GDP의 지출별 항목을 살펴보자.

표 1-8 지출 항목별 기간별 연평균 실질증감률(1960~2020)   (단위: %)

	1960-69	1970-79	1980-89	1990-99	2000-09	2010-20
GDP 성장률	8.8	10.5	8.8	7.1	4.7	2.9
소비지출(C)	6.9	7.8	7.4	6.3	3.9	1.9
민간투자(I)	-	17.5	10.2	7.1	3.6	3.6
정부지출(G)	3.1	9.5	6.8	6.6	5.1	2.7
수출(X)	30.5	25.4	12.3	13.7	10.2	4.3

주: 소비지출=민간최종소비지출, 민간투자=민간총고정자본형성
자료: 한국은행경제통계시스템

위의 표는 지출 항목별로 연평균 증감률을 10년 단위로 나누어 계산한 것이다. 먼저, 국내총생산(GDP) 성장률은 1960년대부터 1990년대까지 7.1%~10.5%로서 높은 성장률을 달성하였지만 2000년대는 4.7%, 2010년대는 2.9% 이하로 크게 낮아졌다.

다음으로 지출항목별 증감률을 경제주체별로 설명해 보자. 지출항목은 소비지출(C), 민간투자(I), 정부지출(G), 수출(X)로 구성된다.

첫째, 1960년대부터 1990년대까지 높은 성장률을 이끈 것은 민간투자와 수출이다. 민간투자는 1960년대 20%대에서 1990년대 7%대까지 유지되었다.[15] 이 민간투자는 경제성장을 이끄는 매우 중요한 수요측 요인이다. 동시에 정부의 각종 지원 정책에 힘입어 생산성 제고 및 생산 규모 증대를 지향했던 경제성장정책과 매우 밀접한 관련을 맺고 있다. 특히 수출은 1960년대에는 매년 평균 30% 이상, 1970년대에는 25% 이상 증가함으로써 성장의 견인차 역할을 담당하였다. 수출은 2000~2009년에도 매년 증가율이 10.2%에 이를 정도로 성장률 제고에 기여하였다.

둘째, 고도성장을 이끈 쌍두마차인 투자와 수출은 21세기 들어서 급락하고 있다. 2010년대에 민간투자의 연평균 증가율은 3.6%로 주저앉았고 수출 증가율도 4.3% 수준으로 떨어졌다.

셋째, 투자와 수출에 비해 소비지출 및 정부지출 증가율은 전시기를 통해 상당히 낮은 수준을 지속하고 있다. 1970년대에 소비지출은 매년 평균 약 8%, 정부지출은 약 9%의 속도로 증가했지만, 2010년대에 소비지출의 연평균 증가율은 2%가 안되고 정부지출은 3%에도 미치지 못하고 있다. 특히 민간의 최종소비지출 증가율이 낮은 것은 그동안 성장 정책에서 민간 내수시장이 상대적으로 덜 중요시되었기 때문이다.

이와 같이 21세기 들어서 민간소비지출, 민간투자, 정부지출, 수출의 증가율 모두가 크게 하락했는데, 특히 성장의 견인차 역할을 했던 민간투자와 수출 증가율이 현저하게 감소했다. 이것은 정부의 투자 촉진 및 수출 증대 정책만으로 만족스러운 성장률을 달성하기 힘들게 된 것을 의미한다.

떨어지는 성장률을 회복하기 위해서는 위의 네 가지 지출의 증가율을 높여야 하지만 어느 것 하나 쉽지 않은 것으로 보인다. 성장의 기관차였던 수출은 대외요인의 영향을 크게 받을 뿐만 아니라 수출 규모도 세계적 수준에 올라와 있기 때문에 예전과 같은 증가가 힘들다. 투자 또한 대기업을 중심으로 거액의 사내유보금을 가지고 있지만 자본축적에 비해 투자 기회가 크게 줄었기 때문에 투자 확대가 용이한 일이 아니다. 더욱이 투자가 증가

---

15) 1960년대 민간투자 증가율을 20%대라고 한 것은 1960년대에 총고정자본형성에서 민간과 정부의 수치를 구분할 수 없으나 1970년대 및 1980년대에 정부부문의 성장률보다 3~4% 높았기 때문이다.

해도 고용은 과거만큼 늘지 않고 있다. 정부에서 기업가들에게 투자를 촉구하고 있지만, 이러한 행위는 시장경제에서 지속할 수 있는 정책이 아니다. 소비 부문도 분배구조의 악화와 과도한 가계부채가 발목을 잡고 있다. 이렇게 보면 과거와 같이 투자와 수출에만 중점을 둔 정책으로는 하락하는 성장률을 끌어올리기 힘들다. 그러므로 투자와 수출 중심의 대외의존적 정책을 수정하여 그동안 소홀히 다뤄져 왔던 내수 기반을 강화하는 방향으로 정책을 강화하지 않으면 안 될 것으로 보인다. 이하에서는 정책을 전환해야 하는 구체적 이유를 통계로 확인해 보자.

② 수출력의 한계

수출의 연평균 증가율은 1960년부터 1979년까지에 25~30%였으며, 이후 하락하기는 했지만 2000~2009년에도 지출항목 중에서 가장 높은 10.2%였다. 이것은 같은 기간에 GDP 성장률이 1990년대의 절반보다 약간 높은 4.7%로 떨어질 때조차 수출이 성장의 주요 동력원이었음을 뜻한다. 하지만 2010년대 수출 증가율은 4%대로 하락하였고, 특히 2016~2020년에는 연평균 증가율이 1.5%로 급락했다.

<그림 1-13> 우리나라의 수출(1990~2021) (단위: 억 달러)

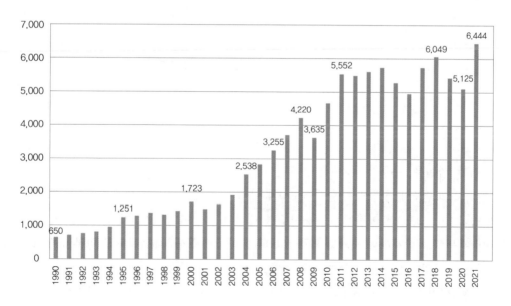

자료: 국가통계포털.

수출액은 2000년 1,723억 달러에서 2021년 무려 6,444억 달러로 증가하였다. 그렇지만 앞으로 수출은 고도성장 시대처럼 급성장하기 힘들 것이다. 예를 들면, 2009년에는 2008년 글로벌 금융위기의 여파로 감소하였으며, 2015년, 2016년, 2019년, 2020년에도 감소하여 상승 추세 속에서 증감을 반복하고 있다. 고도성장기에 수출은 웬만한 대외여건의 변화에도 증가일로였다. 그러나 최근의 증가율 감소는 수출의 일방적 증가가 어려울 뿐만 아니라 대외 요인에 의해 격감할 수도 있음을 보여준다.

표 1-9 주요국의 수출 동향(1990~2020)   (단위: 10억 달러)

	1990	2000	2010	2015	2016	2017	2018	2019	2020
중국	62	249	1,578	2,273	2,098	2,263	2,487	2,499	2,590
미국	394	782	1,278	1,503	1,451	1,546	1,664	1,643	1,425
독일	421	552	1,258	1,326	1,334	1,448	1,561	1,489	1,383
네덜란드	132	233	574	570	571	652	727	709	675
일본	288	479	770	625	645	698	738	706	641
홍콩	82	202	401	510	517	550	568	535	549
한국	65	172	466	527	495	574	605	542	512
이탈리아	170	241	447	457	462	507	550	538	500
프랑스	217	328	524	506	501	535	582	571	489
벨기에	?	188	408	397	398	430	468	447	422
멕시코	41	166	298	381	374	409	451	461	417
영국	185	283	420	466	411	441	486	460	400
캐나다	128	277	387	410	390	421	452	449	391
싱가포르	53	138	353	358	338	373	412	390	358
러시아	?	99	401	341	282	353	444	420	333

주: 2020년 기준 15위 이내 수출국을 표시
자료: 국가통계포털

이러한 사실은 수출의 국가 간 비교를 통해서 확인할 수 있다.

첫째, 2020년도에 한국의 수출액 5,120억 달러는 세계 7위이다. 세계 1위는 2조 6천억 달러의 중국이다. 2010년 이전에는 수출 1위를 미국과 독일이 번갈아 차지했지만 그 이후에는 중국이 부동의 1위 자리를 지키고 있다. 그 뒤를 미국과 독일, 네덜란드와 일본이 잇고 있다. 그런데 3위 독일과 일본의 수출액은 2000년도 이후에 그 격차가 크게 벌어져 2020년에는 독일 1조 3,830억 달러, 일본 6,410억 달러로서 차이가 무려 7,420억 달러나 나고 있다. 일본의 수출은 상대적으로 정체하고 있기 때문에 중국-미국-독일의 순위는 장기간 지속될 것이다.

둘째, 한국과 일본을 비교해 보자. 1990년에 한국은 650억 달러로서 2,880억 달러인 일본의 22.6%에 지나지 않았다. 그런데 2020년도에 한국 수출액은 일본의 약 80%까지 따라 붙었다. 한국과 일본 수출액의 차이는 1,290억 달러인데, 한일 간 기술수준 및 수출경쟁력에서 이 나머지 차이를 극복하기란 쉽지 않을 것이다.

셋째, 한국의 수출은 2000년에 12위였지만 2010년부터 2021년까지 대체로 6, 7위를 고수하고 있다. 2021년의 수출액을 보면 5위 이상으로 올라가기가 쉽지 않다. 한국과 일본의 격차는 크게 감소하면서 2015년 이후에 일본 대비 한국의 비율은 대체로 80% 전후를 점하고 있다. 그러나 일본의 인구가 한국의 2.6배에 달하는 점을 고려하면 한국의 1인당 수출액은 일본보다 훨씬 많다. 다시 말하면, 특별한 이벤트가 발생하지 않는 한 기존의 수출 순위에 커다란 변동이나 획기적 증가는 나타나지 않을 것이고, 고도성장기와 같은 획기적 증가를 달성하기 쉽지 않을 것이다.

세계의 성장지대, 아시아 시장의 중요성

위의 <표 1-9>는 아시아가 교역면에서도 세계 경제성장을 이끌고 있음을 알 수 있다.
① 가장 눈에 띄는 것은 중국 수출의 급성장이다. 중국은 1990년만 해도 한국의 650억 달러보다 적은 610억 달러였지만, 1995년에는 역전하였고 2012년경부터 세계에서 유일하게 2조 달러 이상을 수출하고 있으며, 2017년에는 모든 국가 수출액의 10분의 1을 차지한다.
② 다음으로 주목되는 것은 아시아 지역의 급성장이다. 1990년 이후 세계 15위 이내에 아시아에서는 5개국(중국, 일본, 한국, 홍콩, 싱가포르)이 들어가는데, 아시아 전체의 수출액이 1990년 전 세계의 24.5%에서 2017년에는 35.8%로 증가하여 중국과 함께 아시아가 세계의 성장 지대임을 보여주고 있다.
③ 2021년에는 위의 순위 15개국 외에도 세계 30위에는 베트남, 인도, 말레이시아, 아랍에미리트, 사우디아라비아, 태국, 튀르키예, 터키, 인도네시아가 포함된다. 즉 30위 이내에 아시아 국가 14개국이 들어 있다.

---

③ 투자력의 약화

<표 1-8>에서 보았듯이 민간 기업의 국내 투자도 최근 들어 부진을 면치 못하고 있다.

GDP에서 총자본형성분을 나타내는 투자율은 1960년만 하더라도 9.7%에 지나지 않았지만 1979년에 38.0%까지 급상승하였다. 하지만 1979년 제2차 오일쇼크 이후 1980년대는 대체로 35%를 밑돌다가 1991년에는 최고점인 41.2%를 기록한 후 1998년 외환위기 때에 27.9%까지 급락하였다. 2000년부터 2008년 동안은 32~33% 수준을 유지했는데, 2009년 글로벌 금융위기의 여파로 28.6%까지 다시 하락하였다. 그 후 약간 회복되었지만 2010년 이후에는 30% 이하로 떨어졌는데, 이것은 제1차 오일쇼크가 닥친 1974~1977년의 평균치와 비슷한 수준으로 1991~1997년의 연평균 투자율과 비교하면 거의 10% 정도 하락한 것이다. 2017년에 다시 약간 오르기는 했으나 2021년까지 감소 추세 속 정체 상태로서 투자율

제고가 그리 용이하지 않음을 보이고 있다.

<그림 1-14> 우리나라의 GDP 대비 총투자율(1953~2021) (단위: %)

주: 투자율=[총자본형성(국내총고정자본형성+재고증감)/GDP]×100
자료: 국가통계포털

<그림 1-15> 우리나라 기업의 저축액 및 저축률(1975~2020) (단위: 조원, %)

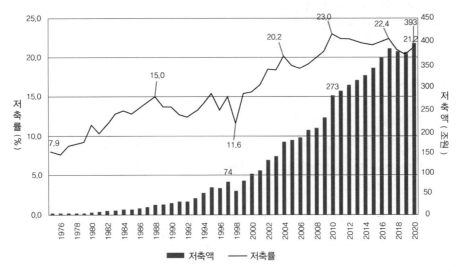

주: 1) 2015년 기준. 비금융 법인기업
   2) 저축률은 총저축 대비 기업 차지 비중이 아님. 기업의 저축률임
자료: 한국은행경제통계시스템

기업의 투자율이 하락하는 이면에서는 기업의 저축이 급증하였다. 우리나라의 비금융 법인기업의 저축액은 1998년의 일시적 감소를 제외하고는 가파르게 증가해왔다. 저축액은 1975년 8천억 원에 지나지 않았으나 1997년 74조 원, 2010년 273조 원, 2020년 393조 원으로 급증하였다. 이에 따라 저축률도 등락을 반복하였지만 장기적으로는 상승 추세를 지속해 왔다. 비금융 법인기업의 저축률은 1975년 7.9%에서 1982년 11.4% → 15.0%(1988) → 15.4%(1995) → 20.2%(2004)이고 2010년에 23.0%로 가장 높았다. 2010년 이후 저축률은 정체 혹은 약간 감소추세이지만 1980년대 및 1990년대에 비하면 2010~2021년은 크게 증가한 것을 확인할 수 있다.

　　기업 저축율의 증가와 더불어 대기업들의 사내유보금도 크게 증가하였다. ① 재벌닷컴이 발표한 바에 따르면 2016년 6월 말 기준 10대 그룹 소속 상장사들의 사내유보금은 550조 원에 달했다. 삼성그룹은 210조 3천억 원인데 이 중에서 삼성전자가 143조 원을 차지했으며, 현대자동차그룹 117조 2천억 원(현대자동차 52조 원), SK그룹(62조 7천억 원), 포스코(47조 1천억 원), LG그룹(44조 6천억 원), 롯데그룹(30조 6천억 원), 7위는 현대중공업(14조 8천억 원)의 순으로 집계됐다. ② 시민단체들의 발표에 따르면, 2016년부터 2018년까지 각 년도 말의 사내유보금(비상장 포함)은 30대 재벌은 807조 원 → 883조 원 → 950조 원, 10대 재벌은 686조 원 → 759조 원 → 815조 원, 5대 재벌은 569조 원 → 617조 원 → 666조 원으로 증가하였다. 그룹별로 가장 많은 곳은 삼성으로 2018년도에 291조 원이었으며, 현대자동차그룹 136조 원, SK 119조 원, LG 58조 원, 롯데 60조 원의 순으로 이 5대 그룹이 30대 그룹 전체의 70%를 차지하고 있다.

　　이와 같이 우리나라 기업들의 투자가 활발하지 않은 것은 과거 1960년대나 1970년대처럼 자본이 부족하기 때문이 아니다. 현재의 상황에서 마땅한 투자처를 찾지 못하고 있는 것과 밀접한 관련이 있는 것이다.

④ 민간소비의 정체

　　우리나라는 GDP 규모에 비해 민간소비가 차지하는 비중이 적다. <그림 1-16>은 GDP 대비 최종 민간소비 지출이 차지하는 비율의 변화도이다. 민간소비 지출은 1960년 85.1%에서 1988년 48.9%까지 계속해서 떨어졌다. 초기에 이처럼 GDP에서 민간소비 지출이 차지하는 비중이 큰 것은 자본축적 부족으로 국내생산 중 인구 부양에 필요한 생활에 상대적으로 많이 투입되었기 때문이다. 이 비중은 경제성장과 함께 정부의 소비억제책에 힘입어 지속적으로 하락했다.

<그림 1-16> GDP 대비 최종민간소비지출 비중(1960~2021) (단위: %)

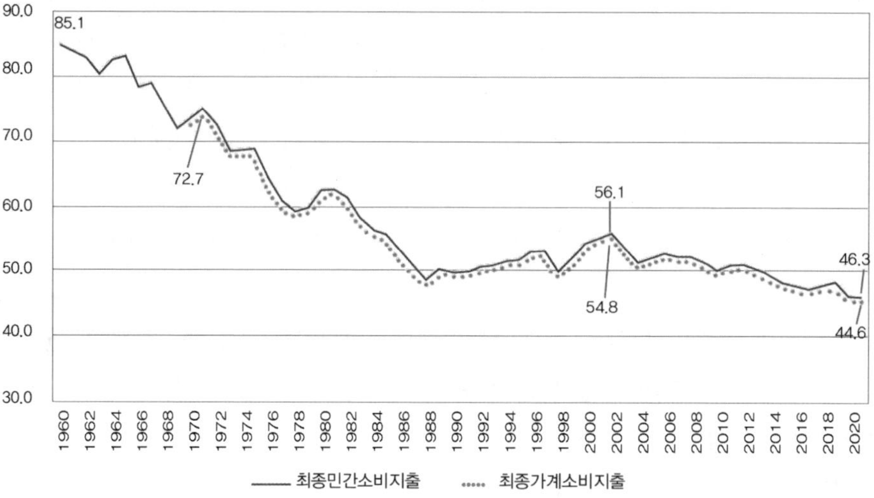

자료: 한국은행 경제통계시스템

　　이 비율은 1988년의 저점에서 상승하다가 1998년의 외환위기 때에 50.3%로 하락하였다. 그리고 2002년의 정점 56.1%에서 2021년 46.3%까지 지속적으로 떨어졌는데, 이는 1953년 최종 민간소비 지출 통계가 작성된 이후 최저 수준이다. 가계 지출은 식품, 의류, 주거(임대료), 에너지, 교통, 내구재(특히 자동차), 의료비, 여가 및 기타 서비스 등 일상의 필요 충족을 위한 가구의 최종 소비지출 금액인데, 보통 GDP의 60% 내외를 차지하는 것이 일반적이다. 그러므로 가계의 소비를 진작하기 위한 정책의 실행이 요구된다.

　　이같이 민간소비 지출을 정체시키는 주요한 두 가지 요인은 소득양극화와 가계부채의 급증이다.

　　첫째, 앞에서 지니계수와 상대적 빈곤율을 살펴보았는데, 2020년까지 소득불평등도는 국제적으로도 매우 높게 나왔다. 소득양극화가 심화된 주된 원인 중의 하나는 하위 소득 계층의 임금소득 수준이 낮은 것과 밀접한 관계가 있다. 우리나라는 1998년의 외환위기 때 실업률이 급증한 결과 전반적으로 실질임금이 하락하여 소득불평등이 크게 심화되었다. 지니계수, 소득5분위배율, 상대적 빈곤율 모두 1998년 외환위기 때 악화된 것이 이를 증명한다.

　　통계청에 따르면, 임금노동자 중에서 월 200만 원 미만의 임금을 받는 노동자가 2015년에 47.3%(약 1,868만 명의 절반 이상인 942만 명)에서 2021년에는 29.8%로 17.5%나 크게 줄어들었다. 최저임금위원회가 결정한 시간당 최저임금이 2015년 5,580원에서 2021년에는 8,720원으로 지난 4년간 3,140원(매년 523원)으로 오른 영향을 받았기 때문이다. 그렇지만 아직도 2013년에 12.8%이던 100만 원 미만의 임금노동자는 2021년에도 여전히 10.0%로서 최저층의 소득 증대가 쉽지 않음을 보여주고 있다. 2021년 월 300만 원 미만의 노동자는 전체의 63.1%이다. 1인당 소득 3만 5천 달러 시대에 전체적으로는 여기에 미치지 못하는 가구들이 적지 않은 실정이다. 하위소득계층에 대한 분배의 개선 없이 불평등도 개선이나 국내소비시장의 확대는 어려울 수밖에 없겠다.

둘째, 소득양극화와 더불어 국내 시장의 소비 정체를 초래하는 또 하나의 주요한 요인은 가계부채의 급증이다.

<그림 1-17> 가계신용의 증가 추세(2002~2021) (단위: 조원, %)

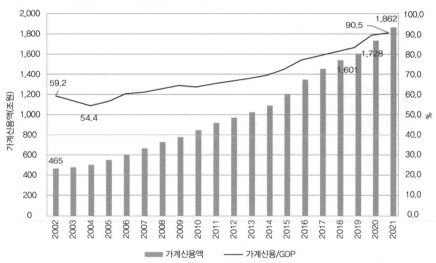

주: 가계신용=가계대출+판매신용
자료: 한국은행 경제통계시스템

2002년도 가계부채(가계신용)는 465조 원에서 2010년 843조 원 → 2015년 1,203조 원 → 2021년 1,862조 원으로 급증했다. 2020년과 2021년에는 부동산 투기 열풍으로 이 2년간 260조 원이 불어났다. GDP 대비 가계신용 비율도 급증하여 2005년까지는 대체로 50%대, 2006~2017년에 60~70%대였던 것이 2021년에는 무려 90.5%로 커졌다.

가계부채 급증의 배경에는 아파트 매입을 비롯한 부동산시장의 투기 및 과열이 작용하고 있다. 통계 기관들의 가계금융복지조사에 나타난 가계의 담보부채 중 부동산 관련 부채의 비중을 요약하면 다음과 같다. ① 금융기관의 담보부채 중 부동산 매입 관련 비중은 2012년도 59.5%였지만 2017년 69.7%, 2021년에는 65.7%이다. ② 부동산 매입 비중의 상승과 함께 동기간에는 전(월)세 보증금 확보를 위한 대출은 GDP 대비 4.6%에서 12.2%로 올랐는데, 특히 2019년 9.7%에서 2021년 12.2%로 급증했다. 이같은 부동산 가격의 상승으로 인해 부동산과 전(월)세 확보를 위한 가계신용은 GDP 대비 약 80%까지 커졌다.

<그림 1-16>의 민간소비지출 비중과 <그림 1-17>의 가계신용 비중을 비교해보면, 2002년 이후 현재까지 GDP 대비 가계신용 비중의 증가와 민간소비지출 비중의 감소가 동시에 진행되고 있음을 알 수 있다. 이것은 부동산금융의 활성화가 민간소비를 잠식했을 가능성을 보여준다.

가계부채의 급증은 우리 경제를 불안하게 하는 주요인으로 지목되어 왔다. 부동산 투기는 장기적으로는 시장수요를 제약하여 성장률을 저해하는 요인으로 작용한다. 이것은 부동산 매입 자금이 과도한 비중을 차지하게 되면 가계의 원리금 상환부담이 가중되어 소비지출을 제약하고 결과적으로 성장률을 떨어뜨리는 요인으로 작용하기 때문이다.

4.2.2 적극 재정의 필요성

① 적극 재정의 필요성

경제성장사에 따르면 모든 경제는 자본축적이 고도화함에 따라 성장률이 필연적으로 하락한다. 우리나라 경제도 양적, 질적 측면에서 선진국 수준에 근접해 가는 과정에서 지속적으로 성장률이 하락하였다. 경제성장률은 2012년 이후에 대체로 2~3% 수준에 지나지 않고, 특히 코로나19가 덮친 2020년에는 성장률이 마이너스였다. 이것은 향후 우리나라 경제가 과거와 같이 높은 성장률을 달성하기가 쉽지 않음을 보여준다. 그렇지만 성장률의 급격한 하락은 현재의 여러 가지 사회경제적 갈등을 증폭할 수 있다는 점에서 대책 마련이 시급하다.

앞에서 보았듯이 투자와 수출, 민간의 소비지출과 정부지출 등 수요를 구성하는 모든 부문의 성장률이 크게 하강하였다. 이 중에서 투자, 수출, 민간소비는 정부가 정책을 동원해도 정책효과가 즉각적이거나 일방적으로 나타나기 어려운 부문이다.

첫째, 투자 부진은 과거의 고도성장기처럼 자본 부족 때문이 아니라 자본축적의 고도화와 글로벌 경제의 변동에 따른 것이다. 정부가 투자 촉진을 위해 금리를 낮추더라도 시장 전망이 나쁘면 기업은 투자할 리가 만무하다. 정부가 기업 측에 투자 압력을 넣거나 호소를 해도 그 효과는 일시적일 뿐이다. 손해 보는 장사를 하는 기업은 없기 때문이다.

둘째, 수출은 2010년 이후 세계 5~7위로서 좋은 성과를 거두어 왔지만 2015년 이후에는 수출액이 증감을 되풀이하고 있고, 특히 2022년에 들어서서는 코로나19의 세계적 유행과 러시아-우크라이나전쟁의 여파 등으로 무역수지도 적자를 보이는 상황이다.[16]

---

16) 무역수지 적자 폭은 2021년 12월 4억 달러, 2022년 1월 49억 달러, 4월 25억 달러, 5월 16억 달러, 6월 25억 달러, 7월 48억 달러이다.

셋째, 민간의 소비지출도 성장률 하락, 소득양극화, 중산층의 감소, 과도한 가계부채 등으로 인하여 정부가 직접적으로 끌어올리기가 쉽지 않다. 소비란 소득 수준에 가장 크게 영향을 받는 소득의 함수이다. 지금과 같은 소득양극화를 그대로 두고서 소비를 촉진하기란 쉽지 않다.

이렇게 성장을 이끌어 온 투자와 수출부진, 민간소비의 정체는 성격상 정부가 정책을 통해 인위적으로 해결하기가 쉽지 않다. 그러나 정부지출은 이것들과 성격이 다르다. 정부지출의 실질증가율 역시 고도성장기보다 크게 하락하고 있는데, 2010년대 증가율은 1990~2009년 수준의 절반 수준에 지나지 않는다(<표 1-8>참조). 정부지출은 정책 당국이 보다 강력한 의지를 가지고 적극적으로 활용한다면 성장률 제고와 경제 활성화 등에 다른 요소보다 용이하게 영향을 미칠 수 있는 정책수단이 될 수 있다.

제2차 세계대전 이후 선진 각국에서도 전략적으로 이러한 정책을 구사하여 장기호황을 유지하였다. 우리의 경우, 짧은 기간 동안의 성장 과정에서 벌어진 빈부 격차와 여기에서 비롯되는 여러 가지 사회적 갈등과 부작용을 치유하기 위해서라도 정부의 적극적인 재정 운용이 요청된다. 우리나라에서는 그동안 양적인 성장목표 달성에 매달려 투자 증대와 수출정책에 중점을 둠으로써 내수시장 확대는 소홀하게 취급되어 왔다. 저성장의 함정에서 벗어나 분배와 성장을 동시에 달성하기 위해서는 재정을 적극적으로 활용할 필요가 있다. 정부지출을 효과적으로 동원하여 국내 소비를 진작하고 성장률을 높여야 할 단계에 와있는 것이다.

② 정부지출의 국제 비교

우리나라의 재정 규모는 어느 정도인지 주요 국가들과 비교해 보자.

표 1-10 OECD 회원국의 GDP 대비 일반정부 총지출 비율(2000~2022)　　　(단위: %)

	2000	2010	2015	2019	2020	2021	2022
프랑스	51.6	56.9	56.8	55.5	63.3	59.6	59.6
스웨덴	53.4	50.5	49.5	52.1	61.8	57.1	57.1
이탈리아	46.5	50.0	50.4	48.7	58.5	54.9	54.9
캐나다	40.6	43.1	40.0	41.2	56.6	52.0	52.0
독일	47.8	48.3	44.1	45.1	52.1	50.4	50.4
호주	35.2	36.4	35.7	35.6	47.4	40.2	40.2
일본	37.5	39.3	38.9	38.7	46.7	41.5	41.5
미국	34.5	43.4	38.1	42.2	46.2	45.1	45.1
영국	35.3	47.3	42.2	39.0	44.6	44.6	44.6
한국	24.2	29.6	30.5	34.0	38.5	37.9	37.9
스페인	39.1	46.0	43.9	32.7	37.4	35.8	35.8
11개국 평균	40.5	44.6	42.7	42.3	50.3	47.2	47.2
11국평균 - 한국	16.3	15.0	12.2	8.3	11.8	9.3	9.3

	2000	2010	2015	2019	2020	2021	2022
OECD 평균	39.0	43.9	40.8	40.6	49.0	46.2	46.2
OECD - 한국	14.8	14.3	10.3	6.6	10.5	8.3	8.3

주: General government total outlays Per Cent of nomonal GDP
자료: 국회예산정책처, 재정경제통계시스템

첫째, OECD 주요 11개국 중 한국의 GDP 대비 일반정부(중앙정부＋지방정부) 총지출 비율은 2019~2020년에 스페인 다음으로 밑에서 두 번째로 상대적 규모가 적고, 2021~2022년에도 그대로 유지될 것으로 보고 있다(<표 1-10>은 OECD에서 2020년 12월에 발표한 자료).

둘째, 2022년도에 프랑스, 스웨덴, 이탈리아, 캐나다, 독일은 50~약 60%이고, 호주, 일본, 미국, 영국은 약 45% 이상이다. 이에 비해 한국은 37.9%로서 한국 포함 11개국 평균보다 9.3%나 적고, OECD 전체 평균보다는 8.3%가 적다.

셋째, 이 차이의 연도별 추세를 보면, 2019년까지 8.3%로 감소했지만, 코로나19가 본격적으로 불어 닥친 2020~2022년에는 오히려 차이가 커진다. 이것은 국가의 재정지출이 소상공인 및 취약계층 등에 대한 재난 지원 등에서 다른 나라에 비해 소극적이었음을 뜻한다.

넷째, 추가적으로 같은 자료에 나와 있는 1998~2017년까지 OECD 31개국을 비교한 통계를 정리해 보자. 한국도 꾸준히 GDP 총지출 비율이 늘고(25.7% → 30.3%), 31개국 평균과의 격차도 줄었지만 차이가 적지 않고(14.7% → 10.0%), 2015~2017년을 제외하고 나면 항상 꼴찌를 못면하고 있다(아일랜드가 하위 2위). 다시 말해, 한국의 재정 규모는 선진국가들의 모임이라는 OECD 중에서 장기에 걸쳐 평균 수준에 크게 미치지 못하는 최하위 수준이다. 이것은 국민경제에서 차지하는 정부부문의 비중이 경제 운용에 적극적으로 기여하지 못하고 있다는 것을 뜻한다. 이에 비해 전체적으로 덴마크, 핀란드, 노르웨이, 스웨덴 등 북유럽 복지국가와 서유럽 국가들은 그 비율이 상당히 높다. 이와 같이 선진국들은 우리나라보다 국가재정을 적극적으로 운용하고 있다.

한국 경제의 재정 확대 여력 및 필요성에 대해서는 그 동안 국내 학자뿐만 아니라 세계의 저명 경제학자나 국제기구도 여러 차례 권고하거나 강조한 바가 있다. 2008년 노벨 경제학상 수상자인 Paul Krugman은 2016년에 한국을 방문하여 "한국은 재정지출 여력이 높은 국가인 만큼 지출을 늘려 성장을 진작해야 한다"고 하면서 "사회지출을 늘림으로써 사회 정의를 실현하고 서민들의 생활 수준을 높여 결과적으로 성장을 진작시킬 수 있다"고 강조했다.[17] 그는 2019년 9월 기획재정부 장관을 면담하는 자리에서도 한국의 재정 여력이 충분하다는 점을 지적하면서 경기불황에 정부 예산을 통해 공공지출을 늘려 과감하고

---

17) Weekly BIZ, 2016.10.6, 조선일보의 위클리비즈(Weekly BIZ) 창간 10주년 기념 경제·경영 글로벌 콘퍼런스에서 한 강연 요지이다.

적극적으로 대응할 것을 조언하였다.[18] 2019년 4월 IMF는 한국과 독일, 호주에 적절한 수준의 경기부양을 권고했는데 이를 두고 WSJ는 부양책을 쓸 수 있음에도 사용하지 않는 나라로 지목한 것이라는 해설을 내놓았다.[19]

그동안 한국 경제는 규모가 작을 때는 투자와 수출만으로도 높은 성장률을 달성할 수 있었다. 그러나 자본축적으로 경제 규모가 커지고 성장률이 급락하는 데서 보듯이 투자와 수출에만 매달리는 기존의 정책만으로는 여러 가지 한계를 극복할 수 없게 되었다. 이제 정부지출이란 남아있는 수단을 동원해서 성장률을 끌어 올리고 사회경제적 요구에 부응해야 할 단계에 이른 것이다.

제 5 절 **재정 자금의 조달**

5.1 재정 동향

<그림 1-18> 재정 총지출 및 증가율(2000~2022) (단위: 조원, %)

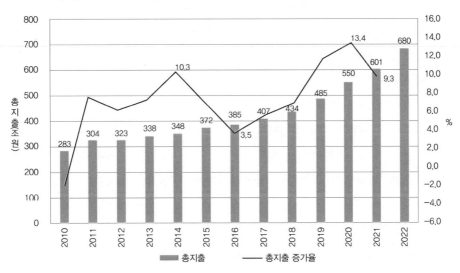

주: 1) 결산 기준임
　　2) 2022년은 추경 기준 예산
자료: 국회예산정책처, 재정경제통계시스템

---

18) 파이낸셜뉴스, 2019.9.9., 노벨경제학상 수상자 "기업 불확실성 커 韓경제성장률 전망 하락"
19) 연합뉴스, 2019.4.15, "IMF, 한국·독일·호주에 경기부양책 가동 권고"

Chapter 1 한국 경제의 위상과 비전　45

복지예산 확보 및 경기활성화를 위한 재정의 조달 방안을 검토해 보자. 재정의 총지출은 결산 기준으로 2010년 283조 원에서 2021년에는 두 배 이상이 되는 601조 원으로 증가하였다.

이러한 재정지출의 증가에 대하여 증가 속도가 너무 빠르다는 비판이 계속 나온다. 가령 2011~2021년 동안 재정지출의 매년 평균증가율은 8.1%인데, 이러한 증가에 대해 국제적으로도 국가예산이 너무 빨리 늘고 있다는 비판이 주류를 이룬다. 그러나 경제 규모 증대에 따른 재정 규모의 자연적 증가를 고려하면 전체적으로 무리한 증가라 할 수 없다. ① 2021년도 재정지출 550조 원이고 2022년 추경 포함 예산 680조 원을 비교하면 130조 원이 증가했다. 그러나 이것은 경제성장으로 인한 GDP의 증가에 더하여 코로나19 대응 자금의 수요에 의한 것이므로 불가피한 측면이 있다. ② GDP 대비 사회보장 및 복지를 위한 재정지출이 OECD 평균에 크게 미치지 못한 점을 고려한다면, 이를 쫓아가기 위한 것이므로 어느 정도 빨리 증가한 것을 지나치다고 보기 힘들다.

그동안 재정지출이 적극적으로 추진되지 못한 것은 정부 예산의 증가에 대해 끊임없이 부정적 견해가 제기되고 있기 때문이다. 이 주장의 주요 근거는 적자국채 발행과 이로 인한 재정건전성의 악화이다. 그렇지만 현대국가에서 일정 수준의 국가채무는 일반 가계의 균형 개념과 다르다는 것을 이해할 필요가 있다. 즉, 절대액의 크기가 문제가 아니라 국가가 그것을 감당할 정도인가가 판단기준이 되어야 할 것이다. 우리나라는 GDP 대비 국가채무 비율이 그렇게 급격하게 증가하지도 않았고 국제적으로도 매우 낮은 수준이다.

재정지출 증가에 대한 부정적 견해의 또 다른 요점은 복지 부문에 대한 지출이 지나치게 빠른 속도로 증가한다는 것이다. 복지 수요는 일단 늘고 나면 줄이기 힘들기 때문에 복지 수요가 증가하게 되면 걷잡을 수 없이 국가의 빚이 증가할 것이며 이것은 시간 문제라고 한다. 그러나 이 주장은 성장의 궁극적 목표가 국민 대중이 잘 사는 것인데 늘어난 복지예산을 왜 줄여야 하는가에 대해 제대로 된 답을 줄 수 없다. 복지 지출 증가를 부정적으로 보는 견해의 밑바탕에는 복지는 불요불급하며 재정지출의 부차적 요소라는 사고가 자리잡고 있다.

물론 재정건전성 훼손이나 재정의 무리한 증가 속도에 대한 경고에 대해서는 귀담아들어야 한다. 그러나 2022년도에조차 우리나라의 GDP 대비 재정지출의 비중은 OECD 평균보다도 8.3%나 적으며, 우리보다 규모가 큰 선진국이나 북유럽 복지국가와 비교하면 그 차이는 훨씬 더 커진다 (<표 1-10>). 균형재정을 염두에 둔 재정건전성이란 하위 목표에 대한 지나친 집착이 복지사회 건설이라는 현대 국가의 지향성에 부응하는가에 대한 심각한 검토가 필요하다 하겠다.

5.2 재정자금의 조달 방안

5.2.1 세율 인상

　재정지출의 확대 가능성 여부와 그 방법에 대해서 살펴보자. 정부가 재정 자금을 마련하는 주요 방법에는 조세수입, 세외수입, 자본수입, 기금 등으로 이루어지는 총수입, 즉 세입(歲入)과 국공채 발행의 두 가지가 있다.

　첫째, 세입에서 세외수입(임대료, 이자수입, 수수료, 벌금 및 몰수금 등)과 자본수입(고정·재고자산, 토지 및 무형자산 매각수입 등)은 수입이 매우 제한적이다. 기금은 특정 용도로 사용되기 때문에 정부지출 자금의 원천이 되지 않는다. 그러므로 재정 원천은 주로 조세수입으로 충당되며 세율 조정으로 규모를 증감할 수 있다. 중앙 정부의 재정 규모는 조세 중에서 대부분을 차지하는 국세(내국세+관세)에 의해 결정된다. 조세수입은 정해진 세율이 과세 대상에게 무차별적으로 집행되므로 장기에 걸쳐 안정적으로 세수를 확보할 수 있는 장점이 있다.

　둘째, 국공채 발행은 조세저항 없이 재정 자금을 확보할 수 있는 이점이 있다.

　셋째, 그 외에도 기존 지출 분야의 액수를 삭감하거나 유사·중복 사업의 통폐합, 정책 우선순위의 변경 등도 재정 자금 확보의 방안이 될 수 있다. 하지만 경직성 경비가 적지 않은 부분을 차지하므로 지출 절약, 순위 변경, 속도 조절 등을 통해 거액의 자금을 확보하기란 쉽지 않다.

<그림 1-19> 조세부담률 및 국민부담률(1990~2020)　(단위: 조원, %)

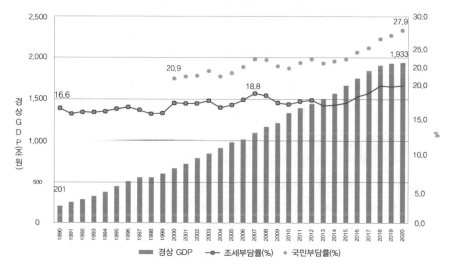

주: 경상GDP는 2015년 기준.
자료: e-나라지표, 재정경제통계시스템.

먼저 세율 조정을 통해서 국세수입을 늘리는 것에 대해서 살펴보자. 한국의 조세부담률은 1990년 16.6%에서 지속적으로 증가하여 2020년에는 20.0%이다. 참고로, 조세에 사회보장기여금을 합친 국민부담률도 꾸준히 증가하여 2020년에는 27.9%에 이르고 있다. 조세부담률과 국민부담률의 차이가 커졌는데, 이는 복지적 측면에서 국민연금을 비롯한 공적연금 및 건강보험, 산재보험 등 사회보장기여금의 부담이 늘어나고 있기 때문이다.

<그림 1-20> OECD 주요국의 조세부담률 및 국민부담률 비교(2018) (단위: %)

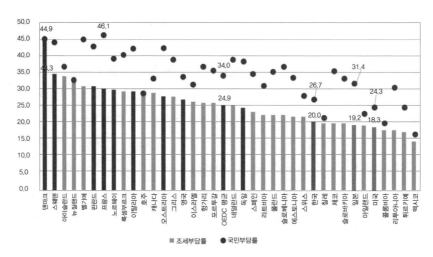

자료: 재정경제통계시스템

나라마다 경제 상황이 다르기 때문에 각국의 세율은 일률적이지 않다. 그렇지만 국제적비교를 통해서 우리나라 세율이 과연 적절한 수준인지를 가늠할 수 있다.

첫째, 한국의 조세부담률은 2013년 이후 꾸준히 상승했지만 대부분의 선진국에 비하여낮다. <그림 1-20>에 따르면, 조세부담률은 OECD 주요국 중에서 2018년도에 일본과미국 정도를 제외하고 영국보다 6.6%, 독일보다 4.0%, 프랑스보다 9.9%, 이탈리아보다8.9%가 낮다. 특히 북유럽 복지국가와 비교하면 상당히 낮은데, 최고 세율인 덴마크보다22.3%, 스웨덴보다 14.3%, 핀란드보다 10.5%가 낮다.

둘째, 2018년도에 한국의 조세부담률은 OECD 38개국 중에서 하위 11위로서 평균보다4.9%가 낮다.

셋째, 사회보장기여금을 합친 국민부담률의 격차는 더 벌어진다. 조세부담률 차이가4.9%인 데 반해, 국민부담률은 7.3%나 되고 국민부담률 순위도 하위 7위로 떨어진다.

넷째, 세율이 가장 높은 덴마크를 제외하고 대부분의 서유럽이나 북유럽 국가에서는 국민들이 사회보장기여금을 기꺼이 부담함으로써 높은 국민부담률을 보이고 있다. 우리보다 조세부담률이 낮은 일본과 미국조차 국민들이 보다 많은 사회보장기여금을 지출함으로써 국민부담률이 우리보다 상당히 높다(즉 조세부담률이 낮은 국가는 사회보장을 위한 사회보장부담률이 높다).

조세부담률과 국민부담률

조세부담률(Total tax revenue (excluding social security) as percentage of GDP) = 조세/GDP×100
- 경상GDP에서 조세(국세+지방세)가 차지하는 비중으로 국민들의 조세부담 정도를 나타낸다.

국민부담률(Total tax revenue as percentage of GDP) = 조세부담률 + 사회보장부담률
- 사회보장부담률 = 사회보장기여금/GDP×100
- 경상GDP에서 조세와 사회보장기여금이 차지하는 비중이다. 우리나라에서 사회보장기여금으로는 공적 연금(국민연금, 공무원연금, 군인연금, 사학연금), 건강보험, 요양보험, 고용보험, 산재보험이 포함된다.

그동안 학계 중에서는 재정 확대의 필요성을 인식하고 꾸준히 세율 인상, 법인에게 매우 특혜적인 조세제도를 유지하고 있는 조세특례제한법의 정비 등 개혁안을 제안해 왔다. 그렇지만 세원을 확장하기 위한 법률이나 제안들은 여러 가지 원인 때문에 이루어지지 못한 채 오히려 세율 인하가 단행되기도 했다. 이 중에서 두 가지의 사례만 들어 보자.

첫째, 정부는 2005년 6월에 부동산 과다 보유자에 대한 과세 강화 등을 목적으로 종합부동산세를 도입하였는데, 당초 계획대로라면 매년 3~4조 원이 걷힐 것으로 예상되었다. 이로 인한 세수는 2006년 1조 3천억 원에서 2007년 2조 4천억 원으로 늘었지만, 2008년 정권이 바뀌면서 격렬한 반발에 부딪혀 사실상 무력화된 적이 있다. 문재인 정부에서 강화되었던 종합부동산세는 2022년에 들어 완화되고 있다.[20]

둘째, 친기업정책의 일환으로서 법인세율이 인하되기도 한다. 중앙정부가 받는 국세(내국세+관세) 중 중요한 세원이 되는 것으로는 소득세, 법인세가 있다. 정부는 기업의 투자를 자극하여 경기를 활성화한다는 명분 아래 과세표준 2억 원 초과 기업에 대한 법인세율을 2009년 25%에서 22% 인하한 데 이어 2012년에는 재차 20%로 낮추었다.[21] 그 결과 소득세 징수액은 법인세보다 많아졌지만, 기업의 투자가 획기적으로 증가하거나 경기활성화

---

[20] 2022년 5월 10일에 다주택자 양도소득세 중과가 1년 유예되었고, 6월 16일에는 재산세과 종합부동산세가 2020년 수준으로 경감되어 다주택자에게 혜택이 집중되었다. 다주택자에 대한 종합부동산세 중과 폐지를 골자로 하는 부동산세제 개편안도 준비 중이라고 한다.

[21] 이 법인세율 인하로 2009년부터 2013년까지 5년 동안 법인세 감소액은 37조 2천억 원이었다(한겨레신문, 2015.2.11., "정석구 칼럼, 증세논쟁의 본질").

효과는 나타나지 않았다.

조세특례제한법

> 이 법에 따르면, 조세의 감면 또는 중과(重果) 등 조세특례와 이의 제한에 관한 사항을 규정하여 과세의 공평을 기하고, 조세정책을 효율적으로 수행함으로써 국민경제의 건전한 발전에 이바지할 목적으로 제정되었다고 한다. 1965년 12월 20일 법률 제1723호로 제정되었는데, 2019년 기준 총 7장 147개조 및 부칙으로 구성되어 있다.
> 중소기업, 연구 및 인력개발, 국제자본거래, 투자촉진, 고용지원, 기업 구조조정, 금융기관 구조조정, 지역간 균형발전, 공익사업 지원, 저축 지원, 국민생활 안정, 근로장려, 동업기업, 자녀 장려를 위한 조세특례, 그밖의 직접국세 특례, 간접국세 지방세, 외국인투자 등에 대한 조세특례 등 매우 다양한 주제를 포함하고 있어 조세특례의 전시장을 방불케 한다. 중소기업 육성, R&D 등 중요하고 필수적인 부분을 규정하고 있지만, 법인 특히 대기업에 대해 특혜적 조치를 취하고 있다는 점에서 비판이 지속되어 왔다.

감세를 하지 않으면 기업들이 해외 이전을 할 것이라고 주장하지만 실제로 이에 대해서는 반론이 만만치 않다. 기업 투자는 법인세보다는 이자율, 시장 상황, 노동시장, 사회인프라 수준 등에 영향을 더 크게 받을 수 있기 때문이다. 세계적 대기업으로 성장한 삼성전자, LG전자, 현대자동차 등의 대표 기업은 물론 많은 중소기업이 해외에 공장을 짓는 것은 법인세가 높기 때문이 아니라 FTA 체결, 투자처의 시장개발 가능성 및 저임금과 같은 노동시장 상황 등이 중요한 요인으로 작용했기 때문이다. 연구에 따르면, 법인세 등 세율 인하가 투자를 자극하여 경기를 활성화하고 일자리를 창출한다는 소위 낙수효과는 거의 없다고 한다.

2019년 기준으로 법인세는 과세표준 2억 원 초과~200억 원 이하＝20%, 200억 원 초과~3,000억 원 이하＝22%, 3천억 원＝25%이다. 하지만 이것은 2009년 최고세율 25%의 대상 법인과세표준을 2억 원에서 3천억 원으로 바꾼 데 지나지 않아 사실상 대부분의 기업이 적용 대상에서 빠져나간 것을 의미한다.[22] 2022년 들어 새정부는 최고 법인세율 25%는 다시 22%로 낮추었다.

조세저항을 고려한다면 국가 경제 운용에서 가장 중요한 자원인 세금을 깎아주는 일은 매우 신중해야 한다. 흔히 말하듯이 "증세 없는 복지는 허구"이다. 조세 감면으로는 미래 사회를 위한 복지수요의 증가를 뒷받침할 수 없기 때문이다. 2000년대 들어서 확대 재정의 필요성이 커짐에 따라 연말마다 증세 논쟁이 되풀이되곤 했지만 오히려 감세 정책이 추진되고 있다, 한마디로 정치권과 정책 당국은 조세를 부담해야 할 사람들의 눈치를 보기에 바쁘기 때문이다. 세율 인상 문제를 해결하지 못하면 복지를 비롯한 재정 수요를 충당

---

22) 소득세율도 약간 올랐다(국회예산정책처, 『2019경제재정수첩』, pp.49－50, pp.53－57, p.60).

할 예산 확보는 물론이고 재정건전성 강화에도 도움이 되지 않을 것이다.

5.2.2 국공채 발행

① 국가재정 건전성 문제

국공채 발행은 조세저항 없이 더 많은 예산을 확보하는 데 유리하다. 그러나 언젠가는 갚아야 할 빚이므로 국공채 발행은 건전재정 유지는 물론 후손들에게 빚을 떠넘긴다는 비판을 받기 일쑤이다. 우리나라 국가채무의 현황과 국가채무의 국제적 수준을 비교해 보자.

<그림 1-21> GDP 대비 국가채무 비율(1997~2022) (단위: 조원, %)

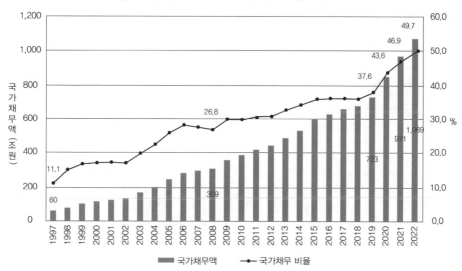

주: 2021년은 결산 기준, 2022년은 2차 추경 기준
자료: e-나라지표.

기획재정부에 따르면, 첫째, 국가채무는 1997년 60조 원에서 2022년에는 1,069조 원이 될 것으로 예상하고 있다. 이 때문에 국가채무의 절대액이 엄청나게 증가한다거나 복지지출로 인해 국가채무 증가 속도가 빨라졌다는 비판이 나온다. 특히 2019년 723조 원에서 2022년에는 1,069조 원으로 무려 346조 원이 증가했다. 그러나 이러한 증가는 복지 및 코로나19 대응자금의 수요 증가에 따른 것으로 불가피한 측면이 강하다.

둘째, 국가채무 절대액이 크게 증가한 것은 사실이지만, 국가채무는 절대액이나 증가 속도가 문제가 아니라 빚을 감당할 정도로 부담 능력이 충분한가가 중요하다. 절대액이 크다고 하더라도 GDP 규모에 비해 국가채무 비중이 낮고 이를 감당할 수 있는 인프라가 잘 구축되어 있다면 크게 문제가 되지 않기 때문이다.

셋째, 1997년에 국가채무비율은 11.1%에 지나지 않았고 2008년에 국가채무 비율은 26.8%로서 지금과 비교하면 매우 낮았다. 전자는 IMF 구제금융을 받기 직전 연도이고, 후자는 글로벌 금융위기가 닥친 때이다. 이 위기는 기본적으로 국가채무 비율이 감당하지 못할 정도로 국가재정이 파탄났기 때문이 아니라 외환위기로 인한 것이다. 즉, 우리나라의 재정건전성에 대한 지나친 우려는 재정 긴축을 초래하여 경기 활성화와 복지사회 구축에 전혀 도움이 되지 않을 것이다.

그러면 우리나라의 재정건전성을 국가간 비교를 통해서 살펴보자.

<그림 1-22> OECD 회원국의 GDP 대비 일반정부 총부채 비율 비교(2020) (단위: %)

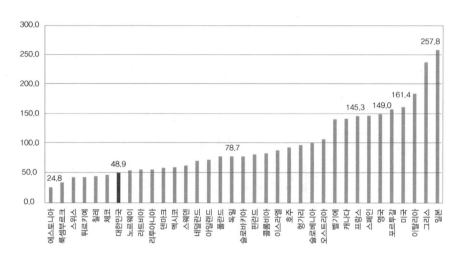

주: 총부채=통화 및 예금, 채무증서 및 대출, 보험, 연금 및 표준화 보증상품, 기타 미지급금의 합계
자료: 국가통계포털

국가채무 비율이 어느 정도라야 적정한지 정해진 국제적 기준은 없다. 그러나 국가 간 비교를 통해서 얼마나 재정여력이 있는지, 즉 재정건전성의 정도를 파악할 수 있다. <그림 1−22>는 OECD 국가들의 국가부채 수준을 보여준다.

첫째, 한국 정부의 부채비율(D2)은 2020년도에 비교 가능한 35개국 중에서 여섯 번째로 낮아서 재정건전성이 국제적으로 매우 양호하다. 더욱이 한국보다 인구가 많고 GDP가 큰 국가 중에 국가부채 비율이 낮은 국가는 하나도 없으므로 한국의 재정건전성이 사실상 국제적으로 가장 좋다고 할 수 있다. 한국의 부채비율은 위 35개국 평균 96.4%의 절반 수

준에 지나지 않는다.[23]

둘째, OECD 국가의 GDP 대비 정부총부채(General Government Gross financial liabilities) 비율을 보더라도 한국의 재정건전성이 주목된다. 국회예산정책처의 통계에 의하면, 2021년에 OECD 주요국 일본(243.3%), 이탈리아(178.3%), 영국(17.4%), 프랑스(143.2%), 스페인(142.3%), 미국(134.2%), 캐나다(131.2%), 독일(84.7%), 호주(64.1%), 스웨덴(49.8%)인 데 비해 한국은 46.3%밖에 안된다. 이러한 추세는 2022년 및 2023년 이후에도 크게 변하지 않을 것이다.

이상에서 본 바와 같이 우리나라는 아직은 재정이 매우 건전한 상태이기 때문에 국공채 발행을 통한 재정자금 동원 여력이 적지 않은 것으로 판단된다.

② 공공부문 부채 문제

국공채를 발행할 수 있는 상당한 재정 여력이 있다는 주장에 대하여 국가채무에 공공기관의 국공채 발행액을 합치면 부채가 훨씬 더 커지기 때문에 안심할 수 없다는 반론이 있다. 공공기관도 국가기관이므로 공공기관의 부채는 국가의 부채 범주에 들어간다. 지적대로 공공기관의 부채를 합하면 공공부문 전체의 부채가 커지는 것은 사실이다. 하지만 감당할 수 없을 정도로 GDP 대비 비율이 커지는 것도 아니고 외국의 수준과 비교하더라도 상당히 낮다.

표 1-11 공공부문 부채액 및 GDP 대비 부채 비율(2011~2020) (단위: 조원, %)

	국가채무 및 부채액			GDP 대비 비율		
	국가채무 (D1)	일반정부부채 (D2)	공공부문부채 (D3)	국가채무(D1)	일반정부부채 (D2)	공공부문부채 (D3)
2011	421	459	753	30.3	33.1	54.2
2012	443	505	821	30.8	35.0	57.0
2013	490	566	899	32.6	37.7	59.9
2014	533	621	957	34.1	39.7	61.3
2015	592	676	1,004	35.7	40.8	60.5
2016	627	718	1,037	36.0	41.2	59.5
2017	660	735	1,045	36.0	40.1	56.9
2018	681	760	1,078	35.9	40.0	56.8
2019	723	811	1,133	37.6	42.2	59.0

---

[23] 이에 대한 통계는 기관마다 차이가 난다. 『2022대한민국재정』에 의하면, 2020, 2021년 한국의 일반정부 총부채(General Government Gross Fianacial Liabilities)는 각각 45.4%, 47.8%이고, OECD평균은 각각 120.9%, 122.0%이다(『2022대한민국재정』, p.112.).

	국가채무 및 부채액			GDP 대비 비율		
	국가채무 (D1)	일반정부부채 (D2)	공공부문부채 (D3)	국가채무(D1)	일반정부부채 (D2)	공공부문부채 (D3)
2020	847	945	1,280	43.6	48.9	66.2
2021	971	–	–	46.9	–	–
2022	1,069	–	–	49.7	–	–

자료: 국회예산정책처, 재정경제통계시스템

2020년도 국가채무는 847조 원인데 여기에 비금융공기업 등 공공기관을 합한 공공부문 전체의 채무는 1,280조 원으로 크게 늘어난다.[24] 공공부분 전체의 부채는 GDP에서 66.2% 점한다. 하지만 이것은 비금융공기업의 부채를 포함하지 않는 여타 OECD 회원국의 일반정부 총부채비율 95% 보다도 크게 낮은 것이다(<그림 1-22> 참조).

표 1-12 공공기관의 재무 정보(2017~2021)   (단위: 조원, %)

	자산	부채	당기 순이익	자산-부채	부채비율 (%)
2017	807	493	7.2	314	157.2
2018	825	501	0.6	324	154.8
2019	858	525	0.8	333	157.6
2020	898	541	5.2	356	151.9
2021	969	583	10.8	386	151.0

주: 1) 부채비율= (부채/자본)×100
    2) 국가가 관리주체인 기금계정 제외
    2) 부채비율은 3개 은행형 공공기관(중소기업은행, 한국산업은행, 한국수출입은행)을 제외한 공공기관 총자본 대비 공공기관 총부채 비율임
자료: e-나라지표(기획재정부)

공공기관은 공기업, 준정부기관, 기타공공기관으로 구성된다. 공공기관의 부채비율(부채/자본)은 대체로 1.5배를 넘고 있다. 이러한 통계는 공공기관이 방만하게 운영된다는 비판의 근거를 제공한다. 그렇지만 부채비율(부채/자본)은 2017년 157%에서 2021년에는 151%로 개선되고 있다. 이 비율은 2013년에 217%, 2014년 201%에서 꾸준히 낮아져왔다. 공공기관은 전체적으로 당기순이익을 내고 있어서 국가 재정에 크게 부담을 준다고 볼 수 없다.

다만, 공공기관 중에서 특히 부채비율이 높거나 부채 증가율이 높은 공공기관에 대해서는 보다 섬세하게 관리를 해야 할 필요가 있다. 그렇지만 공공기관은 국민경제에 필요한

---

24) 공공부문은 크게 비금융공공부문과 금융공공부문으로 나누어진다.

공공재를 공급하는 기관이 많기 때문에 사기업처럼 수익성만을 추구할 수 없다는 점도 고려해야 한다.

한편, 공공기관에는 한국가스공사, 한국남동발전㈜, 한국전력공사, 인천국제공항공사와 같은 시장형 공기업, 한국토지주택공사와 같은 준시장형 공기업과 같이 기업의 성격을 띠고 있는 기관들도 적지 않다. 이 기관들은 수익성, 효율성만을 좇는 민영기업과는 달리 공공성이 강하지만, 수입과 지출의 균형을 완전히 무시하지 않으며 독과점 분야가 많기 때문에 경영이 급격히 악화될 가능성이 적다. 또한 경제위기 등 아주 절박한 시기에는 국가가 직접적으로 예산과 지출을 통제할 수도 있다. 공기업을 비롯한 공공기관의 부채에 대한 주의를 게을리 하지 않아야 하지만 지나친 우려 또한 금물이라 하겠다.[25]

이상에서 살펴본 바와 같이, 우리나라의 재정건전성은 국제적으로 매우 양호한 수준이고 추가적인 재정 확장의 여력도 있다. 2022년 들어서 미국이 러시아–우크라이나전쟁의 여파로 인한 세계공급망의 붕괴, 대중국 견제의 강화, 코로나19 수습 국면에서의 물가인상 억제를 위한 금리인상 등을 펼치고 있다. 이 과정에서 우리는 물론 다른 경쟁국들도 따라서 금리를 올렸으며 이는 서민 계층의 경제생활을 더욱 압박하고 있다. 코로나19라는 괴질 국면을 수습하고 좋은 일자리 창출을 위한 중견 우량기업 육성, 취약계층 보호, 복지사회 기반 구축을 위한 재정지출의 역할 강화가 크게 요구되는 상황이다. 전염병 유행으로 어려움이 있지만, 복지사회 건설을 향한 재정의 적극적 역할을 포기해서는 곤란하다. 전반적인 경제 활성화를 위해서라도 국가 재정의 투입이 요청되는 부문에 대한 적극적 대책이 마련되어야 할 것이다.

---

25) 특히 이명박 정부 시절처럼 무리한 민영화를 경계할 필요가 있다. 민영화의 대표적 실패 사례로 인천공항 공사를 들 수 있다. 당시 공사는 국제공항협의회에서 서비스 부문 세계 최우수 공항으로 선정되었음에도 정부에서는 공사 지분 49%의 매각 처분을 여러 차례 시도하였다. 이외에도 의료 분야의 민영화 시도도 있었고, 특히 철도 및 도로건설 부문에는 민간 자본의 참여를 허용함으로써 사실상의 은밀한 민영화가 이루어지고 있다.

CHAPTER

/ 02 /

4차 산업혁명 시대의
제조업

02 4차 산업혁명 시대의 제조업

    산업사회의 다음 단계는 탈산업사회 혹은 탈공업화사회이다. 정보화가 진행된 탈산업사회는 지식과 정보가 부가가치의 원천이 되고 노동 인구의 대부분이 전문 서비스업에 종사하게 된다고 한다. 실제로 현대 경제에서 지식과 정보가 기업은 물론 국가 및 사회의 경쟁력을 결정하는 핵심 요인으로 상품화된 지 이미 오래다.

    그렇다고 물적 재화를 생산하는 제조업의 중요성이 줄어든 것은 아니다. 투자와 수출, 국내소비, 고용 등의 면에서 재화의 생산은 여전히 중요한 위치를 차지한다. 제조업과 지식정보는 밀접하게 연관되어 있으며 그런 의미에서 제조업이 존재하지 않는 지식정보사회란 생각할 수 없다. 서비스업 없는 경제는 가정할 수 있어도 제조업 없는 세상을 상상할 수 없는 것과 마찬가지다.

    우리나라는 중국, 독일, 일본, 대만과 함께 제조업 강국의 위치를 점하고 있다. 제조업은 투자를 이끄는 가장 핵심적인 부문이고 성장률과 고용을 결정하는 요소이다. 제조업은 세계 경제에서 차지하는 국가적 위상을 보여주는 대표적인 지표이다. 예를 들어, 독일과 일본은 OECD 회원국 중에서 제조업 선진국으로서 매우 강한 경제력을 과시하고 있다. 그런데 한국의 GDP 대비 제조업 비중은 독일이나 일본보다 높다. 한국이 2015년 이후 세계 7위 이내의 수출국에 올라설 수 있었던 것은 부품, 소재, 장비 등 제조업 기반이 나름대로 경쟁력을 갖추고 있었기 때문이다. 이렇게 본다면, 로봇과 인공지능(AI), 사물인터넷, 모바일 등 첨단 정보통신기술이 혁신적인 변화를 주도하는 단계에서도 제조업은 여전히 중요한 위치를 차지하게 될 것이다.

    그렇지만 우리보다 나은 제조업 경쟁력을 지닌 국가의 기업들과 경쟁하려면 극복해야 할 과제가 한둘이 아니다. 특히 4차 산업혁명의 진행으로 로봇과 인공지능이 노동을 대체하는 과정에서 대량 실업이 초래될 것이며, 중국 등 후발국의 추격으로 제조업에 위기가 도래할 것이라는 우려도 나오는 상황이다. 여기에 대비하는 방법은 제조업의 경쟁력을 강화하고 이를 바탕으로 고용을 확대하는 노력을 끊임없이 기울이는 것이다. 여기서는 우리나라 제조업의 현황을 정리하고 급변하는 경제 환경에 어떻게 대처해야 할 것인지를 살펴보기로 한다.

제 1 절 **제조업의 개황**

1.1 제조업의 비중

1.1.1 GDP 대비 비중

표 2-1 GDP에서 각 산업부문이 차지하는 비중(1969~2021)   (단위: %)

	1969	1979	1989	1999	2009	2019	2020-21
농림어업	38.4	26.0	13.1	6.2	3.2	2.2	2.0
광공업	17.8	23.4	28.3	28.1	28.3	29.7	27.5
(제조업)	15.8	22.1	27.1	27.6	28.1	29.5	27.4
전기, 가스 및 수도사업	1.0	1.4	2.8	2.4	2.5	2.3	2.2
건설업	3.6	5.2	6.7	9.1	6.3	5.3	5.8
서비스업	39.2	44.0	49.1	54.4	59.8	60.6	62.5
합계	100.0	100.0	100.0	100.0	100.0	100.0	100.0

주: 1) 2015년 기준 명목가격분으로 계산, 총기초가격부가가치 기준
　　2) 각 부문을 합산하면 총부가가치와 일치
자료: 한국은행경제통계시스템

<표 2-1>에서 광공업, 전기·가스및수도사업, 건설업을 합치면 제2차 산업이다. 우리 산업은 이미 고도화되었으므로 요즈음은 이러한 구분방식을 잘 사용하지 않는다. 여기서는 산업구조의 변화 및 제조업의 중요성을 GDP(여기서는 총부가가치)에서 각 산업부문이 차지하는 비중을 통해 파악해 보자.

먼저, ① 1960년대 이후 서비스업의 비중이 가장 많이 늘어났고 다음이 제조업이며, 농림어업은 반대로 가장 크게 감소했다. ② 서비스업의 부가가치 비중은 1960년대에 3분의 1을 상회하는 수준에서 2020~2021년에는 연평균 62.5%로 크게 증가하였다. 다음은 광공업인데, 광공업의 증가를 주도한 것은 제조업이다. 제조업은 1960년대에 약 16%에서부터 증가하여 2020~2021년에 27.4%를 점하고 있다. 다만, 제조업은 2019년까지는 꾸준히

증가하였지만 2020년 이후에는 감소 추세로 나타난다. 반면에 농림어업은 3분의 1을 넘는 수준에서 2%로 급감하였다. 즉 1990년대 말까지 우리나라의 고도성장을 이끈 것은 서비스업과 제조업이었다.

<그림 2-1> GDP 대비 제조업의 비중(1960~2020) (단위: %)

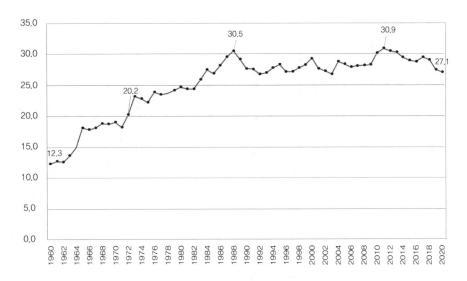

자료: 국가통계포털

<그림 2-1>은 GDP에서 제조업이 차지하는 비중을 그려 놓은 것이다. 제조업 비중은 1960년 12.3%에서 1972년에는 20%를 넘어서 지속적으로 증가하였다. 정점에 이른 2011년에 30.9%이었다가 그 이후에는 점감 추세이다. 그러나 2020년에도 제조업 비중은 여전히 27.1%에 달하고 있다.

1.1.2 국제 비교

최근에 제조업 비중은 감소하고 있지만 국제적으로는 여전히 상당히 높은 수준이다. 2020년을 기준으로 한국은 아일랜드, 대만과 함께 세계에서 GDP에서 제조업 생산이 차지하는 비중이 가장 큰 국가에 속한다.[1] 중국은 한국보다 높았으나 2017년 이후 오히려 한국보다 낮아졌다.

---

1) 통계를 정리하면, 푸에르토리코(48.2%), 가봉(36.6%)도 높으나 제외했다.

<그림 2-2> GDP 대비 제조업 비중의 국제 비교(2020) (단위: %)

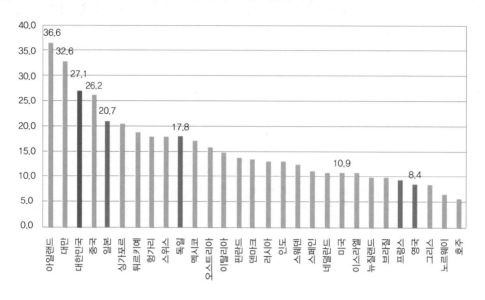

주: 미국, 이스라엘은 2019년, 일본, 뉴질랜드는 2018년 수치
자료: 국가통계포털

선진국 중에서 제조업 비중이 높은 나라에는 일본, 싱가포르, 스위스, 독일 정도를 들수 있다. 이 중에서 독일과 일본은 우리를 제외하고 21세기에도 선진공업국 중에서 GDP 대비 제조업 비중이 가장 높은 나라로서 강인한 생산 기반을 보여주고 있다. 이 두 국가는 2017~2019년에도 비중이 21%로서 선진공업국 중 가장 높았다. 나머지 미국, 프랑스, 영국을 비롯한 대부분의 선진국에서 GDP 대비 제조업의 비중은 대체로 10% 전후이고 금융을 비롯한 서비스업의 비중이 훨씬 높은 편이다. 반면, 한국의 GDP 대비 제조업 비중은 독일이나 일본보다 크게 높아 30%에 가깝다. 이와 같이 한국 경제에서 제조업은 특히 중요한 위치를 차지하고 있다.

1.2 사업체 수와 고용

1.2.1 사업체 수의 동향

한국은 글로벌 시장에서 제조업 강국으로서 위상을 정립하고 있으며, 제조업은 대내적으로 고용 유지의 주역을 담당하고 있다. 그 내용을 좀더 자세히 들여다보자.

<그림 2-3> 산업분야별 사업체 수 및 비중(1993~2019) (단위: 만개, %)

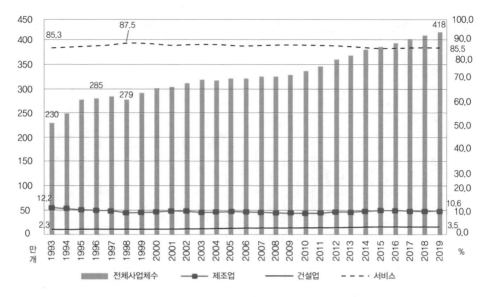

주: 1) 2005년까지는 산업분류 8차 개정, 그 이후는 10차 개정에 의한 것
　　2) 서비스는 각 세분류를 합산해서 계산
　　3) 농림·어업, 광업, 전기·가스·수도 등은 제외
자료: 국가통계포털

　산업부문별 전사업체 수의 변화와 비중을 살펴보자. <그림 2-3>은 통계청의 「전국사업체조사」(조사기반)를 정리한 것이다.

　첫째, 그림의 기간 동안 제조업, 건설업, 서비스업 등을 포함한 전사업체의 숫자는 1993년 230만 개에서 2019년에는 418만 개로 82%나 늘었고, 산업별로는 제조업은 28만 개 → 44만 개, 서비스업은 197만 개 → 357만 개, 건설업은 5만 개 → 15만 개로 증가하였다.

　둘째, 사업체 수는 지속적으로 증가하였는데 다만, 1998년의 IMF구제금융기에는 큰 타격을 입어 전년도에 비해 6만 개가 사라졌다.

　셋째, 사업체 수는 서비스업에서 가장 많이 증가하였지만, 비중에서는 건설업이 가장 크게 증가하였고, 서비스업은 거의 정체상태이다. 이에 비해 제조업은 업체 수의 절대적 증가에도 불구하고 전체에서 차지하는 비중은 12.2% → 10.6%로 약간 감소하였다.

1.2.2 종사자의 동향

<그림 2-4> 전체 종사자 수 및 산업분야별 비중(1993~2019) (단위: 만명, %)

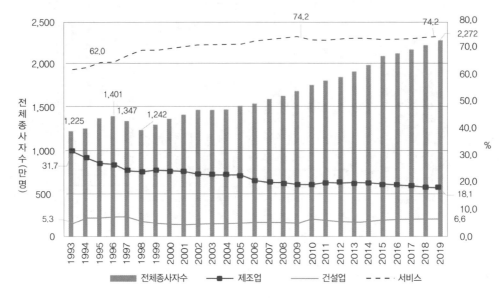

주: 1) <그림 2-3>과 동일.
  2) 종사자=자영업자+무급가족종사자+상용근로자+임시 및 일용근로자+기타종사자
자료: 국가통계포털

첫째, 전산업의 전체 종사자 수는 1993년 1,225만 명에서 2019년 2,272만 명으로 1천만 명 이상, 82.5%나 증가하였다.

둘째, 사업체 수의 변동과 유사하게 전체 종사자 수는 아시아 외환위기에 돌입하기 직전 연도인 1996년부터 이미 감소하는데, 1997년에는 1,347만 명에서 1998년 1,242만 명으로 1년 만에 105만 명이나 감소하였다. 부문별로는 제조업 33만 명, 건설업 26만 명, 서비스업 47만 명이 감소하여 이 시기에 노동시장에 엄청난 충격이 가해졌음을 알 수 있다.

셋째, 제조업 종사자 수는 1993년 388만 명에서 2019년 412만 명으로 24만 명, 6.2%가 증가하였다. 서비스업 종사자는 759만 명에서 1,685만 명으로 926만 명, 1.2배가 늘었다. 건설업은 65만명에서 150만 명으로 85만 명, 1.3배가 증가하였다. 즉 이 기간 동안 증가한 전체 종사자수 1,027만 명 중에서 제조업 종사자 수 증가는 24만 명으로 전체 증가분의 2.3%에 그쳤다. 이는 고용이 주로 서비스, 건설업에 치중되었다는 것을 뜻한다. 로봇, AI 등의 도입, 한계산업의 후퇴 등으로 제조업 부문의 고용 확대가 쉽지 않음을 보여준다.

넷째, 그 결과 제조업 종사자가 전체 종사자에서 차지하는 비중은 1993년 31.7%에서

2019년 18.1%로 크게 줄어들었다.

이제 앞의 표와 그림들을 종합해 보면, 1960년에서 2020년까지 GDP 대비 제조업 비중은 12.3% → 27.1%로 증가했다. 또 1990년대 초 이후 사업체 및 종사자의 증가를 주도한 것은 서비스업이었고, 제조업은 경기변동과 경제의 자동화로 고용이 미증하는 데 그쳤다. 그러나 2019년 기준으로 제조업은 사업체의 10.6%에 지나지 않지만, GDP에서 27.1%, 종사자의 18.1%를 차지하여 생산 및 고용에서 여전히 중요한 위치를 차지하고 있다. 비록 제조업은 서비스업보다 비중이 적지만, 경제를 지탱하는 기반으로서 사회경제적으로 다방면에 미치는 영향을 고려할 때 통계 이상의 매우 중요한 측면을 내포하고 있다고 하겠다.

1.3 제조업 성장률

제조업에 대한 투자와 생산은 한국 경제의 성장을 이끌어 온 가장 중요한 요소이다. 투자와 생산의 결과인 제조업 성장률과 GDP성장률을 비교함으로써 이를 이해해 보자.

첫째, 제조업의 연평균 성장률은 1960년대 15.9%, 1970년대 18.0%, 1980년대 10.9%, 1990년대 7.1%로서 같은 시기의 GDP성장률 보다 크게 높게 나타난다.[2] 이것은 고도성장기에 제조업이 경제성장을 견인하였다는 것을 의미한다.

둘째, 그러나 제조업 연평균 성장률은 2010년대(2010~2018)는 4.7%로 크게 하락하는데, 이것은 경제성장에 대한 제조업의 영향력이 점차 감소하고 있음을 의미한다. 그 결과 2010~2020년의 연평균 경제성장률은 3% 이하인 2.9%로 주저앉았다(<표 1-3>).

이와 같은 양자 간의 관계를 보여주는 것이 매년도 제조업과 GDP의 성장률을 보여주는 <그림 2-5>이다.

첫째, 제조업은 한국전쟁 종전 후인 1954년부터 지속적으로 높아지고 있고, 이에 따라 GDP 성장률도 높아져 1973년에는 정점인 무려 30.4%이다. 그 이후 꼭지점의 높이가 하락하면서 GDP 성장률도 하락하고 있다.

둘째, 1960년 이후 약 60년간 제조업 성장률이 마이너스(-)였던 시기는 1980년 제2차 오일쇼크(및 광주민주화운동), 1998년 아시아 외환위기, 2020년 코로나19 대유행으로 서민경제가 집중 공격을 받았던 세 차례이다. 여기에 글로벌 금융위기 직후로서 성장률이 0.8%였던 2009년을 포함한 4차에 걸친 위기는 제조업에 매우 큰 타격을 입혔다.

셋째, 1960년대 이후 장기적으로 경제성장을 견인하던 제조업 성장률은 2008년 글로벌 금융위기 직후 반등한 후 급락 추세에 있다. 특히 제조업 성장률이 GDP성장률보다 낮은

---

2) GDP성장률은 1960년대 8.8%, 1970년대 10.5%, 1980년대 8.8%, 1990년대 7.1%이다(김호범, 『한국경제해설』, 박영사, 2020, p.31의 <표 1-9> 참조).

해가 늘어나고 있다. <그림 2-5>의 추세선은 바로 이 둘 사이의 역전을 보여준다. 여기
에 따르면 1960년 이후 제조업 성장률의 추세선은 GDP 성장률의 추세선보다 크게 높아서
제조업이 경제성장을 이끌고 있다. 그렇지만 시간이 지날수록 양자 간의 차이가 감소하여
대체로 2017년 전후를 기점으로 제조업 성장률이 GDP 성장률보다 낮다. 이것은 성장동
력으로서 제조업의 힘이 크게 약화되고 있음을 의미한다. 또한 이것은 4차 산업혁명시
대에 혁신성장을 통한 제조업의 도약이 절실하게 요구되는 배경이라고 하겠다.

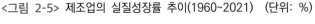

<그림 2-5> 제조업의 실질성장률 추이(1960~2021) (단위: %)

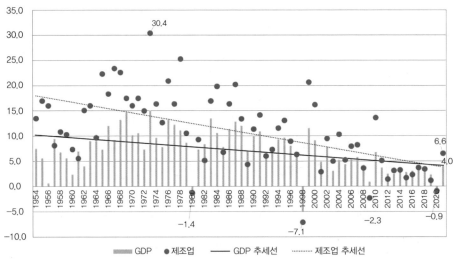

자료: 한국은행경제통계시스템

제조업의 주요 지표

2.1 사업체 수, 종사자 수, 출하액, 부가가치

종사자 10인 이상의 사업체를 대상으로 한 「광업제조업조사」를 바탕으로 제조업의 특
징을 파악해 보자.[3]

---

3) 한국산업은행에서 1967년에 기준조사를 시작하였다. 1969년 이후의 기준조사는 경제기획원 조사통계국
   에서 맡아서 하다가 1991년부터 통계청에 이관되었다.

표 2-2 제조업체(10인 이상)의 주요 지표(1960~2020)

	사업체수(개)	월평균 종사자수 (천명)	출하액 (백억원)	부가가치 (백억원)	1업체당 종사자수(명)	1업체당출하액 (백만원)	1업체당 부가가치 (백만원)
1960	15,204	275	6	2	18	4	1
1970	24,114	861	131	55	36	54	23
1980	30,823	2,015	3,523	1,186	65	1,143	385
1990	68,872	3,020	17,523	7,092	44	2,544	1,030
2000	51,148	2,311	52,931	20,519	45	10,349	4,012
2016	68,790	2,958	141,349	50,430	43	20,548	7,331
2017	69,458	2,955	151,176	54,334	43	21,765	7,823
2018	69,513	2,956	156,389	56,524	43	22,498	8,131
2019	69,639	2,928	154,179	55,701	42	22,140	7,999
2020	69,736	2,885	149,879	55,187	41	21,492	7,914

주: 1) 1998년까지는 8차개정, 2006년까지 9차개정, 2007년 이후 10차개정 기준 적용
    2) 2010, 2015년은 경제총조사 자료로 제외
자료: 국가통계포털

첫째, 전체 사업체의 상황을 보자. 1960년도에 10인 이상 제조업체 수는 1만 5천 개에서 2020년도에 약 7만 개로 증가하였다. 그러나 <표 2-2>에 표시하지는 않았지만, 제조업체 수는 경제위기를 전후로 증감을 되풀이했다. 1996년 최대 9만 7천여 개에서 외환위기 직후인 1999년에는 절반을 약간 넘는 4만 7천여 개로 급감했고, 글로벌 금융위기 직전인 2007년에는 약 6만 2천 군데에서 2009년에는 약 5만 8천 개로 줄어들었다.

이러한 충격으로 인한 변화는 월평균 종사자 수에서도 보인다. 1960년 약 28만 명에서 1990년에는 302만 명으로 크게 늘었지만, 1999년에는 최저 219만 명으로 감소했고, 2007년까지 약 251만 명까지 회복했던 월평균 종사자는 2009년에 다시 245만 명으로 줄어들었다. 이후 2018년까지 약 296만 명으로 늘어났지만 코로나19위기가 닥친 2020년에 289만 명으로 재차 감소 추세에 있다.

반면에, 총출하액이나 총부가가치는 경상가격기준으로 각각 6백억 원, 2백억 원에서 1,499조 원, 552조 원으로 크게 증가하였다.

둘째, <표 2-2>에서 1개 업체당 주요 지표의 변화를 정리하면 다음과 같다. ① 1개 업체의 종사자수는 1960년 18명에서 1980년대 전반 65명 선까지 증가하였다.4) 그러나 그 이후로는 지속적으로 감소하여 2020년에는 41명까지 떨어지고 있는데 기본적으로 첨단기술의 도

---

4) 1개 업체당 종사자수가 가장 높은 해는 1977년 72명이었다. 종사자는 상용근로자, 임시 및 일용근로자, 자영업자, 무급가족종사자, 기타종사자, 다른 사업체로부터 받은 종사자를 가리킨다(통계청, 『광업제조업조사보고서』, 2018년 기준, p.7).

입으로 고용흡수력이 하락하고 있기 때문이다. ② 고용흡수력의 감소는 노동집약적 경공업에서 과학기술혁명으로 인해 자본집약적, 지식집약적인 첨단산업구조로 제조업의 패러다임이 급속하게 변화하고 있기 때문이다. 고용흡수력의 하강에 대해서는 뒤에서 확인하게 될 것이다.

반대로 1960~2020년 동안 1업체 당 출하액과 부가가치는 크게 증가하였다. ① 출하액은 4백만 원에서 215억원, 부가가치는 1백만 원에서 79억 원으로 증가하여 지난 60년 동안 제조업의 내실이 크게 강화된 것으로 볼 수 있다. ② 다만, 1개 업체당 출하액 및 부가가치는 1995~2000년에 급증했지만5) 2011년 이후는 대체로 정체 상태인 것으로 나타난다. 1개 업체당 출하액 및 부가가치액을 더욱 올리기 위해서는 과학기술혁명에 대한 적극적 대응이 요구된다 하겠다.

2.2 산업분류별 주요 지표

표 2-3 제조업(10인 이상) 산업분류별 주요 지표(2020)

	제조업 전체				1업체당		
	사업체수 (개)	종사자수 (천명)	출하액 (조원)	부가가치 (조원)	종사자수 (명)	출하액 (억원)	부가가치 (억원)
(제조업 전체)	69,736	2,885	1,499	552	41	215	79
기타 기계 및 장비 제조업	9,876	333	117	45	34	118	46
금속 가공제품 제조업; 기계 및 가구 제외	9,227	247	71	28	27	77	31
고무 및 플라스틱제품 제조업	6,185	214	68	26	35	110	41
식료품 제조업	5,710	221	91	33	39	159	57
자동차 및 트레일러 제조업	4,639	332	195	54	71	421	116
전기장비 제조업	4,515	201	99	33	45	218	73
전자 부품, 컴퓨터, 영상, 음향 및 통신장비 제조업	3,420	342	261	138	100	764	403
화학 물질 및 화학제품 제조업; 의약품 제외	3,183	148	146	46	46	458	146
섬유제품; 의복 제외	2,971	77	20	8	26	66	28
1차 금속 제조업	2,963	138	133	30	46	449	103
비금속 광물제품 제조업	2,773	87	33	14	31	119	52
의료, 정밀, 광학 기기 및 시계	2,520	98	26	12	39	104	49
의복, 의복 액세서리 및 모피제품 제조업	1,953	48	15	7	25	76	35
펄프, 종이 및 종이제품	1,876	58	23	9	31	124	48

---

5) 연도별 증가를 보면, 1997년 1,965백만 원, 1998년 2,222백만 원, 1999년 3,973백만 원으로 외환위기 직후에 급증한 것으로 나타난다.

	제조업 전체				1업체당		
	사업체수 (개)	종사자수 (천명)	출하액 (조원)	부가가치 (조원)	종사자수 (명)	출하액 (억원)	부가가치 (억원)
기타 운송장비 제조업	1,419	123	47	15	87	328	103
가구 제조업	1,293	29	8	4	22	65	29
인쇄 및 기록매체 복제업	1,168	27	5	2	23	42	21
기타 제품 제조업	1,060	26	5	2	25	52	23
목재 및 나무제품; 가구 제외	808	18	6	2	22	69	25
의료용 물질 및 의약품	623	51	25	16	81	401	255
산업용 기계 및 장비 수리업	597	26	4	3	44	69	48
가죽, 가방 및 신발 제조업	542	13	3	1	24	63	25
음료 제조업	266	16	12	7	61	440	252
코크스, 연탄 및 석유정제품 제조업	141	12	83	14	83	5,887	985
담배 제조업	8	3	4	2	326	4,474	2,658

자료: 국가통계포털

　2020년 제조업의 주요 지표를 산업별로 자세하게 살펴보자. <표 2-3>은 제조업의 주요 지표 중 사업체 수를 기준으로 정렬해 두었다. 제조업의 산업적 중요도를 파악할 수 있을 것이다.

　먼저 제조업 전체의 산업부문별 지표를 살펴보자.

　첫째, 제조업 전체 지표 중에서 사업체 수는 기타 기계 및 장비제조업-금속-고무 및 플라스틱-식료품-자동차 및 트레일러-전기장비-전자부품및통신제조업-화학물질의 순이다. 식료품을 제외하고 의복, 인쇄, 목재, 가죽 및 신발, 음료, 담배 등이 후순위에 있음을 감안하면 중화학 중심의 산업구조가 상당히 발달되어 있음을 알 수 있다. 특히 이 부문들은 소재 및 부품, 장치산업으로서 제조업의 기반 산업이라 할 수 있다. 이 8개 부문의 사업체는 전체 25개 부문의 제조업 중에서 절반 이상인 67%를 차지하고 있다.

　둘째, 이에 따라 종사자 수도 대부분 상기 부문에 집중되어 제조업 종사자의 58%를 점하고 있다. 제조업 중 소재, 부품, 장치산업에 집중된 중소기업의 육성과 발전이 한국 경제가 해결해야 할 주요 과제가 되는 이유는 바로 여기에 있다.

　셋째, 출하액, 부가가치는 전자부품 및 통신장비-자동차 및 트레일러-화학-1차 금속, 기타 기계 및 장비제조업의 순으로 크다. 우리나라 주요 수출산업이 전자, 자동차에 집중되어 있는 현실과 소재, 부품산업의 중요성을 반영하고 있다. 이 다섯 개 부분은 제조업 총출하액의 57%에 달하고, 특히 전자-자동차-화학 세 부문만 40%를 점한다.

　다음으로 1업체당 지표를 검토해 보자.

　첫째, 1업체당 종업원 수는 전자부품 및 통신제조업-기타운송장비-코크스 및 석유정제품-의료용물질 및 의약품-자동차 및 트레일러-1차금속제조업의 순이다. 이는 제조업 전체 종업원 수의 순위와 약간 다르지만 역시 전자, 자동차, 화학산업의 중요성과 소재 부품 및 장치산업의 비중을 짐작케 한다(담배가 가장 크지만 한국담배인삼공사(KT&G)[6]가 과거 정부출자기관으로서 독점적 지위를 누렸던 점을 고려하여 이를 제외하고 설명함).

둘째, 1개 업체당 출하액은 전자부품 및 통신장비－화학물질－1차금속－음료제조업－ 자동차 및 트레일러－의료용물질 및 의약품－기타운송장비의 순이고, 부가가치액도 유사 한 경향을 보인다. 음료가 4위를 차지하고 있지만, 전체적으로 보면 공업화의 심화 과정에 서 중화학 및 첨단산업이 매우 중요한 위치를 차지하고 있다고 하겠다.

출하액, 생산액, 부가가치

- 출하액 = 제품출하액+부산물·폐품판매액+임가공 수입액+수리수입액
- 생산액 = 출하액 + (완제품 재고증감액 + 반제품 및 재공품 재고증감액)
- 부가가치 = 생산액 - 주요 중간투입비(원재료비+연료비+전력비+용수비+외주가공비+수선비)
- ※ 출하: 생산된 제품이 판매 등의 목적으로 사업체에서 출고되는 것
- ※ 주요 중간투입비: 제조과정에서 직접 투입되는 비용으로 인건비, 감가상각비, 광고선전비 등 간접 중간투입비는 제외

2.3 고용 흡수력의 하락

2.3.1 취업관련계수의 하락

과학기술혁명이 급속하게 진행되면서 투자의 고용 흡수력이 크게 저하하고 있다. 이를 취업 관련 계수의 변화를 통해서 파악해 보자.

표 2-4 전산업 및 제조업 취업관련계수의 변화(상품 기준)(1995~2019) (단위: 명/10억원)

	고용계수		취업계수		고용유발계수		취업유발계수	
	전산업	제조업	전산업	제조업	전산업	제조업	전산업	제조업
1995	－	－	25.1	12.0	25.1	18.7	40.0	19.7
2000	7.8	5.9	12.2	6.9	13.0	9.8	21.9	11.2
2005	6	4.2	8.5	4.8	10.1	8.8	16.3	12.2
2010	4.6	2.5	6.8	3.1	9.0	6.2	13.9	9.4
2015	4.5	2.5	6.2	3.0	8.0	6.0	11.7	8.3
2019	4.1	2.4	5.6	2.8	7.4	5.7	10.1	7.6

자료: 한국은행경제통계시스템

---

6) 담배와 인삼을 제조 판매하는 기관인 전매청으로서 오랫동안 독점적 지위를 누리다가 2000년 전후에 인 삼과 담배의 전매권이 폐지되고 완전히 민영화되었다. 전매청은 1987년에 한국전매공사로 발족한 후 1989 년에는 한국담배인삼공사로, 2002년에 주식회사 KT&G로 사명이 변경되었다.

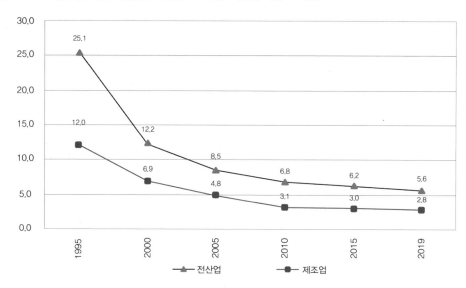

<그림 2-6> 취업계수의 변화(상품 기준)(2019년) (단위: 명/10억원)

자료: 한국은행경제통계시스템

취업 관련 계수는 생산액 10억 원을 늘릴 때 신규로 취업(고용)되는 인원(피용자) 수를 뜻한다. 표와 그림에서 고용 및 취업 관련 계수는 날이 갈수록 하강하고 있다.

첫째, 고용계수는 10억 원당 고용되는 임금근로자의 숫자이다. <표 2-4>에서 2000~2019년간 전산업의 고용계수는 7.8명에서 4.1명으로 하락했다. 제조업의 고용계수는 5.9명에서 2.4명으로 전산업보다 더 빠른 속도로 감소하고 있다. 고용유발계수도 크게 감소 추세에 있다.

둘째, <그림 2-6>은 취업계수를 표시한 것인데, 역시 고용흡수력의 저하를 한눈에 보여준다. 취업계수는 10억 원당 고용되는 임금근로자에 자영업자와 무급가족종사자를 더한 숫자이다. 전산업의 취업계수는 1995~2019년 간에 25.1명 → 2019년 5.6명, 제조업 취업계수는 12.0 → 2.8명으로 크게 줄었다. 물론 취업유발계수도 감소하였다.

셋째, 이외에도 산업연관표의 고용표를 정리하여 계산해 보면, 제조업 외에 농림수산업, 광산품, 전력,가스및증기 등, 서비스업 모두의 고용흡수력이 하강하고 있다.

넷째, 제조업의 취업관련 계수는 전산업의 계수들보다 적은데 이는 제조업의 계수들이 서비스업을 비롯하여 농림수산, 광산품 등 다른 부문보다 낮기 때문이다. 예를 들어, 2019년도 고용표에서 취업계수는 농림수산업 20.3명, 광산품 3.6명, 서비스업 8.5명인 데 비해 제조업은 2.8명에 지나지 않는다. 고용흡수력이 큰 서비스업종이 주목받는 배경이라고 하겠다.

이와 같이 과학기술혁명의 진전으로 고용 흡수력이 대폭적으로 하락하고 있으며, 제조업의 고용력이 크게 낮다. 급속한 생산 및 경제 운용 패러다임의 변화에 대한 고용 대책이 시급한 시점이라 하겠다.

취업 및 고용 관련 계수

• 고용계수와 취업계수: 각 상품 또는 산업별 실질산출액 10억 원당 추가로 취업 혹은 고용되는 취업자(피용자)의 수이다. 실질 산출액 10억 원당 고용되는 사람의 종류에 따라 같이 구분된다.
고용계수(coefficient of employment) = 임금근로자 수
취업계수(employment to GDP Ratio) = 임금근로자 + 자영업자 + 무급가족종사자
- 취업계수는 노동생산성과 역수관계에 있다.

• 취업(고용)유발계수: 특정 상품에 대한 최종수요가 1단위(10억 원) 발생할 경우 해당 상품을 포함한 모든 상품에서 직·간접적으로 유발되는 취업자의 수를 의미한다.

2.3.2 부문별 취업계수

고용흡수력은 상품별, 산업별로 상당한 차이가 난다. 가령 상품 기준으로 2019년도 농림수산품의 취업계수는 20.3명으로서 가장 높고, 서비스업 8.6명, 건설 6.5명이고 광산품은 3.6명, 제조업은 2.8명으로서 가장 낮다. 제조업 생산품 분야의 고용흡수력이 다른 부문보다 크게 낮은 것은 이른바 제4차 산업혁명과 같은 과학기술혁명의 영향을 가장 크게 받기 때문이다.

제조업의 고용 흡수력은 산업 및 상품별로도 상당한 차이를 보인다. <그림 2-7>은 제조업의 취업계수와 취업유발계수를 상품 기준으로 높은 순서대로 늘어놓은 것이다. 여기서 취업유발계수는 당해 상품생산 부문에서 10억원당 실질 생산마다 고용되는 취업자(임금노동자 + 자영업+ 무급가족 종사자)뿐만 아니라 이러한 생산으로 인해 추가적으로 다른 상품생산 부문에서도 유발되는 취업자를 포함한다. 그러므로 취업유발계수는 취업계수보다 높게 나타난다.

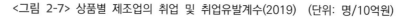

<그림 2-7> 상품별 제조업의 취업 및 취업유발계수(2019) (단위: 명/10억원)

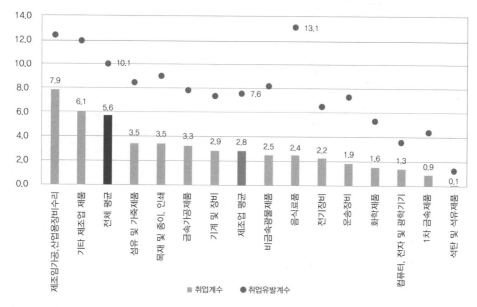

주: 상품에 따른 분류, 생산자가격 기준으로 계산함
자료: 한국은행경제통계시스템

　제조업의 취업계수를 부문별로 비교하면, ① 산업 전체의 평균 취업계수를 상회하는 상품 부문은 제조임가공·산업용장비수리 및 기타 제조업 제품의 두 분야뿐이고 나머지는 모두 낮다. 즉 제조업은 다른 산업보다 고용 흡수력이 대체로 낮다. ② 취업계수는 제조업 내에서도 상당한 차이가 있다. 제조임가공·산업용장비수리가 7.9명으로 가장 높은 데 비해 1차금속제품과 석탄 및 석유제품은 1.0명에도 미치지 못한다. ③ 제조임가공·산업용장비수리를 비롯해 섬유 및 가죽제품, 목재·종이·인쇄, 금속가공 등은 제조업 평균의 취업계수보다 높고 전기장비, 화학제품 등은 낮다. 즉, 노동집약적 제조업은 고용 흡수력이 높고 자본 및 기술집약적 부문은 낮게 나타난다.

제조업의 기술 수준

표 2-5 제조업의 기술 수준 평가(2007~2015)   (단위: %, 년)

		세계최고대비기술수준			세계최고기술수준기업비율			중국과의 기술격차(년)		
		2015	2011	2007	2015	2011	2007	2015	2011	2007
제조업전체		80.8	81.9	81.3	9.5	14.7	13.8	3.3	3.7	3.8
산업유형	정보통신	78.8	83.3	83.3	6.5	13.2	–	2.6	2.9	–
	자동차	81.4	81.9	81.0	3.4	9.6	4.7	3.7	4.2	3.6
	조선	72.7	77.3	78.2	15.6	22.2	26.3	3.7	3.1	3.6
	기계장비	81.8	82.7	81.3	9.7	15.9	13.6	4.0	4.0	4.0
	철강금속	82.7	82.0	83.7	16.9	18.5	11.1	3.1	3.9	4.1
	화학	79.6	83.2	80.5	12.2	19.8	16.5	3.5	3.9	3.8
	전기기계	86.0	82.6	76.9	14.3	13.5	15.4	3.3	3.3	3.6
	정밀기기	79.5	84.9	85.6	11.4	19.1	4.2	3.4	4.1	3.5
	섬유	81.4	78.7	73.4	5.5	6.1	21.1	3.0	4.0	4.1
	중화학공업	81.0	81.9	81.4	10.5	15.5	13.0	3.5	3.8	3.7
	경공업	81.4	78.6	78.7	7.3	6.1	14.6	2.9	4.0	3.9
규모별	대기업	85.2	83.9	84.1	14.3	17.6	19.0	3.5	4.0	–
	중소기업	80.2	81.5	80.7	8.8	14.0	12.7	3.3	3.7	–

주: 1) 정보통신(ICT)/ 조선=조선 및 기타수송
   2) 세계최고대비기술수준: 전자=84.1, 반도체=82.2, 비금속광물=81.0
      세계최고기술수준기업비율: 전자=21.4, 반도체=18.0, 비금속광물=8.3
      중국과의 기술격차: 전자=3.4, 반도체=3.6, 비금속광물=3.7
   3) 2004년 제조업전체: 세계최고대비기술수준=80.0, 세계최고기술수준기업=12.9, 중국과의 기술격차=4년
   4) 2015년 5차 조사, 2011년 4차 조사, 2007년 3차 조사, 2004년 2차 조사, 2002년 1차 조사
자료: 산업연구원, 『2015년 한국제조업의 업종별 기술수준 및 개발동향』, p.15, pp.20~21.
   산업연구원, 『2011년 한국제조업의 업종별 기술수준 및 개발동향』, p.1, pp.6~7, p.21.
   산업연구원, 『2007년 한국제조업의 업종별 기술수준 및 개발동향』, pp.1-2, p.7, p.22.

우리나라 제조업의 기술 수준에 대해 살펴보자. <표 2-5>는 산업연구원(KIET)에서 조사한 2015년의 제5차 자료까지 정리한 것이다.

첫째, 우리나라의 제조업은 전체적으로 세계 최고 대비 기술 수준의 80%를 약간 넘고 있는데 마지막 조사 연도인 2015년도에는 그 이전 연도보다 오히려 약간 하락한 것으로 나타난다. 즉, 국제적으로 제조업 전체의 기술 수준이 정체하고 있다. 여기에 2011년도의 제4차 조사보고서에서 세계최고수준 제품과 비교할 때 소재관련 기술이 상대적으로 취약한 부문으로 조사된 것을 고려하면 여전히 이 부문의 기술개발이 시급한 것으로 보인다.[7]

---

7) 반면, 조립가공기술은 상대적으로 강점이 있는 것으로 조사되었다(산업연구원, 『2011년 한국제조업의 업

둘째, 산업유형별로 보면, 경공업은 기술 수준이 약간 상승했지만 중공업은 오히려 약간 하락한 것으로 나타난다. 세부적으로 2011년 대비 2015년의 기술 수준은 전기기계, 경공업을 제외하고 모두 하락하였다. 자동차 산업은 동일한 수준을 힘겹게 유지하고 있지만 정보통신, 화학, 정밀기기의 하락이 눈에 띈다. 특히 중화학공업 중 조선은 기술 수준이 가장 낮은 72.7%에 지나지 않고, 최고 기술 수준의 기업 비율도 2011년 22.2%에서 2015년 15.6%로 크게 하락했다.

셋째, 전반적으로 세계 최고 대비 기술 수준을 갖춘 기업의 비율은 2007년 13.8%에서 2015년 9.5%로 감소하였다. 다만, 정밀기기와 조선, 정보통신, 기계장비, 화학, 섬유 등이 감소한 반면, 철강금속, 정밀기기 두 분야만 상승하였다.

넷째, 세계최고 대비 기술 수준이 하락하면서 중국과의 기술 격차도 해가 갈수록 줄어들고 있다. 정보통신은 2015년에 2.6년의 차이가 있고, 특히 철강금속과 경공업의 격차가 가장 빠르게 줄어들었다.

제 4 절
연구개발의 동향

4.1 연구개발의 중요성

시장경제에서 제조업체의 생존을 결정하는 가장 중요한 요소는 기술 경쟁력이다. 물론 생산 및 기술인력, 투자와 운영비 등의 자금, 그 외 경영상의 노하우도 중요하다. 기술력이 탁월함에도 불구하고 경영 미숙으로 큰 타격을 입거나 화재 등 재해나 공황 등 예기치 못한 사태로 파산이라는 최악을 맞이하는 경우도 있다. 하지만 세계적으로 성장한 기업들의 대다수는 뛰어난 기술력을 무기로 시장에서 성공했다. 특히 오늘날과 같이 국가 간 장벽이 사라진 글로벌 시대에는 연구개발을 통한 기술력의 확립이 기업의 존립을 좌우한다고 해도 과언이 아니다.

기술이 기업의 성과와 생존을 좌우한 예는 굳이 최근이 아니라도 얼마든지 찾을 수 있다. 지난 20세기를 돌아보면, 세계 100대 기업의 지위를 지속한 기업은 얼마 되지 않는다. 그 원인의 대부분은 급변하는 시장환경에 기술적으로 적절하게 대처하지 못한 데 있다. 가령, 20세기 초에 세계 최대 규모의 자본력과 미국 철강생산의 3분의 2를 차지했던 US

종별 기술수준 및 개발동향』, p.37.).

Steel은 2018년 미국에서 두 번째, 세계 26위의 철강회사로서 세계 100대 기업에서 밀려난 지 오래다. 이에 비해 우리나라의 포스코[Posco, 1968년 포항종합제철(주)로 설립]는 거듭된 기술혁신으로 세계 3위의 철강기업으로 부상하였다. 사무용기기 사업으로 출발하여 세계 최대 컴퓨터 제조업체로 성장했던 IBM은 최근 주력 사업을 기업컨설팅 및 IT솔루션으로 바꾸었다. IBM은 컴퓨터산업의 발전을 주도하면서 세계 최고의 기업으로서 명성이 자자했으나 2019년에는 주식 시가 총액 69위로 밀려나 있다. 이에 비해 새로운 아이디어로 기술혁신을 거듭한 Microsoft, Amazon, Apple은 세계 1~3위이며, 후진국에서 발진한 삼성전자는 주식 시가 총액 17위에 올랐다. 오늘날 Apple이나 Microsoft, Google, Amazon과 같은 온라인 기업은 물론이고 Benz, 삼성전자, 현대자동차 등 제조기업은 국제경쟁력을 유지하기 위해 막대한 자금을 연구개발에 쏟아붓고 있다.

기술개발은 경제의 밑바탕인 중소기업의 발전을 위해서도 중요하다. 독일과 일본이 세계적인 공급 기지로서 강한 영향력을 발휘하는 것은 수많은 중소기업들이 최고의 기술력을 보유하고 있기 때문이다. 우리나라에도 국제경쟁력을 가진 중견기업 중 사내에 기술개발인력을 가지고 있는 경우가 적지 않다. 2019년 일본이 화이트리스트에서 한국을 배제한 것은 국가 간, 기업 간 경쟁에서 중소기업의 기술개발이 얼마나 중요한지를 대변하는 예이다.

이와 같이 기술력은 기업경쟁력, 나아가 국가의 산업경쟁력을 결정하는 핵심적 요소이다. 한때 세계적 기업이 일순간에 사라지거나 순위가 밀려 겨우 명맥을 유지하는 것은 기술개발에서 뒤처진 것이 가장 큰 이유이다. 결론적으로 기업 경쟁력 확보의 핵심은 R&D (Research & Development: 연구개발)에 대한 투자이다. 특히 최근 세계적 기업들의 부침은 에너지 다소비형의 산업에서 경박단소(輕薄短小)의 첨단산업 혹은 지식정보산업으로 전환하는 과정에서 성취한 R&D의 성공 여부와 관계가 깊다. 그러므로 우리나라 제조기업의 R&D 투자는 우리 경제의 미래를 좌우할 방향타라고 하겠다.

4.2 연구개발 동향

4.2.1 연구개발 실태

① 재원별 연구개발비 규모

총연구개발비는 1970년 105억 원에 지나지 않았지만, 1985년에 1조 원을 넘어선 이후 빠른 속도로 증가하여 1996년 11조 원, 2011년 50조 원, 2020년에 총액 93조 원 수준이다. 1970년 이후 연구개발비는 외환위기로 IMF에서 구제금융을 받았던 1998년에 단 한 차례 감소했을 뿐이다.

<그림 2-8> 재원별 연구개발비(1977~2020) (단위: 조원, %)

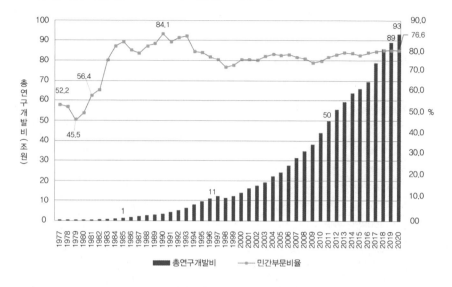

주: 1) 총연구개발비=정부·공공부문+민간부문+국외부문
    2) 국외부문은 표시에서 제외
    3) 1970년 105억 원
자료: 국가통계포털

총연구개발비를 재원별로 나누어 살펴보자. 총연구개발비는 정부·공공부문, 민간부문, 외국부문으로 나누어진다. <그림 2-8>에서 최종적 기술 수요자인 민간부분이 총연구개발비의 대부분을 차지하여 R&D를 주도하고 있다.

제2차 오일쇼크와 광주민주화운동 등 정치경제적 격변이 있었던 1979년과 1980년에만 정부공공부문의 투자액 비중이 민간부문보다 많고 나머지는 민간 부분의 비율이 크게 높다. 정부·공공 부문의 연구비는 1980년까지 50% 정도를 차지했지만, 1982년 41.1%로 떨어지고 그 이후 크게 하락하여 대체로 20%대를 유지하고 있다. 반면, 민간 부문의 연구비는 1990년에 총연구개발비의 84.1%를 차지한 정점 이후 약간 하락했지만 2000년 이후 70%대를 유지하고 있으며, 2009년 이후 약간씩 상승하여 2020년에는 76.6%를 점하고 있다. 외국 부문의 연구개발비는 2017~2019년에 1%를 넘어섰을 뿐 전체적으로 1%가 되지 않을 정도로 비중이 적다.

② 자본금 규모별 연구개발비

연구개발 기업체 수와 연구개발비의 동향을 자본금 규모를 기준으로 살펴보자. 아래 <표 2-6>은 조사 기준일 현재 국내에서 산업 활동을 하고 있는 회사법인 중 상용노동자 50인 이상, 자본금 3억 원 이상인 기업체 약 15,000개 중에서 선별하여 조사 대상으로 삼은 것이다.[8]

표 2-6 자본금 규모별 연구개발 기업체 수(2006~2020)   (단위: 개, 천억원, %)

	자본금규모별	전 산 업			제 조 업			
		연구개발기업체수(개)	연구개발비(a)	매출액대비연구개발비율	연구개발기업체수(개)	연구개발비(b)	매출액대비연구개발비율	b/a(%)
2 0 0 6	합계	5,377	205	–	3,971	181	2.6	88.2
	3억원 ~ 5억원 미만	296	1	–	221	1	1.8	74.8
	5억원 ~ 10억원 미만	810	4	–	560	3	2.1	66.2
	10억원 ~ 50억원 미만	2,585	23	–	1,974	17	2.3	73.6
	50억원 ~ 100억원 미만	716	12	–	545	9	1.8	72.4
	100억원 ~ 500억원 미만	709	24	–	512	20	1.9	81.2
	500억원 이상	261	141	–	159	132	3.0	93.9
2 0 1 0	합계	5,554	301	–	3,974	265	2.4	88.0
	3억원 ~ 5억원 미만	295	2	–	205	1	1.8	64.1
	5억원 ~ 10억원 미만	814	5	–	538	3	1.8	68.4
	10억원 ~ 50억원 미만	2,650	29	–	1911	22	2.2	74.9
	50억원 ~ 100억원 미만	744	21	–	576	15	1.9	74.0
	100억원 ~ 500억원 미만	771	30	–	575	22	1.5	74.8
	500억원 이상	280	215	–	169	201	2.7	93.6
2 0 1 5	합계	6,468	450	–	4,649	413	3.5	91.7
	3억원 ~ 5억원 미만	346	2	–	272	2	2.0	82.0
	5억원 ~ 10억원 미만	997	8	–	721	6	1.9	69.0
	10억원 ~ 50억원 미만	3,053	37	–	2139	29	2.2	77.6
	50억원 ~ 100억원 미만	898	29	–	666	23	2.5	79.6
	100억원 ~ 500억원 미만	877	44	–	648	36	2.1	80.3
	500억원 이상	297	330	–	203	319	4.2	96.5
2 0 2 0	합계	6,284	640	3.7	4,543	585	5.0	91.5
	3억원 ~ 5억원 미만	384	3	1.9	291	2	2.0	74.4
	5억원 ~ 10억원 미만	1061	9	2.3	772	7	2.3	73.3
	10억원 ~ 50억원 미만	2,803	42	2.6	1992	32	2.6	76.9
	50억원 ~ 100억원 미만	873	37	3.3	637	28	3.4	76.0
	100억원 ~ 500억원 미만	880	72	2.0	657	54	3.0	75.1
	500억원 이상	283	477	4.7	194	462	6.1	96.9

주: 조사대상은 상용노동자 50인 이상, 자본금 규모 3억 원 이상 기업체
자료: 국가통계포털

---

8) 단, 도소매업 및 서비스업, 기타 서비스업은 상용근로자 50인 미만이더라도 자본금 10억 원 이상인 경우에 조사 대상에 포함한다.

첫째, 모든 연도에 연구개발에 참여하는 전체 산업의 기업체 중에서 제조업체가 차지하는 비중은 70% 이상으로서 제조업체가 대부분을 차지하고 있다. 단, 자본금 500억 원 이상의 기업체는 60%대로 낮은 데, 2020년까지 점차 상승하여 70%에 가까워지고 있다.

둘째, 매출액 대비 연구개발비가 증가하고 있으며 이에 따라 1개 기업의 연구개발비도 크게 증가한 것으로 보인다. 이에 따라 매출액 대비 연구개발 비율은 2006년 2.6%에서 2020년에는 5.0%로 올라갔다.

셋째, 모든 연도에 걸쳐서 자본금 규모가 큰 기업일수록 매출액 대비 연구개발비가 점하는 비중이 크다.

③ 제조업 전체 및 부문별 실태

표 2-7 제조업의 연구개발 실태 (단위: %)

		연구개발수행비율			R&D투자액비율 (매출액대비)			R&D인력비율 (총종업원대비)		
		2015	2011	2007	2015	2011	2007	2015	2011	2007
제조업전체		69.5	81.9	85.5	4.7	4.2	4.3	8.8	8.1	8.5
산업유형	정보통신	74.2	94.0	–	5.9	6.0	5.0	12.2	11.9	10.9
	자동차	62.9	83.1	89.1	3.9	3.7	3.9	8.4	7.3	7.0
	조선	46.9	51.5	84.2	4.3	3.9	4.5	7.2	5.1	6.4
	기계장비	73.8	91.4	88.1	5.1	4.1	4.4	9.9	9.4	10.2
	철강금속	63.4	75.8	66.7	3.5	2.9	3.2	5.1	5.0	5.8
	화학	76.7	83.8	87.3	4.4	4.0	4.4	7.1	8.8	8.7
	전기기계	69.0	75.7	88.5	4.6	4.6	4.9	10.2	9.2	9.6
	정밀기기	93.2	95.7	87.5	6.3	6.4	5.2	11.8	11.3	12.9
	섬유	60.0	72.7	94.7	3.6	2.6	4.4	6.9	4.6	7.1
	중화학공업	70.2	80.8	–	4.5	4.0	4.3	8.3	7.8	8.7
	경공업	61.5	72.7	–	4.6	2.6	3.9	7.9	4.6	6.3
규모별	대기업	86.9	93.9	–	4.4	4.0	3.9	9.7	9.0	7.3
	중소기업	67.1	79.3	–	4.8	4.2	4.4	8.7	7.9	8.8

주: 2007년: 연구개발수행비율 → 전자=85.7, 반도체=82.1, 비금속광물=95.8
　　　　　R&D투자액비율 → 전자=5.4, 반도체=4.8, 비금속광물=3.2
　　　　　R&D인력비율 → 전자=11.9, 반도체=10.1, 비금속광물=6.1
　　2004년: R&D투자액비율 → 중화학=4.9, 경공업=3.1, 대기업=3.1, 중소기업=5.2
　　　　　R&D인력비율 → 제조업전체=9.0, 정보통신산업=4.6, 중화학=9.5, 경공업=4.6, 대기업=6.8, 중소기업=9.8
자료: 산업연구원, 『2015년 한국제조업의 업종별 기술수준 및 개발동향』, p.16, pp.20-21.
　　　＿＿＿＿, 『2011년 한국제조업의 업종별 기술수준 및 개발동향』, pp.17-19, p.21, p.26.
　　　＿＿＿＿, 『2007년 한국제조업의 업종별 기술수준 및 개발동향』, p.2-3, pp.9-11, p.27, p.29.

<표 2-7>은 <표 2-5>와 마찬가지로 산업연구원이 조사한 자료 중에서 공통적으로 파악할 수 있는 부문의 지표를 골라 정리한 것이다. ① 가장 눈에 띄는 것은 제조업체

중 R&D를 수행하는 기업의 비율이 2007년 85.5%에서 2015년 69.5%로 16%나 줄어들었다는 점이다. ② 업종별로는 선도 산업인 정보통신, 자동차, 조선은 물론이고 기계장비, 전기기계, 철강금속, 섬유 등 모든 산업이 하락했다. 이는 해당 최종재 생산 기업에 납품하는 소재, 부품, 장치생산 중소기업의 기술개발이 정체되고 있는 것을 뜻한다. 규모별 생산에서 중소기업의 연구개발 수행비율이 대기업보다 크게 하락하고 연구개발 수행비율도 크게 낮게 나타나는 것이 이를 증명한다. ③ 다만, 정밀기기는 2015년에 2011년보다 높아졌지만 2007년보다는 낮아 등락하고 있다. 특히 조선은 장기간의 불황과 깊은 연관이 있겠지만 2007년에 비해 무려 37.3%나 감소하였는데, 그 결과 앞의 <표 2-5>에서 조선이 기술 수준이 가장 낮게 나타난 것과 밀접하게 연관된 것으로 보인다.

매출액 대비 R&D투자액 비율은 제조업 전체적으로 2007년 4.3%에서 2015년에 4.7%로 상승하였다. 제조기업 전체의 연구개발 비율이 69.5%로 급락한 점을 고려할 때 자금력이 우수하고 규모가 큰 기업을 중심으로 연구개발이 진행된 것으로 해석된다. 또한 이것은 규모별 제조기업의 기술 격차가 벌어지고 있기 때문에 연구개발 투자의 확대를 통한 중소기업의 육성이 시급한 과제임을 시사한다고 하겠다.

제조업 전체의 총종업원 대비 연구 인력은 2007년 8.5%에서 2015년 8.8%로 약간 상승하였고, 중소기업은 정체인 반면 대기업의 연구 인력 비율은 7.3%에서 9.7%로 커졌다. 제조업 전체의 연구개발 수행비율이 크게 하락했기 때문에 이 역시 대기업 중심으로 연구개발이 수행되었음을 명확하게 보여주는 지표라고 하겠다. 연구개발 인력의 비율이 상승한 업종은 중공업에서 정보통신, 자동차, 조선, 전기기계와 경공업 부문이었다.

④ 뿌리산업

앞의 <표 2-5>와 <표 2-7>은 수년 전의 자료이다. 추가적으로 최근까지의 조사 통계가 있는 뿌리산업을 통해서 우리나라 R&D 활동에 대한 이해를 보완해 보자. 왜냐하면, 뿌리산업은 주조, 금형, 용접, 소성가공, 표면처리, 열처리 등의 공정기술을 이용하는 업종으로서 모든 제조업의 근간이 되는 주요한 부문이기 때문이다.

> ### 뿌리산업의 중요성
>
> 나무의 뿌리처럼 겉으로 드러나지 않으나 최종 제품에 내재되어 제조업 경쟁력의 근간을 형성한다는 의미에서 붙여진 이름이다. 주조, 금형, 소성가공, 용접, 표면처리, 열처리 등의 기초공정기술을 이용하여 사업을 영위하는 업종을 말하며 모든 제조업의 근간이 된다. 즉,

뿌리산업의 기술들은 소재를 이용해 완제품으로 생산하는 과정에서 전방위적으로 쓰이기 때문에 제품 경쟁력을 좌우하는 중요한 요인 중의 하나이다. 주조, 금형, 소성가공, 용접기술은 제품형상 제조공정이고, 표면처리와 열처리는 특수기능 부여공정에 속한다.

뿌리산업법 제정 10년 만인 2021년 12월 개정 뿌리산업법 시행령이 시행되면서 4개 소재다원화 공정기술(사출·프레스, 정밀가공, 적층제조, 산업용 필름 및 지류 공정), 4개 지능화 공정기술(로봇, 센서, 산업 진흥형 소프트웨어, 엔지니어링 설계) 등 총 8개 차세대 공정기술이 추가됐다. 뿌리기술 범위 확대에 따라 뿌리산업의 범위도 기존 6대 산업 76개 업종에서 14대 산업 111개 업종으로 확대됐다.

뿌리기업은 뿌리산업진흥과 첨단화에 관한 법률 제2조의 3에 의한 기업으로 중소기업기본법에 의한 중소기업과 중견기업법에 의한 중견기업 중 어느 하나에 해당하는 기업을 말한다.

(두산백과, 시사상식사전, 통계청)

표 2-8 기술 부설 연구소 및 기술개발 전담부서 설치 비율(2018~2020) (단위: %)

		2018		2019		2020	
		기술부설 연구소	기술개발 전담부서	기술부설 연구소	기술개발 전담부서	기술부설 연구소	기술개발 전담부서
전체	소계	11.4	7.2	11.3	6.8	12.9	8.8
업종	주조	16.6	6.0	18.2	3.3	15.5	4.1
	금형	5.9	4.4	5.5	4.0	7.8	4.5
	소성가공	11.6	8.3	11.0	6.0	14.1	11.4
	용접	20.7	11.5	21.4	11.0	21.3	12.3
	표면처리	8.0	5.7	7.1	7.0	8.4	9.3
	열처리	12.0	9.5	10.5	10.1	13.9	6.8
매출액 규모	5억 미만	1.3	1.3	0.6	1.5	1.7	3.3
	5억-10억 미만	3.1	2.7	1.5	3.3	2.6	3.7
	10억-50억 미만	14.0	12.9	12.2	12.0	15.8	14.9
	50억-100억 미만	35.0	19.4	38.1	15.0	39.5	18.0
	100억-300억 미만	57.5	21.8	50.9	16.8	50.5	19.5
	300억-1,000억 미만	65.8	25.3	64.8	19.1	60.6	15.7
	1,000억 이상	72.4	37.8	59.9	18.3	65.1	21.9

주: 1) 사업체수: 2018년 32,606개, 2019년 30,602개, 2020년 30,553개
　　2) 표본조사로서 뿌리사업 사업체를 표본조사하여 모수 추정한 통계치를 수록하였음
자료: 국가통계포털

<표 2-8>은 최근의 뿌리산업의 기술개발 동향을 조사한 내용 중 기술 부설 연구소 및 기술개발 전담부서의 유무를 조사한 것이다.

첫째, 조사대상 사업체 중 기술 부설 연구소와 기술개발 전담부서를 합하여 설치한 비

율은 2019년 18.1%에서 코로나19 국면인 2020년에 21.7%로 뛰었다. 2019년 일본이 자국의 화이트리스트에서 우리나라를 배제한 데 대하여 정부가 소재, 부품, 장비산업 육성을 지원한 것과 관계있어 보인다.

둘째, 연구소 및 개발 전담부서의 설치는 용접-열처리 혹은 주조 부문이 가장 높다.

셋째, 연구소 및 개발 전담부서의 설치를 매출액 규모를 기준으로 살펴보면, 규모가 클수록 설치 비율이 높다. 특히 매출액이 큰 사업체일수록 기술개발 전담부서보다는 독립적인 기술 부설 연구소의 설치 비율이 높게 나타난다. 그러므로 중소기업을 중견기업으로 육성하고 지원하는 정책이 보다 강화될 필요가 있다고 하겠다.

4.2.2 R&D 국제 비교

① 국제 순위

제조업을 중심으로 주요 국가들의 R&D 지출을 비교해 보자.

표 2-9 GDP 대비 총연구개발비 비율 국제 비교(1991~2019)　　　　　　(단위: %)

	1991	2000	2005	2010	2015	2016	2017	2018	2019
이스라엘	2.2	3.9	4.0	3.9	4.3	4.5	4.7	4.8	4.9
한국	1.7	2.1	2.5	3.3	4.0	4.0	4.3	4.5	4.6
대만	–	1.9	2.3	2.8	3.0	3.1	3.2	3.4	3.5
스웨덴	2.5	–	3.4	3.2	3.2	3.2	3.4	3.3	3.4
일본	2.7	2.9	3.2	3.1	3.3	3.2	3.2	3.3	3.2
오스트리아	1.4	1.9	2.4	2.7	3.0	3.1	3.1	3.1	3.2
독일	2.4	2.4	2.4	2.7	2.9	2.9	3.1	3.1	3.2
미국	2.6	2.6	2.5	2.7	2.7	2.8	2.8	2.9	3.1
덴마크	1.6	–	2.4	2.9	3.1	3.1	3.0	3.0	3.0
벨기에	1.6	1.9	1.8	2.1	2.4	2.5	2.7	2.7	2.9
핀란드	2.0	3.2	3.3	3.7	2.9	2.7	2.7	2.8	2.8
아이슬란드	1.1	2.6	2.7	–	2.2	2.1	2.1	2.0	2.3
중국	0.7	0.9	1.3	1.7	2.1	2.1	2.1	2.1	2.2
프랑스	2.3	2.1	2.1	2.2	2.3	2.2	2.2	2.2	2.2
네덜란드	1.8	1.8	1.8	1.7	2.1	2.2	2.2	2.1	2.2
한국 순위	11	8	6	3	2	2	2	2	2
	(30)	(37)	(41)	(41)	(44)	(41)	(44)	(39)	(37)

주: 1) ( )는 조사국가수
　　2) 영국, 러시아 제외
자료: 국가통계포털

<표 2-9>는 각국의 GDP에서 총연구개발비가 차지하는 비중을 비교하고 있다. 총연구개발비이므로 서비스나 농업 등 제조업 이외 부문의 것도 포함하고 있다. 그러나 제조업이 압도적 비중을 차지할 것이므로 제조업의 연구개발비 동향을 반영한다고 볼 수 있다. 한국의 GDP 대비 총연구개발비는 1990년대에는 1%대였지만 2013년 이후에는 4.0%를 넘어서서 2019년에는 4.6%이다. 이에 따라 국제 순위도 2012년부터는 이스라엘 다음으로 대체로 2위를 차지하고 있다. 2019년에 대만은 3위, 일본과 독일은 공동 5위이며, 미국은 8위, 중국은 13위이다. 일본과 비교해보면, 한국의 GDP 대비 연구개발 비율은 2010년 이후로 경쟁국인 일본보다 높아지고 그 차이도 조금씩 커지고 있다. 한편, 중국의 급속한 증가가 주목되는데 1991년 0.7%에 지나지 않았지만 2019년에는 2.2%로 크게 증가하였다. 표에 나타나지는 않지만, 2019년에 영국은 19위, 러시아는 31위에 지나지 않는다.

② 절대액 비교

GDP 대비 연구개발비의 비율은 이스라엘과 한국이 1, 2위이지만 R&D 연구비 절대액에서는 양상이 다르다.

<그림 2-9> 주요국의 총연구개발비(GERD) 비교(1991~2019) (단위: 십억달러)

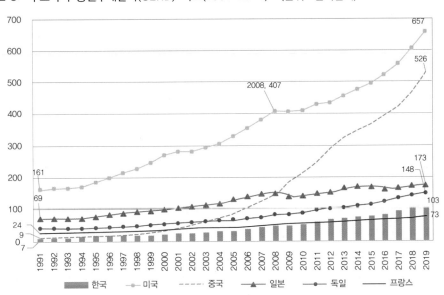

주: 1) 연구개발비 국내총지출(GERD)
　　2) 단위: 경상 PPP달러
자료: 국가통계포털

<그림 2-9>는 2019년을 기준으로 절대액 기준 랭킹 6위까지 그려놓은 것이다.

첫째, R&D 투자 액수는 GDP 대비 총연구개발비 비중의 국제적 순위와 상당히 다르다. 미국-중국-일본-독일-한국-프랑스의 순서로 많이 투자하고 있다. 미국은 GDP 대비 총연구개발비율은 세계 8위였지만 R&D 투자 규모에서는 세계 1위이고, 중국도 상대적 투자율에서는 13위이지만 R&D 투자 규모에서는 2위를 차지하고 있다.

둘째, 우리나라는 경쟁력 확보를 위해서 꾸준히 연구개발비를 증가시켜 왔다. 표의 기간인 1991년~2019년에 우리나라의 총연구개발비는 15배로 크게 증가했다. 그동안 미국은 4배, 일본은 2.5배로 증가했다.

셋째, 2019년에 한국의 GDP 대비 총연구개발비의 비율은 세계 2위이지만 연구비는 1,030억 달러로서 절대액 순위에서는 5위이다. 한국은 2010년에 프랑스를 제치고 5위에 올라섰다.

넷째, 우리나라는 규모에서는 5위이지만 미국, 중국, 일본과는 지출액의 절대 규모에서는 크게 작다. 미국은 한국의 6.4배, 중국은 5.1배, 일본은 1.9배이다. 물론 이러한 격차는 1990년에 비하면 크게 줄어든 것이다. 1991년에 미국은 한국의 23배, 일본은 10배였다.

다섯째, 주요국의 연구개발비가 빠르게 증가해 왔다. 2019년에 OECD 회원국과 일부 비회원국(중국, 아르헨티나, 루마니아, 러시아, 싱가포르, 남아공, 대만)을 포함한 40개국의 총연구개발비는 2조 1,860억 달러로서 1991년의 약 4,023억 달러의 5배 이상의 규모로 불어났다. 1991년의 총액은 30개국의 합계이고 물가 상승분이나 경제성장률을 고려하면 실질 증가액의 정확한 비교는 불가능하지만, 세계 각국이 경쟁력 확보를 위한 연구개발에 집중하고 있음을 보여준다.

여섯째, 미국은 2019년에 GDP 대비 총연구개발비율에서는 세계 8위이지만 절대액은 6,570억 달러로서 중국을 제외한 3~6위 국가의 총액(4,970억 달러)을 합친 것보다 무려 1,600억 달러가 많다. GDP 대비 총연구개발비율 세계 13위인 중국도 나머지 4개국보다 많다.

일곱째, 1991~2019년에 중국의 연구비는 무려 58배로 늘어났다. 중국이 대규모의 R&D 투자를 통한 기술력 확립에 얼마나 적극적으로 나서고 있는지를 보여준다. 미중 갈등의 중심에 기술 경쟁이 자리잡고 있음을 보여주는 대목이라고 하겠다.

여덟째, 이에 따라 주요국의 총연구비 지출에서 각국이 차지하는 비중도 급속하게 변화하고 있다. 미국, 일본의 비중 감소와 중국의 급증이 특징적이다. 조사된 국가들의 연구비 총액에서 미국은 1991년에 무려 40.1%를 차지했지만 2019년 30.0%로 줄어들었고, 일본은 17.2%에서 7.9%로 급락했다. 이에 비해 중국은 2.3%에서 24.0%으로 급증했으며, 한국도 1.8%에서 4.7%를 차지하게 되었다(2019년 40개국 2조 1,860억 달러).

아홉째, 이러한 통계는 소수의 국가에 R&D가 집중되어 있음을 보여준다. 특히 강대국인 미국과 중국의 연구개발비는 2019년에 54.1%를 차지하고 있고, 한국을 포함한 상위 6 개국의 합계가 76.9%를 점하고 있다. 2017년에 상위 6개국 비중이 68%였던 데 비하면 연 구개발비의 국제적 집중도가 더욱 강화된 것이다. 4차 산업혁명시대에 연구개발이 특히 강조되고 있지만 연구개발 및 기술개발의 독과점이 국제적으로 심화되고 있는 것이다.

4.2.3 지식재산권

① 국내 지식재산권 출원

R&D 성과 지표 중의 하나가 지식재산권이다. 지식재산권은 개발자로 하여금 일정 기 간 혹은 장기간에 걸쳐 독점적 이익을 누리도록 해준다. 가령, 세계적 모바일 폰 업체인 Apple과 삼성전자 간에는 2011년부터 미국에서 시작된 특허 소송을 비롯하여 여러 건의 분쟁이 진행되고 있다. 물론 이 소송에는 특허 외에도 디자인이나 상표권과 관련되는 사항 들도 중요하게 다루어지고 있다. 이렇게 세계 경제에 막강한 영향력을 미치는 두 회사가 치열하게 다투는 것은 지식재산권 확보에 따른 이익을 독점하기 위한 것이다.

글로벌 기업들의 분쟁은 국적뿐만 아니라 핏줄도 가리지 않는다. LG화학과 SK이노베 이션은 2011년부터 2차전지 및 전기차 배터리 관련 특허 소송을 벌인 바 있다. 이처럼 기 업들이 국적을 불문하고 소송전을 전개하는 예는 얼마든지 찾아볼 수 있다. 기업들이 국내 외를 가리지 않고 소송을 제기하는 것은 기술이 기업의 미래와 생존을 좌우하기 때문이다.

표 2-10 지식재산권 출원 건수(1960~2020) (단위: 건)

	총계	특허 · 실용신안			디자인	상표
		소계	특허	실용신안		
1960	3,356	1,818	611	1,207	329	1,209
1970	17,659	8,013	1,846	6,167	4,522	5,124
1980	37,261	13,628	5,070	8,558	10,075	13,558
1990	114,069	48,474	25,820	22,654	18,769	46,826
2000	288,087	139,173	102,010	37,163	33,841	110,073
2010	362,074	183,762	170,101	13,661	57,187	121,125
2015	475,802	222,405	213,694	8,711	67,954	185,443
2016	463,862	216,597	208,830	7,767	65,659	181,606
2017	457,955	211,584	204,775	6,809	63,453	182,918
2018	480,245	216,224	209,992	6,232	63,680	200,341
2019	510,968	224,422	218,975	5,447	65,039	221,507
2020	557,256	231,740	226,759	4,981	67,583	257,933

주: 1998년 이후 출원서 기준
자료: 국가통계포털

지식재산권에는 특허, 실용신안, 디자인, 상표가 있으며, 어느 것 하나 기업경영에서 중요하지 않은 것이 없다. 그렇지만 기술개발과 관련되는 지식재산권 중 가장 중요한 것은 특허이다.

<표 2-10>은 국내에 출원되는 지식재산권 출원의 동향을 보여 준다. 네 가지 지식재산권 중에서 가장 많이 출원되고 있는 것은 상표이다. 지식재산권 출원 건수는 1960년 3,356건이었지만 2020년에 165배가 증가한 약 56만 건에 이를 정도로 크게 증가하고 있다, 이 중에 상표가 약 26만 건으로서 전체 지식재산권의 46.3%를 차지하고 있고 특허 및 실용신안은 23만 건, 41.6%이다.

소규모 발명이라고 할 수 있는 실용신안의 출원 건수는 1988년까지 매년도에 특허보다 많았지만 그 이후로 특허가 많아졌고 그 차이도 크게 벌어지고 있다. 가장 중요한 특허는 2013년 이후 매년 20만 건 이상 출원되고 있다. 그만큼 우리나라 기업들이 특허의 중요성을 인식하고 기술개발에 나서고 있음을 알 수 있다.

특허와 실용신안의 차이

특허는 특정인의 이익을 위하여 일정한 법률적 권리나 능력, 포괄적 법률 관계를 설정하는 행위를 말한다. 행정법상으로는 특정인에 대하여 일정한 법률적 권리나 능력, 포괄적 법령 관계를 설정하는 설권적·형성적 행정 행위를 의미한다. 특허법은 발명을 보호·장려하고 그 이용을 도모함으로써 기술의 발전을 촉진하고 산업 발전에 이바지하기 위해 제정된 것으로 이 법의 요건을 충족하는 발명에 대해 독점적으로 이용할 수 있는 권리를 부여한다. 실용신안제도는 특허법상 보호대상인 '발명'이라는 고도의 기술에 가려서 사장되기 쉬운 실용적 기술사상(小發明)인 '고안'을 보호하기 위해 마련된 제도이다. 현재 우리나라를 비롯하여 일본, 독일 등 일부 국가에서 운영되고 있으며 자국의 국내산업 보호라는 산업정책적 목적에서 탄생한 제도라고 볼 수 있다. 실용신안의 보호 대상은 물품의 형상·구조·조합에 관한 '고안'이다. 여기서 '고안'이라 함은 자연법칙을 이용한 기술적 사상의 창작을 의미한다.

(시사경제용어사전, 기획재정부)

---

② 국제특허 출원

각국은 특허제도를 도입하고 있는데, 발명자가 R&D의 성과를 국제시장에서 실현하기 위해서는 국제특허를 획득해야 한다.

각국의 특허제도는 속지주의를 채택하고 있으므로 발명자가 그의 발명을 여러 국가에서 보호 받고자 하는 경우에는 각국에 별도로 출원해야 하며, 각국의 특허청 역시 동일한 내용의 출원을 각국별로 심사하여 권리 부여를 결정하게 된다. 이 같은 출원과 심사에 출원인 및 각국 특허청이 부담하는 중복노력을 국제협력을 통하여 제거하고자 하는 목적으로 체결된 것이 특허협력조약(PCT)이다. 즉 특허협력조약(PCT)에 의한 국제특허출원제도는 한번의 출원으로 PCT 가입국 전체 또는 일부 지정하는 국가에 대하여 각각 그 나라에 국내 출원한 효과가 있으며, 국제출원일은 각국의 국내 출원일로 인정된다.

특허를 받고자 하는 나라의 특허청(지정관청)의 심사에 앞서 국제조사기관의 선행기술조사(강행절차) 및 국제예비심사기관의 특허성 유무에 관한 예비심사(임의절차)를 거치게 되며 공신력을 인정받게 된다.

한편 우리나라의 특허청은 1997년 9월 16일 WIPO총회에서 PCT국제출원 국제조사기관 및 국제예비심사기관으로 지정되었으며, 1999년 12월 1일부터 국제조사 및 예비심사업무를 개시했다. 이로 인하여 특허출원인은 한국어로 출원이 가능하게 되었다. 하지만 국어 출원 후 우선일로부터 16개월까지 반드시 영어로 된 공개용 번역문을 제출해야 한다.

(시사상식사전)

우리나라의 국제특허 출원 동향을 유형별로 보면 다음과 같다.

표 2-11 출원인 유형별 국제특허출원 점유율(2014~2018)　　　　　　(단위: 건, %)

순위	유형	2014	2015	2016	2017	2018	누계	
							건수ⓑ	비율 (ⓑ/ⓐ)
1	대기업	5,252	5,644	6,173	6,267	7,313	30,649	40.3
2	중소기업	3,075	3,433	3,851	4,000	3,882	18,241	24.0
3	내국 개인	1,906	2,158	2,122	2,015	2,003	10,204	13.4
4	대학	1,035	1,224	1,295	1,383	1,476	6,413	8.4
5	중견기업	1,064	1,200	1,192	1,106	1,190	5,752	7.6
합계	(1~5)	12,332	13,659	14,633	14,771	15,864	71,259	93.7
출원인 전체		13,138	14,594	15,595	16,991	16,991	76,108	100.0

주: 전체에는 위 1–5위 외에도 연구기관, 비영리법인, 외국법인, 공공기관, 공기업의 특허도 포함
자료: 한국특허신문사, 특허뉴스, 특허동향, 2019.7.22.

첫째, 우리나라의 매년 국제특허 출원 건수는 2014년 13,138건에서 2018년 16,991건까지 매년 증가해 왔다. 국제특허 출원자 중 대기업, 중소기업 등 순위 1~5위의 출원인이 매년 출원 건수 전체의 대부분을 차지하고 있는데, 5년간 누계치를 보면 이들이 전체의

93.7%를 출원하고 있다.9) 2014년부터 2018년 5년간 대기업이 40.3%, 중소기업 24.0%, 중견기업이 7.6%로서 대기업이 국제특허 출원을 주도하고 있으며, 기업 전체로는 출원의 71.9%를 차지하였다. 개인이 13.4%를 차지한 것도 눈에 띈다.

둘째, 특제특허 출원 건수 뿐만 아니라 증가율도 대기업이 높다. 대기업의 매년 증가율은 8.6%이고, 중소기업 6.0%, 중견기업 2.8%로서 중견기업이 제일 낮게 나타난다. 이는 여전히 국제특허출원의 필요성을 대기업이 크게 인식하고 있음을 보여준다. 중소기업도 증가하고 있는데, "대기업 중심으로 발생했던 해외 특허분쟁이 최근 중소기업으로 점차 확대됨에 따라 중소기업과 개인도 해외 진출시 특허권 확보에 대한 인식이 높아진 결과로 풀이된다"(한국특허신문사, 특허뉴스, 2019.7.22).

기업별 점유율 순위는 5년간 누계 건수 76,108건 중에서 삼성전자 12.1%(9.232건)가 1위이고, 그 뒤로는 LG전자 11.2%(8,527건), LG화학 6.0%(4,581건), LG이노텍1.5%(1,105건), 포스코 1.2%(890건), 삼성SDI 1.0%(747건)가 2~6위이며, 그 이하는 각각 0.7% 이하이다. LG전자를 비롯한 LG그룹 계열사들과 삼성전자가 주도하고 있는 것이다(특허뉴스, 2019.7.22).

③ 특허 등록 국제 비교

<그림 2-10> 각국의 특허 등록 상황(2020) (단위: 건)

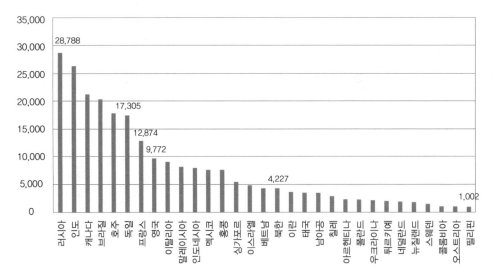

주: 중국=530,127, 미국=351,993, 일본=179,383, 한국=134,766
자료: 국가통계포털

---

9) 6위인 연구기관은 3.8%이며, 나머지 출원인은 모두 0.7% 이하이다.

각국 내에서 특허를 출원하여 등록에 성공한 건수를 비교해 보자. 국제적으로 승인된 국제특허는 아니지만, 각 국가에서 특허 획득을 위한 움직임이 얼마나 활발한지를 짐작할 수 있다. <그림 2-10>은 2020년도에 세계 5위에 해당하는 러시아의 28,788건으로부터 순서대로 배열해 둔 것이다. 1~4위의 국가는 5위와 너무 차이가 커서 주에 국별로 등록 건수를 적어 두었다.

중국에서 등록된 특허는 53만 건이고, 미국은 35만 건, 일본 18만 건 정도이다. 4위인 한국은 13만여 건으로 5위 러시아의 4.7배이다. 이에 비해 독일, 프랑스, 영국은 약 1만 건에서 1만 7천 건 정도에 지나지 않은다. 북한에서도 4천여 건에 이르고 있음이 주목된다.

또한, 자료에 의하면 특허를 획득하기 위한 접수 건수에서는 중국이 140만 건으로서 압도적이다. 중국에서 특허 접수는 1980년에 5천 건에 지나지 않았으나 2000년대부터 급속하게 증가했다. 다음으로 미국 62만 건, 일본 약 31만 건이며, 한국은 약 22만 건으로서 독일 약 7만 건의 3배를 넘는다. 한국이 제조업 강국으로서의 면모를 유지하고 있는 것은 나름대로 방대한 연구개발비를 지출하고 있기 때문이다. 한편, 특허 출원 상위 20개국 중에는 홍콩을 포함하여 아시아의 10개 국가가 포함되어 있다.

제 5 절 기술무역수지

5.1 기술무역 동향

5.1.1 기술무역 개황

우리나라의 GDP 대비 총연구개발비는 세계 2위이고 총액은 세계 5위일 정도로 연구개발이 나름대로 활발하게 이루어지고 있다. 그러나 그 내실을 들여다보면 기술 도입액이 기술 수출액보다 많은 등 아직도 보완해야 할 점이 많다.

기업은 독자적으로 개발한 기술을 제품 생산에 적용하기도 하지만, 기술 자체를 판매하여 수익을 얻거나 생산 제품의 질적 수준을 높일 목적으로 기술을 사기도 한다. 이렇게 기술지식 및 기술서비스와 관련된 국가 간의 상업적인 거래를 기술무역이라고 하고 그 거래의 결과를 보여주는 것이 기술무역수지이다. 기술 무역은 실물 거래가 아니라 일종의 서비스 거래이지만 일국의 제조업의 기술 경쟁력과 매우 밀접한 관계를 맺고 있다. 즉, 기술 무역의 동향은 그 나라 제조업의 경쟁력을 간접적으로 표현한다고 할 수 있다. 여기서는 이에 대해서 살펴본다.

표 2-12 기술 수출입 및 기술무역수지(1981~2020)   (단위: 억달러)

	기술수출액 (A)	기술도입액 (B)	기술무역수지 (A−B)	기술무역규모 (A+B)
1981	0.1	1.1	−1.0	1.2
1990	0.2	10.9	−10.7	11.1
2000	2.0	30.6	−28.6	32.6
2010	33.5	102.3	−68.9	135.8
2011	40.3	99.0	−58.7	139.3
2012	53.1	110.5	−57.4	163.6
2013	68.5	120.4	−51.9	188.8
2014	97.7	155.4	−57.8	253.1
2015	104.1	164.1	−60.0	268.2
2016	106.9	148.4	−41.6	255.3
2017	118.0	164.8	−46.8	282.8
2018	124.3	162.9	−38.6	287.2
2019	137.6	178.8	−41.2	316.3
2020	127.8	171.0	−43.2	298.8

자료: e−나라지표

과학기술정보통신부의 「기술무역통계조사」를 통해서 기술의 수출입을 살펴보자. 첫째, 기술수출액은 1981년에 1천만 달러에 지나지 않았지만 2000년에는 2억 달러, 2020년에는 약 128억 달러이다. 기술도입액은 더 빠른 속도로 증가하여 1981년 1억 1천만 달러에서 2000년 30억 달러, 2015년 164억 달러, 2020년에는 171억 달러로 증가하였다.

둘째, 기술 수출과 기술 도입의 활성화로 이 둘을 합한 기술무역 규모는 1981년 1억 2천만 달러에서 2020년 약 300억 달러로 증가하였다.

셋째, 기술 수출액에서 기술 도입액을 공제한 기술무역수지는 모든 연도에 걸쳐 적자다. 적자는 1981년에 1억 달러에 지나지 않았지만 2020년에는 43억 달러로 불어났다. 그러나 2016년부터는 감소세로서 2020년에는 43억 달러로 줄어들었다. 최근 들어서 나름대로 R&D의 성과가 있었다고 하겠다.

5.1.2 산업별 및 기관유형별 기술무역수지

① 산업별 기술무역수지

제조업의 기술무역수지는 감소세이지만, 이를 산업별로 나누어 보면, 우리 경제를 이끌어 가는 주력 산업은 물론 거의 모든 분야가 적자여서 독자적 기술체계 확립에는 상당한 시간이 걸릴 것으로 보인다.

표 2-13 산업별 기술무역수지(2001~2020) (단위: 백만달러)

	합계	전기전자	화학	정보통신	섬유	농림수산	기계	소재	건설	기술서비스	기타
2001	−2,024	−1,120	−183	39	−52	−57	−373	−70	−84	−74	−50
2005	−2,900	−1,482	−172	−168	−83	−85	−212	−118	−31	−509	−39
2010	−6,889	−4,396	−389	−586	−46	−73	−450	−819	−41	−	−89
2011	−5,868	−3,183	−373	−68	−219	−207	−696	−441	−116	−	−564
2012	−5,741	−4,467	−381	−223	−88	−6	−220	−215	580	−	−721
2013	−5,193	−4,073	−44	−408	43	−151	544	−246	−291	−	−567
2014	−5,775	−4,369	−405	673	−163	−210	−536	−291	−129	−	−346
2015	−6,001	−4,647	61	115	−180	−199	−669	−186	−13	−	−282
2016	−4,155	−4,065	170	837	−273	−69	−605	−124	100	196	−321
2017	−4,678	−4,200	−200	515	−302	−111	−285	−88	35	155	−197
2018	−3,862	−4,383	−400	1,629	37	−90	−327	−218	−23	205	−292
2019	−4,121	−4,096	−392	858	−225	−137	−44	−271	94	407	−314
2020	−4,318	−2,453	−676	−542	−188	−163	−129	−82	80	257	−424

주: 합계는 기술무역수지 전체를 나타냄
자료: 국가통계포털

첫째, 기술 무역을 산업별로 파악해 보면, 농림수산, 건설, 기술서비스를 제외하면 모두 제조업 관련 기술이다. 이것은 국제시장에서 거래되는 기술이 각국의 제조업 경쟁력 강화를 위해서 동원되고 있다는 것을 의미한다.

둘째, 2020년 기준으로 기술무역수지에서 건설과 기술서비스만 흑자이다. 건설은 대체로 2015년까지는 적자였는데 2016년 이후에 2018년을 제외하고 흑자를 시현하고 있다. 건설업체의 해외 진출로 많은 외화를 벌어들였지만, 건설기술에서는 최근에 흑자로 돌아선 것이다.

셋째, 앞의 두 부문을 제외한 나머지 산업은 모두 적자이다. 이 중에서 우리나라 경제를 이끌어 가는 전기·전자의 기술 부문은 2019년까지 40억 달러 이상의 적자를 보이다가 2020년에 25억 달러의 적자로 감소했다. 화학 역시 대부분의 기간 동안 적자이다. 다만, 정보통신은 2014년 이후 흑자였다가 2020년에는 적자가 났다. 이를 포함하여 기계 등을 포함한 주력 부문 이외에도 나머지 섬유, 농림수산, 기계, 소재 등도 모두 적자이다.

넷째, 전기·전자, 화학, 정보통신 등 세 부분이 전체 적자의 85%를 차지하고 있다.

② 기관유형별 기술무역수지

표 2-14 기관유형별 기술무역수지(2001~2020)   (단위: 백만달러)

	합계	대기업	중견기업	중소기업	공공기관	교육기관	비영리법인
2001	−2,024	−1,767	−	−297	−	−	41
2005	−2,900	−2,253	−	−662	−	−	15
2010	−6,889	−6,701	−	−812	−	−	623
2011	−5,868	−4,705	−	−1,124	−	−	−40
2012	−5,741	−6,158	−	395	−	−	21
2013	−5,193	−4,921	−	802	−	−	−1,074
2014	−5,775	−5,633	−	−173	−	−	31
2015	−6,001	−6,044	−	12	−	−	31
2016	−4,155	−4,479	229	58	−39	6	71
2017	−4,678	−4,389	−188	−99	−48	9	36
2018	−3,862	−4,626	184	555	15	12	−4
2019	−4,121	−3,692	−235	−239	43	5	−3
2020	−4,318	−2,102	−1,270	−986	−3	6	37

자료: 국가통계포털

첫째, 기관 유형별 기술무역수지를 보면, 예상과는 달리 대기업이 적자의 대부분을 차지한다. 2019년에 대기업은 전체 적자의 약 90%이고, 2020년에는 크게 줄어 거의 절반을 차지하고 있다.

둘째, 그 결과 대기업의 적자가 우리나라 기술무역수지의 총적자액보다 크거나 비슷한 연도가 적지 않다. 다만, 그 대기업 기술무역수지 적자액은 2015년 이후 꾸준히 감소 추세에 있다.

셋째, 중견기업과 중소기업의 기술무역수지는 흑자인 해도 있지만 대체로 적자 상태이다. 특히 이 두 유형의 기업은 특히 2020년에 거액의 적자를 누적하고 있다. 이러한 실태는 우리나라 기업들의 기술적 기반이 아직도 확고하지 않음을 의미한다.

5.1.3 주요국에 대한 기술무역수지

2020년에 우리나라의 기술수출 총액은 128억 달러인데, 이 중에서 대 중국 수출이 30억 달러로서 가장 많고, 다음으로 미국(26억 달러) − 베트남(18억 달러) − 영국(11억 달러) − 싱가포르(10억 달러) − 일본(5억 달러) 등이다.

표 2-15 기술 도입 주요 국가 및 기술 도입액(2001~2020) (단위: 억달러)

	총계	미국	싱가포르	영국	아일랜드	일본	독일	중국	프랑스
2001	26.4	14.8	1.3	0.8	0.1	3.9	1.2	0.1	0.6
2005	45.3	27.3	0.6	1.7	0.3	5.8	1.4	0.2	2.0
2010	102.3	58.7	0.6	3.8	4.3	12.6	4.1	0.7	2.9
2011	99.0	53.9	1.2	4.0	1.3	12.4	5.4	2.2	2.2
2012	110.5	65.3	1.2	4.2	2.8	11.5	4.6	2.3	2.6
2013	120.4	75.3	0.9	4.0	3.3	9.1	5.5	2.1	3.6
2014	155.4	73.8	5.1	7.2	2.0	13.2	7.5	5.1	4.8
2015	164.1	79.8	18.2	8.3	3.7	9.6	6.2	5.6	3.4
2016	148.4	71.0	9.1	7.2	3.5	9.2	6.3	5.5	3.5
2017	164.8	74.2	11.7	7.6	8.1	9.9	7.2	7.2	3.4
2018	162.9	73.8	6.7	9.2	8.1	12.1	7.2	7.9	5.3
2019	178.8	71.9	23.3	9.6	8.8	13.0	6.4	10.5	4.4
2020	171.0	58.8	29.5	16.3	15.1	8.5	7.0	6.4	4.5

주: 1) 2020년 기준으로 8위 이내 국가 배열
   2) 9위 스웨덴(4.1억 달러), 10위 핀란드(3.1억 달러)
자료: 국가통계포털

그러면 우리나라는 어디에서 기술을 가장 많이 도입하고 있을까? 우리나라는 항상 미국으로부터 가장 많은 액수의 기술을 도입하고 있다. 기술 도입액 중 미국은 50~60%대의 높은 비중을 차지했는데 2014년 이후에는 차츰 낮아져 2020년에는 34%를 점하고 있다. 한편, 싱가포르, 아일랜드, 영국이 기술 도입선에서 2~4위를 차지한 것이 주목된다.

이에 비해 2000년대에 우리나라의 두 번째 기술 도입국이었던 일본은 점차 중요도가 떨어지고 있다. 일본으로부터의 기술 도입액이 전체 도입액에서 차지하는 비중은 2012년까지 10%대를 유지했지만 2020년에는 5%까지 떨어졌다.

표 2-16 주요 국가에 대한 기술무역수지(2001~2020) (단위: 백만달러)

	합계	미국	싱가포르	일본	독일	프랑스	네덜란드	영국	중국
2001	−2,024	−1,287	−128	−360	−109	−56	−45	−81	180
2005	−2,900	−2,449	−54	−521	−142	−204	−122	−168	703
2010	−6,889	−4,378	−56	−1,211	−410	−150	−197	−377	729
2011	−5,868	−4,470	−114	−1,046	−501	−79	−210	−396	1,227
2012	−5,741	−5,540	−107	−758	−450	−257	−188	−416	1,771
2013	−5,193	−6,899	−78	−760	−536	919	−265	−392	3,202
2014	−2,372	−5,411	208	−624	−614	−462	−288	−185	2,437
2015	−6,001	−6,273	−462	−121	−368	−314	−325	−281	1,521

	합계	미국	싱가 포르	일본	독일	프랑스	네덜란드	영국	중국
2016	−4,164	−5,613	375	−343	−482	71	−345	125	1,547
2017	−4,678	−5,240	102	−507	−564	−267	−197	104	1,442
2018	−3,862	−5,207	23	−784	−608	−396	−307	116	2,371
2019	−4,121	−4,596	−811	−732	−471	−420	−175	313	1,515
2020	−4,318	−3,322	−1,920	−361	−567	−429	−211	−481	2,372

자료: 국가통계포털

우리나라의 기술무역수지는 중국을 제외한 미국, 싱가포르, 일본, 독일, 프랑스 등 모든 선진국에 대해서 적자이다. 기술도입에서 일본의 중요성은 낮아졌지만 여전히 기술무역수지는 적자이다. 기술의 대일 의존을 아직은 완전히 벗어나지 못하고 있음을 시사한다.

중국에 대해서는 상당히 큰 액수의 흑자를 보이고 있는데, 이는 상품 교역에서 뿐만 아니라 기술 교역에서도 중국이 우리의 중요한 수출처이자 파트너임을 보여주고 있다.

기술 도입에서는 기술 선진국인 미국에서 가장 많이 도입하는데, 특히 2013년 이후에는 전체 적자보다 미국에 대한 적자가 더 크다. 다음이 싱가포르−독일− 프랑스의 순이다. 영국에 대해서는 2016년 이후 흑자였지만 2020년도에는 적자로 바뀌었다.

이상의 점들은 우리나라가 생산 기술의 기반이 확고히 확립되지 못했음을 보여주고 있다. 주요 선진국에 대한 기술 의존성 탈피 및 독자적 기술체계의 확립이야말로 제조업 경쟁력 강화의 기반이라고 하겠다.

5.2 기술무역수지의 국제 비교

마지막으로 우리와 경쟁하는 주요 국가들의 기술무역수지를 살펴보자.

표 2-17 주요국의 기술무역수지(2006~2015)　　　　　　　　　(단위: 백만달러)

	2006	2007	2008	2009	2010	2011	2012	2013	2014	2015
한국	−2,941	−2,925	−3,140	−4,856	−6,889	−5,868	−5,741	−5,193	−5,775	−6,001
미국	32,705	35,802	36,944	32,065	30,992	38,110	38,490	37,599	43,866	41,943
일본	14,383	15,046	15,726	15,822	21,720	24,690	28,480	28,868	29,707	27,653
영국	14,952	16,189	15,591	12,319	12,684	17,828	20,961	19,759	22,795	19,780
독일	3,499	3,671	8,084	8,488	13,038	15,757	15,432	13,125	18,784	18,102
스웨덴	731	5,562	5,414	6,457	7,905	11,622	10,783	13,059	11,402	12,219
이스라엘	5,653	6,035	6,830	7,134	7,623	9,548	9,481	11,328	10,987	11,859

	2006	2007	2008	2009	2010	2011	2012	2013	2014	2015
스페인	−1,377	−2,609	3,643	4,385	4,299	5,713	5,534	6,629	8,458	7,002
네덜란드	0	5,808	7,096	3,503	−	10,558	9,293	11,049	3,284	6,062
오스트리아	2,676	3,080	3,627	3,447	3,588	4,586	4,173	4,095	4,747	4,182
핀란드	−1,764	−1,793	1,311	441	1,703	2,650	1,246	3,529	5,109	5,759
폴란드	−1,712	−2,294	−1,830	−1,510	−2,142	85	203	−357	311	1,740
덴마크	2,353	2,175	1,796	1,464	1,200	347	1,621	2,062	2,063	1,641
체코	−264	−579	150	−261	75	486	304	623	862	1,227
이탈리아	978	1,118	−4,433	−4,480	−3,589	−3,024	1,035	109	906	1,224
러시아	−609	−773	−1,345	−966	−782	−1,323	−1,364	−1,695	−1,177	−551

주: 1) 2015년 10억 달러 이상 흑자국 순서대로 표시
　　2) 프랑스 통계는 알려지지 않음
자료: 과학기술정보통신부, 과학기술통계서비스

　<표 2-17>은 2015년을 기준으로 2006년 이후에 기술무역수지가 큰　순서대로 국가를 배열하고 있다. 자료가 수년 전의 것이지만 대강의 추세는 파악할 수 있을 것이다.

　한국과 러시아를 제외한 나머지 국가들은 기술무역수지가 흑자이다. 2015년 경제규모(GDP규모) 세계 11위였던 한국보다 순위가 높은 국가들(미국, 일본, 영국, 독일, 이탈리아)은 모두 기술무역수지 흑자국이다. 한국과 GDP 대비 연구개발비의 비율에서 세계 최고인 이스라엘은 매우 강한 기술 수출국으로서 2015년에 무려 119억 달러의 흑자를 기록하고 있고, 한국보다 경제 규모가 적은 EU 국가들 역시 흑자국이다.

　이에 비해 한국은 기술무역수지 적자가 2006년 29억 달러였는데 2015년에는 60억 달러로 증가하였다. 한국의 기술무역수지는 1981년 95백만 달러 적자 이후 한 차례도 적자를 벗어나지 못하고 증가하여 왔다. 다만, 적자액은 2015년 60억 달러를 정점으로 2020년에는 43억 달러로 감소하고 있다.

　한 나라 생산기술의 전반적 수준 혹은 기술의 자립도를 기술무역수지만으로 파악할 수는 없다. 과학기술 강국이라 하더라도 모든 분야에서 산업 기술을 독점하는 경우는 드물기 때문이다. 기술 강국이지만 특정 분야에서는 국내 기술 부족으로 불가피하게 해외로부터 기술을 도입하기도 한다. 그러나 기술무역수지가 적자라고 과학기술수준이 낮다고 평가하는 것은 곤란하다. 예를 들어, 러시아는 기술무역이 적자이지만 이것만을 근거로 이 나라의 과학기술수준이 다른 나라들보다 낮다고 할 수 없다. 그렇지만 우리나라가 장기에 걸쳐 기술무역수지가 적자인 점은 산업기술의 기반이 확고하지 않다는 것을 뜻한다.

　기술 도입액이 총연구개발비에서 차지하는 비중을 기술 선진국인 일본과 비교해 보자. 이 비율은 일본은 2000년 4.2%였는데 2010년 4.3%, 2015년 3.0%이다. 한국은 2000년에

16.5%, 2010년 19.6%, 2015년 21.3%, 2017년 18.1%이다. 즉, 한국은 국내연구개발비 대비 기술도입액 비율이 20%에 가깝고 그 비율도 오히려 약간 상승하고 있는 반면, 일본은 4% 전후이지만 약간 하락했다. 이와 같이 한국은 아직도 기술 부족 때문에 국가 총연구개발비의 20%에 해당하는 금액을 해외에 지불할 정도로 기술의 대외의존성에서 벗어나지 못하고 있다. 앞의 <표 2-5>에서 제조업의 세계 최고 대비 기술수준이 2000년대 이후 최근까지도 대체로 80% 수준을 벗어나지 못하고 있는 점을 고려하면, 나머지 20%의 기술적 차이를 추격하기가 쉽지 않음을 보여준다. 이 부분은 핵심 기술일 가능성이 크기 때문이다. 이것은 한국 경제가 한단계 더 높은 곳으로 나아가기 위해서는 반드시 극복해야 할 과제이다.

일본은 2019년에 역사문제 갈등을 핑계 삼아 화이트리스트에서 한국을 제외하여 주요 생산 부문에 타격을 가하고자 했다. 2020년 미국은 첨단우주산업의 중심지인 휴스턴에 있던 중국 총영사관을 지적재산권 침해와 스파이행위의 기지로 지목하며 급작스럽게 폐쇄했고, 중국도 미국의 선제공격에 맞대응하여 청도의 미 영사관을 폐쇄했다. 이같이 기술 갈등을 본질로 하는 격심한 싸움은 주요 국가 간에 기술적 격차가 줄어든 것이 원인이다. 앞으로도 양상은 달라질지라도 언제 어느 곳이든, 때와 장소와 국적을 가리지 않고 발생할 것이다.

우리나라는 그동안 기술개발의 중요성을 깨닫고 지속적으로 이에 대한 지원과 투자를 아끼지 않았다. 그 결과 연구개발 투자면에서 세계의 선진국과 어깨를 나란히 하게 된 성과를 거두었고 세계적으로 R&D 투자 상위 기업도 등장했다. 2018년에 글로벌 R&D 투자 상위 기업에서 삼성전자는 Google의 모기업인 Alphabet에 이어 2위를 차지하였다. 삼성전자는 2014년부터 2016년까지 3년 연속 2위였다가 2017년에는 세계 1위를 차지한 바가 있다. 2018년 글로벌 1000대 R&D 투자기업 중 우리나라 기업은 24곳이 이름을 올렸는데 R&D 기업수에서는 세계 8위, 투자액은 6위였다(아시아경제, 2020.2.5).[10]

이처럼 R&D 투자를 확대함으로써 다수의 기업이 세계 시장 진입에 성공하는 등 적지 않은 성과를 거두고 있다. 그렇지만 이것으로 충분한 것은 아니다. 수십 년 전에는 우리나라 전체의 연구개발비가 선진국 기업 한 곳의 연구개발비보다 적었던 적이 있었다. 현재는 GDP 대비 연구개발비율이 세계 수위를 다투고 있다. 그렇지만 세계 최고 기술 수준과 우리 제조업 기술 수준의 간극은 더 이상 줄어들지 않고 있으며 기술무역수지가 흑자인 적은 한번도 없다. 우리나라 산업화의 역사가 길지 않은 탓도 있지만, 아직 내부적으로 기술

---

10) 우리나라는 2015년에 세계 R&D 투자 상위 2,500개 기업에 총 75개의 기업이 포함되었다. 2016년도에는 R&D투자 상위 100대 기업에 삼성전자와 LG전자, 현대자동차, SK하이닉스의 4개 기업이 포함되었다(중앙일보, 2016.12.27.).

을 온전히 체화할 정도로 기술적 기반이 확립되지 못했기 때문이다. 우리 경제는 장기에 걸쳐 국제수지 흑자를 누적하고 제조업도 나름대로 생산체제를 갖춘 국가에 속하지만, 독일이나 일본과 같은 제조업의 기술 강국으로 자리매김하기 위해서는 극복해야 할 과제가 적지 않다고 하겠다.

첫째, 한국 경제가 성장하는데 결정적으로 기여한 것은 기본적으로 기업이다. 글로벌 기업으로 성장한 우리나라 기업들은 오로지 기술력으로 승부했다고 해도 과언이 아니다. 그러나 이것은 다른 나라의 기업들도 충분히 우리와 같은 기술적 성과를 거두고 우리를 추월할 수 있음을 의미한다. 이 전제 위에서 끊임없이 독자적인 기술체계와 기술 경쟁력을 확립해 나아가야 할 것이다.

둘째, 대기업뿐만 아니라 보다 많은 중소기업들도 마음 놓고 R&D에 투자할 수 있는 환경을 만들어야 한다. 삼성전자, 현대자동차, LG전자 등 대기업들은 막대한 R&D 자금을 투하하여 글로벌 기업의 위상을 지켜가고 있다. 삼성전자가 수년째 세계 2위를 사수하는 것이나 그 외 수십 개에 달하는 기업들이 글로벌 순위 1,000대 기업, 2,500대 기업에 들어간 것은 기본적으로 기술력이 바탕이 되었기 때문이다. 보다 많은 중소기업들이 성장할 수 있도록 자금을 비롯하여 기술보호 등 종합적 육성전략이 정밀하게 추진될 필요성이 있다고 하겠다.

최근에는 대기업의 고용 흡수력이 한계에 도달했기 때문에 수출은 물론 고용과 투자 등의 면에서 중소기업의 중요성이 더욱 중요해지고 있다. 우량 중소기업이든 중견기업이든 중소기업 육성을 통해 고용 문제를 근본적으로 해결하기 위해서라도 중소기업의 기술 경쟁력 확보가 국가적 과제로서 지속적으로 추진되어야 할 것이다.

한편, 중소기업에 대한 대기업의 부당한 압박이나 다양한 방법에 의한 기술력 탈취가 여전히 근절되지 않고 있다. 이러한 문제가 해결되어야만 중소기업의 R&D 붐이 조성되어 기술력이 제고될 것이며, 대기업의 경쟁력도 동반 상승할 것이다. 이 문제에 대해서는 뒤의 중소기업에 관한 장에서 자세히 살펴보기로 한다.

고용 문제와 노동시장

03 고용 문제와 노동시장

우리나라에서 실업 문제의 본격적 대두는 1997년 말에 시작된 아시아 외환위기 이후이다. 그 전의 고도성장기에는 투자와 더불어 노동수요도 비례적으로 증가하여 대체로 완전고용이 유지되었기 때문에 실업이 크게 사회적 문제가 되지 않았다. 이 시기에는 오히려 저임금, 장시간 노동, 노동자에 대한 부당한 압력 등의 노동조건이 문제였다. 물론 1950년대부터 1970년대 전반의 실업률은 현재보다 훨씬 심각했다.[1] 그렇지만 당시의 실업은 최근의 실업과는 원인이 달랐다. 그때에는 자본의 절대적 부족으로 일자리는 모자라고 노동력은 과잉공급 상태였다. 이런 상태에서 노동자에게 노동운동은커녕 노동조건에 대한 문제 제기조차도 쉽지 않은 상황이었다.

고도성장기에 진입하게 되자 공식적 실업률은 1968년 이후 5% 이하로 하락하였고 1973년 이후에는 대외적 충격이 가해지지 않는 한 대체로 4% 이하의 완전고용을 유지했다. 특히 1987년 6·29선언 이후 민주화의 진전과 더불어 노동조합 설립이 합법화하자 억눌렸던 저임금이 폭발적으로 상승했는데 시간이 흐르면서 실업 그 자체보다는 노동자의 처우 개선 등이 주요 이슈로 등장하였다. 그런데 1998년 외환위기 때 기업이 연쇄 도산하면서 대량 실업이 초래되었고 지금까지도 일자리 창출 문제는 주요한 경제적 이슈로 자리 잡고 있다. 현재의 일자리 문제는 과거와 같이 자본 부족이 원인이 아니라 새로운 투자처를 필요로 하는 신산업 개척과 얽혀있는 문제이다.

취업은 노동자의 생존이 걸린 문제이다. 더욱이 오늘날의 취업 문제는 단순한 일자리 확보가 아니라 인간답게 일하고 생활할 수 있는 좋은 일자리의 창출과 밀접하게 연관되어 있다. 최근에는 진학률의 급상승으로 대졸 인력이 매년 수십만 명씩 노동시장에 배출되기 때문에 특히 청년층의 일자리 문제가 중요한 이슈가 되고 있다. 여기에서는 이러한 문제를 중심으로 노동시장의 현황을 이해하는 데 중점을 두기로 한다.

---

1) 1963년 실업률은 8.1%에서 하강하였지만 1975년에도 4.1%였다.

노동 문제의 근원

흔히 말하는 근로 혹은 근로자란 용어는 정확한 경제학적 용어가 아니며 경제학 교과서에서도 찾아보기 힘들다. 노동 혹은 노동자가 원래의 뜻에 맞는 용어이다. 우리는 노동력(labour power)과 노동(labour)을 같은 의미로 혼용하고 있지만 이 둘은 전혀 다른 개념이다. 노동력이란 어떤 재화나 용역을 생산할 수 있는 정신적 · 육체적 능력의 총체를 가리키며, 노동은 자연에 힘을 가해서 생활 자료를 획득하기 위해 노동력을 지출 혹은 소비하는 것이다. 대학에서 강의하는 경제원론을 비롯한 경제이론에서는 이 둘을 거의 구분하지 않지만 어떤 의미인지는 자세히 읽어보면 파악할 수 있다.

자본주의경제는 상품생산이 지배하는 사회이다. 자본주의에서 모든 상품은 자가 소비가 아니라 타인을 위한 소비, 즉 타인에게 판매하기 위해서 생산된다. 우리 주위에 소비되거나 거래되는 재화의 대부분은 기업이 생산한 것이다. 기업이 생산에 투입하는 물자들(중간재)조차도 다른 기업이 생산한다. 개인들이 소비하는 물자에도 스스로 만든 재화란 찾아볼 수 없다. 비록 내가 만든 것일지라도 그 재료는 남이 생산한 물자이다. 이같이 자본주의는 상품생산이 일반화된 경제이다.

상품생산이 일반화된 자본주의사회에서는 노동력도 상품이다. 전(前) 근대사회에서 산업사회로 이행하는 과정에서 대부분의 직접생산자들은 생산수단을 상실하고 노동력을 팔아야만 생계를 유지할 수 있게 되었다. 소작농은 소작권을, 자작농은 소유지를 잃었으며, 가내수공업자는 생산 작업장과 도구 일체를 상실하고 임금노동자로 전환되었다. 이렇게 형성된 자본주의는 자본－임노동관계를 기반으로 작동하는 경제이다.

노동력은 기업이 생산하는 재화나 용역의 생산요소에 포함된다. 노동력에 대한 수요는 최종재 수요에 따라 생겨나는 간접적인 수요란 점에서 파생적 수요(derived demand)이다. 그러나 자본주의경제에서 노동력은 일반적인 재화나 토지, 자본 등의 생산요소와는 전혀 다른 성격을 띠고 있는 상품이다.

첫째, 노동력이란 상품은 살아있는 존재인 인간의 인격과 결부되어 있다. 그러므로 노동력은 저장이 불가능하며 노동 현장에서만 제공이 가능하다. 그런데 노동시장에서 노동력을 판매한다는 것은 노동자 자체를 거래하는 것이 아니라 노동력을 이용할 수 있는 권리를 거래(노동력의 임대)하는 것을 의미한다. 가령, 노동력의 임대와 노동자의 거래가 구분되지 않는 상태라면, 현재의 노동시장은 잔혹무도한 인신매매가 판을 쳤던 고대 서양의 그리스나 로마제국의 노예시장과 하등 다를 바가 없을 것이다. 즉, 자본가가 노동시장에서

구매하는 것은 노동력을 이용할 수 있는 권리이며, 노동자가 판매하는 것 역시 노동자 자신이 아니라 재화나 용역을 생산할 수 있는 노동력이라는 상품이다. 그러므로 노동자가 제공하는 노동력은 생산요소 중 하나인 단순한 상품에 지나지 않는 것이 아니라 노동자란 인격체와 결부되어 있는 힘이다.

둘째, 노동력은 인격과 결부되어 있으므로 노동력을 수요하는 자본가와 생산에 직접 참여하는 노동자 간에는 노동의 성과 배분을 둘러싸고 이해관계가 대립할 수밖에 없다. 이러한 이유 때문에 노동시장에서는 임금 수준 결정을 둘러싼 노사간 갈등은 필연적이다. 또한 노동자의 노동 환경을 결정짓는 노동조건 또한 노사 간에 이해관계가 일치하지 않는 경우가 대부분이다. 그러므로 노동시장에서는 임금 수준을 비롯하여 노동시간, 작업 환경 등 제반 노동조건이 노사협상의 대상이 된다. 그 결과 노동시장에서는 양자 간의 갈등을 조정하는 과정에서 다른 상품시장과는 달리 많은 비시장적인 제도와 법률이 도입되었다. 가령, 2018년 최저 시급을 대폭적으로 인상시킨 최저임금제의 현실화, 주당 최대 노동시간을 제한한 법정근로시간제 강화, 작업장에서의 안전 등을 둘러싼 논란은 노동시장에서 제도적 역할의 중요성을 보여주는 예라고 할 수 있다. 자본가(혹은 기업)와 임금노동자 간의 이해관계의 대립, 이것이 바로 노동 문제의 근원인 것이다.

그렇지만 노사협상에서 가장 중요한 것은 임금 수준의 결정에 관한 것이다. 임금의 결정에 대해서는 여러 가지 이론이 있지만, 여기서는 우리나라 노동시장의 현황과 과제를 이해하는 데 중점을 두기로 한다. 특히 현재 이슈가 되고 있는 고용 문제, 즉 실업 문제 및 좋은 일자리 창출 문제, 비정규직 및 임금 차별 등에 집중하여 살펴보기로 한다.

제 2 절 노동시장의 구성 요소

노동시장의 규모와 특징을 이해하는데 필요한 기본 개념을 살펴보자. 노동시장을 이해하기 위해서는 생산활동가능인구, 경제활동인구 및 비경제활동인구, 취업자 및 실업자 등의 기본 개념을 익혀 두어야 한다.

<그림 3-1> 생산활동가능인구의 구성

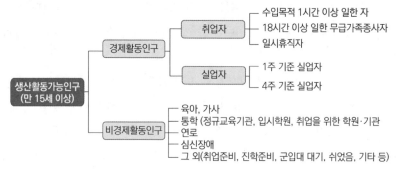

주: 취업을 위한 학원·기관은 고시학원, 직업훈련기관 등
자료: 국가통계포털

　첫째, 생산활동가능인구이다. 생산활동가능인구란 한 나라의 만 15세 이상의 인구로서 노동(생산활동)이 가능한 사람의 숫자를 가리킨다. 생산활동가능인구는 경제활동인구와 비경제활동인구로 나누어진다.

　둘째, 경제활동인구란 노동을 제공할 의사가 있는 사람인데, 취업자와 실업자를 합한 것이다. 실업자도 경제활동인구에 포함된다는 점에 유의해야 한다.

　셋째, 비경제활동인구는 만 15세가 넘는 인구 가운데 일할 수 있는 능력은 있으나 일할 의사가 없거나, 전혀 일할 능력이 없어 노동력을 공급할 수 없는 사람을 말한다. 비경제활동인구에는 주부, 학생, 환자, 군인, 기결수는 물론이고 구직 활동을 했지만 일자리를 구하지 못하거나 기타 이유로 취업을 포기한 사람(쉬었음)이 포함된다.

　넷째, 경제활동인구 중 실업자는 일할 의사와 능력을 가졌으나 4주의 구직 기간 동안 일할 기회를 갖지 못한 자를 가리킨다. ILO 기준에서는 실업 파악에서 1주 기준을 적용해 오다가 2013년도에 4주 기준으로 변경했다. 우리나라 통계청도 1주 실업자는 2014년 12월까지 제공하고 있다. 4주 기준 실업자는 통계청 홈페이지에서 2000년도부터 소급하여 파악할 수 있다.

　일자리 문제를 해결하기 위해서는 생산활동가능인구, 경제활동인구, 취업자 및 실업자 등의 절대적 숫자도 중요하지만 기준이 되는 각 항목에서 어느 정도의 비율을 차지하는가를 파악하는 것이 보다 중요하다. 이를 설명하면 다음과 같다.

　첫째, 경제활동참가율은 15세 이상의 인구인 생산활동가능인구에서 경제활동을 하는 인구의 비율이고, 취업률은 경제활동인구에서 취업자가 차지하는 비율이다. 취업자와 실업자를 합한 것이 경제활동인구이므로 취업률을 제외한 나머지가 실업률이 된다.

둘째, 취업률과 함께 자주 사용되는 개념으로서 고용률이 있다. 취업률은 경제활동인구에서 취업자가 차지하는 비중이지만, 고용률은 15세 이상의 생산활동가능인구에서 차지하는 비중이라는 점에 유의해야 한다. 고용률을 자주 이용하는 이유는 실업률 통계에서 빠지는 비경제활동인구를 포함함으로써 구직 단념자나 단속적으로 반복되는 실업 등에 의한 과소 추정의 문제를 해소하는 장점이 있기 때문이다. 분자인 취업자 수는 같으나 분모가 되는 생산활동가능인구가 경제활동인구보다 훨씬 크기 때문에 고용률은 취업률보다 많이 낮게 나타난다.

> **기본 개념의 계산 방법**
>
> 경제활동참가율=경제활동인구/생산활동가능인구×100
> 실업률(unemployment ratio)=실업자/경제활동인구×100
> 취업률=취업자/경제활동인구×100
> 고용률(employment to population ratio)=취업자/생산활동가능인구×100

제 3 절   노동시장의 동향

3.1 생산활동가능인구

3.1.1 생산활동가능인구

노동시장에 들어가는 인력의 구성과 추세를 구체적으로 살펴보자. 아래 <표 3-1>은 최근의 국제 기준에 따라 구직 기간 4주를 기준으로 작성된 것이다.

표 3-1 생산활동가능인구 총괄(2000~2021) (단위: 천명, %)

시점	생산활동가능인구	비경제활동인구	경제활동인구	취업자	실업자	경제활동참가율	실업률	고용률
2000	36,192	14,041	22,151	21,173	978	61.2	4.4	58.5
2005	38,120	14,401	23,718	22,831	887	62.2	3.7	59.9
2010	40,825	15,868	24,956	24,033	924	61.1	3.7	58.9
2011	41,387	15,998	25,389	24,527	863	61.3	3.4	59.3
2012	41,857	16,076	25,781	24,955	826	61.6	3.2	59.6

시점	생산활동 가능인구	비경제활동 인구	경제활동 인구	취업자	실업자	경제활동 참가율	실업률	고용률
2013	42,304	16,196	26,108	25,299	808	61.7	3.1	59.8
2014	42,795	15,959	26,836	25,897	939	62.7	3.5	60.5
2015	43,239	16,086	27,153	26,178	976	62.8	3.6	60.5
2016	43,606	16,187	27,418	26,409	1,009	62.9	3.7	60.6
2017	43,931	16,183	27,748	26,725	1,023	63.2	3.7	60.8
2018	44,182	16,287	27,895	26,822	1,073	63.1	3.8	60.7
2019	44,504	16,318	28,186	27,123	1,063	63.3	3.8	60.9
2020	44,785	16,773	28,012	26,904	1,108	62.5	4.0	60.1
2021	45,080	16,770	28,310	27,273	1,037	62.8	3.7	60.5

주: 1) 구직기간 4주 기준 작성
  2) 15세 이상 인구 중 군인, 의무경찰, 사회복무요원, 형이 확정된 교도소 수감자 등은 제외
자료: 국가통계포털

첫째, 총인구의 증가와 더불어 15세 이상의 생산활동가능인구도 증가하였는데, 총인구의 증가보다 생산활동가능인구가 더 빨리 증가하였다. 생산활동가능인구는 1970년 1,746만 명에서 2000년에 3,600만 명, 2021년에 4,508만 명으로서 이 기간 동안 2.6배로 증가하였다. 총인구는 1970년(3,224만 명) → 2000년(4,700만 명) → 2021년(5,174만 명)으로 1.6배로 증가하였다.[2]

둘째, 그 결과 총인구에서 생산활동가능인구가 차지하는 비중은 1970년(54.1%) → 2000년(77.0%) → 2021년(85.9%)로 커졌다. 총인구 대비 생산활동가능인구의 비중이 1970년대에 50%대로 낮았던 것은 14세 이하의 유소년 인구의 비율이 높아서 생산 활동이 가능한 청장년의 비율이 상대적으로 낮게 나타나기 때문이다. 그러나 고도성장기에 높은 출산율과 더불어 이들이 청장년으로 성장하여 지속적으로 노동시장에 투입됨으로써 최근까지 총인구에서 차지하는 비중이 85.9%까지 올라온 것으로 볼 수 있다.

셋째, ① 생산활동가능인구는 크게 증가했지만 다른 한편으로는 생산 연령의 고령화가 진행되어 왔기 때문에 앞으로 더 이상 증가하기 힘들 것으로 보인다. 특히 우리나라는 2000년에 고령화사회에 도달한 이후 세계에서 가장 빠른 속도로 초고령사회에 도달할 것으로 예상된다. 현재 출산율이 세계 최저 수준이기 때문에 앞으로 인구는 빠르게 감소할 것이다. ② 생산활동가능인구에서 유소년이 차지하는 비중은 1966년 83%를 정점으로 2013년 이후에 20% 이하로 떨어졌다. 반면, 65세 이상 노년 인구는 1960년 5% 수준에서 2019년에 20%, 2030년에는 약 40%까지 치솟을 것으로 예상되고 있다. 총인구도 2020년에는 5,184만 명이지만 2021년에는 5,174만 명으로 감소하였다.

---

2) 총인구는 매년 7월 1일의 자료이며, 외국인을 포함한 대한민국 상주인구임.

3.1.2 경제활동인구

<그림 3-2> 경제활동참가율(2000~2021) (단위: %)

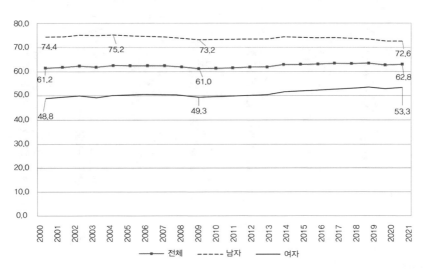

주: 〈표 3-1〉과 동일
자료: 국가통계포털

첫째, 경제활동참가율(경제활동인구/생산활동가능인구)은 2000년 61.2%에서 2021년에는 62.8%로 약간 증가했다.

둘째, 남녀를 합한 평균 참가율은 크게 변화가 없으나 성별간 비율에서 남자는 감소 추세이고 여자는 증가하고 있다. 남성 참가율은 2004년의 75.2%를 정점으로 2021년에 최저인 72.6%로 줄어들고 있다. 반면, 여성은 2000년 48.8%에서 2021년 53.3%로 남성의 감소보다 증가폭이 크다. 이것은 여성의 사회적 진출이 지속적으로 증가하고 있기 때문이다. 여성의 진출 증가는 여성의 사회 참여에 대한 인식 변화, 그리고 서비스업의 확대에 따른 part time 일자리가 늘어난 것과 관계 깊다.[3]

셋째, 그럼에도 남녀 간의 참가율 차이는 여전하다. 즉, 양자 간의 차이는 줄고있지만 여자의 참가율은 아직 55%에도 미치지 못한다. 여성의 사회적 진출을 위한 정책적 배려를 한층 강화할 필요가 있다.

---

3) 주성환, 김진욱, 『한국경제의 이해』, 무역경영사, 2015, p.121.

<그림 3-3> 주요국의 경제활동참가율(2021) (단위: %)

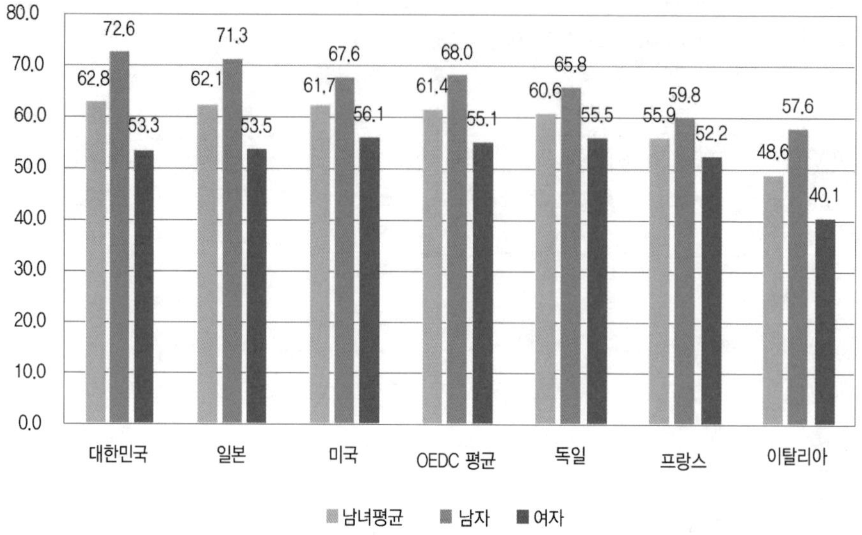

주: OECD평균 계산은 이스라엘, 튀르키예 빠진 35개국임
자료: 국가통계포털

<그림 3-3>은 경제활동참가율의 남녀 평균을 기준으로 정렬하고 있다. 한국의 경제활동참가율은 일본, 미국은 물론 독일, 프랑스 등 주요국은 물론이고 OECD평균보다 약간 높다.[4] 또한 남자의 참가율도 높은 편이다.

그러나 여자의 경제활동참가율은 OECD 하위 13위이다. 이에 따라 남녀 간의 참가율 격차도 매우 커서 멕시코, 콜롬비아, 코스타리카, 칠레과 같은 남미 국가 다음으로 5번째로 높다.

3.1.3 비경제활동 인구

한편, 우리나라에서 경제활동참가율이 증가함에 따라 비경제활동인구비율은 점차 감소해왔다. 그 비율은 1963년 43.4%에서 2021년에는 37.2%이다. 그렇지만 인구가 증가함에 따라 비경제활동인구 숫자는 약 1천만 명 가량 늘어났다. 전통적으로 통학, 군입대 대기, 가사, 육아 등이 상당 비율을 점하고 있지만, 일자리 부족으로 어쩔 수 없이 휴학생, 취업준비생, 구직포기자 등이 늘어나는 측면도 강하기 때문에 심각한 사회경제적 문제가 될 수 있다는 점을 간과할 수 없다.

---

4) 한국보다 높은 나라는 아이슬란드(73.5%), 뉴질랜드(70.8%), 스위스(67.4%), 네덜란드(67.0%) 등 대체로 인구 및 경제 규모가 적은 국가들이다.

비경제활동인구에서 가사(육아와 다름에 주의)가 가장 많은 비중을 차지하고, 그 다음이 통학−그 외(취업 준비, 진학 준비, 군입대 대기, 쉬었음, 기타 등)−육아의 순이다. 2000년 이후 2019년까지 가사는 비경제활동인구 전체의 35~37%로서 일정 수준을 유지하고 있는 반면, 통학은 약 31%에서 약 23%로 감소하였다. 통학의 감소는 출산율 감소로 인해 학생 수가 감소했기 때문이다. '그 외' 항목은 9.2%에서 18.2%로 배가 증가하였다. 그 외에 속하는 취업 준비 역시 2003년 2.4%에서 2019년 4.6%(약 75만 명)로 증가하여 청년층의 취업이 쉽지 않음을 보여준다.

그런데 그 외 항목의 9% 증가에 비해 취업 준비는 2% 정도밖에 늘어나지 않았다. 진학 준비와 군입대 대기는 일정 수준으로 유지되는 경향이 있을 것이므로 그 차이는 대체로 쉬었음, 특히 구직단념자의 증가로 해석할 수 있다. 구직단념자는 비경제활동인구이지만, 사실상의 잠재실업자란 점에서 취업 준비 항목의 증가와 함께 심각한 사회적 문제이다.

성별로 비교해보자. 비경제활동인구 전체가 증가한 비율에 비해 남성은 크게 증가하였고 여성은 적게 증가하였다. 즉, 전체는 16.2%, 남성은 29.4%, 여성은 10.0% 증가하였다. 때문에 남성의 비경제활동인구 비율은 증가(31.9% → 35.5%)하고 여성의 비율은 감소(68.1% → 64.5%)하였다. 그렇지만 여성의 비경제활동인구 수는 남성의 약 2배에 가깝고 비율도 크게 높다.

3.2 고용 및 취업

3.2.1 고용

고용률은 생산활동가능인구에서 차지하는 비율이다. 이에 비해 취업률은 경제활동인구 대비 비율이므로 당연히 취업률이 높다. <표 3−1>로 돌아가 보면, 고용률은 60% 정도에 지나지 않지만, 실업률을 뺀 취업률은 대체로 완전고용 수준인 96% 이상이다.

주요 국가들의 고용률을 비교해 보면 다음과 같다.

표 3-2　주요국의 고용률(2005~2021)　(단위: %)

	성별	2005	2010	2015	2018	2019	2020	2021
한국	전체	63.7	63.4	65.9	66.6	66.8	65.9	66.5
	남자	75.0	74.0	75.9	75.9	75.7	74.8	75.2
	여자	52.6	52.7	55.7	57.2	57.8	56.7	57.7
일본	전체	69.4	70.3	73.4	76.9	77.7	77.3	77.9
	남자	80.5	80.2	81.9	84.0	84.3	83.9	84.1
	여자	58.2	60.2	64.7	69.6	71.0	70.7	71.5

	성별	2005	2010	2015	2018	2019	2020	2021
미국	전체	71.5	66.7	68.7	70.7	71.4	67.1	69.4
	남자	77.6	71.1	74.2	76.1	76.5	72.1	74.3
	여자	65.6	62.4	63.4	65.5	66.3	62.2	64.6
프랑스	전체	63.8	64.0	63.8	65.3	65.6	65.3	67.3
	남자	69.3	68.4	67.1	68.9	68.8	68.5	70.1
	여자	58.4	59.8	60.6	61.9	62.5	62.2	64.5
독일	전체	65.5	71.3	74.0	75.9	76.7	76.2	75.8
	남자	71.3	76.3	78.0	79.7	80.5	79.0	79.4
	여자	59.6	66.2	69.9	72.1	72.8	73.2	72.2
이탈리아	전체	57.6	56.8	56.3	58.5	59.1	58.1	58.3
	남자	69.9	67.5	65.5	67.6	68.0	67.2	67.1
	여자	45.4	46.1	47.2	49.5	50.1	49.0	49.4
영국	전체	72.9	70.4	73.7	75.6	76.2	75.4	75.2
	남자	79.1	75.5	78.6	80.1	80.3	79.0	78.5
	여자	66.9	65.4	68.8	71.2	72.0	71.9	72.0

자료: 국가통계포털

한국의 고용률을 OECD 주요국과 비교해 보자. 한국의 남녀 평균 고용률(전체)은 이탈리아를 제외하고 가장 낮다. 그만큼 생산활동가능인구 중에서 취업하지 않는 인구의 비율이 높다. 이것은 생산가능인구 중에서 한반도의 군사적 대결로 인한 군입대, 입시 및 취업을 위한 통학 등이 상대적으로 많기 때문으로 추측할 수 있다.

한편, 여성의 고용률도 주요 국가들 보다 많이 낮다. 독일이나 영국과 비교하면 14~15% 정도 낮다. 특히 한국의 남녀 고용률의 격차는 위의 나머지 국가들과 비교하여 가장 크다. 한마디로, 한국은 주요 선진국에 비해 여성의 사회적 진출이 뒤처지고 있는 것이다.

3.2.2 취업

취업은 종사상지위별, 취업시간별, 성별, 연령별, 교육정도별, 행정구역별, 종사자규모별, 직업별, 산업별 등 여러 가지 측면에서 파악할 수 있다. 여기서는 종사상지위별, 성별, 연령별 등 취업의 이해에 필요한 몇 가지 핵심적 항목을 중심으로 살펴보기로 한다.

① 종사상 지위별 취업자

(가) 임금근로자 및 비임금근로자

먼저, 종사상 지위별 취업자의 구성과 변화를 파악해 보자. 종사상 지위별 취업자는 임금근로자와 비임금근로자로 구성된다. 임금근로자는 상용, 임시, 일용근로자를 합한 것이고, 비임금근로자는 자영업자와 무급가족종사자를 합한 것이다.

종사상지위별 취업자

- 취업자=임금근로자+비임금근로자
- 임금근로자=상용근로자+임시근로자+일용근로자
- 비임금근로자=자영업자+무급가족종사자
- 자영업자=고용원이 있는 자영업자+고용원이 없는 자영업자

종사상 지위별 임금근로자의 정의는?

- 상용근로자: 고용계약 기간이 1년 이상인 사람
- 임시근로자: 계약기간이 1년 미만~1개월인 사람
- 일용근로자: 계약기간이 1개월 미만인 사람

표 3-3 종사상 지위별 취업자(1963~2021)   (단위: 만명)

	취업자총계	비임금근로자			임금근로자			
		합계	자영업자	무급가족종사자	합계	상용근로자	임시근로자	일용근로자
1963	756	518	282	236	238	–	–	96
1970	962	587	329	259	375		–	102
1980	1,368	722	465	257	646	–	–	130
1990	1,809	714	507	207	1,095	594	317	184
2000	2,117	782	588	194	1,336	640	460	236
2010	2,403	692	564	128	1,711	1,018	511	183
2011	2,453	693	566	127	1,760	1,079	505	177
2012	2,495	703	577	127	1,792	1,125	503	164
2013	2,530	693	570	123	1,836	1,185	492	160
2014	2,590	694	572	122	1,896	1,232	507	157
2015	2,618	678	562	115	1,940	1,272	511	157
2016	2,641	674	561	113	1,967	1,306	512	148
2017	2,672	679	568	111	1,993	1,343	499	151
2018	2,682	674	564	110	2,008	1,377	485	146
2019	2,712	668	561	108	2,044	1,422	480	143
2020	2,690	657	553	104	2,033	1,452	448	133
2021	2,727	652	551	101	2,075	1,489	463	123

자료: 국가통계포털

<그림 3-4> 임금 및 비임금근로자 비중의 변화(1963~2021) (단위: 만명, %)

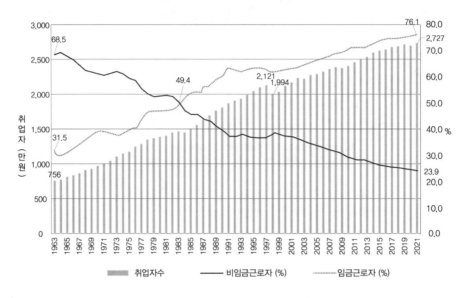

자료: 국가통계포털

첫째, 우리나라의 취업 인구는 1963년에 756만 명에 지나지 않았지만, 2000년 2,117만 명, 2021년 2,727만 명으로 약 60년 동안 3.6배로 늘어났다.

둘째, 총 취업 인구가 1963~2021년에 약 2천만 명 증가한 데 비해 비임금근로자는 1963년 약 518만 명에서 2021년 652만 명으로 134만 명 증가한 데 그쳤다. 이에 비해 임금근로자는 1963년 겨우 238만 명에서 2021년에 2,075만 명으로 1,837만 명이나 증가하였다. 임금근로자의 증가가 총취업자의 증가를 이끌었다.

셋째, 이에 따라 총취업자에서 차지하는 비임금근로자의 비중은 크게 감소하고 임금근로자는 늘었다. 1963년에 총 취업자에서 비임금근로자가 차지하는 비중은 1963년 68.5%에서 2021년에 23.9%로 감소하였다. 이에 비해 겨우 31.5%에 지나지 않던 임금근로자는 1984년에 52.9%로서 처음으로 비임금근로자의 비중보다 높아지고, 2021년에는 76.1%로 대폭 상승하였다. 1960년대의 후진적이던 노동시장이 일변한 것이다.

(나) 비임금근로자 내부의 변화

비임금근로자를 구성하는 자영업자와 무급가족종사자는 절대수에서는 임금근로자에 비해서 상대적으로 정체했지만, 비임금근로자의 내부적 구성에서는 커다란 변화가 일어났다.

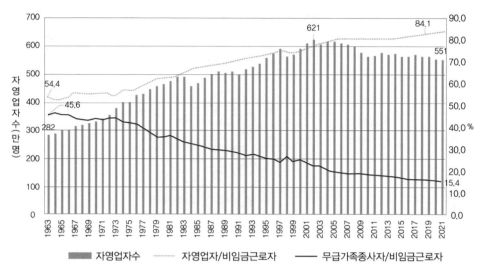

<그림 3-5> 비임금근로자에서 자영업자·무급가족종사자 비중의 변화(1963~2021) (단위: 만명, %)

주: 비임금근로자에서 각각 차지하는 비중
자료: 국가통계포털

비임금근로자 중 자영업자는 1963년 282만 명에서 2021년에 551만 명으로 약 2배로 늘어났지만, 자영업자의 증가와는 대조적으로 무급가족종사자는 236만 명에서 101만 명으로 절반 이상이 감소하였다. 그 결과 비임금근로자 대비 자영업자의 비중은 54.4% → 84.1%로 증가한 반면, 무급가족종사자의 비중은 45.6% → 15.4% 크게 하락했다.

무급가족종사자가 크게 줄어든 것은 가족 경영에 포섭되어 있던 가족 노동력이 취업 기회의 확대로 빠져나간 것을 의미한다.

(다) 임금근로자 내부의 변화

총 취업자의 증가를 주도한 임금근로자 내부의 변화를 다음의 <그림 3-6>에서 보자.

첫째, 임금근로자 중 상용근로자는 1989년 569만 명에서 2021년 1,489만 명으로 늘어났으며, 임금근로자에서 차지하는 비중도 54.8%에서 71.7%로 증가하였다. 이에 비해 임시근로자는 2016년 512만 명까지 증가하다가 감소세이고, 일용근로자도 유사한 상황이다. 그러므로 종사상 지위별 취업자 중에서 가장 많이 증가한 것은 임금근로자이고, 이 임금근로자의 증가를 이끈 것은 20% 이상이나 비중이 증가(32.4% → 54.6%)한 상용근로자였다.

둘째, 임금근로자 내 임시 및 일용근로자는 상대적 비중이 크게 감소하였다. 임시근로자는 1990년 28.6%에서 2021년 22.3%로 줄었다. 노동조건이 가장 열악한 일용근로자는 1963년 무려 40.4%에서 1989년 16.6%, 그리고 2021년에는 5.9%로 크게 감소하였다.

<그림 3-6> 임금근로자에서 상용·임시·일용근로자 비중의 변화(1963~2021)　(단위: %)

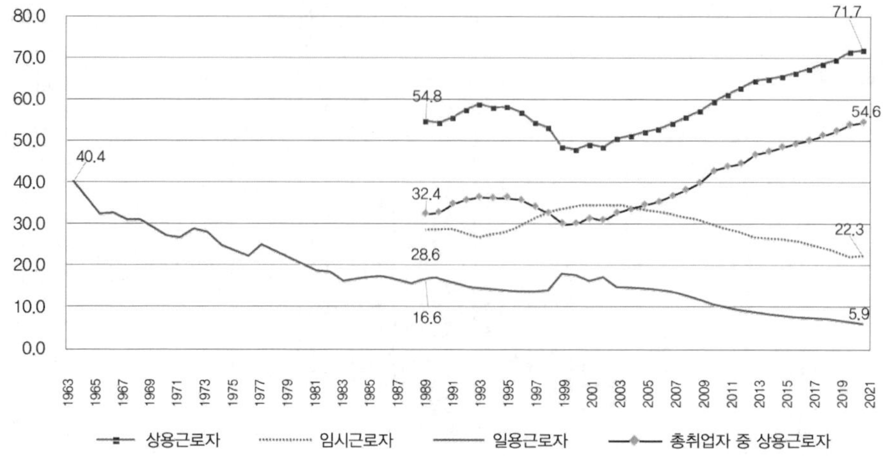

자료: 국가통계포털

　이상에서 살펴본 바와 같이, 임금근로자 비중의 증가 및 비임금근로자 비중의 감소, 비임금근로자 중 무급가족종사자의 감소, 임금근로자 중 임시 및 일용근로자의 감소 등은 취업의 질과 노동 여건이 상당히 개선된 것을 의미한다. 이것은 기본적으로 경제성장의 지속에 따른 투자 및 기업의 증가로 노동시장에서 노동력을 흡수할 수 있었기 때문이다.5)

　② 성별·연령별 취업자

　성별·연령별 취업자의 변화는 다음의 <그림 3-7>에 나타나 있다.

　첫째, 그동안 남자와 여자 취업자는 모두 크게 증가하였다. 남자는 1963~2021년에 493만 명→ 1,555만 명으로 증가하고, 여자는 263만 명 →1,173만 명으로 크게 증가하였다. 취업자에서 남자가 차지하는 비중은 65.2% → 57.0%로 줄어들었고, 여자는 34.8% → 43.0%로 증가하였다. 여자의 사회 진출이 지속적으로 이루어져 왔음을 나타낸다. 참고로 2020년의 남자 및 여자 취업자 수는 2019년보다 각각 8만 명, 14만 명씩 줄었다가 2021년에 회복되었는데, 2020년의 감소는 코로나19의 유행에 따른 것으로 여성이 전염병 유행에 더 크게 타격을 입었음을 보여 준다.

　둘째, 취업자를 연령대별로 보면, 15~29세 청년층의 취업자는 1980년 약 455만 명에서 2021년 388만 명으로 67만 명 줄었고, 그 비중도 총 취업자의 3분의 1에 해당하는 33.2%에서 14.2%로 격감하였다. 이것은 인구 증가에도 불구하고 생산 연령층의 고령화가

---

5) 다만, 상용근로자는 1년 이상 고용계약을 맺은 노동자이므로 비정규직이 포함될 수 있어서 최근의 변화를 이해하기 위해서는 보다 자세한 파악이 필요하다.

진행되고 있기 때문인 것으로 보인다. 가령, 1980년에 청년층(15~29세)의 인구는 1,167만 명에서 2021년 930만 명으로 감소하고 총인구에서 차지하는 비중은 30.6%에서 20.0%로 감소하였다.

<그림 3-7> 총 취업자 대비 성별·연령별 취업자 비중의 변화(1963~2021) (단위: %)

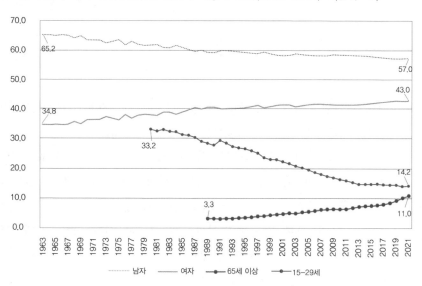

자료: 국가통계포털

셋째, 65세 이상의 취업률은 1989년 3.3%에서 2021년 11.0%로 크게 증가하였다. 이 기간 중 65세 이상 인구는 205만 명, 총인구 대비 4.8%에서 1,059만 명, 20.5%로 무려 15% 정도 늘어났다(연앙인구 기준). 노령인구의 취업자 및 취업률 증가는 이같이 고령화의 결과이기도 하지만, 다른 한편으로는 노후에도 생계 유지 때문에 일을 그만두지 못하는 것도 원인이라고 할 수 있다.

③ 산업별 취업자

표 3-4 산업별 취업자 비중(2013~2021)   (단위: 만명, %)

	2013	2015	2017	2019	2020	2021
취업자 수(만명)	2,530	2,618	2,672	2,712	2,690	2,727
농.임.어업	6.0	5.1	4.8	5.1	5.4	5.3
광공업	17.1	17.6	17.2	16.4	16.3	16.1
(제조업)	17.0	17.6	17.1	16.3	16.3	16.0
사회간접자본 및 기타서비스업	76.9	77.2	78.0	78.5	78.3	78.6

	2013	2015	2017	2019	2020	2021
(건설업)	7.0	7.1	7.4	7.4	7.5	7.7
(사업 · 개인 · 공공서비스및기타)	35.3	35.4	36.4	37.4	38.0	38.6
〈보건 · 사회복지서비스업〉	6.2	6.8	7.2	8.1	8.7	9.3
(도소매 · 숙박음식점업)	22.4	23.0	22.8	22.0	21.0	20.0
〈도매 및 소매업〉	14.6	14.6	14.2	13.5	13.0	12.3
〈숙박 및 음식점업)〉	7.8	8.4	8.6	8.5	8.0	7.7
(전기 · 운수 · 통신 · 금융)	12.2	11.8	11.4	11.6	11.8	12.3

주: 1) 취업자 수만 만 명 단위, 나머지는 %
　　2) 서비스업은 비중이 높은 것만을 표시
자료: 국가통계포털

첫째, 2010년대의 산업별 취업인구를 보면 농 · 임 · 어업과 광공업(제조업)의 비중이 약간 감소한 것을 제외하고, 각 산업이 고용하는 인력의 비율에는 커다란 변화가 없다.

둘째, 사회간접자본 및 서비스업은 약간씩 상승하고 있는데, 2021년에 교육이나 보건업 및 사회복지서비스업 등 11개 세부항목을 포함하는 사업·개인·공공서비스가 38.6%로 가장 높고, 다음으로 도소매 · 숙박음식점업이 20.0%를 점하고 있다.

셋째, 세부 항목만 보면, 도매 및 소매업이 12.3%, 7.7%로서 이 둘이 전체 취업자의 5분의 1을 차지하고 있다. 높은 취업률에도 불구하고 우리나라 취업자의 상당 부분이 영세한 서비스업종에 종사하고 있음을 확인할 수 있다.

3.3 실업

3.3.1 실업자 수 및 실업률

실업(unemployment)은 일할 의사와 능력이 있음에도 불구하고 취업의 기회를 가지지 못한 상태를 가리킨다. 실업에는 분류 기준에 따라 여러 가지가 있다. 자발적 실업은 일할 능력은 있지만 임금 등을 이유로 일할 의사를 가지고 있지 않은 상태로서 현실에서는 실업으로 분류되지 않는다. 마찰적 실업은 자발적 실업의 대표적 예이다. 비자발적 실업은 실업 통계 작성에 사용되는 것으로 경기적 실업, 구조적 실업, 계절적 실업을 포함한다. 우리가 흔히 말하는 실업은 비자발적 실업을 가리킨다. 구조적 실업은 기술진보나 산업 및 자본축적의 고도화로 인한 노동수요 감소로 생기는 실업이다.

실업은 소득을 감소시키고 생산에 부정적 영향을 미쳐 성장률을 떨어뜨린다. 뿐만 아니라 소득분배도 악화시켜 사회적 안정성을 해치고 개인적으로는 자신감 상실을 초래하고 자아실현을 방해함으로써 인간다운 생활을 불가능하게 한다.

실업이란 용어가 처음으로 등장한 것은 1888년이지만 공식적인 통계가 작성된 것은 그보다 훨씬 뒤의 일이다. 실업이 본격적으로 사회문제가 된 것은 1930년대 전 세계를 불황에 빠뜨렸던 세계대공황 때부터이다. 물론 그 이전에도 실업은 있었지만, 그다지 심각한 문제로 인식되지 않았다. Alfred Marshall의 『경제학원리』(*Principles of Economics*, 1890)에는 실업이란 말이 딱 한번 나오며, 1913년 이전에 중요한 경제학 저널에서 실업을 다루는 글은 불과 몇 편 되지 않았다. 19세기에 미국과 유럽 몇몇 국가에서는 농업사회에서 공업사회로 이행하는 시기였다. 당시에 농업노동에 대한 계절적 수요의 감소로 해고되더라도 노동자들은 스스로를 '실업상태'라기보다는 '일거리가 없는(out of work)' 상태로 생각하고 얼마 지나지 않으면 다시 고용될 것으로 생각했다. 19세기에 존재했던 상습적 실업자들은 개인적으로 게으르고 부도덕하며 무능한 자로 낙인찍힌 자들이었다.

그러나 공업화가 진전되면서 실업에 대한 인식이 달라졌다. 제1차 세계대전 이후에 평균적인 실직 기간은 전쟁 전의 실직 기간보다 길어졌다. 인식 변화의 결정적 계기는 1930년대 세계대공황이다. 공황이 발생하자 대규모 실업이 현재화하였고 한번 올라간 실업률은 제2차 세계대전이 터질 때까지 내려올 줄 몰랐다. 대량 실업은 공업경제의 발달로 인한 자본축적이 가져온 구조적 문제가 원인이었다. 공황의 내습으로 생산은 물론 투자, 물가 등이 대폭적으로 하락했고 시청과 고용서비스센터 앞에는 실업자들이 끝도 없이 줄을 섰다. 더 이상 실업은 개인적인 도덕의 문제가 아니라 사회 문제가 되었다. 1930년 무렵이 되자 실업에 관한 학술적 출판물들이 쏟아지기 시작하고 경제학의 중심 논제로 자리잡았다.

(『대공황 전후 세계경제』, 양동휴 등 역, 동서문화사, 2008(Charles H.Feinstein, Peter Temin and Gianni Toniolo., *The World Economy Between the World Wars*, 2008.), pp.34-35, pp.177-180.)

1963년 이후 최근까지 실업자 수 및 실업률의 변화를 살펴보자(<그림 3-8>).

첫째, ① 실업자 수는 1963년 67만 명에서 2021년에는 104만 명으로 늘었다. 인구가 이 시기에 2,726만 명에서 5,174만 명으로 1.9배로 늘어남에 따라 실업자도 증가하였다. ② 실업자 수는 정치경제적 변동이나 경제위기 때 급증하였다. 예를 들면, 대체로 감소 추세이던 실업자 수는 1980년 신군부의 광주학살, 1998년 아시아 외환위기, 글로벌 금융위기 직후인 2009년에 증가했으며, 최근에는 코로나19 유행이 한창인 2020년에 전년보다 5만 명 증가했다. ③ 특히 실업자는 1997년 57만 명에서 1998년 149만 명으로 일년 만에 무려 92만 명이나 늘어났다. 그리고 1998년 아시아 외환위기 이후에 실업자는 그 이전의 수준으로 떨어지지 않고 항상 40만~60만 명 정도가 더 많다.

<그림 3-8> 실업자수 및 실업률(1963~2021) (단위: 만명, %)

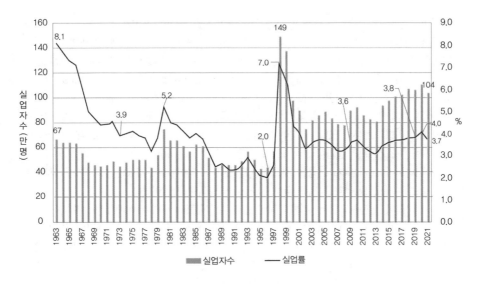

주: 1) 1963-1999년: 경제활동인구총괄(구직기간: 1주 기준)
   2) 2000-2019년: 경제활동인구총괄(구직기간: 4주 기준)
자료: 국가통계포털

둘째, ① 실업률은 장기간에 걸쳐 지속적으로 하락하여 대체로 완전고용 수준을 유지하고 있다. 실업률은 1960년대 초반 7~8%부터 급속하게 줄기 시작하여 1973년에 3.9%로 떨어졌으며, 이후 현재까지 대체로 완전고용 수준을 유지하고 있다. ② 특히 3저 호황기인 1980년대 후반에는 실업률이 급락하였으며 1996년까지 최저 수준인 2.0%로 떨어졌다. ③ 그러나 대외 충격으로 실업자가 증가한 시기에는 실업률도 동반 상승하였다. 1980년에는 5.2%로 올랐으며, 특히 1998년의 실업률은 무려 7.0%였다. 2008년 외환위기와 2020년 코로나19시기에는 약간 상승한 것으로 나타난다. ④ 2001년 이후에는 4% 이하 수준의 완전고용을 유지하고 있다. 다만, 여기에 표시된 매년도 실업률은 대체로 완전고용 수준을 유지하고 있지만, 2000년 이후에는 월별 실업률이 4%를 넘는 빈도수가 증가하고 있다. 고용노동시장의 상황이 여의치 않음을 보여준다고 하겠다.

3.3.2 성별 실업률

첫째, 남녀별 실업자 수의 비율을 보면, 대체로 여자는 남자의 30~50%에 지나지 않았는데, 2000년 이후에는 빠른 속도로 증가하여 남성 실업자 수의 80%에 이른다. 남녀 인구의 성비를 1:1로 가정할 때, 장기에 걸쳐 여성 실업자의 비율이 이렇게 적은 것은 육아, 가사 등을 전담하는 비경제활동인구가 많은 반면, 경제활동인구가 상대적으로 적었던 것과 무관하지 않다. 즉 이것은 그동안 여성의 사회 진출의 여건이 전통사회의 여성의 역할에 대한 인식을 비롯하여 취업 여건 등의 면에서 남성에 비해 어려웠음을 뜻한다.

<그림 3-9> 성별 실업률(1963~2021) (단위: %)

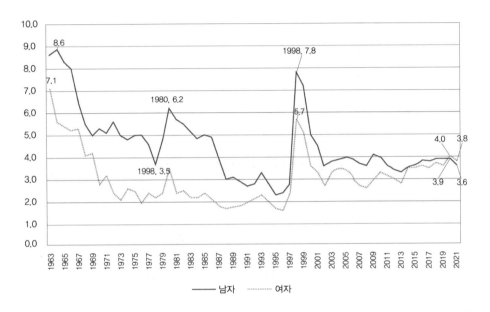

주: 〈그림 3-8〉과 동일
자료: 국가통계포털

둘째, 전 시기에 걸쳐서 남자의 실업률이 여자보다 높다. 이것 역시 남자의 경제활동참 가율이 여자보다 크게 높은 반면(<그림 3-3>), 여자는 노동시장에 노출될 가능성이 적기 때문인 것으로 보인다.

한편, 남녀간 실업률 차이는 점차 줄어들었는데, 2020년과 2021년에는 여자 실업률이 남자보다 높아졌다. 코로나19국면에서 여자 취업자들이 상대적으로 더 많이 실직하는 피해를 입은 것이다.

3.3.3 연령별 실업률

청년층과 고령층의 실업률의 추세를 살펴보자.

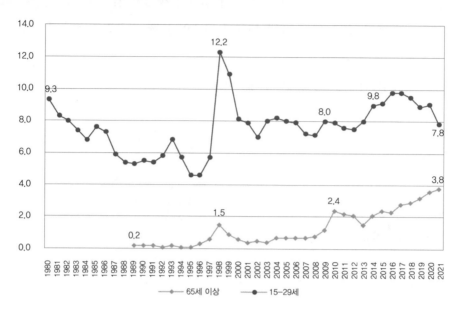

<그림 3-10> 청년층 및 노년층 실업률(1963~2021) (단위: %)

자료: 국가통계포털

　　첫째, ① 청년층의 실업률은 어느 나라나 평균보다 높은 것이 일반적이다. 우리나라도 청년층의 실업률은 대체로 경제활동인구 전체 실업률의 2배 이상이다(<그림 1-4>). ② 1987년 이후 7%대 보다 훨씬 낮아졌지만, 1998년 외환위기 이후에는 무려 12.2%였다. 그 후 진정세이긴 하지만 여전히 7~9%대로서 외환위기 이전 수준보다 크게 높다. 2021년에는 7.8%로서 전년 대비 1.2% 낮아졌지만, 여전히 청년층들의 노동시장 진입이 쉽지 않음을 보여주는 수치이다.

　　둘째, 65세 이상의 고령층에 대해서 살펴보자. ① 1989년부터 외환위기 전까지 0.1~0.2% 지나지 않았던 실업률은 외환위기와 글로벌 금융위기 때 급상승하였다. 특히 외환위기 때 실업률은 전년도 0.6%에서 1.5%로 급증한 후 2021년에는 3.8%에 이르고 있다. ② 노동현장을 떠나 노후를 즐겨야 할 시점에 이처럼 실업률이 높아진 것은 급속한 고령화로 인한 노인인구 증가, 그리고 노후대비 부족과 사회안전망의 미비로 고령층의 상당수가 생계형 취업전선에 나설 수밖에 없는 상황이 주된 원인이라고 할 수 있다.

4.1 노동조합

4.1.1 노동운동의 전개

노동자 없는 자본주의경제가 존재할 수 없듯이 노동운동 없는 노동자를 생각할 수 없다. 자본주의 발달사에서 자본만큼이나 노동운동도 자본주의 발전의 한 축으로서 자본주의 경제구조의 변화와 발전에 지대한 영향을 미쳤기 때문이다. 산업혁명 직후 초기의 노동운동은 치안유지법이나 단결금지법과 같은 반노동적 입법에 의해 크게 제약되었지만, 산업자본의 확립과 자본주의경제의 발전 과정에 대응하여 노동운동도 조직화되고 발전해 왔다. 노동운동은 대체로 노동당과 같은 노동자 정당과 노동조합을 기반으로 전개되었는데, 이들은 노동자의 금전적·비금전적 노동조건을 향상시키는 데 크게 기여해 왔다.

우리나라의 노동조합도 순탄치 않은 길을 걸어왔다. 해방 직후에는 좌익계인 조선노동조합전국평의회(1945.11.5. 결성, 전평)와 우익계인 대한독립촉성노동총연맹이 결성(1946.3.10. 결성)되어 서로 대립하였으며, 전평의 붕괴 이후 1948년 8월 26일에 후자는 대한노동총연맹(대한노총)으로 명칭을 변경하였다. 1950년대에 대한노총은 내부적으로 대립과 반목을 거듭했으며 정권의 앞잡이가 되어 노동자들의 권익 보호에는 소홀하였다. 대한노총은 4·19혁명 후인 1960년 11월 25일 한국노동조합총연맹으로 재탄생한 후 한 번의 해산을 거쳐 오늘에 이르고 있다.

노동자들의 권익을 지키기 위한 제도와 법률의 확립에도 적지 않은 시간이 걸렸다. 1953년에 노동 3법(노동조합법, 노동쟁의조정법, 근로기준법)이 제정되었지만 노동자들의 권리는 실질적으로 보호받지 못했다. 1972년 10월에는 유신헌법이 공포되어 노동 3권(단결권, 단체교섭권, 단체행동권)이 크게 제약되고 노동자들의 공식조직은 완전히 어용화했다. 노동운동에 대한 탄압은 전두환 정권기(1981.3~1988.2)에도 계속되었다.

노동운동에 숨통이 트이고 노동조합이 나름대로 역할을 하게 된 것은 1987년 6·10 민주항쟁의 압력으로 발표된 6·29선언 이후이다. 정권의 폭압을 걷어내고 사회 전반에 걸친 민주화의 요구가 분출되는 가운데 노동조합 조직이 크게 확대되고 노사 간의 협상에서도 노동자들의 요구가 본격적으로 반영되기 시작하였다. 1990년에는 전국노동조합협의회가 창립되었으며, 1995년 11월에는 이를 모태로 전국민주노동조합총연맹(민주노총)이 출범하였다. 우리나라 노동운동은 6·29선언 이후에도 내외적으로 많은 대립과 갈등을 겪었지만, 성과 또한 적지 않아서 양대 노총은 나름대로 노동자의 권익을 위한 활동을 전개하고 있다.

그럼에도 행정부나 사법부의 판단은 여전히 노동조합에게 불리하게 작용하는 측면이 사라지지 않고 있다. 예를 든다면, 조합원 약 7만 명에 이르는 전국교직원노동조합에 대해 2013년 고용부가 법외노조 통보를 내리고, 소송에서도 패소하여 법적 보호를 받지 못하는 등 불이익을 받았다. 전교조의 법외노조 문제는 2020년 9월 3일에 헌법에 어긋나는 무효라는 판단을 받았다.[6] 이 문제는 해결되었지만, ILO(국제노동기구)가 요구하는 기본협약을 비준하여 국내에 실질적으로 적용하는 문제 등 국제적 기준을 확립하는 과제 등이 아직도 남아있다. 또한 최근에는 파업을 주도하는 노조 지도부에게 기업 측이 손해배상을 과도하게 청구하고 사법부는 이들에게 개인이 감당하기 힘든 불리한 판결을 내림으로써 사회적 문제가 되고 있다.

<그림 3-11> 연도별 노동조합 수(1963~2020) (단위: 개)

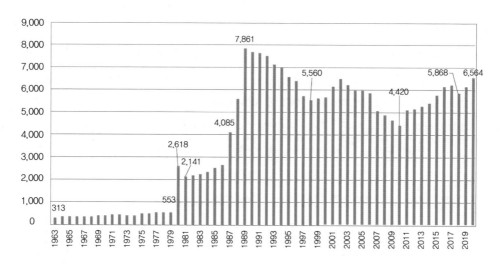

주: 1) 조사대상 단위 및 범위는 고용노동부 및 지자체에 설립신고된 모든 기관 및 사업체의 노동조합
　　2) 단위조합 기준 정리
　　3) 1997년 이전은 연합단체 및 설립신고된 산별노조 지부 및 분회를 포함한 숫자임
　　4) 매년 12월 31일 기준
자료: e-나라지표, 국가통계포털

---

6) ILO는 조합원의 자격을 노조가 스스로 결정할 수 있어야 하며, 노조의 권한을 저해할 수 있는 국가의 개입을 자제해야 한다고 여러 차례 권고하고 있다. 전교조 조합원은 2015년도에 60,284명이었지만, 2016년에는 7,291명으로 격감하였고, 2019년에는 14,516명이다. 조직률은 2004년에 27.3%이었지만 2019년에는 3.1%이다(고용노동부, 『교원노동조합조직현황』).

1960년대 및 1970년대는 노동운동에 대한 탄압으로 전국의 기업체 및 사업체에서 노동조합은 313~553개에 지나지 않았다. 그러나 1980년에는 일시적으로 2,618개로 급증하였다. 이것은 노조나 가입 조합원이 획기적으로 늘었다기 보다는 통계작성 기준이 법률 변경에 의해 산별 노조에서 기업별로 바뀌었기 때문이다. 이것은 다음의 <그림 3-12>에서 확인된다. 즉, 1980년에 노조 수는 획기적으로 증가했으나, 조합원수는 109만 명에서 오히려 95만 명으로 줄었다. 실제로 신군부의 탄압으로 노조는 1981년에 전년에 비해 477개가 감소하고 그 이후 노조 설립은 지지부진하였다.

우리나라 노동조합 설립의 역사에서 획기적인 해는 1987년이다. 이 해에 6·29선언을 계기로 매우 많은 노동조합이 설립되었다. 노조 설립이 자유로워지자 1987년에는 전년도보다 1,400여 개가 많은 4,086개로 급증했고 1989년에는 최대 7,861개까지 늘어났다. 그후 노조 수는 1998년 아시아 외환위기에 5,560개로 줄었고, 글로벌 금융위기의 여파가 미친 2010년에는 1987년 이후의 최저 수준인 4,420개로 감소하였다. 글로벌 금융위기 이후에는 노조 설립이 약간씩 증가하는 추세에 있다. 이렇게 1987년을 계기로 급증한 노조의 숫자는 경기변동에 따라 증가와 감소를 되풀이하고 있지만 노동조건의 개선에 크게 기여해 온 공로를 부정할 수 없을 것이다.

4.1.2 노동조합의 조직률

① 조합원 수 및 조직률

노동조합의 조직률을 살펴보자. 여기서 노동조합 조직률이란 조직대상근로자에서 노동조합원이 차지하는 비중을 말한다. 여기서 조직대상근로자란 임금근로자(상용·임시·일용근로자)에서 노조 가입이 금지된 공무원을 뺀 노동자를 가리킨다. 단, 공무원은 2006년 1월부터는 노조 설립이 가능하게 되었다는 점에 유의해야 한다.

노동조합의 수 및 노동조합 조직률에 대한 통계는 다음의 <그림 3-12>에 정리되어 있다. 첫째, ① 노동조합원은 1963년 36민 명에서 1977년 96만 명, 그리고 2020년에는 281만 명으로 증가하였다. ② 노동운동에 대한 탄압이 심했던 1986년까지 조합원 수는 104만 명에 지나지 않았지만 1987년 6.29선언 이후 크게 증가하여 1989년에는 193만 명으로 늘어났다. ③ 이후 조합원 수는 감소하여 외환위기 때인 1998년에는 50여만 명이나 적은 140만 명으로 줄었다. ④ 문재인 정부가 들어선 2017~2020년에는 매년 20만 명 이상씩 크게 증가하였다.

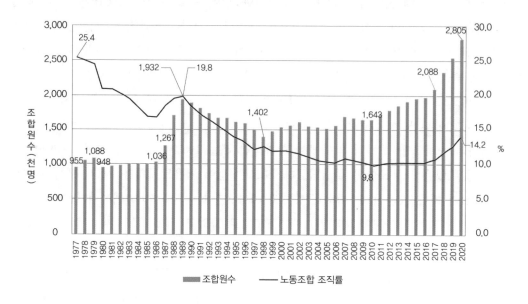

<그림 3-12> 노동조합원 수 및 노동조합 조직률(1977~2020) (단위: 천명, %)

주: 1) 〈그림 3-11〉과 동일
   2) 조직률 = 조합원수/조직대상근로자
자료: 국가통계포털

둘째, 노동조합 조직률에 대해서 보자. ①장기적으로 조합원이 증가함에도 불구하고 노동조합의 조직률은 1977년 25.4%에서 2020년 14.2%로 크게 감소했다. 이것은 조합원이 약 3배로 증가한 데 비해 조직대상근로자는 375만 명에서 1,842만 명으로 5배 가량 늘어났기 때문이다. 즉 조직률 계산에서 분자인 조합원 보다 분모인 조직대상근로자가 더 빨리 증가한 것이다. ② 노동운동에 대한 억압으로 떨어지던 조직률은 1987년 조합원 수의 대폭적인 증가와 함께 1986년 16.8%에서 1989년에는 19.8%로 치솟았다. ③ 이후 하락 추세 속에서 조직률은 글로벌 금융위기의 여파로 2010년에 가장 낮은 9.8%까지 떨어졌다. ④ 노동조합의 조직률은 지난 20년간 상당히 낮은 수준인 10~11%에 머물렀다가, 최근 조합원이 늘면서 2017년 이후 조직률도 크게 오르고 있다.

② 국가별 비교

다음으로 우리나라의 노동조합 조직률이 어느 정도인지 다른 나라와 비교해 보자.

<그림 3-13> 노동조합 조직률의 국가별 비교(1981~2020) (단위: %)

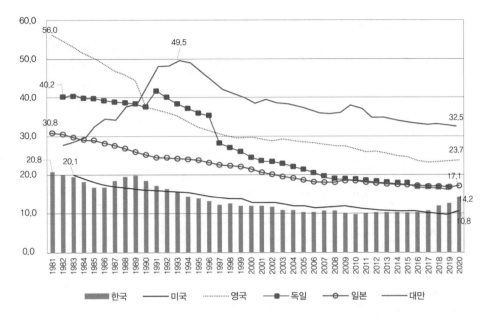

자료: 국가통계포털

　국가별로 노동조합의 조직률은 비교하면, 우리나라는 미국과 함께 가장 낮은 수준이다. 현재 가장 높은 국가는 대만이다. 대만은 1980년대 초에는 다른 나라보다 낮았지만 꾸준히 조직력이 강화되어 1993년에는 49.5%나 되었다. 이후 점감하고 있으나 여전히 30% 이상으로서 비교 대상국 중에서 가장 높은 수준을 유지하고 있다.

　2위는 가장 긴 자본주의 발달사를 가진 영국이다. 영국은 1980년대 초 무려 56%로서 가장 높았는데 최근에는 20%를 조금 넘기는 수준으로 감소하였다. 기타 조직률이 높았던 독일, 일본도 크게 하락하고 있다. 이것은 1980년대 이후 신보수주의 경제학이 풍미하면서 각국의 노동정책이 보수화되고 세계화의 진행으로 기업 간 경쟁이 치열하게 전개된 것에 상당한 영향을 받았기 때문이다. 그렇지만 미국을 제외하고 이들 국가들은 우리나라 보다 상당히 높은 조직률을 보이고 있다.

4.1.3 노동조합의 중앙조직 가입 상황

표 3-5 노동조합의 중앙조직, 조직형태별 가입 상황 (단위: 개, %)

	노동조합 수(a)	중앙조직 가입비중			형태별 중 기업별 노조			
		한국노총	민주노총	미가맹	전체(a) 대비 비중	기업별 노조에서 차지하는 비중		
						한국노총	민주노총	미가맹
2006	5,889	58.2	19.4	22.4	92.0	54.6	17.6	23.0
2010	4,420	51.9	9.8	38.4	92.2	48.3	8.6	38.9
2011	5,120	46.1	8.1	44.1	90.7	41.8	7.2	45.2
2012	5,177	44.6	7.4	46.0	90.1	40.3	6.6	46.8
2013	5,305	43.6	6.7	47.8	89.7	39.0	5.9	48.9
2014	5,445	44.0	6.7	49.3	89.7	39.3	5.9	50.2
2015	5,794	40.9	6.4	52.3	90.1	36.8	5.7	53.2
2016	6,164	38.9	6.0	54.1	90.2	34.9	5.2	55.1
2017	6,239	39.2	6.1	53.6	90.0	35.3	5.4	54.4
2018	5,868	39.3	6.3	53.2	90.8	35.6	5.4	54.4

주: 1) 상급 노동조합 중에서 전국노총, 공공노총을 제외
　　 2) 형태별 노동조합 중에서 지역별 · 업종별노조, 산별노조, 산별연맹, 총연맹 제외
자료: 국가통계포털

<표 3-5>는 노동조합의 상급 단체 가입을 정리한 것인데, 한국노총, 민주노총, 미가맹이 압도적이어서 중앙의 상급 단체 중에서 전국노총, 공공노총을 제외했다. 2000년대에 들어와서 중앙 조직인 한국노총과 민주노총에 가입한 노조의 비율은 격감하고 있고, 중앙 조직에 가입하지 않은 노조는 5분의 1정도 수준에서 절반 이상으로 증가하였다.

형태별 노조는 기업별, 지역별·업종별, 산별노조와 총연맹이 있는데, 기업별 노조가 전체 노조 숫자의 90% 이상을 차지한다. 여기에 지역별·업종별 노조를 합치면 96% 이상이다. 기업별 노조에서 한국노총은 2000년대에는 절반 이상을 차지했지만 2018년에는 3분의 1 수준으로 떨어지고 있고 민주노총이 기업별 노조에서 차지하는 비중도 5%대로 급락했다.

다음의 <표 3-6>에서 중앙 조직 가입 및 조직 형태별 가입 상황을 보자.

첫째, 노동조합원 수는 2006년 160만 명에서 2018년에 233만 명으로 늘었다. 중앙조직에 가입한 조합원 비율은 한국노총과 민주노총과의 차이가 크지 않다. 민주노총 조합원 비율은 최저 3분의 1수준이다가 2018년에는 41.5%로서 한국노총보다 약간 높아졌고, 미가맹 비율은 20% 전후이다가 16%로 낮아졌다. 이것은 노조가 중앙조직에 가입하지 않는 미가맹이 절반에 이르고 민주노총의 비율이 6%대에 지나지 않는 것과는 매우 대조적이다.

표 3-6 노동조합원의 중앙조직, 조직형태별 가입 상황 (단위: 천명, %)

	조합원수 (a) (천명)	중앙조직 가입비중(%)			형태별 중 기업별 노조(%)			
		한국노총	민주노총	미가맹	전체(a) 대비 비중	기업별 노조에서 차지하는 비중		
						한국노총	민주노총	미가맹
2006	1,559	48.4	40.2	11.3	60.3	54.9	30.2	15.0
2011	1,720	44.7	32.7	21.3	44.0	53.7	12.9	31.2
2012	1,781	45.4	33.9	19.7	44.8	57.7	13.2	27.4
2013	1,848	44.4	33.9	20.7	44.3	54.1	15.4	28.9
2014	1,905	44.3	33.1	22.6	43.5	54.2	14.5	31.3
2015	1,939	43.5	32.8	23.0	43.3	54.2	12.4	33.4
2016	1,967	42.8	33.0	22.5	44.7	51.9	12.9	34.6
2017	2,089	41.8	34.0	21.4	43.4	52.2	13.2	33.7
2018	2,332	40.0	41.5	16.0	42.1	53.6	13.0	32.3

주: 〈표 3-5〉와 동일
자료: 국가통계포털

둘째, 형태별 노조의 가입에서도 노조의 90% 이상이 기업별 노조였던 데 비해 기업별 노조의 조합원은 60% 수준에서 하락하기 시작해 2018년에 42.1%에 지나지 않고 오히려 산업별 노조원이 절반 이상을 차지한다. 기업별 노조에서 차지하는 한국노총원의 비중은 절반 이상이지만 민주노총 조합원의 비율도 기업별 노조에서 민주노총이 차지했던 비율보다 높다(<표 3-5>와 <표 3-6>비교).

셋째, 또한 표에는 없지만, 산업별 노조에서 민주노총 조합원의 비율은 2018년에 68.5%로서 기업별 노조에서 점하는 비율과 비교가 되지 않을 정도로 높다. 이와 같이 민주노총이 전체 노조 수에서 차지하는 비율이 6% 정도임에도 불구하고, 민주노총 조합원의 비율이 한국노총보다 높거나 기업별 노조에서 민주노총원의 비중이 상대적으로 높은 것은 양대 중앙노총에 가입하는 노조의 특성 때문이다. 즉, 한국노총은 중소기업이 중심이 되는 기업별 노조가 많고, 민주노총에는 산업별 노조에 가입한 대기업 노조가 상대적으로 많기 때문이다.

4.2 노동쟁의

노동쟁의(labour dispute)는 노동조합과 사용자 또는 사용자단체(이하 노동관계 당사자) 간에 임금, 근로시간, 복지, 해고, 기타 대우 등 근로조건의 결정에 관한 주장의 불일치로 발생하는 분쟁상태를 말한다. 쟁의행위라 함은 파업, 태업, 직장폐쇄, 기타 노동관계 당사자가 그 주장을 관철할 목적으로 행하는 행위와 이에 대항하는 행위로서 업무의 정상적인 운영을 저해하는 행위를 말한다(노동조합 및 노동관계조정법 제2조). 즉, 노동쟁의에는 노동자들의 동맹파업, 태업뿐만 아니라 사용자 측의 직장폐쇄(lock out)도 포함된다. 그렇지만 노동자 측이 불리하기 때문에 노동쟁의는 파업이나 태업의 형태로 진행되는 것이 일반적이다.

노동쟁의는 노동관계 당사자 사이의 주장이 서로 일치하지 않기 때문에 발생하는 것이므로 단체교섭 실시를 전제로 한다. 따라서 단체교섭이 행해지지 않은 쟁의는 노동조합 및 노동관계조정법에서의 노동쟁의라 볼 수 없으며, 주장의 불일치로 인한 분쟁 상태는 쟁의행위가 발생할 수 있는 상태로 해석된다.

노동관계 당사자는 노동쟁의가 발생한 때에는 어느 일방이 이를 상대방에게 서면으로 통보해야 한다(제45조). 노동위원회는 관계 당사자의 일반이 노동쟁의 조정을 신청한 때에는 지체없이 조정을 개시하여야 하며 관계 당사자 쌍방은 이에 성실히 임해야 한다(제53조).

이에 비해 노사분규는 노동관계당자자 중 어느 일방의 이해와 관련된 사항에 대해 각자의 주장을 관철할 목적으로 적법 여부와 관계없이 정상적인 업무 활동을 중단 또는 저해하는 일체의 집단행동을 의미한다(실무노동용어사전).

우리나라에서는 산별노조 파업에 다수의 사업장이 참여할 경우에 사업장 수대로 분규 건수를 계상하였으나 2006년 부터는 ILO 기준 등에 부합하도록 1건으로 취급하고 있다(통계청).

노사분규의 발생은 노조 측이 작업 거부 등에 돌입함으로써 1일 노동시간(8시간) 이상 작업이 중단된 경우를 말한다. 근로손실일수는 노사분규가 직접적 원인이 되어 노사분규가 발생 사업장을 대상으로 1일 단위로 파악하여 합산한다.

노사분규 발행 건수의 변화를 정리하면 다음과 같다(<그림 3-14>).

노사분규는 1970년대와 1980년대 초의 권위주의적 정권에서는 노동운동에 대한 탄압 때문에 발생 건수가 그렇게 많지 않았다. 분규 참가 인원도 1970년 18만 명에서 1980년에는 4만 9천 명으로 오히려 줄어들었다. 그러나 1987년에는 발생 건수가 급증하였으며 이에 따라 근로손실일수도 크게 증가하였다. 1980년 407건에 지나지 않던 분규 건수는 1987년에는 3,749건으로 엄청나게 증가하였다. 이것은 6·29선언으로 인하여 노동조합의 설립이 자유화되고 그동안 억제되었던 임금 수준을 비롯한 노동조건에 대한 요구가 분출했기 때문이다. 참가 인원은 1987년에는 126만 명으로, 근로손실일수는 6만 일에서 695만 일로 크게 급증하였다.[7]

그 후 임금 인상 등 노동자들의 요구가 어느 정도 받아들여지면서 노사분규는 잦아들었는데 2004년 462건을 정점으로 2006년 이후 100건을 전후하여 발생하고 있으며 2021년에는 총 119건이다.

---

7) 주성환, 『한국경제의 이해와 과제』, 2011, p.145.

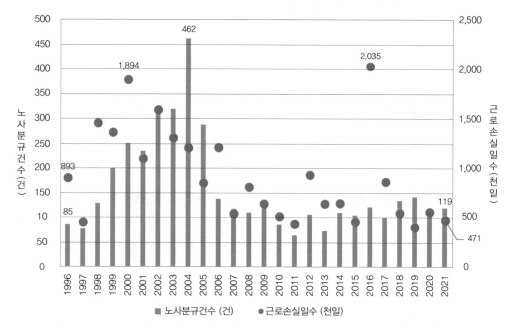

<그림 3-14> 노사분규 발생 건수 및 근로손실일수(1996~2021) (단위: 건, 천일)

주: 근로손실일수=파업기간 중 파업참가자 수×파업시간/1일 근로시간(8시간)
자료: 국가통계포털

　한편, ① 노사분규를 업종별로 보면, 2021년에 전체 119건 중 제조업이 51건으로서 42.8%, 사회·개인서비스업 39건으로서 32.8%를 점하고 있다. ② 규모별로는 100~1,000인의 사업장이 56건으로서 47.0%, 1,000인 이상의 대규모 사업장은 36건으로 30.2%를 차지한다. ③ 발생 원인으로서는 임금단체협약(임단협)이 57건 47.9%, 임금협상(임협) 56건 47.1%, 단체협약(단협)이 6건 5%를 점하고 있다. 2000년대에는 노동조건 등을 둘러싼 단체협약이 원인인 분규가 14%(2009년)를 차지할 정도로 증가하였다. 그러나 최근에는 단협은 크게 줄고 임단협, 임협 등이 분규 원인의 대부분을 차지하고 있다. 임단협은 임협과 단협 두 가지를 다 포함하는 협상이다. 단협의 협상 대상인 노동시간, 노동강도, 배치전환, 복지 등 노동조건도 임금과 불가분의 관계에 있다는 점에서 임금 인상이 이전보다 더욱 중요한 발생 원인이 되고 있다고 하겠다.

노동 시간과 임금

5.1 노동시간

5.1.1 법률적 규제

노동조건 중 가장 중요한 것은 노동 시간과 임금 수준이다. 먼저 노동 시간의 추이에 대해서 살펴보자.

노동 시간은 노동자의 복리나 임금의 실질적 수준과 밀접한 관계가 있다. 지금은 주 5일제 노동을 당연하게 여기고 있지만 실제로 실시된 지는 얼마 되지 않는다. 그동안 우리나라에서 장시간 노동은 매우 오랫동안 우리의 일상을 지배해 왔고 아직도 세계적으로 우리 국민은 일을 많이 한다.

해방 후 노동자들의 노동 시간을 최초로 법률로 정한 것은 1953년 근로기준법으로서 하루 8시간, 1주 48시간으로 정해졌다. 그러나 1일 8시간의 규정은 사실상 무의미했다. 절대적인 자본 부족과 노동력의 과잉공급으로 취업 기회가 매우 제한되었기 때문에 근로기준법이 제대로 적용될 리가 없었다. 임금이 너무 낮았으므로 노동 시간을 문제 삼기도 힘들었다. 요즈음은 듣기 힘든 단어이지만, 공무원을 제외하고 철야나 야근은 아주 흔한 일이었다. 잔업과 특근으로 일해야 생계를 유지할 만큼 급여 수준은 낮고 생활이 불안정했기 때문이다. 많은 기업과 중소상공인은 일요일에도 일했다. 경제가 안정되면서 노동 시간은 점차 감소했지만, 토요일 오전까지의 노동은 일상적이었다. 그러므로 우리나라 노동자의 연근로시간은 세계적으로 매우 높은 수준이었다. 심지어 1970~80년대에 우리나라의 주당 노동 시간이 선진국보다 매우 많다는 신문 기사를 읽고 우리나라 사람들의 성실성을 보여준다고 여기는 사람이 있을 정도로 장시간 노동은 당연하게 받아들여지는 측면도 있었다.

우리나라에서 주 5일제 노동에 대한 논의는 1980년대부터 이루어졌는데, 기업의 이해를 대변하는 사용자단체, 보수적인 언론 등에서는 경기침체 초래 및 이에 따른 실업 증가, 기업 및 국가경쟁력의 약화를 명분으로 반대했다. 그러나 노동 시간에 대한 국민들의 인식이 바뀌면서 노동 시간 축소에 찬성하는 분위기가 점차 강하게 형성되어 갔다. 1989년에는 주 노동시간이 44시간으로 규정되었으며, 참여정부 시절인 2004년 7월 1일에는 주 40시간, 1일 8시간 노동을 골자로 하는 법률이 실시되었다. 이 법에 의한 주 5일제는 공공기관과 1,000명 이상인 사업장부터 실시되고 이후 점차 규모가 적은 사업장에 확대 적용되

었다. 그리고 2018년에는 이전의 법정근로시간 68시간(주당 노동 40시간＋평일 연장 12시간＋
휴일 노동 16시간)을 주당 노동 40시간과 연장근로 12시간을 합하여 52시간으로 제한하였
다. 이렇게 1953년에 최초 제정된 근로기준법의 1일 8시간 노동원칙은 시간을 훌쩍 뛰어
넘어 2000년대에 이르러 실질적인 적용을 보게 되었다.[8]

근로기준법의 근로시간 조항(제52조, 제53조) <2020년 5월 기준>

제50조(근로시간)
   ① 1주 간의 근로시간은 휴게시간을 제외하고 40시간을 초과할 수 없다.
   ② 1일의 근로시간은 휴게시간을 제외하고 8시간을 초과할 수 없다.
   ③ 제1항 및 제2항에 따른 근로시간을 산정함에 있어 작업을 위하여 근로자가 사용자
      의 지휘·감독 아래에 있는 대기시간 등은 근로시간으로 본다.
제51조(탄력적 근로시간제)
   ① 사용자는 취업규칙(취업규칙에 준하는 것을 포함한다)에서 정하는 바에 따라 2주
      이내의 일정한 단위기간을 평균하여 1주 간의 근로시간이 제50조 제1항의 근로시
      간을 초과하지 아니하는 범위에서 특정한 주에 제50조 제1항의 근로시간을, 특정
      한 날에 제50조 제2항의 근로시간을 초과하여 근로하게 할 수 있다. 다만, 특정한
      주의 근로시간은 48시간을 초과할 수 없다.
   ② 사용자는 근로자대표와의 서면 합의에 따라 다음 각 호의 사항을 정하면 3개월 이
      내의 단위기간을 평균하여 1주 간의 근로시간이 제50조 제1항의 근로시간을 초과
      하지 아니하는 범위에서 특정한 주에 제50조 제1항의 근로시간을, 특정한 날에 제
      50조 제2항의 근로시간을 초과하여 근로하게 할 수 있다. 다만, 특정한 주의 근로
      시간은 52시간을, 특정한 날의 근로시간은 12시간을 초과할 수 없다.
(이하 삭제-인용자)
제53조(연장 근로의 제한)
   ① 당사자 간에 합의하면 1주 간에 12시간을 한도로 제50조의 근로시간을 연장할 수
      있다.
   ② 당사자 간에 합의하면 1주 간에 12시간을 한도로 제51조의 근로시간을 연장할 수
      있고, 제52조 제2호의 정산기간을 평균하여 1주 간에 12시간을 초과하지 아니하
      는 범위에서 제52조의 근로시간을 연장할 수 있다.
   ③ 상시 30명 미만의 근로자를 사용하는 사용자는 다음 각 호에 대하여 근로자대표와
      서면으로 합의한 경우 제1항 또는 제2항에 따라 연장된 근로시간에 더하여 1주 간
      에 8시간을 초과하지 아니하는 범위에서 근로시간을 연장할 수 있다.

---

8) 그렇지만 주 5일제가 아니라 주 40시간제라는 주장이 있는 만큼 모든 문제가 해결된 것은 아니다. 예를
   들면, 상시 5명 미만 사업장이 적용대상에서 제외되고 있으며, 모든 산업 부문의 모든 노동자가 이 법의
   적용을 받지 못하고 있는 것이 현실이다.

5.1.2 노동 시간의 변화

이제 노동자의 노동 시간의 변화를 보자. <그림 3-15>는 전체 노동자의 매월 노동 시간을 연도별로 비교한 것이다.

1인 이상 사업체에 종사하는 전체 노동자의 한 달 평균 총노동시간은 2006년 193시간 에서 꾸준히 감소하여 2019년에는 152시간으로 41시간 감소하였다. 이것은 주당 노동 시간이 10시간 가량 줄어든 것이다. 그러나 2021년에는 164시간으로 코로나19 국면에서 10시간 가량 노동 시간이 늘었다.

<그림 3-15> 전체 노동자의 월당 총노동시간(2006~2021) (단위: 시간)

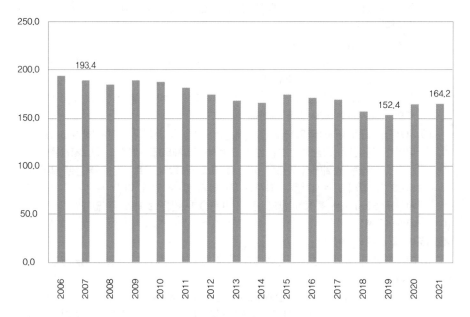

주: 1) 노동자 1인 이상(특고 포함) 사업체에 종사하는 사업주 제외한 정규직 및 비정규노동자
　　2) 33,000개 표본 사업체 및 표본사업체에 종사하는 소속 노동자 약 100만 명 내외를 조사한 고용형태별근로실태조사임
자료: 국가통계포털

이러한 우리나라 노동자의 노동 시간이 국제적으로는 어떤 수준인지 주요 선진국과 비 교해보자.

표 3-7	노동자 1인당 연평균 실제 노동 시간의 국제 비교(2008~2021)							(단위: 시간)
	한국	일본	미국	프랑스	독일	이탈리아	영국	OECD
2008	2,228	1,771	1,786	1,543	1,447	1,807	1,525	1,788
2010	2,163	1,733	1,772	1,540	1,426	1,777	1,507	1,772
2015	2,083	1,719	1,783	1,519	1,401	1,718	1,525	1,767
2016	2,068	1,714	1,778	1,522	1,396	1,722	1,541	1,765
2017	2,018	1,709	1,778	1,508	1,389	1,719	1,536	1,757
2018	1,993	1,680	1,782	1,514	1,385	1,719	1,536	1,753
2019	1,967	1,644	1,777	1,518	1,382	1,710	1,537	1,742
2020	1,908	1,598	1,767	1,407	1,324	1,554	1,364	1,668
2021	1,915	1,607	1,791	1,490	1,349	1,669	1,497	1,716
한국-각국 (2008년기준)		457	442	685	781	422	703	440
한국-각국 (2021년 기준)		308	124	425	566	247	418	199

자료: 국가통계포털

    <표 3-7>은 2008년부터 비교 가능한 주요국의 노동자 1인당 연평균 실제 노동 시간을 보여주고 있다. 각국마다 조사방법 및 작성기준이 다르기 때문에 한 시점에서의 횡단적 비교에는 적당하지 않지만, 장기 추세 이해에는 많은 도움을 준다.

    첫째, 한국은 OECD 국가 중에서 노동 시간이 매우 많은 나라이다. 예를 들어, 2021년에 OECD 조사대상 37개국 중 한국의 노동자 1인당 실제노동시간은 멕시코-코스타리카-칠레 다음으로 4위이다.

    둘째, 한국의 노동 시간은 2008년 2,228시간에서 2021년에는 1,915시간으로 많이 줄었고, 이에 따라 비교 상대국과의 격차도 줄었다. 2008년 OECD평균보다 440시간이나 많았으나 2021년에는 199시간으로 절반 이하로 떨어졌다. 일본과의 차이는 457 → 308시간, 미국과는 442 → 124시간, 프랑스 685 → 425시간, 독일과는 781 → 566시간으로 줄었다.

    셋째, 노동시간의 감소에도 불구하고 주요 선진국보다 매년 수백 시간씩 더 많이 일을 한다. 득히 독일보다는 연병균 566시간이나 일을 많이 한다.

    넷째, 이것을 한국을 기준으로 계산하면, 한국은 일본보다 1.9달, 미국 0.8달, 프랑스 2.7달, 독일 3.5달, OECD 평균보다 1.2달을 일을 많이 하고 있다. 비교 대상국을 기준으로 계산하면, 한국 노동자는 프랑스, 영국보다 3.3달, 특히 독일 노동자보다 일년에 다섯 달이나 많이 일을 한다.

5.2 임금 수준

5.2.1 최저임금제

　임금은 노동자가 노동력을 사용자에게 제공(판매)한 대가로 받는 일체의 금품이다. 임금은 인격과 결부되어 있기 때문에 일반적인 타 상품과는 다른 특질을 지니고 있다. 예를 들어, 일반 상품은 가격이 상승하면 지속적으로 공급이 증가하지만, 임금은 높아지면 여가의 기회비용이 높아져 노동력의 공급이 증가하다가 일정 수준 이상이 되면 오히려 감소하기도 한다. 또한 자본소득이나 상속 등으로 비노동소득이 증가하면 노동공급이 감소할 수 있다. 직종의 사회적 위상, 직장의 복지 시설이 악화되면 노동공급이 감소하여 임금 수준의 결정에 변화가 나타나기도 한다. 특히 임금은 일반적으로 노동자의 숙련도, 교육 수준에 따른 전문성, 직무수행능력, 연령 및 성별, 정규직 및 비정규직 등에 따라서 차이가 있다.

　이같이 시장경제에서 임금 차이는 피할 수 없는 현상이지만, 그 격차가 심하거나 노동소득이 너무 심하게 감소하면 노동 의욕을 감소시키고 사회경제적 불안을 조성하며 경제불황을 초래하기도 하므로 적극적 대응이 필요하다. 이런 측면에서 최저임금제는 노동자에게 임금의 최저 수준을 보장하여 생활 안정과 노동력의 질적 향상을 꾀하고 저임금 노동자를 보호하기 위한 장치이다.

　많은 선진국에서는 노동자의 최저 생활을 보장하기 위하여 최저임금제를 도입하고 있다. 우리나라에서도 최저임금제의 기준은 이미 1953년의 근로기준법에서 도입되었지만 유명무실하였다. 최저임금제는 1986년에 최저임금법이 제정·공포되고 1988년부터 실시됨으로써 비로소 효력을 발휘하기 시작했는데, 2000년 11월 24일부터 모든 사업 또는 사업장에 적용되고 있다.

　최저임금은 최초 적용 연도인 1989년에 최저 시간급 600원에서 시작하였지만 매년 인상폭은 100원에도 미치지 못하는 해가 많았다. 2001년 이후 2017년까지는 100원대에서 400원대 정도의 소폭 인상으로써 저임금 노동자들을 보호하기에는 한계가 적지 않았다. 노동 시간에 대한 규제 강화와 더불어 2018년에는 법적으로 정해진 최저임금도 대폭적으로 상승하였다. 즉, 2018년과 2019년에는 최저 시간급 7,530원, 8,350원으로서 전년 수준에서 각각 1,060원, 820원이 올랐다. 그런데 시간급 인상의 후유증으로서 2020년에는 8,590원, 2021년 8,720원으로서 전년 대비 각각 240원, 130원만 올랐다. 이것은 2.9%, 1.5% 오른 것에 지나지 않은 것이었다. 특히 2021년의 인상폭은 최저임금제 실시 후 역대 가장 낮은 인상률이었다. 2022년에는 최저 시급이 9,160원으로 결정되어 전년 대비 5.0%가 인상되었다.

2018년과 2019년의 대폭적인 상승에 대해 경영계와 소상공인들이 반발하는 등 많은 찬 반양론을 야기했지만, 후진적 노동 상황을 개선하고 노동소득 임금을 올리기 위해서 불가 피한 측면이 있다고 할 수 있다.

5.2.2 임금 수준별 임금노동자

산업, 직종, 학력, 성별 등에 따른 임금수준과 격차가 어느 정도인지 그 현황을 보면 다 음과 같다.

표 3-8 임금 수준별 임금근로자 비중(2013~2021) (단위: 천명, %)

	임금 근로자	100만원 미만	100~200만원 미만	200~300만원 미만	300~400만원 미만	400~500만원 미만	500 만원 이상
	천명	%	%	%	%	%	%
2013	18,676	12.8	37.7	24.3	12.9	5.8	6.5
2014	19,161	12.4	36.9	25.1	13.1	5.9	6.5
2015	19,684	12.3	35.0	26.0	13.8	6.0	6.9
2016	19,810	11.4	33.8	26.3	14.2	6.5	7.9
2017	20,074	10.9	30.8	27.9	15.1	6.9	8.4
2018	20,273	10.2	27.1	29.7	16.3	7.5	9.3
2019	20,747	10.1	23.1	31.9	17.0	8.0	9.9
2020	20,441	10.6	21.9	32.4	17.2	7.9	10.0
2021	21,112	10.0	18.6	34.1	18.1	8.2	10.9

주: 매년 하반기 숫자임
자료: 국가통계포털

먼저, 임금노동자 전체에서 각 임금 수준별 노동자의 비중을 살펴보자(통계청에서 전국 11,556개 조사구의 231,120가구 내에 상주하는 만 15세 이상 가구원을 조사한 지역별 고용조사임).

첫째, 전체 임금노동자 중에서 200만 원 미만의 임금을 받는 노동자는 2013년 50% 정 도에서 점차 감소하여 2021년에는 29%까지 크게 하락하였다. 그러나 100만 원 미만의 노 동자는 여전히 10%를 약간 넘고 있어서 사회 최저층의 소득 증대가 쉽지 않음을 보여주 고 있다.

둘째, 100만 원~200만 원 미만의 노동자는 37.7%에서 18.6%로 약 20% 감소한 것으로 나 타난다. 2018년에 있었던 최저 임금의 대폭 인상의 영향을 가장 많이 받은 계층으로 보인다.

셋째, 전체적으로 200만 원 미만의 저임금 노동자가 감소한 데 비해 200만 원 이상의 노동자 계층은 증가하였다. 특히 200~300만 원 이상을 받는 노동자는 24.3%에서 34.1%

로 가장 많이 증가하였다. 300~400만 원 미만의 노동자는 두 번째로 많은 5% 가량의 증가를 보이고 있다. 한편, 500만 원 이상의 고소득자도 4.5%의 적지 않은 증가를 보였다.

5.2.3 산업별·직종별 임금 수준

① 산업별 임금 수준

표 3-9 월임금 총액 대비 산업별 임금 수준(2009~2021) (단위: 천원, %)

	월임금 총액	농·임· 어업	제조업	전기· 가스	도·소 매업	숙박· 음식	금융· 보험	전문· 과학
2009	2,277	100.4	109.5	199.4	86.6	48.0	172.1	133.8
2010	2,326	104.4	111.2	205.9	87.1	48.4	173.9	133.6
2011	2,428	100.0	112.6	205.0	86.1	47.9	178.3	136.6
2012	2,527	99.1	114.0	194.0	87.2	49.4	174.0	137.8
2013	2,617	100.3	116.7	195.2	86.4	50.0	174.1	137.1
2014	2,700	97.9	121.0	193.0	87.4	46.1	176.4	137.9
2015	2,740	97.4	121.4	195.1	88.6	46.2	176.2	139.7
2016	2,833	98.0	119.3	203.6	89.5	47.5	183.7	140.7
2017	2,896	91.1	118.2	193.2	89.5	46.8	178.3	141.3
2018	3,028	96.0	118.6	190.6	90.2	48.6	178.2	140.9
2019	3,138	94.1	118.2	182.2	91.7	50.0	178.8	141.4
2020	3,180	95.3	115.2	193.1	94.3	49.9	184.4	143.2
2021	3,271	98.3	119.9	196.3	96.8	50.3	190.0	142.6

주: 1) 전체노동자 월임금총액 기준 대비 각 산업 월임금총액의 백분비임
　　2) 월임금총액=월급여액[정액급여+초과급여]+(전년도연간특별급여/12개월)
　　3) 전기·가스·수도=전기, 가스, 증기 및 수도사업, 전문·과학=전문, 과학 및 기술서비스업
자료: 국가통계포털

산업별 임금 수준을 고용노동부의 고용형태별 근로실태조사를 바탕으로 파악해 보자 (이하 동일). <표 3-9>는 각 산업별 노동자의 임금을 전체 노동자의 월임금 총액으로 나누어 비율로 표시한 것이다. 농업·임업 및 어업의 1차 산업은 2010년대 초년에는 월임금 총액 평균보다 약간 높았지만 이후에는 그보다 약간 낮다. 도매 및 소매업, 숙박 및 음식점업은 전체 평균보다 더 크게 낮은데, 특히 영세성이 두드러지는 숙박 및 음식점업은 월임금 총액의 절반 수준에 지나지 않는다.

이에 비해 제조업, 전기·가스, 금융보험, 전문·과학은 월평균 임금 총액보다 상당히 높은데, 특히 최고 수준인 전기·가스는 금융·보험과 함께 2021년에는 평균 임금의 거의 두 배 수준에 이를 정도로 높게 나타나고 있다.

② 직종별 임금 수준

표 3-10 월임금 총액 대비 직종별 임금 수준(2009~2021)   (단위: %)

	관리자	전문가 및 관련 종사자	사무 종사자	서비스 종사자	판매 종사자	농림 어업 숙련 종사자	단순 노무 종사자
2009	223.1	123.3	113.6	53.6	82.6	69.8	55.0
2010	227.7	123.9	114.1	53.2	83.7	67.5	53.8
2011	238.0	121.3	117.7	53.5	87.4	76.9	54.8
2012	235.7	122.6	118.4	54.4	83.3	76.1	54.0
2013	236.5	119.7	116.5	55.6	80.4	71.8	55.1
2014	260.1	119.1	119.6	50.2	80.6	70.6	53.4
2015	283.9	121.9	119.5	49.1	80.9	69.2	52.9
2016	292.2	121.2	118.2	48.3	81.4	70.6	55.9
2017	285.8	121.2	117.1	49.0	79.5	64.2	58.3
2018	290.8	120.0	118.5	50.5	80.1	66.5	57.8
2019	312.9	120.3	118.9	51.5	80.8	65.5	57.0
2020	325.3	123.6	119.1	49.5	82.8	71.8	57.5
2021	334.7	121.3	119.6	49.9	81.3	66.6	57.2

주: 월임금총액 대비 직종별 월임금총액의 비율임
자료: 국가통계포털

직종별로는 관리자의 임금 수준이 가장 높은데 해가 갈수록 월임금 총액 평균과의 격차가 커져서 전체 노동자 평균의 2021년에는 3.3배를 넘는다. 전문가 및 관련종사자, 사무종사자도 평균 이상 받고 있지만 관리자와 달리 평균 총임금과의 차이는 대체로 그대로 유지되고 있다. 이에 비해 전문성이 떨어지는 서비스종사자와 판매종사자, 단순노무종사자는 평균 임금에 못미치는데, 특히 서비스종사자와 단순노무종사자가 낮다. 서비스종사자는 2010년대 중반 이후에 평균 총임금의 절반에 수준에 지나지 않을 정도로 가장 열악한 상황에 처해 있다.

5.2.4 고용형태별 · 학력별 · 성별 임금 수준

① 고용형태별 임금 수준

고용 형태에 따른 임금과 노동조건의 문제는 1998년 외환위기 사태 이후에 본격적으로 등장하였다. 당시에 대우, 기아, 한보 등 대기업과 많은 중소기업이 도산하면서 정리해고가 단행되고 노동시장이 악화되어 비정규직 노동자가 대거 양산되었다.[9] IMF는 달러 부족으로 위기에 처한 한국 정부에 대부 조건의 하나로 노동시장의 유연화를 위해서 비정규

---

9) 비정규직은 대체로 일용직, 기간제, 단시간, 파견, 도급, 간접고용, 특수고용 노동자 등을 포괄한다.

직의 채용을 장려하도록 권고했다.

정규직은 원칙적으로 정당한 사유가 없이 해고할 수 없지만 기간제 근로자 등 비정규직은 해고가 용이하다. 가령, 기간제 근로계약을 체결한 경우 그 기간이 만료됨에 따라 사용자의 해고 등 별도 조치가 없어도 계약이 종료되는 것이 원칙이다. 이와 같은 비정규직은 아시아 외환위기 이후 양산되었는데, 무엇보다도 임금 수준이 낮고 고용이 불안정하다는 점이 가장 큰 문제점이라고 하겠다.

표 3-11 월임금 총액 대비 고용 형태별 임금 수준(2009~2021)   (단위: %)

	정규근로자	비정규근로자	비정규근로자 (특수형태포함)
2009	114.4	54.1	60.3
2010	115.1	53.5	59.6
2011	115.9	53.9	60.6
2012	114.9	53.1	59.3
2013	114.1	53.6	63.2
2014	116.7	49.4	56.7
2015	116.6	50.1	57.3
2016	115.9	51.0	58.0
2017	116.1	52.0	58.0
2018	115.9	52.4	58.0
2019	115.1	52.4	57.7
2020	116.1	50.9	57.5
2021	116.0	51.4	57.4

주: 비정규근로자 세부 용어는 국가통계포털 해당 항목 통계설명자료 참조
자료: 국가통계포털

고용 형태 중 비정규 근로자로서 특수형태는 스스로 고객을 맞이하여 서비스를 제공하고 일한만큼 소득(수수료, 수당 등)을 얻고 노무 제공의 방법이나 노무 제공 시간 등은 본인이 독자적으로 스스로 결정하는 자로서 노동자와 자영인의 중간 영역에 속하는 종사자이다.[10]

<표 3-11>에서 월임금 총액 대비 정규직 노동자의 임금과 비정규직 노동자의 임금 비율을 나타낸다. 정규직 노동자의 임금은 전체 노동자보다 높은 110%대이다. 반면에, 비정규직은 평균의 절반보다 약간 높은 50%대에 지나지 않는다. 정규직과 비정규직을 비교하면, 최근 5년간 비정규직의 임금수준은 정규직 수준의 45% 정도로서 절반에도 미치지

---

10) 국가통계포털 해당 항목 통계설명 자료 참조.

못하고 있다. 비정규직에는 재택, 파견, 일일, 단시간, 기간제, 한시적 노동자 등이 포함된다. 이 중에서 특히 단시간 노동자는 임금이 가장 낮아서 평균 임금총액의 30%도 되지 않는다(국가통계포털). 한시적 노동자, 재택가내노동자, 일일노동자도 50% 혹은 그 이하의 수준으로서 생계에 위협을 받고 있다.

② 학력별 임금 수준

표 3-12 월총액임금 대비 학력별 임금 수준(2006~2021) (단위: %)

	중졸이하	고졸	초대졸	대졸	대학원졸
2006	74.4	84.6	89.9	131.4	188.5
2010	64.8	81.0	92.1	129.9	180.4
2011	65.2	81.5	95.1	130.9	171.6
2012	63.1	81.1	94.3	129.6	173.9
2013	63.6	81.6	94.4	127.5	179.6
2014	56.5	79.6	98.6	128.0	172.9
2015	56.6	77.5	96.0	127.7	189.2
2016	57.9	77.5	96.3	127.7	180.9
2017	60.2	78.8	95.2	125.2	180.1
2018	60.7	78.7	96.2	123.8	176.2
2019	60.8	78.4	96.2	123.4	175.6
2020	58.1	76.8	95.1	124.2	182.9
2021	59.2	76.7	95.2	123.1	178.3

자료: 국가통계포털

임금은 대학원 졸업생이 가장 높고 대졸-초대졸의 학벌 순이다. 중졸 이하, 고졸, 초대졸 이하의 학력자는 모두 평균 수준 이하를 받고 있다.

종졸 이하와 고졸의 임금은 평균 임금 수준과 비교하여 시간이 흐를수록 오히려 격차가 상당히 벌어졌다. 평균 대비 이 두 학력이 받는 임금 비율은 2017~2019년에는 약간 개선되는 듯 했지만 코로나19 국면에서 악화되었다.

한편, 대졸 이상과 중·고졸과의 임금 격차는 1970년대 이후 1990년대 말까지 전반적으로 줄었으나,[11] 2000년대 이후는 대체로 벌어지고 있다. 다만, 초대졸의 임금 수준은 대졸 이상과 비교하여 전반적으로 줄어들었다.

---

11) 주성환·김진욱, 『한국경제의 이해』 p.135.

③ 성별 임금 수준

표 3-13 월임금총액 대비 성별 임금 수준 (단위: %)

	남	여	여/남
2006	118.5	68.3	57.6
2007	118.0	70.0	59.3
2008	118.5	69.5	58.6
2009	118.2	69.7	59.0
2010	118.4	70.2	59.3
2011	118.2	70.6	59.7
2012	117.7	71.8	61.0
2013	118.3	71.6	60.5
2014	119.2	71.3	59.8
2015	119.3	70.9	59.5
2016	118.7	72.0	60.6
2017	118.5	72.9	61.5
2018	117.9	74.6	63.3
2019	117.3	75.6	64.4
2020	117.0	75.7	64.7
2021	117.2	75.7	64.6

자료: 국가통계포털

남자는 평균적인 월임금총액의 약 1.2배를 받고 있고 여자는 75% 정도를 받고 있다. 평균 임금 대비 남자의 임금은 정체한 반면, 여자 임금은 약간씩 증가해 왔다. 또한 남자 임금 대비 여자 임금 비율이 증가 추세에 있기 때문에 남녀 간 임금 격차가 개선되어 왔다.

그러나 성별 간의 격차는 여전히 적지 않다. 남성을 기준으로 여성의 임금 비율은 2021년 64.6%이지만 아직 남성 임금의 3분의 2 수준도 되지 않는다.

이 같은 우리나라 여성 임금이 국제적으로 어느 수준인지를 비교해보면 다음과 같다. <그림 3-16>의 숫자는 남성을 기준(=100)으로 하여 여성 임금 수준을 백분비로 나타낸 것이다. 제조업에 한정되어 있고 국가마다 집계 방식이 다르기 때문에 비교시에 주의를 필요로 한다. 그러나 대강의 국제 비교는 가능하다.

OECD회원을 포함하는 주요국 중에서 남녀간 임금 수준이 가장 평등한 곳은 스웨덴, 노르웨이, 핀란드, 덴마크 등 주로 북유럽 국가들이다. 우리나라는 남녀 간 임금 격차가 국제적으로 매우 불평등한 국가에 속한다. 그림으로만 보면 두 번째로 불평등하다. 우리나라 다음으로는 일본이 불평등한 것으로 보인다.

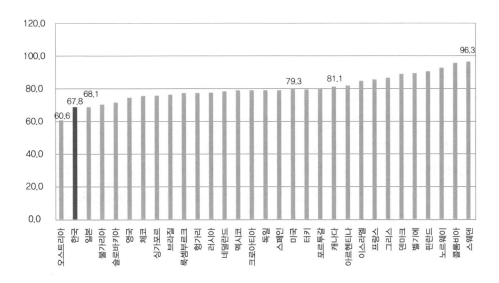

<그림 3-16> 남녀 임금격차의 국제 비교(제조업)(2019년)   (단위: %)

주: 1) 남자=100
   2) 변동 추세가 완만하므로 2019년 수치가 없는 국가는 2018년으로 대체.
자료: 국가통계포털

　이제까지 살펴본 여러 가지 기준의 임금 격차는 1970년대 이후 대체로 개선되어 왔다. 그렇지만 최근 들어서 부문별로 개선이 정체되거나 조금씩 악화된 부문도 있다. 전체적으로 볼 때, 영세상인들이 집중되어 있는 음식·숙박업, 전문성이 낮은 단순노무종사자 및 서비스종사자, 비정규직 노동자, 고졸 이하의 학력자, 여성에 대한 임금의 개선이 해결되어야 할 과제라고 하겠다.

제 6 절 **청년실업**

　여기서는 우리 경제의 이슈가 되고 있는 청년실업 문제를 살펴보자. 청년실업은 단순히 실업률 자체의 문제 이상으로 경제와 사회에 악영향을 미칠 수 있다. 실업은 반드시 해결해야 할 사회적 과제이지만, 특히 청년실업은 노동시장 진입 첫 단계에서 겪는 실패여서 개인적으로 매우 큰 충격과 실망을 안길 수 있다. 청년실업은 개인적으로 큰 불행이며, 사회적으로도 인적 자본의 형성을 저해하고 지속적인 경제성장의 토대 구축을 약화시킬 수 있다는 점에서 매우 심각한 문제이다. 청년실업은 비정규직 확대 문제와 얽혀서 1998년 외환위기 이후에 우리 사회가 해결해야 할 중요한 과제가 되고 있다.

<그림 1-5>를 보면 전체 노동자의 실업률은 최근에도 외관상 4% 이하의 완전고용을 유지하고 있다. 하지만 청년실업률은 외환위기가 불어닥친 1998년 이후의 시기가 그 이전보다 크게 높을 뿐만 아니라 전체 실업률의 두 배 이상을 기록하고 있다. 이같이 청년실업이 증가한 원인을 다음과 같이 요약할 수 있다.

첫째, 성장률의 둔화가 기본적인 원인이다. <그림 1-2>, <그림 1-3>에서 보듯이 우리나라의 성장률은 최근 3% 내외로 하락했다. 성장률 하락의 주요 원인은 고도성장의 동력이었던 수출이 정체상태에 빠지고 민간투자의 실질증가율도 2000년대 이후 4%에 못 미치는 수준으로 주저앉았기 때문이다. 신규 투자의 감소는 기업 설립, 자본금 확대, 공장 건설 등에 악영향을 미쳐 청년층의 노동시장 진입에 부정적으로 작용했다.

둘째, 산업구조의 변화가 급속하게 진행되면서 고용 흡수력이 크게 저하되었다. 특히 제조업에서는 자동화가 급속히 진행되어 취업계수와 고용계수가 크게 떨어졌다(제2장 참조). 재벌을 중심으로 대기업들의 고용은 전체 노동자의 10% 정도이지만 제4차 산업의 진행으로 고용 흡수력의 획기적 상승을 기대할 수 없게 되었다. 중소기업도 최대한 인건비를 줄이고 인력을 자동 기계로 대체하고자 하기 때문에 청년고용 확대의 장애 요인으로 작용하고 있다. 최근에는 AI, 로봇을 비롯한 기술혁명이 미래산업으로 등장하고 있어서 대량 실업에 대한 우려가 나오고 있다.

세 번째로는 기업의 고용 관행, 즉 인사노무관리 관행이 변하고 있기 때문이다. 예전에는 기업들이 신규 인력을 매년 졸업생들을 공채를 통해서 고용했다. 그러나 외환위기 이후 기업들은 공채를 줄이고 경력직의 수시 채용을 늘리고 있다. 주로 대리·주임에서부터 차장급, 혹은 실무자를 채용하는 경우가 많은데, 이렇게 중간관리층의 고용이 많아지게 되면 청년층의 입장에서는 취업 기회가 줄어들게 된다. 경력직 채용은 일본에서는 1980년대부터 보편화되었으며, 우리나라에서는 2000년대 중반부터 본격적으로 도입되기 시작했다. 기업이 경력직을 선호하는 이유는 직무 능력을 갖춘 직원을 채용하면 교육을 따로 하지 않아도 되어 비용을 절감할 수 있기 때문이다. 경력직의 입장에서는 임금을 비롯한 제반 조건이 좋은 직장으로 이동하는 것이 개인적으로 바람직한 일일 것이다. 하지만 중소기업이 애써 양성한 숙련 인력이 대기업으로 이동하면 중소기업의 경쟁력이 약화될 수도 있다.

넷째, 산업, 직업, 학력 등 부문별로 노동력의 공급과 수요가 일치하지 않는 수급 불일치(mismatch)가 문제가 되고 있다. 이것은 구인 기업과 구직자 간에 학력 수준이나 전문지식에 맞는 일자리를 찾기가 어려워졌다는 것을 뜻한다. 특히 대학 진학률이 매우 높아져서 대학 졸업자들이 기대하는 임금, 복지 등 노동조건과 기업의 보상이 일치하지 않는 경우가 적지 않다. 또한 기업이 수요하는 인력과 구직자의 전공불일치도 취업을 어렵게 하는 요인이다. 이같이 교육과 일자리의 연계 부족으로 기업과 구직자 간에 기대하는 눈높이의 불일치가 지속되면 청년층은 장기간 실업에 노출되거나 최악의 경우 취직을 포기하게 된다.

실업 문제는 단기간에 해결하기 매우 어려운 문제이다. 산업구조 조정과 기업의 노동수요 패턴의 변화, 교육시스템의 변화, 중소기업과 대기업간 일하는 조건의 격차 등 구조적인 문제와 깊숙이 결부되어 있기 때문이다. 그러므로 청년실업 역시 해결이 용이하지 않다. 떨어진 성장률을 회복하고 4차 산업혁명에 따른 취업난을 해결하기 위해서는 중소기업 육성책을 비롯하여 다양하고 종합적인 대책이 시급한데, 몇 가지를 정리하면 다음과 같다.

첫째, 신성장산업의 육성이다. ICT(정보통신)산업, AI(인공지능), 로봇, 블록체인, IoT, Data, 친환경·저탄소 등 신재생에너지, 문화콘텐츠, 디자인 산업 등 각 방면에 걸친 기술의 개발과 기업의 육성이 필요하다. 이들 산업 중에서 ICT, AI, 로봇 등의 분야는 인력 절감형 기술이라는 점에서 실업을 유발할 수 있는 속성을 내포하고 있지만 그렇다고 기술개발을 소홀히 할 수 없다. 오히려 적극적으로 청년 계층의 창업을 유도함과 동시에 신산업 육성을 통해 경제가 활력을 지속할 수 있다면 청년층 실업 문제는 상당 부분 완화할 수 있을 것이다.

둘째, 우량 중소기업의 육성을 통해 좋은 일자리를 확충해야 한다. 청년들이 중소기업에 가려고 하지 않는 가장 큰 이유는 일하는 조건이 마땅찮기 때문인데, 그중에서도 임금에 대한 불만이 가장 높다. 고용 규모에 따른 사업체의 임금 수준에 관한 고용노동부의 통계(국가통계포털-고용형태별근로실태조사)를 보면, 1990년대 이후 중소기업과 대기업의 임금 격차가 벌어지고 있다. 이와 같은 임금 수준의 격차 때문에 청년들은 중소기업에 취직하지 않으려 하며 차라리 쉬는 사람도 적지 않다. 때문에 많은 중소기업은 부족 인력의 상당 부분을 외국 인력으로 메우고 있다. 우량 중소기업이 늘지 않고서는 청년층의 실업문제를 해결하기 어려울 것이다.

셋째, 기업 수요에 맞추어 인력 양성 시스템을 조정할 필요가 있다. 산업 수요와 괴리된 인력을 과잉 배출하는 교육시스템으로 인하여 실업 문제가 심화되어 왔다는 주장이 꾸준히 제기되어 왔다. 특히 사용자 단체에서는 대학의 인적 자원개발 투자가 산업계의 수요를 제대로 반영하고 있지 못하다고 주장한다. 또 이런 주장의 배경으로 고학력화의 진행으로 구직자와 구인 기업 간의 눈높이가 맞지 않게 되었다는 점도 언급된다. 정책 당국에서는 산업수요와 괴리된 인력 양성을 기업 수요에 맞추도록 조정할 필요가 있겠다. 그렇지만 장기적 관점에서 지나치게 산업 수요만을 고려한 인력양성정책은 사회경제의 균형있는 발전에 바람직하지 않다는 점도 염두에 두어야 할 것이다.

이 외에도 직업훈련시스템의 확충, 실직자의 재취업 등도 보다 강화될 필요가 있다고 하겠다.

/04/

확대일로 개방경제

04   확대일로 개방경제

시장경제에서 일국의 경제는 독자적으로 생존할 수 없다. 최초의 산업국가로 탄생한 영국은 물론 프랑스나 독일에서도 상품 및 자본의 대외거래는 형식과 정도에서 차이는 있지만 자본주의경제를 확립하고 경제 대국으로 성장하는 데 매우 중요한 역할을 담당했다. 국내 시장을 바탕으로 20세기 초까지 보호무역으로써 경제강대국이 된 미국도 20세기 후반부터 대외거래를 통해서 세계 경제를 지배하고 있다.

우리나라는 자유무역을 비롯한 대외거래의 자유화를 통해서 가장 큰 이익을 향유한 국가에 속한다. 즉, 외국과의 거래를 통해서 성장에 필수적인 자본과 생산 물자 등 자원을 획득하고 생산 시설을 갖추었으며 장기간에 걸쳐 고도성장을 달성할 수 있었다. 그러나 교역은 성장을 이끄는 핵심적인 역할을 수행했지만 그 과정이 순탄했던 것만은 아니다. 1970년대에 두 차례에 걸친 오일쇼크과 외채위기, 경제적 파국을 불러온 1997년 말과 1998년의 외환위기, 2008년의 글로벌 금융위기, 2020년에 본격적으로 확산한 코로나19 등은 우리 경제에 적지 않은 충격을 주었다.

특히 우리나라의 시장개방은 1998년의 외환위기를 계기로 가속화되었다. 한편, 2004년 칠레와의 FTA를 시작으로 체결된 협정이 늘어나면서 대외개방은 더욱 가속화하고 있다. 외국자본이 아무런 장애없이 드나들고 우리 금융시장에서 적지 않은 비중을 차지한다는 점에서 불안 요인이 전혀 없는 것은 아니지만, 개방이 가속화되는 과정에서 외환보유고가 세계 9위가 될 정도로 크게 증가히는 등 자본금융시장의 지표가 개선된 깃도 사실이다. 이와 같이 물적 재화의 교역뿐만 아니라 자본금융의 대외거래도 우리 경제의 성장에 크게 기여하여 왔다. 여기에서는 무역 및 국제수지, 국내외 직접투자 및 증권투자, 외환보유고의 변동 등을 포함하는 개방경제 전반에 대해서 각 항목별로 자세히 살펴보기로 한다.

1.1 자유무역과 세계시장의 확장

오늘날은 세계화로 인하여 상품은 물론 자본도 거의 무제한적으로 자유로이 이동하고 있다. 제2차 세계대전 이후 재화와 자본의 자유로운 이동은 IMF와 GATT의 출범을 계기로 확대되었다. 이 두 기구는 1930년대에 전 세계 경제를 파국으로 몰고 간 대공황에 대한 심각한 반성으로 출범하였다. 미국을 비롯한 강대국들은 1920년대 초부터 보호무역주의를 강화했는데, 대공황이 닥치자 배타적인 블록경제로 전환하여 근린궁핍화정책을 노골화하였다.[1] 대공황기에는 이전의 관세 인상뿐만 아니라 수입할당, 자국 통화의 평가절하, 외환관리 등의 보호정책과 블록화가 만연하였다. 특혜주의를 내건 강대국의 자국 중심적 통상정책은 국제무역을 위축시키고 세계경제를 더욱 경색시킴으로써 5천만 명이나 사망자를 낸 제2차 세계대전을 촉발시킨 경제적 배경으로 작용하였다.

제2차 세계대전이 끝나자 세계 각국은 전쟁의 후유증을 극복하기 위한 노력을 다방면으로 기울였다. 미국과 영국을 중심으로 44개 연합국 대표들은 1944년 7월 미국 New Hampshire주 Bretton Woods에서 통화금융회의를 개최하고 IMF(International Monetary Fund)와 IBRD(International Bank for Reconstruction and Development, 국제부흥개발은행 혹은 세계은행=World Bank)의 설립을 결의하였다. IMF는 중단기 자금공급 기관으로서 달러를 기축통화(key currency)로 삼고 고정환율제를 도입하였으며, 금 1온스당 35달러와 태환될 수 있도록 규정하였다. IMF는 1947년에 업무를 개시하였고, 장기자금의 공급 역할을 맡은 IBRD는 1946년에 문을 열었다. 한편, GATT(General Agreement on the Tariff and Trade, 관세 및 무역에 관한 일반협정)는 1947년 Geneva에서 성립되고 1948년 Havana에서 52개국이 헌장에 조인한 것을 계기로 본격적으로 업무를 개시하였다. 이 국제협력기구들의 주요 목표는 블록경제 방지, 자유·무차별의 무역체제, 평가절하 방지 및 환율안정, 완전고용, 세계적 경제개발과 성장의 촉진에 있었다.

---

1) 미국은 1922년에 Fordney-McCumber Tariff로써 고율관세를 유지하였으며 공황 발생 다음 해인 1930년에는 Hawley-Smoot Tariff에 의해 관세를 더욱 인상하였는데, 이것은 다른 나라의 관세 인상을 부추기는 도화선이었다. 블록경제로 가장 먼저 전환한 나라는 영국이었다. 대영제국이 1932년 7월 Otawa협정으로 대영제국특혜관세제도를 창설하자 세계경제는 빠른 속도로 블록화되었다. 독일은 Barter협정, 청산협정 등 쌍무협정에 의해 광역경제블록을 확대했고, 미국은 남북미대륙을 중심으로 달러블록, 프랑스는 금블록, 일본은 일만지(日滿支)블록 혹은 엔블록을 형성하였다.

IMF-GATT체제는 무역 및 외환 자유화를 진전시킴으로써 세계무역 확대와 자본이동에 크게 공헌하였다. 미국을 중심으로 서방 선진국은 국제기구의 출범과 더불어 1970년대 초까지 매우 빠르게 성장하였다. 그러나 미국의 무역흑자와 금보유고가 급감하자 1971년 8월 15일에는 달러의 태환이 중지되었고 1974년에는 주요국들이 변동환율제를 채택하였다. 이로써 IMF의 두 가지 주요 근간(달러의 금태환, 고정환율제)이 파기되었다. 그리고 1971년부터 미국의 무역적자가 커지면서 통상마찰이 본격화하기 시작하였다.

1970년대 말부터 심화된 통상마찰을 주도한 나라는 장기간의 무역적자와 재정적자에서 벗어나지 못한 미국이다. 그렇지만 현재의 국제 경제는 통상마찰과 상호의존이 동반되는 세계화의 시대에 접어들었다. 1930년대의 불황이 쌍무협정을 바탕으로 블록경제를 강화하고 경쟁국을 방출하여 세계 시장을 분할·축소했던 것과는 판이하게 다른 방향으로 진전되고 있다. 오히려 국가 간, 지역 간의 교역과 자본이동이 확대되는 양상이 전개되고 있는 것이다. 1970년대 달러 유출에 따른 달러 가치의 불안과 국제금융시장의 동요, 유가 급등을 불러일으킨 두 차례의 오일 쇼크, 미국과 유럽 경제력의 저하 등으로 무역마찰과 갈등이 끊이지 않고 때로는 보호주의가 강력한 무기로 등장하기도 하지만, 여전히 자유무역 기조는 유지되고 있으며 주요국들은 이것을 유지하기 위한 국제적 협력을 지속하고 있다.

자본 및 상품 교역의 세계화에 큰 계기를 마련한 것은 1986년에 개최된 GATT 제8차 회의 Uruguay Round이다. 여기에 올려진 의제는 관세, 비관세조치는 물론 서비스업, 지적재산권, 분쟁해결, 무역관련 투자, 섬유류, 농업 부문 등으로 매우 광범했는데, 이들 의제들은 1970년대 이후 진행된 과학기술혁명과 깊은 관련을 맺고 있다. Uruguay Round는 1993년 12월 15일에 완전히 타결되었다.

1995년 1월 1일에는 Uruguay Round를 보다 강력하게 추진할 수 있도록 GATT가 WTO로 전환되었다. 기존 GATT를 WTO로 개편한 것은 세계의 경제 환경이 크게 변화하였기 때문이다. GATT의 회원국은 1947년 출범할 당시에는 23개국이었지만 1994년에는 125개국으로 늘어나서 국제기구로서의 위상을 확립하고 있었다. 그렇지만 가입국이 늘어나는 과정에서 다자간 무역협상에서 많은 예외 시행이 인정되고 그 내용도 매우 복잡해졌다. 또한 과학기술의 발전으로 서비스업 및 자본 이동의 중요성이 증대했기 때문에 선진국들은 새로운 기준을 갖춘 국제경제협력기구를 설립하고자 했다. 1995년 출범 당시의 WTO 회원국은 161개국이었다. 2022년 기준 회원국은 164개국이고, 30개국은 회의에 참여할 수 있으나 영향력이 없는 옵저버 자격을 가지고 있다. 명실상부하게 세계적 기구로서 출범했던 WTO는 무역의 확대는 물론 금융을 비롯한 자본 이동, 분쟁의 해결에 이르기까지 세계 시장의 확대에 크게 기여하고 있다.

1.2 개방 가속화와 FTA

고도성장기에 수출은 우리 경제를 이끄는 동력으로서 역할을 충실히 수행했다. 성장 초기에는 민간 기업의 신용이 낮았기 때문에 정부는 외자를 도입하거나 기업의 수출 촉진을 위해 지불을 보증하는 등 자본 부족을 해소하는 데 주도적인 역할을 하였다. 정부는 일정한 기준에 따라서 기업에게 자금을 배분하여 생산 시설에 대한 투자를 유도하고 수출할 수 있도록 유인책도 제시하였다. 수출은 투자를 확대하는 가장 중요한 방법이었고 외화 획득의 거의 유일한 수단이었다. 가득된 외화는 다시 생산 시설 확장에 투입되어 수출과 고용을 증대하였다.

한편, 경제성장의 주요한 요인으로서 수출이 강조되고 있지만, 실제로는 수입도 경제성장에 적지 않게 공헌했다. 우리 경제의 체질상 수입 없이 수출이 있을 수 없고, 수출 없이 고도성장을 달성할 수 없었기 때문이다. 경제 개발 초기에 생산재의 부족에 시달렸기 때문에 달러 확보를 통한 시설재 수입은 기업들의 생존을 결정하는 문제였다. 정부는 외화 자금에 대한 배분권을 가지고 있었기 때문에 소비재의 수입을 되도록 억제함으로써 시설재의 도입을 효과적으로 추진할 수 있었다. 수입은 원재료 및 중간재의 부족, 기계 및 장비(자본재)의 부족을 해결하고 생산 기반을 확충하는 데 매우 중요한 역할을 담당했다.

1970년대 말에는 통상마찰이 심화되면서 시장개방의 압력이 높아졌다. 경제가 발전하고 경제 규모도 커졌기 때문에 우리도 시장개방을 추진할 필요가 있었다. Uruguay Round 타결에 따라 법률, 교육, 의료, 우편·송달 등 일부 공공서비스를 제외한 대부분의 분야가 개방되었으며, 1995년 1월 1일 WTO(World Trade Organization) 출범 이후에는 관세율을 인하함으로써 수입자유화가 급격히 진전되었고 서비스시장도 개방되기 시작하였다.

거시경제 지표를 그 이전과 이후로 확연하게 구분할 정도로 엄청난 충격을 준 외환위기는 재화는 물론 자본과 금융, 서비스 등 모든 시장을 거의 완전히 개방하는 계기로 작용했다. 우리나라는 IMF로부터 구제금융을 받는 대가로 IMF가 요구하는 가혹한 구조조정안을 받아들이지 않을 수 없었다. 그 결과 1999년에는 수입선다변화제도[2)가 폐지되는 등 수입 장벽이 제거되었으며, 외국자본이 마음대로 드나들 수 있도록 금융을 비롯한 서비스시장도 완전히 개방되었다. 현재에는 내외국인의 직접투자 및 증권투자 등 자본의 유출입은 거의 완전히 자유화된 상태에 이르고 있다.

한편, 우리나라의 대외 부문은 2000년대에 들어서 다수의 FTA(Free Trade Agreement: 자

---

2) 특정 국가와의 무역수지 적자를 줄이기 위해 품목을 정해 놓고 수입을 금지하는 제도이다. 1977년 도입 이래 일본에 대해서만 적용되어 왔다.

유무역협정) 체결을 계기로 하여 더욱 확대되고 있다. FTA의 세계적 확산은 WTO가 갖지 못한 장점 때문이다. WTO는 모든 회원국에게 최혜국대우를 보장해주는 다자주의를 원칙으로 자유무역을 추진하고 있지만, 산업구조의 차이에서 발생하는 선후진국 간의 이해의 충돌은 물론이고 선진국 간, 후진국 간의 이해관계조차 조정하는 것이 쉽지 않다. 반면, FTA는 양자주의 혹은 지역주의에 기초하여 회원국 간의 관세 인하 등 자유화를 추진하기가 매우 용이하다. FTA는 무역뿐만 아니라 체결 당사국 간 직접투자 등 자본 유출입을 자극하는 측면도 있다. 현재 체결되는 협정은 서비스, 투자, 지적재산권, 정부조달, 경쟁, 협력 등으로 범위가 넓어지고, WTO 규범보다 한층 더 발전된 형태를 보여 관세 철폐 중심의 전통적인 지역협정과 현저한 차이를 보이고 있다.

표 4-1 우리나라의 FTA 체결 현황(2022년 2월 기준)

체결 국가(지역)	발효일
칠레	2004.04.01.
싱가포르	2006.03.02.
EFTA(4개국)	2006.09.01.
ASEAN(10개국)	2007.06.01.
인도	2010.01.01.
EU(27개국)	2011.07.01.
페루	2011.08.01.
미국	2012.03.15.
튀르키예	2013.05.01.
호주	2014.12.12.
캐나다	2015.01.01.
뉴질랜드	2015.12.20.
중국	2015.12.20.
베트남	2015.12.20.
콜롬비아	2016.07.15.
중미(5개국)	2021.03.01.
영국	2021.01.01.
RCEP	2022.02.01.

자료: 관세청 홈페이지

표 4-2 주요 국가(지역)별 지역무역협정 체결 현황(2022.4.21. WTO RTA 통보기준)

	체결국가수	체결건수
한국	52	20
일본	17	18
중국	23	16
미국	20	14
캐나다	44	15
EU	62	45
ASEAN	6	7
호주	21	17

자료: e-나라지표(산업통상자원부)

우리나라는 2004년 칠레와의 협정을 시작으로 2022년 2월 기준 18개의 FTA, 총 72개 국과 협정을 체결하고 있다. 그 외에도 협상 중인 FTA는 한·중·일, MERCOSUR(브라질, 아르헨티나, 파라과이, 우루과이 간에 결성된 경제연합체), 러시아, 말레이시아, 한·아세안 등 10건 이다. 또한 우리나라의 지역무역협정 체결은 2022년 4월 기준으로 20건에 이르고 있다.[3)]

제 2 절 무역 동향

2.1 수출 및 수입 동향

2.1.1 수출입 동향

먼저, 1960년대 이후의 수출 및 수입의 추세를 살펴보자.

---

3) 지역무역협정(Regional Trade Agreement)에는 역내 무관세 및 역외 공동관세를 내용으로 하는 '관세동맹'과 역내 무관세만 규정한 '자유무역지대' 두 가지가 있으며, 자유무역지대의 설립협정인 FTA가 발효 중인 지역협정의 대부분을 차지한다(e-나라지표-산업통상자원부-주요 국가별 RTA 현황 참조).

<그림 4-1> 수출 및 수입의 추이(1965~2021) (단위: 억달러)

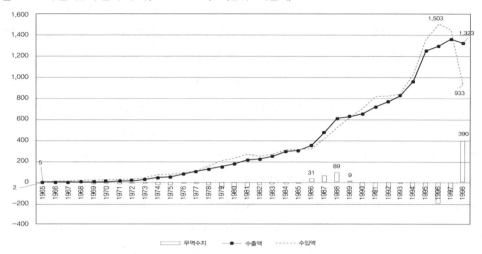

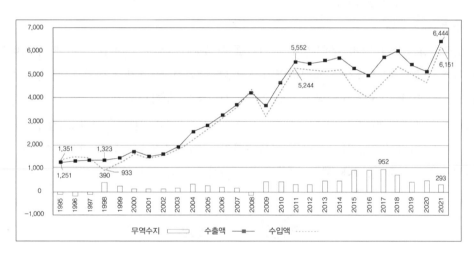

주: 1) 유엔의 SITC 기준 작성
  2) 수출=FOB 기준, 수입=CIF 기준
자료: 국가통계포털

　　1960년대 이후 우리나라의 수출과 수입은 빠른 속도로 증가하였다. 첫째, 수출은 1965년 약 2억 달러에서 2019년에는 6,444억 달러로 3,200배 이상 증가하였고, 수입은 같은 기간 중 약 5억 달러에서 6,151억 달러로 1,320배 가량 증가하였다.

　　둘째, 수출은 1965년부터 2000년까지 1998년에 단 한 차례 감소하였다. 그러나 2000년 이후에는 증가 추세 속에서도 2001, 2009, 2015~2016, 2019~2020년에 감소하였다.

　　셋째, 따라서 향후에 일방적으로 증가할 것으로 보이지 않는다. 수출 증가는 우리나라 경제를 고도성장으로 이끄는 동력으로서 핵심적인 역할을 수행했다. 1962년부터 실시된 경제개발계획의 추진과정에서 정부는 공공차관 및 상업차관의 도입에 노력하였고, 도입된 외자를 주로 수출용 재화의 생산에 집중적으로 투입되도록 유도하였다. 그러나 수출은 2000년대 이후 증감을 되풀이 하고 있다. <표 1−9>에서 한국의 수출은 2015~2020년에 세계 5~7위를 차지한다. 일본과의 수출액 차이는 2020년에 1,300억 달러 정도이며 1인당 수출액은 일본보다 훨씬 크다. 이러한 점을 고려하면 더 이상의 순위 상승이나 수출의 획기적 증가는 기대하기 어려울 것이다. 위의 그림에서도 2010년 전후부터 등락을 거듭하고 있는데, 우리 경제의 대외의존도가 높기 때문에 앞으로도 이러한 현상이 반복될 가능성이 크다.

넷째, 수출과 마찬가지로 수입액도 향후에는 증감을 되풀이 할 것이다. 즉, 2000년 이전에 수입 감소는 외환위기가 닥친 1997~1998년의 두 차례에 지나지 않았지만, 2000년 이후에는 2001, 2009, 2021~2013, 2015~2016, 2019~2020년 등 감소 빈도가 늘어나고 있다.

다섯째, 우리나라는 2011년 이후에 수출과 수입을 합한 무역액이 대체로 1조 달러를 넘는 무역 대국이다.

여섯째, 장기간에 걸쳐 무역흑자를 기록했다. 1986년부터 1989년 사이에 우리나라는 해방 이후 최초로 무역흑자를 시현하였지만,[4] 3저 호황이 지나자 곧바로 다시 무역적자로 돌아섰다. 그러나 1998년 이후에는 2008년을 제외하고 2021년까지 거액의 무역흑자를 누적하고 있다. 다만, 2022년 2월에 발발한 러시아−우크라이나전쟁의 여파로 원유, 곡물 등 수입 원자재 가격이 상승하여 4월부터 11월까지 무역적자가 나타나고 있다. 이것은 우리의 무역구조가 대외 충격에 매우 취약하다는 것을 보여준다.[5]

3저 호황이란?

1986년부터 1988년에 걸쳐 국제시장에 형성된 저달러, 저유가, 저금리현상이다. 이로 인해 우리나라는 유례없는 호황을 누렸다. 미국의 Reagan대통령(재직: 1981.1.~1989.1.)은 집권 이래 강한 미국의 기치를 내걸고 고금리, 고달러(달러가치의 평가절상) 유지를 위해 경쟁국들을 압박하였다. 그러나 이 정책이 기대한 성과를 거두지 못하자 저금리정책으로 돌아서기 위해서 1985년 9월 5개국 재무장관회담(플라자회담)을 열고 달러가치의 평가절하에 합의하였다. 이 과정에서 일본과 독일 화폐의 가치가 70% 이상 절상되고 대만 돈도 36% 이상 절상되었다. 이에 비해 한국의 원화 가치는 11.2%가 절상되어 경쟁국에 비해 수출경쟁력이 강화되었다. 동시에 유가 하락은 생산비용을 떨어뜨려 사상 최초의 무역흑자를 달성하게 되었다.

---

4) 1986년 31억 달러, 1987년 약 63억 달러, 1988년 약 89억 달러, 1989년 9억 달러였다.
5) 무역수지 적자는 2022년 4월의 약 24억 달러에서 점차 커져 11월에는 약 70억 달러이다.

우리나라의 수출 순위를 다른 나라와 비교하면 다음과 같다.

표 4-3 각국의 수출 순위(2000~2021)

순위	2000	2010	2015	2016	2017	2018	2019	2020	2021
1	미국	중국	중국	중국	중국	중국	중국	중국	중국
2	독일	미국	미국	미국	미국	미국	미국	미국	미국
3	일본	독일	독일	독일	독일	독일	독일	독일	독일
4	프랑스	일본	일본	일본	일본	일본	네덜란드	네덜란드	네덜란드
5	영국	네덜란드	네덜란드	네덜란드	네덜란드	네덜란드	일본	일본	일본
6	캐나다	프랑스	한국	홍콩	한국	한국	프랑스	홍콩	홍콩
7	중국	한국	홍콩	프랑스	홍콩	프랑스	한국	한국	한국
8	이탈리아	이탈리아	프랑스	한국	프랑스	홍콩	이탈리아	이탈리아	이탈리아
9	네덜란드	영국	영국	이탈리아	이탈리아	이탈리아	홍콩	프랑스	프랑스
10	홍콩	벨기에	이탈리아	영국	영국	영국	멕시코	벨기에	벨기에
11	벨기에	홍콩	캐나다	벨기에	벨기에	벨기에	영국	멕시코	캐나다
12	한국	러시아	벨기에	캐나다	캐나다	캐나다	캐나다	영국	멕시코
13	멕시코	캐나다	멕시코	멕시코	멕시코	멕시코	벨기에	캐나다	영국
14	대만	싱가포르	싱가포르	싱가포르	싱가포르	러시아	러시아	싱가포르	싱가포르
15	싱가포르	멕시코	러시아	스위스	러시아	싱가포르	싱가포르	러시아	인도

자료: 국가통계포털

우리나라는 1990년 이후 2005년 경에는 세계 수출에서 11위 내지 12위였는데, 2010년부터는 8위를 기록한 2016을 제외하고 대체로 6위 내지 7위를 지키고 있다. 인구 규모가 우리보다 훨씬 적은 네덜란드, 홍콩, 벨기에, 싱가포르의 강한 수출경쟁력이 주목되고, 2021년에는 인도가 15위에 들어온 것이 눈에 띈다.

2.1.2 수출입 증가율

<그림 4-2>는 5년 간격으로 연평균 수출입 증가율을 표시한 것이다(2020~2021년 제외). 먼저, 수출의 추세선은 우하향하고 있어서 수출의 연평균 증가율이 하락하고 있음을 알 수 있다.

수출 증가율은 1970~1974년에 매년 무려 50.2%로서 가장 높지만 1980년부터는 20% 이하로 떨어지고 있다. 2010~2014년에 10.1%에서 2015~2019년에는 −0.6%로 급락하였는데, 이것은 경제성장을 이끌어가는 수출력이 최근 들어 크게 약화되었음을 의미한다.

수입 증가율은 1975년 이후 수출 증가율과 연동되어 나타나고 있다. 수입 증가율은 2000년까지는 대체로 수출 증가율보다 낮았지만 그 이후는 약간 높다. 이는 점차적인 시장개방의 확대와 더불어 1999년 6월 수입다변화정책6)의 폐지 등의 영향을 받았다고 할 수 있다.

---

6) 특정국가와의 무역역조를 줄이기 위해 품목을 정하여 수입을 금지하는 제도이다. 1980년대 초 924개 품

<그림 4-2> 수출 및 수입의 연평균 증가율(5년 간격)(1965~2019)　(단위: %)

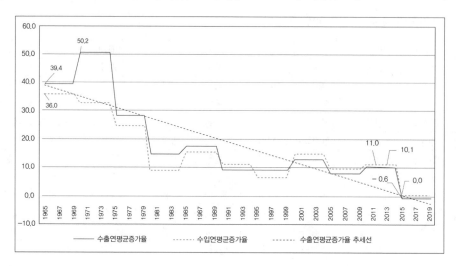

자료: 국가통계포털

한편, 우리나라는 경제성장 과정에서 수입 대국으로서 그 위상이 커져서 경제성장에 나름대로 기여해 왔음에도 수입의 중요성에 대해서는 상대적으로 소홀하게 취급한 면이 없지 않다. 그것은 우리가 수출입국(輸出立國)을 내세워 투자를 유도하고 고용을 창출하는 수단으로써 수출을 강조해 왔기 때문이다. 하지만 수출 증대를 위해서는 기계류 등 자본재의 수입, 중간재 및 부품, 소재, 에너지의 수입도 필수적이었다. 더욱이 우리나라가 세계의 자유무역 체제를 바탕으로 급속하게 수출 증대를 달성하기 위해서는 교역 상대국의 상품을 수입하는 시장개방이 필수적이었다. 따라서 수입도 수출 못지않게 경제성장에 기여했다고 할 수 있다. 수입에 대해서는 다음 절에서 자세히 살펴보기로 한다.

2.2 수출의존도

수출의존도는 한 나라의 경제가 수출에 의존하는 정도를 보여주는 지표로서 국내총생산 혹은 국민소득에 대한 수출액의 비율이다. 1964년부터 수출지향적 공업화의 추진으로 수출이 급증하면서 수출의존도(GDP 기준)도 크게 증가했다. 수출의존도는 1980년대 후반의 3저 호황 때까지 지속적으로 증가하였다. 1990년대에는 대체로 정체상태에 있다가 외

목에서 국산품의 품질 향상과 시장 개방의 가속화로 인해 1990년대에 16개 품목으로 줄었다가 1999년 6월 말에 완전히 폐지되었다.

환위기 때인 1998년에 일시에 34.5%로 치솟은 후 최근까지 30% 이상을 유지하고 있다. 수출과 수입을 합한 무역의존도 역시 수출의존도와 비슷한 추세를 보여주고 있다.

<그림 4-3> 수출의존도의 추이(1990~2021) (단위: %)

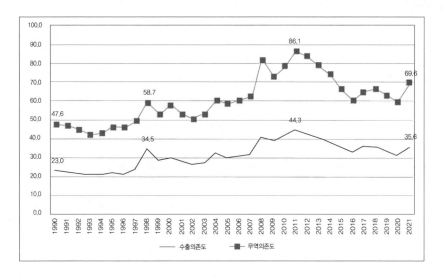

주: 1) 수출의존도=(총수출/GDP)×100
   2) 무역의존도=(총수출+총수입/GDP)×100
자료: 국가통계포털

<그림 4-4> 주요국의 수출의존도(2021년) (단위: %)

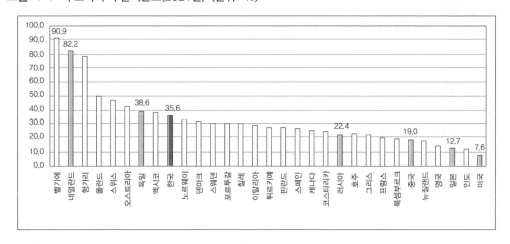

주: GDP기준
자료: 국가통계포털

한국의 수출의존도를 다른 나라와 비교해 보자. 주요국 중에서 독일과 네덜란드는 우리보다 수출의존도뿐만 아니라 수출액의 국제적 순위도 높다. 무역 대국 중에서 그외 미국, 인도, 일본, 중국, 프랑스 등의 수출의존도는 20%에 미치지 못한다. 특히 미국은 7.6%, 일본은 12.7%에 지나지 않는다.[7]

수입의존도를 보면, 미국은 12.8%, 중국 12.5%, 일본 12.7%(2020년)에 지나지 않는다. 즉 이 국가들은 무역 대국이지만 대외의존도가 매우 낮다고 할 수 있다.

우리나라의 높은 수출의존도는 수출이 성장의 동력으로서 매우 중요한 역할을 해왔음을 의미한다. 그러나 이같이 높은 수출의존도는 우리 경제가 대외충격에 취약한 원인이라는 비판을 받아왔다. 성장 기관차로서 수출의 역할이 감소한 점을 고려할 때 국내 시장에서 내수 비중을 늘리는 정책을 강화할 필요가 있다고 하겠다.

수출의존도 및 무역의존도 계산 기준

수출의존도나 무역의존도는 모두 한 나라의 국민경제가 얼마나 여기에 의존하고 있는가를 보여주는 지표로서 일반적으로 GDP 또는 GNI에 대한 수출 혹은 수출입 합계액의 비율로 계산된다. 그러므로 어느 것을 기준으로 하느냐에 따라서 차이가 있게 된다.

통관 기준, 국민계정 기준 등 기준이 다양하고, 분모로 GDP를 취할 것인가 GNI를 취할 것인가에 대한 절대적인 기준은 없다. 다만, 동일한 분모로서 국제적 비교 또는 역사적 비교를 할 수 있다는 점에서 상대적 의미를 가진다.

(통계청)

제 3 절　무역구조의 변화

3.1 국가별 수출입

3.1.1 국가별 수출

표 4-4　수출액 및 10대 수출 대상국별 비중(2021년 기준)(1965~2021)　　(단위: 억달러, %)

	총 수출액	각국 비중										
		중국	미국	베트남	홍콩	일본	대만	인도	싱가포르	멕시코	독일	합계
1965	2	–	35.2	–	6.2	25.5	1.2	0.1	1.3	–	2.0	71.6

---

7) 홍콩은 가장 높은 182.0%, 싱가포르는 102.3%이다.

	총 수출액	각국 비중										
		중국	미국	베트남	홍콩	일본	대만	인도	싱가 포르	멕시코	독일	합계
1970	8	–	47.3	–	3.3	28.1	0.9	0.1	1.3	–	3.3	84.2
1980	175	0.1	26.3	–	4.7	17.4	1.2	1.0	1.5	0.3	5.0	57.5
1990	650	0.9	29.8	0.2	5.8	19.4	1.9	0.7	2.8	0.9	4.4	66.7
2000	1,723	10.7	21.8	1.0	6.2	11.9	4.7	0.8	3.3	1.4	3.0	64.7
2010	4,664	25.1	10.7	2.1	5.4	6.0	3.2	2.5	3.3	1.9	2.3	62.4
2015	5,268	26.0	13.3	5.3	5.8	4.9	2.3	2.3	2.8	2.1	1.2	65.9
2016	4,954	25.1	13.4	6.6	6.6	4.9	2.5	2.3	2.5	2.0	1.3	67.2
2017	5,737	24.8	12.0	8.3	6.8	4.7	2.6	2.6	2.0	1.9	1.5	67.2
2018	6,049	26.8	12.0	8.0	7.6	5.0	3.4	2.6	1.9	1.9	1.5	70.9
2019	5,422	25.1	13.5	8.9	5.9	5.2	2.9	2.8	2.4	2.0	1.6	70.3
2020	5,125	25.9	14.5	9.5	6.0	4.9	3.2	2.3	1.9	1.6	1.9	71.6
2021	6,444	25.3	14.9	8.8	5.8	4.7	3.8	2.4	2.2	1.8	1.7	71.3

주: 1) 국가는 2021년 기준으로 우리나라가 수출하는 10대 국가
　　2) 관세청의 통관기준임(F.O.B.)
자료: 국가통계포털

　<표 4-4>는 2019년을 기준으로 한국의 주요 수출국 중 10위 이내 국가의 수출 비중을 정리한 것이다.

　첫째, 1960년대 이후 2002년까지 한국의 제1위 수출 대상국은 미국이었다. 미국의 비중은 1965년에 35.2%에서 1968년과 1969년에는 한국 수출의 50% 이상을 차지할 정도로 압도적이었다. 그러나 이후에는 점차 감소하여 1989년까지는 약 3분의 1, 2002년까지는 전체의 5분의 1을 점했다. 2003년 이후에는 제1위의 자리를 중국에 내어주고 현재에는 총 수출액의 8분의 1을 전후한 비중을 차지하고 있다.

　둘째, 일본은 2000년까지 제2위의 수출처였다. ① 대일본 수출은 1975년까지 대체로 한국 전체 수출의 4분의 1, 1979년까지 5분의 1 수준으로 하락하였다. 1980년에는 17.4%에서 꾸준히 감소하여 현재에는 5% 이하로 크게 감소하였다. 수출 순위는 2015~2021년에 5위이다. ② 일본 비중의 감소는 농수산물과 함께 의류 등 경공업 제품의 수출 비중이 감소하고, 특히 제조업의 발전 과정에서 일본 이외 지역에 대해 기계류와 같은 완제품, 부품, 소재 등 중간재 수출이 급증했기 때문이다. 그 결과 일본에 대한 수출의존도가 상당히 감소하였다. 그렇지만 대일 무역적자는 아직도 시정되고 있지 않으며 부품, 소재 등에 대한 의존성을 탈피하지 못하고 있다. 이에 대해서는 다음 절에서 보다 자세하게 살펴보기로 한다.

　셋째, 수출 대상국에서 가장 극적인 변화를 보여주고 있는 나라는 중국이다. ① 대중국

수출이 사실상 개시된 것은 1980년이다. 이 해에 수출액은 1,500만 달러에 지나지 않았지만 1985년 4,000만 달러, 1986년 1억 2,300만 달러로 급증한 이후 2021년 1,629억 달러에 이르기까지 매우 빠른 속도로 증가했다. ② 중국은 2003년 이후 미국의 자리를 대체해 제1위의 자리를 고수하고 있으며, 한국 전체 수출의 4분의 1을 차지하고 있다. 한마디로 한국은 중국의 시장개방으로 가장 큰 수혜를 본 나라라 할 수 있다.

표 4-5 10대 수출 대상국의 순위 변화(1965~2021)

	1	2	3	4	5	6	7	8	9	10	수출 대상 국수
1965	미국	일본	홍콩	스웨덴	네델	태국	영국	벨기에	독일	캐나다	43
1970	미국	일본	홍콩	독일	캐나다	네델	영국	싱가	스웨덴	대만	96
1975	미국	일본	독일	캐나다	홍콩	영국	네델	이란	사우디	호주	138
1980	미국	일본	사우디	독일	홍콩	이란	영국	인도네	네델	캐나다	162
1985	미국	일본	홍콩	캐나다	독일	사우디	영국	파나마	이란	싱가	178
1990	미국	일본	홍콩	독일	싱가	영국	캐나다	대만	프랑스	인도네	185
1995	미국	일본	홍콩	중국	싱가	독일	대만	인도네	말레이	영국	219
2000	미국	일본	중국	홍콩	대만	싱가	영국	독일	말레이	인도네	238
2005	중국	미국	일본	홍콩	대만	독일	싱가	영국	인도네	말레이	230
2010	중국	미국	일본	홍콩	싱가	대만	인도	독일	베트남	인도네	233
2015	중국	미국	홍콩	베트남	일본	싱가	인도	대만	멕시코	호주	235
2019	중국	미국	베트남	홍콩	일본	대만	인도	싱가	멕시코	말레이	234
2020	중국	미국	베트남	홍콩	일본	대만	인도	싱가	독일	말레이	239
2021	중국	미국	베트남	홍콩	일본	대만	인도	싱가	멕시코	독일	237

주: 1) 네델=네덜란드, 싱가=싱가포르, 인도네=인도네시아, 말레이=말레이시아
   2) 기타국을 1개국으로 계산
자료: 국가통계포털

<표 4-5>에서는 한국의 주요 수출대상국의 변화를 읽을 수 있다.

첫째, 초기에 주요 수출대상 순위 10개 중에는 미국, 스웨덴, 네덜란드, 영국, 벨기에, 독일, 캐나다 등 유럽 및 영미계 국가들이 7개국이었다.

둘째, 그러나 아시아 국가와의 교역이 점차 증가하여 2021년에는 미국과 멕시코, 독일을 제외하고 아시아 국가들이 7개국이나 10위 이내에 자리하고 있다. 아시아가 세계경제의 성장지대로 급부상하면서 지역 내 교역이 증가하고 한국도 이 지역을 대상으로 물적 교류를 확대하고 있기 때문이다.

셋째, 특히 베트남과 홍콩이 수출 대상 3, 4위로서 일본보다 중요성이 커지고 있다. 또한 싱가포르, 말레이시아를 포함한 동남아시아에 대한 진출이 빠른 속도로 이루어져 동남아시아가 중요한 수출처로 등장하고 있다.

넷째, 한국의 수출시장 다변화도 상당히 진전되어 수출처가 1965년 43개국에서 2021년에는 237개국으로 늘어났다. 다만, 2018, 2019년도에 수출 순위 10위의 국가들이 70%를 넘는 압도적 비중을 차지할 정도로 집중되어 있다.

다섯째, 10위 이내의 국가들에 대한 수출 비중에는 상당한 격차가 있다. 가령, 2021년에 인도, 싱가포르 등 7~10위의 국가들에 대한 비중은 겨우 8.1%에 지나지 않고 있다.

여섯째, 인도 시장의 부상이다. 수출에서 인도가 차지하는 비중은 2002년까지만 하더라도 1% 미만이었지만 2021년에는 2.4%이고, 수출 대상국 순위로는 7위이다. 그 외에 소련 붕괴 이후 비로소 열린 러시아와의 교역도 2019년도에는 한국 총수출액의 1.4%, 수출 순위 15위이며, 브라질은 21위로 올라서고 있다.

이상에서 살펴 본 바와 같이, 특정 국가에 집중된 수출의존도를 완화할 필요가 있다. 이와 함께 영국 및 EU 등 유럽시장과 브라질을 비롯한 중남미 지역의 진출 확대를 위한 노력이 더욱 가속화되어야 할 것이다.

3.1.2 국가별 수입

표 4-6 수입액 및 10대 수입 대상국별 비중(2021년 기준)(1965~2021)　(단위: 억달러, %)

	총 수입액	각국 비중									
		중국	미국	일본	호주	사우디	베트남	대만	독일	러시아	카타르
1965	5	–	39.3	37.8	0.8	–	–	2.2	3.5	–	–
1970	20	–	29.5	40.8	0.7	1.9	–	1.7	3.4	–	–
1980	223	0.1	21.9	26.3	3.1	14.8	–	1.4	2.9	–	0.0
1990	698	3.2	24.3	26.6	3.7	2.5	0.0	2.1	4.7	–	0.3
2000	1,605	8.0	18.2	19.8	3.7	6.0	0.2	2.9	2.9	1.3	1.4
2010	4,252	16.8	9.5	15.1	4.8	6.3	0.8	3.2	3.4	2.3	2.8
2015	4,365	20.7	10.1	10.5	3.8	4.5	2.2	3.8	4.8	2.6	3.8
2016	4,062	21.4	10.6	11.7	3.7	3.9	3.1	4.0	4.7	2.1	2.5
2017	4,785	20.5	10.6	11.5	4.0	4.1	3.4	3.8	4.1	2.5	2.4
2018	5,352	19.9	11.0	10.2	3.9	4.9	3.7	3.1	3.9	3.3	3.0
2019	5,033	21.3	12.3	9.5	4.1	4.3	4.2	3.1	4.0	2.9	2.6
2020	4,676	23.3	12.3	9.8	4.0	3.4	4.4	3.8	4.4	2.3	1.6
2021	6,151	22.5	11.9	8.9	5.4	3.9	3.9	3.8	3.6	2.8	1.9

주: 국가명은 2021년 기준 10대 수입처
　　관세청의 통관 기준(C.I.F.)
자료: 국가통계포털

<표 4-6>은 2021년을 기준으로 우리나라로부터 수입하는 10대 국가들이 총수입에

서 차지하는 연도별 비중을 나타낸 것이다. 수입액은 1965년에 5억 달러에도 미치지 못했지만 2021년도에는 6,151억 달러로서 한국은 홍콩을 포함하여 국제적으로 2016~2021년에는 9위의 수입 대국이다.

첫째, 장기에 걸쳐 한국이 가장 많이 수입한 국가는 일본이었다. 일본은 미국을 제치고 1966년부터 2006년까지 제1위의 수입처였다. 일본으로부터의 수입은 1975년까지 총수입의 3분의 1 이상을 차지했으며, 이후에는 차츰 줄어 2000년까지 5분의 1, 2019년 이후에는 10% 이하로 줄었는데, 2021년에는 8.9%이다. 그렇지만 수출과는 달리 일본은 한국이 세 번째로 많이 수입하는 국가이다.

둘째, 미국은 1960년대 후반부터 2002년까지 한국이 두 번째로 많이 수입한 국가였는데, 이후에 중국과 일본에 밀려 3위이다가 2018년 이후 2021년까지 다시 2위를 고수하고 있다.

셋째, 중국은 수출과 마찬가지로 한국의 수입에서도 가장 중요한 파트너로 등장하였다. 1975년에 한국의 대중국 수입은 18만 달러에 지나지 않았다. 1985년까지도 10대 수입국 순위에 없던 중국은 1990년에는 한국이 수입하는 5위의 국가로 급격히 부상했다. 그리고 중국은 2007년 이후에는 한국의 가장 큰 수입국으로 부상하였으며, 전체 수입에서 차지하는 비중도 점차 증가하여 2015년 이후에는 전체 수입의 5분의 1 이상을 차지한다.

표 4-7 한국의 10대 수입대상국의 순위 변화(1965~2021)

	1	2	3	4	5	6	7	8	9	10	수입국수
1965	미국	일본	독일	필리핀	대만	홍콩	브루	네덜	호주	말레이	37
1970	일본	미국	독일	말레이	프랑스	필리핀	사우디	대만	영국	쿠웨	68
1975	일본	미국	사우디	쿠웨	호주	독일	대만	캐나다	인도네	프랑스	130
1980	일본	미국	사우디	쿠웨	호주	이란	독일	인도네	말레이	캐나다	102
1985	일본	미국	말레이	호주	이란	독일	인도네	아랍에	오만	에콰	136
1990	일본	미국	독일	호주	중국	사우디	인도네	말레이	캐나다	대만	158
1995	일본	미국	중국	독일	사우디	호주	인도네	캐나다	대만	말레이	205
2000	일본	미국	중국	사우디	호주	인도네	말레이	아랍에	대만	독일	227
2005	일본	중국	미국	사우디	아랍에	호주	독일	인도네	대만	말레이	254
2010	중국	일본	미국	사우디	호주	독일	인도네	대만	아랍에	카타르	232
2015	중국	일본	미국	독일	사우디	대만	카타르	호주	러시아	베트남	243
2019	중국	미국	일본	사우디	베트남	호주	독일	대만	러시아	카타르	240
2020	중국	미국	일본	독일	베트남	호주	대만	사우디	러시아	말레이	246
2021	중국	미국	일본	호주	사우디	베트남	대만	독일	러시아	카타르	246

주: 1) 브루=브루나이, 쿠웨=쿠웨이트, 아랍에=아랍에미리트연합, 에콰=에콰도르
    2) 기타국을 1개국으로 계산
자료: 국가통계포털

<표 4-7>은 각 시기의 10대 수입국가를 정리한 것이다.

첫째, 이 표는 장기에 걸쳐 중국, 미국, 일본이 한국의 가장 큰 수입국임을 보여준다.

둘째, 수입다변화도 이루어져 한국의 수입국은 1965년에 37개국에서 2021년에는 246개국으로 늘어났다. ① 그런데 수입국이 수십 개국에 지나지 않던 1960년대 및 1970년대에 주요 수입국은 대체로 미국과 유럽의 국가, 일본, 동남아 국가로 나누어진다. 이것은 미국, 유럽, 일본 등지에서는 중간재나 공장건립을 위한 기계 등의 자본재를 수입하고 동남아로부터는 노동집약적 산업에 들어가는 목재 등의 원자재를 구입한 것으로 보인다. ② 그러나 2015년 이후에는 베트남을 제외하고 동남아 국가들이 보이지 않는다. 베트남은 2021년에 5위의 수입 대상국인데, 이는 우리나라 기업들이 진출하여 생산한 부품, 소비재 등이 수입되는 것과 관계가 깊은 것으로 보인다. ③ 한편, 1970년대부터 현재까지 주요 수입국 중에는 사우디아라비아, 쿠웨이트, 이란, 오만, 아랍에미리트연합, 카타르 등 중동 산유국이 이름을 올리고 있는데, 이것은 화학 및 에너지자원으로서 원유 수입을 이 지역에 크게 의존하고 있기 때문이다.

3.2 품목별 수출입

표 4-8 10대 수출 품목 순위(1970~2021)   (단위: 억달러, %)

순위	1970	1980	1990	2000	2010
1	섬유류	의류	의류	반도체	반도체
2	합판	철강판	반도체	컴퓨터	선박
3	가발	선박	신발	자동차	유무선전화기
4	철광석	인조직물	영상기기	석유제품	석유제품
5	전자제품	음향기기	선박	선박	승용자동차
6	과자류	타이어	컴퓨터	무선통신기기	액정디바이스
7	신발	목재류	음향기기	합성수지	자동차부품
8	연초류	잡제품	철강판	철강판	플라스틱
9	철강제품	반도체	인조직물	의류	유무기화합물
10	금속제품	영상기기	자동차	영상기기	가전제품

순위	2015	2017	2019	2021	
1	반도체	반도체	반도체	반도체	1,280
2	자동차	선박	자동차	자동차	465
3	선박	자동차	석유제품	석유제품	381
4	무선통신기기	석유제품	자동차부품	합성수지	291
5	석유제품	디스플레이	디스플레이	선박	230
6	자동차부품	자동차부품	합성수지	자동차부품	228
7	디스플레이	무선통신기기	선박	철강판	225

순위	2015	2017	2019	2021	
8	합성수지	합성수지	철강판	디스플레이	216
9	철강판	철강판	무선통신기기	컴퓨터	168
10	전자응용기기	컴퓨터	플라스틱	무선통신기기	162
합계	3,056	3,373	3,042	3,646	
합계/총수출	58.0	59.0	56.1	56.6	

주: 1) 선박=선박해양구조물 및 부품, 디스플레이=평판디스플레이 및 센서
   2) 합계액=10대 품목의 합계
자료: e-나라지표(관세청)

품목별 수출과 수입은 우리나라 산업구조의 변화를 반영하고 있다. 수출 품목을 먼저 살펴보자.

첫째, 1960년대 이후 1990년대까지 10대 수출 품목에서 1~3위를 차지한 것은 주로 금속광물, 어패류, 목제품(1960년대), 섬유류, 의류, 합판, 가발, 신발을 비롯한 노동집약적 생산물이다.

둘째, 시간이 지나면서 철강판, 석유화학, 선박, 반도체, 자동차 등 중화학공업제품 및 첨단부품이 10대 수출 품목에 포함되기 시작했다. 특히 1990년에는 반도체가 2위로 오르고 컴퓨터, 음향기기, 철강판, 자동차 등이 포함되어 첨단산업구조로 산업이 재편되고 있음을 보여주고 있다. 2000년 이후에는 반도체, 컴퓨터, 자동차, 무선통신기기, 자동차부품, 영상기기, 석유제품, 평판디스플레이, 합성수지 등이 높은 순위에 들어가 선진적인 첨단구조가 정착하고 있음을 보여준다. 특히 반도체는 2000년 이후 현재까지도 최대 수출 품목의 자리를 지키고 있다. 2위는 자동차이다. 2010년에는 자동차뿐만 아니라 자동차부품도 수출 7위 제품으로 등록되고 있다.

셋째, 10대 품목은 2015~2021년에 대체로 3,000억~3,650억 달러를 수출하고 있으며, 총수출에서 차지하는 비중은 56~59%를 차지하고 있다.

표 4-9   10대 수입품목 순위(1970~2021)   (단위: 억달러, %)

순위	1970	1980	1990	2000	2005
1	일반기계	원유	원유	원유	원유
2	곡물	곡류곡분	반도체	반도체	반도체
3	운반기기	기타기계	석유제품	컴퓨터	천연가스
4	전기기기	천연식물원료	섬유화학기계	석유제품	석유제품
5	석유	목재류	가죽	천연가스	유무선전화기
6	섬유사	석유화학제품	컴퓨터	반도체장비	석탄
7	목재	기호식품	철강판	금은및백금	반도체장비

8	직물	철강판	항공기,부품	유선통신기기	철강판
9	강철	기타유류제품	목재류	철강판	정밀기기
10	금속광	선박	계측제어분석	정밀화학원료	플라스틱수지
순위	2015	2017	2019	2021	
1	원유	원유	원유	원유	6,701
2	반도체	반도체	반도체	반도체	614
3	천연가스	반도체장비	천연가스	반도체장비	257
4	석유제품	천연가스	석유제품	천연가스	254
5	무선통신기기	석탄	석탄	석유제품	241
6	자동차	석유제품	무선통신기기	컴퓨터	166
7	석탄	무선통신기기	자동차	정밀화학원료	159
8	컴퓨터	컴퓨터	컴퓨터	석탄	147
9	정밀화학원료	자동차	정밀화학원료	무선통신기기	146
10	의류	정밀화학원료	의류	자동차	143
합계	1,862	2,118	2,288	2,793	
합계/총수입	42.7	55.8	45.5	45.0	

주: 반도체장비=반도체제조용장비
자료: e-나라지표(관세청)

10대 수입 품목의 특징은 다음과 같다.

첫째, 1970년 및 1980년에는 곡물, 곡류·곡분 등 식량자원에 대한 수입이 두 번째로 많았으나 그 후에는 보이지 않는다. 이들의 수입량이 줄어들었다기 보다는 다른 공업 원자재의 도입으로 전체에서 차지하는 비중이 감소했기 때문이다.

둘째, 섬유사, 목재, 직물 등 노동집약적 산업의 투입물은 줄어들다가 2000년 이후 목록에서 사라졌고, 운반기기, 기타기계, 섬유화학기계 등 자본재도 2000년 이후 없어졌다. 전자는 경공업 비중이 감소했기 때문이고 후자는 중공업이 심화하여 자급률이 높아진 결과로 볼 수 있다.

셋째, 반도체, 컴퓨터, 반도체제조용장비, 정밀기기, 석유제품, 정밀화학원료와 더불어 자동차 등 중화학공업 내지 첨단기술산업과 관련 깊은 품목들이 1990년대부터 늘어나고 있다.

넷째, 원유가 10위 이내 주요 수입품복에서 1980년 이후 항상 수위를 차지하고 있다. 2005년 이후에는 천연가스의 수입도 수입품목 3위에 올라 있다. 우리나라는 에너지원의 부족으로 수입에서 원류 및 천연가스가 큰 비중을 차지하고 있어서 이 부문에서 거액의 적자는 불가피하다.

다섯째, 10대 수입 품목은 대체로 총수입액의 절반을 밑돈다.

전체적인 품목의 변화를 보면, 1차 산품과 기계류 수입의 감소는 중화학공업의 심화에 따른 것이고, 2000년 이후에는 산업의 첨단화에 따라 반도체와 반도체 제조용 장비 등 첨

단관련 제품의 수입이 늘고 있다. 자동차와 의류 품목도 10대 품목 안에 들어있는데 FTA
의 체결과 무역자유화의 폭이 넓어지면서 소비재의 수입도 늘어났기 때문이다.

제 4 절 **국제수지의 변동**

4.1 국제수지

4.1.1 국제수지의 구성

국제수지는 우리나라의 대외거래 동향을 종합적으로 파악하여 경제정책 수립 및 정책 효과
분석 등에 필요한 기초 자료를 제공한다. 국제수지를 구성하는 요소와 이들의 구체적인 동향
을 파악해보자. 먼저, 국제수지를 이해하기 위해서는 이를 구성하는 개념을 이해해야 한다.[8]

표 4-10 국제수지의 구성

- 국제수지= ①경상수지+②자본수지
  ①경상수지=상품수지+서비스수지+본원소득수지+이전소득수지
  - 상품수지: 수출액(FOB기준)-수입액(FOB기준)
  - 서비스수지: 운송, 여행 등 서비스 거래의 결과
  - 본원소득수지: 노동과 자본의 이용 대가의 결과
  - 이전소득수지: 아무런 대가없이 제공되는 무상원조, 교포 송금 등
  ②자본수지=단기자본수지+장기자본수지
- 종합수지=경상수지+자본수지
- 기초수지=경상수지+장기자본수지

국제수지(balance of payments)는 일정 기간 동안 한 나라의 거주자와 다른 나라의 거주
자들과 사이에 발생한 모든 경제거래를 체계적으로 기록한 것이다. 국제수지 흑자는 대외
거래를 통해서 외국으로부터 들어온 외환이 유출된 액수보다 많은 것을 의미하고, 적자는
그 반대의 경우이다. 일정 기간이란 국제수지 통계가 기록되는 기간인데, 우리나라의 경우
월별, 분기별, 연도별로 작성하고 있다. 국제수지의 변화는 외환보유고, 통화량, 금리, 국
가신인도 등에 영향을 미치므로 성장, 물가, 환율 등과 상호 영향을 주고 받는다. 국제수

---

8) 매일경제 경제용어사전, 두산백과 두피디아, 한경경제용어사전, 시사상식사전, 경제학 주요개념 등을 참조.

지표에는 경상수지와 자본수지, 금융계정과 오차 및 누락항이 기록된다. 경상수지, 자본수지, 오차 및 누락항을 합계하면 금융계정과 일치한다.

첫째, 국제수지 가운데 가장 중요한 것은 경상수지(balance of current account)이다. 상품의 수출입을 포함하여 해외에서 벌어들이는 외환의 양에 매우 중요한 요인으로 작용하기 때문이다. 만약 경상계정에서 실물거래로 인해 외환의 유출입이 발생하면 금융계정에도 그 액수만큼 기록된다. 그러므로 경상수지는 금융계정의 자본거래에도 영향을 미친다. 경상수지가 악화되거나 적자가 나면 대외채무의 변제 능력이 약화되어 외환 조달에 문제가 발생할 가능성이 커진다.

둘째, 자본수지(balance of capital)는 자산 소유권의 무상이전, 채권자에 의한 채무면제 등을 기록하는 자본이전과 상표권, 영업권 등의 거래를 기록하는 비생산·비금융자산으로 구분된다. 즉 한 국가가 상품이나 서비스의 거래를 통하지 않고 자본거래를 해서 발생하는 수입과 지출의 차액을 말한다. 자본수지가 플러스이면 외화 유입이 유출보다 많은 것을 뜻한다. 거래 발생일로부터 상환까지 1년이 넘는 거래는 장기자본수지, 1년 이하이면 단기자본수지라 한다. 우리나라의 경우, 유입에서 유출을 제한 자본수지는 국제수지표에서 금액이 매우 적게 나타난다.

셋째, 종합수지(overall balance of payments)는 경상수지와 자본수지(단기자본수지+장기자본수지)의 합이다. 국제수지 결과를 총체적인 대외유동성 측면에서 파악할 수 있고, 특히 해외부문으로부터의 통화 증발 요인을 분석하는데 유용한 지표로 이용되고 있다. 종합수지는 국제수지가 흑자인가 적자인가를 나타내는 가장 중요한 지표라 할 수 있다.

넷째, 기초수지(basic balance of payments)는 경상수지와 1년 이하의 단기자본수지를 제외한 장기자본수지만을 합한 것이다. 국제적 자본이동에는 금리 차를 노린 투기적인 해외투자나 자본 도피 등 국제 결제에 따른 이동이 아니 독자적인 단기자본 이동이 있다. 기초수지는 이러한 단기자본을 제외함으로써 한 나라의 국제수지 상태를 보다 정확히 판단하고 장기적 결제 능력을 판단하기 위한 것이다.

다섯째, 국제수지표에는 금융계정(financial accounts)도 표시된다. 경상수지와 자본수지가 변화하면(즉, 상품 및 서비스 등을 포함하는 경상수지와 자본거래를 통한 수지에 변화가 발생하면) 금융계정에 영향을 미치기 때문이다. 경상수지와 자본수지의 합계액에 오차 및 누락항을 더하면 금융계정의 액수와 일치한다.

금융계정은 거주자와 비거주자의 모든 대외금융자산과 부채의 거래변동을 나타낸다. 금융시장 개방 이후에는 대외 자본거래가 활성화됨으로써 금융계정도 매우 중요한 위치를 차지하고 있다. 순자산이 기준이며, 자산·부채 증가는 +, 자산·부채 감소는 − 요인이다.

신문, 방송에서 무역수지(balance of trade)란 용어를 자주 듣는데 가끔씩 상품수지라는 말도 사용한다. 둘 다 수출과 수입의 차액이지만 작성 기준이 다르기 때문에 숫자가 다르게 나타난다. 상품수지는 수출과 수입 모두 FOB(Free on Board: 본선인도가격)기준이고, 무역수지는 수출은 FOB, 수입은 CIF(Cost Insurance and Freight: 운임 및 보험료 포함 가격)기준이다. 상품수지는 한국은행에서 집계하고 무역수지는 관세청에서 파악한다.

국제수지표는 소유권 이전을 기준으로 작성되므로 수출과 수입 모두 FOB 기준의 상품수지를 기록한다. 관세청은 상품이 우리나라의 관세선을 통과하면 수출입으로 계상하므로 수입액이 CIF로 파악된다.
FOB는 무역상품을 적출항에서 매수자에게 인도할 때의 가격이다. CIF는 매도자가 상품 가격에 운임료, 보험료를 포함하여 도착항까지 인도하는 가격이다. 그러므로 CIF기준의 수입상품 가격이 FOB가격보다 높게 산정된다. 그 결과 상품수지와 무역수지는 둘 다 모두 수출액에서 수입액을 뺀 것이지만, 상품수지가 무역수지 보다 높게 나타난다. 우리나라 상품수지와 무역수지를 비교하면 이 둘 간에 상당한 차이가 있음을 확인할 수 있다. 일반적으로 수입은 CIF를 기준으로 평가한다.

4.1.2 국제수지의 동향

표 4-11 국제수지의 내역(1980~2021)   (단위: 억달러)

	국제수지표						
	종합수지						금융계정
	경상수지					자본 수지	
	합계	상품수지	서비스 수지	본원소득수지	이전소득수지		
1980	−69	−66	13	−20	4	0	−63
1985	−22	−24	23	−30	8	0	−39
1990	−28	−37	5	−5	9	0	−35
1995	−102	−70	−14	−21	3	0	−115
2000	102	154	−8	−42	−2	0	95
2005	122	325	−90	−80	−33	0	185
2010	280	479	−140	−7	−53	−1	215
2015	1,051	1,203	−146	45	−50	−1	1,030
2016	979	1,165	−173	46	−58	0	999
2017	752	1,136	−367	53	−70	0	845
2018	775	1,101	−294	49	−82	3	765
2019	597	798	−268	129	−61	−2	590
2020	759	806	−147	135	−35	−4	814
2021	883	762	−31	193	−41	−2	768

주: 오차 및 누락 제외
자료: 국가통계포털, 한국은행경제통계시스템

<표 4-11>의 국제수지표에는 경상수지와 자본수지, 금융계정을 표시하고 오차 및 누락항을 제외하였다.

첫째, 우리나라의 국제수지는 1985년까지 만성적으로 적자였다. 국제수지가 일시적이나마 처음으로 흑자를 기록한 것은 1986~1988년의 3저 호황기이다. 이 시기에는 상품수지를 포함한 경상수지와 자본수지를 합한 종합수지(경상수지＋자본수지)가 흑자를 시현하였고 금융계정도 흑자를 보였다. 그러나 3저 호황이 끝나자 곧바로 적자구조로 돌아섰다.

둘째, 2000년부터 국제수지가 흑자로 나타나지만 실제로는 1998년부터였다. 이 시기에 흑자는 아시아 외환위기로 인해 원화 가치가됨으로써 1달러당 거의 2000원까지 올라서 (즉 환율인상＝평가절하) 우리나라 상품 가격의 인하 효과로 수출이 급증했다.

셋째, 경상수지는 1998년부터 흑자 구조가 정착하였다. 경상수지는 1997년 108억 달러의 적자에서 1998년에 401억 달러의 흑자로 돌아섰으며 이후부터 2021년까지 거액의 흑자를 누적하고 있다. 2015년에 경상수지 1,051억 달러, 상품수지 1,203억 달러로서 최고를 경신하였으며 2021년에는 각각 883억 달러, 762억 달러이다.

넷째, 금융계정도 2008년을 제외하고 흑자 구조로 정착되었다. ① 금융계정은 경상수지나 상품수지와 마찬가지로 1985년까지 적자였는데, 1986~1989년에 흑자로 바뀌었다. 이것은 3저 호황으로 인한 물가상승 압력9)과 노동조합 설립의 자유화로 임금이 인상되는 등 여러 가지 요인으로 적지 않은 기업들이 동남아시아 등 임금이 저렴한 지역으로 생산기지를 옮기기 시작한 것과 관계있다. ② 금융계정이 다시 흑자가 된 것은 1998년부터이다. 금융계정은 1997년에 178억 달러의 적자였다가 1998년에 340억 달러의 흑자로 급변하였다. 이것은 수출 급증으로 상품수지 및 경상수지가 흑자가 됨과 동시에 외환위기로 인한 구조조정 과정에서 자본시장이 완전히 개방되었기 때문이다. 2015년 이후 금융계정은 약 600억~1,030억 달러의 흑자를 기록하고 있다.

4.2 경상수지

4.2.1 상품수지

국제수지의 각 부분을 들여다보자. 자본수지는 액수가 적기 때문에 제외한다.

경상수지는 국제수지를 결정하는 가장 중요한 요소이다. 또한 이것은 경제성장, 고용,

---

9) 2020년 기준으로 전년 대비 소비자물가 상승률은 1986년은 3.0%, 1987년 7.1%, 1988년 5.7%, 1989년 8.6%, 1990년 9.3%나 되었다. 1987~1990년의 소비자물가 상승률은 2021년까지의 상승률 중에서 가장 높은 수준이다.

물가뿐만 아니라 외환보유고 등 국민의 경제생활에 큰 영향을 미친다.

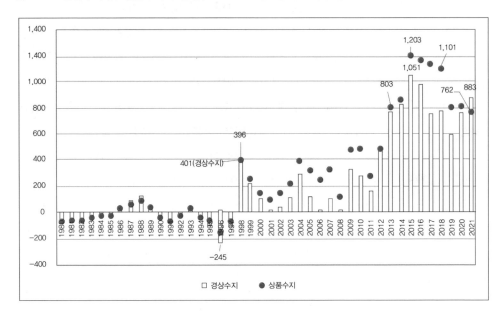

<그림 4-5> 경상수지 및 상품수지의 동향(1980~2021) (단위: 억달러)

자료: 국가통계포털

경상수지는 1985년까지만 해도 만성적으로 적자였다. 그러나 1986~1988년의 3저 호황기 때 최초로 흑자로 전환되었으며, 외환위기가 닥친 1998년 이후부터 흑자 구조가 정립되었다. 경상수지는 1998년부터 흑자 구조가 정착한 것으로 나타난다. 특히 2013년 이후에는 매년 600억~1,200억 달러의 흑자를 보이고 있다.

경상수지에서 가장 큰 비중을 차지하고 있는 것은 상품수지이다. 상품수지는 장기적으로는 산업의 국제경쟁력을, 단기적으로 경기순환 등을 반영한다. 경상수지와 상품수지는 대체로 함께 등락하여 경상수지가 상품수지에 결정적으로 영향을 받고 있음을 보여주고 있다.

첫째, <그림 4-5>를 보면, 상품수지는 2015년 1,203억 달러를 정점으로 2021년 762억 달러까지 감소 추세에 있다.

둘째, 대체로 1991~1997년에는 경상수지 적자 폭이 상품수지 적자보다 크고, 1998년 이후에는 경상수지 흑자가 상품수지 흑자보다 적다. 이것은 무역외수지인 서비스수지와 무상원조가 포함된 이전소득수지가 적자이기 때문이다. 서비스 산업부문의 경쟁력을 강화할 필요성이 있겠다.

표 4-12 국가별·지역별 상품수지의 추이(1998~2021)   (단위: 억달러)

	총계	미국	중국	일본	EU	동남아	중동	중남미	기타
1998	396	51	31	−36	99	146	−42	65	83
2000	154	132	25	−102	109	113	−174	49	2
2005	325	189	137	−212	228	152	−336	75	91
2010	479	222	333	−306	178	369	−500	161	22
2015	1,203	450	355	−156	36	600	−366	127	157
2016	1,165	423	327	−180	53	588	−293	86	160
2017	1,136	386	383	−218	52	785	−452	68	132
2018	1,101	360	454	−173	71	927	−623	63	20
2019	798	282	204	−138	86	773	−526	29	89
2020	806	329	143	−168	10	714	−288	−20	86
2021	762	418	153	−178	102	871	−472	−34	−99

첫째, 국가 및 지역 중에서 우리나라는 동남아의 수출에서 가장 많은 외화를 벌어들이고 있다. 다음으로 미국−중국의 순이다. 미국과 더불어 아시아 시장이 그만큼 중요하다는 것을 보여준다. 동남아 지역에서 벌어들이는 돈은 2015년 이후 2021년까지 매년 588억~927억 달러에 이른다. 정부에서 남방정책을 중시하는 이유가 여기에 있다고 하겠다.

둘째, 대중국 무역은 1980년에 사실상의 개시 이래 1992년 최대 약 11억 달러까지 적자가 계속되었지만, 1993년부터는 흑자로 전환되었고 2010년부터는 300억 달러대 이상의 흑자를 지속하고 있다. 하지만 2018년 최대 454억 달러를 정점으로 크게 줄어들고 있다.

셋째, ① 일본과의 무역에서는 계속해서 적자가 나고 있다. 2010년 최대 적자폭 306억 달러에서 줄어들었으나 2019년 이후에는 오히려 증가하였다. ② 사실 1997년까지 장기간에 걸친 우리나라의 무역적자는 대일본 무역과 깊이 연관되는 문제였다. 예를 들어, 3저 호황기의 흑자를 제외하고 무역적자는 1997년까지 지속적인 증가 경향을 보인다. 그런데 총적자액 대비 대일 적자 비중은 1965년 최저 45.2%에서 증가하여 1966년, 1973년을 제외하면 항상 50% 이상이며, 1993년 최대 540%를 비롯하여 12개년도가 100% 이상이었다. 적자 총액 대비 대일 적자 비중 100% 이상은 적자 총액보다 대일 적자가 더 크다는 의미이다. 그러므로 한국은 수출을 통해 타 국가 및 지역에서 외화를 가득하여 일본에게 지불하는 꼴이었다. 2021년까지 무역흑자 기조가 지속되었기 때문에 대일 역조 문제가 일단 논의의 전면에서는 사라졌지만, 2000년 이후에도 한국의 대일 역조는 100억 달러에서 300억 원대에 이르고 있다. 양국의 산업구조의 차이와 기술력의 격차로 인하여 단기간 내에 이 문제는 해결되기 어려울 것이다.

③ 표에는 없지만, 대일무역 적자와 비슷한 이유로 역조를 보이는 나라는 독일이다. 독

일과의 교역에서 한국의 무역수지는 2002년 이후 적자로 고착화되었다. 그리고 EU와 FTA가 체결된 2011년에는 전년 대비 2배 이상인 약 75억 달러로 증가한 후 최근에는 100억 달러대의 적자를 지속하고 있다. 즉, 이것은 불가피하게 민수산업의 기술수준이 높은 일본과 독일의 소재 및 부품, 장비 등을 수입하고 있기 때문이다.

넷째, 대일본 무역보다 훨씬 큰 역조를 보이는 곳은 중동이다. 물론 적자의 원인은 원유 수입이다. 중동에 대한 역조는 1998년 42억 달러를 시작으로 급증하여 2013년에는 무려 약 950억 달러였으며 2018년 및 2019년에도 500~600억 달러 이상의 적자이다. 2020~2021년 적자의 감소는 코로나19 사태로 인한 경기침체와 관련이 있는 것으로 보인다.

4.2.2 서비스수지

① 서비스수지의 동향

서비스수지는 경상수지 계정 중에서 수지 개선에 가장 부정적으로 작용하고 있기 때문에 살펴볼 필요가 있다(아래 <표 4-13> 참고).

첫째, 서비스수지는 1990년까지는 흑자였지만, 그 이후 1998년과 1999년을 제외하고 지속적으로 적자를 기록하고 있다. 적자 폭은 1991년 10억 달러에서 매년 점차 커져서 2017~2019년에 무려 268억~367억 달러에 이르고 있다. 2020년과 2021년에 크게 감소하였는데, 이는 역시 코로나19 유행의 여파라고 할 수 있다.

둘째, 항목별로는 서비스수지 중에서 건설수지만 전 기간에 걸쳐 흑자이고 나머지는 2016년 이후에 모두 적자이다.

표 4-13 서비스수지의 세부 동향(1980~2021)   (단위: 억달러)

	서비스수지	가공서비스수지	운송수지	여행수지	건설수지	지식재산권 사용료수지	기타사업 서비스수지
1980	13	1	−5	0	19	−1	−2
1985	23	6	3	2	11	−3	4
1990	5	4	−7	4	4	−13	9
1995	−14	5	−5	−12	6	−22	12
2000	−8	9	23	−3	7	−26	−22
2005	−90	−6	32	−96	38	−27	−36
2010	−140	−47	87	−85	97	−60	−118
2015	−146	−61	47	−105	96	−35	−93
2016	−173	−58	−13	−104	96	−25	−77
2017	−367	−70	−54	−183	79	−24	−122
2018	−294	−73	−25	−166	97	−21	−122

	서비스수지	가공서비스수지	운송수지	여행수지	건설수지	지식재산권 사용료수지	기타사업 서비스수지
2019	−268	−76	−17	−119	68	−22	−124
2020	−147	−53	11	−58	59	−30	−97
2021	−31	−51	154	−62	41	−31	−122

주: 1) 기타사업서비스수지=연구개발서비스+전문경영컨설팅서비스+기술, 무역, 기타사업서비스
　　2) 금액이 적은 보험, 금융, 통신·컴퓨터·정보서비스수지, 유지보수서비스수지, 개인·문화·여가서비스수지, 정부서비스수지는 제외
자료: 국가통계포털, 한국은행경제통계시스템

셋째, 2000년 이후 가장 크게 적자가 나고 있는 부문은 기타사업서비스수지와 여행수지이다. 기타사업서비스는 연구개발, 전문·경영컨설팅, 기술·무역, 기타사업서비스로 구성되어 있다. 지식재산권사용료수지도 30억 달러 이하로 적자이다. 이 두 부문은 현재 진행되고 있는 과학기술혁명과 관련이 깊다. 이 두 항목이 적자라는 것은 연구·기술개발 및 컨설팅 분야가 선진국에 비해서 매우 취약하다는 것을 보여준다.

표 4-14 국가별·지역별 서비스수지(1998~2021)　　　　　　　　　(단위: 억달러)

	서비스수지	미국	중국	일본	EU	동남아	중동	중남미	기타
1998	29	−7	−3	22	−7	9	4	4	7
2000	−8	−18	−7	20	−11	7	0	2	0
2005	−90	−33	−7	−10	−54	−1	22	6	−12
2010	−140	−126	3	6	−101	−4	60	17	6
2015	−146	−140	57	−10	−93	10	29	12	−11
2016	−173	−140	51	−14	−98	−3	31	9	−11
2017	−367	−163	−9	−38	−126	−28	18	6	−27
2018	−294	−143	22	−30	−136	−1	11	6	−23
2019	−268	−133	32	−8	−129	−6	−2	4	−26
2020	−147	−83	7	3	−67	17	8	6	−39
2021	−31	−45	37	10	−81	58	−0.2	13	−24

자료: 국가통계포털

서비스수지는 미국과 EU지역에 대해서 100억 달러를 크게 상회했는데 2020~2021년에 전염병으로 크게 줄어들었다. 이와 달리 대중국 서비스수지는 2010년대경부터 상당 규모의 흑자이다. 상품 교역뿐만 아니라 서비스거래도 중국이 우리의 중요한 파트너임을 보여준다. 대일본 서비스수지는 2015년 이후 적자에서 2020~2021년에 흑자로 전환되었다.

② 여행수지

거액의 적자를 내고 있는 여행수지에 대해서 살펴보자.

첫째, 우리나라의 여행수지는 전체적으로 매년 수십억 달러 이상 1백억 달러를 크게 상

회할 정도로 적자액이 크다(<표 4-13>). 다만, 여행수지는 외환위기 시기인 1998~2000년까지 흑자였는데, 이것은 외국인의 입국이 많았다기보다는 내국인이 해외여행을 할 수 없었던 것이 증가 원인으로 작용했던 것으로 보인다.

둘째, 여행수지 적자폭이 서비스적자액보다도 큰 해(1997, 2004~2008년, 2012년~2014년, 2021년)가 있을 정도로 국제수지에 부정적 영향을 끼치고 있다. 대부분 연도는 여행수지 적자가 서비스수지 적자의 절반 이상을 차지하고 있다.

표 4-15 국가별 · 지역별 여행수지(1998~2020)   (단위: 억달러)

	여행수지	미국	중국	일본	EU	동남아	중동	중남미	기타
1998	34	3	-2	24	1	2	1	1	3
2000	-3	-8	-7	21	-3	-6	0	0	0
2005	-96	-33	-16	-5	-9	-13	-1	0	-20
2010	-85	-39	-4	8	-10	-20	-1	-1	-19
2015	-105	-54	67	-20	-33	-37	0	-2	-27
2016	-104	-57	76	-22	-41	-35	0	-1	-24
2017	-183	-55	34	-35	-57	-43	0	-1	-27
2018	-166	-53	55	-37	-58	-42	0	-1	-29
2019	-119	-44	65	-18	-70	-25	1	-1	-25
2020	-58	-17	17	5	-28	-12	0	0	-22

자료: 국가통계포털

여행수지 적자 규모는 대체로 미국-EU-동남아-일본의 순서로서 이 지역에 우리나라 여행 인구가 집중되고 있다. 반면에 중국은 여행수지 흑자 지역이다. 일반적인 예상과는 달리 중국인의 한국 여행이 많다고 하겠다.

그런데 여행수지는 일반여행수지와 유학수지로 나누어 진다. 이 둘 중에서 일반여행적 자가 적자의 대부분을 차지한다. 여행수지에서 일반여행수지는 2015년 이후에 85% 이상의 압도적 비중을 점하고 있다.[10]

---

10) 유학연수 수입은 현재까지도 1억 달러 전후로서 많아도 2억 달러를 넘지 않는다. 유학은 2000년경에 전면 자유화되었다. 유학연수 지급은 1993부터 기록되기 시작하여 2021년 28억 달러로서, 2020~2021년을 제외하면 유학수지는 최소 30억 달러 이상 적자이다. 하지만 여행수지 적자의 대부분은 일반여행수지가 차지하고 있다.

<그림 4-6> 일반여행수지(적자 기준)(1997~2021) (단위: 억달러)

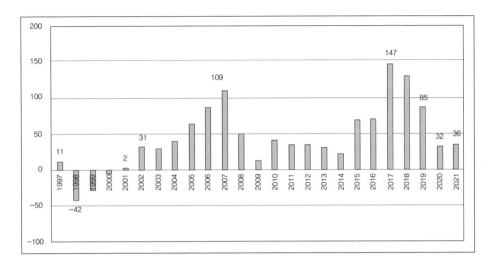

주: 1) 여행수지 흑자는 −, 적자는 +로 표시함
    2) 일반여행적자=일반여행지급−일반여행수입
자료: 한국은행경제통계시스템

정부는 1983년부터 50세 이상 국민에 한하여 200만 원을 1년간 예치하는 조건으로 연 1회에 유효한 관광여권을 발급하여 관광목적의 해외여행을 자유화했다. 그러나 해외여행 자유화가 실질적으로 이루어진 것은 1989년이다. 이 해에 자유화되자마자 출국자가 100만 명을 돌파하는 등 일반여행지급액수가 전년대비 2배로 증가한 약 24억 달러에 달했다. 하지만 일반여행수입이 더 많아서 일반여행수지는 여전히 흑자였다.

일반여행수지는 1990년대 들어 적자로 뒤바뀌었고 그 규모도 점점 커져 1997년 외환위기 직전에는 23억 달러까지 불어났다. 그리고 2001년에는 2억 달러에서 2002년에 31억 달러로 급증했다. 이 시기 이후에 일반여행수지는 매년 적으면 10억 달러 수준에서 100억 달러 이상 의 적자가 구조화되고 있다. 2020~2021년의 적자 감소는 코로나19 여파로 인한 것이다. 외국인들을 국내로 유치할 수 있도록 국내 관광문화산업에 대한 보다 적극적인 육성 대책이 필요하다고 하겠다.

4.2.3 본원소득수지

본원소득은 노동이나 자본을 제공한 대가로서 받는 급료 혹은 임금, 투자로부터 얻는 소득을 의미한다. 그러므로 본원소득수지는 급료 및 임금수지와 투자소득소지로 나누어진다.

표 4-16 본원소득수지(1980~2021)   (단위: 억달러)

	본원소득수지	급료및임금수지	투자소득수지
1980	−20	1	−21
1985	−30	3	−33
1990	−5	5	−10
1995	−21	6	−27
2000	−42	4	−45
2005	−80	4	−85
2010	−7	−8	1
2015	45	−4	49
2016	46	−9	54
2017	53	−12	65
2018	49	−12	61
2019	129	−9	137
2020	135	−7	142
2021	193	−7	200

자료: 국가통계포털

첫째, 본원소득수지는 1980년대부터 2010년경까지는 적자상태이다. 급료 및 임금수지는 흑자이지만 이에 비해 투자소득수지의 적자가 훨씬 크다. 1960년대부터 시작된 해외인력 수출, 1970년대의 중동건설 붐 등으로 벌어들였기 때문에 급료 및 임금수지는 흑자였다. 1977년에 수출 100억 달러를 달성했으므로 이 부문에서 벌어들이는 돈이 결코 적다고 할 수 없었다. 그러나 이에 비해 해외자본 유입으로 나가는 규모가 컸던 것이 사실이다.

둘째, 2015년부터 본원소득수지는 흑자로 전환되었다. 해외로 나간 인력이 수취하는 돈보다 국내의 외국인력에게 지급하는 임금이 훨씬 많아서 급료 및 임금수지는 적자이다. 반면, 직접투자, 증권투자, 기타투자 등으로 해외에서 벌어들이는 외화가 훨씬 많아서 전체적으로 흑자구조가 정착하고 있다.

표 4-17 본원소득수지(1998~2021)   (단위: 억달러)

	총계	미국	중국	일본	EU	동남아	중동	중남미	기타
1998	−52	−25	2	−13	−7	−1	0	1	−9
2000	−42	−14	1	−10	−7	−6	0	−1	−4
2005	−80	−29	11	−14	−40	9	−1	−7	−10
2010	−7	53	26	−34	−66	7	0	4	4
2015	45	53	52	−27	−19	7	−16	−9	3
2016	46	54	56	−28	−34	15	−11	3	−7

	총계	미국	중국	일본	EU	동남아	중동	중남미	기타
2017	53	46	34	−34	−29	24	−4	9	6
2018	49	53	10	−45	−33	38	−3	10	18
2019	129	64	22	−48	−12	91	−1	7	7
2020	135	88	19	−41	2	76	−3	10	−16
2021	193	87	45	−54	−10	103	−9	24	7

자료: 국가통계포털

지역별 본원소득수지는 최근에 미국, 동남아, 중국에서 흑자를 보이고 있다. 특히 최근에는 동남아지역에서의 본원소득수지가 가장 크다. 이 지역에 대한 해외직접투자 등이 그 주요한 배경이라고 할 수 있다. 반면, 중국에서는 2010년 중반부터 감소하는 추세이다.

한편, 일본에 대해서는 지속적으로 적자가 증가하는 추세에 있다.

4.3 금융계정

4.3.1 금융계정

금융계정은 대외적인 금융 거래의 결과로 나타나는 자산 및 부채를 나타낸 것이다. 금융계정은 직접투자, 증권투자, 파생금융상품, 기타투자, 준비자산(외환보유고)으로 이루어진다. 경상수지와 자본수지의 합계액은 금융계정에 영향을 미친다. 예를 들어, 경상수지가 흑자여서 국내의 외화가 증가하면 외환보유고도 당연히 증가한다.

금융계정의 증감은 경상수지와 자본수지를 합한 종합수지의 증감과 수치는 일치하나 부호는 반대로 나타나게 된다. 그러나 실제로 추계하면 오차 혹은 누락이 발생하여 국제투자표에는 오차 및 누락항을 둔다. 그러므로 경상수지와 자본수지의 합계액에 오차 및 누락항을 차감하면 금융계정의 액수가 된다.

금융계정에서 해외로의 자금 유출은 나중에 회수할 것이므로 자산으로, 국내에 유입되는 자금은 부채로 기록된다. 그러므로 금융계정 항목의 수지가 +로 나타나면 대외자산이 대외부채보다 많은 것이고, −이면 유입된 자금(부채)이 유출된 자금(자산)보다 많은 것이 된다. 가령, 직접투자나 증권투자를 위해 해외로 나간 자금은 자산으로 기록되고 국내로 유입된 자금은 부채로 기입된다.

금융계정(financial accounts)은 IMF방식에 의한 국제수지 통계의 한 항목으로 대외거래에 따른 금융기관의 대외자산 및 부채의 증감을 표시하는 계정이다. 금융계정은 직접투자, 증권투자, 파생금융상품, 기타투자, 준비자산으로 구성된다.

① 직접투자는 장기적 수익을 얻기 위하여 우리나라 기업이나 외국기업이 자국의 해외에 공장을 설립하는 등의 투자 행위를 말한다. 직접투자에는 해외직접투자와 외국인직접투자가 있다. 해외직접투자는 국외 기업에 경영 참여를 목적으로 10% 이상의 주식 또는 동등한 지분을 취득하거나 1년 이상 기업에 대부하는 투자 행위를 말한다. 10% 미만이라도 임원 파견 등 일정 요건하의 투자와 외국환거래법시행령에 규정된 투자(해외자원 개발)도 해외직접투자에 해당한다. 해외간접투자(포트폴리오투자, 기타투자)는 투자자가 경영참가 의사없이 배당, 이자, 시세차익 등을 목적으로 하는 투자이다. 거주자(개인이나 법인)가 해외에 사업장을 가지지 아니하고 거주자가 자신의 명의로 주거 또는 투자용 해외부동산을 구입하는 것은 해외직접투자 통계에 포함되지 아니한다. 외국인직접투자는 비거주자의 국내투자이다.

② 증권투자는 투자 자본의 이윤 획득만을 목적으로 하는 대외투자로서 외국의 주식 및 채권을 거래하는 것이다.

③ 파생금융상품은 파생금융상품의 거래에서 발생한 손익을 나타낸다.

④ 기타투자는 직접투자, 증권투자, 파생금융상품 및 준비자산을 제외한 모든 금융 거래를 나타낸 것으로 국가 간의 차관 도입이나 차관 제공, 상품을 외상으로 수입하거나 수출할 때 발생하는 무역신용, 현금 및 예금 등과 관련한 기타금융거래 등이 여기에 속한다.

⑤ 준비자산은 한 나라의 통화당국이 대외 결제를 위하여 보유하고 있는 자산이다. 금, 특별인출권(SDR: Special Drawing Rights), IMF계정 및 보유외화 등으로 구성된다. 준비자산은 국제수지의 변동에 따라 증감한다. 일반적으로 외환보유고로 표현된다. 국제수지가 흑자이면 중앙은행의 준비자산은 증가하며, 국제수지가 적자가 되면 외환 당국이 시장에서 달러화를 매도하여 자국 화폐를 구입하기 때문에 준비자산이 감소한다.

표 4-18 금융계정의 내역(1980~2021)   (단위: 억달러)

| | 금융계정 | | | | | |
	합계	직접투자	증권투자	파생금융상품	기타투자	준비자산
1980	−63	0	−1		−70	9
1985	−39	3	−17		−24	0
1990	−35	1	−2	1	−23	−12
1995	−115	14	−117	1	−84	70
2000	95	−67	−122	2	44	238
2005	185	−53	35	−18	22	198
2010	215	187	−424	−8	190	270
2015	1,030	196	495	18	200	121
2016	999	178	670	−34	110	76

	금융계정					
	합계	직접투자	증권투자	파생금융상품	기타투자	준비자산
2017	845	162	579	−83	144	44
2018	765	260	474	−15	−130	175
2019	590	256	424	62	−167	15
2020	814	261	417	49	−87	174
2021	768	440	196	0	−12	144

주: 순자산 기준
자료: 한국은행경제통계시스템

금융계정은 1997년까지 3저호황기와 1993년을 제외하고 자산보다 부채가 많았지만, 1998년 이후로는 대외금융자산이 부채보다 많아져서 우리나라는 자금 순수출국으로 변모하였다. 자산증가, 즉 자금유출은 특히 2013년 이후에 매년 500억~1천억 달러 이상에 달하고 있다.

금융계정을 항목별로 보자. ① 우리나라의 해외직접투자(ODI: Outward Direct Investment, Overseas Direct Investment)에서 국내에 대한 외국인직접투자(FDI: Foreign Direct ment Investment)를 차감한 직접투자 항목은 2006년도 이후 매년도마다 크게 증가하고 있다. 즉, 외국인의 국내 투자보다 내국인의 해외직접투자가 훨씬 많다. ② 직접투자계정은 다시 주식, 수익재투자, 채무상품으로 나누어지는데 내국인의 해외매입(자산)에서는 주식이 대부분을 차지한 반면, 외국인의 국내매입(부채)에서는 대체로 주식 비중이 낮다. 이것은 외국인들이 국내에서 벌어들인 자금을 재투자하거나 채무상품 매입에 상대적으로 많이 사용하기 때문이다.

증권투자는 2014년 이후 300억 달러에서 670억 달러 사이이다. 국내 증시에 대한 외국인 자금의 유입을 차감하더라도 해외 증권시장에 대한 국내 자금의 유출이 매년 수백억 달러의 거액에 이르고 있다. 증권투자는 2014년 이후에 직접투자보다 액수가 훨씬 많다. 이것은 내국인이 외국 증권 매입에 유출하는 자금의 규모가 해외에 기업을 설립하거나 기업 경영에 관여하기 위해 유출하는 자금보다 많음을 의미한다. 그만큼 우리나라의 투자자들도 해외의 금융시장에 눈을 돌리고 있는 것이다.

4.3.2 국제투자대조표

그러면 우리나라의 대외금융에 연관된 자금의 규모는 얼마나 될까? 국제투자대조표(IIP: International Investment Position)를 통해서 알 수 있다. 국제투자대조표는 국제수지의 금융계정과 포괄범위 및 분류체계가 동일하지만 국제수지표의 금융계정은 일정 기간 동안 발생한 경제적 거래를 기록한 플로(flow) 통계인 반면, 국제투자대조표는 경제적 거래 결과를 일정 시점에서 나타낸 스톡(stock) 통계라는 점에서 다르다. 즉, 국제투자대조표는 내국인이 외국에 투자한 금융자산과 외국인이 국내에 투자한 금융자산의 변동 내역을 정리한 통계로서 특정 시점의 누적된 잔액을 나타낸다. 또한 국제투자대조표는 거래일 이후 환율이나 주가 변동 등으로 인한 가치평가분이 포함되어 있어서 금융계정의 플로를 누적한 금액과 차이가 날 수 있다.

표 4-19 국제투자대조표의 내역(1994~2021) (단위: 억달러)

	대외금융자산						대외금융부채	순대외금융자산
	합계	직접투자	증권투자	파생금융상품	기타투자	준비자산		
1994	739	97	48	0	371	223	1,111	−372
1995	993	133	73	0	493	294	1,454	−461
2000	1,809	215	55	0	577	962	2,173	−365
2005	3,682	387	521	10	660	2,104	5,120	−1,439
2010	6,938	1,440	1,122	276	1,184	2,916	8,264	−1,327
2015	11,440	2,859	2,355	295	2,252	3,680	9,395	2,045
2016	12,451	3,102	3,049	222	2,367	3,711	9,640	2,811
2017	14,616	3,606	4,246	263	2,609	3,893	11,999	2,617
2018	15,463	4,052	4,650	203	2,522	4,037	11,101	4,362
2019	17,214	4,560	5,778	290	2,496	4,088	12,036	5,178
2020	19,628	5,009	7,056	465	2,667	4,431	14,967	4,661
2021	21,610	5,515	8,327	273	2,863	4,631	15,231	6,379

주: 기말시점 현재의 대외금융자산과 금융부채 잔액을 시장가격으로 평가함
자료: 한국은행경제통계시스템

국제투자대조표에서 대외금융자산은 내국인과 국내 기업이 해외에 투자한 대외투자의 총액이고, 대외금융부채는 비거주자인 외국인이나 외국기업이 우리나라에 투자한 총액이다.

첫째, 국제투자대조표상 대외금융자산은 2021년 기준 2조 1,610억 달러에 달하는데, 이것은 우리나라 2021년 GDP(2015년 기준) 1조 8,102억 달러를 상회하는 큰 금액이다. 대외금융자산은 2017년 이후 증권투자가 가장 많고 직접투자와 준비자산은 규모가 비슷하다. 대외금융부채도 빠른 속도로 증가하여 2019년에는 약 1조 2천억 달러이다. 대외금융자산에서 대외금융부채를 뺀 순대외금융자산은 2014년 이후에 809억 달러에서 2019년에는 무려 약 6,400억 달러에 달하고 있다. 즉, 최근에는 대외유출액 잔고액이 대외유입액 잔고보다 커서 우리나라는 국제금융시장에 일정한 정도로 자금을 공급하고 있다.

대외금융자산의 지역별 분포는 기타를 제외하고 2021년 기준으로 미국이 전체의

39.4%로서 1위이고 유럽연합(13.8%), 동남아(12.5%), 중국(9.6%), 중남미(6.1%)의 순이다. 일본에 대한 비율은 2.9%에 지나지 않는다. 2019년과 비교하면 미국에 대한 투자가 7% 이상 늘었고, 나머지 지역은 모두 감소하였다. 대외금융부채는 미국(25.4%), 동남아(21.3%), 유럽연합(16.6%), 일본(6.2%), 중국(5.4%)의 순이다. 2019년에 비해 동남아의 비중이 늘고 유럽연합은 9% 가량 크게 감소하였다.

대외채권·대외채무, 직접투자, 외환보유고

5.1 대외채권·대외채무

<그림 4-7> 대외채권 및 대외채무의 추이(1994~2021) (단위: 억달러)

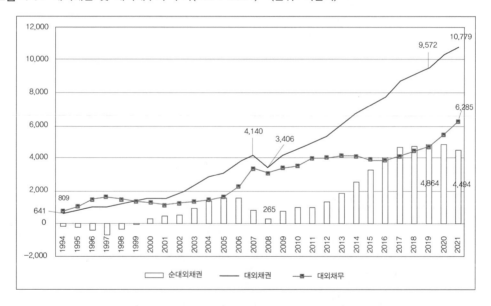

자료: 한국은행경제통계시스템

대외채권이 대외채무보다 많아진 것은 2000년부터이다. 외환위기가 닥친 1997년 말에는 순대외채무가 최대규모로서 638억 달러에 달했다. 그렇지만 1999년에는 대외채무가 1억 달러로 감소하고 바로 다음 해인 2000년에는 263억 달러의 순대외채권을 기록하면서 지속적으로 증가하였다.

2008년의 글로벌 금융위기에서도 커다란 변화가 있었다. 대외채권은 2007년 4,140억 달러에서 2008년 3,406억 달러로 감소했다. 이 때의 구조조정 이후 대외채권은 2021년에 약 1조 800억 달러에 이를 정도로 크게 증가하였다. 순대외채권은 특히 2008년의 265억 달러를 저점으로 크게 늘어나 2016년에는 대외채무를 상회할 정도로 늘어났다. 2019년에는 순대외채권이 대외채권의 50.8%를 차지했으나 2021년에는 41.7% 2년만에 크게 감소하였다.

<그림 4-8> 단기 대외채무 비율의 변화(1994~2021) (단위: %)

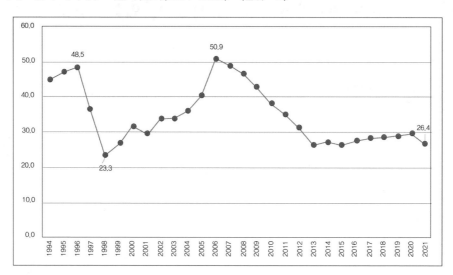

자료: 한국은행경제통계시스템

문제는 대외채무의 성격이다. 대외채권이 대외채무보다 많더라도 대외채무에서 단기채무가 너무 높으면 예기치 못한 충격으로 외채를 상환하지 못하거나 외화 자산이 급감하여 위기가 초래될 수 있다. <그림 4-8>을 보면, 아시아 외환위기 및 글로벌 금융위기 직전에 단기대외채무 비율이 급증하고 있음을 볼 수 있다.

대외채무에서 차지하는 단기채무 비율의 변화도를 보면, 1996년까지 대외채무의 거의 절반을 단기자금이 차지하고 있다. 당시에 우리나라는 해외에서 단기자금을 차입하여 장기로 대부하는 등 국제금융의 운영 미숙으로 인하여 대외적 충격에 제대로 대응하지 못하고 위기에 빠지고 말았다. 그 결과 외환위기 와중인 1998년 말에야 커다란 대가를 치르면서 단기외채의 비중을 20%대로 떨어뜨릴 수 있었다.[11] 그러나 다시 단기차입의 비중이 높

---

11) 이 시기에 IMF로부터 구제금융을 받는 대가로 대우그룹 해체, 제일은행 매각 등 엄청난 구조조정을 강요받았다.

아져 2006년에는 최대 51.0%까지 상승하였는데, 2008년 글로벌 금융위기를 겪고 2013년이 되어서야 현재까지 20% 후반대를 유지하고 있다.

| 대외금융자산과 대외채권이 차이나는 이유 |

대외금융자산, 대외채권 등의 용어는 헷갈리기 쉬운데 비슷하기는 하지만 구성하는 성분이 약간씩 다르고, 액수도 다르다.

대외채권과 대외채무는 국제대조표의 대외금융자산(대외투자) 및 대외금융부채(외국인투자)의 세부 항목에서 직접투자 중 지분투자(직접투자=지분투자+채무상품), 증권투자 중 주식, 파생금융상품 등을 제외한 확정 금융자산 및 부채의 잔액을 나타낸다. 여기에도 거래일 이후 환율이나 금리변동 등으로 인한 가치평가분이 포함되어 있어서 거래 누계액과 차이가 날 수 있다.
대외채권과 대외재무 중 단기자금의 구성은 다음과 같다. 참고로만 알아두면 되겠다.
단기 대외채권= 증권투자, 대출금, 현금 및 예금, 무역신용, 기타자산, 준비자산
장기 대외채권= 증권투자, 대출금, 현금 및 예금, 무역신용, 기타자산, 채무상품직접투자
단기 대외채무= 증권발행, 차입금, 현금 및 예금, 무역신용, 기타부채
장기 대외채무= 증권발행, 차입금, 현금 및 예금, 무역신용, 기타부채, SDRs(특별인출권),
　　　　　　　 채무상품직접투자

5.2 직접투자

5.2.1 외국인직접투자

① 외국인직접투자의 동향

직접투자는 투자 주체의 국적을 기준으로 해외직접투자와 외국인직접투자로 나누어진다. 우리나라를 기준으로 국내 거주자 및 기업이 해외 기업에 경영 참여를 목적으로 10% 이상의 주식 또는 동등한 지분을 취득하거나 1년 이상 기업에 대부하면 해외직접투자라 한다. 반대로 외국인 및 기업이 국내에 투자하면 외국인직접투자라고 한다.

외국인직접투자는 외국인이 최소 1억 원 이상 투자하면서 국내 기업 주식 등의 10% 이상을 취득하거나 외국인투자기업이 해외 모기업으로부터 5년 이상의 장기차관을 도입하는 것을 가리킨다(e-나라지표). 외국인직접투자는 외국기업의 기술이전, 고용창출 등 여러 가지 경제적 효과를 내기 때문에 각국에서 유치에 많은 노력을 한다. 산업통상자원부의 외국인직접투자 통계와 한국수출입은행의 해외직접투자 통계가 있는데 이 둘은 국제투자대조

표의 직접투자 누계액과 달리 일정 기간 내에 이루어진 투자를 보여준다.

<그림 4-9>의 직접투자는 산업통상자원부와 한국수출입은행이 작성한 매년도의 직접투자량이다.

<그림 4-9> 외국인 및 해외직접투자의 추이(1980~2021) (단위: 억달러)

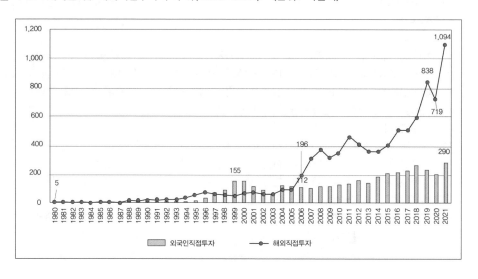

주: 1) 신고기준임
    2) 해외직접투자의 1980년은 1968~1980년의 합계액임
    3) 외국인직접투자는 산업통상자원부, 해외직접투자는 한국수출입은행이 작성
자료: 한국은행경제통계시스템

첫째, 우리나라는 경제성장 과정에서 중남미 국가들과는 달리 외국인직접투자가 적었다는 지적이 일반적이다. 외국인직접투자(신고 기준)는 1962년에 360만 달러에 지나지 않았고 1972년에는 1억 2천만 달러였으며 1980년 1억 달러로서 1980년 이전에는 1억 달러를 넘지 않았다. 1985년에는 5억 달러까지 늘어났지만 전체적으로 보아 규모도 그리 크지 않고 증가 속도도 느렸다.

둘째, 신고액수는 3저 호황기에 매년 10억 달러 이상으로 빨리 증가하였다.

셋째, 아시아 외환위기를 계기로 본격적으로 급증하기 시작했다. 외환위기가 닥친 1997년 63억 3천만 달러에서 1998년 89억 달러, 그리고 1999년에는 155억 4천만 달러로 급증하였다. 이후 매년도에 대체로 100억 달러 이상의 자금이 신고되었는데, 2015년 이후에는 매년 2백억 달러 이상의 자금이 유입될 것으로 보고되고 있다. 2019년 투자액은 233억 달러에서 2020년에 206억 달러로 줄었지만 2021년에는 최고 액수인 290억 달러로 늘었다.

② 산업별 외국인직접투자

<그림 4-10> 외국인직접투자의 산업별 비중(1996~2021) (단위: %)

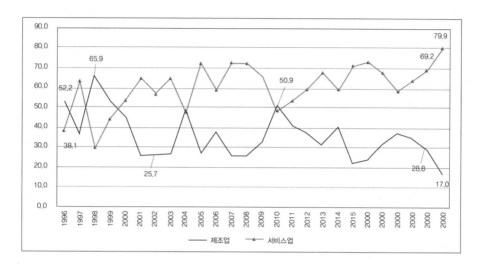

주: 1) 비중이 낮은 농·축·수산·광업, 전기·가스·수도·건설은 표시하지 않음
    2) 직선은 서비스업과 제조업의 추세선
자료: 국가통계포털, e-나라지표(산업통상자원부)

　　첫째, 외국인직접투자를 산업별로 보면, 주로 제조업과 서비스업을 합친 비중이 대체로 95% 이상일 정도로 압도적 비중을 점한다. 전체적으로 서비스업의 그래프가 제조업 그래프보다 위에 있기 때문에 서비스업에 대한 투자 비율이 전 기간에 걸쳐서 높다.

　　둘째, 서비스업에 대한 투자 비율은 올라가고 제조업의 투자 비율은 점차 감소하고 있다. 즉, 제조업과 서비스업의 그래프는 등락을 반복하고 있지만 서비스업의 꼭지점과 저점은 약간씩 올라가고 제조업은 점차 떨어지고 있다. 제조업의 비중은 외환위기 와중인 1998년의 65.9%를 정점으로 감소 추세인데, 2021년에는 최저 수준인 17.0%로 크게 줄어들었다. 두 부문의 추세선의 격차가 점차 벌어지는 데서 알 수 있듯이, 외국자본들은 시간이 갈수록 국내의 서비스부문의 투자에 집중하고 있다. 이것은 ICT 및 지식정보산업 발달로 이 부분의 진출이 용이하게 된 것과도 관계가 있지만, 우리 서비스업이 상대적으로 영세하고 취약하여 외국자본이 이 갭을 메우는 것으로 해석할 수 있을 것이다.

③ 지역별 외국인직접투자

　　우리나라에 직접투자하는 외국자본은 주로 어디에서 공급되고 있을까? 다음의 표는 이를 알려주고 있다.

<그림 4-11> 외국인직접투자의 지역별 비중(1980~2021) (단위: %)

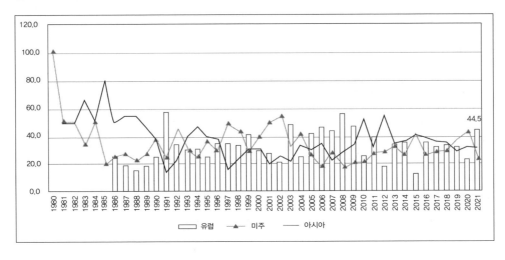

주: 1) 신고액
　　2) 매년도 말까지의 누적 잔액의 비중
　　3) 국제협력기구, 중동, 아프리카, 기타 제외
자료: 한국은행경제통계시스템

　　<그림 4-11>은 1962~1979년의 투자 누적액을 포함하여 1980년부터 지역별 누적 비율을 그렸다. ① 1980년대에는 외국인직접투자 중 아시아의 비중이 가장 높았다. 당시에 우리나라에 가장 많이 직접투자한 나라는 일본이었다. 아시아는 1980년대 후반에 전체 외국인투자의 절반 이상을 차지했으며 대체로 1996년까지 가장 높은 비율을 점했다. 그 이후 급감하여 2~3위였다가 2012년 이후로 가장 높은 비중을 차지하고 있다. ② 미주(북미)는 1997~2007년에 가장 높은 비중을 차지했으나 최근에는 이보다 떨어졌다. ③ 유럽은 가장 큰 변화를 보인다. 1980년에 7.6%에 지나지 않았지만 지속적으로 증가하여 2008~2014년에는 비중이 가장 높았고 최근에도 아시아와 비슷한 수준을 유지하고 있다.

　　전체적으로 미주, 아시아, 유럽의 비중은 1980~1990년대 중반까지 차이가 크지만 점차 수렴하여 최근에는 각각 3분의 1 정도를 차지하고 있는 것으로 나타난다.

5.2.2 해외직접투자

① 해외직접투자의 동향

해외직접투자는 국내 거주인 혹은 기업이 해외로 진출한 케이스이다. 앞의 <그림 4-9>를 다시 보자.

첫째, 해외직접투자는 1980년 5억 달러에 지나지 않았다. 해외직접투자가 크게 늘기 시작한 것은 3저 호황을 계기로 한다. 1987년의 4억 달러에서 다음 해인 1988년에는 17억 달러, 1990년에는 25억 달러로 급증하였고 그 후에도 지속적으로 증가하였다.

3저 호황기의 증가는 1987년 6·29선언으로 노조설립이 자유화되고 그동안 억눌려왔던 임금이 폭발적으로 올랐기 때문에 임금이 저렴한 중국을 비롯한 동남아시아 지역으로 적지 않은 기업이 이전한 것과 관계가 깊다. 즉, 이때는 우리 기업들이 처음으로 해외로 이전하는 붐이 일었던 시기였다.

둘째, 기업의 해외 이전은 1994~1996년에 다시 한번 붐을 이루었다. 그리고 2000년대 이후에는 그 이전과 비교되지 않을 정도로 해외직접투자가 폭발적으로 증가하였다. 즉, 해외직접투자는 2005년 약 100억 달러에서 2008년 372억 달러, 2019년 838억 달러까지 매우 빠른 속도로 증가하였다. 2020년에 719억 달러로 감소했지만 2021년에는 다시 1,094억 달러로 크게 늘어났다.

셋째, 외국인직접투자와 해외직접투자를 비교하면, 직접투자의 규모가 커진 1990년대 이후에는 내국인의 해외직접투자가 외국인투자의 유치 실적보다 훨씬 많고 액수상의 차이도 커지고 있다. 즉, 1979년까지는 외국인투자가 많았지만 1980~1989년에는 양자가 번갈아 가며 많았다. 그리고 1990~1996년에는 해외직접투자가, 1997~2005년에는 2003년을 제외하고 외국인투자가 많았지만, 2006년 이후 2021년까지는 해외직접투자가 외국인직접투자보다 훨씬 많고 그 차액도 벌어지는 추세이다.

② 지역별 해외직접투자

이렇게 매년도 늘어난 해외직접투자의 지역별 비중은 얼마나 될까? <그림 4-12>는 매년도 해외직접투자액을 합산하여 구한 매년도 말 누적 잔액의 지역별 비중을 구한 것이다.

<그림 4-12> 해외직접투자의 지역별 비중(1980~2021) (단위: %)

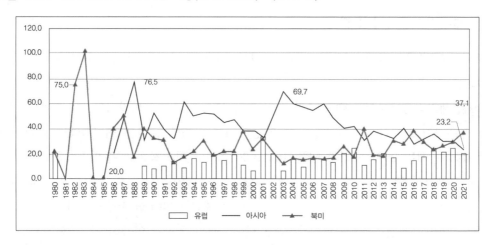

주: 1) 신고액
   2) 매년도 말까지의 누적 잔액의 비중
   3) 아프리카주, 오세아니아주 제외
자료: 한국은행경제통계시스템

첫째, 북미지역에 대한 해외직접투자는 1987년까지 투자되는 액수의 40% 정도로서 1위였지만 1988년에 아시아에 수위 자리를 내어주었다. 아시아는 우리나라 직접투자의 주요투자처이다. 직접투자 중 아시아가 차지하는 비중은 1988년 76.5%에서 하강 추세이기는 하지만 2019년 코로나19 이전 국면까지는 대체로 가장 높았다. 아시아 비중의 추세적 하락은 북미, 중남미, 유럽에 대한 투자가 아시아지역보다 높은 비율로 증가하였기 때문이다. 그러나 아시아지역은 우리나라 수출뿐만 아니라 투자지역으로서 기업진출이 활발한 중요한 지역이다.

둘째, 북미는 2008년 19.5%까지 하락했지만 매년 투자액이 증가하면서 누적비율도 25.5%로 높아졌다. 북미와 중남미는 1988년에 도합 6%에 지나지 않았으나 2019년에는 전체 투자누적액의 약 30%를 점하고 있다. 이상에서 본 바와 같이, 해외직접투자는 유럽, 아시아, 북미지역에 집중되어 있다.

우리는 고도성장 초기에 부족한 자본을 해외에서 가져다 생산 부문에 집중적으로 투입하였다. 해외자본의 유입에는 기본적으로 두 가지가 있다. 하나는 차관 형식으로 자금을 차입하는 것이고, 다른 하나는 외국인 혹은 외국 기업의 국내 진출을 허용하는 것이다. 우리나라는 성장과정에서 중남미와는 달리 외국 기업의 직접투자보다는 차관 도입을 선호하였다. 그러나 대외개방이 본격화하면서 외국자본의 국내 투자가 확대되고 국내 기업도 해

188 한국경제론

외에 공장을 설치하거나 기업인수, 혹은 주식의 매집을 통한 경영 참여가 늘어나고 있다.

예전에는 외국인직접투자는 비난의 대상이 되기가 일쑤였다. 외국 기업이 공장을 지으면, 우리나라의 저임금노동력을 착취하여 투자한 원금을 훨씬 뛰어넘는 이익을 해외로 송금(이른바 과실송금)하여 국부를 유출시키는 제국주의의 첨병이라는 비난을 받는 경우가 적지 않았다. 그러나 현재는 이러한 비난은 완전히 사라졌으며, 세계 각국은 해외자본 및 기업을 유치하고자 애쓰고 있는 것이 현실이다. 우리나라에서도 외국인자본을 유치하기 위해서 중앙 정부는 물론 지방 정부들도 많은 노력을 기울이고 있다. 그동안 경제발전으로 자신감이 생긴 데다 실용적으로는 국내에 진출한 외국기업으로부터 기술 및 경영상의 노하우를 전수받을 수 있다는 기대감과 특히 요즈음 문제가 되고 있는 일자리 창출에 도움이 되기 때문이다.

5.3 외환보유고

마지막으로 금융계정의 준비자산 항목을 보자. 외환보유고는 대외지급 능력, 국제수지 조절, 외환시장 운용, 환율, 대외채권 및 채무, 국가신용등급 등에 영향을 미치며, 국제금융시장에서 한 나라가 비상시에 대처할 수 있는 최후의 보루라고 할 수 있다. 외환보유고에 일차적으로 영향을 주는 요소는 상품수지(무역수지) 및 서비스수지 등을 포함한 경상수지이다. 상품수지를 포함한 경상수지의 흑자는 당연히 외환보유고의 증가를 가져온다.

우리나라의 외환보유고는 대외개방도가 높아지면서 해외의 금융시장으로부터 매우 큰 영향을 받고 있다. 금융계정(혹은 국제투자대조표)의 흑자는 대외 금융자산이 대외 금융부채보다 많은 것이므로 외화자금이 국내에서 빠져나가게 되고, 적자는 반대로 국내에 외국 자금이 들어와 쌓이게 된다. 우리나라는 외환위기 때 금융계정이 적자였는데, 그 규모는 경상수지와 맞먹는 규모였다. 금융계정의 적자는 국내로 외환이 보다 많이 들어오는 것이므로 외환보유고를 증가시키는 요인이다. 예를 들어, 직접투자 중 외국인직접투자의 증가는 외환보유고를 승가시킨다. 한편, 외환보유고가 감소하게 되면 자국화폐 가치가 떨어져(즉, 평가절하) 외화 자산을 선호하게 되므로 헷지 펀드 등의 국제 투기성 자본들도 외환 매입을 통한 자금 유출을 더욱 촉진하게 되어 심할 경우 경제 전반의 위기를 촉발하기도 한다.

금융계정과 국제투자대조표에 있는 준비자산이란 통화당국이 보유한 외환보유고를 의미하는데, 금융계정은 매년 거래의 변동을 나타내고 국제투자대조표는 당해연도의 외환보유액을 나타낸다. 외환보유고는 금과 SDRs(특별인출권), IMF포지션[12], 외환으로 구성되는

---

12) IMF Reserve Position이라고도 한다. IMF가맹국이 IMF에 의무적으로 납입한 출자금의 일정 부분으로 출

데 1960년 이후 2019년까지 98%를 차지할 정도로 외환이 압도적이다.

<그림 4-13> 외환보유고 추이(1960~2021) (단위: 억달러)

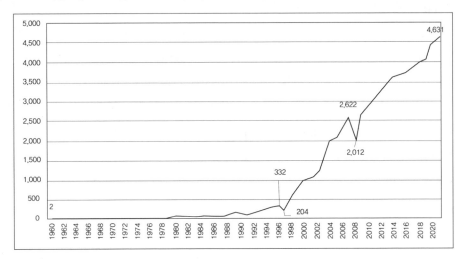

자료; 한국은행경제통계시스템

<그림 4-13>의 외환보유고는 국제투자대조표의 준비자산 계정과 수치가 비슷한데, 1999년 이후에는 국제투자대조표와 일치한다.

첫째, 외환보유고는 1960년에 1억 6천만 달러에서 2021년 4,631억 달러로 크게 증가하였다. 우리나라는 미국을 제외하고 제9위의 외환보유국이다.[13]

둘째, 외환 및 금융위기가 닥쳤을 때 외환보유고가 격감하는 것을 볼 수 있다. ① 1996년 말에는 332억 4천만 달러였으나 외환위기가 닥친 1997년말에는 204억 1천만 달러로 전년 대비 외환보유고가 3분의 1 넘게 격감하였다. 당시 외환의 국외 유출 사태로 인하여 우리나라는 IMF로부터의 외화자금을 차입하기 위하여 IMF와 미국으로부터 구조조정의 압력을 받는 등 혹독한 시련을 겪어야 했다. 한편, 외환위기로 인해 환율이 상승하자 수출이 급증하여 1998년에 400억 달러의 경상수지 흑자가 나기 시작하면서 경상수지 및 국제수지의 흑자구조가 안착하였다. ② 2008년에 미국발 글로벌 금융위기가 닥쳤을 때 외환보유고는 2007년

자한 국가가 필요하면 언제든 인출할 수 있는 수시인출권이다. SDR과 IMF포지션은 모두 IMF에 출자금을 낸 가맹국이 수시로 통화를 인출할 수 있는 권리를 말한다. 그러나 SDR은 IMF가 달러의 유동성 부족에 대비하기 위해 만든 국제준비통화로 실제 거래에서 결제통화로 사용되지는 않는 반면, IMF포지션은 실제 거래에 사용되는 통화로 인출할 수 있는 권리이다.

13) 이 중에 중국, 일본, 사우디, 대만, 인도 홍콩, 한국의 7개 국가가 아시아 국가이다(국가통계포털).

2,622억 달러에서 다음 해에 2,012억 달러로 600억 달러나 감소하였다. 거액의 외환을 보유하고 나름대로 생산 기반을 장착하고 있었기 때문에 아시아 외환위기 때보다는 쉽게 충격을 극복할 수 있었다.

다만, 2022년 들어 2월에 발발한 러시아－우크라이나전쟁으로 인해 세계 공급망이 경색되는 등 물가인상과 침체를 부추겨 무역수지 적자와 함께 외환보유고가 감소하고 있다.

우리나라는 2022년 9월 현재 4,168억 달러에 이르는 외환을 보유하고 있지만 원화는 국제결제통화가 아니므로 외환을 안정적으로 보유할 수 있도록 잘 관리해야 한다. 2021년 12월 4,631억 달러에서 463억 달러나 감소한 상태이다.

외환은 국가경제가 외부충격을 받아서 심각한 위기에 빠졌을 때 대외지불 수단으로 사용할 수 있는 매우 유효한 위기 극복수단이다. 현재 대외채무보다 대외채권이 많지만 급작스런 경제변동에 대비하기 위해서는 대외채무 중 단기자금의 비중이 일정한 선을 넘지 않도록 관리에 신중을 기할 필요가 있다.

<그림 4-14> 외환보유고 대비 단기외채의 비율(1994~2021) (단위: %)

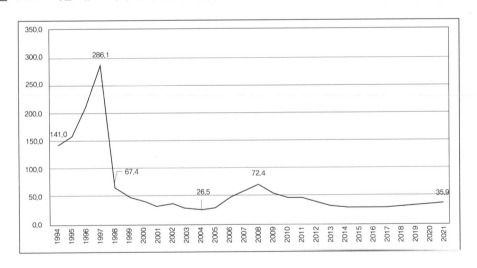

자료: 한국은행경제통계시스템

<그림 4－14>에서 과거 위기 때마다 외환보유고 대비 단기외채의 비율이 매우 높았음을 알 수 있다. 1994년 141%에서 1997년에는 286%로 급상승하였다.

1998년의 외환위기 때 우리나라 금융기관들은 특히 일본으로부터 1년 미만의 단기자금을 차입하여 장기로 대부하였는데, 외환시장이 동요하면서 외화자금이 빠져나가고 만기가

도래하자 도저히 대응할 수 없었다. 환율은 1997년 8월 말에 902원(매매기준율)이던 것이 12월 17일에는 1,495원(시가기준), 12월 24일에는 최고 1900원으로 뛰어올랐으며, 1998년 5월 20일에조차 1,450원이었다. 그 결과 우리 경제는 IMF로부터 엄청나게 높은 이자율을 지급하면서 차입을 하지 않을 수 없었고 구조조정안을 받아들이지 않을 수 없었다. 문민정부를 이은 김대중 정부가 사태를 수습하면서 1998년에는 67.5%로 하강하기 시작하여 2004년에는 최저인 26.5%로 떨어졌지만 2008년 글로벌 금융위기에는 다시 73%로 상승했다. 최근에는 30% 전후인 것으로 나타나 비상시에 대비한 외환보유의 대외지급 능력이 질적으로 크게 개선된 상태다.

2019년 5월 말 기준으로 일본계 자금 차입의 총규모는 24조 7천억 원으로서 총대출액 대비 1%에 불과하여 일본 자금이 한꺼번에 회수되더라도 충격을 받지 않을 정도로 자금시장이 안정화되어 있었다. 하지만 국제금융시장에 제3위의 거래 통화인 엔화와 아시아시장에서 적지 않은 비중을 차지하고 있는 중국 위안화의 가치가 크게 떨어지고 있어서 아시아경제의 위협요인으로 지목되고 있다. 급작스런 외부의 충격에 대비하여 외환보유의 안정성을 유지하기 위해서는 단기외채 비중이 지나치게 높아지지 않도록 관리하는 것이 매우 긴요하다고 하겠다.

적극 역할이 요청되는 재정

05 적극 역할이 요청되는 재정

국가 재정(public finance)은 나라 살림을 일컫는다. 재정은 자유방임의 야경국가 시절에는 치안유지나 국방을 비롯한 시민 생활에 필요한 필수 부문을 제외하고는 적극적인 역할을 하지 않았다. 19세기 말부터 20세기 초에 독점자본이 성립했을 때도 경제학에서는 균형재정을 가장 이상적인 상태로 여겼기 때문에 국가의 적극적 경제 개입은 정책 고려의 대상이 되지 않았다. 제국주의 국가들끼리 치른 제1차 세계대전에서 각국의 재정은 확대되었지만 그건 오늘날과 같이 체계적인 것이 아니었고 종전이 되자 원래의 정책 기조로 환원하였다.

이러한 수동적 정책을 결정적으로 바꾸어 놓은 계기는 1930년대 미국과 전 세계를 파국으로 몰아넣었던 세계대공황이다. 대공황이 한창이던 1936년에 발간된 J. M. Keynes의 『화폐, 이자 및 고용에 관한 일반이론』(General Theory on Money, Interest, and Employment)은 기존의 균형재정론을 비판하고 재정의 적극적 역할을 강조하는 이론을 펼쳤다는 점에서 획기적이었다. 제2차 세계대전 이후 Keynes 경제학은 주류로 자리매김하여 장기간의 호황을 창출하는 이론적 기반이 되었다. 일본을 포함하여 서유럽과 북유럽 국가들은 Keynes 이론에 근거하여 확장정책을 펼치고 복지를 확대하면서 장기간에 걸쳐 높은 성장률을 달성하였다. 그러나 1970년대 이후에는 미국의 무역수지 악화, 달러화의 태환 중지, 변동환율제의 도입, 오일쇼크, 그리고 스태그플레이션(stagflation)에 대응하는 과정에서 미국 중심의 세계경제체제가 동요하자 미국의 Reagan 대통령은 시장기능의 회복을 강조하는 보수주의적 정책을 추진했다. 하지만 보수주의적 경제학이 Keynsian의 자리를 잠식해도 재정정책의 근간을 완전히 흔들지는 못했다.

우리나라에서도 기업을 육성하고 일자리를 창출하면서 선진 복지국가로 나아가기 위해서는 보다 적극적으로 재정정책을 펼쳐야 한다는 주장이 제기되고 있다. 다른 한편에서는 확장재정이 국가의 빚만 늘려서 후세대에게 부담을 떠넘긴다는 견해도 여전히 목소리를 높이고 있다. 이 장에서는 국가 재정의 구조와 변화를 파악하고 향후 재정 운용의 방향에 대한 시사를 얻어보기로 한다.

재정의 기능과 체계

재정이란 정부가 가계와 기업으로부터 세금이나 기금 등을 거두어들이는 수입과 이 수입을 지출하여 공공재 및 공공서비스를 제공하는 모든 경제 행위를 말한다. 정부는 매년 들어오는 수입을 바탕으로 국방, 외교, 치안 등 국가의 유지, 과학기술 발전 등 경제성장을 위한 기반 조성, 교육 및 사회복지 수요의 충족 등 공공부문에 지출한다. 이러한 정부의 경제 활동에는 다음의 세 가지 기능이 있다.

<그림 5-1> 재정의 3대 기능

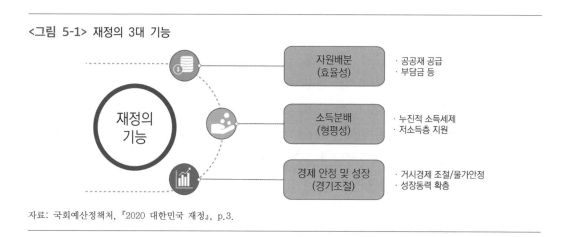

자료: 국회예산정책처, 『2020 대한민국 재정』, p.3.

재정의 기능은 자원배분, 소득분배, 경제안정 및 성장의 세 가지로 나누어진다. 첫째, 자원배분 기능은 공공재의 공급, 부담금 부과 등을 통해서 자원이 효율적으로 배분되도록 하는 것이다. 둘째, 소득분배 기능은 사회경제적 형평성을 제고하기 위해서 누진적 소득세제 및 저소득층을 지원하는 것을 의미한다. 셋째, 경제안정 및 성장 기능은 공공투자의 확대, 성장동력의 확충, 고용증대, 조세정책 등을 통해 성장률을 제고하거나 정부지출 규모를 조정하는 등 경기를 조절하는 기능을 말한다.

<그림 5-2> 공공부문의 구성과 재정의 위치

자료: 한국조세재정연구원 홈페이지
　　　주성환 외, 『한국경제의 이해』, 무역경영사, 2015, p.161.

　우리나라의 공공부문은 크게 비금융공공부문과 공공금융부문으로 나누어진다. 공공금융부문의 경제 활동은 중앙은행을 비롯한 여러 금융기관의 활동 영역에 나타난 금융 현상이므로 재정통계에서 제외된다. 비금융공공부문은 일반정부와 비금융공기업으로 구성된다. 일반정부는 중앙정부와 지방정부(지방자치단체)로 나누어진다. 일반정부의 재정에서 중앙정부의 재정은 광역자치단체의 재정보다 훨씬 많고 국가경제 전체에 미치는 영향력도 크다. 재정이라고 할 경우에 특별한 단서를 달지 않으면 중앙정부의 재정을 가리킨다.

<그림 5-3> 재정의 개요

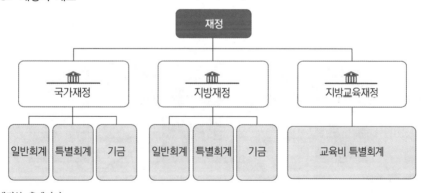

자료: 기획재정부 홈페이지

우리나라의 재정은 운용 주체에 따라 중앙정부의 국가 재정과 지방자치단체의 지방 재정, 그리고 교육자치단체의 지방교육 재정으로 구분된다. 국가 재정과 지방 재정은 운용 방식에 따라 예산과 기금으로 구분되며, 예산은 일반회계와 특별회계로 나누어진다. 일반회계는 국가의 일반적인 지출에 충당하기 위해 설치된 회계이고, 특별회계는 국가가 특정한 사업을 시행하기 위하여 설치·운영하는 회계이다. 기금은 국가가 특정한 목적을 위하여 특정한 자금을 신축적으로 운용할 필요가 있을 때 개별 법률로서 설치·운용하는 것으로 조세수입이 아닌 출연금·부담금 등을 주요 재원으로 한다. 한편, 지방교육 재정은 지방자치단체의 일반회계와는 별도로『지방교육자치에 관한 법률』에 의해 설치되는 교육비 특별회계로 운용된다.[1]

정부가 국가를 경영하기 위해서는 수입이 필요하다. 정부의 수입은 조세(국세와 지방세), 세외수입, 기금수입 등을 주요 재원으로 한다. 중앙정부 재정(국가 재정)은 국세수입(소득세, 법인세, 부가가치세 등)과 경상이전수입(벌금·가산금), 재산수입(출자배당수입 등), 세외수입(공기업매각수입 등), 기금수입(사회보장기여금 등)으로 구성되어 있다. 지방정부 수입(교육재정 제외)은 자체수입(지방세와 세외수입), 의존수입(지방교부세, 국고보조금 등), 지방채발행수입 등으로 구성된다. 지방교육 재정은 국가 재정으로부터 지원받는 지방교육재정교부금과 국고보조금, 지방자치단체에서 받는 법정전입금과 비법정전입금으로 이루어진다.

<그림 5-4> 중앙정부 재정의 지방 재정 지원 내역

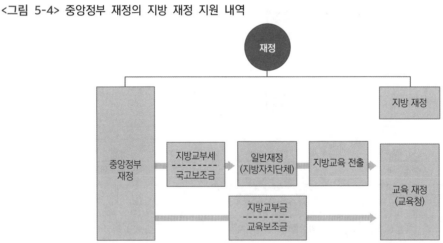

자료: 기획재정부 홈페이지

---

1) 지방교육 재정은 우리나라 지방자치제도에 따라 지방 재정과 독립적으로 운용되고 있으며, 지방자치단체가 설치하고 운영하는 공·사립유치원, 초·중·고등학교, 특수학교 대상으로 시·도교육청의 교육감이 관장하고 있다(기획재정부 홈페이지).

세입 · 세출 및 재정수지

2.1 예산 및 결산

국가가 재정을 운용하기 위해서는 재원으로부터 조달한 수입을 지출하기 전에 예산 (budget)을 작성해야 한다. 예산이란 국가 또는 지방자치단체의 한 회계연도의 수입과 지출에 관한 예정 계획서이다. 우리나라에서 중앙정부의 예산(일반회계와 특별회계)은 국회의 심의 · 의결 및 결산심사의 대상이며, 기금도 국가 예산의 성격을 띠기 때문에 국회의 심의 · 의결대상이다. 우리나라의 회계연도는 1월 1일부터 12월 31일까지이다.

예산은 성립 형식에 따라 본예산(main budget)과 수정예산(revised budget) 및 추가경정예산 (supplementary budget), 준예산(provisional budget, quasi-budget)으로 구분된다. 본예산은 당초에 국회의 의결을 얻어 확정 · 성립된 예산이다. 수정예산은 정부가 예산안을 국회에 제출한 후 국회가 심의하는 중에 특별한 사유가 발생해 수정해 다시 제출하는 것이다. 추가경정예산은 예산이 의회의 의결을 거쳐 성립된 후 본예산을 집행하는 중에 새로운 사유가 생겨 본예산의 사항이나 금액을 변경하는 예산이다. 추가경정예산은 의회의 의결을 거쳐 성립된 후에 본예산과 통산하여 집행하는 것이 일반적이다. 준예산은 예산이 법정 기한 내에 국회의 의결을 받지 못할 경우에 대비한 제도이다. 준예산은 우리나라에서는 편성되거나 집행된 적이 없다.

회계연도가 종료되면 예산과 실적을 확정적 계수로 표시하는 결산보고서를 작성하게 된다. 즉, 결산(closing accounts, final accounts)은 한 회계연도 내에서 세입예산의 모든 수입과 세출예산의 모든 지출을 확정적인 계수로 표시하는 활동을 말한다. 결산 과정은 해당 행정기관의 출납 정리 및 보고, 중앙예산기관의 결산서 작성 및 보고, 감사원의 결산 확인, 국무회의 심의와 대통령의 승인, 국회의 결산심의를 거쳐 완료된다.[2]

2.2 세입 · 세출 및 재정수지

정부 재정은 한 회계연도를 기준으로 운용되기 때문에 한 회계연도의 모든 수입을 세입(歲入: annual revenue)이라 하고 지출을 세출(歲出: annual expenditure)이라고 한다. 정부 수입인 세입과 지출인 세출이 일치하면 균형재정이고, 세입이 세출보다 많으면 흑자재정,

---

2) 두산백과, 행정학사전.

세출보다 세입이 많으면 적자재정이다.

균형재정은 유럽의 산업자본주의 시대부터 20세기 초까지 유지된 재정원칙이었다. 흑자재정은 세입보다 재정지출을 적게 편성하는 정책으로 물가나 이자율이 지나치게 높을 때 경기 과열을 억제하여 안정화하는 데 목적이 있는 것으로 그리 흔하지 않다. 현재 많은 나라에서는 적자재정이 일반적이다.

세입과 세출의 차이를 재정수지라고 한다. 세입보다 세출이 적으면 재정수지는 흑자이고, 세입보다 세출이 많으면 적자이다. 재정수지에는 통합재정수지와 관리재정수지가 있다.

통합재정은 흔히 말하는 중앙정부의 예산으로서 일반회계, 특별회계, 기금으로 구성되며, 정부의 지출에서 채무 상환 등을 차감한 순수한 재정 활동을 나타낸다.

관리재정은 일반회계와 특별회계의 합이다. 관리재정수지는 정부의 순재정상황을 보여주는 지표로서 통합재정수지에서 사회보장성기금(국민연금기금, 사학연금기금, 산재보험기금, 고용보험기금 등)을 제외한 것이다. 관리재정수지는 우리나라의 특수성을 감안하여 도입한 별도의 지표로서 미래에 지출할 사회보장성기금을 계산에서 제외하기 때문에 통합재정수지보다 정부의 재정건전성을 정확하게 파악할 수 있는 장점이 있다.[3]

2.3 재정체계

중앙정부의 재정체계를 구체적으로 살펴보면 <표 5-1>과 같다.

표 5-1 중앙정부의 재정체계

일반회계	특별회계		기금(68개)
	기업특별회계(5개)	기타특별회계(15개)	
(세입) • 소득세 • 법인세 • 부가가치세 • 기타 국세수입 • 세외수입 (세출) • 일반/지방행정 • 공공질서 및 안전 • 통일/외교 • 국방	• 우편사업 • 우체국예금 • 양곡관리 • 조달 • 책임운영기관	• 교도작업 • 지역발전 • 농어촌구조개선 • 등기 • 행정중심복합도시건설 • 아시아문화중심도시조성 • 에너지 및 자원사업 • 우체국보험 • 주한미군기지 이전 • 환경개선	• 사업성기금 49개 • 사회보험성기금 6개 • 금융성기금 8개 • 계정성기금 5개

---

3) 기획재정부, 『2017회계연도한국의 통합재정수지』, p.18.

일반회계	특별회계		기금(68개)
	기업특별회계(5개)	기타특별회계(15개)	
• 교육 • 문화 및 관광 • 환경 • 사회복지 • 보건 • 농림수산 • 산업/중소기업 및 에너지 • 교통 및 물류 • 통신 • 국토 및 지역개발 • 과학기술 • 예비비		• 국방군사시설 이전 • 혁신도시건설 • 교통시설 • 유아교육지원 • 소재부품장비경쟁력강화	

자료: 국회예산정책처, 『2022 대한민국 재정』, p.7.

중앙정부의 재정은 일반회계와 특별회계, 기금으로 구성되어 있다. 이 중 특별회계(20개)는 기업특별회계(5개)와 기타특별회계(15개)로 되어 있다. 기업특별회계는 국가의 공기업 활동에 속하는 것이고, 기타특별회계는 특정한 수입이 특정한 곳에 사용되는 회계이다. 기금(68개)은 특정한 목적을 위해서 특정한 자금을 지속적이고 안정적으로 운용하거나 신축적으로 자금을 집행할 필요가 있을 때에 법률로써 설치하는 특정한 자금이다. 세입세출예산에 의하지 아니하고 별도로 운용될 수 있다.

제 3 절 재정 동향

3.1 통합재정과 관리재정

3.1.1 통합재정의 동향

정부는 일반회계 및 특별회계에 기금을 포함하여 재정을 운용한다. 통합재정을 통해 중앙정부의 재정 규모를 알 수 있다.

표 5-2 통합재정의 동향(2010~2022)   (단위: 조원)

	총수입					총지출					통합재정수지
	총수입	국세수입	세외수입	기금	세입세출외	총지출	예산		기금	세입세출외	
							일반회계	특별회계			
2010	300	178	24	98		283	156	44	82		17
2011	323	192	24	107	0.2	304	169	44	90	2	19
2012	342	203	25	113	0.1	323	178	47	96	2	19
2013	352	202	27	123	0.0	338	198	46	104	0.3	14
2014	356	206	25	126	0.1	348	198	46	104	0.2	9
2015	372	218	24	130	0.1	372	206	51	115	0.2	−0.2
2016	402	243	24	136	0.1	385	217	48	120	0.3	17
2017	431	265	26	140	0.1	407	226	50	127	4	24
2018	465	294	26	145	1	434	247	47	134	7	31
2019	473	294	25	154	0.4	485	278	51	145	11	−12
2020	479	286	27	166	0.1	550	321	54	175	0.4	−71
2021	571	344	31	196	0.1	601	340	59	200	2.6	−31
2022	609	397	28	184	−	680	388	62	230	−	−71

주: 1) 결산 기준
　　2) 2022년은 추경 기준 예산
자료: 국가통계포털

　　중앙정부 재정의 구체적 규모를 결산을 기준으로 살펴보자. 결산 기준은 매년도 정부의 경제 활동의 결과를 명확하게 보여준다(<표 5-2>).

　　첫째, 정부의 총수입에서 가장 큰 부분을 점하는 것은 국세수입이다. 2010년도 이후에 대체로 60% 전후를 차지하며, 2022년에는 65%를 점하고 있다. 총수입 중 기금은 두 번째로 많다. 세외수입은 30조 원 이하이다.

　　둘째, 총지출은 2020~2022년에 크게 증가하였다. 코로나19 대응 자금의 방출이 크게 작용한 요인인 것으로 보인다. 이를 포함하는 예산(일반회계＋특별회계)은 총지출에서 66~67%로서 가장 많은 부분을 차지한다. 그러나 그 비중은 2013년의 72%에서 점차 감소하는 추세에 있다.

　　셋째, 총수입과 총지출을 비교하면 2019년부터 총지출이 총수입보다 커서 통합재정수지가 적자이다. 특히 2020~2022년에 적자액이 대폭 증가하였는데, 기금 지출이 흑자이므로 이 역시 코로나19 대응 자금 방출이 배경으로 작용한 것으로 보인다.

3.1.2 관리재정의 동향

앞의 <표 5-2>에서 기금을 제외하면 관리재정이다. 관리재정은 일반회계와 특별회계로 구성된다.

표 5-3 일반회계 및 특별회계의 규모(2010~2022) (단위: 조원)

	세출예산		세출결산	
	일반회계	특별회계	일반회계	특별회계
2010	201	54	197	52
2011	210	54	207	52
2012	223	60	221	54
2013	241	63	230	57
2014	247	63	236	55
2015	263	66	258	62
2016	279	63	274	58
2017	285	65	281	62
2018	301	67	300	65
2019	335	69	331	66
2020	389	71	385	69
2021	424	82	418	79
2022	495	78	–	–

주: 예산은 추경 포함 기준임
자료: 국회예산정책처, 재정경제통계시스템

<표 5-3>은 세출, 즉 재정지출에서의 일반회계와 특별회계(관리재정)의 예산과 결산을 비교한 것이다. 세출의 예산에서 일반회계는 2010년에 비해 2022년에는 294조원이나 늘어났다. 반면 특별회계는 상대적으로 정체하고 있다. 세출의 결산을 세출의 예산과 비교하면 일반회계와 특별회계 모두 결산액이 예산액보다 적게 나타난다. 이것은 예산 범위 내에서 예산을 집행하기 때문이다.

장기에 걸친 일반회계 및 특별회계를 합친 지출 규모와 지출에서 일반회계 및 특별회계가 점하는 비중은 다음의 <그림 5-5>와 같다.

<그림 5-5> 일반회계 및 특별회계의 규모와 비중(1965~2018) (단위: 조원, %)

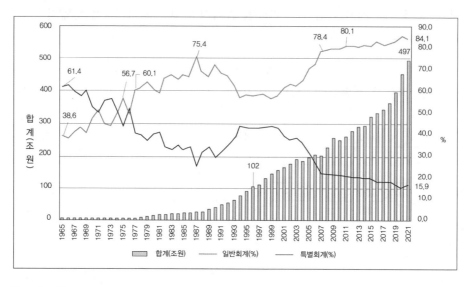

주: 1) 세출 결산 기준
　 2) 1965년=0.2조 원
자료: 국회예산정책처, 재정경제통계시스템

　첫째, 일반회계와 특별회계를 합친 재정 규모는 1965년에 2천억 원에 지나지 않았는데, 1976년에 100조 원을 넘은 이후 2021년에는 497조 원에 달하고 있다.

　둘째, 일반회계와 특별회계를 비교하면, 통계가 공표된 1948년 이후 1970년대 전반까지 특별회계가 일반회계의 액수보다 훨씬 많았다. 정부가 특정한 정책 목표에 자금을 집중적으로 배분했던 것이 그 배경이라고 하겠다.

　셋째, 그러나 일반회계가 점차 특별회계보다 많아짐으로써 재정 운용의 정상화가 진행되었다. 일반회계가 특별회계보다 처음으로 많아진 것은 1975년도이고 1977년도부터는 본격적으로 차이가 벌어지기 시작했다. 1977년에 이 둘의 지출 총액에서 일반회계는 60.1% 1987년에는 75.4%까지 크게 증가했다. 그러나 외환위기를 전후하여 일반회계 비중은 60% 이하로 떨어졌다가 2011년부터는 80%를 상회하고 있다. 반대로 특별회계는 고도성장기에 지속적으로 하락하여 1987년에 20%대까지 떨어졌다가 1990년대 중반경부터 2000년까지 40% 이상을 차지했지만 최근에는 20% 이하로 다시 하락하였다.

3.1.3 재정수지의 동향

<그림 5-6> 관리재정 및 통합재정수지(1990~2021)　(단위: 조원)

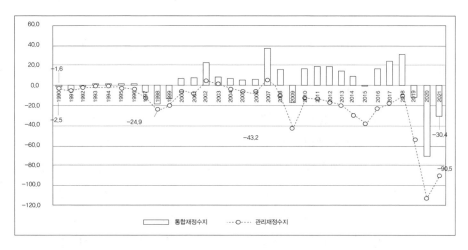

자료: e-나라지표

| 표 5-4 | 재정수지의 동향(1990~2021) | | | (단위: 조원, %) |

	조원		%	
	통합재정 수지	관리재정 수지	GDP 대비 통합재정수지	GDP 대비 관리재정수지
1990	−1.6	−2.5	−0.8	−1.2
1995	1.2	−2.2	0.3	−0.5
2000	6.5	−6.0	1.0	−0.9
2005	4.9	−6.7	0.5	−0.7
2010	16.7	−13.0	1.3	−1.0
2011	18.6	−13.5	1.3	−1.0
2012	18.5	−17.4	1.3	−1.2
2013	14.2	−21.1	0.9	−1.4
2014	8.5	−29.5	0.5	−1.9
2015	−0.2	−38.0	0.0	−2.3
2016	16.9	−22.7	1.0	−1.3
2017	24.0	−18.5	1.3	−1.0
2018	31.2	−10.6	1.6	−0.6
2019	−12.0	−54.4	−0.6	−2.8
2020	−71.2	−112.0	−3.7	−5.8
2021	−30.4	−90.5	−1.5	−4.4

주: 중앙정부 기준
자료: e-나라지표
　　재정경제통계시스템
　　국가통계포털

첫째, 통합재정수지는 1970년 이후 1992년까지 적자 상태를 면치 못하였다. <표 5-4>의 원자료에 따르면, 1970년대에는 통합재정의 적자폭도 적지 않아서 GDP 대비 비중은 많을 때는 4.5%에 달하는 해도 있었다. 통합재정이 지속적으로 흑자 기조로 정착한 것은 2000년 이후부터이다.

둘째, 통합재정은 2000년 이후에는 흑자 기조이지만 2019~2021년에는 상당한 규모의 적자 상태이다.

관리재정은 1990년부터 파악이 가능하다. ① 관리재정은 3개 연도(2002, 2003, 2007년)를 제외하면 모두 적자를 기록하였다. 관리재정수지는 지출 초기 단계여서 대규모 자금을 누적하고 있는 사회보장기금이 제외되어 있기 때문에 통합재정수지보다 적자가 크게 나타날 수밖에 없다. ② 그렇지만 한국의 재정수지는 미국, 일본, 독일, 프랑스 등 선진국과 비교해 볼 때 나쁘지 않다. 가령, 2016~2017년에 한국의 GDP 대비 통합재정 수지의 비율은 흑자는 1%대이고 관리재정은 -1%대이다. 반면, 미국, 일본, 독일, 프랑스 등 선진국의 통합재정의 GDP 대비 비율은 2%대로서 실질적으로는 적자 폭이 한국보다 배 이상 크다.[4]

3.2 재정수입

정부의 경제 활동을 위한 매년도의 총수입에 대해서 살펴보자. 재정수입은 크게 조세와 세외수입(稅外收入), 기금으로 구분된다.

3.2.1 조세

① 조세의 구조

재정수입 중에서 가장 큰 비중을 차지하는 것은 조세수입이다. 조세는 부과하는 주체에 따라 중앙정부의 국세와 지방정부가 부과·징수하는 지방세로 구분된다. 국세는 조세 전체의 약 80%로서 대부분을 차지한다. 지방세는 부과 주체에 따라 도세와 시·군세로 나누어진다. 어떤 세원을 국세 혹은 지방세에 편입하는가에 대해서는 명확한 기준이 없고, 세원의 분포와 규모, 재정여건, 행정 편의 등 다각적 측면을 고려하여 결정된다.

국세는 통관 절차의 유무에 따라 내국세와 관세로 나누어진다. 내국세는 국내에 있는 물건에 대해 부과하는 세금이고, 관세는 외국에서 수입하거나 수출할 때 부과하는 조세이다. 내국세는 다시 직접세, 간접세, 목적세로 구성된다.

---

4) e-나라지표, 기획재정부, 통합재정수지의 <주요 선진국 재정수지 비교>를 해석한 것임.

직접세란 납세의무자와 담세자가 일치하여 조세의 부담이 타인에게 전가되지 않는 조세이다. 즉, 납세의무자가 조세의 직접 부담자이다. 소득이나 재산에 따라 과세되어 담세력에 부응한 세금이라는 점에서 합리적이고 누진과세에 의한 소득재분배 효과가 있지만 과중하면 조세저항이 커지는 단점이 있다.

<그림 5-7> 조세체계

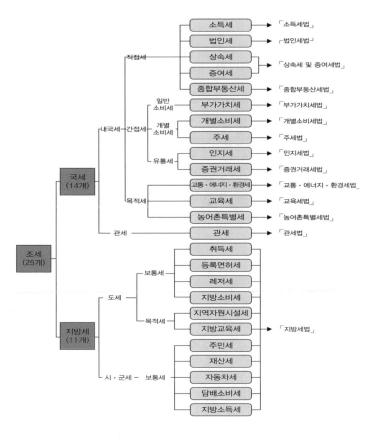

자료: 국회예산정책처, 『2020 대한민국 재정』, p.55.

간접세는 납세의무자가 대납하되 그 조세가 물품 가격 등을 통하여 조세부담자에게 전가되는 형태의 조세이다. 즉, 세금 납부 주체와 부담 주체가 다르다. 간접세는 조세저항이 적어 징세가 편리하고 조세수입 확보가 비교적 용이하다. 그러나 세율이 소득 수준에 관계없이 무차별적으로 일괄 적용되기 때문에 저소득자일수록 상대적으로 많이 부담하는 역진성을 띠게 되어 공평부담의 원칙에 어긋나는 게 단점이다. 선진국들은 대체로 소득세 위주

로 세제를 운영하는 반면, 발전도상국은 간접세 위주로 세제를 운영한다.[5]

목적세는 특정 목적에 충당하기 위해서 징수하는 조세이다. 세수입의 용도와 납세의무자 사이에 일정한 수익 관계가 있을 것을 전제로 한다. 사용도가 명백하므로 납세자의 납득을 얻기는 쉬우나 특정 목적 이외에는 사용할 수 없어 재정 운용을 제한하고 경비 지출 간에 불균형을 초래하는 수가 많다. 지방세에도 목적세가 있는데 지방교육세가 대표적이다.

② 조세 총액의 내역

조세 총액과 그 내역을 살펴보면 다음과 같다.

표 5-5 조세 총액의 내역(2001~2022)   (단위: 조원)

				'10	'15	'16	'17	'18	'19	'20	'21	'22
조세 총액(국세+지방세)				227	289	318	346	378	384	388	427	?
국세	(총액)			178	218	243	265	294	294	286	314	339
	내국세	(합계)		167	209	235	257	285	286	278	306	330
		직접세	(합계)	79	112	127	143	165	167	163	182	199
			소득세	38	61	69	75	85	84	93	100	105
			법인세	37	45	52	59	71	72	56	66	74
			상속 · 증여세	3	5	5	7	7	8	10	12	13
			종합부동산세	1	1	1	2	2	3	4	5	7
		간접세	(합계)	88	97	107	114	120	119	116	124	132
			부가가치세	49	54	62	67	70	71	65	69	76
			개별소비세					11	10	9	10	10
			증권거래세	4	5	5	5	6	5	9	8	8
			인지세	1	1	1	1	1	1	1	1	1
			교통환경세	14	14	15	16	15	15	14	16	17
			교육세	5	5	5	5	5	5	5	5	6
			주세	3	3	3	3	3	4	3	3	3
		농어촌특별세		4	4	4	4	4	4	6	6	7
		과년도수입		4	3	4	4	4	6	4	5	5
	관세			11	9	8	9	9	8	7	8	9
지방세	(총액)			49	71	76	80	84	91	102	113	?

주: 1) 과년도수입: 지난 해에 부과되었으나 징수되지 못한 것임
    2) 다음 세부 항목은 없거나 극미하여 제외함. 직접세 중 자산평가세, 토지초과이득세, 부당이득세/간접세 중 전화세/그 외 전매익금, 방위세
자료: 국회예산정책처, 재정경제통계시스템

5) 직접세와 간접세의 구분은 학설마다 다르고 국가에 따라 적용 기준이 다르다. 최근 지구온난화, 환경오염 등 상품 소비로 인한 환경문제에 관심이 증대됨에 따라 향후 소득이 있는 곳에서 오염 배출이 있는 곳으로 세원이 점진적으로 이동할 경우 간접세 비중이 다소 증가할 여지가 있다.

첫째, 조세 총액은 2010년 227조 원에서 2021년에 427조 원으로 200조 원 증가하였는데, 국세가 136조 원 증가하여 증가액의 대부분을 국세가 차지하였다.[6]

둘째, 내국세 항목 중에서 가장 큰 부분을 차지하는 세목은 직접세인 소득세와 법인세, 간접세인 부가가치세이다. 2022년에 이들 세 항목은 255조 원으로 내국세액 330조 원의 77.3%라는 압도적 비중을 차지하고 있다.

셋째, 직접세와 간접세를 비교해보면, 2011년 이후 직접세가 간접세보다 많아진다. 내국세 대비 직접세의 비율은 2010년 47.3%에서 2022년에 60.3%로 증가하였다. 이렇게 직접세 비중이 늘고 간접세 비중이 줄어든 것은 이 기간 중 부가가치세는 27조 원 증가한 데 비해, 소득세와 법인세는 104조 원이 증가하여 증가를 주도했기 때문이다.

다음으로 국세(내국세＋관세)에서 가장 큰 세목인 소득세, 법인세, 부가가치세가 점하는 비중을 보면 다음과 같다.

<그림 5-8> 국세에서 주요 세목이 차지하는 비중(1990~2021) (단위: %)

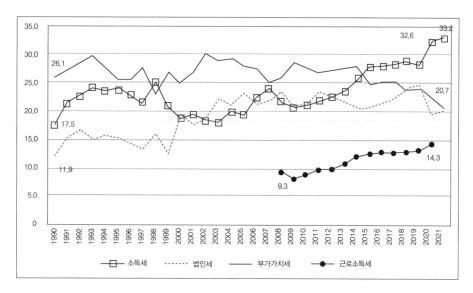

자료: e-나라지표
　　　국회예산정책처, 재정경제통계시스템

---

6) 조세 총액은 1970년에 4천억 원에 지나지 않았지만 1980년 6조 6천억 원, 1990년 33조 원, 2000년 114조 원, 2020년 338조 원이었다.

첫째, 최근에 가장 큰 비중을 차지하는 세목은 소득세이다. 소득세는 1990년 17.5%에서 2016년 이후 약 30%로 증가하여 국세 중에서 금액이 가장 많다.

둘째, 소득세는 종합소득세, 양도소득세, 근로소득세로 구분되는데, 이 중에서 근로소득세는 소득세 총액의 절반에 약간 미치지 못하지만 가장 많이 징수하는 세목이다. <그림 5-8>에서도 근로소득세가 2008년 9.3%에서 2020년에는 14.3%로 증가하고 있음을 확인할 수 있다. 즉 근로소득세가 소득세 증가의 주요 요인이다.

셋째, 법인세는 1990년에 11.9%에서 2019년 총 국세의 4분의 1에 해당하는 24.6%까지 올라갔으나 2021년에는 5분의 1 수준인 20.7%로 떨어졌다.

넷째, 간접세에 속하는 부가가치세는 장기에 걸쳐 가장 많은 세금을 거둔 항목이다. 2014년까지 비중이 가장 높았지만 최근에 법인세와 마찬가지로 4분의 1 수준인 20.7%로 감소했다. 그 외 네 번째로 많은 것은 특별소비세인데 1990년대 초 10% 이상이었지만 2000년 이후에는 절반 이하로 떨어졌다. 특별소비세 비중의 감소는 소득 수준이 향상됨에 따라 과거 과세 대상에서 사치성 소비 품목을 많이 줄였기 때문이다.[7]

③ 지방세의 동향

<그림 5-9> 지방세액과 조세 총액 대비 지방세의 비중(1970~2021) (단위: 조원,%)

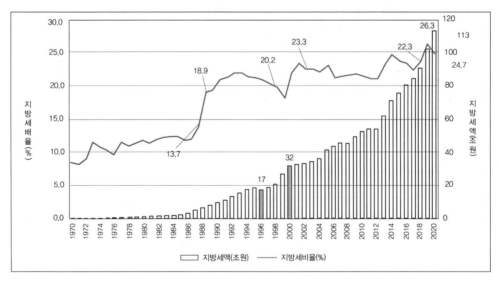

자료: e-나라지표, 국가통계포털

---

7) 간접세로서 낭비와 사치풍조를 억제하고자 주로 사치성 재화와 고가물품에 중과하였다.

지방세는 1974년만 하더라도 총액 1천억 원에 지나지 않았는데, 1982년이 되어서야 1조 원 규모가 되었다. 지방세는 지속적으로 증가하여 2021년에는 113조 원이다. 총 조세액에서 지방세가 차지하는 비중은 1970년 8.3%에서 조금씩 증가하였지만 1973~1988년에는 10~13% 정도에 지나지 않았고 1990년까지도 20%를 넘지 못했다. 이것은 고도성장기에 중앙정부가 우선 순위에 있는 정책 부문에 자금을 투입하기 위해 징세를 장악하고, 지방정부의 독자적인 조세수입을 극도로 억제했음을 의미한다.

지방세 비중이 획기적으로 커진 것은 3저 호황기인 1989년이다. 1988년에 13.7%였던 지방세 비중은 다음 해에 18.9%가 되어 1년만에 무려 5.2%가 올랐다. 지방세 비중이 오른 두 번째 시기는 아시아 외환위기가 닥친 1998년부터 2002년까지이다. 김대중 정부는 이 시기에 지방세 비중을 20.2%에서 23.3%로 끌어올렸다. 최근인 2018년에는 22.3%에서 2020년에 26.3%로 올랐으나 2021년에는 다시 24.7%로 하락했다.

이와 같이 조세 총액에서 지방세가 차지하는 비중은 대체로 커져왔고, 이에 따라 지방정부의 역할도 상대적으로 강화되어 온 것은 사실이다. 그러나 지방의 입장에서 본다면, 여전히 지방세 비중은 높지 않은 상황이다. 전체적으로는 1995년 지방자치제의 전면 부활 이후에도 지방세가 차지하는 비중은 2019년까지만 하더라도 24%를 넘지 못한 상태에서 오르락내리락하는 정체 상태에 있었다. 그리고 2021년에는 2020년 대비 지방세 비중이 감소하였다.[8] 이것은 지방자치제의 실시에도 불구하고 재정분권이 아직 요원하다는 것을 의미한다. 더욱이 중앙정부는 여전히 지역개발을 비롯한 정책은 물론 지방 공직의 인사 및 각종 정책에 적지 않은 영향력을 행사하고 있다. 지방재정의 자립도를 하루빨리 향상시키는 것이 과제라고 하겠다.

한편, 지방세는 광역자치단체뿐만 아니라 기초자치단체인 시, 군, 구에서도 징수한다.

표 5-6 지방세 징수액(2000~2020) (단위: 조원, %)

	징수액 (소원)	조세 대비 (%)	GDP 대비(%)	광역(조원)			기초(조원)		
				특별시	광역시	도	시	군	구
2000	20.6	18.1	3.6	4.7	3.6	3.9	3.7	0.9	1.3
2005	35.9	22.0	4.5	8.8	7.2	9.8	6.9	1.4	1.8
2010	49.2	21.7	4.2	10.9	9.4	13.7	10.7	2.1	2.1
2015	71.0	24.6	4.3	15.6	13.9	20.2	15.1	2.3	3.9
2016	75.5	23.7	4.4	16.5	14.3	21.2	16.7	2.6	4.0

---

8) 지방자치제는 1991년 3월에 광역 및 기초의회의 선거를 통해 공식 부활되었으며, 1995년 5월에는 지방자치단체장(광역, 기초) 및 지방의회의원의 선거가 동시적으로 실시되어 지방자치제가 완전히 부활하였다.

	징수액 (조원)	조세 대비 (%)	GDP 대비(%)	광역(조원)			기초(조원)		
				특별시	광역시	도	시	군	구
2017	80.4	23.3	4.4	17.8	15.3	22.5	17.8	2.8	4.2
2018	84.3	22.3	4.5	19.1	15.3	24.1	18.6	2.8	4.5
2019	90.5	23.6	4.7	20.5	16.4	26.1	19.6	2.9	4.9
2020	102.0	26.3	5.4	23.4	18.6	31.2	19.7	3.5	5.6

자료: e-나라지표

광역별로는 도의 세액이 가장 크게 증가하였다. 6개 광역시가 거두어 들이는 지방세는 특별시보다 적고, 그 차액도 커지고 있다. 수도권과 비수도권 간 경제력 격차의 확대를 단적으로 보여주는 지표라 하겠다.

④ 조세부담률

표 5-7 조세부담률(1990~2020) (단위: 조원, %)

	경상GDP	조세			조세부담률 (%)
		계	국세	지방세	
1990	201	33	27	6	16.6
1995	437	72	57	15	16.5
2000	652	114	93	21	17.4
2005	957	163	128	36	17.1
2010	1,323	227	178	49	17.2
2015	1,658	289	218	71	17.4
2016	1,741	318	243	76	18.3
2017	1,836	346	265	80	18.8
2018	1,898	378	294	84	19.9
2019	1,925	384	294	91	19.9
2020	1,933	388	286	102	20.0

주: 한국은행 신계열 GDP기준(2015년 기준)
자료: e-나라지표

조세부담률은 국민들이 중앙정부와 지방자치단체에 납부하는 세금이 GDP에서 차지하는 비중이다[조세(국세＋지방세)/GDP×100]. 우리나라의 조세부담률은 조금씩 높아져 1990년 16.6%에서 2020년도에 20%이다.[9] 그러나 OECD의 다른 나라들에 비하면 낮은 수준이다.

---

9) 발표 기관이나 시기에 따라서 약간씩 차이가 난다.

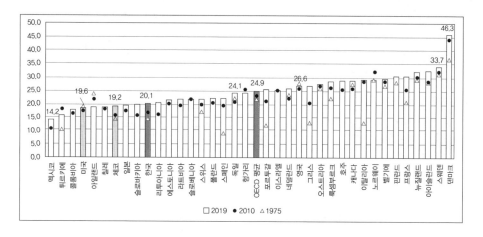

주: 일본, 호주는 2018년
자료: 국회예산정책처, 재정경제통계시스템

첫째, OECD 회원국들의 조세부담률을 시기별로 비교하면 대부분의 나라들은 1970년대보다 높아졌다.

둘째, 2019년도에 한국의 조세부담률은 20.1%로서 OECD평균 24.9%보다 낮은데, 파악이 가능한 OECD 38개국 중에서 10번째로 낮은 수준이다. 한국보다 낮은 나라에는 미국(18.4%)과 일본(19.2%)이 있다. 이외에도 멕시코, 튀르키예, 콜롬비아, 아일랜드, 칠레, 체코, 슬로바키아 등이 한국보다 낮다.

셋째, 가장 높은 국가는 덴마크로서 46.3%이며, 스웨덴, 아이슬란드, 뉴질랜드, 프랑스, 핀란드, 벨기에, 노르웨이, 캐나다, 룩셈부르크, 영국, 네덜란드, 독일 등도 한국보다 높다. 즉, 한국보다 부담률이 낮은 국가 중에는 선진국 중에서 미국, 일본만 포함되어 있으며, 대체로 세율이 높은 나라일수록 선진 복지국가라는 점이 주목된다.

⑤ 주요 세목의 세율

세금은 보건, 의료, 교육, 복지 국방 등 정부가 국가를 운영하는 데 필수적인 재원이지만 납세자들은 새로운 세목의 형성이나 세율 조정에 대해서 민감하게 반응한다. 다음에서는 사회적 관심을 받고 있는 종합소득세, 상속세, 증여세, 종합부동산의 세율을 정리해 둔다.

표 5-8 종합소득세율(2021년 귀속)   (단위: %)

과세표준	세율	누진공제
1,200만 원 이하	6%	–
1,200만 원 초과	15%	108만 원
4,600만 원 초과	24%	522만 원
8,800만 원 초과	35%	1,490만 원
1.5억 원 초과	38%	1,940만 원
3억 원 초과	40%	2,540만 원
5억 원 초과	42%	3,540만 원
10억 원 초과	45%	6,540만 원

자료: 국세청

　종합소득세는 국민들에게 가장 많이 부과되는 세금으로서 소득에서 각종 공제를 받고 난 후 나머지 금액이 일정액 이상이 되면 과세 대상이 된다. 세액의 산출에서 과세 대상 총액에 대해서 최종 세율을 매기지 않고 구간마다 정해진 과세 표준에 대해 세율을 적용하여 합산하는 점에 유의할 필요가 있다. 10억 원 초과 구간은 2021년에 신설되었다.

종합소득세액을 구하려면?

납세자 중에는 자기의 마지막 소득 구간에 해당하는 최고 세율이 소득 전액에 대해서 적용되는 것으로 오해하는 사람들도 간혹 있다. 실제로는 과세대상 금액이 정해지면, 각 구간마다 정해진 과세 표준에 해당하는 세율이 적용된다. 가령, 소득이 5천만원이면,
① 5,000×0.24-522=678(만 원)
② (1,200×0.06)+(3,400×0.15)+(400×0.24)=678(만 원)으로 계산하면 된다.

표 5-9 상속세율 및 증여세율   (단위: %)

과세표준	1억원 이하	5억원 이하	10억원 이하	30억원 이하	30억원 초과
세율	10%	20%	30%	40%	50%
누진공제액	없음	1천만원	6천만원	1억 6천만원	4억 6천만원

주: 1) 상속세율과 증여세율은 동일함
　　2) 상속세: 상속인이나 수유자가 피상속인의 자녀가 아닌 직계비속이면 30% 할증(단, 미성년자가 20억원을 초과하여 상속받는 경우에는 40% 할증)
　　3) 증여세: 수증자가 증여자의 자녀가 아닌 직계비속이면 30% 할증(단, 미성년자가 20억 원을 초과하여 증여받는 경우에는 40% 할증)
자료: 국세청

상속세는 사망으로 그 재산이 가족이나 친족 등에게 무상으로 이전되는 경우에 상속재산에 대하여 부과하는 세금이다. 증여세란 타인(증여자)으로부터 재산을 증여받은 경우에 그 재산을 증여받은 자(수증자)가 부담하는 세금을 말한다.

표 5-10 종합부동산세율(개인)(2019 이후)　　　　(단위: %)

주택(일반)		주택(조정2, 3주택이상)		종합합산토지분		별도합산토지분	
과세표준	세율	과세표준	세율	과세표준	세율	과세표준	세율
3억원 이하	0.6%	3억원 이하	1.2%	15억원 이하	1%	200억원 이하	0.5%
6억원 이하	0.8%	6억원 이하	1.6%				
12억원 이하	1.2%	12억원 이하	2.2%	45억원 이하	2%	400억원 이하	0.6%
50억원 이하	1.6%	50억원 이하	3.6%				
94억원 이하	2.2%	94억원 이하	5.0%	45억원 초과	3%	400억원 초과	0.7%
94억원 초과	3.0%	94억원 초과	6.0%				

주: 2005년 최초 시행
자료: 국세청

종합부동산세란 과세기준일(매년 6월 1일) 현재 국내에 소재한 재산세 과세 대상인 주택 및 토지를 유형별로 구분하여 인별로 합산한 결과, 그 공시가격 합계액이 각 유형별로 공제금액을 초과하는 경우 그 초과분에 대하여 과세되는 세금이다.

3.2.2 세외수입과 기금

정부의 세입에는 조세 외에 세외수입과 기금이 있다. 세외수입은 정부의 세입 예산 가운데 조세 이외의 수입이다. 재산수입, 경상이전수입, 재화 및 용역판매수입, 수입대체경비수입, 관유물 매각대, 융자 및 전대차관 원금회수, 차입금 및 여유자금 회수, 전년도 이월금, 정부내부수입 및 기타 등 9개의 항목으로 구성된다.[10] 세외수입은 일반회계 수입과 특별회계 수입으로 구분할 수 있다. 세외수입은 그 종류는 많지만, 규모는 2010년 이후 20조 원대로서 세입에서 차지하는 비중은 그다지 크지 않다.

기금은 특정 목적을 위해 신축적으로 운용될 수 있는 특정 자금으로서 법률에 근거하여 설치할 수 있으며, 세입세출예산에 의하지 아니하고 운용될 수 있다. 성질에 따라 사업성기금, 사회보험성기금, 금융성기금, 계정성기금으로 분류할 수 있다. 이 중 사회보험성기금에는 국민연금기금, 고용보험기금, 산업재해보상보험 및 예방기금, 사립학교 교직원연

---

10) 국회예산정책처, 『2022대한민국재정』, p.65.

금기금, 공무원연금기금, 군인연금기금의 6개가 있다.

<그림 5-11> 기금의 수입과 지출(2010~2022)　(단위: 조원)

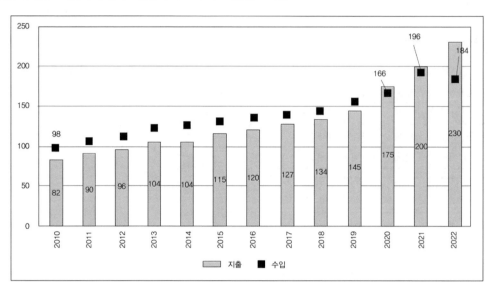

주: 1) 결산 기준
　　2) 2022년은 예산 기준
자료: 국회예산정책처, 재정경제통계시스템

　　기금액은 매년 증가 추세로서 매년 흑자를 기록했으나 2020년부터는 적자로 바뀌었다. 기금은 지출되더라도 회계상 완전히 소진되진 않고 누적되어 운용되는 부분이 있기 때문에 운용 규모가 커지고 있다. 기금은 사업비, 기금운영비, 여유자금운용, 정부내부지출 등으로 구성되는데, 사업비는 사실상의 재정 지출의 성격을 띤다.

　　<그림 5-12>는 기금운영 규모의 내용을 보여준다. 첫째, 기금운용 규모는 당해연도 기금의 전체 수입 규모 및 지출 규모를 나타내는 것으로 기금운용 계획의 정부안 수립 및 국회 심의·확정시 편성, 심사의 기준이 된다. 그동안 기금운용 규모는 지속적으로 증가하다가 2022년에는 감소하였다.

　　둘째, 정부내부지출등과 여유자금운용은 증가 추세였지만 최근에는 감소 내지 정체하고 있다. 여유자금운용은 연금과 보험기금의 운용 규모와 관계된다. 사업비의 증가는 사회보험성기금의 연금급여, 서민주거안정지원 관련 사업 등이 확대되었기 때문이다.

<그림 5-12> 기금의 운용 규모(1997~2022) (단위: 조원)

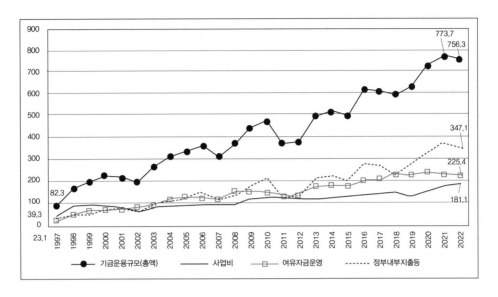

주: 1) 기금운영비는 소액이어서 표시하지 않음
   2) 05년도까지는 실적치 기준(재경부의 결산서와 다름, 당해 예산), 06년부터는 국회 심의, 의결된 금액
자료: e-나라지표

　　셋째, 기금운용 규모는 우리나라 전체 재정 규모보다 훨씬 크다. 다만, 여기에는 정부 내부간 거래 및 여유자금 운용분이 포함되어 있으므로 기금운용 규모가 바로 대외적 지출 규모를 나타내는 것은 아니다. 기금의 실질적인 지출은 사업비, 기금운영비(기금관리비용 등), 차입금 이자 상환의 합계라 할 수 있다(e-나라지표-기획재정부). 예산 외로 운용되기 때문에 통제가 미흡하고 예산과의 연계성이 부족하며 재정의 통합성과 투명성을 저해한다는 비판을 받는다.

기금의 개념

- 사업비: 기금의 설치목적에 다른 지출로서 사실상의 재정지출 개념
- 기금운영비: 기금의 사업 수행을 위해 필요한 인건비, 경상경비 등
- 여유자금 운용: 당해연도 총수입에서 사업비, 기금운영비, 내부거래 등을 제외한 것
- 정부내부지출 등: 정부 내부의 회계·기금간, 기금 상호 간 거래 등을 의미

3.3 재정지출

앞에서 중앙정부의 세출을 총지출 항목(일반회계, 특별회계, 기금 등)과 세출의 예결산을 통해서 보았으므로 분야별 지출을 정리해 보자.

중앙정부는 재정의 분류에 지출분야별로 12개 분야로 나누는 것과 16개 분야(디지털예산회계시스템, dBrain)로 나누는 것을 병행해서 사용하고 있다. 중앙정부의 분야별 지출을 12개 분야 기준으로 살펴보면 다음과 같다.

표 5-11 중앙정부 재정의 분야별 지출(2010~2022) (단위: 조원)

	2010	2015	2016	2017	2018	2019	2020	2021	2022
1. 보건 · 복지 · 고용	81	120	127	132	146	161	181	212	229
2. 교육	38	53	55	59	64	71	73	78	95
3. 문화 · 체육 · 관광	4	6	7	7	7	7	8	9	9
4. 환경	5	7	7	7	7	7	9	11	12
5. R&D	14	19	19	20	20	21	24	28	30
6. 산업 · 중소기업 · 에너지	15	18	19	19	18	19	24	40	69
7. SOC	25	26	24	22	19	20	23	27	28
8. 농림 · 수산 · 식품	17	20	20	20	20	20	22	23	24
9. 국방	30	38	39	40	43	47	50	52	53
10. 외교 · 통일	3	5	5	5	5	5	6	6	6
11. 공공질서 · 안전	13	17	18	18	19	20	21	22	22
12. 일반 · 지방행정	49	58	63	65	69	77	79	100	111
총지출	293	385	399	410	433	470	512	605	680

주: 추경 기준
자료: 국회예산정책처, 재정경제통계시스템

첫째, 추경 기준으로 정부 지출(기금을 포함)에서 가장 많은 액수를 차지하는 것은 보건 · 복지 · 고용으로서 2010년 81조 원에서 2022년에는 229조 원으로 증가하였고, 다음으로 일반 · 지방행정(49조 원 → 111조 원), 교육(38조 원 → 95조 원), 산업 · 중소기업 · 에너지(15조 원 → 69조 원), 국방(30조 원 → 53조 원)의 순으로 지출액이 많다. 2022년에는 산업 · 중소기업 · 에너지에 대한 지출이 국방 지출액보다 많아졌다.

둘째, 앞의 주요 분야별 지출 비중을 그린 것이 다음의 <그림 5-13>이다. ① 제1위의 보건 · 복지 · 고용은 27.7%에서 2020년 35.2%를 정점으로 2022년에는 33.7%로 약간 줄었지만 전체 지출예산에서 3분의 1 이상을 차지한다. ② 2위와 3위인 일반 · 지방행정과 교육은 각각 16%대와 13%대에서 안정적으로 유지되고 있다. ③ 항상 네 번째로 지출이 많던 국방은 10.1%(2010년) → 7.8%(2022년)으로 떨어졌다. ④ 반면에 산업·중소기업·에너지부분의 지출은 5.2%에서 10.2%로 현저하게 증가한 것이 눈에 띈다.

<그림 5-13> 중앙정부 재정의 주요 분야별 비중(2010~2022) (단위: %)

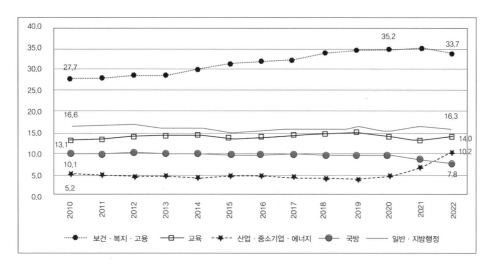

자료: 국회예산정책처, 재정경제통계시스템

셋째, 정부 지출에서 보건·복지·고용의 액수가 전체 지출의 3분의 1을 점할 정도로 액수와 비중이 높지만, <그림 1-11>과 <그림 1-12>에서 본 바와 같이 우리나라의 정부 지출 대비 사회보장 및 복지지출은 OECD 회원국 중에서 최하위 수준이다.

제 4 절 **국가채무**

4.1 국가채무의 범위

최근 들어 국가채무 혹은 국가부채에 대한 논란이 심화되고 있다. 우려하는 측에서는 국가의 빚이 과다하고 빠른 속도로 늘어난다고 한다. 반대 쪽에서는 우리나라는 재정건전성이 국제적으로 매우 양호할 뿐만 아니라 외환보유고, 채무의 성격 등을 고려하면 걱정할 만한 수준이 아니라고 한다. 오히려 복지 등 성장의 궁극적 목적을 달성하기 위해서는 적극적으로 대응하여 성장률을 제고할 필요성이 있다고 주장한다. 어느 쪽 주장이든 나름대로 통계적 근거를 가지고 있다. 이 문제를 이해하기 위해서는 국가채무의 개념과 동향을 이해할 필요가 있다.

먼저, 국가채무의 개념에 대해서 살펴보자. 국가채무는 정부가 민간이나 해외에 상환의무를 지고 있는 채무이다. 국가재정법(제91조)과 동 시행령에는 국가채무에 대해 규정하고 있다. 여기에 따르면, 국가채무는 기본적으로 국가의 회계 또는 기금이 발행한 채권, 차입금, 국고채무부담행위, 국가보증채무로 되어 있다.[11] 국가채무에는 중앙정부뿐만 아니라 지방정부의 순채무도 들어간다.[12]

국가채무

- 국가채무=중앙정부채무+지방정부 순채무
  - 중앙정부채무=국채+차입금+국고채무부담행위

2000년 이후에 국가채무는 중앙정부의 채무가 대체로 95% 이상으로써 압도적 비중을 점한다. 그리고 중앙정부 채무의 대부분은 국채발행으로 채워진다. 예를 들어, 2022년 국가채무에서 중앙정부 채무가 97%를 차지하고, 중앙정부 채무의 99.8%를 국채가 점한다.

한편, 국가채무 외에 국가부채라는 용어도 자주 사용된다. 즉, 국가부채는 국가채무(국가가 직접 갚아야 할 채무)는 물론 국가가 직접 갚을 필요는 없지만 국가가 사실상 보증을 선 것이나 다름없는 부채까지 모두 집계한 것으로, 한 국가의 채무를 좀 더 적극적으로 넓게 계산하는 개념이라 할 수 있다.[13] 국가채무를 영역별로 표시하면 다음과 같다.

---

11) 한국은행으로부터의 일시차입금, 기금으로부터의 차입금 등에서 국가채무에서 제외되는 항목이 규정되어 있어서 국가채무에 들어가는 항목은 조금 복잡하다.

12) 각각의 개념에 대해서는 국회예산정책처, 『2020 대한민국 재정』, pp.86−88.

13) 구체적으로 국가부채란 국가채무에 4대 연금(국민연금, 공무원연금, 사립학교교직원연금, 군인연금) 충당부채와 공기업의 채무, 각종 사회보장성 기금(건강보험, 고용보험, 산재보험 등), 공공기관 관리기금 공채(公債; 국가 또는 지방자치단체가 재원 조달을 목적으로 하는 채무), 민자사업 손실보전액 등 국가가 부담해야 할 가능성이 큰 채무까지 모두 포함시킨 것을 말한다(두산백과).

표 5-12 국가채무, 일반정부 부채, 공공부문 부채

		국가채무 (D1)	일반정부부채 (D2)	공공부문 부채 (D3)
포괄 범위	중앙 정부	일반회계 특별회계 정부관리기금	일반회계 특별회계 정부관리기금 공공기관관리기금 비영리공공기관	일반회계 특별회계 정부관리기금 공공기관관리기금 비영리공공기관
	지방· 교육 자치 단체	일반회계 특별회계 기금 교육비특별회계	일반회계 특별회계 기금 교육비특별회계 비영리공공기관	일반회계 특별회계 기금 교육비특별회계 비영리공공기관
	비금융 공기업	제외	제외	포함

자료: 국회예산정책처, 『2022대한민국재정』, p.100.

4.2 국가채무의 동향

4.2.1 국가채무

국가채무는 중앙정부 채무와 지방정부 순채무의 합계액인데, 성질별로 구분하면 적자성채무와 금융성채무로 나누어진다.

표 5-13 국가채무의 동향(2000~2022) (단위: 조원, %)

	국가채무(조원) (1+2)	GDP대비 (%)	중앙정부 (1)	지방정부 순채무 (2)	적자성 채무 (1)	금융성 채무 (2)
2000	111	17.1	101	10	42	69
2005	248	25.9	239	9	101	147
2010	392	29.7	374	18	193	199
2015	592	35.7	557	35	331	261
2016	627	36.0	592	35	360	267
2017	660	36.0	627	33	375	285
2018	681	35.9	652	29	379	301
2019	723	37.6	699	24	408	316
2020	847	43.6	819	28	513	334
2021	971	46.9	939	32	598	373
2022	1,069	49.7	1,038	31	678	391

주: 2021년은 결산 기준, 2022년은 2차 추경 기준
자료: e-나라지표

첫째, ① 국가채무액은 2000년의 111조 원에서 2022년에는 1,069조 원으로 커졌고, GDP 대비 국가채무비율도 17.5%에서 49.7%로 증가하였다. 국가채무액이나 GDP 대비 국가채무비율은 2020년도부터 급증하였는데, 이것은 코로나19로 인한 대응자금 방출이 커다란 원인으로 작용했다. ② 그러나 코로나19 대응자금 방출 규모는 미국이나 일본, 독일, 영국, 캐나다, 프랑스, 네덜란드 등과 비교하면 그리 큰 편이 아니다. 2020년도에 GDP 대비 코로나 대응자금 비율은 미국 25.5%, 일본 16.7%, 독일 15.3%, 영국 19.3%, 캐나다 15.9%, 프랑스 9.6%, 네덜란드 10.3%, 스페인 8.4%인데 비해 한국은 6.4%(1,050억 달러)에 지나지 않았다.[14]

둘째, 최근에 국가채무의 대부분은 국채 발행으로 충당되고 있다. 원자료에 따르면, 2002년까지 국채는 국가채무의 80%를 넘지 못하였다. 그러나 이 비율은 점차 증가하여 2018년 이후에는 95% 이상인데, 2022년에는 약 97%를 차지하고 있다.

셋째, 국가채무를 채무 주체를 기준으로 보면, 중앙정부가 거의 전부를 차지한다. 국가채무 대비 중앙정부의 비중은 점차 증가하여 2000년에 90.7%였는데 2022년에는 97.1%이다.

한편, 국가채무는 성질에 따라서 적자성채무와 금융성채무로 구분된다. ① 적자성채무는 대응자산이 없어서 상환할 때 조세 등으로 별도의 재원을 마련해야 하는 빚이고, 금융성채무는 융자금·외화자산 등이 있어서 별도의 재원을 조성하지 않아도 되는 것이다. ② 2000년대 전반인 2004년까지만 하더라도 적자성채무는 국가채무의 40%선 이하였는데, 최근에는 적자성채무가 국가채무의 3분의 2를 차지할 정도로 증가하였다. 2022에는 63.5%까지 늘어났다.

4.2.2 공공기관 채무

국가의 채무비율이 국제적으로 어느 수준인지는 제1장에서 이미 살펴보았다. GDP 대비 일반정부 총부채 비율은 2020년에 48.9%로서 OECD 비교 대상 35개국 중에서 재정 상태가 매우 양호하다(<그림 1-22> 참조).

그러나 국가채무에는 공공기관의 부채도 포함해야 한다는 견해가 있다. 공기업과 준정부기관을 비롯한 공공기관(공기업, 준공공기관, 위탁기관)의 계정을 살펴보자. <표 5-14>는 공공기관 전체 및 공기업만의 상황을 나타낸 것이다.[15]

---

14) 국회예산정책처, 『2022대한민국재정』, pp.90-91.

15) 공공기관은 2022년 3월 기준 350개이다(국회예산정책처, 『2022대한민국공공기관』, p.61.).

표 5-14 공공기관의 계정(2003~2021) (단위: 조원, %)

	자산		부채		부채비율(%)	
	합계	공기업	합계	공기업	합계	공기업
2003	248	163	187	75	158.8	85.3
2010	641	460	397	292	162.9	173.9
2011	669	500	449	329	204.8	192.5
2012	722	524	496	353	220.0	207.0
2013	761	550	521	374	216.6	212.3
2014	778	561	519	377	200.7	205.2
2015	781	556	505	365	182.6	192.0
2016	800	563	500	363	167.2	181.5
2017	807	571	493	364	157.2	176.7
2018	825	581	501	372	154.8	177.5
2019	858	602	525	389	157.6	182.1
2020	898	617	541	398	151.9	181.8
2021	969	658	583	434	151.0	194.0

주: 산업은행, 수출입은행, 기업은행 분은 제외
자료: e-나라지표

전 공공기관의 자산과 부채는 모두 늘었는데, 자산이 더 많은 비율로 증가하였다. 공공기관 전체의 부채 비율은 2013년에 220%에 이를 정도로 높았다. 그러나 그 이후 부채비율 감소 노력을 한 결과 2021년에는 151%까지 개선되었다.[16]

공공기관의 채무도 궁극적으로 국가부채에 속하기 때문에 자주 사회적 비판의 대상이 되기도 한다. 그러나 공공기관은 필수적으로 요구되는 공공재를 공급한다는 특수성을 고려해야 하고, 정부가 경영을 통제할 수 있다는 점을 염두에 두면 부정적으로 볼 것만 아니라 하겠다.

다음의 <그림 5-14>는 일반정부 부채에 공공기관 채무를 합산한 전 공공부문의 부채액 및 GDP에서 점하는 비중이다. 이 비중은 2019년에 60% 이하였는데, 코로나19가 유행한 2020년에 66.2%로 크게 상승하였다. 그렇지만 한국의 공공기관을 포함한 전 공공부문의 이 비율은 공공기관 부채액이 제외되어 있는 OECD 일반정부 총부채비율의 평균인 95% 수준의 3분의 2를 조금 넘을 뿐이다.

---

16) 이것은 박근혜 정부 시절 공공기관 정상화 대책에 크게 영향을 받았던 것으로 보인다. 2013년 12월 기획재정부가 공공기관 부채 발생에 대한 책임성과 투명성 강화를 위해 도입하였다(국회예산정책처, 『2019대한민국공공기관』, p.2.).

<그림 5-14> GDP 대비 공공부문 부채 비율(2011~2020) (단위: 조원, %)

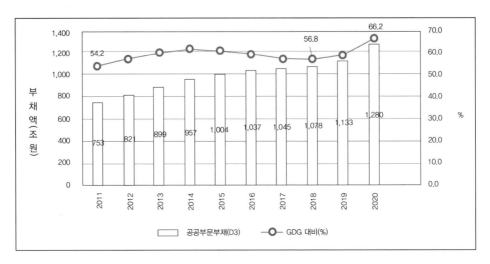

자료: 한국은행, e-나라지표

국가채무 및 국가부채의 증가를 우려하는 견해의 요지는 빠른 속도로 과도하게 늘어나고 있다는 것이다. 2018년까지만 하더라도 통합재정은 흑자였지만 이것은 국민연금 등 사회보장성기금의 수입이 지출보다 많기 때문에 나타나는 현상으로서 이를 제외한 관리재정은 적자이므로 정부지출의 증가 속도와 폭을 줄여야 한다는 주장이 적지 않았다. 더욱이 2019년부터 2021년에 통합재정이 적자를 기록하게 되자 이에 대한 우려와 동시에 국가재정 건전성 문제가 다시 제기되고 있다.

그러나 다른 한편에서는 떨어지는 경제성장률을 높이고 성장의 목적지인 복지를 강화하기 위해서는 확장재정이 불가피하며, OECD 중에서 재정건전성이 사실상 가장 양호하다는 점을 근거로 적극적인 정책 추진의 필요성을 강조한다. 또한 우리의 경제적 저력이나 외환보유고, 채무의 성격 등을 고려하면 그동안의 소극적 정책을 전환해야 한다고 주장한다. 코로나19 이전에는 IMF와 세계은행 등의 국제경제기구에서도 재정을 보다 적극적으로 운영할 것을 권고해 왔다. 그리고 이러한 주장들은 조세정책과 더불어 국가채무 문제를 어떻게 다룰 것인가 하는 문제와 연관되어 있다.

2022년도 들어 정부에서는 다시 재정건전성 카드를 꺼내들고 재정준칙 법제화를 위한 움직임을 보이고 있다. 그러나 제시되고 있는 숫자들 역시 정확한 근거가 있는 것은 아니다.[17) 재정정책의 방향이 어디를 향하든 적어도 다음과 같은 몇 가지 사항을 고려해야 할

17) EU에서 유일하게 참고할 만한 기준은 유럽연합의 경제 공동체로서의 통합성과 유로화 가치 유지를 위해

것이다.

첫째, 국가채무는 가계의 빚과 성격이 전혀 다르다는 점이다. 게다가 국가채무 내지 부채를 단순히 빚이라고 하면 정확한 표현이 아니다. 지불 의무가 있다는 점에서는 빚이라고 할 수 있겠지만 가계나 기업의 빚과는 성격이 상당히 다르다. 가령, 가계는 빚이 없어야 한다. 그래야 안정적인 가정 생활이 가능하다. 반면, 기업과 국가는 다르다. 기업은 수익을 많이 남겨서 재무 상태가 양호해도 회사채를 발행하는 등 금융시장에서 자금을 조달한다. 이에 비해 정부는 국방과 치안은 물론 경기 활성화와 성장률을 높이기 위한 수단으로써 재정을 운용한다. 게다가 국고채권은 단순히 빚 증서가 아닌 금융상품이다.

현대 국가의 운영에서 국가채무는 피할 수 없는 현상이다. 물론 가계나 기업처럼 국가도 채무가 과도하면 파산할 위기에 처한다. 그러나 우리나라는 남유럽의 그리스처럼 재정 위기에 빠진 적이 없다. 국가의 채무비율이 적정한 수준으로 관리될 수 있다면 오히려 재정의 목적 달성에 매우 유효한 수단으로 사용될 수 있다.

둘째, 국가채무가 주로 국채 발행에 의존한다는 점에서 국가채무는 후손들에게 과중한 빚을 떠넘긴다고 비판하지만 꼭 그런 것만은 아니다. 국가는 부족 자금을 국채 발행, 차입금 등으로 조달하는데 국채 발행이 대부분을 차지한다. 또한 만기가 도래한 국채의 처리 방식도 가계나 기업과 달라서 실제로는 갚지 않는다. 즉, 만기가 된 국채는 일반적으로 새로운 국채 발행으로 대체된다. 이 외에도 국공채 발행은 자본시장의 발전을 위해서도 매우 중요하다는 것을 염두에 둘 필요가 있다.

셋째, 그러므로 국가채무는 규모나 증가 속도보다는 그것을 관리할 수 있는 능력의 여부가 중요하다. 대부분의 국가에서 경제규모가 커지면 국가채무가 늘어나는 것은 일반적인 현상이다.

넷째, 한국의 정부재정 규모는 선진 복지국가들과 비교하여 상대적으로 작은 편이다. 2019년 한국의 GDP 대비 일반정부의 총지출은 OECD 평균보다 5% 이상 작으며, 독일, 프랑스, 이탈리아는 물론 북유럽 복지국가보다 10% 이상 크게 부족하다.

우리나라는 세계적으로 재정건전성이 높은 반면, GDP 대비 재성 규보는 선신국에 비해 상대적으로 작다. 물론 재정의 급격한 확장은 여러 가지 문제를 일으킬 수도 있을 것이다. 그러나 성장률을 제고하고 복지사회로 나아가기 위해서는 현재의 재정을 보다 적극적으로 운용해야 하며 그럴 여력도 있다는 점을 이해할 필요가 있겠다.

설정한 것으로 특별한 근거없이 자의적으로 설정되었다고 한다. 기획재정부는 국가채무 비율 60%, 통합재정수지를 −3%로 하는 안을 재정준칙으로서 2025년부터 적용할 것으로 발표하였다. 특히 국가채무 비율을 60%로 나눈 수치와 통합재정수지를 −3%로 나눈 수치를 서로 곱한 값이 1.0 이하가 되도록 산식을 만들어, 두 개의 기준선을 일정 부분 넘나들 수 있도록 설계했다고 한다.

/06/

대외개방의 선두 금융

06 대외개방의 선두 금융

우리나라에서 형식상 근대적 금융체제가 처음 확립된 것은 일제 강점기이다. 이 시기에 식민지 중앙은행인 조선은행, 산업자금 조달 기구인 조선식산은행, 현재의 일반은행 격인 보통은행, 금융조합 등이 예금과 대출을 취급했다. 크게 보면 조선은행－보통은행, 조선식산은행－금융조합의 분업구조를 이루고 있었다. 물론 이 외에도 우편국이나 신탁회사, 무진회사 등이 있었지만 식민지 금융은 예금과 대출을 중심으로 하는 은행 경영, 즉 간접금융시장이 대부분을 차지했고, 주식 및 채권을 거래하는 자본시장은 일본에 의존한 게 전부였다.

우리나라에서 장기 투자 자금을 중개하는 증권거래소가 생긴 것은 1956년이다. 즉, 이때 대한증권거래소가 설립됨으로써 비로소 자본시장 형성의 틀이 갖추어진 것이다. 그러나 그 이후에도 장기자본 조달시장의 확립과 금융시장의 정상화에는 상당한 시일이 소요되었다. 1960년대와 1970년대는 부족한 투자 재원을 생산 부문에 집중시키는 정책금융이 큰 비중을 차지했기 때문에 금융시장의 발전이 지체되었다. 1980년대에는 경제 규모가 커짐에 따라 금융자율화와 금융시장 개방화가 추진되기 시작하였다. 그러나 당시의 금융개혁은 시중은행 민영화, 정책금융에 대한 금리우대의 축소 및 폐지, 신한은행 등 외국과의 합작은행 설립 등을 제외하면 부분적인 자율화와 개방에 그쳤다. 1990년대에는 보다 장기적이고 종합적인 측면에서 금융기관의 업무영역 및 소유구조에 대한 규제개혁 등 금융시장 선진화 방안이 수립되어 추진되었지만 여전히 정부의 개입은 계속되었다.

근본적인 금융구조의 개혁은 아시아 외환위기를 계기로 단행되었다. 우리나라는 IMF에서 지원받는 구제금융을 대가로 부실금융기관의 퇴출, 대형은행의 설립, 공적 자금 투입을 통한 금융기관의 재무건전성 제고, 금융감독 기능의 강화 등을 추진하였다. 금융시장은 완전히 개방되어 국내외 자금이 자유로이 드나들 수 있게 되었다. 다른 한편으로는 금융시장을 정상화시키려는 자체적 노력과 함께 기업이 직접적으로 자금을 조달할 수 있는 자본시장도 크게 성장하여 금융시장의 모습이 많이 달라졌다. 여기에서는 이러한 국내 금융시장의 구조를 이해해 보기로 한다.

제1절 금융의 기능

금융은 자금의 융통을 말하고 금융시장은 자금이 거래되는 곳으로서 자금의 수급을 조절하여 과부족을 해결하는 역할을 한다. 금융시장은 이자율과 통화량을 조절할 뿐만 아니라 투자와 저축, 생산, 소비, 물가, 유통 등을 비롯한 경제 전반에 대해 매우 커다란 영향을 미친다. 금융기관은 금융시장에서 자금의 중개 등 각종 금융서비스를 제공한다. 그리고 금융시장 및 금융기관과 이들을 형성하고 운영하며 원활하게 기능하도록 하는 법규와 관행, 지급결제시스템 등 금융인프라를 포괄하여 금융시스템이라고 한다.[1] 금융시스템은 경제의 발전 정도나 금융 운영의 경험에 따라서 국가마다 차이가 크다. 금융시스템과 구조는 나라마다 다르지만 금융은 공통적으로 다음과 같은 기능을 수행한다.

첫째, 자금의 중개기능이다. 금융은 여유자금을 가진 사람들로부터 자금을 모아서 필요한 사람에게 전달하는 기능을 한다. 자금의 중개기능은 산업화 과정에서 발전한 은행산업 및 증권거래 제도의 도입에 힘입은 바가 절대적이다. 원래 전근대에서는 자금이 풍부한 개인이나 금장은행가(goldsmith banker)가 자금의 공급기능을 담당했다. 그러나 산업혁명으로 자금의 수요가 커지자 각 지역에 은행이 설립되어 유휴자금을 끌어모아 기업에 공급하는 역할을 담당하게 되었다.

산업자금에 대한 수요의 증대는 채권과 주식을 거래하는 증권거래소 역할을 강화하여 금융의 중개 기능을 더욱 발전시켰다. 초기의 증권거래소는 주로 국공채를 비롯한 채권을 취급했다. 그러다 19세기 말에 주식회사의 설립이 확산되면서 주식 거래가 활발해졌고, 매일 신문지상에 발표되는 주가는 주식에 환금성을 부여하여 금융의 자금 중개 기능을 더욱 강화하였다. 그 결과 주로 장기자금을 조달하는 증권시장의 거래 규모가 은행을 중심으로 하는 예금대출시장(예대시장)에 비해 엄청나게 커졌다.

오늘날 은행을 비롯한 금융기관들은 차용자의 신용도를 평가하고 대여자와 차용자 간의 이자율을 조정하는 기능을 수행한다. 뿐만 아니라 국가 간의 자금이동을 촉진함으로써 국제금융시장의 활성화에 결정적 역할을 담당하고 있다.

---

1) 한국은행 홈페이지.

둘째, 금융은 거래를 원활하게 한다. 화폐의 기본적 기능 중에는 가치척도의 기능과 교환매개의 기능이 있다. 모든 재화와 용역은 화폐단위로 표시되므로 표시된 화폐액은 다른 재화 및 용역과 교환될 수 있는 교환 비율로서 가치척도의 기능을 지닌다. 또한 화폐는 한 재화 혹은 용역이 다른 재화 및 용역과 간접적으로 교환될 수 있도록 하여 교환을 매개하고 원활히 하는 기능을 수행한다. 금융은 이 같은 화폐의 기능이 실질적으로 발휘되어 거래가 원활히 진행되도록 한다.

셋째, 투자 기회를 제공한다. 자금의 보관에는 비용이 든다. 화폐에는 가치저장의 기능이 있기 때문이다. 자금에 여유가 있는 사람들은 여분의 자금을 현금으로 소장하기보다는 이익이 남을 만한 곳에 투자하여 수익을 얻고자 한다. 금융시장과 금융기관은 예금 형태로 받아들인 자금을 대출하거나 채권 혹은 주식의 형태로 자금을 공급함으로써 투자를 유도한다. 금융은 여유 자금을 실물시장에 투자하도록 유도함으로써 자원의 효율적인 배분에도 기여한다.

넷째, 위험의 회피이다. 경제에서 경기변동은 피할 수 없는 현상이기 때문에 경제적 성과는 경제 주체의 예상이나 기대와 일치하지 않는 것이 일반적이다. 예측이 빗나가면 투자자들은 소유 자산의 평가가치가 하락하여 손실을 볼 가능성이 높아진다. 금융은 다양한 금융상품과 파생금융상품 등의 헤지 수단을 제공하고 분산 투자를 유도함으로써 투자자를 보호하고 경제의 불확실성을 줄여줄 수 있다. 금융시스템이 잘 정비되어 있으면 차입자들도 위험을 회피하거나 분산시킬 수 있는 기회를 누릴 수 있다.

제 2 절 금융정책

2.1 금융정책의 수단

재정정책은 정부가 세입을 바탕으로 자금을 지출함으로써 국민소득의 흐름에 직접적으로 영향을 미친다. 이에 비해 금융정책은 중앙은행과 정부가 통화량 및 이자율 등을 조절함으로써 간접적으로 국민소득에 영향을 미친다. 금융정책의 최종 목표는 경제성장, 완전고용, 통화가치의 안정과 물가안정, 국제수지균형 등이라고 할 수 있다.

금융정책의 운영 목표는 금융정책의 최종 목표를 달성하기 위하여 금융정책 당국이 어느 정도 통제·조절할 수 있는 지표를 말한다. 각국의 중앙은행은 일반적으로 가격 지표인 이자율과 수량 지표인 통화량을 운영 목표로 설정하고 정책을 추진한다.

정책 당국이 사용하는 금융정책의 수단에는 선별적 정책수단과 일반적 정책수단이 있다. 선별적 정책수단은 정책 당국이 특정 부문에 대해 차별적·직접적으로 영향을 미치기 위해 취하는 금융정책이다.

선별적 정책수단은 크게 두 가지로 나누어진다. 하나는 특정 부문의 육성 혹은 발전을 주목적으로 사용하는 것이고, 둘째는 일반적 금융통제정책의 집행 결과로서 특정 부문이 바람직하지 못한 영향을 받는 경우에 사용한다. 전자의 구체적 수단으로서는 중소기업의 지원 및 수출 진흥, 농업 지원, 특정 산업의 육성을 위한 자금 지원 등이 있고, 후자에는 증권금융의 규제, 소비자신용 규제, 부동산신용 규제 등이 있다. 선별적 정책수단은 대체로 후진국에서 많이 채택되는데, 정책 당국자의 자의성이 개입하기 쉬워서 관치금융과 정경유착을 초래할 우려가 있다. 예전에 우리나라에서는 특정 목표를 달성하기 위하여 선별적 정책수단을 자주 동원하였지만 경제 규모가 커지고 금융시장이 발전하면서 실행 빈도수가 많이 줄었다.

이에 비해 일반적 정책 수단은 금융수요자(정책대상자)에게 무차별적으로 적용됨으로써 간접적으로 통화량을 조절한다. 일반적 금융정책에는 공개시장운영, 재할인율정책, 지불준비율정책이 있다.

첫째, 공개시장운영(open market operarion)은 중앙은행이 증권시장에서 국채를 매입하거나 매각하여 통화량과 이자율을 조절하는 수단이다.[2] 중앙은행은 시중에 자금이 너무 많이 공급되었다고 판단될 때 보유하고 있는 국공채를 매각하여 자금을 거둬들이게 되는데, 이 경우 시중의 통화량은 감소하고 이자율은 상승하게 된다. 그 반대의 경우에는 국공채를 사들여 시중에 유통되는 통화량을 증가시켜 이자율을 하락시킨다.

금융시장이 발달하여 금융자산이 다양하고 금리가 자율화되어 있는 선진국에서 통화조절 수단으로서 가장 많이 활용하고 있다. 운영 대상에는 국채뿐만 아니라 기타 정부증권, 은행인수어음과 환어음 및 금, 외국환 등도 포함된다. 우리나라에서는 한국은행이 금융기관과 일반을 상대로 주로 통화안정증권과 환매조건부채권(RP)을 매각 혹은 매입함으로써 통화량을 조절하고 있다.

둘째, 재할인율정책(rediscount rate policy)은 중앙은행이 금융기관에 빌려주는 자금의 이자율을 변경시켜 통화량을 조절하는 정책이다. 재할인율이란 시중은행이 고객에게 할인해 준 상업어음을 다시 중앙은행이 할인하여 현금화해 줄 때 적용하는 금리이다. 중앙은행이

---

2) 한국은행은 2016년 1월 공개시장조작을 공개시장운영으로 명칭을 변경했다. 그러나 여전히 공개시장조작이 많이 사용되고 있다.

재할인율을 높이면 은행의 차입 규모가 줄어들어 시중 통화량이 감소하고, 재할인율을 낮추면 은행의 이자 부담이 줄어서 은행으로 많은 돈이 풀리므로 통화량이 증가한다.

셋째, 지불준비율정책(reserve requirements ratio polocy)은 중앙은행이 예금은행의 법정지불준비율을 변경함으로써 통화량을 조절하는 방식이다. 지불준비금(cash reserve)이란 은행이 예금자들의 인출 요구가 있을 때를 대비하여 보유하는 자금이다. 구체적으로는 예금의 모두를 대출이나 유가증권 투자 등의 영리목적으로 사용하지 않고 가지고 있는 현금 또는 다른 은행에 예치해 둔 요구불예금을 가리킨다.

중앙은행은 은행으로 하여금 예금의 일정 비율을 반드시 보유하거나 중앙은행에 예치하도록 하는데 이 비율을 법정지불준비율(legal reserve ratio)이라고 한다. 지불준비율정책은 처음에는 예금자 보호가 목적이었지만 1930년대 초부터 미국에서 통화량을 조절하는 수단으로 사용되기 시작하였다. 중앙은행이 법정지불준비율을 정하면 은행은 예금액에서 이 비율에 해당하는 자금을 제외한 나머지를 대출하거나 유가증권에 투자할 수 있다. 그러므로 법정지불준비율을 인하하면 은행의 초과지불준비금이 증가하여 대출 여력이 생기므로 시중 통화량이 늘어나게 된다. 이와 반대로 법정지불준비율을 인상하면 초과지불준비금이 감소하고 통화승수가 감소하여 시중 이자율이 상승하게 된다.

2.2 통화량과 금리

2.2.1 각종 통화지표

통화량 지표에는 본원통화(reserve base), 통화(M1), 총통화(M2), 금융기관 유동성(Lf), 광의의 유동성(L) 등 여러 가지가 있다.

본원통화는 중앙은행이 공급하는 현금통화이며, 고성능화폐(high-powered money)라고도 한다. 중앙은행이 본원통화량을 조절하면 시중의 현금이 변화하기 때문에 통화량도 변화한다. 따라서 본원통화는 모든 통화 공급의 기초가 되는 중요한 지표이다. 중앙은행은 여러 가지 수단을 통해 본원통화의 공급을 조절하는데, 그중 가장 대표적인 것이 공개시장운영이다. 예를 들어, 중앙은행이 보유하고 있는 현금으로 국채를 매입하면 본원통화의 공급이 늘어난다. 본원통화가 증가하면 민간 보유 현금과 금융기관의 지급준비금이 늘어나서 통화량이 늘어나게 되고 금리가 하락한다. 본원통화의 변화는 변화분에 통화승수(money multiplier)를 곱한 것만큼 통화 공급을 변화시킨다.

한국은행에서 발표하고 있는 통화량 지표를 정리하면 다음과 같다.

표 6-1 통화량의 종류

• 본원통화	화폐발행액+예금은행의 중앙은행 지급준비예치금
– (화폐발행액)	– (비은행민간보유현금+은행보유시재금)
• M1(통화)	현금+요구불예금(당좌, 보통예금)
• M2(총통화)	M1+저축성예금(정기예금, 적금)
• Lf(금융기관유동성)	M2+2년 이상 장기금융상품+생명보험계약 준비금 등
• L(광의의 유동성)	Lf+기타 금융기관 상품(증권사 RP, 예금보험공사채 등), 정부·기업 발생 채권 등

M1은 현금과 요구불예금을 합친 것으로 협의의 통화이다.

M2는 M1에 저축성예금이 포함된 것으로 통화관리의 중심 지표로 사용되고 있다. 저축성예금은 요구불예금만큼 입출금은 자유롭지 않으나 약간의 이자를 포기하면 바로 현금화할 수 있다는 점에서 광의의 통화에 포함시킨다.

Lf(Liquidity aggregates of financial institutions)는 전체 금융기관의 자금 상황을 나타내는 지표로 과거의 M3를 구성 항목은 그대로 둔 채 명칭을 변경한 것이다.

L(Liquidity)은 한국의 경제가 보유하고 있는 전체 유동성의 크기를 측정하기 위한 지표이다. 구체적으로는 Lf에 손해보험사 장기저축성보험계약 준비금, 증권사 RP, 여신전문기관의 채권, 예금보험공사채, 자산관리공사채, 자산유동화채권, 국채 및 지방채, 기업어음, 회사채, 기타 등을 합한 것이다(시사상식사전).

<그림 6-1> 각종 통화지표(1990~2021) (단위: 조원)

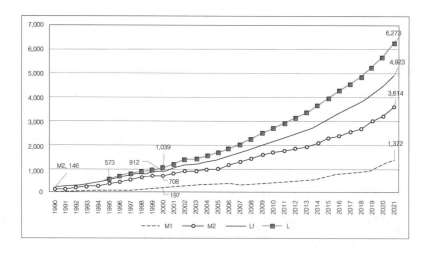

주: 말잔 기준
자료: 한국은행경제통계시스템

<그림 6-1>에서는 각종 통화 지표의 대체적인 수량을 파악할 수 있다. 2021년 말에 M1은 1,372조 원이다. 통화 관리의 중심지표인 M2는 1990년 146조 원에서 2021년에 3,614조 원으로 늘었다. 그 외 전체 금융기관의 유동성은 Lf는 4,923조 원이며, 한국경제 전체의 유동성 L은 6,273조 원이다.

2.2.2 금리

통화량과 금리(이자율)는 상호 밀접한 관계에 있을 수밖에 없다. 금리는 원금에 지급되는 기간당 이자의 비율로서 화폐의 수요와 공급에 의해서 결정되기 때문이다. 즉 통화량의 변동은 이자율에 영향을 미친다. 금융시장에 통화(공급)량이 증가하면 이자율이 하락하고 통화량이 감소하면 이자율이 상승한다.

금리의 변화는 가계 소비, 기업 투자 및 물가 등에 커다란 영향을 미친다. 금리가 상승하면 저축이 증가하고 금리가 하락하면 소비와 투자는 늘고 저축은 감소한다. 특히 기업의 투자는 금리에 민감하게 반응한다. 금리가 상승하면 기업의 원리금 부담이 늘어서 투자가 줄어들고 금리가 하락하면 일반적으로 투자가 증가한다. 금리는 자본의 국제적 이동에도 영향을 미친다. 자본시장이 자유롭게 개방되어 있으면 투자자들은 이자율이 높거나 금융시장의 기타 수익률이 더 높은 국가로 자금을 이동시킨다.

금리에는 기준금리와 시장금리가 있다. 첫째, 기준금리는 한국은행의 금융통화위원회 (Monetary Policy Board)에서 결정하는 금리로서 시장에서 결정되는 금리의 기준이 되고 있다. 중앙은행은 경기과열이나 물가상승이 지나치게 높으면 기준금리를 올리고 경기가 침체되면 경기활성화를 위해서 기준금리를 하향조정한다. 중앙은행이 기준금리를 낮추려면 통화공급량을 조절하는 간접적인 정책수단을 쓸 수도 있고 직접적으로 기준금리를 변경할 수도 있다. 한국은행이 기준금리를 결정하면 시중은행을 비롯한 금융기관들은 이를 기준으로 개별적으로 금리를 책정한다.

둘째, 시장금리는 금융시장에서 수요공급의 원리에 의해서 결정되는 이자율이다. 시장금리는 중앙은행이 결정하는 기준금리보다 높다. 개인이나 기업과 같은 차입자는 개별적으로 신용도(위험도)에 차이가 있기 때문에 자금을 차입할 때 적용되는 이자율에 차이가 있다. 또한 금리는 장단기에 따라서 달리 적용된다. 대체로 장기금리는 1년 미만의 단기금리보다 높은데 차입자가 장기간 안정적으로 자금을 사용하는 편익이 있기 때문이다.

정책당국은 금융정책의 운영 목표를 조절함으로써 경제성장률 제고 등을 비롯한 최종목표를 달성하고자 하는데 학파에 따라서 정책의 강조점이 다르다. Keynes는 통화수요함수는 불안정하므로 통화량보다는 이자율을 금융정책의 운영목표 혹은 지표로 삼아야 한다는 입장을 취한다. 반면에 M. Friedman과 같은 통화주의자들은 이자율 지표는 매우 불완전한 정보를 제공하기 때문에 통화량을 운영 목표로 설정해야 한다고 주장한다. 통화주의자들은 지속적인 통화 공급의 확대를 통해 경제정책의 최종 목표를 용이하게 달성할 수 있다고 생각한다. 최근에는 금융혁신이 빠르게 진행되고 다양한 금융상품의 출시로 인하여 통화의 보유 형태가 급변하고 있어서 본원적 통화와 통화량 간의 관계 및 통화수요함수의 불안정성 문제가 제기되고 있다. 정책당국에서는 일반적으로 이 두 지표를 혼합하여 사용한다.

우리나라의 금리 변화를 보면 다음과 같다.

<그림 6-2> 금리의 변화(1995~2021) (단위: %)

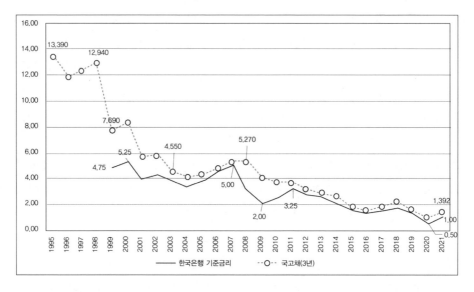

자료: 한국은행경제통계시스템

첫째, ① 한국은행이 정하는 기준금리는 2000년에 5.25%, 2007년 5.00%였는데 2020년에는 최저인 0.50%, 2021년에는 1.00%로 낮아졌다. ② 이에 따라서 국고채(3년) 금리도 하락하고 있다. <그림 6-2>의 3년 만기 국고채는 국고채 중에서 가장 거래가 많아서 시중자금 사정을 나타내는 지표금리라고 할 수 있다.[3] 국고채 금리도 기준금리와 연동되어

---

3) 국고채에는 1년, 3년, 5년, 10년, 20년, 30년, 50년 만기짜리가 있으며, 국고채는 채권시장에서 지표채권으로 사용되고 있다. 한국은행이 발행업무를 대신하고 있는데, 시장실세금리로 발행되는 것이 특징이다. 국고채는 안전하므로 회사채보다 수익률이 낮다. 국고채에 지방채, 특수채를 묶어서 국공채라고 부른다.

하락하는 모습을 보이고 있다.

둘째, ① 그러나 2022년 들어서 금리가 크게 오르고 있다. 사실 한국은행 기준금리는 2021년 8월부터 오르기 시작했다. 2021년 5월 0.5%이던 기준금리는 0.25%씩 두 차례에 걸쳐 인상되어 2021년 말에는 1.00%였다. 2022년 1월에 1.25%로 올랐던 금리는 4월 1.50%, 5월 1.75%, 7월 2.25%, 8월 2.5%, 10월 3.00%, 11월에는 3.25%로 상승했다. ② 한국은행이 기준금리를 급격하게 인상함에 따라 나머지 시장금리도 크게 올랐다. 2021년 12월 1.800%이던 국고채(3년) 금리는 2022년 10월에는 4.235%였는데, 11월에는 약간 진정되어 3.895%였다(월평균 금리). 이에 따라 은행의 가계대출은 평균 금리 5%를 넘긴 것으로 나타난다. ③ 이같이 금리가 크게 오르는 가장 큰 원인은 미국 연방준비제도이사회의 결정에 세계 금융시장이 따라갈 수밖에 없기 때문이다. 미국은 코로나19 대응자금 방출과 특히 러시아-우크라이나전쟁으로 인한 세계 공급망 붕괴 및 원자재 가격의 급상승에 따른 물가 급등에 대응하기 위하여 금리를 지속적으로 인상하고 있다.

제 3 절 금융기관

3.1 금융기관

금융기관은 자금의 수요자와 공급자에게 자금을 중계하는 등 각종 금융서비스를 제공하는 기관이다. 우리나라의 금융기관은 금융서비스의 성격에 따라 다음과 같이 분류된다.[4]

표 6-2 우리나라의 금융기관(2018년 2월말 기준)

구분			기관 수[1]	비고
은행	중앙은행	한국은행	1	
	일반은행	시중은행	8[2]	
		지방은행	6	
		외은지점	38	점포 수 47

---

4) 이하 금융기관 및 금융상품, 금융시장, 파생금융상품시장 등에 나오는 용어의 설명에 관해서는 금융감독 용어사전, 두산백과, 매일경제, 시사상식사전, 시사경제용어사전, 한경경제용어사전, New경제용어사전, 한국은행, 『한국의 금융시장』(2016) 등을 참조하여 정리함.

구분			기관 수[1]	비고
	특수은행	한국산업은행	1	
		한국수출입은행	1	
		중소기업은행	1	
		농협은행	1	
		수협은행	1	
비은행 예금 취급 기관	상호저축은행		79	
	신용협동기구	신용협동조합	898	
		새마을금고	1,315	
		상호금융	1,358	농협·축산업·임산업1131/ 수협90/산림조합137
	우체국예금		1	
	종합금융회사		1	
금융투 자업자[3]	투자매매중개업자	증권회사	55	외국사 지점 11 포함
		선물회사	5	
	집합투자업자		215	
	투자일임자문업자		179	역외사 192
	신탁회사[4]	은행/증권/보험/부동산신탁	56	19/20/6/11
보험 회사	생명보험회사		25	외국사 9 포함
	손해보험회사	손해보험회사	19	외국법인(4), 국사지점(4) 포함
		재보험회사	10	외국사 지점 9 포함
		보증보험회사	3	외국사 지점 1 포함
	우체국보험		1	
	공제기관		3	새마을공제, 수협공제, 신협공제
기타 금융 기관	금융지주회사	은행지주 비은행지주	7 2	지방은행지주 포함
	여신전문금융회사	시설/카드/할부금융/신기술금융	97	26/8/21/42
	벤처캐피탈회사	중소기업창업투자회사 신기술사업금융	120 42	
	증권금융회사		1	
	한국무역보험공사		1	
	한국주택금융공사		1	
	한국자산관리공사		1	
	한국투자공사		1	
금융 보조 기관	금융감독원		1	
	예금보험공사		1	
	금융결제원		1	
	한국예탁결제원		1	
	한국거래소		1	
	신용보증기관	신용보증기금	2	

구분			기관 수[1]	비고
		기술신용보증기금		
	신용정보회사		33	겸영회사 4 포함
	자금중개회사		13	원화중개회사 3 외국환중개회사 10

주: 1) 인가 및 전업 기준
    2) 인터넷전문은행 2개사(주식회사 케이뱅크은행, 한국카카오은행 주식회사) 포함
    3) 하위 구분은 자본시장법 시행 이전의 규제체계에 따른 기관별 분류
    4) 겸업사 포함
자료: 한국은행홈페이지(금융안정)

2000년대의 금융기관은 1990년대의 금융기관과 비교해 볼 때 크게 달라졌다. 가령, 1993년에 통화금융기관에 속하는 예금은행은 일반은행인 시중은행, 지방은행, 외국은행 국내지점과 중소기업은행, 국민은행, 주택은행, 농수축협 신용사업부문 등의 특수은행으로 구성되어 있었다. 이중에서 주택은행은 1997년에 시중은행으로 전환된 후 2001년에 국민은행과 합병하였고 국민은행 또한 1995년에는 일반은행(시중은행에 속함)으로 전환되었다.[5] 특수은행인 농협과 수협의 신용사업 부문은 농협은행과 수협은행으로 바뀌었다. 시중은행과 지방은행도 외환위기를 거치면서 통합되거나 흡수되어 대형화되고 숫자가 많이 줄어들었다.

그 외에도 금융시장의 발전으로 선물회사, 여신전문금융회사, 벤처캐피탈회사, 신용정보회사 등의 새로운 금융기관이 등장하였다. 또한 한국장기신용은행이 1998년에 해체되고 서민 및 소규모 기업 전담 기관이었던 상호신용금고가 2001년에 상호저축은행으로 명칭을 바꾸는 등 적지 않은 변화를 겪었다.

금융기관별 기능 및 특징을 설명하면 다음과 같다.

은행 일반은행과 특수은행으로 나누어진다. 일반은행은 은행법에 의해 설립되고 한국은행법과 은행법의 규제를 받는다. 일반은행은 예금은행 또는 상업은행으로 더 자주 불린다. 요구불예금과 저축성예금을 받아들여 기업 또는 일반인에게 단기 대출을 제공하는 상업금융을 주로 하고, 그 외에 기업의 설비자금 공급을 위한 장기금융업무, 환업무, 지급보증, 유가증권의 인수·매매 및 대여, 국고대리업무 등 광범위한 업무를 취급하고 있다. 일반은행은 겸업주의가 확대됨에 따라서 1997년 2월부터는 보험 업무(방카슈랑스: bancassurance)도 영위하고 있다.[6]

일반은행은 시중은행, 지방은행, 외국은행 지점으로 구분된다. 시중은행이란 전국적인

---

5) 주택은행은 1967년 한국주택금고로 설립된 후 1969년에 한국주택은행(주)로 변경되었다. 국민은행은 1962년에 서민금융기관이던 무진회사를 모체로 서민금융 전담의 특수은행으로 설립되었다.
6) 이렇게 은행과 보험사가 상호 제휴와 업무 협력을 통해 상대방 판매채널에서 자사금융상품을 판매하는 것을 방카슈랑스라고 한다. 방카슈랑스는 은행과 보험업의 합성어이다.

점포망을 가지고 있는 상업은행을 가리킨다. 시중은행은 1997년 15개가 있었으나 외환위기 때 인수·합병되어 새로 생긴 인터넷전문은행 2개 사와 합쳐 2020년에 8개가 있다. 지방은행은 지방에 본점을 두고 금융활동이 해당 지역에 집중되어 있는 은행을 말한다. 시중은행과는 업무에서 별 차이가 없다. 지방은행은 지역경제의 발전과 금융의 지역적 분산을 목표로 1967년부터 1971년까지 10개가 설립되었는데, 외환위기에 몇 개가 통폐합되어 부산·경남·대구·광주·전북·제주은행 등 6곳이 남아 있다.

특수은행은 일반은행이 재원의 제약이나 채산성 확보의 어려움 등을 이유로 필요한 자금을 충분하게 공급하기 어려운 부문에 자금을 원활히 공급하기 위해 설립되었다. 특수은행인 산업은행은 2002년부터 예금은행으로 분류되었다.

상호저축은행 서민들의 금융 편의를 도모하고 저축 증대를 위해 설립된 금융기관으로서 이전에는 상호신용금고, 저축은행이었다. 일반은행에 비해 이자율과 대출 금리가 다소 높고 대출 절차가 간편하여 서민들이 많이 이용한다. 기타 어음할인, 자금이체, 외환, 공과금 수납 대행 등 은행과 업무 영역이 크게 다르지 않다. 5,000만 원까지 예금자 보호를 받는 점도 고객을 모으는 중요한 요인이 되고 있다. 그러나 경영진들이 자금을 유출하거나 부동산PF 부실 등으로 2011년 이후 대규모로 퇴출을 당하는 등 신용도가 은행에 비해 크게 낮다.

종합금융회사 비은행예금취급기관에 속하며, 기업에 대한 종합적인 금융지원을 원활히 하도록 설립한 회사로서 단기금융업무, 국제금융업무, 설비 또는 운전자금의 투융자업무, 증권의 인수·매출·모집 또는 매출의 주선 등의 업무를 수행한다. 1997년 말에는 종합금융회사의 수가 30개에 달했지만 1997년 말에 외환위기가 닥치자 외환위기의 주범으로 낙인찍혀 대부분 퇴출되거나 다른 회사에 인수되었다. 현재는 1개 사만 남아 있다.

금융투자업자 자본시장법에 따라 금융투자업은 6개 분야로 분류된다. 투자매매업, 투자중개업, 집합투자업, 투자자문업, 투자일임업, 신탁업이 있다.

선물회사 투자매매중개업자에 속하며, 상품거래소에 상장된 파생상품이나 선물거래의 중개를 통해 수익을 얻는 파생상품 전문 중개회사이다. 선물(중개)회사는 주로 선물계약이나 옵션의 매매주문을 처리하는 데 필요한 서비스를 고객에게 제공하고 매매주문 체결에 따른 예탁자금 관리, 외국환 업무 등을 담당한다. 2011년 정부의 파생상품 시장건전화 조치로 관련 규제가 강화되어 회사 수가 감소하였다.

생명보험회사, 손해보험회사 생명보험상품은 보험금 지급조건에 따라 사망보험, 생존보험, 양로보험 등으로 세분된다. 손해보험회사가 취급하는 보험상품은 화재, 해상, 자동차, 보증, 특종 및 장기저축성보험 등이 있다. 생명보험은 손해보험과는 달리 보험사고 발생과 관계없이 일정 기간 경과 후 보험금을 가입자에게 지급하는 정액 보험이 많아 저축의 성격을 띠며 장기보험계약준비금을 주로 금융자산 형태로 운용한다.

금융지주회사 독자적으로 경영하는 사업 없이 주식 지분의 소유를 통해 은행이나 증권사, 보험사 등과 같은 금융기관을 자회사로 소유하고 경영하는 회사를 말한다. 금융지주회사는 특정 사업 부문에 대한 진입·퇴출이 용이하고 겸업화·대형화를 통해 경쟁력을 제고할 수 있는 장점이 있다. 우리금융지주, 신한금융지주, 하나금융지주, KB금융지주 등이 있다.

여신전문금융기관 수신 기능 없이 여신업무만을 행하는 금융회사로서 신용카드업, 시설대여업, 할부금융업, 신기술사업금융업 등이 있다. 신용카드업은 신용카드 발행 및 관리 또는 신용카드가맹점의 모집 및 관리 업무를 행하는 업종이다. 시설대여업은 일정한 물건을 새로 취득하거나 대여받아 거래 상대방에게 일정 기간 이상 사용하게 하고 그 기간에 걸쳐 일정 대가를 정기적으로 분할하여 지급받는 등의 금융업(일명 리스)을 말한다. 할부금융업은 재화 및 서비스 매매에 대하여 재화 및 서비스의 구매자금을 매도인에게 지급하고 매수인으로부터 그 원리금을 분할하여 상환받는 방식의 금융업종이다. 신기술사업금융업은 신기술사업자에 대한 투자, 융자, 경영 및 기술 지도 등의 업무를 종합적으로 운영하는 사업이다.

벤처캐피털회사 기술과 아이디어 면에서 장래성은 있으나 경영 기반이 약하여 자금을 동원하기 어려운 벤처기업에 투자하는 투자전문회사를 말한다. 벤처캐피털 업체가 중심이 되어 기업, 일반인, 금융기관 등의 참여로 투자조합 혹은 펀드를 통하여 자금을 모집한다. 주식 취득의 형식으로 투자하고 벤처기업이 이윤을 내면 주식 매각을 통하여 투자금을 회수한다. 높은 수익을 거둘 수도 있지만 담보 없이 투자하는 것이 특징으로서 벤처기업이 실패하면 투자금 회수가 어렵다.

증권금융회사 증권거래소에 등록되어 있는 증권회사에 대하여 증권투자에 필요한 증권금융업무와 유가증권시장에서의 매매 거래에 필요한 자금이나 유가증권을 담보로 대부하는 업무를 한다. 증권시장의 매매 거래를 성사시키는 데 매우 중요한 역할을 하고 있다.

3.2 금융상품

우리나라는 성장기에는 은행이 취급하는 예금과 대출을 제외하면 금융시장에서 볼 수 있는 금융상품은 대단히 제한되어 있었다. 그러나 금융기관의 종류가 다양화되고 금리 및 금융의 자유화가 진행되면서 금융상품의 종류도 크게 늘고 있다. 그러므로 요즈음 고객들은 소유하는 자금 규모나 금융상품의 수익률에 따라서 다양한 상품에 투자할 수 있다.

은행과 우체국 이외 금융기관들의 금융상품의 수익률은 은행보다 높다. 새마을금고나 신용협동조합, 상호금융, 상호저축은행 등의 예금 금리는 은행보다 높지만 기관의 신용도가 낮다. 기타 투자금융기관의 상품들은 고수익 상품인 반면, 위험도가 높기 때문에 손실을 볼 수 있다. 예를 들어, CMA(Cash Management Account)[7]는 예탁금을 어음이나 채권에 투자하여 그 수익을 투자자에게 돌려주는 실적배당 금융상품이고 뮤추얼펀드는 주식발행을 통해 투자자를 모집하고 모집된 투자 자산을 전문적인 운용회사에 맡긴 후 배당금을 돌려주는 고수익 상품이지만, 수익이 나지 않으면 손실이 발생할 수 있다. 보험의 경우에는 만기일 이전에 해지하면 대부분 환급금이 보험료보다 낮다는 점에 유의해야 한다.

표 6-3 금융기관별 주요 금융상품 일람표

금융기관	주요 상품	특징
은행 (농·수협중앙회 포함)	요구불예금, 저축성예금, 신탁상품, CD·RP 등 시장성상품	대출 가능, 비교적 낮은 예금금리, 중도해지 시 저금리 적용
종합금융회사	CMA, CP, 발행어음	단기 고수익, 개인대출 불가, 최소 가입액 큼
상호저축은행	예금, 적금, 신용부금, 표지어음	고수익, 기관신용도 낮음
상호금융(지역농·축협, 지구별 수협, 지역산림조합)	출자금, 예탁금, 적금	고수익, 기관신용도 낮음
신용협동조합	출자금, 예탁금, 적금	고수익, 기관신용도 낮음
새마을금고	출자금, 예탁금, 적금	고수익, 기관신용도 낮음
자산운용회사	수익증권, 뮤추얼펀드	고수익, 일부 상품은 위험도 높음, 개인대출 불가
우체국	우체국예금·보험	원리금 100% 보장, 대출 불가
생명보험회사	보장성보험, 저축성보험	저축성보험도 기본적인 보장 기능을 겸함, 만기 전 해약 시 환급액이 보험료보다 적을 수 있음, 일반저축상품보다 수익률 낮음
손해보험회사	재물보험, 배상책임보험, 제3보험, 특종보험, 근재보험, 보증보험, 재보험, 퇴직연금, 장기손해보험	만기 전 해약 시 환급액이 보험료보다 적을 수 있음, 일반저축상품보다 수익률 낮음
증권회사	증권저축, 채권저축, 수익증권, 뮤추얼펀드	고수익, 주가 하락 시 손실 발생
선물회사	파생상품 및 선물거래 중개	
신탁회사	신탁상품, 신탁형증권저축	
여신전문금융회사	대출(신용, 주택 등)	
벤처캐피탈회사	대출, 신기술투자(주식, 사채인수)	
증권금융회사	실권주청약예수금, RP	고수익

자료: 한국은행, 『2012년 금융생활길라잡이』, pp.187-188 및 기타 자료.

7) 종합금융회사에서 먼저 취급했으나 현재는 증권사에서도 판매한다.

4.1 금융시장의 구조

금융시장(fancial market)은 크게 직접금융시장과 간접금융시장으로 나뉜다. 간접금융시장은 은행 등의 금융기관이 개입하여 일반으로부터 흡수된 자금을 수요자에게 제공하는 시장이다. 간접금융시장에서 가장 중요한 거래는 예금과 대출이고, 당좌차월, 어음할인, 팩터링제도, 단자차입, 보험차입, 시설자금차입, 외화차입, 리스 등도 포함된다.

직접금융시장은 자금수요자가 주식 혹은 채권을 신규로 발행하여 자금을 직접 조달하는 시장이다. 투자자 입장에서는 직접금융 방식은 증권, 즉 주식 및 채권이 주요 거래 상품이므로 수익성이 높을 수 있으나 상대적으로 불확실성이 커서 손실을 볼 수도 있다. 반면, 예금과 같은 간접금융 상품은 은행과 같이 공신력이 있는 금융기관이 중개하기 때문에 위험도와 수익성이 모두 낮다. 우리나라에서는 선진국에 비해 간접금융의 비중이 높다.

직접금융시장은 단기금융시장, 자본시장으로 나뉘는데, 여기에 금융상품의 특성을 고려하여 외환시장과 파생금융상품시장을 별도로 구분하기도 한다. 단기금융시장은 자금시장(money market)이라고도 하는데 만기 1년 이내인 금융상품이 거래된다. 주로 자금거래 규모가 크고 신용도가 양호한 정부, 금융기관, 우량기업 등이 자금의 일시적인 과부족을 조절하기 위해 이용하는 시장이다.

자본시장(capital market)은 만기 1년 이상의 장기자금을 조달하는 시장으로 주식 및 채권이 거래된다.

외환시장은 각국의 통화가 거래되는 곳으로 외국환은행 간 외환 매매가 이루어지는 은행 간 시장과 은행과 비은행 고객 간에 거래가 이루어지는 대고객시장으로 구분된다. 은행 간 시장은 금융기관, 외국환중개기관, 한국은행 등이 참가하는 시장으로 대량 거래가 이루어지는 도매시장의 성격을 가진다. 일반적으로 외환시장은 은행 간 시장을 의미한다.

파생금융상품시장은 금융상품의 가격변동위험과 신용위험 등 위험 관리를 위해 고안된 파생금융상품이 거래되는 시장이다. 대표적인 상품으로 선물, 선물환, 옵션, 스왑 등이 있다. 우리나라의 파생금융상품시장은 외환파생상품을 중심으로 발전되어 왔으나, 1990년대 중반 이후로 주가지수 선물 및 옵션, 채권선물 등이 도입되면서 상품 종류가 다양해지고 거래 규모도 크게 확대되고 있다.

<그림 6-3> 우리나라 금융시장의 구조

자료: 한국은행, 『2021한국의 금융시장』, p.6.

4.2 간접금융시장

4.2.1 예금은행의 예금 및 대출

예금과 대출을 중심으로 하는 예대시장은 금융시장을 지탱하는 가장 중요한 시장이다. 그러므로 먼저 간접금융시장 중에서 예대시장을 살펴보면 다음과 같다.

<그림 6-4> 예금은행의 총예금 및 총대출의 추이(1975~2021) (단위: 조원, %)

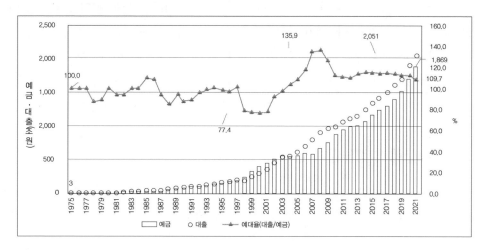

주: 1) 말잔 기준
   2) 예대율=(대출/예금)으로 대신함
자료: 한국은행경제통계시스템

첫째, 통화금융기관인 예금은행의 총예금과 총대출은 1970년에 둘 다 1조 원에 미달하는 8천억 원, 7천억 원이었지만 2021년에 예금은 1,869조 원, 대출은 2,051조 원으로 명목상으로 엄청나게 증가하였다. 그런데 예금과 대출을 비교하면, 2003년 이전에는 몇 개년도를 제외하고 대출보다 예금이 많았지만 2004년 이후에는 대출이 예금보다 많아지고 그 격차도 매우 커서 200조 원을 넘는 해도 있다. 2021년에도 예금은행의 총예금은 1,869조 원인데 비해 총대출은 2,051조 원으로서 대출이 예금보다 182조 원이나 많다.

둘째, 이렇게 예금을 초과하여 대출이 이루어지고 있음을 예대율이 보여주고 있다(<그림 6-4>). ① 예대율(loan to deposit ratio)은 은행의 자산 구성 또는 오버론(overloan)의 정도를 나타내는 지표로서 예수금을 초과한 대출을 방지하기 위한 지표이다.[8] 예대율이 100%를 넘으면 자금 운용에 적신호가 켜진 것이므로 은행 경영에 각별히 유의해야 한다. 예대율은 실제로 산정 기준이 여러 차례 바뀌어 복잡하므로 여기에서는 편의상 총예금 대비 총대출의 비율로 대신하였다.[9] ② 그림을 보면, 2004년도에 이 비율이 100%를 넘고 있어서 대출이

---

8) 예대율은 80% 정도의 선에서 억제하는 것이 건전한 경영방침이라고 한다.

9) 예금은행의 총수신 항목 중에서 원화예금으로 표시된 것이 예금은행의 총예금인데 2010년 이후에 대체로 총예금은 총수신의 약 80%를 차지한다. 예대율계산방식은 여러 차례 바뀌었다. 2020년 1월에 도입된 예대율의 규제방식은 [원화대출금/(원화예수금＋시장성CD)]인데, 원화대출금에서는 정책자금대출 제외, 가계대출 가중치 115%, 기업대출 85%, 개입사업자는 이전과 동일한 100%로 조정되었다. 원화예수금에는

예금보다 많아지고 있으며 2021년까지도 여전히 110% 전후이다. 우리나라에서는 고도성장기에 필요 자금을 대부분 은행 융자에 의존했기 때문에 예대율이 높은 편이었다. 그런데 그때보다 자금 사정이 크게 나아진 2000년대에 오히려 이 비율이 올라간 후 내려오지 않고 있다. 이러한 상황 때문에 금융당국에서는 2019년도에 2020년도부터 신예대율을 은행에 적용하는 조치를 취했다. 새로운 예대율의 적용은 지나치게 증가한 가계대출을 줄이려는 것을 목표로 한 것이다.[10] 그만큼 과도한 대출이 이루어지고 있는 상황이라고 하겠다.

4.2.2 예금은행의 종류별 예금

은행 경영 자금의 원천이 되는 예금에 대해서 좀 더 자세히 살펴보자. 예금은 요구불예금과 저축성예금의 두 가지로 나누어진다. 총예금액에서 차지하는 이 둘의 비중은 어떻게 변화해 왔을까?

<그림 6-5> 예금은행의 요구불예금 및 저축성예금 비중의 변화(1975~2021) (단위: 조원, %)

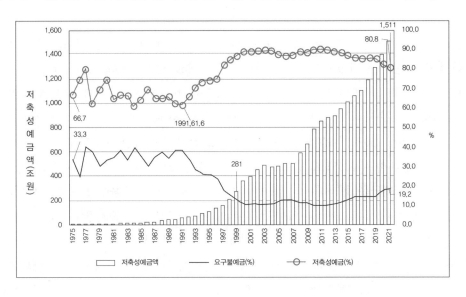

주: 말잔 기준
자료: 한국은행경제통계시스템

만기 5년 이상 커버드본드가 포함(원화예수금의 1% 이내)되고, 시장성CD는 원화예수금의 1% 이내로 되어 있어서 산정하기가 쉽지 않다.

10) 신예대율은 가계대출 가중치를 15%포인트 높이고 기업대출은 15%포인트 내리는 것을 중심으로 한다. 이에 따라 시중은행들은 비상이 걸렸다(한국은행, 『2019단기금융시장리뷰』, p.19, 매일신문, "예금 늘리고 대출 막아라"… 은행들 예대율 낮추기 비상, 2019.10.23.).

첫째, 저축성예금액은 1975년 2조 원에서 2000년에는 281조 원으로 늘어났으며 2021년에는 1,511조 원이다. 고도성장기에 정부는 투자자금과 자본축적을 위해 저축을 장려했지만 산업자금의 대출 금리를 낮추어야 했기 때문에 예금 금리를 충분히 올릴 수 없어서 예금자들에게 불리하였다. 거기다가 장기간에 걸친 악성인플레이션은 예금 증가를 방해하는 요인으로 작용했다. 그럼에도 높은 성장률을 유지했기 때문에 요구불예금액과 저축성예금액 둘 다 모두 크게 증가했다.

둘째, 요구불예금의 비중이 하락하고 저축성예금의 비중이 크게 올라가는 변화가 나타났다. 1975년에 66.7%였던 저축성예금의 비율은 2021년에 80.8%로 커졌다. 저축성예금 비중은 1991년부터 급증해서 2011년에는 89.9%까지 올랐다가 감소 추세이다. 반면, 요구불예금의 비중은 1975년에 총예금의 3분의 1 수준에서 5분의 1 수준으로 떨어졌다. 이것은 자본축적으로 자금적 여유가 생겨 정기예금, 저축예금, 기업자유예금 등 저축성예금이 늘어난 데 따른 것으로 보인다. 다만, 요구불예금의 비중은 2011년 최저인 10.1%에서 약간씩 올라 2021년에는 19.2%이다.

표 6-4 **예금은행의 종류별 예금(1975~2021)**   (단위: 조원)

	총예금	요구불예금			저축성예금		
		합계	보통예금	별단예금	합계	정기예금	저축예금
1975	3	1	0	0	2	1	–
1980	12	4	1	2	9	4	1
1990	84	32	7	17	52	16	5
2000	405	44	15	22	361	205	66
2010	874	88	57	22	786	503	130
2015	1,164	155	106	25	1,008	570	210
2016	1,241	180	125	26	1,061	587	234
2017	1,306	194	143	25	1,111	617	246
2018	1,395	202	153	26	1,193	694	243
2019	1,516	225	176	25	1,291	743	271
2020	1,698	298	226	28	1,400	734	334
2021	1,869	358	276	32	1,511	779	361

주: 1) 잔액기준
    2) 액수가 많은 종류별 예금을 표시, 나머지 제외
자료: 한국은행경제통계시스템

저축성예금이 빠른 속도로 느는 가운데 저축성예금 중 정기예금이 절반 이상을 점하고, 저축예금과 기업자유예금이 2, 3위를 차지한다. 요구불예금에서는 보통예금이 대부분을 차지하고 있고, 별단예금이 다음으로 액수가 많다.

한편, 자금별로 본 대출금에서는 운전자금이 1970년 이후 최소 73%에서 약 90%로서 시설자금에 대한 융자에 비해 압도적 비중을 차지하고 있다.

4.2.3 금융기관의 여수신

예금은행 이외의 금융기관들도 예금과 대출을 취급한다. 이들 기관들의 여수신을 합한 액수와 비중은 얼마나 될까?

표 6-5 금융기관의 여수신(1995~2021) (단위: 조원, %)

	수신			여신			예금은행 비중	
	합계액	예금은행수신	비은행금융기관	합계액	예금은행총대출금	비은행금융기관	수신	여신
1995	589	188	401	417	152	265	31.9	36.5
2000	1,018	476	542	559	311	248	46.8	55.6
2005	1,521	777	744	877	614	263	51.1	70.0
2010	2,383	1,126	1,257	1,447	987	460	47.3	68.2
2015	3,419	1,508	1,911	1,984	1,347	637	44.1	67.9
2016	3,694	1,593	2,101	2,149	1,424	725	43.1	66.3
2017	3,941	1,691	2,250	2,293	1,504	789	42.9	65.6
2018	4,208	1,784	2,424	2,456	1,600	856	42.4	65.1
2019	4,561	1,900	2,661	2,630	1,699	931	41.7	64.6
2020	4,967	2,108	2,859	2,910	1,894	1,016	42.4	65.1
2021	5,500	2,330	3,170	3,215	2,051	1,164	42.4	63.8

자료: 한국은행경제통계시스템

첫째, 2021년에 은행 및 비은행금융기관의 수신 및 여신액은 각각 5,500조 원, 3,215조 원으로서 수신액이 여신액보다 훨씬 많다. 예금은행의 수신액도 예금은행의 대출금보다 많다. 이것은 예금은행의 대출이 예금보다 많았던 점과 반대이다.

둘째, 예금은행의 여수신 항목에는 예금과 대출만 있는 것이 아니라는 점에 유의해야 한다. 즉 예금과 대출은 여신과 수신을 구성하는 항목의 하나이다. 여수신 항목은 원화예금, 외화예금, CD순발행, 매출어음, RP(환매조건부채권)매도, 금융채 발행으로 구성되어 있다. 이 중에서 예금은행의 원화예금은 앞에서 본 총예금으로서 수신액 중에서 액수 및 비중이 가장 크다. 예를 들어, 원화예금 총수신에서 원화예금(총예금)이 점하는 비중은 1995년에 81.9%이고 2021년에도 80.2%이다. 그 다음으로 많이 차지하는 항목은 금융채 발행으로서 2021년에 총수신액의 12.7%를 차지한다. 앞에서 예금은행이 예금보다 많이 대출할 수 있었던 것은 이렇게 예금 외에도 여러 방법으로 돈을 모을 수 있었기 때문이다.

셋째, 비은행금융기관도 수신액이 여신액보다 많다. 비율로 따지면, 수신은 여신의 약 3배로서 예금은행보다 상대적으로 많다.

넷째, 전금융기관(예금은행+비은행금융기관) 여수신을 비교하면, 수신은 비은행금융기관의 비중이 높고, 여신에서는 예금은행의 비중이 높다. 2021년에 수신에서 비은행금융기관은 57.6%이고, 여신에서는 예금은행이 63.8%이다. 즉 수신액은 비은행금융기관이 많고 여신액은 예금은행이 많다. 참고로, 비은행금융기관에는 종합금융회사, 자산운용회사, 신탁회사, 상호저축은행, 신용협동조합, 상호금융, 새마을금고, 생명보험, 기타가 포함된다.

다섯째, 전금융기관의 여신에서 예금은행이 차지하는 중요도가 시기별로 다르게 나타난다. 1990년대 후반에 예금은행은 전금융기관의 여신에서 40%에 미치지 못했으나 2000년대 전반에는 70%까지 올랐다. 그러나 그 후 2021년 63.8%까지 계속 하락하고 있다. 여신에서 비은행 비중의 증가는 상대적으로 더 많은 비율의 대출자가 더 열악한 대출 조건에 노출되는 것을 의미한다.

4.3 직접금융시장

4.3.1 단기금융시장

단기금융시장은 중앙은행의 통화정책이 수행되는 시장으로서 통화정책의 효과가 파급되는 시발점이다. 여기에서는 통상 만기 1년 이내의 금융상품이 거래되는데 자금시장이라고도 한다. 단기금융시장은 현금 보유의 기회비용 절감과 금융상품 보유에 따른 위험관리 수단을 제공한다. 콜시장, 환매조건부매매시장, 양도성예금증서시장, 기업어음시장, 단기사채시장 등으로 구성된다.

단기금융시장에서 거래되는 상품들

• 콜(Call): 금융기관 상호간에 일시적인 자금과부족을 조절하기 위해 이루어지는 초단기 자금의 대차이다. 대출 측에서는 콜론(call loan), 차입 측에서는 콜 머니(call money)이며 둘을 합쳐 콜이라고 약칭한다. 다음 영업일에 결제가 이루어지는 익일물이 대부분을 차지한다. 지급준비제도 적용 대상 금융기관들이 지급준비금의 과부족을 주로 콜거래를 통해 조정하고 있다는 점에서 콜시장은 지준시장으로서의 의미도 갖는다. 담보콜과 무담보콜 중 대부분은 무담보 중개거래 방식으로 이루어진다.

- CP(Commercial Paper, 기업어음): 기업이 발행하는 만기 1년 이내의 어음을 가리킨다. 주로 우량기업이 자금을 조달하기 위해서 자기신용을 바탕으로 발행하며 단기 무담보 상품이다.
- CD(Negotiable Certificates of Deposit, 양도성예금증서): 정기예금에 양도성을 부여한 예금증서이다. 은행들은 단기자금 조달 수단으로 활용하고 있으며, 중개기관 및 매수기관은 중개수수료 및 시세차익 획득과 단기자금 운용 등의 목적으로 CD시장에 참가하고 있다.
- RP(Repurchase Agreement, 환매조건부매매): 일정 기간이 지난 후에 일정한 가격으로 동일 채권을 다시 매수하거나 매도할 것을 조건으로 발행하는 상품으로 경과 기간에 따라 확정이자를 지급한다. 금융기관이 보유하는 국채와 특수채 등을 담보로 발행한다.
- 단기사채(Asset Backed Short-Term Bond): 만기 1년 미만의 단기자금을 "전자"방식으로 발행 및 유통하는 금융상품이다. 즉, 실물없이 중앙등록기관의 전자장부에 등록되는 방식으로 발행·유통된다. 기업들이 단기자금을 조달하기 위해 발행했던 기업어음(CP)을 대체하여 기존의 기업어음 거래의 부작용을 해소하고 발행 및 유통의 편의성을 한층 제고하기 위하여 2013년 1월 15일부터 도입됐다. 발행 최소 금액이 1억 원 이상이며, 사채 금액을 일시에 납입해야 한다. 2019년 9월 전자증권제도 시행에 따라 전자단기사체에서 단기사채로 명칭이 바뀌었다.

(한국은행, 『2019단기금융상품리뷰』, pp.52-53 등)

표 6-6 단기금융상품의 개요

		콜	환매조건부매매	양도성 예금증서	기업어음	단기사채
도입시기		1960년 7월	1977년 2월	1974년 5월	1972년 8월	2013년 1월
특징		금융기관간 자금조절	금융기관간 자금조절, 금융기관 단기 자금조달	은행의 단기자금조달, 은행간 자금조절	기업의 단기자금조달	기업의 단기자금조달
법적 성격		금전소비대차	채권매매	소비 임치	약속어음, 채무증권	채권
참가기관	자금조달(발행)기관	은행, 증권 등	은행, 증권, 자산운용, 증권금융 등	예금은행	기업, 금융기관, spc	기업, 금융기관, spc
	자금운용(매입)기관	은행, 자산운용 등		은행간: 은행 시장성: 금융기관	금융기관, 법인, 개인	금융기관, 법인, 개인
	중개기관	자금중개	자금중개, 증권금융 등	증권, 종합금융, 자금중개	증권, 종합금융, 자금중개	증권, 자금중개
만기		최장 90일 이내	자유화	30일 이상	자유화	1년 이내
최저발행		1억원 (중개거래 시)	제한없음	제한없음	증권: 1억원 기타: 제한없음	1억원
이자지급방식		만기일시지급	만기일시지급	할인방식 선지급	할인방식 선지급	할인방식 선지급
중도환매		–	제한없음	금지	제한없음	제한없음

자료: 한국은행, 『2019년 단기금융시장리뷰』, p.51.

단기금융시장에는 중앙은행을 비롯한 금융기관, 기업, 일반 가계 등이 모두 참여할 수 있다. 한국은행은 시중 유동성을 조절하기 위하여 RP 매입과 매각 등을 통해 시장에 개입한다. 예금은행은 CD 발행, 콜 차입, RP 매도 등을 하고 일시적 여유자금은 콜론, RP 매수 등으로 운용한다. 증권회사, 자산운용회사 등은 주로 RP 거래를 통해 부족 자금을 조달하거나 여유 자금을 운용한다. 기업은 CP 및 단기사채를 발행하고 RP, CP를 매입하기도 한다. 이외에도 가계도 일시적인 여유자금의 운용을 위해서 단기금융시장에 참가하고 있다.

표 6-7 단기금융시장의 규모[1](2011~2020) (단위: 조원)

	CP		RP[2]		단기사채		콜	CD[3]	합계
	금액	%	금액	%	금액	%			
2011	87.1	63.6	15.6	11.4	–	–	30.8	3.4	136.9
2012	112.5	67.2	23.4	14.0	–	–	28.2	3.3	167.4
2013	126.0	64.4	24.7	12.6	12.6	6.4	29.0	3.2	195.6
2014	133.8	63.0	29.5	13.9	21.0	9.9	24.6	3.5	212.5
2015	123.0	56.4	38.8	17.8	30.7	14.1	17.9	7.7	218.0
2016	140.9	56.4	51.9	20.8	34.5	13.8	15.8	6.7	249.9
2017	151.2	54.5	61.5	22.2	43.1	15.5	16.0	5.4	277.2
2018	158.8	52.6	75.4	25.0	45.8	15.2	13.2	8.8	302.0
2019	182.9	51.5	92.6	26.1	54.6	15.4	11.5	13.3	354.9
2020	185.8	51.2	106.4	29.3	48.9	13.5	12.1	10.0	363.2

주: 1) 콜, RP는 기간 중 일평균 잔액, CD, CP, 단기사채는 기말 잔액
    2) 기관간 RP
    3) 시장성 CD 및 은행간 CD
자료: 한국은행, 『2015년단기금융시장리뷰』, p.34, 『2017년단기금융시장리뷰』, p.48.
    _____, 『2019년단기금융시장리뷰』, p.52, 『2020년단기금융시장리뷰』, p.52.

첫째, ① 단기금융시장 규모는 2011년 137조 원에서 2020년 363조 원으로 커졌다. ② 자금시장에서 거래되는 다섯 개 금융상품 중에서 CP, RP 등은 거래액이 증가했으나 콜만 2011년 대비 40% 수준으로 절대액이 크게 줄었다. 2010년 시작된 증권사에 대한 콜차입한도 규제와 2015년 3월 일부 증권사 및 자산운용사를 제외한 비은행금융기관의 콜시장 참가 배제 등이 영향을 미쳤기 때문이다.[11]

둘째, 거래액은 CP가 가장 많고 RP와 단기사채가 다음을 잇고 있다. CP가 가장 많은 것은 단기금융시장에서도 역시 자금을 가장 필요로 하는 곳이 기업이란 것을 나타낸다.

셋째, 통계만 보면, CP의 비중은 감소하고 있으나 실제로는 여전히 일정한 비율을 유지

---

11) 한국은행, 『한국의 금융시장』, 2016, p.27, 한국은행, 『2019년 단기금융시장리뷰』, p.4.

하고 있다 할 수 있다. CP의 비중은 2011년 60%대에서 2020년에는 51%까지 떨어지고 있지만, CP 감소에 대신하여 단기사채의 비중이 증가하였기 때문이다. 즉, 단기사채 발행이 CP 발행을 대체한 것인데, 이 둘을 합하면 최소 약 65% 이상이다. 이것은 단기사채가 만기나 발행액 등 법적 제한이 있다는 점이 CP와 다를 뿐 경제적 실질은 CP와 동일하기 때문에 CP 발행이 단기사채로 옮겨간 것을 의미한다.

넷째, RP는 2011년 15조 6천억 원에서 2020년 106조 원으로 5.4배로 커졌고 그 비중도 2배 이상으로 증가하였다. 이는 성장세를 지속한 채권형 헤지펀드와 시장금리 하락의 영향 등으로 채권 매입을 늘린 증권사가 RP시장에서 조달하는 자금을 크게 늘렸기 때문이다.[12]

4.3.2 자본시장

① 자본시장의 구분

자본시장은 국채, 회사채, 주식 등 만기 1년 이상의 장기자금이 거래되는 직접금융시장으로서 통상 증권시장(securities market)이라고 한다. 자본시장은 각 경제주체들의 장기자금의 과부족을 조절하고 투자자들의 부를 늘려주는 역할을 한다. 또한 통화량과 이자율을 조절하는 정부의 공개시장정책도 자본시장에서 이루어진다.

첫째, 증권시장은 발행시장과 유통시장으로 구분된다. 발행시장(issue market, investment market)은 중앙정부 및 공공단체나 기업이 자금을 조달할 목적으로 증권을 발행하여 일반 투자자들에게 매출함으로써 자금을 조달하는 시장을 가리킨다. 새로운 증권이 신규로 출현하는 시장이어서 제1차 시장(primary market)이라고도 한다. 발행시장은 자본형성 시장으로서 시중의 여유 자금을 안정적으로 산업자금으로 전환시켜 주는 중요한 역할을 한다. 발행시장은 채권발행시장과 주식발행시장으로 나누어진다.

유통시장(circulation)은 발행된 증권을 개인과 기관들이 매매하는 시장으로서 제2차 시장(secondary market)이라고도 한다. 유통시장은 발행된 유가증권의 시장성과 유동성을 높여서 언제든지 적정한 가격으로 현금화할 수 있는 기회를 제공한다. 유통시장에는 거래되는 상품의 종류에 따라 주식시장, 채권시장, 선물시장 등이 있고, 금융상품의 거래 장소와 거래 방법에 따라 거래소시장(장내시장)과 장외시장으로 나누어진다.

거래소시장에서는 일정한 요건을 구비한 상장 증권의 매매가 이루어진다. 상장(上場, listing)이란 한국거래소에서 매매할 수 있도록 품목을 지정하는 것을 말한다.[13] 거래소시장

---

12) 한국은행, 『2019년 단기금융시장리뷰』, p.6.

13) 증권이 거래소에서 매매되면 발행회사의 사회적 평가가 높아져 증자, 기채(起債) 등이 용이해지는 등 여러 좋은 점이 있으므로 증권을 발행한 회사는 증권거래소에서 상장해 줄 것을 요청하는데, 거래소로서는

에서는 금융상품을 판매하고 구입하는 장소와 거래의 형식이 일정하게 표준화되어 있다. 그러므로 모든 거래가 집중되고 가격 및 거래 정보가 누구에게나 잘 알려지며 거래의 익명성이 보장되어 거래 상대방이 누구인지 알려지지 않는 특징이 있다.14) 우리나라에서는 한국거래소(KRX: Korea Exchange)에서 증권과 파생상품의 원활한 거래와 가격 형성을 담당한다.15)

장외시장(off board market)이란 최저 거래단위 미만의 증권이나 비상장증권이 개별적으로 거래되는 시장으로서 대부분의 거래가 주로 증권회사의 창구에서 이루어진다고 해서 흔히 점두시장이라고도 한다. 장외시장은 거래 방법에 따라 직접거래시장(No Broker Market)과 점두시장(Over-the-Counter Market)으로 구분된다. 직접거래시장은 투자자 상호 간의 개별적 접촉과 협상에 의하여 거래가 이루어지는 시장이고, 점두시장은 중개기관인 증권회사의 창구에서 주식거래가 이루어지는 시장으로 협의의 장외시장이다. 장외시장은 비상장기업의 건전한 육성과 유통시장의 발전에 나름대로 기여하고 있다.

증권 중 주식의 유통시장에는 KOSPI시장(유가증권시장), KOSDAQ시장, KONEX 시장, K-OTC가 있다. KOSPI(Korea Composite Stock Price Index)시장에서는 기업 규모가 크고 비교적 우량한 주식을 거래하고, KOSDAQ(Korea Securities Dealers Automated Quatotations)시장은 중소벤처기업 중심의 상장주식을 거래한다. KONEX시장(Korea New Exchange)은 거래소에 개설은 되어 있지만 창업 초기의 중소기업, 벤처기업, 기술형·성장형 기업 등에게 자금조달 기회를 제공하는 한편 투자자에게는 고위험·고수익 투자 수단을 제공하는 제3의 주식거래시장으로서 KOSDAQ 전 단계의 시장이다. K-OTC(Korea Over-The-Counter)는 Free Board시장을 확대·개편하여 2014년 8월에 개설된 장외시장이다.16)

이 외에도 전자시스템을 이용해 주식을 사고 팔 수 있는 ECN(Electronic Communication Network: 장외전자거래시장, 2001년 출범)이 있다. 이것은 증권회사가 운영하는 대체거래시스템의 일종으로 사설증권거래소라고도 한다. 저렴한 수수료로 신속하게 거래할 수 있으며 주식시장 마감 후 다음 날 개장 전(오후 4시~다음날 9시 30분)까지 열린다.

공신력을 위하여 일정한 상장심사 기준을 설정해서 선별하고 있다. 상장 후에 일정한 요건에 미달하거나 계약을 위반하면 상장을 폐지하게 된다.
14) 채권유통시장도 상장 채권만 거래되는 거래소시장(장내시장)과 비상장종목을 포함한 전 종목이 거래되는 장외시장으로 구분되는데 주식의 유통시장과는 달리 장외시장의 비중이 높은 점이 특징이다.
15) 주식을 거래하는 증권거래소, 선물을 거래하는 선물거래소, 기술주 중심의 주식을 거래하는 코스닥증권시장의 3개로 나누어져 있던 것을 2009년에 한국거래소로 통합하였다.
16) 제3시장이었는데 2000년에 개장했으며, 2005년에 프리보드로 명칭이 변경되었다. 한국금융투자협회가 운영한다.

표 6-8 **주식유통시장별 매매거래제도 비교**

	유가증권시장	코스닥시장	코넥스시장	K-OTC
거래시간	정규시장 09:00~15:30 시간외시장 07:30~09:00 15:40~18:00	좌동	좌동	09:00~15:30
가격제한폭	기준가격±30%	좌동	기준가격±15%	기준가격±30%
매매방식	경쟁매매 동시호가매매	좌동	경쟁매매 동시호가매매 경매매	상대매매
위탁증거금	증권회사 자율 결정	좌동	좌동	매수: 현금 100% 매도: 주식 100%
결제전 매매	가능	가능	가능	가능
양도소득세	면제	면제	면제	대기업주식: 20% 중소기업주식: 10%
증권거래세[1]	거래세 0.15% 농특세 0.15%	거래세 0.3%	거래세 0.3%	거래세 0.5%
호가	지정가 시장가 최유리지정가 최우선지정가 조건부지정가 경쟁대량매매 호가	좌동	지정가 시장가	지정가
기준가	전일종가	전일종가	전일종가	전일거래량 가중평균주가
매매단위	1주	좌동	좌동	좌동
신용공여	가능	가능	가능	불가능

주: 1) 주식 매도시에만 부과되며 세율은 매도금액 기준
자료: 한국은행, 『한국의 금융시장』, 2016, p.277.

② 채권시장

채권은 정부와 공공단체, 주식회사 등이 일반인으로부터 장기자금을 조달하기 위하여 발행하는 채무이행 약속증서이다. 주식 소유자는 원칙적으로 기업의 자기자본의 일부를 소유하는 자이므로 이익이 발생해야만 그 일부를 배당금으로 받을 수 있다. 반면에 채권은 액면가(발행금액), 발행일, 상환일 등과 함께 확정 이자율이 기록되어 있으므로 채무자는 수익이 발생하지 않아도 반드시 상환해야 할 의무가 있는 증서이다. 채권의 가격은 만기,

발행 주체의 지급불능 위험과 같은 내부적 요인과 시중금리, 경제 상황 등의 외부적 요인 등에 의해 결정되며 수요공급의 원리에 따라 수시로 변동한다. 정부, 공공단체, 기업이 장기자금 조달 수단으로 쓰기 때문에 단위당 거래 규모가 주식보다 고액이다.

우리나라에서는 자본시장 육성정책이 주로 주식시장에 집중되었기 때문에 채권시장의 발전은 상대적으로 늦었다. 채권시장은 외환위기를 계기로 크게 발전하였다. 또한 1997년에는 모든 상장 채권에 대한 외국인의 투자 한도가 완전히 폐지되었다. 외국인의 채권 투자는 시장개방 이후에도 부진하였지만, 2007년 미국 서브프라임모기지 부실 확대 등으로 통화스왑금리가 하락하는 등 차익거래 유인이 증대하자 외국인 투자가 점차 증가하였다.[17]

채권의 종류는?

채권에는 국채, 지방채, 특수채, 회사채, 외국채가 있다.

- 국채: 국채는 중앙정부가 자금조달을 위해 발행하는 증권이다. 국채는 국회의 동의를 얻어야 한다. 국고채권, 재정증권, 국민주택채권, 보상채권 등 자금 용도에 따라 네 가지로 나뉜다. 이 중 국고채는 정부가 공공목적에 필요한 자금 확보 및 공급하는 공공자금관리기금의 부담으로 발행하는 채권이다. 국고채에서 지방채, 특수채 등을 묶어서 국공채라고 부르기도 한다. 재정증권은 재정상의 수입을 목적으로 발행하는 증권이다.
- 지방채: 지방자치단체가 지방재정의 건전한 운영과 공공의 목적을 위해 재정상의 필요에 따라 발행하는 공채이다. 특별시·광역시·도 등 광역자치단체와 시·군 등 기초자치단체에서 발행한다.
- 회사채: 기업이 운영 및 시설 투자 등에 필요한 장기자금을 조달하기 위해서 발행한다. 금융위원회에 증권신고서 제출 등의 절차를 거쳐서 발행된다. 공모발행(public dffering)과 사모발행(private placement)의 두 가지가 있다. 회사채는 개정 상법의 시행으로 정관에서 정하는 바에 따라 이사회 결의가 없이도 발행이 가능해졌다. 채권의 유통시장은 장외시장과 장내시장으로 구분되는데, 대부분의 채권거래는 장외시장에서 주로 증권회사의 단순중개를 통하여 이루어지고 있다. 장내시장으로는 한국거래소 내 일반채권시장과 국채전문유통시장이 개설되어 있다. 회사채는 전환사채(CB), 신주인수권부사채(BW), 교환사채(EB) 등으로도 발행된다.
- 특수채: 특별법에 의해 설립된 특별법인(한국도로공사, 한국토지공사 등)이 자금조달 목적으로 발행한다. 공채와 회사채의 성격을 모두 가지고 있으며, 안정성 면에서는 회사채보다 높고 수익성은 국채보다 양호하다. 한국가스공사채권, 한국도로공사채권, 한국전력공사채권, 예금보험공사채권 등이 있다.
- 외국채: 한 나라의 국내자본시장에서 외국차입자가 국내통화로 발행하는 채권으로서 주로 당해 국가의 거주자에게 판매된다.

---

17) 2016년 6월말 기준으로 5.6%를 차지하였다(한국은행, 『한국의 금융시장』, 2016, p.153.).

표 6-9 자본시장(채권+주식)의 동향(2007~2021)   (단위: 조원, %)

	전체	채권								주식
		소계	국채		특수채		회사채		지방채	시가총액
			상장잔액	%	상장잔액	%	상장잔액	%	상장잔액	
2007	1,882	830	275	33.1	335	40.4	208	25.1	12	1,052
2008	1,488	865	285	32.9	339	39.2	229	26.5	13	623
2009	1,988	1,014	330	32.5	405	39.9	264	26.0	15	974
2010	2,357	1,117	360	32.2	470	42.1	270	24.2	16	1,240
2011	2,351	1,203	391	32.5	493	41.0	301	25.0	17	1,148
2012	2,555	1,292	413	32.0	531	41.1	332	25.7	17	1,263
2013	2,701	1,396	453	32.4	579	41.5	346	24.8	18	1,305
2014	2,793	1,458	494	33.9	595	40.8	349	23.9	20	1,335
2015	3,004	1,560	546	35.0	635	40.7	358	22.9	22	1,444
2016	3,108	1,598	582	36.4	633	39.6	362	22.7	21	1,510
2017	3,548	1,659	616	37.1	640	38.6	382	23.0	21	1,889
2018	3,294	1,722	641	37.2	643	37.3	417	24.2	21	1,572
2019	3,541	1,824	689	37.8	645	35.4	468	25.7	21	1,717
2020	4,416	2,049	807	39.4	707	34.5	511	24.9	25	2,367
2021	4,880	2,231	927	41.6	717	32.1	559	25.1	28	2,649

주: 1) 채권은 상장 잔액, 주식은 시가총액
    2) 외국채는 생략(4천억 원 이하)
자료: 한국은행경제통계시스템

채권시장의 규모는 얼마나 될까? <표 6-9>는 채권시장 상장액의 구성에 주식시장의 시가 총액을 표시하여 자본시장 규모를 알 수 있도록 해두었다. 채권의 상장액은 2007년 830조 원에서 2021년 2,231조 원으로 크게 증가하였다.

첫째, ① 상장된 채권 잔액에서 2019~2021년에 가장 많은 비중을 차지하는 것은 국채이다. 이전 자료에 따르면, 1990년에 국채는 전체 채권에서 8.9%에 지나지 않고 회사채가 63%로서 우위를 점하고 있었다. 그러나 국채의 비중은 최근에는 40% 정도를 점할 정도로 가장 많이 발행되고 있다. ② 2010년대까지 상장 잔액이 가장 많았던 특수채는 최근에 두 번째의 비중을 차지한다. ③ 회사채 상장 잔액은 전체의 4분의 1 정도이고, 지방채는 얼마 되지 않는다.

둘째, 채권시장의 규모와 주식시장의 규모는 대체로 비슷한 수준을 유지했다. 2008~2019년(2017년 제외)에는 채권의 상장 잔액이 주식의 시가총액보다 많았지만, 2020~2021년에는 주식 쪽이 많다. 특히 300조 원 내지 400조 원 이상이 많은데, 이것은 청년층까지 참여한 주식 붐이 배경인 것으로 보인다.

③ 주식시장

(가) 주식시장의 발전

주식은 만기가 있는 채권과 다르게 상환 의무가 없고 기업의 운영 실적에 따라 수익금을 배당만 하면 되므로 발행자의 입장에서는 매우 안정적으로 자금을 조달할 수 있는 수단이다. 주식 발행액은 자기자본으로서 기업 운영에 필수적으로 요구되는 가장 기본적인 자산이 된다. 예금 및 대출과 더불어 금융시장에서 가장 중요한 금융상품이다.

주식의 발행은 직접발행과 간접발행으로 나뉜다. 직접발행은 발행기업이 중개기관을 거치지 않고 투자자에게 직접 주식을 팔아서 자금을 조달하는 방식이다. 유상증자를 통해 기존 주주 또는 제3자에게 주식을 배정하는 경우에 주로 사용된다. 간접발행은 전문성과 판매망을 갖춘 중개기관을 거쳐 주식을 발행하는 방식으로 최초 기업공개(IPO: Initial Public Offering) 시에는 대부분 이 방식을 사용한다.

주식시장이 유지 · 발전되기 위해서는 기업공개를 유도하는 발행시장도 중요하지만 발행된 주식을 유통시키는 거래소의 역할도 매우 중요하다. 우리나라의 주식시장은 1956년 3월 은행, 증권회사 및 보험회사의 공동출자로 대한증권거래소가 설립되면서 조직화된 시장의 모습을 갖추어 나갔다. 1962년 1월 증권거래법, 1968년 11월 자본시장육성에 관한 법률, 1972년 12월에는 기업공개촉진법이 제정되어 주식시장의 법률적 토대가 정비되었다. 1987년에는 장외시장이 개설되었으며, 1996년에는 코스닥시장이 설치되었고 1997년 1월에 법적 지위를 획득하였다. 2000년 3월에는 장외호가중개시장(제3시장)이 개설된 후 2005년 7월 프리보드로 명칭을 변경하였으며, 2014년 8월에는 다시 K−OTC시장으로 변경되었다. 2013년 7월에는 중소기업 전용 KONEX시장(KONEX: Korea New Exchange)이 거래소 내에 개설되었다. KONEX는 부진한 프리보드를 보완하고 발전 단계에 접어든 중소기업이 원활하게 자금을 조달할 수 있도록 한다는 취지에서 설립되었다.

한편, 2005년에는 한국증권선물거래소가 출범하였으며 2009년에는 한국거래소로 명칭이 변경되었다. 한국거래소의 설립 목적은 증권의 상장, 상장법인의 신고 · 공시, 증권 및 파생상품의 매매 · 청산 · 결제, 시장감시, 이상거래의 심리 등이다. 주식 거래는 거래 장소에 따라 거래소시장과 장외시장으로 나누어지는데 거래소시장에서 다루는 KOSPI시장과 KOSDAQ시장이 주식 거래의 중심이다.

(나) 주식시장의 동향

자본시장에서 가장 중요한 KOSPI시장의 동향에 대해서 먼저 보자. KOSPI란 증권거래소에 상장된 종목들의 주식 가격을 종합적으로 표시한 숫자로서 시장 전체의 주가 움직임을 측정하는 지표이다. 그러므로 KOSPI시장은 한국거래소에 상장된 주요 기업들의 주식을 거래하는 시장이라고 할 수 있다.

<그림 6-6> 주가지수(KOSPI 평균)(1984~2021)

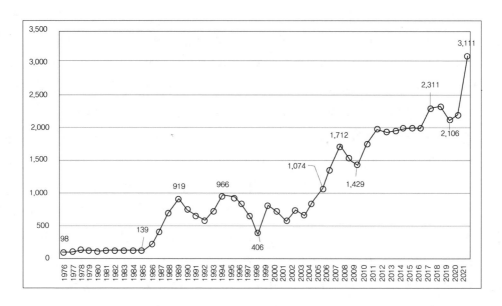

주: 1980.01.04.=100
자료: 한국은행경제통계시스템

주가지수는 2021년 KOSPI 평균 기준으로 3,111이다. 주가지수는 1985년을 기점으로 급등하기 시작하여 1989년에는 919까지 올랐다. 3저 호황이 끝나면서 주가지수는 하락하였다가 1994년에는 966으로 회복되었다. 그러나 아시아 외환위기가 닥치자 1998년에는 406으로 1994년 대비 반토막 이하로 떨어졌다. 이후 IMF 구제금융으로 구조조정이 진행되면서 2005년에는 주가지수가 1,000선을 돌파하였으나 2008년 글로벌 금융위기로 인해 주가지수는 2007년 1,712에서 2009년 1,429로 밀렸다. 이후로 지속적 상승추세 속에서 2021년에는 평균 3,100선을 돌파하였으나 2022년 들어 미국이 금리를 지속적으로 올리면서 주가지수는 9월 기준으로 2,300선을 겨우 버티고 있는 상황이다.

이러한 주가지수의 변동은 주식의 시가 총액이나 회사 수에도 반영되어 나타나는 것으로 볼 수 있다.

<그림 6-7> KOSPI 시가 총액과 회사 수(1984~2021) (단위: 조원, 개)

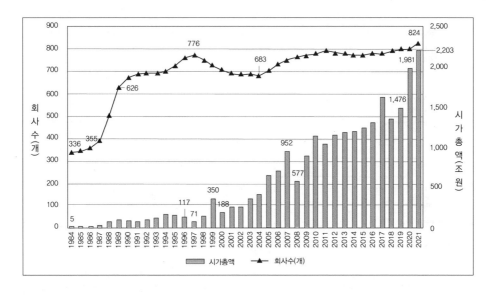

자료: 한국은행경제통계시스템

첫째, ① KOSPI 시가 총액은 1984년 5조 원에서 2021년에는 2,203조 원으로 증가하였다. ② 시가 총액은 꾸준히 증가했지만 외환 및 금융위기로 인해 상당한 굴곡을 겪은 것으로 나타난다. 아시아 외환위기와 글로벌 금융위기에 큰 타격을 입었음을 알 수 있다. 즉, 1996년 말 117조 원이던 액수는 외환위기가 몰아친 12월 말에는 46조 원이 날아간 71조 원으로 급감했다. 글로벌 금융위기가 닥친 2008년에는 2007년의 952조 원에서 375조 원이 사라진 577조 원으로 크게 줄었다. 이러한 수치는 양 시기 모두 상장액이 60.1%로 줄어든 것이다.

둘째, ① 상장회사 수는 1984년 336개에서 824개로 크게 늘었다. 특히 3저 호황기인 1986년 355개에서 1989년에는 626개로 증가하였다. ② 아시아 외환위기가 닥쳐 시가 총액이 71조 원으로 곤두박질 친 1997년을 시점으로 상장기업 수도 776개에서 2002년까지 683개로 줄었다. 그 이후 상장기업 수는 지속적 증가 추세이다.

표 6-10	KOSPI회사와 KOSDAQ회사의 비교(2004~2021)							(단위: 조원, 개, %)
	시가총액(조원)			회사수(개)		1개사 시가총액(조원)		(b/a) (%)
	전체(a)	KOSPI	KOSDAQ (b)	KOSPI	KOSDAQ	KOSPI	KOSDAQ	
2004	444	413	31	683	890	0.6	0.0	7.0
2005	726	655	71	702	918	0.9	0.1	9.8
2010	1,240	1,142	98	777	1,029	1.5	0.1	7.9
2015	1,444	1,243	202	770	1,152	1.6	0.2	14.0
2016	1,510	1,308	202	779	1,209	1.7	0.2	13.3
2017	1,889	1,606	283	774	1,267	2.1	0.2	15.0
2018	1,572	1,344	228	788	1,323	1.7	0.2	14.5
2019	1,717	1,476	241	799	1,405	1.8	0.2	14.1
2020	2,367	1,981	386	800	1,468	2.5	0.3	16.3
2021	2,649	2,203	446	824	1,532	2.7	0.3	16.8

자료: 한국은행경제통계시스템

KOSPI와 KOSDAQ를 비교해 보자. ① KOSPI의 시가총액은 2004년 444조 원에서 2021년 2,203조 원으로 약 5배로 증가한 반면, KOSDAQ 시가총액은 2004년 31조 원에서 2021년 446조 원으로 14배로 커졌다. 이에 따라 둘을 합한 시가 총액에서 KOSDAQ이 차지하는 비중[(b/a)]은 7.0%에서 16.8%로 증가하였다. ② 회사수를 보면, KOSPI는 2021년도에 824개인 데 반해, KOSDAQ은 1,432개사로서 KOSPI회사수보다 훨씬 많다. 그렇지만 KOSPI에 상장된 1개 사의 시가총액은 2조 7천억 원이고 KOSDAQ 1개 사의 시가총액은 3천억 원 정도이다. 이런 차이는 기업 규모가 큰 기업이 모인 KOSPI와 중소벤처중심 기업의 상장주식의 특성이 반영된 결과라 할 수 있다.

④ 외국인의 주식 거래

(가) 외국인 주식 거래의 허용

국내 주식시장의 대외 개방은 1992년 1월에 외국인에게 실명으로 주식 거래가 허용됨으로써 시작되었다. 개방 초기 단계에서는 한국전력과 포항제철 등 법령으로 투자를 제한하는 경우를 제외하고 모든 상장주식을 매입할 수 있으나 국내 기업의 경영권 보호와 금융·증권·외환시장의 안정을 위해 종목당 10%, 외국인 1인당으로는 3%를 넘지 않도록 하였다.[18] 동년 10월 주식시장 활성화를 위해 국민주에도 외국인 투자가 가능하도록 개방되

---

18) 단, 예외한도제를 도입, 해외증권 발행기업은 기본 한도보다 높은 비율까지, 공익사업이나 산업정책상 필요한 업종에 대해서는 낮은 비율인 8%의 투자 한도가 적용되며, 외국인 수익증권분은 전체 한도에서 제외되었다.

었다. 그리고 1993년 6월 제3단계 금융자율화 및 시장개방계획과 1996년 OECD가입으로 자본자유화계획이 체계적으로 추진되었다.

그러나 국제금융 운영 경험이 일천하고 미숙했기 때문에 1997년 말에 외환위기가 닥치자 우리나라는 IMF로부터 구제금융을 지원받는 조건으로 대대적인 금융의 구조개혁을 단행하지 않을 수 없었다. 당시에 금융부문에서 추진된 주요한 구조개혁으로서는 부실 금융기관들의 퇴출, 우량 금융기관들의 흡수, 합병을 통한 은행의 대형화 등이었으며, 주식시장의 완전 개방도 이때에 함께 이루어졌다.

외환위기 직후인 1997년 12월에는 1992년의 외국인투자 한도를 55%(1인당으로는 50%)까지 크게 확대하였다. 이어 1998년 5월에는 공공법인을 제외하고는 상장 주식 투자한도가 완전히 폐지되었으며 그 해 7월에는 증권거래소 및 코스닥시장에 상장되지 않은 주식에 대해서도 외국인의 투자를 자유화하였다.[19] 그 결과 외국계 금융회사들의 시장점유율은 크게 증가하였다.

(나) 외국인 주식 거래 동향

우리나라에서는 신문, 방송에서 외국인 및 외국 법인의 주식 매수 및 매도 동향을 매일 다룰 정도로 이들의 영향력이 크다. 외국인 주식 거래 동향은 다음과 같다.

표 6-11 투자자별 주식거래(2004~2021) (단위: 조원, %)

	매도						
	총액	기관투자자	%	개인	%	외국인	%
2004	556	111	20.0	325	58.4	120	21.5
2005	786	139	17.7	483	61.4	163	20.7
2010	1,411	335	23.8	773	54.8	274	19.4
2015	1,327	253	19.0	716	53.9	340	25.6
2016	1,113	224	20.1	557	50.1	315	28.3
2017	1,294	273	21.1	609	47.0	396	30.6
2018	1,598	332	20.8	811	50.8	436	27.3
2019	1,228	279	22.8	589	48.0	348	28.3
2020	3,026	525	17.3	1,966	65.0	504	16.7
2021	3,825	678	17.7	2,375	62.1	733	19.2
	매수						
	총액	기관투자자	%	개인	%	외국인	%
2004	556	107	19.3	318	57.2	130	23.4
2005	786	151	19.3	474	60.3	160	20.3

---

19) 한국은행, 『한국의 금융시장』, 2016, pp.151-152.

	매도						
	총액	기관투자자	%	개인	%	외국인	%
2010	1,411	323	22.9	767	54.4	295	20.9
2015	1,327	252	19.0	716	53.9	337	25.4
2016	1,113	218	19.6	549	49.3	327	29.4
2017	1,294	271	20.9	599	46.3	403	31.1
2018	1,598	329	20.6	818	51.2	430	26.9
2019	1,228	288	23.5	577	47.0	349	28.4
2020	3,026	499	16.5	2,014	66.5	480	15.9
2021	3,825	639	16.7	2,441	63.8	707	18.5

주: 1) 외국인=외국인 투자 등록 고유 번호가 있는 외국인·법인(내국인 대우 외국인 제외)
   2) 기타 외국인, 기타 법인은 표시하지 않음
자료: 한국은행경제통계시스템

첫째, 매도와 매수에서 개인의 액수가 가장 많고 비중도 높다. 개인 주식 투자자의 비중은 2005년을 정점으로 점차 하강하여 코로나19 직전인 2019년에는 절반 이하로 떨어졌으나, 2020년에는 65~67%로 급작스럽게 올랐다. 소위 '영끌'도 크게 작용했을 것으로 보인다. 가령, 매수는 2019년 577조 원에서 2020년 2,014조 원, 2021년에 2,441조 원으로 엄청나게 늘어났다.

둘째, 개인의 매수, 매도 비중이 커지면서 기관투자가가 점하는 비중은 감소했다. 기관투자가는 2010년대를 전후하여 비중이 23~24%였지만 2020~2021년에 17~18% 수준으로 떨어졌다.

셋째, ① 국내 주식시장에서 점하는 비중을 꾸준히 늘려오던 외국인은 한때 30%를 맴돌았지만 2017년을 정점으로 약간씩 감소하는데, 코로나19 국면에서 10% 이상이 빠진 16~19% 정도를 차지하고 있다.[20] ② 외국인들의 국내 증권시장 투자액(매수, 매도액)이 GDP에서 차지하는 비중을 원화로 계산해 보면 2019년에는 18% 정도였으며, 2021년에는 34~35%로서 우리나라 GDP의 3분의 1을 넘는 수준이다.

넷째, 그러므로 국내 증권시장에 대한 외국인들의 영향력이 매우 클 뿐만 아니라 주식배당이나 기업합병 등 기업의 경영에 대한 외국인들의 간섭과 관여도 크게 증대하였다. 사모펀드를 통해 기업을 인수하거나 합병한 후 고가에 되팔아 상당한 이익을 얻는 등 외국 자본이 국내시장에서 거의 제약받지 않고 이익을 추구하는 예에서 보듯이, 금융시장에서 외국인 및 외국 자본은 매우 자유롭게 활동하고 있다. 한편, 제4장의 개방경제에서 직접투자 및 증

---

20) 외국인들이 상장주식에서 보유하는 비중은 1992년 말 4.9%에서 2004년 말에 42.0%에 달했다. 그러나 그 이후 큰 폭으로 하락하여 글로벌 금융위기 이후에는 30%를 소폭 웃도는 수준에서 변동하고 있는데, 2016년 6월에는 33.0%였다(한국은행, 『한국의 금융시장』, 2016, p.270.).

권투자를 통해 국내 자본도 해외시장에 활발하게 진출하고 있음을 확인하였다. 이러한 측면에서 금융시장은 우리나라 산업 중에서 개방도가 가장 높고 가장 세계화되어 있는 시장이다.

한편, 우리나라는 해외의존도가 매우 높기 때문에 외부적 충격이 금융부문에 매우 크게 영향을 미칠 수 있다. 이러한 부정적 측면들을 효과적으로 관리할 수 있도록 인프라 강화에 더욱 많은 노력이 요구된다고 하겠다.

제 5 절 파생금융상품시장

2.1 파생금융상품시장의 발전

파생금융상품은 그 가치가 통화, 채권, 주식 등 기초금융자산의 가치 변동에 의해 결정되는 금융계약을 가리킨다. 최근 들어 주가지수 및 금리관련 거래를 중심으로 파생금융상품(financial derivatives) 시장이 크게 발전하고 있는데, 이는 1990년대 중반 이후 금리자유화 및 금융자율화 등으로 금융시장에서 가격 변동성이 확대됨에 따라 파생금융상품에 대한 수요가 점차 확대되고 이와 관련된 법규 및 제도가 정비된 것에 연유한다.

글로벌 파생금융상품 시장은 국제자본 이동 증가 및 금융상품의 가격 변동폭 확대 등에 따른 위험 헤지 필요 증가, 정보통신기술을 활용한 금융상품 위험의 평가·분리·이전 기법의 혁신 등에 힘입어 빠르게 발전해 왔다. 파생금융상품의 발전 과정을 보면, 먼저 제2차 세계대전 종료 후에는 국제적으로 자본 이동이 증가하면서 은행 간 선물환거래가 활발히 이루어졌다. 그리고 1970년대 들어 변동환율제 이행에 따른 자산가격 변동성 확대 등으로 통화선물이 등장하면서 본격적으로 발전하기 시작하였다. 1980년대에는 금리관련 파생상품 거래가 급격히 늘어났으며 신종옵션(exotic options), 구조화채권(structured notes) 등 새로운 상품들이 등장하였다. 1990년대 들어서는 신용파산스왑(credit default swap)시장이 활성화되기 시작하고 증권화(securitization) 기법을 활용한 신용구조화상품들이 나타나기 시작하였으며, 2000년대에는 이들 파생금융상품의 거래가 일반화되면서 크게 확대되었다.

우리나라에서도 선물환 거래는 상대적으로 일찍 도입되어 활성화되었지만, 그 외 상품들의 시장 형성은 1990년대 중반까지는 지지부진하였다. 그 이후 금융시장 개방과 자율화가 이루어지면서 크게 확대되고 있다. 특히 장내시장에서 코스피200선물 및 옵션이 활발하게 거래되고 있으며, 장외 파생금융상품 시장에서는 통화관련 파생상품과 금리관련 파생상품이 활성화되고 있고 통화스왑도 중요한 파생금융상품으로 자리잡고 있다.

2.2 파생금융상품의 특징

파생금융상품은 그 내용이 복잡하므로 여기에서는 특징을 중심으로 간단히 소개하는데 그친다.[21]

파생금융상품은 계약 형태에 따라 선도계약, 선물, 옵션, 스왑 등으로 구분된다. 또한 기초자산의 유형에 따라서는 통화, 금리, 주식, 신용관련 상품 등으로, 거래방법에 따라 장내 및 장외거래로 구분할 수 있다.

계약 형태별 파생금융상품의 주요 특징을 요약하면 다음과 같다.

첫째, 선도계약(forward contracts)은 장래의 일정 시점에 일정량의 특정 상품을 미리 정한 가격으로 매매하기로 맺은 계약이다. 선도계약은 주로 자산의 가격변동에 대한 헤지 목적을 위해 생겨났는데 최근에는 투기 목적으로 자주 이용되기도 한다. 특징으로서는 ① 매입자와 매도자 상호 간의 합의에 의해 계약조건을 정할 수 있으며 거래 장소도 제한이 없는 장외거래이다. ② 선도계약은 원래 만기일에만 결제 가능한 것이었으나 요즈음은 이의 변형된 형태로서 만기일 이전에 언제든지 결제가 가능하도록 되어 있는 것이 많다. ③ 선도계약은 매매 당사자 간의 직접거래이므로 계약 당사자의 신용이 고려되어야 하며, 이에 대한 규제도 주로 시장의 자율에 맡겨지고 있다고 볼 수 있다.

둘째, 선물(futures)은 상품이나 금융자산을 미리 결정된 가격으로 미래 일정 시점에 인수·인도할 것을 약속하는 거래이다. 현재 시점에서 계약은 하되 물품은 장래에 인수·인도한다는 점에서 계약과 동시에 결제가 이루어지고 물품이 인도되는 현물계약과 대비된다. 선물거래의 가장 중요한 역할은 역시 가격변동 리스크를 줄이는 헤징(hedging)기능이다. 즉, 가격변동에 따른 리스크를 회피하기 위해 선물시장에서 포지션을 취함으로써 미래에 가격이 어떤 방향으로 변하더라도 수익을 일정 수준에서 안정시킬 수 있게 된다. 미래 특정시점에 특정 가격으로 사고 팔기로 약정하는 계약이라는 점에서 선도계약과 동일하지만, 장외거래인 선도계약과 달리 선물은 정형화된 거래소를 통해 거래된다는 점에서 차이가 있다.

셋째, 옵션(options)은 미리 정해진 조건에 따라 일정한 기간 내에 상품이나 유가증권 등의 기초자산을 미래의 특정 시점 또는 특정 기간 동안 특정 행사 가격으로 매입(call)하거나 매각(put)할 수 있는 권리를 사고 파는 계약을 말한다. 옵션거래는 권리를 행사할 수 있는 기간이 미래에 있기 때문에 광의의 선물거래라고 할 수 있다. 단순한 선물거래에 비

---

21) 한국은행, 『한국의 금융시장』, 2016, pp.290-295을 중심으로 보완·정리한 것임.

해 시장 상황에 따라 보다 다양한 전략을 구사할 수 있고 옵션 소유자에게는 위험을 커버하는 이중 장치의 역할을 할 뿐만 아니라 때에 따라서는 잠정적인 기회이익도 최대한 향유할 수 있도록 해준다. 옵션에서는 기초자산 가격의 변화에 대해 비대칭적 손익구조(asymmetric payoffs)가 나타난다. 옵션계약은 거래 시점에 프리미엄을 지급한다는 점에서 선도계약이나 선물과 차이점이 있다.

넷째, 스왑(swaps)은 일반적으로 두 개의 금융자산 또는 부채에서 파생되는 미래의 현금흐름을 교환하기로 하는 계약을 가리킨다. 스왑거래는 사전에 정해진 가격, 기간에 둘 이상의 당사자가 보다 유리하게 자금을 조달하기 위해 서로 부채를 교환하여 위험을 피하려는 금융 기법이다. 서로 다른 통화표시 채무의 원리금 상환을 교환하기로 약정하는 통화스왑(currency swaps)과 변동금리채무와 고정금리채무 간의 이자 지급을 교환하기로 약정하는 금리스왑(interest rate swaps) 등이 있다.

표 6-12 주요 파생상품의 종류

	장내거래	장외거래
통화 관련	통화선물(currency futures) 통화선물옵션(currency futures options)	선물환(forward exchange) 통화스왑(currency swaps) 통화옵션(currency options)
금리 관련	금리선물(interest rate futures) 금리선물옵션(interest rate futures options)	선도금리계약(forward rate agreements) 금리스왑(interest rate swaps) 스왑션(swaptions)
주식 관련	주식옵션(equity options) 주가지수선물(index futures) 주가지수옵션(index options) 주가지수선물옵션(index futures options)	주식옵션(equity options) 주식스왑(equity swaps)
신용 관련	–	신용파산스왑(credit default swaps) 총수익스왑(total return swaps) 신용연계증권(credit linked notes) 합성부채담보부증권(synthetic collateral debt obligation)

자료: 한국은행, 『한국의 금융시장』, 2016, p.291.

파생금융상품은 자금관리의 효율성이나 빠른 시장정보의 전달 등의 장점이 있다. 즉, 파생금융상품은 투자자 입장에서 소액의 증거금 또는 프리미엄만으로 훨씬 큰 금액의 기초자산에 투자한 것과 동일한 효과를 가질 수 있으므로 자금관리의 탄력성을 높일 수 있다. 또한 파생금융상품의 여러 형태를 적절히 조합하면 기초자산만으로는 불가능한 다양한 현금흐름을 구성할 수도 있다. 파생상품시장은 차익거래 등의 시장 정보가 현물시장에 빠르게 전달되기 때문에 시장의 효율성을 제고시키는 긍정적인 역할을 수행한다.

반면, 파생금융상품 거래는 거래 상대방의 채무불이행 위험이 높으며 레버리지효과(leverage effect)[22]가 크고 거래 구조가 복잡하다. 따라서 파생금융상품 거래에 대한 효과적인 통제가 이루어지지 않는 경우 대형 금융기관이라 하더라도 쉽게 무너질 수 있고, 금융시장 간 연계성을 심화시켜 개별 금융기관의 위험이 전체 금융시스템으로 빠르게 확산될 위험성도 있다.

2008년의 글로벌 금융위기는 이와 같은 리스크의 증대가 세계적 위기를 불러온 대표적인 예라고 할 수 있다. 즉, 2008년 Bears Stearns, Lehman Brothers, AIG 등 대형 금융기관의 부실과 금융위기는 파생금융상품시장의 시스템의 붕괴가 몰고 온 위기였다. 이러한 이유 때문에 각국은 물론 국제적인 차원에서도 파생금융상품시장에 대한 모니터링 강화, 청산·결제시스템 확충, 시장의 투명성과 감독의 효율성 제고 등을 바탕으로 시장의 안정성을 높이기 위한 각종 노력이 강화되고 있다. 우리나라에서도 일반투자자들 중에서 높은 수익을 노리고 파생상품시장에 뛰어드는 사람들이 적지 않다. 그러나 파생금융상품은 고수익을 기대할 수는 있지만 그만큼 리스크가 높다는 점에 유의해야 한다.

제 6 절 금융시장의 과제

마지막으로 우리 금융시장이 해결해야 할 과제는 적지 않지만 향후 강화해야 할 원칙만 간단히 지적해 두기로 한다.

첫째, 핀테크(FinTech) 등 IT첨단금융기법의 도입을 지속적으로 추진해야 한다. 핀테크는 금융(finance)과 기술(technology)의 합성어로서 말 그대로 금융과 기술이 결합한 첨단금융을 의미한다. 인터넷 전문은행, 간편결제, 공동인증서, 액티브X, 스타트 업 등은 핀테크를 둘러싸고 나오는 단어들이다. 제4차 산업혁명으로 블록체인, 인공지능, 빅데이터 등 첨단기술이 빠르게 발전하고 있으며, 이러한 기술혁신은 모바일, SNS 등과 결합하여 금융부문의 혁신을 불러일으키고 있다. 예를 들면, 우리 사회에서 암호화폐(혹은 가상화폐)의 열풍이 불기 시작하여 이미 일부분에서 비공식적으로 거래되기 시작했고, 또 몇몇 국가에서는 거래를 활성화하기 위한 조치를 취하고 있다. 암호화폐의 도입과 거래소 설치에 관해서 찬

---

22) 차입금 등 타인 자본을 지렛대로 삼아 자기자본이익률을 높이는 것으로 '지렛대 효과'라고도 한다.

반양론이 있지만 선진국 및 국제금융시장의 동향을 주의깊게 살펴볼 필요가 있다. 첨단기술과 금융의 융합은 국내 소비자의 해외 직접구입을 촉진하고 산업의 거래 양상을 변화시키는 등의 변화를 촉발하고 있는데, 이러한 변화는 앞으로도 예상하지 못할 정도로 빠르게 진행될 것이다. 이러한 변화에 적극적으로 대응할 필요가 있다.

둘째, 대외적인 충격에 대해 국내 금융시장을 효과적으로 방어할 수 있도록 선진적 기준의 도입 및 경보 시스템의 개발이 필요하다. 우리나라의 금융시장은 그동안 양적·질적으로 급성장했으나 선진국에 비해 시장 규모가 그리 크지 않으면서도 대외적으로 완전히 개방되어 있다. 이러한 상태에서 정부 정책은 금융시장 관리에 한계가 있을 수밖에 없으며 특히 외환시장에서는 국가의 개입이 국제적으로도 용인되지 않는다. 기업 회계를 포함하여 금융시장의 투명성을 제고하고 글로벌 기준에 맞는 금융 질서를 확립하면서도 대내외적인 위험요인을 효율적으로 포착할 수 있는 시스템의 확립이 이루어져야 할 것이다.

셋째, 실질적인 금융의 감시, 감독 기능의 강화이다. 이것은 대외 충격의 효과적인 방어에도 필요하지만 금융 소비자의 보호에도 필수적이다. 금융감독 기능의 강화 문제는 어제오늘의 일이 아니어서 여러 차례 기구의 통폐합 등의 변화가 있었으나 아직도 사기를 비롯한 대형금융사고가 끊이지 않고 있다. 이러한 사태에는 비전문적 판매채널을 통한 펀드 및 보험의 불완전 판매는 물론이고 금융 당국자의 모럴 해저드도 깊숙이 개입되어 있는 경우도 있다. 금융시장의 체질 강화를 위해서라도 개인 투자자들이 피해를 입지 않도록 제도를 개선하고 감시 기능을 강화해야 할 것이다. 다른 한편으로는 금융소비자의 역량 강화도 요구된다 하겠다.

금융감독원과 금융위원회

금융감독원은 <표 6-2>에 따르면 금융보조기관에 속한다. 그러나 보조기관이라는 표현을 쓰기에는 그 위상이나 역할이 너무나 중차대하다. 금융감독원은 금융기관을 감시·감독하는 업무를 중심으로 하는 특수기관이다. 국내 금융정책을 총괄하는 금융위원회의 지시를 받아 금융 현장에서 금융기관을 관리, 감독하는 일을 맡고 있다. 구체적으로는 금융기관의 건전성을 확보히고 공정한 시장질서를 확립히며 금융소비자를 보호하기 위하여 각종 금융기관의 업무 및 재산 상황에 대하여 검사하고 위반사항이 있는 경우에는 제재를 가한다. 종전의 은행감독원·증권감독원·보험감독원·신용관리기금 등 4개 감독기관을 통합하여 설립되었다. 금융위원회는 금융산업의 선진화와 금융시장의 안정을 꾀하고, 건전한 신용질서와 공정한 금융거래관행을 확립하기 위하여 2008년에 설립된 행정기관이다. 그 이전에는 1998년에 설립된 금융감독위원회가 그 기능을 담당하고 있었다. 금융감독위원회의 감독정책기능과 재정경제부 금융정책기능을 통합하였으며, 금융위원장과 금감원장의 겸임을 금지하여 정책기능과 집행기능을 분리하고 있다. 금융감독원의 정관변경·예산·결산 및 급여결정 승인 등을 지시·감독하기 때문에 금융감독원의 사실상의 상급 기관이라고 할 수 있다.

2011년 부산저축은행사태에서부터 2008년 KIKO 사태, 2013년 동양그룹의 기업어음 및 회사채의 불완전 판매, 2020년 옵티머스자산운용, 라임자산운용의 사기사건에 이르기까지 수천억 원에서 조 단위의 대형금융사고가 끊임없이 터지고 있다. 그럴 때마다 수많은 피해 자들이 발생하여 금융감독원에 대한 비난이 비등한다. 금융감독기관과 금융기관의 유착 등 모럴 해저드는 물론 금융감독검사 및 기능에 대한 불신과 불만이 누적되어 왔다. 금융감독 원은 금융위원회의 지시에 따른다는 점, 감독권한의 미비나 부족 등을 들어 책임을 금융위 원회로 떠넘기기도 한다. 원인이야 어디에 있든 언제 제대로 된 감독기능을 발휘해서 애꿎 은 피해자가 생기지 않도록 할 수 있을까?

튼튼 경제의 뿌리
중소기업

07 튼튼 경제의 뿌리 중소기업

중소기업(small and medium-sized enterprise)은 국가경제는 물론 지역경제 발전의 근간으로서 그리고 일자리 창출의 주역으로서 중요한 위치를 차지하고 있다. 그동안 정부에서 중소기업 육성과 발전을 위해서 노력하지 않은 것은 아니지만 고도성장시대는 물론 최근까지도 대기업에게 상대적으로 유리한 정책을 펼쳐 왔다. 대기업의 완제품 생산능력은 크게 개선되었지만 대기업에 납품하는 중소기업은 여러 가지 극복하기 힘든 어려움에 직면해있다. 무엇보다도 중소기업이 독자적으로 생존하고 발전할 수 있도록 정책을 펼치는 것이 중요하다. 그러나 중소기업의 경쟁력 향상과 우량 중소기업의 육성을 위해서는 아직도 개선해야 할 점이 한두 가지가 아니다. 중소기업의 현황과 그 발전 방안에 대해서 생각해 보자.

제 1 절 중소기업과 중견기업

1.1 중소기업의 정의

현재 적용되고 있는 중소기업의 법적 범위는 2015년에 개편된 것이다. 중소기업기본법(제2조 및 동법 시행령 제3조)에 따라 정해진 중소기업의 범위는 ① 업종과 관계없이 자산총액 기준의 규모 기준 및 업종별로 정해진 3년 평균 매출액 기준과 ② 독립성 기준을 모두 충족하는 기업이다. ①에 관해서 살펴보면, 자산 상한 기준은 업종에 관계없이 자산총액 5천억 원으로서, 3년 평균 매출 기준이 제조업은 업종에 따라서 1,500억 원~800억 원 이하, 서비스업은 업종에 따라서 800억 원~400억 원 이하이다.[1] ②의 독립성 기준은 상호출자

---

1) 업종별 3년 평균 매출 기준에 대해서는 중소기업기본법 시행령의 [별표 1]을 참조.

제한 기업집단에 속하지 않는 회사 등이어야 한다.

2015년에 중소기업의 범위를 개편한 것은 기존의 기준이 여러 가지 문제점을 안고 있었기 때문이다. 2001년부터 적용된 중소기업의 범위 기준은 업종별로 정해진 상시근로자 수, 자본금 또는 매출액 중에서 한 가지 기준을 충족하면 중소기업으로 인정되었다. 그런데 기업 중에는 법률적으로 규정된 중소기업의 범위를 악용하는 사례가 발생하여 이에 대한 비판이 지속적으로 제기되었다. 예를 들면, 제조업에 종사하는 기업 중 상시근로자 수가 300인 이하이거나 자본금 80억 원 이하인 기업은 중소기업의 범위에 속하지만[2] 중소기업의 지위를 보장받기 위해 자본금 규모나 상시근로자 수를 고의적으로 조절하는 경우가 적지 않았다.

이와 같이 기존의 중소기업기본법은 ① 고용자 수와 매출액이 성장해도 자본금을 상한액 이상으로 증자하지 않거나 추가고용 회피, 비정규직 채용 등 편법을 동원하면 중소기업의 지위를 유지할 수 있는 문제점을 드러냈다. 매출액이 아닌 자본금으로는 제조업·광업·건설업·운수업 등에서 중소기업인지 여부를 파악하기 곤란한 점도 있었다. ② 중소기업 졸업 유예제도의 허점을 이용하여 중소기업의 법적 지위를 계속적으로 누릴 수 있도록 하는 문제점을 안고 있었다.[3] 중소기업 졸업 유예란 중소기업이 성장하여 중소기업의 졸업 유예 사유가 발생하더라도 그 다음 연도부터 3년간 중소기업으로 인정하는 제도였다. 기업 중에는 이 제도를 악용하여 중소기업으로의 재편입을 반복하는 경우도 있었다.[4]

정부는 이 같은 택일주의가 안고 있는 문제점을 개선하기 위하여 상시근로자 수 1천명, 자산 총액 5천억 원, 자본 총액 1천억 원, 3년 평균 매출액 1,500억 원 등을 초과하는 경우에는 유예기간 없이 바로 중소기업에서 제외시키는 상한기준제도를 도입했었다.[5] 그러나 여전히 중소기업의 졸업유예 반복 등의 문제점이 나타났기 때문에 근본적 해결을 위해 중소기업의 법적 범위를 재정비하게 되었던 것이다.

그렇지만 중소기업의 법적 정의가 복잡하기 때문에 새로이 정비된 기준을 엄밀히 적용한 중소기업 관련 통계 조사를 공식 통계에서 찾아보기란 쉽지 않다. 주당 법정근로시간 단축의 단계적 적용이나 일자리 안정자금의 지원 대상 사업장에 적용하는 기준 등에서는 300인 미만을 유효한 정책적 기준으로 사용하는 등 실제로는 근로자 수를 기준으로 하고

---

2) 당시의 업종별 근로자수, 자본금, 매출액 기준 중소기업 기준에 대해서는 박충렬, "중소기업 범위 기준 개편의 주요 내용과 과제", 『이슈와 논점』 제758호, 국회입법조사처, p.1.

3) 박충렬, "중소기업 범위 기준 개편의 주요 내용과 과제", 『이슈와 논점』 제758호, 국회입법조사처, pp.1-2.

4) 현행 중소기업기본법 제2조에도 졸업유예가 규정되어 있다.

5) 박충렬, "중소기업 범위 기준 개편의 주요 내용과 과제", 『이슈와 논점』 제758호, 국회입법조사처, p.2.

있는 실정이다.[6]

　　중소기업은 규모별로 중기업과 소기업으로 나누어지는데, 중소기업의 범위에서 소기업
을 제외한 것이 중기업이다. 중소기업기본법(제2조, 4의 ②)은 중소기업을 소기업과 중기업
으로 구분하여 그 기준은 대통령령으로 정하도록 되어 있고, 동법 시행령 제8조에는 중소
기업 중 해당 기업이 영위하는 주된 업종별 평균매출액 등을 별표에 제시하도록 되어 있
다. 소기업의 업종별 평균매출액 등의 규모 기준은 120억 원 이하, 80억 원 이하, 50억 원
이하, 30억 원 이하, 10억 원 이하로 구분된다.[7]

1.2 중견기업의 정의

　　대기업은 아니지만 중소기업보다 규모가 크고 우량한 기업을 가리키는 개념으로 중견
기업이란 용어가 있다. 중견기업은 대기업(상호출자제한기업)과 중소기업의 중간에 위치하는
기업으로서 ① 3년 평균 (주된 업종의) 매출이 업종에 따라 300억(숙박 및 음식업 등)~1,000
억 원(1차금속 제조업 등) 이상이거나, ② 자산 5천억 원 이상인 기업을 말한다.[8] 두 가지

---

6) 김주영,『중소기업청년고용의 현황과 과제』, 산업연구원, 2018.12, p.97.
7) 자세한 내용은 중소기업기본법 시행령 [별표 3] 참조.
8) 일반적으로 3년 평균 매출액이 업종별로 1,500억~400억 원 이상으로 알려져 있으나, 2018년 3월 27일에

기준 중 하나만 충족하여도 중견기업에 해당한다.

중견기업의 정의는 2011년 산업발전법에 최초로 도입되었으며, 중견기업 성장촉진 및 경쟁력 강화에 관한 특별법(이하 중견기업법)에서 법적 근거가 마련되었다. 중견기업의 범위 및 기준은 중견기업법 제2조 및 동법 시행령 제2조에서 상세하게 규정하고 있다. 중소기업 및 대기업과 중견기업의 범위의 차이를 요약하면 <표 7-1>과 같다.

표 7-1 중소·중견·대기업 비교

구분	중소기업	중견기업	대기업
규모 기준	• 업종별 평균매출액 등이 규모기준 충족 AND • 자산총액 5천억 원 미만	• 업종별 평균매출액 등이 규모기준 초과 (금융업 및 보험업 제외) OR • 자산총액 5천억 원 이상	① 상호출자제한기업집단 소속회사 ② 자산총액 10조 원 이상인 법인의 피출자기업
독립성 기준	상호출자제한기업집단이 아닐 것	좌동	
독립성 기준	자산총액 5천억 원 이상인 법인의 피출자기업이 아닐 것	자산총액 10조 원 이상인 법인의 피출자기업이 아닐 것 (지배기업으로 비영리법인 포함)	
독립성 기준	관계기업의 경우 평균매출액 등이 중소기업 규모기준을 충족하는 기업	관계기업의 경우 평균매출액 등이 중소기업 규모기준 초과하는 기업	
소관	중소벤처기업부 (통계분석과)	산업통상자원부 (중견기업정책과)	공정거래위원회

자료: 산업통상자원부, 한국중견기업연합회, 『2019년 중견기업 범위 해설』, 2019.9.

정부에서 기업의 범위 기준을 바꾸어 특별법을 제정하면서까지 중견기업을 육성하려는 것은 우리 경제에서 차지하는 중소기업의 중요성이 갈수록 커졌기 때문이다.9) 우리나라는 고도성장기에 외자 도입에 기반한 수출 증대를 위해서 대기업에게 집중적으로 지원했던 것이 사실이다. 그러나 이제는 저성장시대를 맞이하여 대기업에게만 생산성 제고와 수출 및 고용 증대를 기대할 수 없게 되었다. 노동절약적 생산기술의 발전으로 대기업은 고용 흡수력은 크게 떨어져 매년 배출되는 대학 졸업자의 일부분만 소화하는 한계에 이르렀다. 중견기업 육성을 통해서 졸업생들에게 양질의 일자리를 창출하고 이들을 노동시장에서 흡수하는 기능을 확대해야 하는 상황이 도래한 것이다.

개정된 중견기업법 시행령 [별표 1]에 따르면 300억~1,000억 원 이상이다.
9) 기존에 기업범위의 구분에는 중소기업과 대기업의 두 가지만 있었다. 새로운 정의는 중소기업의 범위를 중소기업과 중견기업으로 나누었다. 이전의 기준에 따르면 중견기업은 중소기업에 소속되는 기업군이었다.

중견기업이 주목을 받게 된 또 다른 이유는 4차 산업혁명 시대에 부품·소재·장비 등의 생산 및 서비스업에서도 국가의 경쟁력을 결정하는 존재로 성장한 것과 밀접한 관련이 있다. 예전에는 완성재의 생산에 투입되는 원재료나 부품 등의 중간재의 많은 부분을 해외시장에 의존했다. 그렇지만 한국 경제가 더 높은 단계로 진입하려면 부품·소재·장비를 비롯한 생산 기반에 종사하는 우량기업의 육성을 소홀히 할 수 없다. 높은 기술력을 바탕으로 중견기업이 생산하는 각종 재화와 서비스는 중견기업 자체의 수출시장 확대는 물론 대기업 완제품의 질적 수준 향상에 크게 기여할 것이다. 중견기업은 양질의 고용, 재화 및 서비스 생산, 수출 증대 등에서 국민경제의 튼튼한 허리역할을 담당하고 있다. 예를 들어, 중견기업은 2017년 결산 기준으로 4,468개로 전체 기업의 0.7%에 지나지 않지만 종사자의 13.5%를 고용하고 있다.[10]

한편, 중견기업과 비슷한 개념의 용어들이 사용되고 있다. 그중의 하나가 강소기업이다. 강소기업은 말 그대로 강하고 작은 기업이다. 고용노동부 산하 한국고용정보원의 취업포털인 워크넷에 따르면, 강소기업은 10인 이상의 기업으로 2년 이내에 임금 체불이 없고 고용 유지율이 높으며 산재 사망 발생이 없는 기업으로서 신용평가 등급이 높고(B-이상) 기타 서비스업이 아닐 것 등의 요건을 충족하는 우수한 기업이다.[11]

한국형 히든 챔피언, 유니콘기업 등의 용어도 사용되고 있다. 한국형 히든 챔피언이란 독일의 경영학자 Herman Simon의 저서 『히든 챔피언』(Hidden Champions of the 21st Century, 2007)의 개념을 원용한 것이다. '한국형 히든 챔피언 육성사업'이란 명칭으로 한국수출입은행이 시작하였고 중소기업청과 산업통상자원부도 개별적으로 동명의 사업을 추진하였다. 중소벤처기업부에서는 지역자치단체, 민간 금융기관과 협력하여 한국형 히든챔피언으로 성장할 유망 중소기업을 글로벌 강소기업으로 선정하고 있다.

유니콘기업 육성의 목소리도 높아지고 있다. 유니콘기업은 미국 실리콘밸리에서 큰 성공을 거둔 스타트 업을 통칭하는 용어로서 기업가치 10억 달러 이상, 설립한 지 10년 이하의 스타트 업을 뜻한다.[12] 그 명칭이야 어떠하든 이와 같이 우량기업의 의미를 공유하는 유사한 개념의 등장은 중소기업과 중견기업의 중요성이 크게 강화되었기 때문이다.

---

10) 『2019중견기업범위해설』, p.3. 국가통계포털에 따르면 2020년 중견기업 수는 5,526개, 종사자 수는 약 158만 명이다.

11) 그러나 일반적으로 재계나 학계에서는 꼭 이런 기준을 채택하고 있는 것 같지 않고 경우에 따라 뉘앙스의 차이도 있다. 워크넷에 따르면 2019년 2월 말 기준으로 강소기업은 14,130개이다.

12) 2013년 여성 벤처 투자자인 Aileen Lee가 처음 사용했다.

<table>
<tr><td colspan="2" style="text-align:center">히든 챔피언(Hidden Champion),
미텔 슈탄트(Mittelstant), 장수기업, 유니콘…</td></tr>
</table>

Herman Simon에 따르면 히든 챔피언은

① 매출액이 세계시장에서 1~3위이거나 1개 대륙에서는 1위이고,

② 매출액 40억 달러 이하,

③ 대중에게 인지도가 낮은 기업이다.

그에 따르면, 전 세계 2,700여 개의 히든 챔피언 가운데 1,300여 개가 독일 기업이라고 한다. 독일의 히든 챔피언은 수출의 절반 가량을 차지한다.

미텔슈탄트는 독일중소기업연구소가 종업원 500명 미만, 연매출액 5천만 유로 이하의 기업을 가리키는 용어이다. 일본에서는 100년 이상된 기업으로서 장수기업이 있고, 미국에서는 유니콘기업이 주목받고 있다. 이처럼 명칭이 다르고 기준에도 차이가 있지만 각국마다 경쟁력이 강한 중소기업의 육성에 힘쓰는 것은 글로벌시대에 그만큼 중소기업의 역량이 중요하기 때문이다.

<table>
<tr><td>제 2 절</td><td>중소기업의 현황</td></tr>
</table>

2.1 사업체 수와 종업원 수의 변화

2.1.1 사업체 수

기업의 규모별 사업체 수에서 중소기업이 차지하는 중요도를 살펴보자.

표 7-2 기업 규모별 사업체 수 및 비중(1994~2019) (단위: 만개, %)

	전체	소상공인		소기업		중기업		중소기업		대기업	
	만개	만개	%	만개	%	만개	%	만개	%	만개	%
1994	238	215	90.3	224	94.0	13	5.3	237	99.3	1.73	0.7
1995	262	237	90.2	256	97.6	4	1.6	260	99.2	2.05	0.8
2000	273	244	89.5	266	97.5	5	1.7	271	99.2	2.22	0.8
2005	287	253	88.1	277	96.7	9	3.2	286	99.9	0.42	0.1
2010	313	275	87.9	300	96.1	12	3.8	312	99.9	0.31	0.1
2015	360	308	85.6	350	97.1	10	2.8	360	99.9	0.39	0.1
2016	368	314	85.3	357	97.0	10	2.8	367	99.9	0.42	0.1
2017	374	319	85.3	362	96.9	11	3.0	373	99.9	0.45	0.1
2018	381	324	84.9	369	96.8	12	3.1	381	99.9	0.47	0.1
2019	387	329	84.8	375	96.7	12	3.1	387	99.9	0.48	0.1

주: 1) 전산업 1인 이상 기준

 2) 소상공인: 소기업 중 상시근로자가 10인 미만(광업, 제조업, 건설업, 운수업) 또는 5인 미만(기타 업종)인 기업

 3) 2017년부터는 대기업이 아닌 중소기업 범위 초과로 표시되어 있음(이하 동일)

자료: 중소벤처기업부, 통계자료

<그림 7-1> 기업규모별 사업체 수의 비중(1994~2019) (단위: 만개, %)

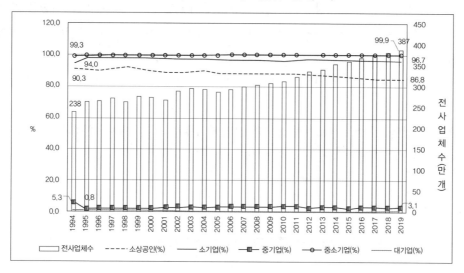

주: 〈표 7-2〉와 동일
자료: 중소벤처기업부, 통계자료

위의 자료는 기업체를 기준으로 하지 않고 전국사업체조사와 경제총조사를 바탕으로 작성한 사업체 단위 통계라는 점에 유의할 필요가 있다. 기업체란 재화 및 서비스를 생산하는 최소 경영 단위로 자원배분에 관한 의사결정의 자율성이 있고 재무제표(손익계산서, 대차대조표, 기타)를 독립적으로 유지, 관리하는 단위이다. 반면, 사업체는 일정한 물리적 장소 또는 일정한 지역 내에서 하나의 또는 주된 경제활동에 독립적으로 종사하는 기업체 또는 기업체를 구성하는 부분 단위이다(국가통계포털).[13]

첫째, 전체 사업체 수는 1994년 238만 개에서 2019년에 387만 개로 149만 개(62.6%)나 늘었다. ① 이 중 중소기업 사업체는 150만 개가 증가하여 전체 사업체 증가보다 많다. ② 그리고 중소기업 증가분 150만 개에서 소기업은 151만 개가 늘었지만 중기업은 오히려 1만 개가 줄어들었다. 즉 중소기업 사업체 증가는 소기업에서 이루어진 것이나. ③ 소기업에 속하는 소상공인의 사업체 수는 114만 개가 늘었다. 즉 중소기업의 증가를 주도한 것은 소기업이며 그중에서도 소상공인 사업체라 할 수 있다.

둘째, 중소기업은 전체 사업체 수의 거의 전부라고 해도 과언이 아닐 정도 압도적 비중을

---

13) 위 통계는 중소벤처기업부의 중소기업현황에 나오는 자료이다. 이것은 국가통계포털 혹은 중소벤처기업부의 중소기업기본통계와는 차이가 있다. 중소기업기본통계는 기준 시점에 폐업신고를 하지 않고 등록되어 있는 영리기업으로 사업장이 없는 전자상거래, 부동산임대업, 방문판매업 등을 하는 기업을 포함하기 때문에 기업체 수가 사업체 수보다 많다.

차지하고 있다. ① 1994년에 중소기업은 전체 사업체 수의 99.3%였는데 2005년부터 99.9%를 점하고 있다. ② 반면에 소상공인 사업체 수는 증가했음에도 불구하고 그 비중은 90.3%에서 84.8%로 감소하였다. 소상공인을 포함하는 소기업의 비중은 94.0%에서 96.7%로 늘었다.

셋째, 소기업 사업체 수의 비중이 늘면서 중기업 사업체 수의 비중은 5.3%에서 3.1%로 감소했다. 중기업의 수적 감소나 비중의 감소는 소기업에서 중기업으로의 상승이 쉽지 않았음을 보여준다.

넷째, 대기업(중소기업 범위초과를 포함)의 사업체 수는 1만 7개에서 4천 8개로 감소하고 비중도 0.7%에서 0.1로 줄어들었다.

2.1.2 종사자 수

다음에는 기업규모별 사업체의 종사자에서 중소기업이 차지하는 중요성을 살펴보자.

표 7-3 기업 규모별 사업체의 종사자 수 및 비중(1995~2019)   (단위: 만명, %)

	전체	소상공인		소기업		중기업		중소기업		대기업	
	만명	만명	%	만명	%	만명	%	만명	%	만명	%
1994	1,022	408	39.9	486	47.6	281	27.5	768	75.1	254	24.9
1995	1,110	444	40.0	652	58.7	175	15.8	826	74.5	283	25.5
2000	1,077	473	43.9	696	64.7	172	15.9	868	80.6	209	19.4
2005	1,190	488	41.0	740	62.2	305	25.6	1,045	87.8	145	12.2
2010	1,414	533	37.7	806	57.0	421	29.8	1,226	86.8	187	13.2
2015	1,677	607	36.2	1,111	66.2	402	24.0	1,513	90.2	165	9.8
2016	1,705	620	36.4	1,132	66.4	408	23.9	1,539	90.3	166	9.7
2017	1,729	637	36.8	1,140	65.9	412	23.8	1,553	89.8	177	10.2
2018	1,771	642	36.3	1,163	65.7	425	24.0	1,588	89.7	183	10.3
2019	1,793	662	36.9	1,180	65.8	428	23.8	1,607	89.6	186	10.4

주: 〈그림 7-2〉와 동일
자료: 중소벤처기업부, 통계자료

첫째, 기업의 전사업체 종사자는 1994년에 1,022만 명에서 2019년에 1,793만 명으로 1995년 대비 75.4%에 해당하는 771만 명이나 늘었다. ① 같은 기간 동안 종사자 수의 증가율이 사업체 수의 증가율 62.6%보다 높다. ② 중소기업 사업체의 종사자 수가 두 배 이상의 규모로 증가하였다. 중소기업 사업체 종사자 수는 1994년 768만 명에서 2019년 1,607만 명으로 늘어났다. ③ 이 증가의 대부분은 소기업에서 이루어진 것이다. 소기업 종사자 수는 같은 기간 중 694만 명, 중기업은 147만 명 증가하였다. ④ 소상공인 사업체의 종사자 수는 254만 명 증가하였다. 즉 소기업 종사자 수 증가 694만 명에서 소상공인은 254만 명 증가하였다. 이것은 소상공인 사업체 규모 이상 중기업 사업체 사이에 있는 소기업 사업체 종사자 수가 중소기업 종사자의 증가를 주도한 것을 의미한다. ⑤ 대기업(중소기업 범위 초과) 수의 감소와 함께 종사자 수도 1994년 254만 명에서 2019년 186만 명으로 감소하였다.

<그림 7-2> 기업 규모별 사업체의 종사자 수의 비중(1994~2019) (단위: 만명, %)

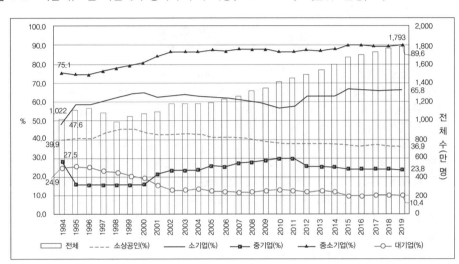

자료: 중소벤처기업부, 통계자료

둘째, 전사업체 종사자 수 대비 중소기업 종사자 수의 비중은 1994년 75.1%에서 2019년 89.6%로 크게 증가했다. ① 소기업 종사자 수가 전체 종사자 수의 증가를 주도함으로써 그 비중도 47.6%에서 65.8%로 크게 증가했다. ② 반면, 중기업 종사자는 수적 증가에도 불구하고 비중은 27.5%에서 23.8%로 감소했다. 중기업 종사자의 비중은 2010년 약 30%를 정점으로 점차 감소하고 있다. 즉 소기업 종사자 수의 비중 증가가 중소기업 종사자 수 비중의 증가를 이끌었다.

셋째, 소상공인 사업체의 종사자 수는 증가하였으나 비중은 39.9%에서 36.6%로 줄어드는 추세이다.

넷째, 대기업의 사업체 수는 2019년에 0.7%에 지나지 않지만 종사자 수는 10.4%로 적지 않은 비중을 차지하고 있다. 그러나 그 비중은 1994년 24.9%에서 크게 줄어든 것이다. 대기업의 사업체 수나 종사자 수가 크게 줄어든 것은 최근 급속하게 진행되고 있는 과학기술혁명의 영향도 있겠지만, 근본적으로 대기업의 기준이 크게 상향되어 왔기 때문이다.

전체적으로 보아서 1990년대 중반 이후 중소기업의 사업체 수와 종사자 수의 비중은 증가하였고 대기업의 비중은 감소하였다. 중소기업 사업체 수의 비중은 미증했지만 종사자 수의 비중은 75.1%에서 89.6%로 현저하게 증가했다. 중소기업의 중요성을 강조하기 위해 흔히 사용하는 '9988'이라는 표현은 이제 지나간 말이 되었다. 그만큼 우리 경제에서 차지하는 중소기업의 중요성이 더 커졌다 하겠다.

대기업 기준의 변화

대기업 집단 기준은 1987년에 도입되었는데 당시에는 자산총액 4천억 원이 하한선이었다(총액 기준). 1993년부터 2001년까지는 자산총액 기준이 아닌 '자산규모 상위 30위' 기업을 규제했다. 그러다가 예측 가능성이 떨어진다는 지적에 따라 2002년에는 자산규모 2조 원 이상(대기업집단 지정기준)으로 변경되었다. 이 시기에 대기업의 수는 2000년 2만여 개에서 2002년 약 5천 개로 4분의 1이 안되는 수준으로 감소했다. 2008년에는 자산규모 5조 원 이상으로 지정 기준이 상향 조정되었으며, 2016년에는 10조 원 이상으로 기준을 다시 올렸다. 2016년의 변경으로 대기업 집단 수는 65개에서 28개로 크게 감소했다. 이렇게 자산 기준을 급상승시키게 되면, 규모가 작은 대기업과 거대 기업집단 사이에 엄청난 차이가 나더라도 동일한 규제를 받게 되거나 대기업 지정에서 해제되어 중견기업으로 대접받기도 한다. 또한 한전 같은 대형 공기업도 대기업 집단에서 제외되기도 한다. 대기업 집단은 30여 개의 법령에 따라 연구개발비 세금감면 혜택 축소, 계열사 간 채무보증 금지 같은 규제를 받고 있다, 대기업 기준이 완화된다는 것은 이러한 규제가 약해진다는 것을 의미한다.

우리는 대기업이라고 하면 하나의 자본 아래 설립된 1개의 기업으로 생각한다. 그러나 법적으로 대기업은 1개의 기업이 아니라 상호출자규제를 받는 기업이다. 그러므로 대기업은 1개일 수도 있고 일정 자산 이하로서 상호출자규제를 받는 기업들일 수도 있다. 이러한 법적 규정 때문에 대기업이라는 의미가 상호출자규제를 받는 기업집단이라는 의미로 사용되기도 하는 것 같다. 경제신문을 읽어보면 대기업이라는 기사에 실제로는 기업집단을 설명하고 있는 경우가 적지 않다.

2.2 중소기업의 수출 및 경영지표

2.2.1 중소기업의 수출

먼저 중소기업의 중요성을 이해하기 위해 수출에 대한 기여도를 살펴보자(<표 7-4> 참조).

표 7-4 규모별 기업의 수출액 및 비중(1995~2021)　　　　　　　　　(단위: 억달러, %)

	중소기업		중견기업		대기업		기타		총수출
	억달러	%	억달러	%	억달러	%	억달러	%	억달러
1995	495	39.6	–	–	753	60.2	–	–	1,251
2000	635	36.9	–	–	1,086	63.1	–	–	1,723
2005	921	32.4	–	–	1,921	67.5	–	–	2,844
2009	768	21.1	574	15.8	2,283	62.8	11	0	3,635
2010	986	21.1	626	13.4	3,035	65.1	16	0	4,664
2015	962	18.3	929	17.6	3,367	63.9	10	0	5,268
2016	995	20.1	868	17.5	3,080	62.2	11	0	4,954
2017	1,032	18.0	937	16.3	3,757	65.5	11	0	5,737
2018	1,052	17.4	1,010	16.7	3,974	65.7	12	0	6,049
2019	1,009	18.6	932	17.2	3,471	64.0	10	0	5,422
2020	1,007	19.7	893	17.4	3,212	62.7	13	0	5,125
2021	1,155	17.9	1,129	17.5	4,147	64.4	13	0	6,444

주: 2009년부터 기타 항목이 있으나 표시하지 않음
자료: 중소벤처기업부, 통계자료

<그림 7-3> 규모별 기업의 수출 추이(1995~2021)　(단위: 억달러)

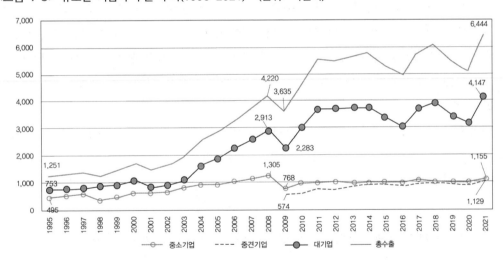

자료: 중소벤처기업부, 통계자료

　첫째, 우리나라의 총수출에서 가장 많은 부분을 차지하는 것은 대기업이다. 대기업의 수출은 1995년 495억 달러, 총수출의 60.2%에서 2021년에는 4,147억 달러, 64.4%를 차지하여 전체 수출의 60% 이상을 담당하고 있다.

둘째, 중소기업의 수출은 수출액이 1995년 495억 달러에서 2021년 1,155억 달러로 증가했으나 비중은 39.6%에서 17.9%로 절반 이하 수준으로 떨어지고 있다. 중견기업의 수출은 2021년에 17.5%이다.

셋째, 중소기업의 수출 비중은 감소한 것으로 나타나고 있지만 실제로는 수출에 대한 기여도가 하락하지는 않았다. <그림 7-3>을 보면, 꾸준히 증가하던 대기업, 중견기업, 중소기업의 수출액은 2008년 글로벌 금융위기를 기점으로 급락하였다. 특히 중소기업의 수출액은 2008년의 하락 이후 2021년까지도 2008년의 수준에 미달한다. 그러나 중소기업의 수출액이 최근까지도 그때의 수준을 회복하지 못했다는 것은 사실과 다르다. 그것은 통계 작성 기준이 달라짐에 따라서 나타난 변화일 뿐이다. 즉, 2011년에 중견기업의 법적 개념이 도입되어 그 이전에 중소기업의 수출액이 중소기업과 중견기업으로 나누어져 표시되고 있다. 그러므로 2009년 이후 중소기업과 중견기업의 합계액은 사실상 그 이전 시기의 중소기업 수출액에 해당한다. 2009년에 금융위기의 여파로 대기업의 수출은 감소했지만, 중소기업과 중견기업 수출액의 합계액은 오히려 2008년보다 좀 더 크게 나타난다.

넷째, 그 결과 중소기업과 중견기업의 수출 합계액이 전체 수출에서 차지하는 비중도 2008년 30.9%에서 2009~2021년에는 32.1%~37.6%를 차지한다.

다섯째, 중소기업과 중견기업의 수출은 전체 수출의 3분의 1 전후를 담당하지만, 실제로 수출에 대한 기여도는 이보다 훨씬 높다고 평가할 수 있다. 왜냐하면, 중소기업이 생산하여 대기업에 납품한 부품·소재 및 장비 등이 대기업의 수출로 통계에 잡히기 때문이다. 그러므로 대기업이 최종적으로 수출하는 액수의 상당 부분은 실제로는 중소기업의 수출이라고 할 수 있다.

다음으로 중소기업 중에서 수출에 참여하고 있는 기업의 특성에 대해서 살펴보자. 아래 <표 7-5>는 제조업 이외에도 정보통신업, 기술서비스업에 종사하는 기업 6만여 군데의 실태를 조사한 것이다.

표 7-5 중소제조기업의 거래처별 매출 및 수출비중 조사 결과(2020년) (단위: 개, %)

			기업체수	대기업	중견기업	중소기업	일반소비자	공공기관	해외(수출)
			개	%	%	%	%	%	%
전체			46,649	11.0	14.2	59.6	2.2	8.2	4.8
소기업			36,941	9.0	13.6	62.2	2.2	8.9	4.1
중기업			9,708	18.8	16.4	49.5	2.2	5.6	7.5
제조업	규모	소기업	30,439	9.2	14.5	62.7	2.2	6.6	4.7
		중기업	7,870	18.3	17.3	50.7	1.9	3.2	8.5

			기업체수	대기업	중견기업	중소기업	일반소비자	공공기관	해외(수출)
			개	%	%	%	%	%	%
공업구조		경공업	9,041	8.3	9.6	68.7	4.2	5.2	4.1
		중화학공업	29,268	12.0	16.8	57.7	1.5	6.1	5.9
기술수준		첨단기술업종	5,964	6.7	12.5	73.0	0.9	2.6	4.3
		고기술업종	15,142	13.5	16.6	54.7	1.4	6.5	7.4
		중기술업종	10,484	10.6	18.0	58.7	1.9	7.1	3.7
		저기술업종	6,719	10.3	9.5	64.1	5.3	5.7	5.1
기술기업군		고기술기업	1,536	20.2	17.7	27.2	3.1	16.5	15.3
		중간기술기업	18,469	9.3	11.1	66.7	1.6	6.4	4.9
		범용기술기업	18,304	12.2	18.9	56.6	2.6	4.5	5.3
정보통신업			4,771	14.4	11.6	45.0	3.9	22.9	2.2
전문, 과학 및 기술서비스업			3,569	5.9	7.7	71.7	0.5	13.6	0.7

주: 공공기관은 정부, 지자체 등의 기관
자료: 중소벤처기업부, 통계자료

첫째, 조사 대상 중소기업의 거래처는 중소기업이 약 60%로서 가장 많고 그 다음이 중견기업(14.2%), 대기업(11.0%)이다. 조사된 중소기업 중 수출 기업은 4.8%에 지나지 않는다.

둘째, ① 원자료에 따르면 수출 중소기업의 비중은 조사 대상 중소기업에서 2010년도 이후 대체로 5% 전후를 차지한다. 전체 수출 중기업의 비중은 수출 소기업의 비중보다 높다. 2020년에 중기업 중 7.5%, 소기업 중 4.1%가 수출에 참여하고 있다. ② 제조기업의 수출 참가율에 비해 정보통신업, 전문·과학 및 기술 등 서비스업종에 종사하는 중소기업은 각각 2.2%, 0.7%에 지나지 않는다.

셋째, 중소제조기업에서는 대체로 기술 수준이 높은 기업일수록 수출 참여도가 높다. 즉, 전체적으로 기업 규모가 클수록, 고기술 업종 내지 고기술 기업군일수록 대기업과의 거래가 많거나 해외시장 참여율이 높다.

2.2.2 중소기업의 경영지표

표 7-6 기업규모별 경영지표(2009~2020) (단위: %)

	자기자본비율		부채비율		차입금평균이자율		자기자본순이익률		매출액순이익률	
	대기업	중소기업	대기업	중소기업	대기업	중소기업	대기업	중소기업	대기업	중소기업
2009	43.3	30.6	131.1	226.7	4.3	5.9	7.4	4.4	4.2	1.3
2010	44.5	31.4	124.5	218.3	4.3	5.9	10.5	5.8	5.4	1.6
2011	43.1	32.6	131.9	207.1	4.1	5.9	7.0	5.5	3.5	1.5

	자기자본 비율		부채비율		차입금 평균이자율		자기자본 순이익률		매출액 순이익률	
	대 기업	중소 기업	대 기업	중소 기업	대 기업	중소 기업	대 기업	중소 기업	대 기업	중소 기업
2012	43.8	33.6	128.2	198.0	4.1	5.7	6.1	5.6	3.1	1.6
2013	44.9	34.8	122.6	187.5	3.8	5.0	3.8	5.9	2.1	1.8
2014	47.2	34.1	111.9	193.6	3.7	4.3	4.7	6.6	2.8	2.0
2015	48.1	34.8	107.9	187.7	3.4	3.8	6.3	7.6	4.0	2.3
2016	50.0	35.6	100.1	181.3	3.2	3.5	6.5	8.0	4.5	2.6
2017	51.2	38.0	95.5	163.2	3.1	3.5	9.1	8.0	6.1	2.8
2018	52.1	38.5	92.1	159.5	3.3	3.6	7.2	6.1	5.0	2.3
2019	51.3	38.1	94.9	162.3	3.5	3.6	4.2	5.4	3.1	2.2
2020	50.7	37.6	97.3	166.3	3.1	3.2	3.8	6.1	3.0	2.6

주: 전산업 대상, 전수조사
자료: 한국은행경제통계시스템

　<표 7-6>은 대기업과 중소기업의 대표적인 경영지표를 정리한 것이다. 자기자본 비율(자기자본/총자산)과 부채 비율(부채총액/자기자본)은 안정성 지표이고, 자기자본 순이익률과 매출액 순이익률은 수익성 지표이다.

　첫째, 자기자본 비율은 대기업이 높고 부채 비율은 중소기업이 높다. 즉, 경영 기반을 안정화시키는 지표는 대기업이 중소기업보다 훨씬 양호하다. 특히 2017년 이후에 대기업의 부채비율은 100% 이하로 떨어져 92~97% 정도인 데 비하여 중소기업은 160~166%로서 상당한 차이를 보인다.

　둘째, 꾸준히 개선되어 오던 안정성 지표는 2020년 들어서 동요할 조짐을 보인다. 2020년을 기준으로 자기자본 비율은 대기업과 중소기업은 그 이전보다 모두 약간씩 개선되었고, 부채 비율은 둘 다 악화되었다. 이것은 총자산에서 부채가 점하는 비중이 더 많이 늘어난 것을 의미한다. 특히 부채 비율은 중소기업이 더 많이 증가했다. 코로나19 국면에서 중소기업의 경영환경이 더 많이 악화된 것이다.

　셋째, 차입금 평균이자율은 대기업, 중소기업 모두 지속적으로 하락하여 금융 비용 부담을 덜어주고 있는데, 최근일수록 양자 간의 금리차가 거의 없을 정도로 줄어들었다. 당시에는 지속되는 국제금융시장 특히 미국 금융시장의 저금리 기조의 영향을 많이 받았기 때문으로 보인다. 예를 들면, 한국은행의 기준금리는 2000년 5.25%에서 2018년 1.75%, 2019년에는 1.25%, 2020년에 0.50%였다.

　넷째, 수익성을 나타내는 지표(자기자본 순이익률, 매출액 순이익률)는 최근에 대기업은 떨어졌으나 중소기업은 대체로 현상유지 혹은 정체상태이다. 즉 대기업은 자기자본 순이익률과 매출액 순이익률이 2018년 이후에 현저하게 하락했다. 반면에 중소기업은 두 가지 모두 현상태를 유지하고 있다.

경영지표 설명

- 자기자본 비율=자기자본÷총자산(자본+부채)×100
  - 자기자본: 금융비용을 부담하지 않고 기업이 운용할 수 있는 자본
- 부채 비율=부채총액÷자기자본×100
- 자기자본 순이익률=당기순이익÷평균자기자본×100

전체적으로 안정성지표는 개선되어 오다가 2020년에 부채 비율이 올라가면서 안정성이 동요할 조짐을 보이고 있다. 수익성에서는 현상 유지는 하고 있으나 특히 매출액 순이익률이 대기업과 차이를 보이고 있으므로 수익성 확보를 위한 노력과 정책 지원이 필요할 것이다.

제3절 중소기업의 당면과제

변화하는 환경 속에서 중소기업이 생존하고 발전하기 위한 요소로서는 자금조달 경로의 다양화 등 재무구조 개선, 인력 부족의 해소, 기술경쟁력 강화, 판로 개척, 대기업과의 관계 개선, 경영 투명성 제고 및 경영 역량의 강화 등 여러 가지를 지적할 수 있다. 그중에서도 인력난, 자금난, 기술난의 문제가 일차적으로 해결되어야 할 과제인 것으로 보인다. 이 세 가지 과제의 해결을 통해 중소기업의 내부적 역량이 혁신되지 않으면 국내외 시장의 변화에 제대로 대응하지 못할 것이기 때문이다.

3.1 인력난

3.1.1 인력 부족

먼저, 생산 현장에서 중소기업이 가장 심각하게 겪고 있는 인력 부족에 대해서 살펴보자. 중소기업의 경영을 압박하는 주요한 원인 중의 하나는 만성적인 인력 부족이다. <표 7-7>은 제조업에 종사하는 중소기업을 대상으로 부족 인원을 실태조사(중소기업실태조사)

한 것이다.

중소기업에서 가장 부족한 인력은 생산직이 가장 많고 다음이 기술·연구직으로 나타나고 있다. 기업의 크기 면에서는 소기업의 인력 부족률이 중기업보다 전반적으로 높다. 다만, 2020년에는 중기업의 부족률이 높은데, 특히 생산직의 부족률이 높아진 것으로 나타난다. 생산직이나 기술·연구직의 부족률에 비해 사무·관리직 및 판매·마케팅직의 부족률은 상대적으로 낮다.

표 7-7 제조업 중소기업의 부족 인원, 인력 부족률(2016~2020)   (단위: 천명, %)

| | | 제조업(전체) | | | 사무·관리직 | 기술·연구직 | 생산직 | 판매·마케팅직 | 기타 종사자 |
		현재인원	부족인원	부족률	부족률	부족률	부족률	부족률	부족률
2016	소계	2,199	69	3.1	1.4	2.5	4.0	2.1	1.4
	소기업	1,502	50	3.2	1.4	2.8	4.1	2.3	1.6
	중기업	697	19	2.7	1.3	1.9	3.7	1.6	1.1
2017	소계	2,332	57	2.4	1.0	2.4	3.0	2.0	1.7
	소기업	1,630	43	2.5	1.1	2.8	3.1	2.5	1.9
	중기업	702	14	2.0	0.9	1.5	2.7	1.5	1.2
2018	소계	2,316	51	2.2	0.9	2.3	2.7	1.6	1.0
	소기업	1,626	38	2.3	1.0	2.6	2.8	1.8	0.8
	중기업	690	13	1.8	0.6	1.4	2.5	1.3	1.2
2019	소계	2,234	32	1.4	0.9	1.2	1.7	0.6	0.5
	소기업	1,535	23	1.5	1.0	1.5	1.7	0.7	0.5
	중기업	699	9	1.3	0.6	0.7	1.7	0.5	0.5
2020	소계	2,178	46	2.1	0.5	1.5	2.9	0.6	1.0
	소기업	1,516	28	1.8	0.4	1.6	2.5	0.5	1.4
	중기업	663	18	2.7	0.6	1.3	3.9	0.6	0.5

주: 1) 부족률=부족인원/(현원+부족인원)×100
   2) 연구직=전문가, 기술직=기술직 및 준전문가
   3) 조사대상: 매출액 5억 원 초과 중소기업체, 제조업 7,500개
자료: 중소벤처기업부·중소기업중앙회, 중소기업실태조사

그런데 실태조사에서 나타난 인력 부족률은 3% 이하로서 인력 부족이 그다지 심각하지 않다고 생각할 수도 있다. 그러나 생산 현장에서의 인력 부족은 통계에 나타난 숫자보다 상당히 심각하다. 실제로 생산직 노동자의 결근이나 퇴사 등에 의해 회사 경영에 어려움을 겪는 예가 적지 않으며, 이 때문에 인력을 구하기 힘들다는 목소리가 높은 것이다.

기업체에서는 부족 인원의 상당 부분을 저임금의 외국 인력으로 채우는 실정이다. 즉, 외국 인력의 고용은 인력 부족률을 일정 수준에서 머물도록 하는 주요한 요인으로 보인다.

좀 오래되었지만, 2009~2011년의 중소기업실태조사에 따르면, 중소기업은 인력 부족을 주로 생산설비의 자동화(29.7~38.7%), 임금인상 및 복지여건 개선(24.3~40.8%) 외에도 외국인 고용(19.7~25.5%) 등으로 해결하고 있는 것으로 나타났다.

부족 인력 확보 애로요인을 묻는 실태조사에서는 답변 항목 중에서 아예 '취업지원자가 없음'이 조사대상 기업 중 절반 이상으로서 1위이고, '직무능력 부족'이나 '근무여건 열악' 등이 그 다음이다. 이와 같이 잠재적 피고용자가 아예 취업 지원을 하지 않거나 근무여건 열악을 이유로 취업을 꺼리는 가장 큰 이유는 임금이 낮기 때문이라고 할 수 있다.

3.1.2 이직률

중소기업의 낮은 임금은 잦은 이직으로 연결되어 인력의 안정적 수급을 어렵게 하는 요인으로 작용한다. 2009년부터 2014년까지 이직 원인을 조사한 바에 의하면, 대체로 임금 수준 불만족이 가장 높게 나타나고 있으며, 다음으로 타업종 근무 선호, 작업 환경 불만족의 순이었다(중소벤처기업부, 통계자료). 통계청이 발표한 『2018년 임금근로일자리 소득(보수) 결과』에 따르면, 대기업은 월평균소득 501만 원인 데 비하여 중소기업은 그 절반에도 미치지 못하는 231만 원이었다. 중소기업 노동자 중에서 가장 소득이 높은 40대는 월평균 271만 원인데, 이것은 대기업 20대의 278만 원보다 적었다. 대기업에서 가장 소득이 높은 세대는 50대인데, 중소기업에 종사하는 50대는 대기업보다 411만 원이나 적었다(통계청, 보도자료, 2020.1.22.).

임금 격차는 대기업 노동자와 중소기업 노동자 간에 근속연수의 차이를 초래하고, 근속연수의 차이는 다시 임금 격차를 초래하는 요인으로 지적된다. 통계청이 발표한 바에 따르면, 2018년에 대기업의 평균 근속기간은 7.9년인 데 반해 중소기업은 3.1년에 지나지 않았다. 이것은 한 직장에서 일하는 중소기업 노동자의 퇴사가 빈번하기 때문에 원래부터 대기업에 비해 낮은 임금소득조차 더 높아지기 어렵다는 것을 의미한다(통계청, 보도자료, 2020.1.22, p.5.).

다음의 <표 7-8>은 제조업 부문의 이직률을 정리한 것이다.

첫째, 2015년 이후 제조업 전체의 이직률은 8.7%~13.5%나 되고 있다. 다만, 제조업 전체의 이직률은 2018년 13.5%를 정점으로 2020년 8.7%까지 하락 추세이다. 직종별로는 생산직의 이직률이 가장 높다. 생산직의 이직률은 다른 직종보다 2~3배 정도 된다. 2018년 생산직 이직률은 무려 17.3%이다. 가장 높은 생산직 이직률은 생산직 인력이 가장 많이 부족한 것과 연관된 현상이다(<표 7-7>). 생산직 인력 부족과 높은 이직률은 기업 경영을 위협하는 가장 중대한 요인이다.

표 7-8 제조업 중소기업의 직종별 이직인원 및 이직률(2015~2020)　　　　　(단위: 천명, %)

		제조업(전체)			사무관리직	기술·연구직	생산직	판매·마케팅직	기타종사자
		현재인원	이직인원	이직률	이직률	이직률	이직률	이직률	이직률
2015	계	2,426	275	11.3	5.4	5.5	15.5	7.9	10.2
	소	1,659	186	11.2	5.2	5.3	16.0	7.3	14.2
	중	767	89	11.5	5.9	6.0	14.5	9.3	2.8
2016	계	2,206	292	13.2	6.4	8.0	17.5	7.4	6.6
	소	1,503	189	12.6	5.8	8.2	16.7	6.3	12.2
	중	703	102	14.6	7.4	7.7	19.6	9.4	3.8
2017	계	2,347	254	11.0	6.0	5.0	14.0	7.0	7.0
	소	1,639	173	11.0	5.0	5.0	14.0	5.0	8.0
	중	709	81	12.0	7.0	7.0	15.0	9.0	7.0
2018	계	2,325	314	13.5	7.2	8.1	17.3	9.2	9.8
	소	1,631	214	13.1	6.3	7.9	17.0	8.6	8.7
	중	694	100	14.4	9.4	8.4	17.9	10.4	11.4
2019	계	2,236	205	9.1	5.1	5.3	11.7	5.6	4.3
	소	1,535	130	8.5	4.1	4.8	11.2	4.4	3.4
	중	702	74	10.6	7.5	6.2	12.7	7.9	5.4
2020	계	2,204	191	8.7	3.9	4.6	11.4	4.4	4.7
	소	1,535	124	8.1	3.1	4.1	10.8	3.4	5.9
	중	668	67	10.1	5.7	5.8	12.9	6.3	3.3

주: 1) 현재인원은 전년도 12월 말
　　2) 조사대상: 〈표 7-7〉과 동일
자료: 중소벤처기업부, 통계자료

　둘째, 이직률을 기업규모별로 보면, 제조업 전체적으로 중기업의 이직률이 소기업보다 높다. 직종별로도 기타 종사자를 제외하고 모든 부문에서 특정 연도 한두 곳을 제외하고 중기업의 이직률이 소기업보다 높다. 이것은 중기업 노동자의 임금 등 노동에 대한 보상요구가 소기업보다 높다는 것을 뜻한다.

　기업은 노동자의 높은 이직률에 대한 방지 대책을 어떻게 세우고 있을까? 기업은 대책으로서 임금 인상과 근로복지 향상을 가장 선호하는 것으로 조사되었다. 예전에는 임금 인상 다음으로 합숙 및 단합대회가 선호되었지만 최근에는 이에 대신하여 근로복지 향상이 보다 강조되고 있다. 근로복지 향상도 궁극적으로 임금보상적 성격을 가진다는 점에서 산업 현장에서 노동자들의 불만을 가장 잘 파악하고 있는 기업의 대응책은 역시 임금에 집중되어 있다고 하겠다(중소기업부, 통계자료, 중소기업실태조사).[14]

---

14) 이 외에도 합숙 및 단합대회, 사내 동호회 활성화, 연수·교육제공, 멘토링프로그램, 경력개발 경로제시,

이와 같이 중소기업과 대기업의 임금 격차는 우수 인재의 유치에 걸림돌이 될 뿐만 아니라 중소기업의 혁신을 방해하고 매출을 정체시킨다. 그리고 이것은 다시 임금 지급 여력을 하락시켜 취업 기피로 이어지는 악순환을 초래하고 있다. 즉, 중소기업 실태조사에서 아예 '취업지원 없음'에서 나타나듯이 처음부터 중소기업 취업을 기피하거나 짧은 근속연수 혹은 높은 이직률 등은 중소기업의 인력난을 초래하고 기업 경영의 안정성에 악영향을 미치는 주요 요인이라고 하겠다.

3.2 자금난

중소기업의 자금조달은 대기업에 비해서 어려울 수밖에 없다. 중소기업은 대기업에 비해 수익률도 낮고 자본금도 적기 때문에 상대적으로 부채 비율이 높다. 그러므로 신용도가 낮고 회사채 발행이 힘들어서 자금조달을 금융 기관의 차입에 의존하는 정도가 높다. 중소기업은 자금조달 경로가 이처럼 단순할 뿐 아니라 기업 간 거래에서도 외상이나 어음결제 때문에 불이익을 겪고 있는 경우가 많다. 「중소기업실태조사」를 중심으로 중소기업의 자금조달 상황에 대해 살펴보자(2014~2017년, 중소벤처기업부, 통계자료).

첫째, 중소기업은 조사 대상 업체 중에서 60% 전후가 외부 차입금에 의존하고 있는데, 제조업 분야는 중소기업 전체 평균보다 10% 더 높으며, 기업 규모별로는 소기업체(5~49인)보다는 중기업체(50~299인, 중기업체의 65% 이상)가 더 많이 외부 차입금에 의존하고 있다.

둘째, 신규로 자금을 확보하는 방법으로서는 은행으로부터의 대출(차입)이 가장 많다. 차입에서 은행의 비중은 금액 기준으로 60~75%를 차지하는데 중기업의 은행 차입 비중이 소기업보다 높다. 다음으로 정책자금이 약 20%를 차지하고, 비은행금융기관 – 사채의 순이며 주식 발행이나 회사채는 대체로 1% 미만으로 나타난다. 주목되는 것은 중소기업은 신용도가 낮기 때문에 주식 및 회사채 발행이 거의 없고 사채의존 기업이 4.8~7.5%에 이른다는 점이다.

셋째, 중소기업은 제도금융권에서 차입하지 못하면 고금리의 사채를 이용하는 것으로 나타나고 있다. ① 조사대상 기업 중 83.2~93.1%가 친구 · 지인 · 친인척 등으로부터 사채를 끌어 쓰고 있으며, 평균 6.8% 정도는 대부업체를 이용하고 있고, 나머지는 거래업체 혹은 사채업자로부터 자금을 빌린다. ② 평균 금리 5% 이하를 빌리는 업체는 조사대상 기업의 21.9~49.5%를 차지하는데 2016년 이후에는 20%대로 낮아지고 있다. 조사대상 중에서 20%를 넘는 기업은 10~15%의 이자를 지불하고 있고, 10~15%, 20~30%의 이자를 지불하는 업

교육기회 제공 등이 있다.

체도 적지 않은 비율을 차지하고 있다. ③ 평균 차입금리는 2014~2015년에 8.2 → 6.6%였지만, 2016년 10.1%에서 2017년에는 13.29%로 오히려 높아져 사채이용업체들은 상당한 고금리에 노출되어 있다. 중소상공인의 금리부담 문제가 등장하는 배경이라고 하겠다.

중소기업은 수적으로 워낙 많고 규모나 재무구조도 차이가 커서 자금조달 방법을 간단히 요약하기가 어렵다. 그러나 중소기업의 상당 부분은 아직도 사금융을 이용해야 할 정도로 자금 기반이 취약한 상태에 있음을 알 수 있다.

> ## 아직도 사용되는 어음의 역사, 우리 사회의 신용도, 그리고 장영자사건
>
> 어음 거래는 중소기업의 자금난을 가중하는 주원인의 하나로 지목되어 온 해묵은 과제다. 어음은 조선시대에도 상업 거래에 사용되었다. 일제 강점기에 제도화되어 일반적인 거래에 사용되었는데, 일제는 우리 국토를 강점하는 1910년부터 금융 중에서도 어음 거래에 관한 통계를 정확하게 수록하였다. 일제에서 해방된 후 작성된 금융 통계 중 예금이나 대출은 공표기관이나 작성 기준에 따라서 들쭉날쭉하지만 어음 통계는 전국은 물론 지역별로도 가장 일관성있게 제일 긴 시계열을 작성할 수 있다. 그만큼 상업 거래에서 중요하게 취급된 것이다. 우리나라의 어음부도율은 1937년부터 파악이 가능한데, 1937~1944년에 금액기준으로 연평균 0.05%이었지만, 1950년대에는 0.60으로 10배 이상 높아졌다. 1960년대 0.42%, 1970년대 0.22%, 1980년대 0.10%, 1990년대 0.19%, 2000년대 0.08%였다. 부끄럽게도 2000년 이전에는 1988~1991년에 단 한차례 겨우 일제 말의 부도율 수준으로 떨어졌는데, 그 이후에는 도로 올라갔다. 2010년대가 되어서야 결제분을 포함해서 일제하보다 낮은 수준인 0.016%로 떨어졌다(1990년대부터 전자결제분 포함).
>
> 어음은 현금을 대신하여 신용을 창출하거나 거래를 원활하게 하는 측면이 있지만 사실상의 고율의 이자부담(할인을 말함)과 고의 부도 등의 폐해가 적지 않았다. 김대중 정부 시절에 이 문제가 본격적으로 제기되어 폐지로 가닥을 잡았지만 흐지부지 그냥 넘어가고 말았다. 그 후 어음교환고는 1999년에 9,677조원에서 2019년 2,182조원으로 줄었다. 하지만 어음거래는 여전히 개인사업자 및 중소기업의 자금 융통을 어렵게 하는 요인으로 지적되고 있다. 예전(아마 1979년대 말 혹은 80년대 초까지)에는 흔히 동네 가게에서 물건을 사고 외상장부에 달아놓는 일이 많았다. 어떤 면에서 어음발행은 이와 같은 외상거래나 다를 바 없다. 그러므로 사기나 고의부도가 꼬여들 여지가 그만큼 크고 사회적으로도 커다란 파장을 일으키기도 한다.
>
> 대표적 사건으로 1982년에 터진 이철희·장영자 어음부도 사건이 있다. 이 사건은 권력의 비호를 앞세워 부실한 건설업체에 자금을 제공하는 대신 담보조로 제공액의 2~9배에 달하는 액수의 어음을 받아서 사채시장에서 할인하거나 주식 투자 등의 수법으로 1981년 2월부터 1982년 4월까지 6,404억 원에 달하는 사기행각을 벌인 사건이다. 이 사기사건은 건국 후 최대규모의 금융 사기사건, 단군 이래 최대의 어음사기사건으로 불렸다.
>
> 정부는 2018년 초에 2022년까지 어음을 완전히 폐지하겠다고 약속하였다.

3.3 기술난

3.3.1 낮은 기술 수준

① 세계 최고 대비 기술 수준

낮은 기술 수준은 중소기업이 겪는 어려움 중에서 가장 극복하기 힘들지만 경쟁력 강화를 위해서 반드시 극복해야 할 과제이다. 중소기업이 이 문제를 해결하기 어려운 것은 유효한 기술에 대한 정보는 물론이고 연구개발 인력의 부족, 기술 개발 자금의 확보 등 해결해야 할 난제가 적지 않기 때문이다. 특히 4차 산업혁명 시대를 맞이하여 중소기업의 기술력 향상은 해당 기업의 경쟁력은 물론 국가 경제의 앞날을 좌우하는 핵심적인 요소라고 할 수 있다. 2019년 일본이 갑작스럽게 한국을 화이트리스트에서 제외한 것은 자국 내 기술적 기반없이 제품 생산에 필수적인 소재나 부품을 단순히 가격이 싸다고 해서 글로벌 네트워크에 의존하는 것이 얼마나 위험한 일인가를 단적으로 보여준다. 아래는 중소벤처기업부가 공표한 실태조사 중에서 기술적 과제와 관련된 부분을 정리한 것이다.

> **일본의 화이트리스트 사건의 본질은?**
>
> 화이트리스트(백색국가)는 '안전보장우호국'이라고 하는데, 자국의 안전보장에 위협이 될 수 있는 첨단기술과 부품 등을 수출할 때, 수출허가 절차에서 우대를 해주는 국가를 말한다. 일본 경제산업성은 사전 협의 및 구체적 사유를 밝히지 않고 반도체·디스플레이 관련 핵심 소재 3종에 대한 수출 규제를 강화하겠다는 계획을 밝히고 실행했으며, 2020년 8월 28일부터는 한국을 화이트리스트 국가에서 제외했다. 이에 우리나라 정부도 일본을 화이트리스트에서 제외하고, 소재·부품·장비산업의 '탈(脫)일본'을 선언했다.
>
> 그동안 우리나라의 소재·부품·장비산업은 외적인 면에서는 상당히 성장했지만, 기술력이나 해외 점유율 등에서는 여전히 일본보다 뒤처지고 있는 상황이다. 일본이 우리나라에 대해 화이트리스트 제외를 단행한 배경에는 우리나라의 동 부문에 대한 경쟁력이 자국보다 약하다는 자신감이 깔려있다. 수출이나 1인당 소득 수준에서도 일본과 격차가 상당히 줄어들고 있는 데에 대한 경계심도 작용했을 것이다. 한마디로 한국 경제에 타격을 **주고 본때**를 보이고 싶었을 것이다.
>
> 모든 제품을 국내에서만 생산할 수 없는 것이 오늘날의 세계 경제이다. 그러나 화이트리스트사건은 글로벌 공급망에 지나치게 의존한 채 기술 개발에 소홀하거나, 제품을 개발해도 가격만을 따져 국내 기업의 제품 사용을 꺼리는 구조를 바꾸지 않은 대가가 어떤 어려움을 초래하는지 잘 보여주는 예라 하겠다. 물론 일본의 수출 금지 등 경제적 공격에 대해 한국은 재빨리 대응했다. 이 사건은 한국 정부와 경제계가 본격적으로 대책을 마련하도록 했다는 점에서 일본의 아베신조(安倍晋三) 전 수상에게 도로 감사해야 할지도 모를 일이다.

| 표 7-9 | 중소기업의 기술분야별 세계 최고 대비 기술 수준(2020) | | | | | | | | (단위: %) |

	사례수 (건)	50 미만	50~60 미만	60~70 미만	70~80 미만	80~90 미만	90~100 미만	100%	평균
전체	46,649	0.0	0.6	5.0	35.7	48.9	9.6	0.1	78.4
기계 · 소재	18,018	0.0	1.2	10.3	40.5	41.1	6.8	0.1	76.2
전기 · 전자	7,431	–	0.5	2.2	34.7	52.8	9.6	0.2	79.3
정보통신	3,704	–	–	0.7	34.2	55.6	9.5	–	79.5
화학	6,705	–	0.2	2.6	36.3	52.0	8.8	0.1	78.6
바이오 · 의료	4,388	–	–	0.8	13.0	72.1	13.4	0.7	83.0
에너지 · 자원	323	3.2	–	–	27.1	37.2	32.4	–	80.6
지식서비스	4,641	0.0	–	0.3	44.6	50.7	4.3	–	78.3
세라믹	1,439	–	0.6	4.6	24.4	23.0	47.4	–	83.1

자료: 중소벤처기업부, 통계자료

<표 7-9>는 우리 기업들의 기술력이 국제적으로 어떤 수준에 있는지를 보여준다.

첫째, 우리나라 중소기업의 세계 최고 대비 기술 수준은 2020년도에 평균 78.4%이며, 이전에 조사된 기술 수준은 75.4%(2013년) → 75.5%(2015년) → 77.6%(2017년) → 76.4%(2018년) → 77.3%(2019년)로서 그동안 약간 오른 것으로 보인다. 중소기업 중 세계 최고 대비 80~90%에 달하는 기업이 48.9%로 가장 많고 70~80%에 달하는 기업이 다음으로 35.7%를 차지하고 있으며, 70% 미만의 기업은 5.6%이다. 기술 수준을 기계적으로 계산하기는 힘들지만 추세적으로 보아 기술 개선이 이루어지고 있다고 보아도 무방할 것이다. 단, 2020년에 최고 대비 90% 이상의 기업은 전체 기업의 9.6%에 지나지 않고 있다.

둘째, 전기 · 소재, 전기 · 전자 등 각 기술 분야의 수준은 80% 미만이지만, 바이오 · 의료, 에너지 · 자원은 80%를 약간 넘어서고 있다.

다음의 <그림 7-4>는 기계 · 소재, 전기 · 전자산업에 속하는 분야의 기술력을 보다 세분화해서 보여준다.

첫째, 기계 · 소재에서 세계 최고 대비 기술 수준이 가장 높은 분야는 소성가공/분말분야이고 조선/해양시스템, 자동차/철도차량이 다음이다. 주조 · 용접, 에너지/환경기계시스템, 정밀생산기계 등은 기계 · 소재의 평균보다 낮으며, 나노 · 마이크로기계시스템은 최하위이다. 최근 강화되고 있는 환경관련 규제와 관련하여 특히 에너지/환경기계시스템의 개발이 시급한 것으로 보인다.

둘째, 전기 · 전자에서는 전지가 가장 높고 다음으로 영상 · 음향기기, 반도체소자 및 시스템의 순이다. 광응용기기, 가정용기기 및 전자응용기기 등은 평균 이하 수준이다.

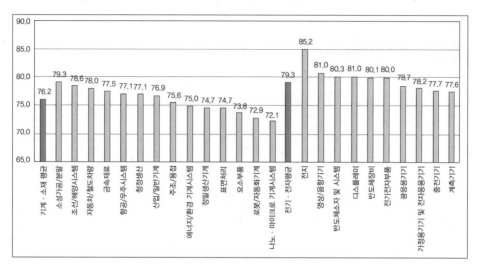

〈그림 7-4〉 중소기업의 기계·소재 및 전기·전자 세계 최고 대비 기술수준(2020) (단위: %)

자료: 중소벤처기업부, 통계자료

　　이같이 우리나라 중소기업의 세계최고 대비 기술력은 대체로 80% 이하이다. 과거에 비하면 세계적 기술 수준에 상당히 근접했지만, 나머지 부분을 따라가지 못하고 있다. 나머지의 격차를 우리 기업들이 얼마나 빨리 추격하는가가 경쟁력 확보의 관건이라고 하겠다.

표 7-10 주요국 대비 기술분야별 기술 격차(중소기업)(2018, 2020)　　　　　　(단위: 년)

	미국		일본		독일		중국	
	2018	2020	2018	2020	2018	2020	2018	2020
전체	-2.0	-2.0	-1.7	-1.5	-1.9	-1.4	2.7	1.8
기계·소재	-2.3	-1.9	-1.9	-1.4	-2.3	-1.4	2.7	1.6
전기·전자	-1.7	-1.6	-1.7	-1.2	-1.6	-0.9	2.2	1.3
정보통신	-2.0	-1.5	-1.5	-1.1	-1.7	-0.9	3.6	1.7
화학	-1.8	-2.6	-1.4	-1.9	-1.3	-2.0	2.7	2.5
바이오·의료	-1.5	-2.5	-1.6	-1.9	-1.6	-1.6	2.6	3.0
에너지·자원	-0.6	-1.2	-0.6	-0.9	-0.8	-0.6	2.9	1.8
지식서비스	-2.1	-2.0	-1.9	-1.4	-1.7	-1.3	3.1	1.8
세라믹	-1.2	-2.0	-1.0	-1.0	-1.2	-1.2	2.5	2.1

주: -는 기술격차를 줄이는데 시간이 걸림을 의미.
자료: 중소벤처기업부, 통계자료

　　주요국 대비 기술 격차의 기간을 살펴보면, 중국을 제외하고는 그 외 국가보다 2년 이내로 뒤처져 있다. 전체적으로는 미국과의 기술 격차를 줄이지 못하고 있고, 독일, 일본과는 약간 줄어든 것으로 나타나고 있다. 중국보다는 기술이 앞서고 있지만 시차가 줄어들고 있다.

표 7-11 세계 최고 대비 기술요소별 능력 수준(2020)   (단위: %)

	제품(상품)기획 능력①	신기술(신제품) 개발능력②	제품설계능력 ③	부품 및 공정설계능력④	개발기술 사업화능력⑤	10가지평균 기술능력(%)
전체	79.6	79.8	80.1	80.2	79.5	79.8
소기업	79.1	79.3	79.6	79.8	79.0	79.3
중기업	81.4	81.5	81.8	81.7	81.4	81.6
제조업	79.6	79.8	80.2	80.4	79.5	79.9
소기업	79.0	79.3	79.8	79.9	79.0	79.4
중기업	81.6	81.7	82.0	82.1	81.6	81.9
정보통신업	78.9	79.0	78.8	78.3	78.8	78.5
소기업	78.2	78.5	78.2	77.9	78.1	78.0
중기업	81.0	80.8	81.1	79.9	81.0	80.4
전문, 과학	80.8	80.0	80.1	80.2	79.8	80.1
소기업	81.0	80.0	79.9	80.2	79.7	80.1
중기업	80.0	80.2	80.7	80.3	80.0	80.2

주: 10가지 중 표에서 제외된 기술요소: 디자인,시험·검사, 제조(가공), 생산관리, 유지·보수
자료: 중소벤처기업부, 통계자료

기술개발에 필요한 기술 능력을 기술요소별로 나누어 보면, 상품의 기획단계, 디자인, 신기술개발, 제품설계 등 10개로 나누어 볼 수 있는데, 이 각 분야를 종합적으로 평가해보면 세계 최고 수준의 79.8%(75.4%)에 머물고 있다. 각 분야 모두 80%에 가깝지만 정보통신업은 상대적으로 낮은 수준이다. 기업규모별로는 기술요소별 모두 소기업의 기술 수준이 중기업보다 낮게 나타난다.

② 기술개발 애로 및 실패 요인

(가) 기술개발 애로요인

기술개발 애로 요인을 정리해 보자. 기술개발에는 ① 기업 자체 연구소의 개발도 있지만, ② 필요에 따라서 외부와 공동으로 개발하거나 위탁하는 것, ③ 국내외의 기술을 돈을 주고 도입하는 것 등이 있다.

중소벤처기업부의 2018년 조사에 따르면, ①의 자체 개발을 가로막는 요인은 개발 인력의 확보 곤란이나 기술정보 부족보다는 개발 자금의 부족(34.5%)이 가장 큰 것으로 지적되었다. ② 기업 자체적 개발이 가장 바람직하겠지만, 이것이 힘들면 국가연구기관을 이용하거나 산학연의 공동개발 혹은 위탁을 하는 등 외부에 위탁하거나 공동개발하게 된다.[15]

이때에는 자체 개발 대비 높은 개발 비용이 가장 큰 애로사항으로 지적되었고, 다음으로 개발에 지나치게 긴 기간이 걸리는 것이었다. ③의 기술도입에는 과도한 기술도입비, 기술도입 정보부족이 지적되었다(정보통신부, 통계자료, 기술실태).

(나) 기술개발 실패요인

중소기업의 기술개발 성공률은 2020년에 추진 건수의 3분의 1에도 못미치는 29.8%로서 2018년 42.8%보다 상당히 저조한 실적이다(<그림 7-5>).

기술개발이 실패한 요인으로서는 역시 기술개발자금 부족이 32.2%로서 가장 크고, 다음으로 기술개발 관련 설비부족 및 장비부족(18.2%)−기술개발 인력 부족 및 이직(14.6%)−여건변화로 기술개발 필요성 저하(14.1%) 등의 순인데, 맨 마지막을 제외한 앞의 세 가지 요인은 사실상 중소기업의 취약한 자금난과 관련된 것이다. 결국 기술개발을 가로막는 가장 큰 요인은 자금상의 어려움이며, 때문에 효율적으로 정책금융을 공급하기 위한 지속적 지원체계의 개선이 요구된다고 하겠다.

<그림 7-5> 중소기업의 기술개발 및 사업화 성공률 비교(2020) (단위: %)

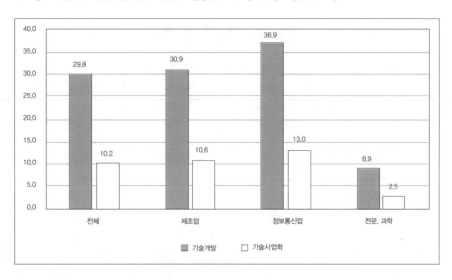

주: 1) 기술개발 성공률= 성공건/전체 추진건(진행중+실패+성공)
    2) 사업화 성공률: 기술개발 성공건 대비 사업화 성공건의 비율. 여기에서의 사업화 성공률은 원래 시도건수에서 사업화에 성공한 비율임. 즉, 기술개발 성공률×사업화 성공률
자료: 중소벤처기업부, 통계자료

---

15) 우리나라에는 국가과학기술연구외 소관 25개 정부출연연구기관이 있는데, 이 중에서 한국생산기술연구원은 1989년에 중소기업의 생산기술 및 기술지원을 위해 설립되었다. 이 외에도 대학연구소나 민간연구소 등을 통한 기술개발도 많이 이루어지고 있다.

3.3.2 저조한 기술사업화

① 낮은 사업화 성공률

기술사업화는 기술개발로 인해 매출, 수출, 수입대체, 비용절감 등이 발생한 경우 성공한 것으로 간주한다. 앞의 <그림 7-5>를 보면, 제품개발의 단계에서 후순위인 사업화 성공률은 기술개발 성공률보다 더 낮다. 기술개발 성공률은 2020년에 최초 시도 건수의 29.8%인 데 비해 최종적으로 사업화에 성공한 건수가 차지하는 비율은 10.2%에 지나지 않아 기술을 개발하더라도 기술개발 성공의 3분의 1 수준만 사업화에 성공하는 것으로 나타나고 있다. 즉, 최초 기술개발 시도의 10분의 1만이 사업화에 성공하여 기술개발 목표가 달성되고 있는 것이다.[16)]

R&D투자를 통한 기술력 향상은 <표 7-12>에서 보듯이, R&D기획-기술개발-사업화의 3단계를 거친다. 즉, ①은 기획, ②~④는 기술개발 과정, ⑤는 개발기술 사업화에 해당한다. ⑤의 기술사업화가 중요한 이유는 아무리 좋은 기술을 개발해도 사업화에 성공하지 못하면 기업에게는 무용지물이기 때문이다.

기술사업화란?

기술을 이용하여 제품의 개발·생산 및 판매를 하거나 그 과정의 관련 기술을 향상시키는 것을 말한다(『기술의 이전 및 사업화 촉진에 관한 법률』 제2조). 기술사업화의 유형으로는 양도, 실시권 허락, 기술지도, 공동연구, 기술창업, 합작투자(joint venture) 또는 인수·합병, 특허풀 등이 있다. 단계별로는 사전조사 및 기획, 기술획득, 기술활용, 기술이전 단계 등으로 구성된다. 기술사업화에는 많은 비용과 장시간이 소요되고, 불확실성이 매우 큰 특징이 있다. 특히 신제품 시장에서의 잠재적 수요 및 가능성 평가, 시장테스트, 제품 디자인 완성 등이 어려운 것으로 조사되고 있다(산업연구원, "중소기업의 기술사업화 추진실태와 과제,『산업경제분석』, 2016.12.).

그런데 기술사업화는 요소별 기술개발 중에서 연구개발 관련 분야는 물론이고 제조 능력이나 생산관리 능력 등에 비해서도 낮은 것으로 나타나고 있다. 국제적인 비교에서도 뒤처진다. 2006년도에 기술개발에 성공한 후 사업화에 성공한 비율은 일본은 54%이며, 미국과 영국은 70% 정도였다.[17)] 이에 비해 우리나라는 2020년에 34.2%에 지나지 않는다(<그

---

16) 이것은 2018년 통계조사에서 기술개발성공률 42.8%, 사업화성공률 20.8%이었다. 특히 2020년 사업화성공률은 절반 수준으로 급락했다.
17) 산업연구원, 『I-KIET산업경제이슈』, 제4호, 2017.1.23., p.3.

림 7-5>참조).

② 애로 요인과 지원제도

기술사업화를 가로 막는 애로 사항을 조사한 바(복수응답)에 의하면, 업종에 관계없이 사업화 자금 부족이 전체의 37.7%를 차지하여 가장 높고, 개발 제품의 높은 가격, 유사 제품의 출현 등의 순이다. 기업 규모별로는 예상대로 중기업보다 소기업이 자금 부족이 심각한데, 특히 제조업 부문에서 소기업들이 자금 부족을 많이 호소하고 있다(중소벤처기업부, 통계자료).

표 7-12 가장 필요한 개발기술 사업화 지원제도(복수 응답)(2020)   (단위: %)

	기술평가에 기반한 사업화 자금 지원	신기술 제품의 우선구매 지원	시장분석, 사업성조사 등 컨설팅지원	생산·양산에 필요한 전문인력 지원	마케팅 전문인력 양성 지원	상설전시 및 해외시장 개척 지원	국내외 표준규격, 기술 인증 지원
전체	36.8	16.6	11.8	14.8	7.7	3.5	8.8
소기업	37.5	15.9	11.9	14.9	7.7	3.3	8.9
중기업	34.2	19.4	11.6	14.2	7.8	4.5	8.3
제조업	36.6	16.6	11.1	15.8	7.5	3.7	8.7
소기업	37.4	15.9	11.1	16.0	7.4	3.4	8.8
중기업	33.3	19.6	10.9	15.2	8.0	4.8	8.2
정보통신업	39.4	16.7	18.1	7.3	10.4	2.0	6.0
소기업	39.1	15.7	18.3	7.1	11.2	1.9	6.7
중기업	40.2	20.3	17.4	8.1	7.6	2.6	3.8
전문, 과학	35.3	16.4	11.8	13.4	6.4	3.7	13.0
소기업	35.5	16.6	11.9	13.7	6.5	3.4	12.4
중기업	34.4	15.8	11.4	12.6	6.0	4.5	15.2

주: 1) 기타는 0이어서 제외
   2) 전문, 과학=전문, 과학 및 기술서비스업
자료: 중소벤처기업부, 통계자료

개발 기술의 사업화에 가장 필요한 지원으로서는 기술 평가에 기반한 자금 지원이 1위이고, 2위는 판매 시장의 확보를 위한 신기술제품의 우선구매 지원, 3위는 생산·양산에 필요한 전문인력 지원으로 나타나고 있다. 시장분석, 사업성 조사 등 컨설팅 지원도 네 번째로 중요한 항목으로 자리잡고 있다.

이에 비해 정부의 체계적인 지원은 아직 미흡한 실정이다. 예를 들면, 정부의 R&D 자금이 개발 단계에 과도하게 집중되어 기술사업화의 현장 수요를 제대로 뒷받침하지 못하고 있다.[18] 개발 기술의 사장을 방지하기 위해서는 기술개발, 자금, 인력, 판로, 글로벌화 등을 부문별 정책이 상호 유기적으로 연계될 수 있도록 종합대책을 강화하는 것이 필요하다. 또한 기술은 개발했으나 제품을 생산하지 못하고 투자 자금만 날리는 결과를 방지하기 위해서는 추진 동기, 단계별 애로 요인, 성공 요인, 정책 수요 등 사업화 주체인 민간기업의 수요를 정확하게 파악하여 정책에 반영하는 것이 무엇보다 필요하다 하겠다.

이상에서 살펴 본 바와 같이 중소기업 육성은 부품·소재·장비 등 경제적 기반의 강화, 좋은 일자리 창출, 대외경쟁력 강화 및 수출 증대 등을 위해서 반드시 달성해야 할 과제이다. 인력 부족, 자금 부족, 낮은 기술수준 등 우리 중소기업이 겪고 있는 어려움은 단기간에 쉽게 해결할 수 있는 과제가 아니다.

그러므로 이 세 가지 과제 중에서 해결해야 할 가장 핵심적인 문제는 기술개발이라고 할 수 있다. 기술개발을 통한 경쟁력 향상이 전제되어야 궁극적으로는 인력 부족이나 자금 부족 문제도 해결할 수 있기 때문이다. 다만, 기술개발 실태조사 결과에 따르면, 자금 부족이 가장 큰 애로사항이고 기타 요인도 궁극적으로 자금 부족에 연관된 것으로 해석될 수 있는 요소가 많다. 즉, 세 가지 과제는 상호간 밀접하게 연결되어 있는 것이다. 특히 기술개발과 자금 부족 문제는 상호 간 밀접한 관련을 맺고 있다. 그러므로 시장경제의 주체인 민간에 대한 수요조사를 바탕으로 단계별로 실효성있는 기술지원 종합대책을 꾸준히 개선해 나가는 일이 필요하다고 하겠다.

제 4 절 중소기업과 공정경쟁

중소기업의 육성과 발전을 위해서 반드시 해결되어야 할 문제 중의 하나가 대기업과의 관계 개선이다. 대기업의 우월적 지위는 중소기업 경영을 상당히 압박하는 요인으로 작용하고 있다. 우리나라는 경제개발계획을 추진하는 과정에서 대기업을 중심으로 부족한 투자 재원을 배분하고 수출 증대를 도모했다. 그리고 이러한 대기업 중심의 정책으로 시장에서는 중소기업에게 불리한 제도와 관행이 굳어졌다. 독일과 같은 선진국에서는 대기업과 중소기업의 관계가 거의 대등하여 대기업이 중소기업에게 일방적으로 거래 조건을 강요하거나 기술 탈취를 하지 못하도록 강제함으로써 중소기업 영역을 보호하고 있다. 여기서는

---

18) 산업연구원, 『I−KIET산업경제이슈』, 제4호, 2017.1.23., p.4.

중소기업이 겪는 불공정거래의 유형을 살펴본다.

표 7-13 중소기업-대기업 간 불공정거래 유형

업종	유형
제조업	원가계산서와 부품원가 요구, 지적재산권 공유요구, 경쟁사 부당 육성, 선가격 입찰 후 성능평가, 비문서 발주, 설계변경, 기업 내부 감사, 타기업 거래제한, 사람 빼가기
건설업	초저가 하도급 강요, 산업재해 밀어내기, 대금지급 지연
소프트웨어	부당단가 조정, 불공정 서비스계약, 사업아이디어 보호 미비, 사람 빼가기
문화산업	극장요금 할인액 전가, 극장이 자의로 상영·종영, 투자자·제작사 간 불공정 수익배분, 문화콘텐츠 수직계열화, 사업자 지위 남용
유통	납품단가 인하, 세금계산서 발부 지연, 하자처리(납품)문제, 판촉활동비용 전가

자료: 경향신문, 2010.8.1., "대기업 탐욕" 목청 높이지만.

　위의 표에 나와 있는 불공정거래 유형은 10여 년 전 한 언론기관에서 취재한 자료이지만, 현재의 대기업−중소기업의 관계에 적용해도 전혀 무리가 없을 정도로 아직도 현실을 반영하고 있다.

　첫째, 중소기업이 대기업과의 거래에서 겪는 가장 큰 어려움 중의 하나가 납품 단가의 인하이다. 이 문제는 업종을 가리지 않고 나타나고 있으며, 중소기업이 대기업과 관계를 맺은 후 가장 힘들어하는 문제이기도 하다. 대기업이 일방적으로 납품 단가 인하를 요구해도 약자인 중소기업은 거부하기가 쉽지 않다. 원가계산서와 부품 원가를 요구하기도 한다. 심지어 계약서 없이 구두로 발주한 후에 납품을 취소하는 경우도 있다. 유통 부문에서는 판촉 활동 비용을 전가하기도 하는데, 이것은 사실상 납품단가 인하와 다를 바 없다. 이러한 문제에 대해서 중소기업들은 오래전부터 당국에 대책을 요구해 왔다. 하지만 관계 부처에서는 기업 간 자율적 거래라는 것을 핑계로 모른 척하거나 오히려 대기업에게 유리하게 정책을 결정하는 경우가 많았다. 사회적 여론이 악화될 때 마지못해 관심을 기울이는 척하지만 근본대책 수립과는 거리가 멀었다. 무엇보다 실질적인 효과가 있는 납품단가 현실화 정책의 수립과 실시가 요구된다 하겠다.

　둘째, 하도급에서 중소기업에게 불리한 조건이 강요되는 문제이다. 원청 기업이 하도급 업체와 계약을 맺을 때, 계약서 없이 발주한 뒤 일방적으로 취소하거나 단가를 인하하는 예가 적지 않았다. 산업재해의 경우, 원청회사가 책임을 지지 않고 하청기업에 떠넘기는 소위 '위험의 외주화'와 같은 일이 최근에도 일어나 커다란 사회적 물의를 일으키고 있다. 하청기업에게 대금 지급을 연기하여 제때에 자금을 받지 못한 경험을 한 기업들도 다수다.

공정거래위원회에서는 하도급 거래에서 불공정 행위가 줄고 있다고 하지만 아직도 이러한 관행이 완전히 사라지지 않고 있다. 표준하도급계약서의 개선 및 체결 확대를 촉진하는 등의 제도를 개선하고 관리 및 감독을 강화할 필요가 있다.

셋째, 기술을 탈취하거나 기술을 대가없이 복제하여 이익을 취하는 행위이다. 기술은 당해 기업이 고심하여 성취한 기업 경영의 핵심적 요소이다. 기업의 미래를 좌우하는 기술을 대기업 혹은 우월적 지위의 기업이 마음대로 약탈하는 것은 수많은 중소기업의 기술개발에 대한 의지를 꺾는 행위이다. 우리나라에도 우월적 지위의 기업이 대가 없이 타기업의 기술을 탈취할 수 없도록 하는 규제가 있기는 하다. 문제는 대기업이 중소기업의 기술을 복사하거나 탈취해도 고발이 어렵다는 점이다.

대기업이 중소기업 제품의 화학 성분을 분석하여 동일한 제품을 만들어 낸 케이스를 예를 들어 보자. 그 제품을 생산하는 기업은 납품받는 대기업이 어느 날 똑같은 상품을 생산하는 것을 알게 되었지만 회사측은 항의하거나 관계 기관에 고발할 수 없었다. 나중에 눈치를 보다가 용기를 내어 대기업 제품의 화학성분이 완전히 동일하다고 관계 기관에 호소를 했다. 하지만 관계 기관은 별다른 답변 없이 시간을 끌었다. 이같이 대기업이 기술을 베껴도 납품 기업은 대기업에 대가를 요구하거나 관계기관에 고발조차 하지 못하는 경우가 허다하다. 하나의 기업에 여러 제품을 납품할 때는 다른 제품의 납품 중단 등 후환이 두려워 문제를 제기하지 못하기도 한다. 설사 소송을 제기해도 승소하기가 쉽지 않고, 승소해도 대기업은 대법원까지 끌고 가기 때문에 자금이 취약한 중소기업은 법정 투쟁기간 동안 커다란 피해를 입는다. 기술 탈취의 또 다른 유형은 엄포를 놓아 기술 자료를 받아낸 뒤 다른 기업에게 넘겨주어 납품단가를 인하하거나 경쟁사를 육성하는 것이다. 이러한 예를 신문이나 방송에서 얼마든지 찾을 수 있다. 우월한 기업은 지적재산권의 공유를 요구하기도 하고 다른 기업과의 거래를 제한하기도 하며, 연구 인력을 빼내어 가기도 한다.

넷째, 대기업들의 친인척 일감몰아주기 관행이다. 대기업의 생산에 들어가는 부품이나 소재, 장비 등을 친인척 관계의 기업에게 몰아주게 되면 기존 중소기업은 도산하거나 경영상의 압박을 받게 된다. 이러한 사례는 대기업집단에서 흔히 드러나는 사례로서 제조업뿐만 아니라 백화점과 같은 유통업에서의 식당가 운영, 실내장식 운영 등에서도 찾아볼 수 있다.[19]

다섯째, 전형적인 중소기업 혹은 중소상공업자의 업종으로 진출하는 것이다. 그동안 재벌이나 대기업은 경쟁이 심한 주력 업종을 피해 대표적인 서민 업종인 도매 및 소매업종으로 진출하여 급속히 시장을 잠식해 왔다. 최근에 몇몇 대기업들이 커피프랜차이즈 사업

---

19) 한국일보, 2016.6.17.

에 진출한 것은 중소상인의 동네 상권을 침범한 대표적인 예이다. 대부분의 서민 업종은 제조업이나 첨단 서비스업에 비한다면 기술이 크게 필요없기 때문에 거대 자본이 진출하지 않아도 얼마든지 중소상인들이 감당할 수 있는 분야이다. 그럼에도 대기업은 오로지 자본력을 앞세워 산업 역량을 강화해야 하는 제조업이나 지식산업이 아닌 중소상인들의 분야에서 계열사를 늘려 왔다.

이상에서 요약한 바와 같이, 대기업과 중소기업의 문제들은 오랜 기간에 걸쳐 형성된 것이지만, 한국 경제의 도약을 위해서 반드시 해결되어야 할 문제들이다. 대기업과 중소기업의 비대칭적인 관계를 개선하고 나아가 상생협력을 위해서는 법이나 제도의 개선과 함께 동등한 관계를 사회적 규범으로서 정착시키려는 노력이 필요하다고 하겠다.

선진사회로 가는 길
복지

08 선진사회로 가는 길 복지

소득이 높다고 모든 사람이 행복한 것은 아니지만 적당한 수준의 소득은 사람들이 행복하기 위한 최소한의 조건이다. 그런 의미에서 인간적인 삶을 꾸릴 수 있는 소득 수준과 이를 보완해주는 사회보장정책은 선진사회의 내실을 채워주는 필요조건이다. 우리나라에서도 정부 예산에서 사회복지 지출이 점하는 비중이 꾸준히 증가되어 왔다. 하지만 OECD 국가들과 비교하면 우리나라의 사회보장 및 복지지출은 세계 최하위 수준으로서 복지사회로 가기에는 아직 요원하다.

서구사회에서는 빈곤이 단순히 개인적 능력의 문제가 아닌 사회구조적으로 해결해야 할 과제로 자리 잡은 지 오래다. 나아가 복지정책은 가난의 구제에만 머물지 않고 중산층을 육성함으로써 시장 기반을 튼튼히 하고 사회경제를 안정시키는 국가의 기본 책무로서 자리 잡고 있다.

우리나라에서도 복지정책은 빈곤문제의 해결뿐만 아니라 내수시장 기반을 강화하여 성장률을 제고하고 일자리 창출 환경을 조성한다는 의미를 내포하고 있다. 우리나라 사회보장과 복지의 실태 및 경제적 의의를 파악해보자.

제1절 소득분배의 불평등

1.1 소득분배의 불평등

1.1.1 소득분배 측정 방법

사회적 불평등이 초래되는 가장 큰 원인은 소득분배가 불평등하기 때문이다. 소득불평등이 너무 심하면 여러 가지 사회 갈등이 표출되고 성장 기반도 잠식당한다. 그러므로 소득분배의 불평등은 인간이 인간답게 살 수 있는 환경을 조성해야 하는 현대 국가의 기본적 책무와 깊이 연관되어 있는 문제다.

소득분배 문제에 접근하기 위해서는 분배의 불평등을 측정하는 방법에 대한 이해가 필요하다. 소득분배의 측정은 기능적 분배와 개인적 분배로 양분된다.

첫째, 기능적 분배는 생산요소(노동, 토지, 자본)의 생산에 대한 기여도에 따른 분배를 의미한다. 이것은 기본적으로 생산요소의 생산성에 의해 결정되는 요소가격을 중심으로 분배를 분석하는 것이다. 어떤 특정 생산요소의 소득이 총소득에서 차지하는 비율로 표시하는 것이 일반적인데, 예를 들어 노동의 분배율은 총소득에서 차지하는 노동소득의 분배분이다. 그러나 기능적 분배는 각 생산요소의 한계생산력을 정확하게 계산하기 어렵고, 동일한 생산요소 중에도 소득격차가 있기 때문에 분배의 불평등을 파악하기 어려운 단점이 있다.

둘째, 이에 비해 개인적 분배는 각자가 소유하고 있는 여러 생산요소의 크기와 생산요소의 단위당 보수율의 두 요인에 의해서 결정되기 때문에 상대적으로 파악이 용이하다. 즉, 개인적 분배를 소득 수준에 따른 계층별 분배로 전환하면 그 사회의 불평등도나 소득 양극화의 실태를 살펴보기 쉬워진다.

계층별 소득의 불평등도를 파악하는 방법에는 지니계수, 5분위배율, 10분위배율, 상대적 빈곤율 등 여러 가지가 있다. 이들에 대해서는 제1장에서 살펴보았으므로 여기에서는 그 외의 한두 지표를 통해 우리 사회의 불평등도를 확인해 보자.

1.1.2 소득분배의 불평등

<그림 8-1>은 균등화10분위소득경계값을 시장소득 기준으로 비교한 것이다. 가계동향조사의 균등화10분위소득경계값(도시 2인 가구 이상)이 2016년까지만 나오기 때문에 그 이후의 추세를 살피기 위해서 가계금융복지조사(전가구)의 경계값비율(2011~2018년)을 같이 그려두었다. 기준이 다르지만 추세 파악에는 도움이 된다.

균등화소득은 가구소득을 가구원 수로 나눈 소득이다. 여기서 (P90/P10)은 소득 10분위 중 소득이 높은 쪽인 경계값(P90)을 1분위 소득 경계값(P10)으로 나눈 배수이다.

첫째, 소득이 가장 낮은 1분위의 경계값 p10과(동향)과 소득이 가장 높은 쪽인 9분위의 경계값 p90의 차이는 시간이 갈수록 벌어지고 있다. 이에 따라 가계동향조사의 균등화10분위소득경계값의 비율(P90/P10)은 1990년 3.3배에서 2016년 5.0배로 커졌다. 배수의 증가는 절대액수의 차이가 벌어졌음을 뜻한다.

<그림 8-1> 균등화10분위소득경계값 및 비율 비교(1990~2020) (단위: 만원, 배)

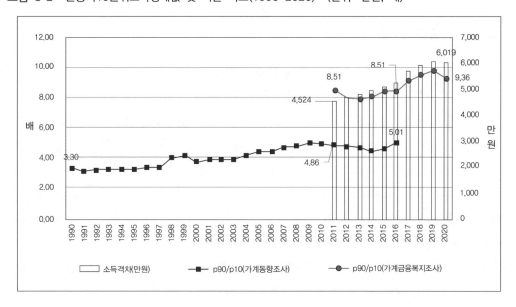

주: 1) 시장소득 기준
   2) 가계동향조사는 도시2인 이상 가구
자료: 국가통계포털

　둘째, 가계금융복지조사(이하 금융복지조사)의 결과는 불평등도가 훨씬 심하게 나타난다. 금융복지조사는 가계동향조사의 단점을 보완하여 작성하기 때문에 가계동향조사보다 현실을 잘 반영한다.[1] 금융복지조사의 경계값(P90/P10)의 비율은 가계동향조사의 경계값보다 상당히 높다. 즉 가계동향조사보다 실제로는 소득격차가 훨씬 크다고 할 수 있다. 거기다 경계값의 배수는 2020년을 제외하고 상승추세에 있다.

　이 균등화소득 경계값의 비교 결과는 제1장에서 설명한 지니계수의 추세(<그림 1-6>)와 거의 일치한다. 즉, 균등화10분위소득경계값 비율은 외환위기 전에는 일정한 수준을 유지하다가 외환위기 이후에 급상승한 후 약간 하강했다. 2000년대 이후의 그래프도 비슷한 움직임을 보이면서 소득 불평등도가 개선되지 않고 있음을 보여 준다.

---

　1) 가계금융복지조사의 조사항목은 자산(실물자산, 금융자산, 금융자산운용, 부동산운용), 부채(금융부채, 부채상환능력), 소득, 가계지출(경상이전지출, 주요지출), 노후생활 등이어서 가계동향조사보다 자세하다.

1.2 중산층 감소와 빈곤층 증가

1.2.1 양극화 현상

소득분배의 불평등과 소득양극화는 중산층을 감소시키고 빈곤층의 증가를 야기하는 주요인이다. 그렇지만 중산층이나 빈곤층의 개념에는 여러 가지 기준이 적용되고 있고 견해도 다양하기 때문에 실태 파악이 쉽지 않고 세계적인 기준이 확립되어 있지도 않다.

중산층의 사전적 의미는 경제적 수준뿐만 아니라 생활 및 교육, 직업상의 지위 등 사회문화적 수준이 중간 정도되면서 스스로 중산층 의식이 있는 사회집단이다. 경제적 측면에서는 대체로 일정한 수준의 소득과 자산을 소유한 중간계급(경영관리직, 전문직 및 기술직 종사자)을 의미하며 소득이 높은 자영업자(도시 자영상인과 농촌 자영농가)도 포함하는 것이 일반적이다.

OECD에서는 중위소득을 기준으로 상하위 50~150% 내의 가구를 중산층, 50% 미만은 빈곤층, 150% 이상은 상류층으로 분류하고 있다. 물론 이 기준은 통계조사 방법 및 기준의 설정, 최저생계비에 미치지 못하는 계층을 포함할 가능성, 국가별 소득 수준의 차이에 따른 비교의 어려움, 넓게 설정된 소득 구간이 소득양극화를 은폐할 가능성 등의 문제점을 안고 있다. 그렇지만 여기서는 OECD 기준을 준용하여 소득양극화가 중간소득층과 빈곤층의 구성에 미친 영향을 파악하기로 한다.

<그림 8-2> 중산층 및 빈곤층의 가구 비율(1990~2020) (단위: %)

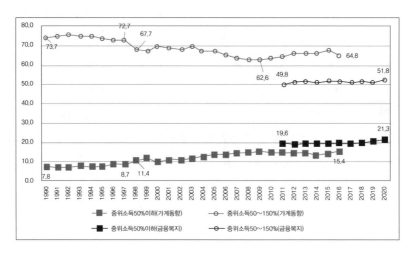

주: 1) 시장소득 기준
   2) 중위소득=인구를 소득 순으로 나열했을 때 한가운데 있는 사람의 소득
자료: 국가통계포털

<그림 8-2>는 중위소득을 기준으로 한 우리나라 중산층과 빈곤층의 비율이다. 중위소득 50% 이하는 전체 소득 구간 중 4분의 1 수준 이하로서 상대적 빈곤율을 나타낸다.

첫째, 소득계층별 구성을 2016년까지 가계동향조사에서 보면, 중산층 인구의 비율 감소가 확실하게 나타난다. 즉 중산층의 인구 비율은 1990년의 73.7%에서 2016년에 64.8%로 감소하여 8.9%가 줄어들었다. 반대로 중위소득 50% 이하의 빈곤층(상대적 빈곤율)은 1990년 7.8%에서 2016년 15.4%로 7.8%가 늘어났다. 이것은 소득이 감소한 중산층들의 대부분이 빈곤층으로 이동하였음을 뜻한다. 1장에서 지니계수가 높아져 소득양극화가 나타나게 된 배경을 설명하고 있다고 하겠다.

둘째, 중산층 감소와 빈곤층 증가의 결정적 계기는 1998년에 불어닥친 외환위기였던 것으로 나타난다. 이때 중산층은 5% 감소하고 빈곤층은 2.7% 증가했다. 이후 조정기를 거친 후 중산층 감소 추세이고 빈곤층은 증가 추세이다.

둘째, 금융복지조사의 결과(2011~2020년)는 가계동향조사보다 더 심각하다. 가계동향조사에 따르면 2011년 이후 중산층 비율은 60%를 상회하는데 복지조사는 50% 전후에 지나지 않는다. 가계동향조사의 빈곤층 비율은 15% 전후인 데 비해 금융복지조사는 20% 전후이다. 복지조사가 현실을 더 잘 반영한다는 점에서 중산층 감소, 빈곤층의 상대적 증가가 심각하게 계속되고 있음을 보여주고 있다.

셋째, 전체적으로 볼 때, 중산층은 감소 추세이다가 최근에는 약간 주춤하고 있고, 빈곤층 비중은 지속적으로 올라가고 있다. 중산층 감소분의 모두가 빈곤층의 증가로 나타나지는 않으나 대부분은 빈곤층으로 떨어진 것으로 보인다.

한편, 중위소득 50% 이하 빈곤층의 비율(상대적 빈곤율)은 가처분소득 기준으로 한국은 OECD 36개 국가(2018년까지 회원국) 중 2015~2017년 5위, 2018년 6위로서 국제적으로 매우 높은 편이다(국가통계포털). 제1장의 <그림 1-7> OECD 회원국의 지니계수 비교(2018년)는 아직도 우리나라가 세계 속의 불평등 국가임을 보여준다. 이처럼 우리나라는 경제적 불평등이 지속적으로 확대되어 국제적으로도 매우 높은 편이다.

1.2.2 빈곤층의 실태

빈곤층의 실태를 대표적인 예를 들어 살펴보자. 우리 사회에서 빈곤층을 대표하는 계층은 한부모가족과 빈곤한 노인층이다.

먼저, 한부모가족이다. 한부모가족이란 18세 미만의 자녀를 둔 가정에서 부모의 한쪽 또는 양쪽이 사망·이혼·별거·유기·미혼모 등의 이유로 혼자서 자녀를 키우며 부모 역할을 하는 부모와 자녀로 구성된 가족을 가리킨다. 주로 모자가족이 많으며 어머니는 대체로 저임금 노동과 양육의 이중고에 시달리게 되면서 생계를 위협받는 경우가 많다.

여성가족부의 「한부모가족실태조사」(2018년)에 따르면, ① 일하면서 느끼는 어려움은 일하는 시간 대비 낮은 임금(22.8%)이 가장 컸고, 다음이 일가정 병행으로 육체적 피로 (19.0%) − 자녀양육 시간부족(18.9%) − 불투명한 직업 전망(13.6%) − 장시간 근로(8.1%) 등의 순으로 나타났다(국가통계포털−복지−한부모가족실태조사). 어려움은 여러 가지인 것 같지만 자세히 보면 이 모두는 하나가 근본 원인이다. 저임금이니까 장시간 노동에 시달리게 되어 자녀양육 시간이 부족하고 육체적 피로가 누적되며, 그 결과 자신의 능력 향상을 위한 시간을 가질 수 없게 되어 직업 전망이 불투명하게 되는 악순환이 거듭되는 것이다.

② 소비지출의 어려움에 대해서는 식료품비가 지출 항목 중 가장 부담이 된다는 가족 비율이 59.4%였으며, 그다음 자녀교육비(22.2%) − 주거관리비(11.3%) 등의 비율로 지출 부담이 1순위라고 답변하였다. 2순위 지출 부담에서는 자녀교육비(27.4%) − 주거관리비(26.3%) − 교통통신비(13.0%) 등으로 가족 비율이 높았다.

③ 빚을 지게 된 이유로서는 주거비 마련(47.6%), 생활비 마련(39.4%)이 대부분을 차지했다. 이 조사는 한부모가족이 기본적인 생계 유지에 필요한 생활 자료조차 부족하다는 것을 보여준다. 한부모여성가족이 저임금으로 인한 절대적 빈곤으로부터 벗어나도록 양육, 주거조건 개선을 위한 지원대책의 개선이 절실하다 하겠다.

<그림 8-3> 노인빈곤율의 추이(2006~2020) (단위: %)

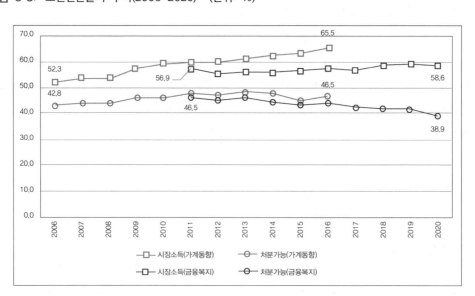

자료: 국가통계포털

둘째, 노인 빈곤율에 대해서 살펴보자.

① 원자료에 따르면, 65세 이상의 노인 빈곤층의 비율(중위소득 기준 50% 이하의 노인층)은 전 연령 평균 빈곤율의 3배를 넘는다.

② 시장소득 기준의 노인 빈곤율은 시간이 지날수록 커져 왔다. 특히 가계동향조사의 노인 빈곤율은 2006년 52.3%에서 2016년 65.5%로 급증하였다. 2011년 이후를 보여주는 금융복지조사의 노인 빈곤율은 2018년까지 늘다가 코로나19 국면에서 정지된 상태에 있다. 즉 최근 2년간은 정지되었지만 그동안 늘었던 것이 줄어든 것은 아니다. 장기간에 걸쳐서 증가하였다.

③ 이것은 노인 계층이 고도성장기에 일을 했지만 핵가족화 와중에서 은퇴 이후에 대한 대비책을 제대로 마련하지 못한 것과 관련이 있다. 실제로 노인 가구의 절반 이상은 공적연금을 받지 못하고 있다.[2]

④ 처분가능소득을 기준으로 한 노인 빈곤율은 집계표가 나타나는 2011년 이후에 계속 떨어지고 있다. 그리고 이것과 시장소득 기준의 노인 빈곤율과의 차이도 시간이 감에 따라 벌어지고 있다. 이것은 노인 빈곤계층을 지원하는 정부의 정책이 점차 강화되면서 어느 정도 효과를 발휘하고 있는 것을 의미한다.

⑤ 그렇지만 OECD 한국경제보고서에 따르면, 우리나라의 노인 빈곤율은 2018년에 45.7%로서 OECD 평균인 12.9%를 훨씬 웃돈다. 대부분의 OECD 회원국들에서는 노동연령층의 빈곤율과 퇴직연령층의 빈곤율 간 차이가 크지 않고, 상당수 국가는 오히려 노인 빈곤율이 청장년 빈곤율에 비해 낮은 수준인 데 비해, 한국은 양자 간의 상대비율이 반대로 5.4배에 이르고 있다.

⑥ 또한 우리나라의 GDP 대비 노인에 대한 공적 지출은 2017년 2.8%로서 2013년의 OECD 평균 7.7%보다 크게 낮다. 우리나라는 특히 여성 노인의 빈곤율이 높은데, OECD 국가 중 최하위의 노동참가율 및 경력단절 등이 원인으로 지적되고 있다.[3] 이 때문에 우리나라의 노인 자살률은 10만 명당 58.6명으로서 OECD 평균의 3배를 넘는다.[4] 노인실태조사에 따르면, 2017년에 65세 이상 노인 중 일을 하고 있는 사람이 30.9%에 이르고, 이들의 73.0%가 생계비 마련을 위해 일하고 있으며, 66.4%기 일을 하고 싶지 않다고 밝히고 있다.

1.2.3 양극화의 문제점

이상과 같은 중산층 감소와 빈곤층의 증대는 심각한 정치경제적 문제를 유발할 수 있

---

2) 한국보건사회연구원, 『한국의 노인빈곤과 노후소득보장』, 2019.

3) 독거노인 중 여성의 비율은 81.3%이며, 노인단독가구의 빈곤율은 76.2%에 이른다. 이상의 내용은 여유진, "한국의 노인빈곤과 노후소득보장", 『ISSUE & FOCUS』, 제364호, 2019.7.1., 한국보건사회연구원.

4) 보건복지부, 『2019 자살예방백서』.

다. 간단히 요약하면 다음과 같다.

첫째, 중간소득 계층의 감소는 사회를 안정적으로 지탱하는 기둥이 약해진다는 것을 의미한다. 어떤 사회든 중산층이 튼튼해야 사회정치적으로 안정되고 경제적으로 풍요를 누릴 수 있다. 현재 우리 사회에서는 계층 간, 연령 간, 성별 간의 사회경제적 대립과 갈등이 확산될 조짐을 보이고 있다. 이러한 갈등의 근저에는 중산층의 감소와 빈곤층 비율의 증가로 인한 소득양극화 현상이 자리잡고 있다. 실제로 고용시장 불안으로 자신을 중산층이라고 여기는 계층이 감소일로에 있으며, 이것은 단지 심리적 요인이 아니라 실제로 통계를 통해서 검증되고 있다. 중산층이라고 하지만 언제 빈곤층으로 떨어질지 모른다는 불안감과 박탈감이 증폭하면서 소비 심리도 위축되고 있다.

둘째, 중산층의 감소는 국내 소비지출을 감소시켜 성장률을 하락시킨다. 최근의 소비위축은 저소득층보다 고소득층과 중산층에서 두드러진다고 한다. 미래에 대한 불안감의 증대와 자신감 상실이 소비위축으로 연결되는 것이다.

셋째, 빈곤층의 증가는 더 심각한 문제이다. 극심한 빈곤은 인간의 삶을 송두리째 짓밟는다. 그러므로 빈곤 문제는 그 자체로 인간적인 삶을 보장하는 인권 문제이며, 빈곤층 증가는 사회적 통합을 저해하고 정치사회적 불안정성을 증폭시키는 근본 원인이다. 생활 안정에 대한 위협은 노사 간 마찰을 비롯하여 여러 가지 사회적 갈등을 야기하고 사회적 결속력을 와해시켜 장기적으로 성장 기반을 침식하게 된다.

빈곤층은 한계소비성향이 상대적으로 높기 때문에 이 부문에 대한 경제적 지원은 성장률을 높이고 사회경제적 안정성을 높이는 기본적인 정책이 될 수 있다. IMF, IBRD를 비롯한 국제기구들은 빈곤층에 대한 지원이 성장률 제고에 중요한 역할을 한다는 점을 지적하고 우리에게 적극적인 정책으로 전환할 것을 권유하고 있다.

제 2 절 복지지출의 동향

2.1 보건복지부의 예산

복지예산의 집행에서 가장 중요한 역할을 담당하는 곳은 보건복지부이다. 즉 보건복지부 예산의 규모와 지출 부문은 사회안전망 혹은 복지제도의 정착에 가장 결정적인 요소라 할 수 있다. 먼저 보건복지부의 일반회계 예산을 살펴보자.

<그림 8-4> 보건복지부 일반회계 예산 및 통합재정 대비 비중 (단위: 조원, %)

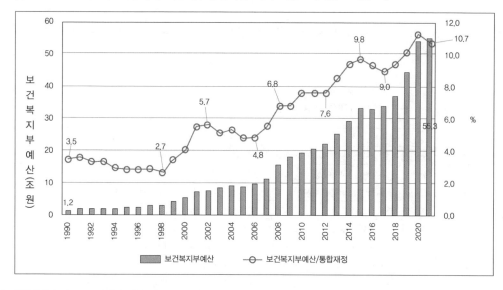

주: 통합재정규모는 2017년까지 결산 기준, 2018년 이후는 예산 기준
자료: e-나라지표(기획재정부, 보건복지부)

첫째, 보건복지부 예산은 중앙정부의 예산 지출보다 훨씬 빠른 속도로 증가하였다. 보건복지부의 일반회계 예산은 1982년 2천억 원에서 1990년 1조 2천억 원으로 그리고 2021년에는 55조 3천억 원으로 크게 증가하였다. 1990년 대비 2021년에 통합재정은 14배 증가한 데 비해 보건복지부 예산은 45배가 증가하였다. 중앙정부 통합재정 대비 보건복지부 예산은 1990년에 3.5%에 지나지 않았지만 2021년에는 10.7%로 증가하였다. 갈수록 복지재정에 대한 국민적 요구가 증가하고 있음을 반영하는 변화라고 하겠다.

둘째, 보건복지부 예산이 정부 예산에서 차지하는 중요도가 본격적으로 커진 계기는 1998년의 아시아 외환위기 시기이다. ① <그림 8-4>에서 1998년 이후에 중앙정부 통합재정 대비 보건복지부 예산 비중이 크게 증가하고 있다. 이 시기에 뮤민정부를 이어받았던 김대중 정부는 오늘날 가장 중요한 국민연금을 비롯한 사회안전망 구축을 위해 제도를 정비하고 투자를 대폭 확충함으로써 위기에 처한 서민경제을 구제하고 경제위기를 벗어나고자 한 것으로 평가할 수 있다. ② 구체적으로는 국민연금을 도시지역 자영업자까지 확대(1999년 4월), 의약분업제도 실시(2000년 10월), 국민기초생활보장제도 도입(2000년 10월) 등을 들 수 있다. 이어 노무현 정부에서는 건강보험 및 국민연금의 사업자 가입자 범위를 확대 실시(2003년 7월)하였다.

셋째, 이후에도 빠른 속도로 보건복지부 예산이 증액되고 있다. 이명박 정부에서 통합 재정 대비 보건복지부 예산 비중이 가장 적게 증가한 것을 제외하면 전 시기에 걸쳐 기본적으로 상당한 정도로 증가했다. 아래와 같은 정책들은 보건복지부 예산 증가의 주요 원인을 연도별로 정리한 것이다.

표 8-1 연차별 주요 복지정책(2008년 이후)

시기	사업 명칭
2008.07	노인장기요양보험사업, 기초노령연금지원(현재 노인인구 70% 대상)
2010.07	장애인연금지원(18세 이상 저소득 중증장애인 대상)
2011	탈빈곤을 위한 재정지원 일자리 확대 및 저출산 대응 보육료 지원 강화
2012	영유아 보육료 지원(0~2세 보육료 지원 확대, 5세아 누리과정 도입)
2013	영유아 보육료(0~2세 보육료) 및 가정양육수당 전 계층으로 지원범위 확대 등
2014	노인빈곤 완화 및 노후 소득보장 사각지대 해소를 위한 기초연금 지급 등(2014년)
2015	취약계층에 대한 맞춤형 복지 및 의료지원 확대 등
2017	생계급여 보장수준인상, 읍면동 복지허브화 확대 등 취약계층 보호 및 맞춤형복지 강화
2018	아동수당도입, 기초연금 급여인상 등에 따른 증액(2018년)
2019	생계, 의료급여 단가인상, 부양의무자 기준 완화 등을 통한 기초생활보장 강화

자료: e-나라지표

이런 의미에서 보면, 우리나라에서는 외환위기를 계기로 복지예산이 본격 증가하고 사회안전망이 갖추어지기 시작했다고 할 수 있겠다. 그렇지만 ① 국민기본생활보장 및 빈곤위험계층의 빈곤예방·탈출 지원강화, ② 저출산고령사회 도래에 대한 선제적 대응, ③ 저소득 장애인, 아동 등 취약계층에 대한 지원 강화, ④ 국민건강증진을 위한 예방적 보건서비스 강화 추진, ⑤ 미래사회 변화에 대응한 사회투자적 서비스 확대 등을 통해 복지와 경제가 함께 성장하는 선순환 구조의 정착이 시급하다. 그러므로 현재의 예산으로 복지수요를 충족하기에는 매우 부족한 현실이라고 하겠다.

2.2 사회복지재정의 규모

보건복지 부문에 대한 정부지출은 보건복지부의 예산만으로 구성되지 않기 때문에 사회복지 예산 규모는 보건복지부 예산 규모보다 훨씬 많다. 앞의 제5장 <표 5-11>에 따르면, 2020년도 보건·복지·고용 부문 지출은 181조 원으로서 정부 총지출의 35.4%, 2021년 212조 원, 35.0%, 2022년 229조 원, 33.7%로서 정부 지출의 최대 부문이다.

아래의 <표 8-2>는 사회복지재정 규모 및 이것이 정부 총지출에서 차지하는 비중을

나타낸 것이다.[5]

표 8-2 사회복지재정 규모(2005~2021)   (단위: 조원, %)

	합계	예산	기금	정부총지출 대비비중(%)
2005	50	16	34	23.9
2010	81	25	56	27.7
2015	116	41	75	30.8
2016	123	42	81	31.9
2017	130	43	87	32.3
2018	145	51	98	33.7
2019	161	61	100	34.3
2020	181	67	113	35.2
2021	185	61	124	33.2

주: 정부총지출은 예산을 사용함
자료: e-나라지표

첫째, 사회복지예산은 정부총지출 중에서 가장 큰 비중을 차지하는 예산으로서 2015년을 기점으로 30%를 넘기고 있다.

둘째, <표 8-2>를 보건복지부 예산(<그림 8-4>)과 비교하면, 2021년도에 사회복지재정은 복지부 예산의 3배를 넘는다. 이것은 보건복지부의 예산 외에도 다른 부서의 복지성 예산이 포함되거나 특정한 목적을 위해서 조성된 기금이 포함되기 때문이다.

셋째, 사회복지재정의 대부분은 특정 목적을 위해서 조성된 기금이 대부분을 차지한다. 즉 복재재정 총액에서 예산은 보건복지부가 가장 높은 비중을 차지하고 있지만, 전체적으로는 기금의 지출이 복지정책을 뒷받침하고 있다.

2.3 사회복지지출액 및 국제적 수준

그러면 사회복지지출의 규모와 그것이 우리 경제 전체에서 차지하는 비중은 얼마나 될까?

---

5) 이 사회복지재정규모는 <표 5-11>의 12개 부문 표시 보건·복지·고용 부문 지출액보다 약간 적다. 또한 한국재정정보원에서 정부 지출을 16개 부문으로 분류해 발표(D-Brain)한 『2022 주요 재정통계』의 사회복지 총액은 여기의 <표 8-2>보다 약간 적다.

<그림 8-5> 사회복지지출액 및 GDP 대비 비율의 변화(1990~2018) (단위: 조원, %)

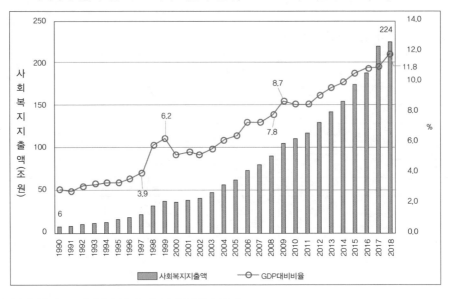

주: 1) 사회복지지출액=공공사회복지지출액+법정민간사회복지지출액
    2) 2018년은 잠정치
자료: e-나라지표(보건복지부), 국가통계포털

<그림 8-5>는 사회복지지출액을 보여주고 있다. 사회복지지출은 공공사회복지지출액과 법정민간사회복지지출액을 합한 것이다. 공공사회복지지출액은 공공부문을 합한 것이므로 앞의 사회복지재정보다 액수가 많다. 가령, 2018년도 사회복지재정은 145조 원이지만 사회복지지출은 224조 원이다. 공공사회복지지출이 사회복지지출의 99% 이상을 차지한다. 그러므로 사회복지지출액은 그 사회의 복지 수준을 보여주는 대표적 지표라 할 수 있다.

첫째, 사회복지지출은 1990년 약 6조 원에서 2018년도에 224조 원으로 늘었다. GDP에서 차지하는 사회복지지출액의 비중은 1990년 2.9%에서 2018년에는 11.5%로 크게 증가했다.

둘째, 사회복지지출이 GDP에서 차지하는 비중도 1990년 2.8%에서 2018년 11.8%로 늘어났다.

사회복지지출이란?

사회복지지출(Social Expenditure)은 사회적 위험(노령, 질병, 실업, 재해 등)에 직면한 개인에 대한 공적 제도에 의한 사회적 급여(현금, 재화나 서비스)나 재정적 지원을 말한다. 공공사회복지지출과 법정민간사회복지지출로 구분된다.

공공사회복지지출(Public Social Expenditure)은 일반정부지출(공공부조, 사회보상, 사회복지서비스) 및 사회보험지출(연금, 건강, 산재, 고용, 장기요양), 취약계층을 위한 교통·통신요금 감면이 포함된다.

법정민간사회복지지출(Mandatory Private Social Expenditure)는 고용주의 법정급여(법정퇴직금, 산전후휴가급여 등) 및 취약 계층을 위한 교통·통신요금 감면을 포함한다. 정부로부터 세제상의 혜택 또는 재정적 지원을 받으며 정부의 규제를 받는 부문으로 경제행위자(대체로 고용주)들이 민간보험 등을 통하여 의무적으로 제공하도록 되어 있는 급여를 의미한다.

사회복지지출 외에도 총사회복지지출이 있다. 총사회복지지출은 사회복지지출에 자발적 민간지출을 합한 것이다.

(국가통계포털, e-나라지표)

<그림 8-6> 사회복지지출의 각 기능별 액수 및 비중 (단위: 조원, %)

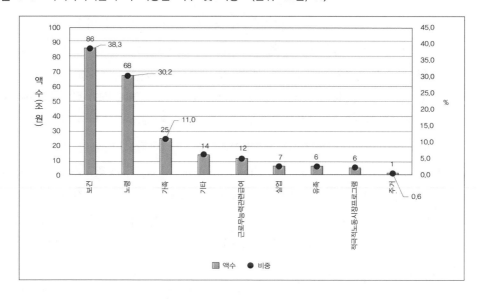

주: 2018년 사회복지지출액=224조 원
자료: 국가통계포털

2018년 사회복지지출액 224조 원의 각 지출 항목 중에서 가장 많은 액수는 보건으로서 86조원, 전체의 38.3%를 점하고 있다. 다음으로 노령 68조 원, 30.2%, 가족 25조 원 (11.0%)이다. 가장 낮은 항목은 주거인데 1조 원으로서 전체의 0.6%에 지나지 않는다.

이상에서 살펴 본 바처럼, 사회복지지출액은 약 40배에 이를 정도로 커졌고 각 항목에 대한 지출도 보건, 노령 등을 중심으로 나름대로 내실을 갖추어 왔다고 할 수 있다.

그러나 이것은 OECD 회원국과 비교할 때 가장 낮아서 결코 만족할 수 없는 수준이다.

첫째, GDP 대비 공공사회복지지출을 비교하면 다음과 같다. 앞의 제1장 <그림 1−10>에서 본대로, 2019년에 우리나라는 비교 가능 국가 36개국 중 하위 4위, 12.2%로서 OECD 평균이 20%의 61% 수준에 머물고 있을 뿐이다. 프랑스 31.0%, 덴마크 28.3%, 독일 25.9%, 스웨덴 25.5%, 노르웨이 25.3%, 스페인 24.7%, 일본 22.3%, 영국 20.6% 등 주요 선진국과 비교하면 더욱 격차가 벌어진다. 우리는 튀르키예, 칠레, 멕시코, 아일랜드 등과 순위를 경쟁하고 있다.

둘째, OECD 회원국의 재정지출에서 사회보장 및 복지부문 지출이 차지하는 비중 역시 최하위 수준이다. ① 앞에서 지적했듯이, 우리나라는 재정 지출을 16개 분야 혹은 12개 분야별로 발표하고 있는데, OECD에서는 10개 분야로 구분한다. 국회예산정책처가 OECD 기준으로 개편한 2016년의 한국의 비중은 20.5%이다. 이것은 12개 분야에서 보건·복지·고용분야(<표 5−11>)와 사회복지재정(<표 8−2>)의 비중이 동일 연도에 약 32%였던 데 비하면 실제로는 대폭적으로 감소한 수치이다. ② 이를 다른 나라와 비교하면, 한국은 호주를 제외하고 비교 가능한 32개국 중에서 하위 2위이다(미국이 20.3%로서 최하위). 14개 국가(핀란드, 독일, 덴마크, 프랑스, 룩셈부르크, 이탈리아, 오스트리아, 그리스, 스웨덴, 일본, 폴란드, 포르투갈, 스페인, 노르웨이)는 40% 이상이며, 12개국(스위스, 영국, 네덜란드, 벨기에, 슬로베니아, 아일랜드, 스로바키아, 에스토니아, 리투아니아, 라트비아, 체코, 헝가리)은 30% 이상~40% 미만이다. 콜롬비아(27.5%), 이스라엘(27.4%), 칠레(24.6%)도 우리나라보다 높다. ③ 우리나라의 20.5%는 32개국 평균 36,5%의 56.2%에 지나지 않는다. 비록 비교 연도가 2016년이지만, 우리나라 복지재정의 상태를 고려하면 지금도 이와 크게 다르지 않을 것이다.

현재 우리나라의 복지지출 수준은 제도의 성숙도, 고령화 정도, 소득수준 등을 고려해도 OECD 국가 평균에 비해 매우 낮은 수준이다(e−나라지표). 사회복지지출에 대해서는 경제 여건 등을 고려하지 않을 수 없으나 오히려 경제가 어려운 시기에 복지제도가 정착했던 선진국의 경험을 비추어 본다면 보다 적극적으로 추진할 필요성이 있다고 하겠다.

제 3절 **사회보장제도**

3.1 사회보장의 개념 및 종류

사회보장제도(Social Security)란 빈곤 및 실업·질병·노령·산업재해 등의 사유로 활동

능력의 상실과 소득 감소가 발생하여 생활에 위협을 받는 사람 및 계층에게 보장되는 모든 제도를 말한다. 사회보장이란 말은 1935년 미국에서 뉴딜정책의 일환으로 사회보장법(Social Security Act)이 채택되면서 사용되기 시작하였다. 현재에는 흔히 사회안전망(Social Safety Net) 또는 사회복지제도와 동의어로 사용된다.

우리나라의 사회보장에는 사회보험, 공공부조, 사회복지서비스 및 관련 복지제도가 있다.

첫째, 사회보험은 실업·질병·노령·산업재해 등에 따른 사회적 불안에 대처하기 위한 것으로서 그 비용을 보험에 가입한 개인 및 고용주, 국가가 분담한다. 연금보험, 건강보험, 고용보험, 산업재해보상보험이 있으며, 이들은 강제가입이 원칙으로서 능력별로 부담하며 비영리보험으로서 상호부조적 성격이 강하다. 최초의 사회보험은 독일 Bismarc 수상이 실시한 질병보험(1883년)이다.

현재 우리나라의 4대 사회보험은 보험의 성격에 따라 관리하는 곳이 다르다. 고용보험과 산업재해보상보험은 고용노동부 장관으로부터 위탁받은 근로복지공단이 담당하고, 국민건강보험은 국민건강보험공단, 연금보험은 국민연금공단이 각각 관련 보험 사업을 담당하고 있다. 그러나 4대 사회보험의 보험료 징수 및 납부 등에 관한 자료는 국민건강보험공단이 2011년 1월 1일부터 통합관리하고 있다.

둘째, 공공부조(public assistance)는 생계를 꾸릴 능력이 없거나 생활이 어려운 사람 및 계층에게 최저 생활을 보장하고 자립을 지원하는 제도이다. 공공부조란 국민의 건강을 보호하고 내셔널 미니멈(national minimum: 한 나라 전체 국민의 생활복지상 불가결한 최저 수준을 보여주는 지표), 즉 문화적인 최저 생활의 보장을 목적으로 하는 사회보장제도의 일환이며, 이를 위한 가장 직접적이며 최종적인 경제적 보호제도라고 할 수 있다. 사회보험이 일정한 기여금을 부담하고 혜택을 누리는 것과 달리 정부와 지방자치단체는 공공부조의 주체로서 경제력이 없는 빈곤층에게 생계급여, 의료급여, 교육급여, 주택급여, 해산급여, 장제급여, 자활급여 등을 전액 무상으로 제공한다.

우리나라에서 공공부조는 2000년 10월부터 시행되고 있는 국민기초생활보장법에 의하여 주로 이루어지고 있다. 국민기초생활보장제는 지급 기준을 다양하게 세분화하여 연령과 관계없이 가구의 소득이나 재산 등을 기준으로 지원 여부를 결정한다. 이 제도는 1891년 덴마크에서 가장 먼저 등장하였다.

셋째, 사회복지서비스(Social Welfare Service)는 노약자를 비롯한 사회적 취약자에게 상담·재활·직업소개 및 지도, 사회복지시설 이용 등을 제공함으로써 이들이 정상적인 사회생활이 가능하도록 지원하는 제도이다. 불우한 처지에 있거나 사회적으로 열악한 위치에 처한 사람들을 대상으로 전문적인 지식과 방법을 동원하여 어려운 상황을 해결하여 정상인으로서 생활하도록 하는 것이 기본 목표이다. 사회보험 부담능력이 없는 사람을 대상으로 하거나 물질적 급여 외에 전문 사회사업서비스를 제공한다는 점에서 공적 부조와 공통된다. 그렇지만 전문사회사업가의 전문서비스에 의해서만 소기의 성과를 거둘 수 있다는 점에서 공공부조와 성격이 다르다. 사회복지서비스는 그 실행 주체가 공공기관(공공단체 포함) 외에도 민간단체도 포함하며 서비스 제공 대상자의 범위도 공공부조보다 광범위하다. 노인복지, 장애인복지, 아동복지, 여성복지, 가족복지 등이 있다.

표 8-3 사회보장 프로그램

사회적 위험	사회보장프로그램	비고
저임금	최저임금제도	
빈곤	생계급여(국민기초생활보장), 의료급여, 교육급여, 주거급여, 장제급여, 해산급여, 자활급여 등	공공부조
사회적 문제예방	노인복지, 장애인복지, 아동복지, 여성복지 등	사회복지서비스
노령·산재·사망	연금보험, 산재보험	사회보험
질병·사고	건강보험, 산재보험	사회보험
실업	고용보험	

사회보장이란 용어가 처음 사용된 것은 미국이었지만 세계에서 최초로 완비된 사회보장제도를 확립한 국가는 뉴질랜드이다. 뉴질랜드는 1938년에 완전한 사회보장법을 제정하여 영국, 호주 등에 영향을 주었다. 영국은 1942년 베버리지 보고서를 기초로 하여 1945년에 각종 사회보장법을 제정하였으며, 1948년부터 자본주의 사회에서 가장 완비된 사회보장제도를 갖추었다.

우리나라는 1960년 제4차 개정 헌법에서 처음으로 국가의 사회보장에 관한 노력을 규정하였고, 1963년 11월 법률 제1437호로 전문 7개 조의 사회보장에 관한 법률(현 사회보장기본법)을 제정하였다. 그 후 1980년 10월 개정된 헌법에서 '사회보장'이라는 용어를 최초로 사용하였다. 그동안 우리나라에서는 공무원연금(1960), 퇴직금(1961), 산업재해보상보험(1963), 교원연금(1973), 국민연금(1973), 직장의료보험(1976), 지역의료보험(1988), 고용보험(1995) 등의 사회보험, 생활보호법에 따른 생계보호(1961) 등의 공공부조, 아동복지사업(1961), 노인복지사업(1981), 모자복지(1990) 등의 사회복지서비스 등을 순차적 실시하였고, 국민연금 농어촌지역 확대적용(1995) 및 도시지역 주민 확대적용(1999) 등 사회보장제도가 제공하는 보호의 범위나 혜택도 확대되어 왔다. 그러나 사회보장 및 복지에 대한 국민의 인식이나 보장의 범위는 아직도 선진국에 비해 상당히 낮은 수준에 있다.

3.2 사회보험

3.2.1 국민연금[6]

① 국민연금의 실시

국민연금(National Pension)은 정부가 직접 운영하는 공적연금제도이다. 국민 개개인이 납부한 보험료를 재원으로 하여 일정 연령 이상이 되거나 예기치 못한 사고 및 질병으로 사망 또는 장애를 입어 소득 활동이 중단된 경우, 납부자 본인 혹은 유족에게 연금을 지급함으로써 기본 생활을 유지할 수 있도록 하는 제도이다.

국민연금은 노령연금, 유족연금, 장애연금 등을 지급함으로써 국민의 생활 안전과 복지 증진을 도모한다.[7] 국민연금은 가입이 법적으로 의무화되어 있기 때문에 사(私)보험에 비해 관리운영비가 적게 소요되며, 관리운영비의 상당 부분이 국고에서 지원되므로 어떤 사보험보다 수익률이 높다.

국민연금제도는 1973년 국민복지연금법이 제정되었지만 시행이 보류되다가 1986년 전면 개정으로 1988년 1월 1일부터 시행되었다. 적용 대상은 단계적으로 확대되었는데, 1988년 1월에는 상시근로자 10인 이상을 고용하는 사업장부터 처음 시행되었고, 1992년 1월에는 5인 이상 사업장, 1995년 7월 농어민 및 농어촌 거주 주민, 그리고 1999년 4월에 도시지역 주민까지 포함되어 전국민 연금시대가 개막되었다.

국민연금 가입연령은 만 18세 이상 60세 이하 국민이면 누구나 해당되지만, 공무원연금법, 군인연금법, 사립학교교원연금법의 적용을 받는 사람과 기타 대통령이 정하는 자는 제외된다.

② 국민연금의 재정

표 8-4 국민연금의 재정 현황(1988~2021)   (단위: 조원)

	조성	(연금 보험료)	(운용 수익)	지출	(연금급여 지급)	기금 증가분	기금 운용	(금융 부문)
1988	0.5	0.5	0.0	0.00	0.00	0.5	0.5	0.2
1990	1.0	0.8	0.2	0.04	0.04	1.0	2.2	1.2
1995	5.5	4.0	1.6	0.8	0.8	4.8	16.1	4.9

---

6) 연금에는 국민연금, 기초연금, 공무원연금, 사학연금, 군인연금, 퇴직연금, 국회의원연금 등이 있다.

7) 노령으로 인한 근로소득 상실을 보전하기 위한 노령연금, 주소득자의 사망에 따른 소득 상실을 보전하기 위한 유족연금, 질병 또는 사고로 인한 장기근로능력 상실에 따른 소득 상실을 보전하기 위한 장애연금 등으로 구성된다.

	조성	(연금 보험료)	(운용 수익)	지출	(연금급여 지급)	기금 증가분	기금 운용	(금융 부문)
2000	13.6	10.4	3.2	1.7	1.6	11.9	61.6	25.8
2005	26.9	18.5	8.2	4.0	3.6	22.9	163.9	163.4
2010	55.4	25.3	30.1	9.1	8.6	46.3	324.0	323.6
2015	58.3	36.4	21.7	15.8	15.2	42.5	512.3	511.7
2016	63.6	39.0	24.5	17.7	17.1	46.0	558.3	557.7
2017	83.1	41.8	41.2	19.7	19.1	63.3	621.6	621.0
2018	38.5	44.4	−5.9	21.4	20.8	17.1	638.8	638.2
2019	121.3	47.8	73.4	23.4	22.8	97.9	736.7	736.1
2020	123.4	51.2	72.1	26.4	25.7	97.1	833.7	833.1
2021	144.9	53.5	91.2	29.9	29.1	115.0	948.7	948.1
누적액	1,213.4	681.1	530.8	264.7	254.5	948.7	−	−

주: 1) 조성 중 국고보조금, 지출 중 관리운영비 등, 기금운용 중 공공부문, 복지부문, 기타는 비중이 매우 적어서 표시하지 않음
2) 누적액은 1988~2019년분
자료: e-나라지표(보건복지부)

<그림 8-7> 국민연금의 매년도 기금조성액과 기금운영액(잔액기준)(1998~2021) (단위: 조원)

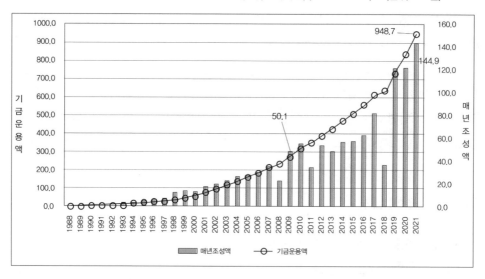

자료: e-나라지표(보건복지부)

<표 8-4>는 국민연금이 시행된 1988년부터의 상황표이다. 매년도의 조성액은 연금 보험료와 운용수익, 국고보조금으로 이루어진다.

첫째, 국고보조금은 극히 일부에 지나지 않으므로 국민연금의 대부분은 납부자의 개인적 부담과 기업의 부담으로 조성된다. 시행 초기에는 매년 1조 원이 안되었지만 2009년에

는 50조 원을 넘었다. 2017년과 2018년에는 각각 83조 원, 39조 원이었다가 2020년에는 갑자기 123조 원, 2021년에는 145조 원으로 급증했다.

둘째, ① 조성액에 비해 지출액이 적어서 기금조성액이 매년 쌓이고 있다. 조성액보다 지출액이 적은 것은 국민연금의 연륜이 길지 않기 때문이다. ② 조성액에서 지출액을 뺀 나머지 금액은 기금 증가분으로서 국민연금기금 여유분으로 누적되고 있는 금액이다. 2021년까지 조성 누적액은 1,213조 원이고 지출 누적액은 265조 원이므로 그 차액 945조 원이 총기금증가분이다. ③ 매년도 조성액에서 매년도 지출을 뺀 기금증가분을 누적한 금액은 기금운용이다.

셋째, 이렇게 해서 매년도 기금증가분의 누적액, 즉 기금운용액을 보여주는 것이 <그림 8-7>이다. 실시된 첫 해인 1988년도에 5천억 원에 지나지 않던 기금 총액은 현재는 세계4대 기금으로 성장하였다.[8]

넷째, 국민연금은 이 기금운용액의 대부분을 금융 부문에 투자하여 수익을 얻는다. 2021년에 기금운용액은 949조 원이고 이것을 금융 부문에 투자한 액수는 948조 원이다. 2019~2021년에 국민연금은 9.7%~11.3%의 높은 수익률을 올려 3년간 운용수익금만 235조 원을 벌었다. 그러나 2022년 들어 누적 수익률이 급락하는 등 어려움을 겪기도 하였다.[9] 장기적으로 노후소득 보장을 위한 연금재정의 안정적 운영을 위해서 투자 수익률의 제고가 매우 중요한 과제이다. 대체투자 등 투자 다변화를 통해 효율적인 기금운용을 기할 필요가 있겠다.

③ 소득대체율 문제

그런데 국민연금의 기금 조성 및 지출과 관련되는 중요한 이슈로서 소득대체율을 어느 수준에서 설정할 것인가 하는 문제가 있다. 소득대체율은 은퇴 후 생애평균 월봉 대비 연금액의 비율이다. 보고에 의하면, 현행 명목 소득대체율은 45% 전후이지만 실질소득대체율은 20%를 약간 넘는 정도에 지나지 않는다. 이것은 월 평균소득 200만 원인 사람이 연금이 개시되면 40만 원 정도를 받는 것을 의미한다. 이 때문에 몇 년 전 2028년까지 소득대체율 목표치를 40%를 50%로 올리자는 논의기 있었지만 실현되지 못하였다. 안정적인 노후생활 보장과 장애연금 등을 제공하기 위해서는 소득대체율 상향조정과 더불어 보험료율의 인상이 불가피하게 요구된다고 하겠다.

---

8) 1위는 일본의 공적연금, 2위 노르웨이 글로벌연금펀드, 3위 네덜란드 공적연금이다.

9) 이는 미국 증시의 S&P지수가 매년 20% 안팎으로 상승하는 등 호경기에 힘입은 것이라고 한다. 이상에 관한 기사로는 매일신문, 2022.5.25., "국민연금 수익률 석달째 마이너스…올해 들어서만 25조 날렸다".

소득대체율은 일반적으로 개인의 생애평균소득 대비 연금지급액 비율을 말한다. 구체적으로는 생애월평균소득 대비 매월 받는 연금액의 비율을 의미한다. 일반적으로 노후를 보장해 주는 소득대체율은 65~70%로 알려져 있다. 국민연금이 도입된 1988년 당시 국민연금의 소득대체율은 70%였으나 현재는 소득의 9%를 납부(국민연금 보험료율)하고 명목소득대체율을 2020년 44%에서 매년 0.5%씩 낮춰 2028년까지 소득대체율을 40%가 되도록 하고 있다. 이는 국제기구의 소득대체율 권고 수준인 70~80%에 미치지 못하는 낮은 수준이다. 올리지는 못할망정 떨어뜨린 것이다. 더욱이 여기에는 흔히 언급에서 빼먹는 요소가 하나 있다. 그것은 연금 가입기간이 40년이 되어야 정해진 소득대체율만큼 수령할 수 있다는 점이다. 우리나라에서 40년 동안 연금에 가입하거나 직장생활을 유지하는 사람은 거의 없으므로 실제로는 소득대체율이 40%보다 훨씬 낮아지게 된다. 보고에 따르면 현행 소득대체율의 명목수준은 45% 전후이지만 제반 여건을 고려한 실질소득대체율은 20%를 약간 넘는 수준에 지나지 않는다.

우리나라는 고령화가 급속하게 진행되고 있다. 고령화로 연금 부담자는 줄고 수혜자는 늘어날 것이며 연금의 고갈 시기가 앞당겨질 것이라는 우려가 잇따르고 있다. 이대로 가면 2057년에 기금이 고갈될 것이라고도 하고 저출산을 감안하면 2054년으로 더 앞당겨질 것이라고도 한다. 이 때문에 2018년도 말에 소득대체율을 2028년까지 50%로 상향 조정하자는 제안이 나왔지만, 소모적인 논쟁 끝에 흐지부지 없던 일이 되고 말았다. 그러자 이번에는 은퇴 연령을 올리거나 연금지금 개시 연령을 늦추자는 제안이 나오고 있다. 기대수명이 늘어나고 있는 점도 명분으로 작용하고 있다. 과연 이것이 근본대책이 될 수 있을까? 노인실태조사에서 보았듯이, 65세 이상의 노령층의 대부분은 일하기 싫고 쉬고 싶어 한다. 언제까지 일해야 하나…? 탁상공론이야 얼마든지 할 수 있다(연금개혁 쟁점에 대해서는 원시연, "국민연금 개혁 논의의 쟁점과 의미", 『이슈와 논점』, 제1369호, 국회입법조사처, 2019.12.24.).

그렇다면 방법은 하나다. 수혜자가 더 부담하고 더 혜택을 받는 것이다. 이것도 하지 않고 더 받고 싶어 한다면, 그건 그야말로 젊은이들에게 부담을 떠넘기는 것이 아닐까? 세상에 공짜란 없는 법이다. 한국의 노인빈곤율은 OECD 회원국 중 가장 높은 것에 비해 연금의 소득대체율은 최하위 수준에 머물렀다.

3.2.2 건강보험

① 건강보험의 실시

건강보험(Health Insurance, Medical Insurance)은 자기의 노동력에 의하여 생계를 유지하는 자가 질병·상해·임신·출산·사망 등의 사고로 인하여 불이익이 있거나 수입 감소가 있을 때를 대비하여, 치료비용 및 수입 감소액을 보상할 목적으로 그 치료비의 일부, 기타의 수당을 공동부담하는 공제제도(共濟制度)이다. 정부가 보험자 역할을 하는 공적 건강보험과 민영보험에 의한 민영건강보험으로 나누어진다.

우리나라에서 건강보험은 1963년 의료보험법이 제정됨으로써 시작되었다. 1977년에

500인 이상 사업장에 직장의료보험제도가 처음 실시되었으며, 1979년에는 공무원, 사립학교 교직원, 300인 이상 사업장으로 확대되었다. 그리고 1988년에는 농어촌지역, 1989년에는 도시 자영업자를 대상으로 의료보험이 시행되면서 특별법의 보호를 받는 사람을 제외하고 모든 국민이 의료보험의 적용을 받게 되었다. 1998년 10월에는 지역의료보험조합과 공무원·교원 의료보험공단을 국민의료보험관리공단으로 통합하였고, 2000년 7월부터 국민의료보험관리공단과 139개 직장의료보험조합이 단일조직으로 통합되어 의료보험은 건강보험으로, 국민의료보험관리공단은 국민건강보험공단으로 명칭이 변경되었다. 2003년 7월에는 직장재정과 지역재정이 통합되면서 실질적인 건강보험 통합이 이루어졌다. 건강보험 적용대상은 직장가입자와 지역가입자로 구분된다.

한편, 질병 등으로 인한 과중한 부담을 덜어주기 위해서 의료비가 일정 기준을 넘으면 그 차액을 환급하는 본인부담상한액제도가 도입되어 2004년 7월 1일부터 시행 중이다. 취약계층에 대한 지원도 강화되어 소득 하위계층이 내는 본인부담상한액이 인하되었고 재난적 의료비 지원사업도 강화되었다.

② 건강보험의 재정

표 8-5 건강보험 재정 현황(1997~2021)　　　　　　　　　　　　　　　(단위: 조원, %)

	수입	(보험료 수입등)	(정부지원)	지출	(보험 급여비)	(관리운 영비등)	당기 수지	누적 수지	수지율 (%)
1997	7.3	6.3	1.0	7.7	5.8	1.9	−0.4	3.8	105.2
2000	9.1	7.5	1.6	10.1	9.0	1.1	−1.0	0.9	110.9
2005	20.3	16.6	3.7	19.2	18.3	0.9	1.2	1.3	94.2
2010	33.6	28.7	4.9	34.9	33.7	1.2	−1.3	1.0	104.0
2015	52.4	45.3	7.1	48.2	46.5	1.7	4.2	17.0	92.0
2016	55.7	48.6	7.1	52.6	51.1	1.6	3.1	20.1	94.4
2017	58.0	51.2	6.8	57.3	55.5	1.8	0.7	20.8	98.8
2018	62.1	55.0	7.1	62.3	60.6	1.7	−0.2	20.6	100.3
2019	68.1	60.3	7.8	70.9	69.0	1.9	−2.8	17.8	104.1
2020	73.4	62.5	9.2	73.8	71.0	1.9	−0.4	17.4	100.5
2021	80.5	69.2	9.6	77.7	76.6	1.9	2.8	20.2	96.6

주: 1) 정부지원=국고+국민증진기금
　　2) 수지율=지출/수입×100
자료: e-나라지표(보건복지부)

첫째, 매년도 건강보험의 수입에서 지출을 제외한 액수가 당기수지이다. 당기수지는 증감이 있지만 대체로 흑자로서 이를 모두 합한 누적수지는 2021년까지 20조 원이다.

둘째, 건강보험재정의 수지율(지출/수입)은 2000년 110.9%, 2001년 120.9%에서 2014년 87.6%, 2015년 92.0%까지 하락하였지만 현재는 100% 전후를 기록하고 있다. 수지율이 100%이면 수입과 지출이 균형을 이룬 것이고, 100% 이하이면 수입보다 지출이 적으므로 건강보험 재정이 건전하다고 할 수 있다. 그러나 건강보험은 국민의 건강 및 생존에 관한 것이므로 단순히 건강보험의 재정건전성만을 보험 운영의 최종 목적으로 삼을 수는 없을 것이다.

셋째, 그러므로 지속적으로 정부 지원이 이루어져야 한다. 건강보험의 수입은 주로 국민이 내는 보험료 수입 등과 정부 지원으로 이루어진다. 수입에서 정부 지원이 점하는 비중은 2000년 17.6%, 2001년 22.4%에서 점차 하락하여 2017년 이후에는 대체로 12% 이하이다. 즉 정부지원의 비중이 줄어들고 있다.

넷째, 정부 지원 중단은 건강보험료의 대폭적인 인상과 서민층의 부담을 강화할 것이다. 건강보험에 대한 정부 지원은 2007년 국민건강보험법에 5년 동안의 연장을 거쳐 2022년 말로 종료될 예정이다. 그동안 정부 지원은 건강보험의 보장성을 확대하고 급격한 보험료의 인상을 방지하여 국민 부담을 덜어주었다. 특히 입원치료비, PCR검사, 신속항원검사, 예방접종비, 의료인력 지원비 등 코로나19 등 감염병으로 인한 위기 차단에 크게 기여해 왔다.[10] 향후 저출생, 고령화에 따른 인구 구조의 변화로 인해 수입 감소와 지출 증가 요인이 증대하게 되면 보험 재정이 악화될 가능성이 매우 높다. 따라서 서민과 국민 부담을 줄이기 위한 재정 지원 등의 노력도 뒤따라야 할 것으로 보인다.

> **건강보험 보장률과 건강보험 급여율**
>
> 건강보험 보장률: 비급여를 포함한 총진료비 중 건강보험이 부담하는 비율
> 건강보험 급여율: 비급여를 제외한 총진료비 중 건강보험이 부담하는 비율
>
> (e-나라지표)

---

10) 2020년에 일본은 건강보험재정의 23.1%, 프랑스는 62.4%, 대만도 21.7%로서 우리나라보다 높은 수준의 지원을 했다.

③ 건강보험 보장률

<그림 8-8> 건강보험 보장률(2004~2020) (단위: %)

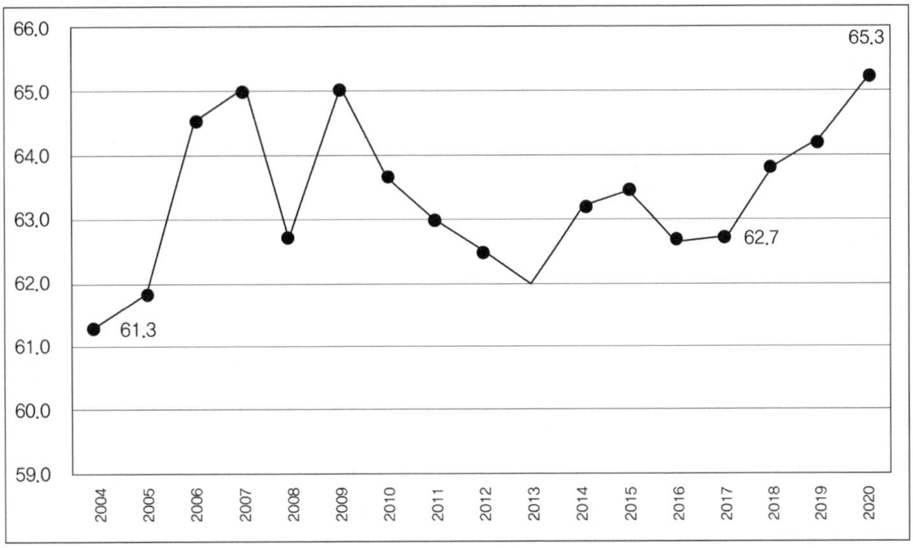

자료: e-나라지표(보건복지부)

건강보험 보장률이란 비급여를 포함한 총진료비 중 건강보험 부담비율로서 건강보험의 보장 수준을 나타내는 척도이다. 이 보장률은 대체로 65% 이하 수준을 유지해 왔다. 2017년 62.7%에서 2020년에 65.3%로 크게 상향되었다. 여기서 급여란 주로 연금제도에 의해 금품을 지급하는 것을 뜻한다.

우리나라의 의료체계는 그동안 전국민 대상 건강보험시대가 개막되어 나름대로 공평하고 효율적인 의료체계를 갖춘 것으로 평가된다. 그러나 일반적으로 의료진을 비교적 쉽게 접할 수 있다는 점에서 장점이 있는 것으로 언급되고 있지만 선진국 수준과 비교하여 보장률 면에서 아직도 개선해야 할 여지가 적지 않다.

건강보험 보장률은 각국의 보건의료제도가 달라서 직접적으로 비교하는 것은 어려우나 각국의 공공의료비중(건강보험, 의료급여, 산재보험 등)을 간접 지표로 제시할 수 있다(e-나라지표). 우리나라의 경상의료비 대비 공공재원 비중은 미국을 제외하고 선진국들은 물론 OECD 평균에 비해서도 상당히 낮다(<표 8-6>). 향후 보장성 강화를 위한 정책이 지속적으로 강화될 필요가 있음을 보여준다 하겠다.

표 8-6	경상의료비 지출 중 정부, 의무가입보험 재원 비율(2017)						(단위: %)
국가	프랑스	독일	영국	일본	미국	한국	OECD평균
%	83.0	85.0	78.4	84.2	81.8	58.2	73.5

주: 1) 미국은 2016년 수치
   2) 경상의료비: 한 국가의 국민이 한 해 동안 보건의료 재화와 서비스를 구매하는 데 지출한 최종 소비
자료: e-나라지표(보건복지부)

3.2.3 산업재해보상보험

① 산업재해보상보험의 실시

산업재해보상보험(이하 산재보험, Industrial Accident Compensation Insurance)은 산업재해 노동자를 보호하기 위하여 국가가 사업주로부터 보험료를 징수하여 그 기금을 재원으로 사업주를 대신하여 산재노동자에게 보상해주는 강제적인 사회보험이다. 사업주는 반드시 가입해야 하고 원칙적으로 노동자를 사용하는 모든 사업 또는 사업장에 적용된다. 노동자가 업무상 재해를 입어 근로복지공단에 산재보상 신청을 하면 공단은 심사를 거쳐 산재보험급여를 지급한다. 산재보험은 노동자에게는 산업재해로 인한 신체 손상과 소득 감소에 대비하기 위한 수단이지만, 사업주에게도 위험부담을 분산·경감시킴으로써 기업 운영을 안정적으로 할 수 있게 해 주는 수단이다. 보험 가입자는 산재보험의 보상을 받으면 그 한도 내에서 근로기준법상의 보상책임이 면제된다.

산재보험은 1884년 독일의 재해보험법이 효시이다. 우리나라에서는 1963년에 산업재해보상보험법이 제정되었는데 근로기준법의 적용을 받는 사업 또는 사업장의 업무상 재해에 대해 1964년 7월부터 시행되기 시작하였다. 이것은 1953년 제정된 근로기준법의 '산업재해의 개별사용주 책임제도'를 강제보험화한 것이다. 처음 제정된 근로기준법에 재해보상 규정이 있었으나 개별적인 사용자의 책임 범위가 한정되어 있어서 산재로 인한 큰 손실이나 도산 등이 발생할 경우에 노동자가 보호를 받지 못하는 문제가 있었다. 산재보험법은 이러한 취약점을 근본적으로 개선하기 위한 것이었다.

산재보험은 시행 초기에는 근로기준법상의 보상 수준을 그대로 대행하는 책임보험의 영역에서 벗어나지 못하였으나, 여러 차례의 법 개정을 통해 보험급여의 수준을 향상시키고 산재 노동자를 위한 여러 복지시설을 설치·운영하는 등 점차 사회보장제도로서 면모를 갖추었다.

피해 노동자의 업무상 재해 여부는 업무수행성·업무기인성 등을 고려하여 판단하는데, 1983년부터 시행된 노동부예규 업무상 재해인정기준이 준용되고 있다. 이에 따른 보험급

여는 근로기준법상의 보상의 종류 및 내용과 거의 같으나, 일시보상 대신 상병보상연금이 규정되어 있는 점과 민사상의 손해배상 문제를 간편하게 해결하는 장해특별급여·유족특별급여 등의 특별급여제도가 규정되어 있는 점 등이 달랐다. 1986년에는 보험사업 목적에 재해예방사업과 기타 복지증진을 위한 사업을 할 수 있도록 산재보험 사업 범위가 확대되었다. 1999년에는 산재 노동자의 재활 및 사회복귀 촉진을 추가함으로써 재해노동자가 급속하게 증가하였다(e-나라지표). 2000년 7월에는 산재보험법 시행령에 따라 노동자 수 1명 이상의 모든 사업장에 산재보험이 확대 적용되었다. 다만, 농업·임업(벌목업 제외)·어업·수렵업의 경우에는 상시근로자 5인 이상의 사업장이 산재보험 가입 대상이었기 때문에 5인 미만인 농장이나 목장 등의 개인 사업장은 산업재해 보상에서 제외되었다(5인 미만의 법인 사업장은 허용). 그리고 2018년 7월 1일부터는 '소규모 건설공사'와 '상시 1인 미만 사업장'에도 산재보험이 적용되고 있다. 현재 산재보험의 관리는 1995년에 노동부장관의 위탁을 받아서 근로복지공단이 수행하고 있다.

② 산업재해보상보험의 종류

산재보험의 보험료는 사업장의 재해 발생 위험도에 따라 차등 부담을 원칙으로 하며, 사용자가 전액을 부담하고 정부는 운영사업비의 일부를 부담한다. 산재보험에는 요양급여, 휴업급여, 장해급여, 간병급여, 유족급여, 상병보상연금, 장의비, 직업재활급여가 있다.

산재보험 급여의 종류와 내용은?

① 요양급여: 업무상 부상 또는 질병에 걸렸을 때 의료기관에서 상병의 치료에 소요되는 비용을 치유 시까지 지급하는 현물급여이다. 부득이 위의 지정 의료기관(약국 포함) 등을 이용할 수 없는 경우에는 요양비가 지급된다.
② 휴업급여: 요양기간 중 1일당 평균 임금의 70%가 지급된다.
③ 장해급여: 업무상 재해의 치유 후 당해 재해와 인과관계가 있는 장해가 남게 되는 경우 그 장해의 정도에 따라 지급한다. 연금과 일시금이 있다. 장해보상연금은 수급권자가 신청하면 그 연금의 최초 1년 분 또는 2년 분의 2분의 1에 상당하는 금액을 미리 지급할 수 있다.
④ 간병급여: 요양급여를 받은 자 중 치유 후 의학적으로 상시 또는 수시로 간병이 필요할 경우 실제 간병을 받는 사람에게 지급한다.
⑤ 유족급여: 유족보상연금 또는 유족보상일시금으로 지급된다. 유족보상연금을 받을 수 있는 자격은 근로자와 생계를 같이 하고 있는 배우자, 부모 또는 조부모로서 60세 이상인 자, 자녀 또는 손자로서 18세 미만인 자, 형제 자매로서 18세 미만이거나 60세 이상인 자이다.

⑥ 상병보상연금: 요양급여를 받은 노동자가 요양을 시작한 지 2년이 지났을 때, 폐질등급 1~3급 해당자인 경우 휴업급여 대신 지급한다.

⑦ 장례비: 근로자가 업무상의 사유로 사망한 경우 평균임금의 120일분에 상당하는 금액을 장제(葬祭)를 지낸 유족에게 지급한다.

⑧ 직업재활급여: 장해 1~12급 장해급여자 또는 요양 중으로서 장해 1~12급이 명백한 자로서 취업을 위하여 직업훈련이 필요한 자 및 장해급여자를 업무상 재해가 발생한 당시 사업에 복귀시켜 고용을 유지하거나 직장적응훈련 또는 재활운동을 실시한 사업주에게 지급하는 급여이다. 직장복귀지원금, 직장적응훈련비, 재활운동비 등이 있다.

(e-나라지표; 여성가족부, 한국건강가정진흥원, 『한국생활가이드북』 등)

③ 산업재해 현황

<그림 8-9> 산업재해 현황(1998~2021) (단위: 명, %)

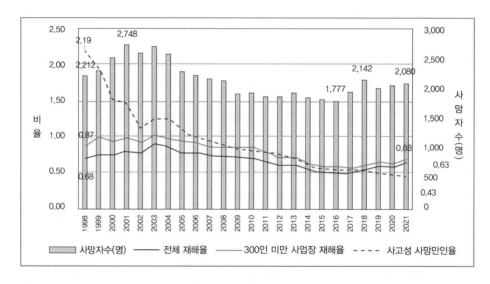

주: 1) 재해율=재해자수/노동자수×100
　　2) 사망만인율=사망자수/총노동자수×10,000
자료: e-나라지표(고용노동부)

먼저 산업재해 상황을 살펴보자. <그림 8-9>는 사망 사고를 중심으로 산재 현황의 일부를 정리한 것이다. 연도별 사망자 수, 재해율, 사고성 사망만인율은 2011년 이후 산출 기준이 달라져 이전과 직접적인 비교가 어렵지만 전체적인 추세는 파악할 수 있다.

첫째, 산업재해로 인한 사망자는 2001년 2,748명에서 2016년에 1,777명까지 감소했으나 최근에는 다시 늘어나서 2021년 2,080명에 이르는 등 매년 2,000여 명에 이르고 있다.

둘째, 사고성 사망만인율은 1990년대 2.19명에서 2019년도에 0.43명으로 크게 감소했다. 그러나 전체 재해율은 2003년 이후 감소추세이긴 해도 2017년부터 오히려 약간 상승하고 있다. 특히 300인 미만 사업장의 재해율은 전체 수준보다 높게 나타난다.

셋째, 다만, 외환위기 이후 2004년까지 재해율 등 전반적인 재해 관련 지표가 올라갔는데, 이것은 경기회복세로 인한 제조업 가동률과 건설 수주액 증가, 안전보건규제 완화, 사업장 내 안전보건관리조직의 약화, 2003년부터 5인 미만 사업장 산업안전보건법 적용 확대, 고용환경 변화에 따른 비정규직, 외국인, 고령근로자 등 산재 취약계층의 증가가 원인이다(e-나라지표-고용노동부).

넷째, ① 사망자뿐만 아니라 업무상 질병자 수를 비롯한 재해자 수가 감소하지 않고 있다. 업무상 질병자수는 1998년 1,838명에서 2001년에 5,653명, 2006년 10,235명, 2020년 15,996명, 그리고 2021년 20,435명으로 크게 늘었다. 이렇게 질병자수의 증가는 재해 포함 범위가 확대되어 온 것과 관계가 깊다.[11] ② 그러나 산업재해를 방지하기 위한 제도 정비에도 불구하고 산업재해 피해자는 줄지 않고 재해율은 오히려 상승 추세이다. 물론 산업재해로 인한 피해자가 줄지 않는 것은 노동자 수가 크게 증가한 것과도 관계가 없지 않다. 가령, 산재보험 가입 노동자수는 2001년 1,058만 명에서 2020년 1,897만 명으로 839만 명이나 늘었다. ③ 그러나 산재보험 가입 노동자 수는 실제로는 2018년 1,907만 명을 정점으로 감소하고 있다. 이처럼 산재보험 가입자가 감소함에도 피해자 수와 재해율이 줄지 않는 것은 이를 방지하기 위한 대책이 미흡하기 때문이다.

다섯째, ① 흔히 산업재해의 원인을 노동 현장에서의 안전불감증 때문이라고 언론 등에서 주장하는 것은 그 책임을 노동자에게 전가하는 것이다. 끊이지 않는 산업재해의 근본원인은 안전불감증이 아니라 재해 발생을 근원적으로 제거하지 못하는 법률적·제도적 미비함 때문이다. ② 사고성 사망만인율은 독일 0.14(2018년), 영국 0.03(2019년) 일본 0.14(2019년), 미국 0.37(2019년)이다(e-나라지표). 이에 비해 한국은 2019년에 0.43이다. 한국은 영국의 14배, 일본과 독일의 3배를 넘는 수준이다. 각국마다 통계의 산출 기준이 달라서 단순 비교는 곤란하지만, 이러한 격차는 재해를 방지하기 위하여 법률적 허점을 정비하는 등 각종 대책이 더욱 강화되어야 함을 보여준다.

---

11) 산업안전보건법 적용의 확대, 2001년부터 실시한 50인 미만 제조사업장에 대한 클린사업 등 재정·기술 지원사업, 2004년에는 사망재해예방대책 등이 시행되었다.

④ 산업재해보상보험의 현황

<그림 8-10> 산재보험 적용 사업장 및 수납율(1998~2020)(단위: 개, %)

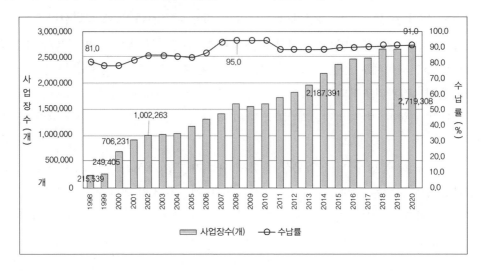

주: 수납률=수납액/징수결정액×100
자료: e-나라지표(고용노동부)

산재보험 적용 사업장은 적용 범위가 확대되면서 크게 증가하였다. ① 산재보험 가입 사업장은 1998년 약 22만 개소에서 2002년에는 100만 개소 이상, 2014년에는 2백만 개소 이상, 2020년에는 272만 개소로 10배 이상 증가하였다. ② 특히 보험 적용 사업장은 아시아 외환위기를 극복하던 때인 2000년이다. 이 해에 가입 사업장은 약 71만 개소로 전년도의 25만 개소에 비해 약 2배 가까이 증가하였다. 이렇게 큰 증가는 2000년 7월 근로자 수 1명 이상의 모든 사업장에 산재보험이 적용되도록 산재보험법 시행령이 개정되었기 때문이다.

산재보험 사업장의 확대와 더불어 산재보험의 적용을 받게 되는 노동자의 수도 증가하여 2020년에 상시근로자 수 1,897만 명에 이르고 있다. 이는 총취업자(비임금근로자+임금근로자) 2,690만 명의 70.5%, 임금근로자 2,033만 명의 93.3%에 해당한다.[12] 한편, 보험료 수납률은 2015~2020년에 90~91%를 기록하고 있다.

---

12) 상시근로자는 상용근로자와 다르다. 상용근로자는 통상 고용계약 기간이 1년 이상인 노동자를 가리킨다. 상시근로자는 근로계약이 형식상 일정 기간 계속되어야 하는 것은 아니며, 상시 사용되고 있는 것으로 객관적으로 판단될 수 있는 상태의 근로자를 말한다. 예를 들어 임시근로자라도 실제로 상시 고용되는 상태에 있으면 상시근로자에 포함된다(시사경제용어사전).

표 8-7 산재보험 수납액 및 보험급여 지급 현황(1998~2021)   (단위: 백억원)

	수납액	보험급여계	요양급여	휴업급여	장해급여	유족급여	상병보상연금	장례비	간병급여	직업재활급여
1998	172	145	38	40	44	17	5	2		
1999	161	127	36	34	34	16	6	1		
2000	196	146	43	42	36	16	7	2	0	
2005	325	303	77	94	92	22	14	2	1	
2010	460	352	77	75	140	35	18	2	4	0
2015	568	408	78	82	171	51	16	2	6	2
2016	592	428	84	88	177	54	16	2	6	1
2017	605	444	84	92	183	59	15	3	5	1
2018	696	503	102	111	200	66	15	3	6	1
2019	708	553	109	132	216	71	15	3	5	2
2020	666	600	131	141	226	76	15	3	5	2
2021	?	645	136	158	244	82	14	4	5	2

자료: e-나라지표(고용노동부)

1998년 이후 수납액은 1조 7천억 원에서 6~7조 원 규모로 커졌다. 적용대상 사업장 및 보상 범위가 확대됨으로써 보험급여 지급액도 약 1조 5천억 원에서 5조 원을 크게 넘기고 있다. 특히 다른 해보다 2018년에는 전년도보다 보험급여지급액이 더 많이 증가했는데, 이는 2018년 1월 사업주 날인제 폐지에 따라 산재신청 건수가 지급했기 때문이다.

보험급여에서 부상, 질병 등으로 치유 후에 장해가 남는 피해자에게 지급되는 장해급여가 가장 많이 차지하고 있고, 요양으로 취업하지 못한 기간 중의 임금을 보상하는 휴업급여, 요양급여 등이 그 다음으로 많은 액수를 차지하고 있다.

3.2.4 고용보험

① 고용보험의 실시

고용보험은 노동자가 일자리를 잃을 경우에 일정 기간 동안 급여를 지급하는 실업급여사업을 기본으로 하며, 구직자에 대한 직업능력개발·향상 및 적극적인 취업알선을 통한 재취업의 촉진, 그리고 실업 예방을 위한 고용안정사업 등의 실시를 목적으로 하는 사회보험이다. 고용보험은 전통적인 실업보험사업에 머무르지 않고 다양한 실업예방사업 및 구직촉진사업을 병행하는 적극적인 인력정책 추진 장치이다.

고용보험법은 고용안정 및 직업능력개발사업을 통해 1차적으로 취업 중인 근로자의 고용안정을 촉진하고, 부득이 실업이 되더라도 2차적으로 실업급여를 지급하고 재취업을 촉진함으로써 노동자의 실업으로 인한 사회·경제적인 어려움을 해소하는 것을 주된 내용으로 하고 있다. 또한 여성노동자들의 고용기회 확보를 위해 직장과 가정생활의 양립을 지원하는 육아휴직급여 및 산전후휴가급여를 실시한다.

고용보험의 내용에는…

- 고용안정 및 직업능력개발사업: 피보험자 및 피보험자였던 자, 그밖에 취업할 의사를 가진 자에 대한 실업의 예방, 취업의 촉진, 고용기회의 확대, 직업능력개발·향상의 기회 제공 및 지원, 기타 고용안정과 사업주에 대한 인력확보를 지원하기 위하여 실시하는 사업이다.
- 실업급여: 실직근로자의 생활 안정을 도모하고 재취업을 촉진하기 위해 지급하는 보험급여로서, 구직급여 및 취업촉진수당으로 구성된다. 실업급여는 적극적인 재취업 활동을 위한 활동 지원금으로서 퇴직 다음 날로부터 12개월이 경과하면 지급받을 수 없다. 전직 등 자발적으로 퇴직한 경우에는 구직급여를 받지 못한다.
- 모성보호급여: 육아휴직과 산전후휴가급여로 나누어진다. 임신·출산 등과 관련된 여성의 취업 활동을 보장하기 위하여, 육아 또는 출산을 목적으로 휴직하는 근로자가 일정 요건을 갖춘 경우에 육아휴직급여·산전후휴가급여를 지급하는 것을 그 내용으로 한다.

(한국민족문화대백과 등)

고용보험법은 1993년 12월에 제정되어 1995년 7월 1일부터 시행되고 있다. 그 후 여러 차례 개정되어 적용 범위가 확대되었는데, 현재는 국내 파견 외국인 노동자에 대해서도 보험이 적용될 정도로 범위가 확대되고 있다.

표 8-8 고용보험의 연혁

연도	내용
'95.7.1.	– IMF 구제금융시대의 고실업에 대비 1차적인 사회안전망의 역할이 강조되면서 시행 – 고용보험 제정당시에는 고용보험의 적용 범위를 실업급여와 고용안정사업·직업능력개발사업으로 2원화하여 전자의 실업급여는 상시근로자 30인 이상의 사업 또는 사업장에 적용
'98.1.1.	– 실업급여는 상시근로자 30인에서 10인 이상으로, 고용안정사업 및 직업능력개발사업은 상시근로자 70인에서 50인 이상 사업장으로 적용 확대
'98.3.1.	– 실업급여는 상시근로자 10인에서 5인 이상 사업장으로 적용 확대
'98.7.1.	– 고용안정사업 및 직업능력개발사업은 상시근로자 50인에서 5인 이상 사업장까지 확대
'98.10.1.	– 1인 이상 전사업장까지 적용 확대
'03.1.1.	– 5인 미만 농·림·어업 및 수렵업 중 법인에 대하여도 확대
'04.1.1.	– 일용근로자, 60세 이상 65세 미만 근로자 적용, 주 15시간 이상 시간제근로자 등 비정규직근로

연도	내용
	자에게 확대 적용, 건설공사에는 총 공사금액 2천 만 원 이상인 경우에도 적용, 국가·지방자치단체가 직접 시행하는 공공근로 종사자 및 선원, 국내 파견 외국인 노동자에게 적용
'06.1.1.	– 65세 이상도 고용안정,직업능력개발사업(실업급여 제외) 적용
'13.6.4.	– 65세 이상도 실업급여 적용(65세 이후에 고용된 자 제외)

② 고용보험의 현황

<그림 8-11> 고용보험 적용 사업장 및 수납률 현황(1995~2021) (단위: 개소, %)

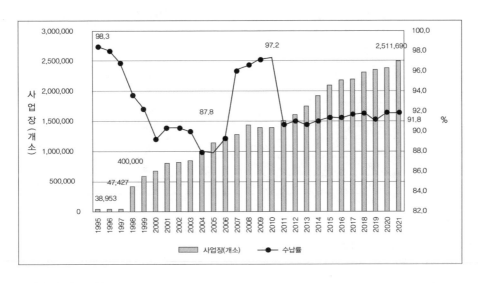

자료: e-나라지표(고용노동부)

<그림 8-11>은 고용보험이 시작된 1995년부터 보여주고 있다.

첫째, 고용보험 가입 사업장은 처음에는 약 4만 개소 정도였지만, 1998년에 40만 개소로 10배 정도로 늘어난 이후 2004년도에는 100만 개소 이상, 2015년 2백만 개소 이상이 되었고 2021년에는 251만 개소에 이르고 있다.

둘째, 이렇게 가입 사업장이 늘어난 것은 정책적으로 고용보험의 적용 대상을 확대해 왔기 때문이다. 특히 1998년은 사업장 확대의 기점이라고 할 수 있다. 앞의 <표 8-8> 고용보험의 연혁에서 보듯이, 1998년 1월 1일, 동년 3월 1일, 동년 7월 1일, 동년 10월 1일의 네 차례에 걸쳐 적용 사업장이 확대되었기 때문이다. 즉 이 해 1월 1일에 실업급여를 상시근로자 30인에서 10인 이상으로, 고용안정사업 및 직업능력개발사업은 상시근로자 70인에서 50인 이상 사업장으로 확대하는 것을 시작으로 마지막에는 1인 이상 전사업장까지 적용을 확대하였다. 외환위기라는 여의치 않은 상황에서 이루어진 매우 값진 개혁의 성과라고 할 수 있다.

한편, 수납률은 초기에는 우량 기업 중심이었기 때문에 98.3%에 이를 정도로 매우 높았지만, 범위가 확대되면서 외환위기를 거쳐 2005년까지 크게 하락했다. 이후 95% 전후로 다시 올랐다가 최근에는 91% 이상을 유지하고 있다.

표 8-9 고용보험 수납액 및 지출 현황(1996~2021)   (단위: 백억원)

	수납액	지출액	실업급여	고용안정·직업능력 개발사업
1996	78	4	1	2
2000	206	113	50	63
2005	321	293	191	103
2010	419	600	416	184
2015	800	812	550	262
2016	846	887	586	301
2017	887	946	629	317
2018	1,036	1,158	792	366
2019	1,141	1,395	986	409
2020	1,294	2,047	1,389	657
2021	1,264	2,106	1,442	663

주: 2006년부터는 고용안정사업과 직업능력개발사업이 통합 관리됨
자료: e-나라지표(고용노동부)

먼저, 수납액과 지출액을 비교하면, 2005년은 수납액이 지출액보다 많은 흑자이지만 2006년부터 최근에 이르기까지 상당액의 적자가 나고 있다(2013, 2014년 제외). 그리고 이 적자 폭은 2007~2011년에 매년 9,300억 원~2조 8,500억 원을 기록했다. 이후 일시적으로 감소했지만, 2015년부터 다시 적자가 커지기 시작하여 2018년 1조 2,100억 원, 2019년 2조 5,000억 원이었다. 코로나19 공격을 받은 2020년에는 7조 5,000억 원 이상, 2021년에는 8조 4,000억 원 이상의 적자가 났다.

둘째, 고용보험 지출에서 실업급여가 대부분을 차지하고 있다. 실업급여는 우리 경제가 위기에 처했을 때 실업을 당한 노동자에게 적지 않게 도움을 주었다. 고용보험사업 중 실업급여 지급 현황을 보면 시행초기인 1997년에는 48,677명에게 지급되었으나, 외환위기를 맞이한 1998년에는 412,600명으로 급증하였으며, 2009년에는 1,301,132명으로 증가하였다. 2020년 4월에는 신종 코로나바이러스 감염증 사태가 촉발한 '고용 충격'으로 인해 신규 구직급여 신청자 12만 9000명, 구직급여액이 9,933억 원에 달했다(한국민족문화대백과). 이와

같이 고용보험은 적자가 나고 있지만 평상시에 실업자에게 도움을 줄 뿐만 아니라 경제적 위기의 대처에도 도움이 된다고 하겠다. 다만, 최근에 지출액이 많아서 거액의 적자가 나고 있으므로 부정수급의 근절을 비롯한 운용과 관리에 보다 철저함을 기해야 할 필요는 있을 것이다.

3.3 공공부조

3.3.1 공공부조의 추진 및 종류

공공부조(public assistance)는 정부가 경제적 능력이 없는 빈곤층에게 최저 생활을 보장하고 자립을 지원하기 위하여 무상으로 제공하는 제도이다. 종래에는 공적부조라는 용어를 사용했으나, 1995년 12월 30일 제정된 사회보장기본법에서 공공부조라는 용어로 변경했다. 공공부조는 1891년 덴마크에서 최초로 실시되기 시작했다. 미국에서는 공공부조(public assistance), 영국에서는 국가부조(national assistance), 독일과 프랑스는 사회부조(social assistance)라고 한다. 그 의미와 내용 및 범위에 대해서는 나라마다 조금씩 다르다. 그렇지만 국민의 건강을 보호하고 문화적인 최저 생활을 영위하도록 내셔널 미니멈(national minimum)을 제공하는 최종적인 경제적 보호제도라고 할 수 있다.

이와 관련하여 우리나라에서 처음으로 제도화된 것이 1961년의 생활보호법이다. 그러나 전면 실시되지는 못하였다. 1968년 7월에는 자활지도에 관한 임시조치법이 제정되었지만, 이는 근로 능력이 있는 저소득층에 대한 취로구호에 한정되었다. 1978년에는 의료보호법이 제정되어 생활보호대상자에 대한 의료보호가 실시되었다. 1980년대에는 생활보호법이 개정되어 생활보호 대상자를 거택보호, 시설보호, 자활보호로 구분하였다. 그런데 이러한 공공부조에 근본적인 변화를 가져온 것이 1999년 7월에 제정된 국민기초생활보장법이다. 이 제도는 1961년의 생활보호법을 전면 대체한 것으로서 2000년 10월부터 실시되었는데, 그동안 절대빈곤층에게 부분적으로 지원된 제도들을 보완하는 종합적인 대책이었다.

국민기초생활보장제도에 의해 기초생활보장대상자(수급자)에게 지급되는 급여로는 생계급여, 주거급여, 교육급여, 의료급여, 장제급여, 해산급여, 자활급여 등이 있다.[13]

---

13) 이상에 대해서는 행정학사전 외, 한국민족문화대백과, 시사경제용어사전, 두피디아, 시사상식사전 등을 참조.

- 생계급여: 수급자에게 의복, 음식물 및 연료비와 기타 일상생활에 기본적으로 필요한 금품을 지급하여 그 생계를 유지하게 하는 것이다.
- 주거급여: 수급자에게 주거 안정에 필요한 임차료, 유지수선비 기타 대통령령이 정하는 수급품을 지급하는 것이다.
- 교육급여: 수급자에게 입학금, 수업료, 학용품비 기타 수급품을 지원하는 것으로 교육급여는 금전 또는 물품을 수급자 또는 수급자의 친권자나 후견인에게 지급함으로써 행한다. 다만, 보장기관이 필요하다고 인정하는 경우에는 수급자가 재학하는 학교의 장에게 수급품을 지급할 수 있다.
- 의료급여: 수급권자의 질병·부상·출산 등에 대한 진찰·검사, 약제·치료재료의 지급, 처치·수술과 그 밖의 치료, 예방·재활, 입원, 간호, 이송과 그 밖의 의료 목적의 달성을 위한 조치이다. 의료보험은 의료급여를 위한 한 수단이다.
- 장제급여: 생계급여, 주거급여, 의료급여 중 하나 이상의 급여를 받는 수급자가 사망해 사체의 검안·운반·화장 또는 매장, 그 밖의 장제 조치가 필요한 경우에 지급된다.
- 해산급여: 조산, 분만 전과 분만 후의 필요한 조치와 보호를 의미하며, 해산급여는 보건복지부령이 정하는 바에 따라 보장기관이 지정하는 의료기관에 위탁하여 행할 수 있다. 해산급여에 필요한 수급품은 보건복지부령이 정하는 바에 따라 수급자나 그 세대주 또는 세대주에 준하는 자에게 지급한다.
- 자활급여: 수급자에게 자활에 필요한 금품의 지급 또는 대여, 자활에 필요한 근로 능력의 향상 및 기능 습득의 지원, 취업 알선 등 정보 제공, 자활을 위한 근로 기회의 제공, 창업교육, 기능훈련 및 기술·경영 지도 등 창업지원, 자활에 필요한 자산 형성 지원 등이 포함된다.

(e-나라지표, 시사상식사전, 찾기 쉬운 생활법령정보 등)

그러므로 공공부조는 국민기초생활보장법이 가장 중요한 근거가 된다. 여기서는 기본이 되는 국민기초생활보장과 의료급여에 대해서 살펴보자.

3.3.2 국민기초생활보장

사회복지정책 중 가장 중요한 것은 빈곤층에 대한 지원인데, 빈곤층에 대한 주요 지원중의 하나가 기초생활 보장을 위한 지원이다. 국민기초생활보장제도는 그동안 시행되었던 시혜적 단순 보호차원의 생활보호제도로부터 저소득층에 대한 국가책임을 강화하는 핵심적인 복지 시책이다. 국가의 보호를 필요로 하는 절대 빈곤층의 기초생활을 보장함과 동시에 생산적 복지를 구현하기 위하여 종합적 자립·자활서비스를 제공한다.

국민기초생활보장법에 의한 수급대상자는 가구의 소득평균가액과 재산의 소득환산액을 합산한 소득인정액이 선정기준액 이하이고 부양의무자가 없거나 부양의무자가 있어도 부양 능력이 없거나 부양을 받을 수 없는 경우 등에 해당한다. 가구(세대) 단위로 급여하는 것을 원칙으로 하지만 특별히 필요하다고 인정되면 개인 단위로 급여를 지급하기도 한다.

다음은 국민기초생활보장 수급 현황은 수급자 수와 수급률의 동향을 보여주고 있다.

<그림 8-12> 국민기초생활보장 수급 현황(2001~2021) (단위: 천명, %)

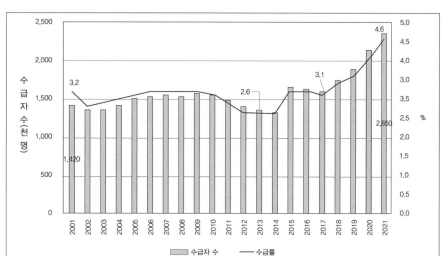

주: 수급률은 총인구대비 비율

자료: e-나라지표(보건복지부)

첫째, 국민기초생활보장 수급자는 제도가 시작된 2001년 142만 명에서 2021년 236만 명으로 늘어났는데, 특히 2014년 이후 100만 명 이상 증가하였다. 수급률도 증가하여 총인구 대비 2.6%에서 4.6%로 크게 늘었다.

둘째, ① 이와 같이 최근에 수급자 수와 수급률의 급증은 하위소득 25% 이하(중위소득 50%이하)의 빈곤층 비율(상대적 빈곤율)이 증가한 영향도 있지만(<그림 8-2>), 수급자 선정 기준의 완화를 비롯하여 지급 대상 범위가 개선된 것도 작용했다. ② 즉 수급자 선정 기준을 완화하거나 최저생계비 기준을 인상하면 수급자 수가 확대될 수 있으므로 통계적으로 수급자가 증가한다고 해서 그 원인이 반드시 빈곤층 증가에만 있다고 할 수 없다. ③ 실제로 최근의 증가는 복지 사각지대의 완화 및 해소, 그리고 기초생활보장종합계획 수립에 의한 정책의 실시 등 기초생활보장을 현실화하는 노력과 맞물려 나타난 것이다. 2015년 7월 맞춤형 급여로의 개편, 2017년 말 부양의무자 기준 단계적 폐지 등을 골자로 한 제1차 기초생활보장종합계획 수립 및 부양의무자 기준 단계적 폐지, 2018년 10월 부양의무자 기준 2단계 폐지(주거급여 부양의무자 폐지) 시행, 2019년 부양의무자 기준 3단계 폐지(부양의무자 가구에 중증장애인 및 노인이 있는 경우 부양의무자 미적용) 시행, 2020년 부양의무자 기준 추가

폐지를 포함한 다양한 제도개선 및 제2차 기초생활보장종합계획(2021~2023) 발표,[14] 2021
년 생계급여 수급권자 중 노인 또는 한부모 가구의 부양의무자 기준 적용 제외 및 생계급
여 부양의무자 기준 적용 제외 조기 집행(2021년 10월) 등이다(e-나라지표-보건복지부).[15]

향후에는 최저생계비 단일 기준으로 수급자 선정을 결정하던 것을 ① 생계, 주거, 의
료, 교육급여의 선정 기준을 각각의 성격에 맞게 달리 설정하고,[16] ② 소득이 증가해도 필
요한 급여를 받을 수 있도록 하는 한편, ③ 부양의무자 소득 기준을 대폭 완화하는 등 정
책 기준을 현실에 맞게 더욱 세밀화함으로써 복지 사각지대를 해소할 필요가 있겠다.

표 8-10 국민기초생활보장 가구유형별 수급가구 수(2001~2021)   (단위: 천가구)

	합계	노인세대	소년소녀가장세대	모자세대	부자세대	장애인세대	일반세대	기타
2001	698	237	14	70	19	100	217	40
2005	810	245	15	78	19	137	276	40
2010	879	244	12	86	21	173	292	52
2015	1,014	262	5	123	38	194	328	78
2016	1,035	262	4	132	38	194	328	78
2017	1,033	263	4	131	37	197	323	79
2018	1,165	338	3	136	38	211	341	99
2019	1,282	391	2	144	40	220	359	125
2020	1,459	439	2	164	45	229	407	172
2021	1,638	519	2	176	49	237	442	213

자료: e-나라지표(보건복지부)

국민기초생활보장 수급가구 수를 가구유형별로 보면, 노인 세대가 가장 많아서 2021년
에 전 가구의 31.7%를 점하고 다음으로 일반 세대(27.0%)-장애인 세대(14.5%)-모자 세대
(10.7%)의 순서대로 많다.

3.3.3 의료급여

의료급여는 국민기초생활보장 수급자 및 그 외(국가 유공자 등) 저소득층이 자력으로 의
료문제를 해결할 수 없는 경우에 국가재정으로 의료비를 지원하는 공공부조의 하나이다.

---

14) 장애정도가 심한 장애인 수급권자 부양의무자 기준 적용 제외, 부양비 부과율 인하, 노동연령층 대상 근
로소득공제 30% 적용, 수급자 재산 기준 완화 등이 이루어졌다(e-나라지표).
15) 단, 부양의무자 소득이 연 1억 원 초과 또는 재산이 합산 9억 원 초과시 생계급여 지원대상에서 제외되었다.
16) 국민기초생활보장 수급 선정 기준은 생계급여는 기준중위소득의 30%, 의료급여는 기준중위소득의 40%,
주거급여는 기준중위소득의 47%, 교육급여는 기준중위소득의 50% 이하이다.

건강보험은 특히 저소득층의 의료접근성을 제고하여 질병을 치료하고 경제적 부담을 경감한다는 면에서 소득재분배 기능을 가지고 있다.

<그림 8-13> 의료급여 수급 현황(1997~2021) (단위: 만명, %)

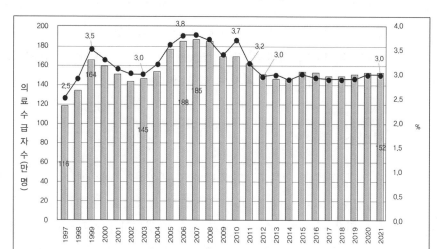

주: 수급률: 총인구 대비 의료급여 수급자수
자료: e-나라지표(보건복지부)

첫째, 의료급여 수급자수는 1997년 116만 명에서 2007년 185만 명으로 늘었다가 2015년 이후로 150만 명 전후이며 2021년에는 152만 명이다. 수급률은 1997년 2.5%에서 2006년 3.8%까지 크게 오르고 2011년까지 3.2%였지만, 그 후로는 3.0% 이하 수준이다.

둘째, ① 의료급여 수급자와 수급률이 획기적으로 증가한 것은 아시아 외환위기를 겪은 1998년 이후의 김대중 정부와 그 뒤를 이은 참여정부 시절인 것으로 나타난다. ② 즉 수급률은 1997년 2.5%에서 1999년 3.5%로 급상승했고 수급자도 116만 명에서 164만 명으로 크게 늘었다. 뒤를 이은 참여정부에서 수급률은 2003년 3.0%에서 2006년 및 2007년에 3.8%까지 올랐다. 이러한 증가는 2004년까지 기존 수급자에 대한 사후관리 강화로 부정 수급을 방지하면서도 의료사각지대에 있는 차상위 계층을 적극 발굴하는데 중점을 둔 것에 힘입은 것이다. ③ 그 외에도 참여정부에서는 2005년에 차상위 희귀난치성 질환자, 만성질환자 및 18세 미만 아동이 수급자에 편입되고, 취약계층의 건강보장수준 제고 등을 위한 의료급여혁신종합대책(2006년 7월)이 마련되고, 기초의료보장 강화 및 재정안정화가 추진되었다. 또한 부양의무자 기준 완화 및 외국인 배우자 수급자격 부여(2007년 1월), 만

성폐쇄성질환자 가정에서 산소치료시 의료급여적용(2007년 4월), 1종 수급권자의 본인부담제 실시(2007년 7월) 등이 이루어졌다.

셋째, 그 이후에는 수급자 수와 수급률이 떨어지고 있다. 적용 범위도 줄어들어 예를 들면, 2005년에 수급에 편입된 차상위 희귀난치성 질환자 등은 2008년, 2009년에 수급자에서 제외되기도 하였다. 최근에 수급자와 수급률이 약간 올라간 것으로 보인다.

보건복지부에서는 향후 의료급여 사각지대 해소 및 보장성 강화를 위한 종합계획 수립, 의료급여 비용관리의 비효율성과 낭비요인을 줄이고 의료급여 수급 내용을 효율적으로 관리할 수 있는 체계의 확립 등을 과제로 삼고 있다.

3.4 사회복지서비스

사회복지서비스는 공공기관 외에도 민간 단체도 포함하기 때문에 서비스를 제공받는 대상자의 범위가 공공부조보다 넓다. 목표는 열악한 사회경제적 환경에 처한 취약 계층에게 전문적 지식과 방법을 동원하여 정상인으로 생활을 영위하게 하는 데 있다. 노인복지, 장애인복지, 아동복지, 여성복지, 가족복지 등으로 구성되는데, 여기서는 노인복지에 대해서 간단히 살펴보기로 한다.

<그림 8-14> 노인복지 생활시설 수 및 입소정원(2008~2021) (단위: 개소, 천명)

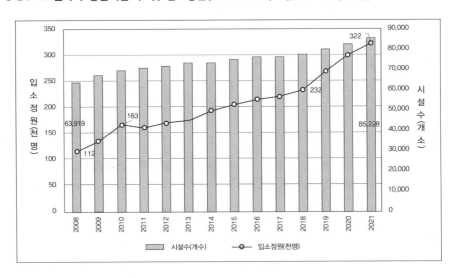

자료: 국가통계포털

노인복지를 위한 시설과 입소 정원은 2008년 63,919개소, 11만 2,000명에서 2021년 85,228개소, 32만 2,000명으로 늘었다. 특히 2008년 글로벌 금융위기에 입소정원이 5만 명 늘었고, 최근에는 2018년 이후 2021년까지 입소 정원이 9만 명 늘었다.

이러한 시설과 입소 정원의 내용을 좀더 자세히 살펴보면 다음과 같다.

표 8-11 노인복지 생활시설 수(2010~2021)　　　　　　　　　　(단위: 개소, 천명)

		2010		2015		2019		2021	
		시설수 (개소)	입소 정원	시설수 (개소)	입소 정원	시설수 (개소)	입소 정원	시설수 (개소)	입소 정원
총계	소계	69,237	163	75,029	202	79,382	266	85,228	322
노인주거복지시설	소계	397	17	427	20	382	22	337	19
	양로시설	300	12	265	13	232	13	192	10
	노인공동생활가정	75	1	131	1	115	1	107	1
	노인복지주택	22	5	31	5	35	8	38	8
노인의료복지시설	소계	3,852	131	5,063	160	5,529	191	5,821	215
	노인요양시설	2,429	108	2,933	141	3,595	174	4,057	199
	노인요양공동생활가정	1,346	11	2,130	19	1,934	17	1,764	16
	노인전문병원	77	12	–	–	–	–	–	–
노인여가복지시설	소계	62,469	–	66,292	0	68,413	–	68,823	0
	노인복지관	259	–	347	0	391	–	357	0
	경로당	60,737	–	64,568	0	66,737	–	67,211	0
	노인교실	1,464	–	1,377	0	1,285	–	1,255	0
	노인휴양소	9	–	–	–	–	–	–	–
재가노인복지시설	소계	2,496	15	3,089	22	4,821	54	9,984	87
	방문요양서비스	1,118	–	1,021	0	1,513	–	4,156	0
	주야간보호서비스	786	14	1,007	20	1,816	53	2,618	87
	단기보호서비스	67	1	112	1	78	1	69	1
	방문목욕서비스	525	–	617	0	942	–	2,415	0
	방문간호서비스	–	–	–	–	60	–	158	0
	복지용구지원서비스	–	–	–	–	0	–	208	0
	재가노인지원서비스	–	–	332	0	412	–	360	0
노인보호전문기관		23	–	29	0	34	–	37	0
노인일자리지원기관		–	–	129	0	184	–	206	0
학대피해노인 전용쉼터		–	–	–	–	19	–	20	0

자료: 국가통계포털

노인복지생활시설에는 노인주거복지시설, 노인의료복지시설, 노인여가복지시설, 재가노인복지시설, 노인보호전문기관, 노인일자리지원기관, 학대피해노인 전용쉼터가 있다. 이 중에서 가장 시설 수가 많은 것은 노인여가복지시설로서 2021년에 전체 시설의 80.8%라는 압도적 비중을 차지하고 있다. 그러나 노인여가복지시설은 노인복지관, 경로당, 노인교실, 노인휴양소 등으로서 경로당이 전부라고 해도 과언이 아닐 정도다. 그러므로 이 시설은 사회경제적으로 불우한 환경에 처한 사회적 약자에게 서비스를 제공한다고 하는 사회복지서비스의 기본 목적에 정확하게 부합한다고 볼 수 없다. 따라서 이를 제외하고 나면 실제적으로 노인복지의 이념에 맞는 시설은 훨씬 적다고 할 수 있다. 입소 정원에서는 노인의료복지시설이 대부분을 점하고 있다.

그동안 노인복지시설이 상당히 증가한 것은 사실이다. 그러나 <표 8−11>에서 본 다양한 노인복지시설 중에는 취약계층 노인을 위한 제대로 된 시설은 얼마되지 않는 것으로 보인다. 시설면에서도 그렇지만 초고령사회를 맞이하는 한국에서 사회복지서비스의 기본 취지에 맞는 시설 체제를 갖추는 일은 시급한 과제이다.

제4절 복지정책의 경제적 의의

선진국 혹은 선진사회란 경제적으로는 1인당 소득수준이나 공업화의 진전도 등이 높은 지역이라고 할 수 있다. 그러나 선진국 여부를 단순히 소득 수준이나 과학기술, 산업화의 정도만으로 판단하기에는 무리가 있다. 가령, 중동의 산유국이 아무리 1인당 소득이 높아도 선진국이라고 하지 않는다. 반면, 서유럽이나 북유럽의 국가들은 소득 수준도 높지만 사회적인 평등도도 높고 시민들도 매우 자유스러운 문화적 환경과 평등한 인간관계 속에서 생활을 이어 나가고 있다. 선진국이란 단순히 경제적인 면뿐만 아니라 자유와 평등, 인권보장을 위한 다양한 정치사회적 제도 및 기타 문화적인 측면도 동시에 보장되어 사람이 행복하고 편안하게 살 수 있는 조건이 갖추어진 사회이다.

현대 산업사회에서는 과학기술의 발달에 힘입어 경제가 성장함에 따라 빈곤이 사라지고 평등에 도달할 수 있다는 믿음이 지배했다. 산업화에 먼저 도달한 서구사회에서는 1950~1960년대에 고도성장 실현과 대중소비사회의 등장으로 무한한 사회 진보가 가능할 것처럼 보였다. 그러나 산업화가 현대인들에게 물질적 풍요를 가져다주었을지는 몰라도 동시에 새로운 위험도 몰고 왔다. 산업화로 인한 전 지구적 생태환경의 파괴, 1979년 드리마일섬 원전사고, 1986년 체르노빌원전 폭발, 2011년 후쿠시마 방사능 누출과 같은 원자력발전소 사고, 인류가 경험하지 못한 전염병의 유행으로 인한 대량 감염 및 사망 등 대형 사고가 끊임없이 발발하고 있는 것이다.

산업화로 인한 문제는 대형 참사에만 한정되지 않는다. 계층 간 소득 격차로 인한 계급 갈등, 외국인 이주로 인한 인종 갈등, 세대 간 성별 간 갈등, 가족 위기, 젊은 계층과 여성의 빈곤, 빈곤층 교육의 결핍 등이 그것이다. 여기에 대한 반성으로 서구사회에서는 사회경제적 위험을 근원적으로 해소하기 위해 각 방면의 제도를 정비하고 복지사회 구현을 위한 정책을 추진하였다. 서구사회는 산업사회가 초래하는 각종 위험을 제거하는 일에 최우선의 가치를 두고 정책을 체계화해왔다.

우리나라에서도 1960년대 이후 고도성장의 길을 걷게 되면서 성장제일주의가 가져올 미래에 대한 신뢰가 배어 있었다. 한국 사회는 그동안 성공적으로 고도성장을 달성함으로써 선진국들만 독점하던 물질적 풍요를 어느 정도 누리고 있다. 그럼에도 다른 한편에서는 아파트 건설현장의 인명사고, 삼풍백화점 및 성수대교의 붕괴, 대구 지하철 공사장의 폭발, 부산 구포 지역에서의 철로 붕괴, 요양병원의 대형화재, 세월호 사고, 2022년 이태원참사 등 후진국형 대형참사가 우리가 다 기억하지도 못할 정도로 끊임없이 발생하고 있다. 문제는 대형 사고만이 시민들의 삶을 위협한다는 점이 아니다. 산업 현장에서의 재해는 아직도 획기적으로 줄어들지 않았고, 노동시장의 압박이 가져오는 가정과 직장의 긴장 관계, 한부모가족 및 다문화가족의 증가, 빈부격차로 인한 질병과 빈곤, 갈등 등은 여전히 미해결의 과제로 남아있다.

1962년 경제개발계획 실시 이후 투자자본의 확보 및 수출 증대, 고도성장이란 양적 목표는 달성했지만 사회 각 부문의 질적 성장에 소홀했던 점을 부인할 수 없다. 물론 그동안 노동 및 복지정책에 대한 시민사회의 요구가 분출함으로써 사회보장정책이 강화되어 왔다. 그렇지만 우리나라의 경제규모나 물적 인프라에 비해서 정부 지출에서 복지재정이 차지하는 비중은 크게 낮으며, 국제적으로도 OECD 회원국의 평균 수준에 크게 미달하고 있다.

우리나라에서 소득분배구조가 결정적으로 악화된 것은 외환위기를 기점으로 한다. 이 환란으로 인한 실업률의 급증과 실질임금의 하락으로 확대된 계층 간 소득격차는 시간이 갈수록 벌어지고 있다. 사회경제의 튼튼한 기둥이 되어야 할 중산층은 생활상의 위협을 느끼고 있으며 계층 소속감도 크게 줄어들었다. 이것은 단순한 심리적 현상이 아니라 지니계수, 중간소득계층의 감소 등 각종 분배지수에서 통계적으로도 증명되고 있다. 그리고 중산층의 감소는 상대적 빈곤계층의 증가와 맞물려 있다. 이러한 현상이 더 이상 장기적 추세로 굳어지기 전에 재정과 조세, 교육 등의 제분야에서 근본적이고 종합적인 대책을 수립하여 강력하게 추진해야 할 것이다.

국민기본생활보장 및 빈곤위험계층의 예방·탈출을 지원하기 위한 사회복지분야에 대한 지출 확대로 복지와 경제가 함께 성장하는 선순환 구조 형성이 시급한 것이다. 미래사회 변화에 대응한 사회투자적 서비스 확대, 저출산고령사회에 대한 선제적 대응, 장애인 및 아동, 노인 등 취약계층에 대한 지원 강화, 국민건강증진을 위한 예방적 보건서비스 강화 추진은 악화된 소득분배구조를 시정하고 일자리를 창출하며 현저히 하락한 성장률을 제고한다는 점에서 그 자체로 경제정책이다. 복지정책만으로 우리 사회가 안고 있는 모든 문제의 해결이 가능한 것은 아니지만, 상존하는 사회불안을 치유하고 선진 복지사회로 가는 유효한 방안의 하나가 될 수 있다는 점에서 이를 위한 정책적 전환이 하루빨리 이루어져야 할 것이다.

세계 최고 속도 고령화

09 세계 최고 속도 고령화

  우리 사회는 세계에서 가장 빨리 늙어가고 있다. 1955년 2,150만 명 정도이던 인구는 2021년 말에는 5,160만 명 이상으로 증가하였다.[1] 그러나 주민등록인구는 2020년 1월부터 감소추세로 돌아서, 2022년 11월에는 2019년 대비 무려 40만 명이나 감소했다. 통계청이 발표한 장래 인구의 중위 추계에 따르면, 외국인을 포함한 우리나라의 상주인구는 2020년 이후 이미 감소하고 있으며 2066년도 후에는 4천만 명 이하가 된다(매년 7월 1일 시점 기준). 이는 상주인구가 2028년부터 감소할 것으로 예측한 2020년의 발표보다 감소 시기가 상당히 앞당겨진 것이다. 이 기준대로라면 2070년까지 매년 약 28만 명씩 감소할 것이다. 장래 인구 예측에 상당한 오차가 발생할 정도로 인구 감소 속도가 빨라지고 있는 것이다.

  주민등록 인구 감소의 이면에서는 결혼 건수의 감소와 만혼, 출생아 수의 감소 등의 요인으로 고령화가 매우 급속하게 진행되고 있다. UN 통계에 따르면, 유소년층(0~14세) 대비 고령층(65세 이상)의 비율인 노령화지수(Aged-child Ratio, Index of Ageing)는 38개 OECD 국가(2022년 기준) 중 1960년에 35위에서 2010년에는 28위까지 지탱했지만 2022년에는 7위로 급상승했다. 그리고 2030년부터 2070년까지 지속적으로 1위일 것으로 예측되고 있다.

  더 심각한 것은 노령화지수가 다른 국가들보다 엄청나게 빠른 속도로 진행되고 있다는 점이다. 가령, 노령화지수가 우리 다음으로 높은 일본은 2030년에는 293.8%, 한국은 301.6%로서 비슷한 수준이지만, 2070년에는 일본 354.0%에 비해 한국은 무려 620.6%이다. OECD의 모든 국가들이 고령화되고 있지만, 그중에서도 우리나라는 가장 빠르게 고령화가 진행되고 있는 것이다.

  고령화는 사회의 활력을 떨어뜨릴 뿐만 아니라 재정수지의 악화와 잠재성장률의 하락 등 경제적인 측면에서 부정적인 결과를 초래하게 될 것이다. 이같이 인구의 고령화 사태가 심각함에도 불구하고 이에 대한 대책은 여러 가지 측면에서 너무나 부족한 실정이다. 인구 감소 문제와 함께 고령화의 현상과 원인 및 이에 대한 대응 방안에 대해서 생각해 보자.

---

1) 1955년은 인구총조사, 2021년은 주민등록인구.

초고령사회의 도래

1.1 인구 감소

먼저 우리나라 인구의 변화에 대해서 살펴보자. 우리나라 상주인구(외국인 포함)는 1960
년 2,500만 명에서 1967년 3천만 명, 1984년 4천만 명, 2012년 5천만 명을 넘어서 2021년
5,174만 명으로 그동안 배 이상 증가하였다. 그러나 상주인구는 2020년 5,184명을 정점으
로 감소하고 있으며 2070년에는 3,766만 명 수준으로 떨어진다. 이것은 겨우 2년 전인
2020년에 통계청의 장래인구추계가 2028년을 정점으로 인구가 감소한다고 한 예측보다
무려 8년이나 앞당겨진 것이다.[2] 한편, 우리나라에서 태어나 한국 국적을 가진 주민등록
인구는 이미 2019년 12월 말 5,185만 명을 정점으로 감소하고 있다.

<그림 9-1> 인구 수 및 인구증가율(1960~2021) (단위: 만명, %)

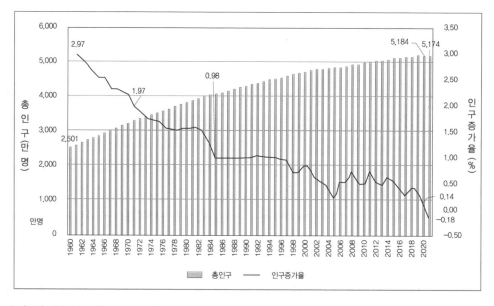

주: 1) 상주인구(외국인 포함)
    2) 시점: 매년 7월 1일 기준
자료: 국가통계포털

───────────────

 2) 상주인구는 출산율, 기대수명, 국제순이동을 중위 수준으로 가정하여 조합한 장래인구추계(통계청)이다.

그동안 인구증가율은 지속적으로 하락하여 왔다. 1961년에는 2.97%였지만, 1971년에는 2.0% 이하인 1.97%로 하락하였고, 1985년 0.98%, 2020년에는 0.14%였지만, 2021년에는 −0.18%로서 처음으로 마이너스를 기록하기 시작했다. 2010~2020년의 10년간 연평균 인구증가율은 0.46%로서 그나마 미증했지만, 2021년부터는 감소율이 매년 커지고 있으며 2054년 이후에는 감소율이 매년 1%를 넘어설 것으로 예상되고 있다.

우리나라는 개발도상국 중에서 인구 증가를 성공적으로 통제한 나라에 속한다. 인구증가율의 감소는 농업사회로부터 산업사회로의 변화, 소득수준의 증가, 이에 따른 취미 여가 생활의 확산, 각종 육아 및 교육비용의 증가 등이 원인이지만 정부의 장기간에 걸친 인구억제정책도 크게 기여했다. 예를 들어, 정부는 1961년 대한가족계획협회를 만들어 출산 억제를 위한 가족계획을 수립하고 1980년대까지 강력한 인구억제책을 시행하였다. 캠페인도 전개하여 1960년대에는 세 자녀 낳기 운동, 1970년대 두 자녀 낳기 운동, 1980년대에는 한 자녀 낳기 운동을 벌였다.[3] 그러나 1990년대에 이르러 인구증가 속도가 감소하면서 출산억제정책이 약화되었고 2000년대에는 인구감소에 대한 우려가 커지면서 출산장려정책이 추진되고 있다.

고도성장기에는 인구 증가가 생산 자원을 낭비한다거나 경제발전을 저해하는 주요한 요인이라는 우려 때문에 강력한 인구억제책이 힘을 얻을 수 있었다. 그러나 이제는 오히려 인구 감소가 성장잠재력 하락과 재정부담의 증가 등 각종 사회경제적 문제의 근원이 될 것이라는 우려가 커지고 있다.

1.2 고령화 현황

1.2.1 연령대별 인구 수

고령화의 현황을 보다 구체적으로 파악해보자. 다음의 <그림 9-2>는 인구는 인구구성이 급격하게 변화하고 있음을 보여준다. 한눈에 보아도 현재 유소년(0~14세)층 및 15~64세의 감소와 65세 이상 노년층의 증가, 즉 고령화가 빠르게 진행되고 있음을 알 수 있다.

---

3) 예비군훈련 등 공공장소에서 피임 등 인구억제의 필요성을 강조하는 강연이 열리거나 피임수술 자원 남성들에게 약간의 편의가 제공되기도 했다.

<그림 9-2> 연령대별 인구 수(1960~2070) (단위: 만명)

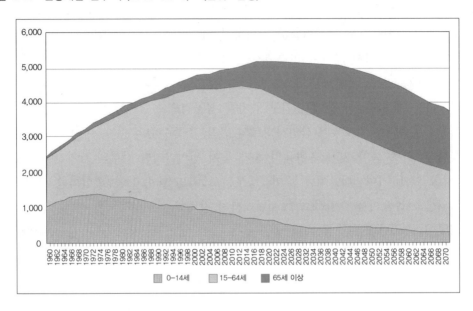

주: 1) 1960~2020년까지는 확정된 상주인구
    2) 2021년 이후: 인구변동요인(출생, 기대수명, 국제이동)의 중위 가정을 조합한 중위추계
자료: 국가통계포털

첫째, 통계에 따르면, 유소년층(0~14세)은 1972년 1,386만 명의 정점에서 1999년에는 1천만 명 이하인 997만 명으로 줄어들었고, 2021년에는 614만 명이다. 614만 명은 1972년의 44.3% 수준이다. 2070년에는 282만 명 정도인데 이는 유소년 1세당 20만 명밖에 되지 않음을 의미한다.

둘째, 15~64세는 2019년 3,763만 명까지 증가했지만 그후로 하락세로 돌아선다. 2070년에는 1,737만 명으로서 2019년의 46.2%에 지나지 않는다. 사실상의 생산가능인구가 현재보다 절반 이하로 줄어든다는 의미이다.

셋째, 상주인구가 2020년부터 감소함에도 불구하고 노년층(65세 이상)만은 매우 빠르게 증가하고 있다. 1960년에 73만 명도 되지 않았던 노년층은 2021년에는 857만 명으로 늘었는데 증가 속도도 빨라져 2049년에는 2021년의 2.2배에 해당하는 1,901만 명이 될 것으로 예측되었다. 이 수치는 1960년의 26배에 해당한다. 인구의 전반적인 감소에도 노령층은 2070년에 1,747만 명 정도로 15~64세 인구보다 약간 많을 것으로 보인다.

1.2.2 연령대별 인구 비중

<그림 9-3> 연령대별 인구 비중(1960~2070)(단위: %)

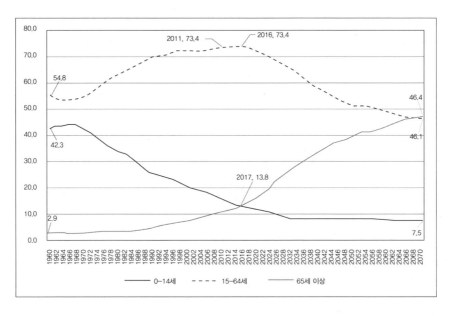

주: 〈그림 9-2〉와 동일
자료: 국가통계포털

<그림 9-3>은 고령화에 따른 각 연령대별 인구 비중의 변화를 보여주고 있다.

첫째, 유소년층은 1960년 전체 인구의 42.3%에서 2021년 11.9%, 2070년에는 7.5%로 급감할 것으로 예측된다.

둘째, 15~64세의 생산가능인구 비중은 1960년 54.8%에서 2011~2016년에 최고 수준인 73.4%까지 증가하였다. 그러나 인구 감소 및 고령화 추세와 함께 2025년에는 70% 이하로, 2037년에는 60% 이하, 2056년에는 절반 이하, 그리고 2070년에는 46% 정도일 것이다.

셋째, 노년층은 1960년 2.9%에서 올라가기 시작하여 2008년 10% 이상, 2025년 20% 이상, 2035년 30% 이상, 2050년 40% 이상이 되고 2067~2070년에는 46.4%가 될 것이다. 마지막 기간에는 생산현장에서 은퇴하는 시기의 노령층이 인구의 거의 절반으로서 생산가능 인구의 비중보다 약간 높다.

1.2.3 노령화지수의 국제 비교

① 초고령사회의 진입

UN은 65세 이상의 인구를 고령인구로 정의하고, 총인구 중에서 고령인구가 7%를 넘으면 고령화사회(aging society), 고령인구의 비중이 14% 이상이면 고령사회(aged society), 20%를 넘으면 초고령사회(super-aged society)라고 한다. 이에 따르면, 우리나라는 2000년에는 7.2%로 고령화사회, 2018년에는 14.3%로 고령사회로 진입하였으며, 2025년에는 20.6%로 초고령사회가 될 것이다.

물론 고령화는 우리만 겪고 있는 문제가 아니다. 서구사회 및 일본은 우리보다 훨씬 일찍 고령화사회 혹은 고령사회에 도달했으며, 중국, 싱가포르, 태국, 말레이시아 등의 아시아 국가도 고령화와 더불어 2000년대 이후 생산가능인구 증가율이 감소하고 있다.[4] IMF는 아시아 국가들의 1인당 소득이 과거 선진국들보다 훨씬 낮은 수준임에도 매우 빠르게 고령화가 진행되고 있으며, 이것이 투자 위축, 성장률 하락 등의 문제점을 초래할 수 있음을 경고하고 고령화에 특화된 정책 등 적극적인 대책 수립을 강조한 바가 있다. 이같이 국제기구조차 대책 수립을 촉구할 정도로 OECD 국가들은 물론 인구 밀집 지역인 아시아도 고령화가 빠른 속도로 진행되고 있다. 문제는 이들에 비해 우리의 고령화 속도가 너무 빠르다는 점이다.

표 9-1 주요국 고령화 속도   (단위: 년)

	도달 연도			소요 기간	
	고령화사회 (7% 이상)	고령사회 (14% 이상)	초고령사회 (20% 이상)	고령사회도달	초고령사회도달
한국	2000	2018	2025	18	7
일본	1971	1995	2006	24	11
독일	1932	1972	2008	40	36
이탈리아	1927	1988	2009	61	21
프랑스	1864	1990	2018	126	28
미국	1942	2014	2029	72	15
중국	2002	2025	2035	23	10

자료: 대외경제정책연구원, 「개방경제에서 인구구조 변화가 경상수지 및 대외자산 축적에 미치는 영향분석 및 정책적 시사점」, 2019, p.29 등.

고령화사회에서 초고령사회의 진입에 프랑스는 154년, 독일 76년, 이탈리아 82년이 걸렸으며, 미국은 87년이 소요될 것으로 예상되고 있다. 일본은 35년이 걸렸는데, 한국은 일본보다 10년이 짧은 25년밖에 되지 않는다. 한마디로 우리나라의 고령화 속도는 세계 최고이다.

---

4) 국회예산정책처, 「경제동향&이슈」, 통권 제43호, 2016.5, p.25.

② 노령화지수의 비교

노령화지수의 비교 결과는 충격적이다. UN의 노령화지수 통계를 OECD 38개국(2022년 기준)과 중국, 인도, 러시아를 포함한 41개국으로 개편하여 보면, 첫째, ① 노령화지수는 1960년에는 35위였는데 2000년에 33위이고 2010년까지도 28위를 유지했다. 그러나 단지 10년이 지난 2020년에는 무려 15계단이 상승한 13위이고, 2022년에는 7위로 올라섰다. ② 그리고 2027~2029년에 2위이다가 2030년에는 세계 1위가 된 후 2070년까지도 부동의 1위일 것으로 예측되고 있다.

<그림 9-4> 노령화지수의 국제 비교(2030, 2070) (단위: %)

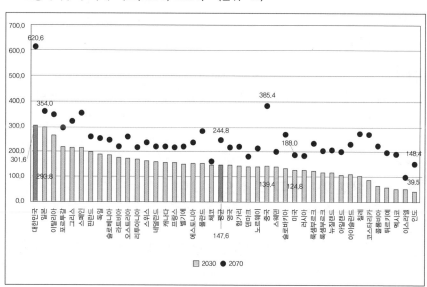

주: 노령화지수=(65세이상인구/0~14세인구)×100
자료: 국가통계포털

둘째, 더욱 심각한 것은 시간이 지날수록 우리나라의 노령화지수가 다른 국가들보다 엄청나게 빠른 속도로 진행된다는 점이다. <그림 9-4>는 우리나라의 노령화지수가 1위가되는 2030년과 2070년의 41개국(OECD 38개국, 중국, 러시아, 인도)을 비교한 것이다. ① 이그림을 보면, 세계 전체가 늙어가고 있음을 한눈에 알 수 있다. 통계에 따르면, 1960년 41개국의 평균적 노령화지수는 29.5%밖에 되지 않았지만, 2030년에는 무려 147.6%이다. 그리고다시 2070년에는 244.8%로 올라간다. 각국의 지수도 모두 올라가고 있다. 심지어 2030년에 39.5%인 인도조차 2070년에는 148.4%이다. ② 그런데 그 중에서도 우리나라의 노령화지수가 가장 빨리 증가한다. 이 기간 동안 41개국 노령화지수는 평균적으로 1.7배 정도로 커진다. 그런데 우리나라는 2030년 301.6%에서 2070년 620.6%로 2배 이상으로 커진다. 즉 유소년 1명당 65세 이상 노령자는 6.2명이나 된다. ③ 2002년 이후 이탈리아를 제치고 노령화지수가 가장 높은 나라가 된 일본과 비교해 보자. 우리나라가 1위가 된 2030년에 일본은 2030년에는 293.8%로서 우리의 301.6%보다 약간 낮다. 하지만 2050년에는 일본 336.9%, 한국 456.2%이고, 2070년에는 일본 354.0%에 비해 한국은 무려 620.6%이다.

셋째, UN의 통계는 62개국의 지수를 2100년까지 보여주고 있지만, 한국만의 예측치는 2071년 이후에 여기에서 빠져 있으므로 전혀 알 수 없다. 예측을 포기한 것으로 보인다.

넷째, 2100년에 중국의 고령화지수 예측치는 419.6%, 일본은 344.5%이다. 한국은 중국과 일본이 2100년에 도달하는 노령화지수에 각각 2046년, 2033년에 도달한다. 이 추계 기본으로는 한국은 중국이나 일본보다 최소 50년 이상 빨리 노화하고 있다.

이상에서 살펴본 바와 같이, 세계의 모든 국가들이 고령화되는 가운데서도 우리나라가 가장 빠르게 고령화가 진행되고 있다. 향후 생산 인력의 유지는 물론 국방 자원 등의 확보까지 깊은 우려를 하지 않을 수 없는 상황이다. 현재의 인구대책에 대한 근본적인 전환이 요청된다.

제 2 절 　고령화와 인구감소의 원인

인구 감소는 고령화가 그 주된 배경이다. 고령화와 인구 감소는 시차는 있지만 서로 밀접한 관련을 맺고 있다. 고령화가 급속하게 진행되면서 최근에 인구가 감소세로 돌아선 것을 생각해 보면 이 양자 간의 관계가 이해될 것이다.

고령화는 출산력의 하락과 평균수명의 증가가 주요한 원인이다. 한편에서는 미래의 인구 규모를 결정하는 출산력이 하락하고, 다른 한편에서 수명 연장의 보편화가 고령화를 진행시키고 있다. 특히 최근에 사회 문제로 부상하고 있는 출산율의 급속한 하락은 결혼 건수의 감소, 만혼 등이 그 배경이다. 인구 감소를 불러오는 고령화의 원인을 자세히 정리하면 다음과 같다.

2.1 출산율의 하락

2.1.1 출생아 수 및 출산율의 하락

인구 감소와 고령화를 초래하는 가장 큰 원인은 출산율의 급격한 하락이다. 경제가 성장하여 소득 수준이 증가하면 출산율은 일반적으로 하락한다. 우리보다 먼저 발전한 모든 선진국은 공통적으로 이러한 현상을 겪었다. 가령, 일본은 1959년에 현존 인구 수준을 유지할 수 있는 대체출산율(합계출산율 2.1명) 이하로 가장 먼저 떨어졌다. 스웨덴은 1968년에 합계출산율이 대체출산율 이하로 두 번째로 빨리 하강한 나라가 되었다. 그리고 덴마크·핀란드(1969년), 독일(1970년), 스위스(1971년), 미국·캐나다(1972년), 영국·네덜란드(1973년), 프랑스·노르웨이(1975년) 등의 선진국은 1975년까지 모두 대체출산율 이하인 국가가 되었다. 우리나라는 1984년에 최초로 합계출산율이 2.1명 이하가 되었다. 인구 대국인 중국조차 1991년에 대체출산율 이하 국가에 포함되었다. 이같이 우리나라는 선진국들보다 늦게 합계출산율이 대체출산율 이하로 감소했지만, 고도성장 과정에서 일단 출산율 하락이 시작되자 어떤 국가보다도 빠르게 진행되고 있다.

그리고 이러한 출산율의 하락은 출생아 수의 감소로 나타나고 있다. 출산율의 하락과 출생아 수의 감소는 <그림 1−8>에 정리되어 있다. 즉, ① 1970~1971년에 100만 명을 넘었던 출생아 수는 2000년에는 처음으로 60만 명 이하인 56만 명으로 줄었고, 2020년에는 그 절반 수준인 27만 명으로 뚝 떨어졌다. ② 합계출산율도 크게 하락했는데, 1970~1971년에 4.5명을 넘던 합계출산율은 2000년에는 1.48명으로, 2018년에는 1명 이하인 0.91명, 2020년 0.84명, 2021년 0.81명으로 줄어들었다.

<그림 9-5> 조출생률(1980~2021) (단위: 명)

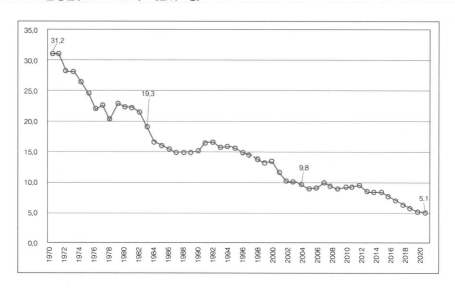

주: 조출생률= (연간 총출생아수)/(당해연도의 연앙인구)×1,000
자료: 국가통계포털

신생아 수의 급속한 감소는 인구 1천 명당 출생아 수를 나타내는 조출생률(crude birth rate)의 하락을 통해서도 확인할 수 있다. 조출생률은 1971~1972년에 31.2명이었지만, 1973년에는 30명 이하, 1983년에는 20명 이하인 19.3명, 2004년에는 9.8명, 그리고 2021년에는 5.1명으로서 1970년대 초의 6분의 1수준에 지나지 않게 되었다.

2.1.2 출산율 하락의 원인

① 혼인의 감소

출산율이 하락하는 가장 큰 원인은 혼인 건수가 감소하기 때문이다. 조혼인율(crude marriage rate)은 혼인에 관한 가장 대표적인 지표로서 1천 명당 혼인 건수를 의미한다.

<그림 9-6> 혼인 건수 및 조혼인률(1970~2021) (단위: 만건, 건)

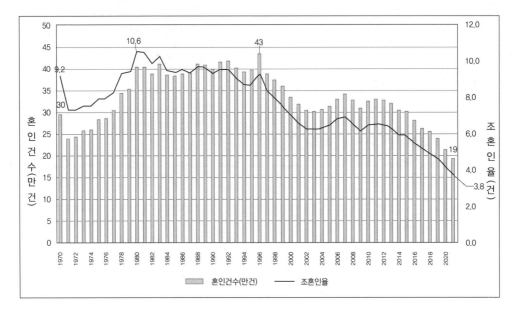

주: 조혼인율= (연간 혼인건수)/(당해 연도의 연앙인구)×1,000
자료: 국가통계포털

첫째, 최근 들어 혼인 건수의 감소 속도가 빨라지고 있다. ① 혼인 건수는 1970년 30만 건에서 1980년에는 40만 건에 이른 후 1980~1996년에 38만~43만 건으로 대체로 40만 건대였다. ② 1997년부터는 39만 건에서 감소하기 시작하여 2015년까지 30만 건대를 유지하였다. ③ 2016년 이후 20만 건대이던 혼인은 5년 만인 2021년에 19만 건으로 감소하였다. 즉, 1980~1996년의 절반 수준으로 감소한 것이다.

둘째, 조혼인율의 감소도 빨라졌다. 조혼인율은 1970년 9.2건이었는데 1980~1983년에는 대체로 10건 정도였다. 그러나 이후 감소하기 시작하여 1994년에는 9건 이하, 1998년 8건 이하, 2001년 7건 이하, 2014년에는 6건 이하, 2019년 5건 이하, 2021년에는 4건 이하인 3.8건에 지나지 않는다.

표 9-2 미혼 남녀가 혼인하지 않는 이유 (단위: %)

	불안정한 일자리	바쁜 업무	주거불안정	적절한 결혼상대 부재	독신의 여유, 편안함	기타	계
전체	27.6	4.9	31.0	8.1	26.2	2.2	100.0
여성	25.9	6.3	25.5	9.6	31.0	1.8	100.0
남성	28.8	3.8	35.0	7.1	22.7	2.5	100.0
19-29세	28.0	5.7	31.1	6.3	26.1	2.7	100.0
30-39세	24.2	3.3	32.7	12.3	26.6	0.9	100.0
40-49세	31.5	3.4	27.5	10.2	25.8	1.6	100.0

자료: 한국보건사회연구원, 『저출산·고령사회 대응 국민인식 및 욕구 심층조사 체계 운영』, 2019, p.84.

혼인 건수와 조혼인율은 왜 감소할까? 기본적으로 미혼 남녀가 혼인을 할 수 없거나 혼인 시기를 미루기 때문이다.

첫째, 남성이 혼인을 미루는 가장 큰 원인은 경제적 사정 때문이다. 한국보건사회연구원의 조사에 따르면, 미혼 남성이 혼인하지 않는 이유는 주거 불안정(35.0%)이 1위이고, 불안정한 일자리(28.8%)가 2위, 3위는 독신의 여유와 편안함(22.7%)이다. 그렇지만 주거 불안정도 궁극적으로 경제력에 관한 항목이므로 1, 2위를 합해서 63.8%에 달하는 경제적 사유가 미혼의 가장 큰 원인이라 할 수 있다.

둘째, 이에 비해 여성의 미혼 사유는 언뜻 보면 남성과 상당히 달라 보이지만 여성도 남성과 마찬가지로 경제적 불안정이 가장 큰 원인이다. 여성이 혼인을 미루는 가장 큰 원인은 독신의 여유 및 편안함이 1위(31.0%)이고, 다음으로 불안정한 일자리(25.9%), 주거 불안정(25.5%)이다. 그러나 2, 3위를 합치면 51.4%로서 역시 경제적 요인이 가장 큰 미혼 사유이다. 다시 말해, 남녀의 미혼 이유에서 약간의 차이가 있을 뿐 경제적 요인이 혼인하지 못하는 가장 큰 원인이다. 이것은 혼인율을 제고하기 위한 정책의 중점이 어디에 두어져야 하는지를 보여주는 매우 중요한 조사 결과이다.

② 만혼

(가) 초혼 연령의 상승

경제적 부담 등 혼인율 저하를 초래하는 각종 요인은 초혼 연령의 상승, 즉 만혼(晩婚)의 요인으로 작용한다. 그리고 만혼(晩婚)은 출산율을 떨어뜨리는 주요한 원인의 하나이다.

<그림 9-7> 남녀 초혼 연령의 변화(1990~2021) (단위: 세)

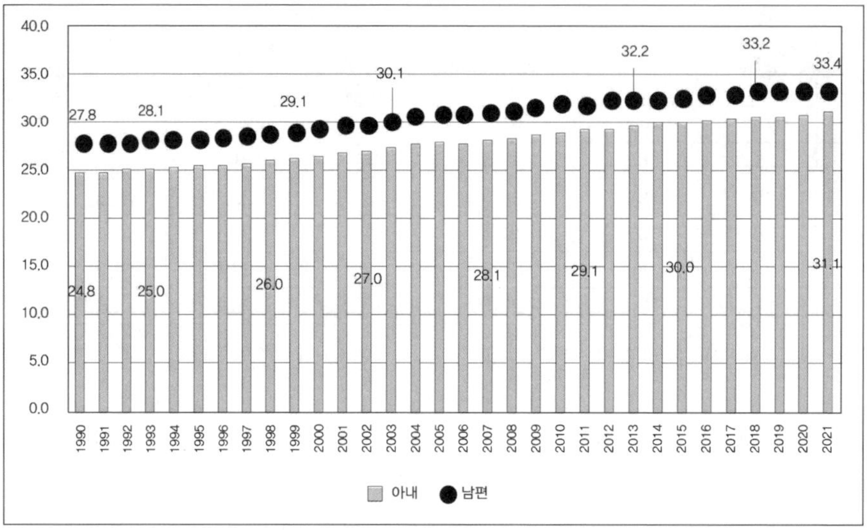

자료: 국가통계포털

1990년만 하더라도 남편의 초혼 연령은 27.8세, 아내는 24.8세로서 모두 20대 후반이었는데, 2015년 이후에는 남녀 모두 30세 이상으로 상승하였다. 2021년에는 남자 33.4세, 여자 31.1세이다. 1990년부터 2021년까지 남녀의 초혼 연령은 각각 5.6년, 6.3년이 늘어졌다.

우리나라의 초혼 연령을 OECD 국가들과 비교하면 다음과 같다. 첫째, 1990년만 하더라도 한국 여자의 초혼 연령은 OECD 35개국 중 25위이고 2000년에는 26위로서 낮은 편이었다. 하지만 2016년에는 OECD 평균 30세와 거의 동등한 30.1세로서 19위였으며, 2020년에는 양쪽 모두 약 31세 정도로서 한국의 순위는 20위이다.

둘째, 한국 남자의 초혼 연령은 1990년 약 28세로서 24위, 2000년 22위였다. 2016년에 초혼 연령은 OECD 평균 32.5세보다 약간 높은 32.8세였다. 그리고 2020년 역시 OECD 평균보다 약간 높은 33세 수준으로서 20위이다. 즉 우리나라 남녀의 초혼 연령은 OECD에서 최근에 20위 정도를 유지하고 있다. OECD 전체가 초혼 연령이 올라가고 있지만, 이런

추세대로라면 한국은 국제적으로도 만혼이 고착화될 것으로 보인다.[5]

(나) 출산 연령의 상승과 출산율 저하

표 9-3 모의 연령별 출산율(1993~2021)   (단위: 명)

	합계 출산율	15–19세	20–24세	25–29세	30–34세	35–39세	40–44세	45–49세	합계
1993	1.65	4.4	71.9	176.5	63.2	13.5	2.0	0.2	331.7
1995	1.63	3.7	62.4	175.3	68.6	15.0	2.4	0.2	327.6
2000	1.48	2.6	39.2	150.3	84.1	17.6	2.7	0.2	296.7
2005	1.09	2.2	18.0	92.1	82.1	19.0	2.5	0.2	216.1
2010	1.23	1.8	16.5	79.7	112.4	32.6	4.1	0.2	247.3
2015	1.24	1.4	12.5	63.1	116.7	48.3	5.6	0.2	247.8
2016	1.17	1.3	11.5	56.4	110.1	48.7	5.9	0.2	234.1
2017	1.05	1.0	9.6	47.9	97.7	47.2	6.0	0.2	209.6
2018	0.98	0.9	8.2	41.0	91.4	46.1	6.4	0.2	194.2
2019	0.92	0.8	7.1	35.7	86.2	45.0	7.0	0.2	182.0
2020	0.84	0.7	6.2	30.6	78.9	42.3	7.1	0.2	166.0
2021	0.81	0.4	5.0	27.5	76.1	43.5	7.6	0.2	160.3

주: 모의 연령별 출산율: 해당 연령 여자 인구 1천 명당 출산아 수(명)
자료: 국가통계포털

만혼에 따른 출산은 가임 기간 감소와 부모 은퇴 시기의 교육 부담 때문에 낮은 출산율로 이어진다. <표 9-3>은 합계출산율의 하락과 여성의 출산 연령 대의 후퇴가 대체로 비례하고 있음을 보여주고 있다.

첫째, 15~49세까지의 여성 1천 명당 출산아는 1993년 332명에서 2021년 160명으로 절반 이하로 감소하였다.

둘째, 여성 1천 명당 출산율은 2000년까지는 25~29세가 가장 높았다. 이 연령대의 출산율은 1993년 177명에서 2000년까지 150명 선을 유지했으나, 2010년에는 80명 이하, 2019년에는 40명 이하, 2021년에는 30명 이하로 떨어지고 말았다. 20~24세의 출산율도 1993년 71.9명에서 2019년 7.1명으로 줄었다. ② 30~34세의 출산율은 2006년에 연령대 중 가장 높아졌는데 2007~2016년에는 100명 이상의 출산율을 기록하였다. 그러나 이 30대 초반의 출산율도 떨어져 2020년대에는 70명대이다. ③ 반면, 30대 후반의 출산율은 1993년 13.5명에서 꾸준히 증가하여 2015년 이후에는 40명대를 유지하고 있으며, 최근에는 25~29세의 출산율을 상회한다. 심지어 40~44세의 출산율은 10명 이하이지만 증가 추

---

5) https://www.oecd.org/els/family/SF_3_1_Marriage_and_divorce_rates.pdf, 박선권, "저출산 관련 지표의 현황과 시사점", 『NARS 현안분석』, Vol.58, 국회입법조사처, p.6.

세에 있다.

둘째, 이에 따라 15~49세 여성의 출산에서 20대가 차지하는 비중은 감소하고 30대의 비중이 크게 늘었다. ① 20대 여성의 출산율 비율은 1993년에는 75%였지만 2021년에는 20%로 크게 줄어들었다. ② 반면, 30대 여성의 출산율은 1993년 23%에서 75%로 늘었다. 40대 초반의 출산율도 0.6%에서 5% 가까이 늘었다.

이러한 노산(老産)은 출산율을 떨어뜨리는 요인이다. 몇 년 전의 한국보건사회연구원과 여성정책연구원의 보고서에 따르면, 여성의 결혼이 1년 늦어지면 초산 연령은 0.5년 늦어지고 자녀를 한 명이라도 낳을 확률은 8~9% 낮아지며, 또한 합계출산율도 0.1명 줄어든다고 한다.[6]

출산 연령에 대한 OECD의 국가 간 비교를 살펴보면 다음과 같다.

<그림 9-8> 여성의 평균 출산 연령(2000, 2020) (단위: 세)

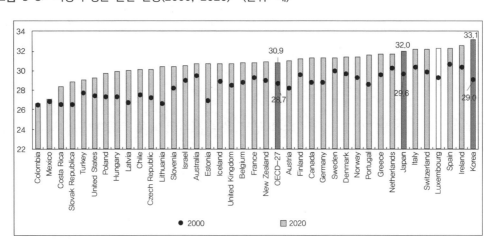

자료: data.oecd.org

첫째, 대부분의 OECD 국가에서 2020년 기준 여성의 평균 출산 연령은 30세 이상이다.[7] 콜롬비아와 멕시코만은 28세 이하이고 7개국(코스타리카, 헝가리, 라트비아, 폴란드, 슬로바키아, 튀르키예, 미국)은 28~30세이며, 나머지 국가는 최소 연령이 30세이고, OECD 27개국은 평균 31세 정도이다. 한국, 아일랜드, 이탈리아, 일본, 룩셈부르크, 스페인, 스위스는

6) 한국보건사회연구원·여성정책연구원, 『한국의 인구구조 변화와 미래경제·사회 발전』, 2018.

7) https://www.oecd.org/els/soc/SF_2_3_Age_mothers_childbirth.pdf, p.1.

32세 이상이다.

둘째, 특히 한국은 33세 이상으로 평균 출산 연령이 OECD 중에서 가장 높고 가장 많이 증가하였다. 한국 여성의 평균 출산 연령은 2000년에는 29세로서 비교 대상 37개국 중 15번째로 높았고 OECD 평균보다는 0.3년 많았다. 그런데 2020년에는 출산 연령이 33.1세로 크게 올라가서 비교 대상국 중에서 출산 연령이 가장 높은 데다가 OECD 평균 30.9세보다 2.2세가 많아졌다. 지난 20년 동안 한국만 출산 연령이 4년 이상 가장 많이 증가하였다. 합계출산율이 대체출산율 이하로 가장 먼저 하강했던 일본조차도 2020년에는 한국보다 평균 출산 연령이 낮다.

초산 연령을 비교하면 어떨까? ① OECD에 따르면, 2020년에 한국의 초산 연령은 32.3세로서 가장 높다. OECD 27개국 평균은 29.2세로서 우리가 3.1세나 높다. 일본은 30.7세이다. ② 2000년에 비해 OECD 27개국은 초산 연령이 2.8년, 일본은 2.7년 늘어난 반면, 우리나라는 무려 4.6년이나 증가하였다.[8]

2.2 평균수명의 증가

고령화의 두 번째 원인은 수명의 증가이다. 어떤 사회의 수명의 증가는 기대수명 증가와 사망률 감소의 결과라 할 수 있다. 한편, 평균수명의 증가는 인구를 증가시킬 수 있고 감소시킬 수도 있다. 평균수명 증가는 단기적으로는 인구를 증가시킨다. 그러나 인간의 수명은 한계가 있으므로 장기적으로는 인구 감소의 원인으로 작용할 수 있다. 즉, 출산율 하락으로 인한 출생아 수의 감소와 더불어 노령인구가 증가하여 사망자가 출생아 수보다 많아지면 장기적으로 인구가 감소한다. 아래에서는 고령화 원인의 하나인 평균수명 증가에 대해서 설명한다. 아울러 평균수명 연장에 따른 고령화와 사망률 증가에 따른 인구 감소의 관계를 살펴보기로 하자.

2.2.1 수명의 증가

① 기대수명의 증가

먼저, 평균수명의 증가에 대해서 살펴본다. 우리나라의 평균 기대수명은 소득 수준의 향상으로 식생활이 개선되어 영양상태가 좋아졌을 뿐만 아니라 국내의 의료기술이 발달함으로써 빠르게 증가해왔다.

---

8) https://www.oecd.org/els/soc/SF_2_3_Age_mothers_childbirth.pdf, p.2.

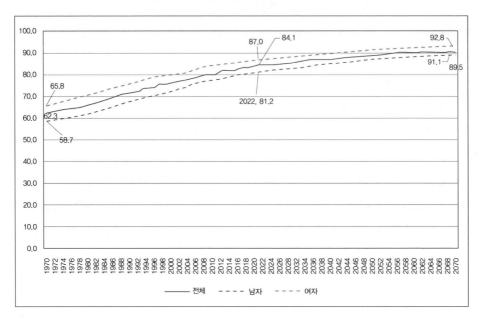

<그림 9-9> 기대수명의 증가 추이(1970~2070) (단위: 세)

자료: 국가통계포털

첫째, 1970년에 62세에 지나지 않았던 기대수명은 2022년 84.1세로서 22.1년이 증가하였다. 우리나라 인구의 기대수명이 80세에 이른 것은 2009년도이다. 장래인구추계에 따르면, 2030년생은 85.7세, 2059년생 90세, 2070년생은 91.2세가 된다.

기대여명과 기대수명

기대여명(Life expectancy): 특정 연령에서 주어진 연령별 사망률이 지속된다고 한다면 앞으로 생존할 평균 기간 (연)수
기대수명(Life expectancy at birth): 출생아의 기대여명을 의미

둘째, 1970~2070년 동안 여자는 27년, 남자는 30.8년의 수명이 연장된다. 여자가 남자보다 장수하는 것이 일반적인데, 1970년에 여자는 남자보다 7.1년 더 살았는데 2070년에는 3.3년 더 생존할 것으로 예측되었다.

<그림 9-10> 기대수명의 국제 비교(1950~2100) (단위: 세)

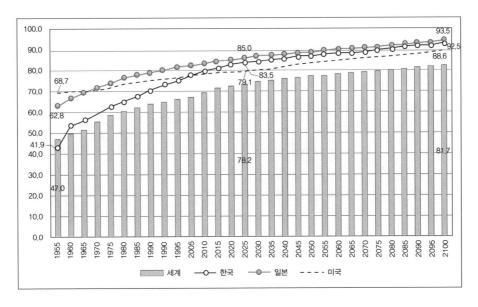

주: 연도는 전년도를 포함한 6년간임. (예) 1955=1950~1955년, 1960=1955~1960을 의미
자료: 국가통계포털

우리나라의 수명을 다른 나라와 비교하면 어떨까? <그림 9-10>은 UN의 발표(중위
추계)를 기초로 작성한 것이다. 우리나라 사람의 평균수명은 매우 빠르게 늘어나 최근에는
선진국의 기대수명에 필적한다.

첫째, 1955년(1950~1955년)만 하더라도 한국의 기대수명은 매우 낮아서 전 세계 평균보
다 5세나 적었다. 그러나 1960년에는 이를 뛰어넘어 빠르게 증가하여 2020년(2015~2020
년)에는 82.8세로 10.5세나 많다.

둘째, 1955년에 일본의 기대수명이 63세, 미국이 69세일 때 한국은 42세에 지나지 않
았다. 하지만 2015년에는 일본과의 차이가 2년으로 줄었고, 2005년에는 77세로 미국과 기
대수명이 같게 된 후에는 미국보다 높다.

셋째, 그 외에도 2020년에는 기대수명이 82.8세로서 프랑스, 독일, 영국, 영국보다 높아
졌다.

② 사망률의 감소

기대수명의 연장은 사망률의 저하로 직접 연결된다. 사망률의 변화에 대해서 살펴보자.

<그림 9-11> 사망자 수 및 조사망률의 추이(1970~2021) (단위: 만명, 명)

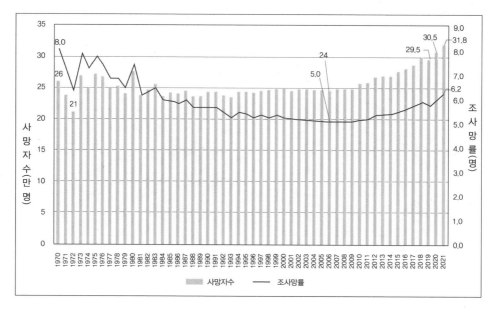

주: 조사망률 = (1년간 사망자수/ 당해 연도의 연앙인구)×1000
자료: 국가통계포털

인구 1천 명당 사망자인 조사망률은 1970년 8.0명에서 2006~2009년에 5.0명까지 하락하였다. 그 이후 2021년까지 6.2명까지 다시 상승하였지만, 장기간에 걸친 사망률 하락은 평균수명을 연장하기 때문에 고령화를 진전시킨 요인으로 볼 수 있다.

2.2.2 사망률 상승과 인구 감소

평균수명 연장과 사망률 감소로 인한 고령화의 진전은 인구를 증가시키는 배경이 되었다. 그러나 평균수명 연장에 따른 고령화는 장기적으로 사망률을 다시 끌어올림으로써 인구를 감소시킬 것이 확실시된다.

첫째, ① 앞의 <그림 9-11>을 보면, 조사망률 최저인 5.0명의 2006년 이후 사망자 수가 증가하고 있다. 2006년 24만 명으로 최저이던 사망자 수는 점차 증가하여 2018년에는 30만 명이고 2021년에는 31.8만 명이다. ② 물론 여기에는 2020년에 전 세계를 덮친 코로나19 팬데믹으로 인한 사망자 증가가 포함되어 있기 때문에 사망자 증가를 고령화 때문이라고만 볼 수 없는 측면도 있다. 코로나19 유행으로 인한 공식 사망자가 2020년 2월 19일 첫 사망자 발생 이후 2022년 5월 15일 0시 기준으로 2만 3,709명이다. 그러나 이 코로나19로 인한 사망자의 93.8%가 60세 이상[9]이기 때문에 수명 연장과 고령화는 사망 증가의 원인에서 벗어날 수 없다. ③ 주민등록인구도 2019년 5,185만 명을 꼭지점으로 2020년에는 2만 명이 감소하고 2021년에는 2019년보다 21만 명이 감소했다. 고령화가 인구 감소의 원인으로 작용하고 있는 것이다.

둘째, 그 결과 2020년부터 출생아 수보다 사망자 수가 많아지기 시작한다. 2020년에 출생아 수는 27만 명인 데 비하여 사망자는 30만 명에 이르렀다. 장래인구추계에 따르면, 그 격차는 점차 벌어져 2030년 10만 명, 2040년 24만, 2050년 44만 명이 된다.

셋째, 지속적인 출생아 수의 감소에도 불구하고 평균수명이 증가하여 출생아 수에 비해 사망자가 적어서 인구 증가의 요인으로 작용해 왔다. 그러나 조사망률은 2006년의 최저점 이후 2021년 6명 이상, 2026년 7명 이상, 2030년 8명, 2035년 9명 이상, 2039년 10명 이상, 2070년에는 18.6명에 이를 것으로 보인다. 따라서 장기적으로는 평균수명의 증가와 사망률 증가가 병행할 것이며, 사망률 증가는 인구 감소의 주 요인으로 작용할 것이다.

이렇게 보면 2020년 전후는 우리나라 인구구조 전환의 시점인 것으로 보인다.

제 3 절 고령화의 문제점

3.1 노동공급의 감소와 생산연령의 고령화

인구의 고령화를 순수하게 경제적 측면에서 본다면 산업화와 경제성장으로 인한 소득 증가의 산물이라고 할 수 있다. 고도성장의 결과 우리나라 사회도 선진국과 마찬가지로 소산소사(小産小死)의 단계로 진입했기 때문이다. 그러나 선진국보다 훨씬 빠른 속도의 고령화 및 인구 감소는 앞으로 우리 경제에 적지 않은 부담을 줄 것이다. 고령화가 초래할 문제점을 정리하면 다음과 같다.

고령화는 노동공급을 감소시킴으로써 성장잠재력을 약화시키는 요인으로 작용할 것이다. 우리나라 주민등록인구는 2020년부터 하강 추세로 바뀌었고, 상주인구도 2021년부터 감소하고 있다. 직전 장래인구추계에서는 2029년 이후에 상주인구가 감소할 것으로 예측했다. 전체 인구성장율도 지속적으로 감소하여 2021년에는 마이너스로 바뀌었다. 이 역시 직전 추계에서는 2030년일 것으로 보았다. 이렇게 단기 예측도 맞지 않을 정도로 인구 감

---

9) 한겨레(2022.6.13. / https://www.hani.co.kr/arti/society/health/1042936.html)

소가 심각하게 진행되고 있다. 인구의 자연증가분(출생아수-사망자수)은 국가통계포털에서 파악이 가능한 1983년 이후 감소하고 있으며, 이에 따라 자연증가율(1천 명당)도 2000년 8.2명에서 2021년에는 −1.1명으로 하락하였다. 이같은 변화가 생산가능인구의 구조에 어떤 영향을 미치는지 살펴보자.

<그림 9-12> 생산가능인구(15~64세) 구성의 변화(1960~2070) (단위: 만명, %)

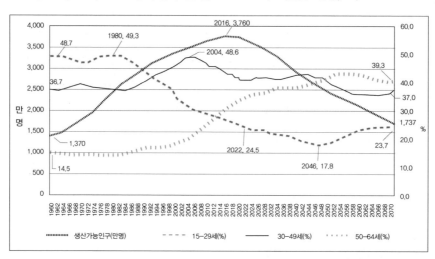

주: 15~64세의 인구 내에서 각 연령대가 차지하는 비중임
자료: 국가통계포털

<그림 9-12>는 전체 생산가능인구를 모수로 한 각 연령대의 비중을 그려놓은 것이다. 여기서는 생산가능인구를 15~64세로 파악했다. 65세 이상이 노령인구로 구분되는 점을 고려했다. 그리고 직업탐색 기간의 성격이 강하고 실업률이 상대적으로 높은 15~29세를 청년층으로 구분했다.

첫째, 생산가능인구는 2016년 3,760만 명을 정점으로 감소하고 있는데,[10] 2038년에는 3천만 명 이하, 2062년에는 2천만 명 이하로 감소한다.

둘째, 15~29세에 해당하는 청년층의 비중이 급락하고 있다. 이들이 점하는 비중은 1960년 절반에 가까운 48.7%였는데 2022년에는 24.5%로 1960년 대비 절반 수준으로 떨어졌다. 2045~2048년에 18% 이하로 최저 수준일 것으로 예측되고 있다. 2070년에는 23.7%이다.

셋째, 생산활동이 가장 왕성한 30~49세는 1960년 36.7%에서 2004~2005년 48.6%까지 올

10) 직전 추계에 의하면 2018년에 정점일 3,760만 명이었다.

라갔지만 2050년에는 40% 미만으로 하락한다.

넷째, 반면에 50~64세는 1960년 14.5%에 지나지 않았지만 지속적으로 상승하여 2070년에는 39.3%를 차지할 것으로 보인다. 즉, 생산가능인구 내에서 청년층의 감소 비율만큼 50세 이상의 고령층 비율이 올라간다. 이 연령층은 2048년에는 생산연령 중에서 가장 높은 비중을 차지한다.

이상에서 살펴본 바와 같이, 고령화와 인구 감소는 생산 인력의 고령화를 초래한다. 문제는 생산 연령의 고령화로 인한 생산 현장에서의 인력 감소만 우려되는 바가 아니란 점이다. 무엇보다 현재 진행되고 있는 과학기술혁명에 대응할 인재 부족을 초래하게 되어 지식정보사회에서 필요로 하는 기술혁신을 저해하고 생산성의 하락 요인으로 작용할 가능성이 크다.

3.2 재정수지의 악화

정부 재정수지의 악화요인으로 작용할 것이다. 고령화가 진행되어 생산활동가능인구, 경제활동인구, 그리고 취업자가 줄어들어 노동생산성이 획기적으로 향상되지 않으면 성장률은 떨어지고 재정수입이 악화될 수 있다. 이를 인구부양비율의 변동을 살펴봄으로써 이해해 보자.

<그림 9-13> 인구부양비율(1960~2070) (단위: %)

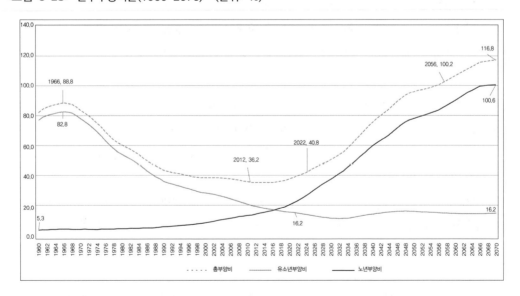

자료: 국가통계포털

<그림 9-13>은 생산가능인구 대비 생산 비참여 연령대별 인구의 비중을 나타내고 있다.

첫째, 유소년부양비는 1966년 이후 전 시기에 걸쳐 하락한다. 유소년부양비는 1966년 82.8%였으나 2022년에는 16.2%로 떨어졌다. 2030년대 초에는 이보다 좀더 하락하지만 2050년대 이후로 대체로 16%를 유지할 것으로 보인다. 유소년부양비 감소의 기본 원인은 당연히 유소년층이 상대적으로 많이 감소하기 때문이다.

둘째, 노년부양비율은 전시기에 걸쳐 상승한다. 즉 1960년에는 5.3%에 지나지 않았지만 2070년에는 100.6%로서 생산가능인구 1명이 노인 1명을 부양하는 시대가 된다.

부양비율

유소년부양비율 = 유소년인구/생산가능인구×100
노년부양비율 = 고령인구/생산가능인구×100
총부양비율= 유소년부양비율 + 노년부양비율

셋째, 유소년부양비와 노년부양비를 합하면 총부양비이다. 만약, 다른 조건이 일정하다면, 총부양비율이 미래에 유소년층과 노년층을 부양해야 하는 생산가능인구의 재정 부담 규모를 결정하는 데에 주요한 요인으로 작용할 것이다. 이에 대해서 자세히 설명하면 다음과 같다.

① 총부양비율은 2010년대 초까지는 하락하나 2010년대 후반부터는 본격적으로 상승했다.

② 총부양비율은 1966년 88.8%의 정점에서 2012년 36.2%까지 지속적으로 떨어졌다. 이것은 생산가능인구 1인이 유소년과 노년을 합하여 약 0.9명을 부양하다가 2012년에 약 0.4명을 부양하게 되었다는 것을 뜻한다. 총부양비율의 감소는 생산가능인구가 상대적으로 더 빨리 늘었기 때문이다.

③ 그러나 총부양비율은 2012~2016년을 저점으로 올라간다. 총부양비율은 2022년에 40.8%인데, 2056년에는 100.2%, 2070년에는 116.8%이다. 즉 2050년대 후반부터는 생산가능인구가 자체 인구 규모보다 많은 인구를 먹여 살려야 하는데 2070년에는 이의 1.2배에 해당하는 인구를 부양해야 한다.

④ 1960년대 이후 고도성장 초기의 높은 총부양비율과 대체로 2040년 이후의 총부양비율은 비슷한 수준이지만 그 내용과 성격을 전혀 다르다. 총부양비는 비슷할지 모르지만 경제성장 전반기는 유소년부양비가 높은 반면, 뒤의 시기에는 유소년부양비는 2020년 이후 대체로 16%대 이하에서 유지됨에 비해 노년부양비는 매우 높다. 즉 생산가능인구는 유소년보다 노년층을 부양하는 데에 더 많은 자원을 투입해야 한다. 더욱이 인구 감소와 더불어 생산인구도 감소한다. 이것은 생산가능인구 계층의 재정부담이 시간이 갈수록 높아질

수 있다는 것을 의미한다.

참고로, OECD 국가들의 노년부양비율을 비교하면, 2020년에 일본은 1위(50.6%)이고 한국은 31위(21.8%)인데, 한국은 2030년에 14위(38.6%), 2040년에 일본, 이탈리아를 뒤이어 3위(60.5%), 2050년에는 1위(78.6%)이다. 이것은 생산가능인구의 노년층 부양을 위한 우리나라의 재정부담이 다른 나라보다 커진다는 것을 뜻한다.

이와 같이 고령화가 지속되면 인구 및 취업자 감소하고 주로 노령층 부양비율이 상승함으로써 재정수지에 악영향을 미치게 된다.

3.3 소비시장의 축소

고령화는 저축률의 하락과 소비시장의 축소를 초래할 가능성이 높다. Modigliani의 생애주기가설(Life-Cycle Hyphothesis)에 의하면 사람들의 저축률은 연령대별로 다르다. 유소년층은 소득이 거의 없으므로 저축률이 낮고, 장년층에서는 소득이 늘어나 저축이 증가하며 노년기에는 장년기의 저축을 소비하여 일생 동안 소비를 평활화(smoothing)한다. 유소년층은 부모나 사회의 이전소득으로 소비하고 노년층은 저축, 연금, 가족부양, 공공부양 및 사회적 서비스 등으로 소비생활을 영위한다. 즉, 유소년층과 노령층은 차입 계층이다. 그리므로 앞에서 살펴본 바와 같은 노년부양비율의 증가는 국내 소비시장에 적지 않은 부정적인 영향을 끼치게 될 것이다.

<그림 9-14> 가계 저축률의 변화(1960~2020) (단위: %)

자료: 한국은행경제통계시스템

우리보다 고령화 단계를 먼저 거친 선진국들은 대부분 저축률 하락을 경험하였다. 이와 관련하여 먼저 우리나라 가계의 순저축률의 동향을 살펴보자.

첫째, 우리나라 가계의 순저축률은 대체로 1970년대부터 10% 이상이고 1987~1993년에 20%를 상회하였다. 그러나 외환위기 인해 1998년을 기점으로 급락하여 2000년의 6.5% 이후에는 심지어 2000년 0.1%, 2007년 1.8%를 기록할 정도로 저축률이 낮았다. 한때 20%를 넘던 저축률이 이렇게 크게 하락한 것은 경기변동으로 인한 실업증가, 부동산가격의 폭등, 저금리 기조 등이 작용한 것으로 볼 수 있다. 그런데 코로나19가 닥친 2020년과 2021년에는 다시 10% 이상으로 올라서고 있다. 동시에 노년부양비율의 증대, 높은 노령화율의 진전 등은 내수시장 확대에 커다란 걸림돌이 될 가능성이 적지 않다고 할 수 있다.

둘째, 외환위기 후인 2000년대에 저축률은 급격하게 하락했지만 이것이 가계소비의 증가를 통해 국내 소비시장의 활성화에 기여한 바는 크지 않다. GDP 대비 민간소비율은 외환위기 후 약 56%까지 올랐지만 최근에는 44.6%까지 지속적으로 하락하고 있는데, 이것은 선진국의 60% 내외에 비하면 상당히 낮은 수준이다(제1장 제4절 참조). 이 역시 경기변동은 물론 부동산투기 및 원리금 상환, 그리고 소득양극화와 고령화가 빚어낸 결과라 볼 수 있다. 고령층과 같은 차입 연령의 증가는 가뜩이나 선진국 수준에 미치지 못하는 내수시장의 기반을 위축시킬 것이다.

제 4 절 고령화 대처방안

합계출산율의 급락과 세계 최고 속도의 고령화에 대해 인구절벽이라는 용어가 등장하고 있다. 고령화 대처에는 두 가지 방향에서 생각해 볼 수 있다. 첫째는 고령화 속도를 최대한 늦추는 것이다. 둘째는 고령사회를 원활하게 운영하는 것이다. 첫 번째가 경제적인 측면에서 노동공급 기반을 강화하는 것이라면, 두 번째는 고령사회에서 사회구성원들이 잘 살 수 있도록 대책을 마련하는 것이다. 순서대로 살펴보자.

4.1 출산율 하락 대책

고령화를 막는 가장 중요한 방법은 떨어진 출산율을 최대한 회복하는 것이다. 이를 위해서는 출산율의 하락에 대해 보다 세밀하고 종합적인 대책을 마련하여 추진할 필요가 있다. 저출산에 대한 종합대책은 이미 수립되어 있다. 2004년에는 저출산·고령화문제를 국가적 어젠다로 설정하였고, 2005년에는 저출산·고령사회기본법을 제정하고 대통령직속 저출산·고령사회위원회가 출범하였다. 2006년에는 범정부 차원에서 종합대책이 추진되어 제1차 저출산고령사회기본계획(2006~2010) 이후 현재는 제4차 계획(2021~2025)이 실시되고 있다.[11] 그렇지만 매년 합계출산율이 하락하는 등으로 정책적 효과는 거의 나타나고 있지 않다.

첫째, 결혼의 사회적 비용을 감소시킬 수 있도록 제도적 정비와 각종 지원이 보다 적극적으로 추진되어야 한다. 출산율이 하락하는 가장 큰 이유는 결혼 적령기의 미혼 남녀가 결혼을 하지 않기 때문이다. 우리나라는 세계 주요국 중에서 초산 연령이 가장 높고 평균 출산연령 역시 가장 높다. 앞에서 언급한 한국사회보건연구원의 조사에서 혼인율이 감소하는 이유로 남성은 주거불안, 불안정한 일자리 등의 경제적 이유가 가장 컸고, 여성은 독신의 여유 및 편안함이 1위, 그 다음이 경제적인 이유로 나타났으나 2, 3위의 경제적 사유를 합하면 1위를 압도할 정도로 높았다(제2절 2.1.2 참조).

둘째, 실질적인 효과가 있는 주택공급 정책의 추진이 매우 시급하다. 좋은 일자리의 창출이나 고용문제는 단기간에 해결될 수 있는 것이 아니다. 이 과제는 미혼 남녀가 안심하고 취업할 수 있는 중견기업의 육성정책과 밀접하게 관련되는 장기적 과제이다. 그러므로 청년층의 경제적 부담을 보다 용이하게 덜어줄 수 있는 과제부터 해결할 필요가 있다. 그중 가장 시급하게 해결해야 할 과제가 청년층이 가장 불안해하는 주거문제이다. 주거문제를 해결할 수 있는 방안을 모색하되 양적, 질적으로 만족할 수 있는 공공주택 공급을 늘려야 할 것이다.

셋째, ① 그런데 한국보건사회연구원 조사에서 여성 미혼 사유 1위인 독신의 여유와 편안함은 다른 조사에서는 "의무와 역할의 부담" 등으로 제시된 예시가 적지 않다. 의무와 역할은 달리 표현하면 독박육아, 남녀불평등, 경력단절, 이에 따른 승진 누락과 저임금 등으로 재해석할 수 있다. ② 그 결과 우리나라 여성의 경제활동참가율은 OECD 국가 중에서 낮은 편이다. 국가통계포털의 통계에 따르면, 우리나라 여성의 경제활동참가율은 2021년에 OECD 평균보다 약간 낮은 수준으로 개선되었지만 여전히 하위 13위이고, 남녀 간 참가율 격차도 다섯 번째로 높다(제3장 제3절 3.1.2 참조).

이 문제는 기업의 비용부담, 국가의 재정 지원과 밀접하게 관련되는 경제문제이다. 그러므로 이를 해소하기 위한 법적, 제도적 수립과 강력한 추진이 필요하다. 유년시절부터

---

11) 4차 계획은 개인을 노동력·생산력의 관점에서 바라보는 국가발전전략에서 개인의 삶의 질 제고 전략으로 기본 관점을 전환하였다. 특히 육아 부담이 가장 큰 임신·출산 전후 시기의 육아 부담을 더는 데 초점을 맞춘 것이 특징이다(지식백과).

양성평등을 강조하는 교육, 양육비 지급, 영유아 보육시설의 확장 등 유소년 성장에 대해 국가가 전반적으로 부담하는 실효성있는 대책이 시급하다. 가령, 출산 후 남녀가 육아휴직을 의무적으로 동등하게 이용할 수 있도록 하는 정책의 실행 등이 그 예가 될 것이다.

넷째, 이와 관련하여 출산 및 육아휴직 상황을 요약하면 다음과 같다(e-나라지표 - 고용노동부). 이 제도는 출산전후휴가제도와 육아휴직제도의 두 가지로 구분된다.

① 먼저 출산전후휴가제도의 시행에 대해서이다. 출산전후휴가제도는 이미 1953년 근로기준법 제정 시 60일 동안 사용할 수 있도록 되었으나 사문화된 조항이나 마찬가지였다. 이 제도는 2001년 11월이 되어서야 휴가 기간을 60일에서 90일로 확대하면서 확대된 30일분 급여를 사회분담키로 하여 고용보험에서 지급하고, 급여 수급자 수를 통해 출산전후휴가자 수를 파악하기 시작하였다. 2006년에는 우선지원 대상 기업에 대하여 90일분 전액을 지원하도록 하였다. 대규모 기업은 30일분을 지원하도록 했다.[12]

② 육아휴직제도는 1987년 남녀고용평등법 개정 시 도입되었으나 임금 보전 등 지원제도가 마련되지 않았고, 따라서 이에 대한 실적 파악도 이루어지지 않았다. 2001년 11월부터 고용보험기금에서 육아휴직급여를 지급하면서 육아휴직급여수급자 수를 토대로 육아휴직자를 파악하기 시작하였다.[13] 부모가 육아휴직제도의 부담을 덜기 위해서 '아빠의 달'이 도입되었다. 아빠의 달은 같은 자녀에 대하여 순차적으로 두 번째 육아휴직을 사용하는 경우 첫 3개월은 육아휴직 급여를 통상임금 100%로 지급하는 제도이다.[14]

다음의 <표 9-4>는 출산 및 육아휴직 현황을 정리한 것이다. ① 출산전후 휴가자수는 실시 첫해인 2001년에는 단 2명에 그쳤지만 2020년에는 7만 명 이상으로 증가하였고 지원금액도 약 2,900억 원으로 증가하였다. ② 육아휴직자 수 역시 실시 첫해에는 25명에 지나지 않았지만 2020년에는 11만여 명으로 늘고 지원금액은 1조 2,000억 원 이상이다. ③ 그러나 아직도 이 제도는 일부분의 노동자에게만 적용되고 있다. 무엇보다 실직을 걱정해야 하고 승진, 경력단절 등을 우려해야 하는 상황이기 때문이다. ④ 육아휴직자 수에서도 2020년에 남성 노동자는 여성 노동자의 3분의 1 정도에 지나지 않고 지원 금액은 여성에 대한 지원액의 4분의 1 수준이다. 제도적 보완이 필요하다 하겠다.

---

12) 출산 전후 휴가 급여는 고용보험에 180일 이상 가입해야 하며, 30일 기준으로 150만 원 한도 내에서 지원한다. 급여는 휴가 종료일로부터 12월 이내에 근로자가 사업장 또는 거주지 관할 고용센터에 청구해야 한다.

13) 육아휴직급여는 고용보험에 180일 이상 가입하고, 30일 이상 휴가를 사용한 경우 지원받을 수 있다. 휴직기간 중 매월 통상임금의 40%(상한 100만 원, 하한 50만 원)씩 지급한다. 급여는 육아휴직 종료일부터 12월 이내에 사업장 또는 거주지 관할 고용센터에 청구할 수 있다.

14) 2014년 10월 1일부터 시행되었으며, 당초 육아휴직 급여 기간을 1개월에서 2016년부터 3개월로 확대하였다(시사상식사전).

	출산전후 휴가자수	(출산전후 휴가 지원금액)	육아휴직자수			(육아휴직지원금액)		
			계	여성 근로자	남성 근로자	계	여성 근로자	남성 근로자
2002	23	23	4	4	0.1	3	3	0.1
2005	41	46	11	10	0.2	28	28	0.5
2010	76	193	42	41	0.8	178	176	3
2015	95	258	87	82	5	620	592	27
2016	90	247	90	82	8	625	585	40
2017	81	243	90	78	12	680	625	55
2018	76	248	99	82	18	839	733	106
2019	73	260	105	83	22	1,067	894	174
2019	73	260	105	83	22	1,059	885	174
2020	71	286	112	85	27	1,212	977	235

표 9-4 출산 및 육아휴직 현황 (단위: 천명, 십억원)

주: 육아휴직자 수는 육아휴직급여 수급자 수를 의미
자료: e-나라지표

출산 및 육아휴직제도의 현실화는 모성보호비용의 사회 분담화로 사업주의 부담을 완화하고, 출산으로 인한 이직을 방지하여 여성 노동자의 고용 안정에 기여할 것으로 기대된다(e-나라지표). 나아가 보육시설의 확충 등을 통해 출산 및 육아의 기회비용을 감소시킴으로써 여성의 사회적 진출을 돕는 것은 양성 평등사회의 건설은 물론 출산율 하락으로 인한 노동공급의 감소를 해결할 수 있는 유효한 대책이 될 것이다.

다섯째, 다양한 가족 형태에 대한 이해와 포용이 가능하도록 인식을 확장하고 법적으로 지원할 필요가 있다. 2020년 여성가족부 발표에 의하면, 젊은 층에서는 성인남여 10명 중 6명이 가족의 범위를 사실혼, 비혼, 동거까지 확장해야 한다는 데에 찬성하고 있다. 더 이상 법률혼에서 출산으로 이어지는 전통적 형식만의 가족 구성을 기대하기 어려운 현실이 전개되고 있다. 다양한 가족을 제도적으로 보호하기 위해 법률상의 가족에 관한 정의를 개정함으로써 혼인과 혈연으로 구성된 가족이 아니라는 이유로 제도권 밖에서 외면당하고 각종 불이익을 받는 현실을 개선할 필요가 있다. 프랑스에서는 이러한 제도의 개선으로 합계출산율이 1.8명 수준으로 OECD 국가 중에서도 비교적 높은 편이며, 비혼출산율은 60.4%를 차지하고 있다.[15] 다양한 형태의 가족을 인정하는 것은 인구 증가를 위해 받아들이는 단순히 경제적인 문제가 아니라 사회적 포용력의 문제이기도 하다.

---

15) 박보람, "다양한 가족형태에 대한 이해와 포용이 필요한 시대", 저출산고령사회위원회(https://www.betterfuture.go.kr). 2016년 한국의 비혼출산비율은 1.9%로 자료가 확인된 국가들 중에서 가장 낮다. 다른 국가들은 20~70% 사이에서 다양하게 나타나는데, OECD 평균은 40.3%이다(박선권, 앞의 글, p.9).

이 외에도 외국인력을 보다 적극적으로 수용하는 등 전향적인 자세로의 전환이 필요하다. 국내 취업 외국인을 단순히 일자리를 차지하는 존재로 여기는 사고방식을 바꾸어야 한다. 실제로 한계산업에서는 많은 외국인력이 국내에 들어와서 농촌 및 중소기업에 취업함으로써 산업생산과 기업 경영에 보탬을 주고 있다.

법무부에 따르면, 전체인구 대비 체류 외국인 비율은 2014년 3.5%, 180만 명에서 2019년 4.9%, 252만 명으로 증가하였고, 코로나19 유행 전인 2019년에는 체류 외국인 중 173만 명이 장기체류자였다. 또한 2019년 말 기준 취업자격 체류 외국인은 57만 명으로 전문인력은 5만 명, 단순기능인력은 52만 명이며, 결혼이민자는 약 17만 명, 영주자격자는 15만 명에 이르고 있고, 불법체류자도 29만여 명이다(https://www.moj.go.kr). 이같이 외국인력이 우리나라 노동력에서 차지하는 비중은 증가 추세에 있으며 사실상 경제에 적지 않은 기여를 하고 있다. 전문인력에 대한 문호를 개방하는 등 외국인 노동력을 보다 적극적으로 수용하는 정책으로의 전환이 이루어져야 할 필요가 있겠다.

4.2 고령사회 운영 방향

우리나라는 세계에서 가장 빠른 속도로 고령화가 진행되고 있다. 노령인구가 사회경제적으로 행복한 삶을 꾸리도록 기반을 정비하는 것은 물론 산업적 측면에서도 구조 전환을 위한 대책 추진이 시급하다.

첫째, 고령화가 더 심화되기 전에 빈곤층 노인이 늘어나는 것을 막을 수 있는 경제 및 복지정책을 적극적으로 펼쳐야 한다. 노년층의 증대에 따른 사회경제적 부담을 줄이기 위해서는 종합적인 노후소득보장체계의 구축이 필수적이다. 이를 위해서는 국민연금과 같은 공적 연금의 재정 강화, 공공복지 및 사회적 서비스의 확대, 복지사각지대의 해소 등이 이루어져야 한다.

둘째, 고령층에게 실질적인 도움이 될 수 있도록 연금체계의 개편을 추진해야 할 것이다. 노년층의 증가로 인해 재정수지가 악화되고 국민연금 등 연기금의 수지도 악화될 것이란 보고서가 잇따르고 있다. 고령화로 인해 각종 연금재정이 급격히 악화되지 않도록 연금제도의 개편을 추진해야 한다. 예를 들어, 국민연금의 소득대체율을 2028년까지 40%로 하향하도록 한 것을 다시 검토하여 실질적으로 생활에 보탬이 되도록 상향 조정을 검토하여 추진할 필요가 있다. 그 외에도 건강보험 재정의 강화를 위한 대책 등을 마련하여야 할 것이다.

또한 보편적 의료서비스 및 노인 돌봄 서비스 등 공공부조 및 사회복지서비스에 대한 지원을 강화하여 노인의 빈곤계층을 보호하고 이들의 지출이 시장에 환류될 수 있는 선순환구조를 구축해야 한다. 재정건전성, 재정수지의 악화를 우려하여 지출을 지나치게 억제하는 소극적인 정책만을 고집할 것이 아니라 국민연금의 소득대체율 상향조정, 빈곤계층에 대한 공공부조, 사회복지서비스 강화를 통해 내수기반을 강화함으로써 역으로 성장률을 제고할 수 있는 방안도 함께 고려할 필요가 있을 것으로 생각된다.

셋째, 고령화시대에 맞는 산업을 육성할 필요가 있다. 특히 노년층에 적합한 상품과 서비스를 제공하는 이른바 실버산업(silver industry)의 육성과 발전이 필요하다. 실버산업은 노령층에 필요한 재화와 서비스를 제공한다는 점에서 공익적인 측면과 영리적인 측면을 공유하고 있다. 실버산업은 노년층의 증가와 더불어 향후 급성장할 것으로 예상된다. 특히 가정간호사, 노인복지사 등 노동집약적 성격도 있기 때문에 고용창출효과도 클 것으로 기대된다. 세부 분야별로 전문인력을 양성하고 서비스의 질적 서비스를 높이기 위한 정부의 행정적, 제도적 정비가 지속적으로 이루어져야 할 것이다.

OECD를 비롯하여 많은 국가들에서 출산율이 크게 하락하고 있다. 아시아도 마찬가지다. 비유럽계 대륙에서 최초의 산업대국으로 성장했던 일본은 이미 2006년에 초고령사회에 접어들었다. 우리나라는 2018년에 고령사회에 도달했고 2025년경에 초고령사회에 진입할 것으로 예상된다. 최대의 인구 대국인 중국도 마찬가지다. 중국은 2025년에는 고령사회, 그 10년 후인 2035년에 초고령사회에 도달할 것으로 예상된다. 아시아 전체가 유럽보다 훨씬 빠른 속도로 고령화사회로 접어들고 있는 것이다. IMF는 아시아가 당면한 가장 큰 경제적 리스크로 고령화를 꼽으면서, 아시아의 일부 국가들은 부유해지기 전에 고령화의 늪에 빠질 것이며 아시아의 인구증가율은 2050년에 0%로 떨어질 것이라고 경고한 바 있다(이데일리, 2017.5.9.) 그러나 가장 격심한 고령화를 겪고 있는 나라는 한국이다. 인구감소와 고령화 문제는 IMF와 같은 국제기구는 물론이고 국내 학계 및 언론에서도 자주 언급되는 중요한 관심사이다. 막연하게 걱정만 하고 있을 일이 아니다. 보다 적극적으로 대처방안을 수립하여 과감하게 실천해야 할 것이다.

함께 잘사는 균형발전

10 함께 잘사는 균형발전

갈수록 수도권과 비수도권의 격차가 벌어지고 있다. 수도권 발전과 비수도권의 저발전은 동전의 양면이다. 사회간접자본뿐만 아니라 정치, 경제, 사회, 문화, 모든 것을 장악한 수도권은 블랙홀처럼 물적 자원뿐만 아니라 미래 사회를 이끌어 갈 청년 노동력까지 빨아들이고 있다. 수도권이 비대해진다고 해서 수도권에 문제가 없는 것은 아니다. 미세먼지를 비롯한 환경오염, 천정부지로 뛰는 아파트 가격은 사람들의 경제생활의 기본과 건강을 위협한다. 비수도권은 더 심각하다. 지역경제를 이끌어 나갈 우량 중소기업은 태부족이고 지역에서 어느 정도 성장한 기업의 수도권 이전은 다반사이다. 좋은 일자리의 부족으로 청장년이 빠져나간 자리에서는 인구 감소를 넘어 지방소멸이 운위된다.

우리나라는 세계에서도 보기 드문 수도권 일극중심체제이다. 이 문제를 극복하지 않으면 각 지역 시민들은 안정적이고 선진적인 문화생활을 향유할 수 없다. 이것이 수도권과 비수도권, 그리고 광역권 내부의 균형발전을 반드시 달성해야 하는 이유이다. 국가 불균형의 현황과 그 원인을 정리하고 각 지역이 골고루 균형있게 발전할 수 있는 정책의 방향에 대해서 생각해 보기로 하자.

제1절   국가균형발전정책의 배경

1.1 국가균형발전정책의 개념

균형이라 함은 어느 한쪽으로 기울어지거나 치우치지 않고 평형을 이룬 상태를 말한다. 경제학에서 균형은 일정한 조건이 충족되면 대비되는 두 개 혹은 그 이상의 경제량이 더 이상 변화하지 않는 안정적인 상태이다. 그러나 국가균형은 정치, 사회, 문화 등 여러 부문을 포괄한다는 점에서 경제학의 균형보다 범위가 훨씬 넓다. 첫째, 국가균형에서 국가는 국토라는 공간적·지역적 의미를 내포하고 있다. 즉, 국가균형은 국토 각 지역 간의 균형을 의미한다. 둘째, 정치, 경제, 사회, 문화, 예술과 같은 제 부문이 양적, 질적 수준에 차이가 크지 않고 어느 정도 비슷한 수준에 있음을 뜻한다.

이같이 국가균형은 한 나라 내의 각 지역의 시민들의 삶의 수준이 다른 지역과 비교해서 비슷한 수준의 생활을 누리는 상태를 의미한다. 그러므로 국가균형발전이란 지역 간 발전의 기회균등을 촉진하고 지역의 자립적 발전 역량을 증진함으로써 삶의 질을 향상하고 지속가능한 발전을 도모하여 전국이 개성있게 골고루 잘사는 사회를 구현하는 것을 말한다.[1]

국가균형은 경제 이외의 국가의 여러 부문의 균형과 지역발전을 지향하는 개념이지만, 각 지역 주민들이 어느 정도 평준화된 삶을 누릴 수 있는가를 결정하는 가장 중요한 요소는 물적 토대인 경제 부문이다. 결론적으로 국가균형발전정책은 각 지역이 특성에 맞는 산업 발전을 통해 지역 경쟁력을 높이고, 지역 간의 연계 및 협력을 통해 주민들이 대체로 균질적인 생활 수준을 누릴 수 있도록 하는 것을 목표로 하는 정책이라고 할 수 있다.

1.2 국가균형발전정책의 등장

우리나라에서 국가균형발전정책은 양적 성장 중심의 경제정책이 가져온 지역간 불균형에 대한 반성에서 비롯되었다. 1962년부터 실시된 경제개발5개년계획은 불균형성장이론에 기초하여 수도권과 동남해안지역을 성장 거점으로 삼고 한정된 자원을 전략부문에 집중적으로 투입하였다. 당시 정부는 불균형성장전략을 통해 선도부문을 집중적으로 육성함으로써 전후방연관효과를 통해 경제발전을 달성하고자 하였다.

그러나 이러한 정책으로 높은 GDP 성장률, 산업구조의 고도화, 수출 증대 등 거시적 성과는 달성했지만 성장 거점지역의 성과가 타 지역으로 확산하는 공간적 파급효과는 매우 제한적이었다. 오히려 정부의 중앙집권적 통제는 행정을 비롯하여 경제, 교육, 문화 등에서 중추 기능의 극심한 서울 집중 현상을 초래했다. 특히 제조업 발전과 이에 따른 인구의 수도권 집중은 주택·교통문제를 비롯하여 생활환경의 악화와 공해문제 등을 일으킨 반면, 비수도권은 비수도권대로 모든 면에서 상대적 침체를 면치 못하였다.

이에 대하여 정부에서는 제3차 경제개발5개년계획(1972~1976년)에서 성장의 과실이 농어민과 저소득층 등에게도 파급되도록 지역개발을 처음으로 계획목표에 넣고 사회기초시설의 균형발전과 지역개발 촉진을 중점 과제로 설정하였다. 제5차 계획(1982~1986년)과 제

---

1) 국가균형발전특별법(법률 제17191호) 제2조.

7차(1992~1996년)의 경제사회발전계획에서도 계층·지역 간 혹은 지역사회의 균형발전을 계획목표 내지 중점 과제로 채택하였다. 정부는 이에 맞추어 지방 대도시의 중추관리기능 강화, 지방의 사회기반시설 확충, 농가소득 상승 및 생활환경 개선, 균형발전을 위한 제도 개선 등을 추진하였다. 그러나 그 효과는 극히 미미하였다. 정책은 여전히 투지재원조달, 수출증대, 국제수지개선, 고용증대, 산업구조 고도화, 사회간접자본 충족, 국토개발 등 양적 성장에 중점이 두어졌다. 반면, 지역경제발전 혹은 균형발전은 정책목표에서 후순위로 밀렸고 그나마 수립된 정책도 종합적이지 않았으며 구체적인 정책수단도 부족했다.

균형발전정책이 체계적으로 추진되기 시작한 것은 노무현 대통령의 참여정부 시절부터이다. 참여정부는 균형발전정책의 추진을 위해 2003년 4월 국가균형발전위원회를 대통령 자문기관으로 출범시켰으며, 이 위원회는 지역혁신체제 구축, 지역 전략산업 진흥, 특별법 제정, 지방선진화전략 수립 등을 추진하였다. 국가균형발전 위원회는 2009년 4월에 지역발전위원회로 개칭되고 기능도 축소되었다가 2018년 3월에 다시 원래의 명칭으로 환원되었다.

국가균형발전위원회는 국가균형발전특별법 제22조 제1항에 근거하여 대통령 직속으로 설치하도록 되어 있다. 설치 목적은 지역 간의 불균형을 해소하고 지역 특성에 맞는 자립적 발전체제를 구축하며 국민생활의 균등한 향상과 국가균형발전의 효율적 추진을 위한 주요 정책에 대하여 대통령에게 자문하는 것이다. 주요 기능은 국가균형발전의 기본 방향과 관련 정책의 조정, 국가균형발전계획, 국가균형발전시책 및 사업의 조사·분석·평가·조정, 국가균형발전지표의 개발·관리 등에 관한 사항을 심의·의결하는 데 있다.

국가균형발전특별법 제4조는 정부는 5년을 단위로 하는 국가균형발전5개년계획을 수립하도록 규정하고 있다. 이 계획에는 국가균형발전의 목표, 지역혁신체계의 구축 및 활성화, 주민 생활 기반 확충과 지역발전역량, 지역경제 활성화, 국가균형발전 거점육성, 지역금융 활성화, 도농 간 격차 완화, 공공기관 등의 지방 이전 및 혁신도시 활성화, 국가혁신융복합단지의 지정·육성 등에 관한 사항이 종합적으로 포함되어야 한다. 이를 위해 중앙행정기관의 장은 광역사치난제상(시·도지사)과 협의하여 5년 단위의 부문별 발전계획안을 수립해야 하며, 시·도지사도 5년 단위의 시·도발전계획을 수립하게 되어 있다.

국가균형발전위원회는 다음 각 호의 사항을 심의·의결한다.(국가균형발전특별법 제22조)
1. 국가균형발전의 기본방향과 관련 정책의 조정에 관한 사항
2. 국가균형발전계획에 관한 사항
3. 부문별 발전계획안 및 부문별 시행계획에 관한 사항
4. 시·도 계획, 시·도 시행계획에 관한 사항
5. 국가균형발전시책 및 사업의 조사·분석·평가·조정에 관한 사항
6. 지역발전투자협약의 체결 및 운영에 관한 사항
7. 국가균형발전특별회계의 운용에 관한 사항
8. 공공기관 등의 지방이전 및 혁신도시 활성화에 관한 사항
9. 국가혁신융복합단지의 지정·육성에 관한 사항
10. 지방과 수도권의 상생 발전에 관한 사항
11. 국가균형발전에 대한 지표의 개발·관리에 관한 사항
12. 인구감소지역에 대한 시책추진 및 지원에 관한 사항
13. 그 밖에 국가균형발전과 관련하여 필요한 사항으로서 위원장이 회의에 부치는 사항

국가균형발전위원회는 위원장 1명을 포함한 34명 이내의 위원으로 구성되며 위원은 당연직 위원과 위촉 위원으로 구성된다. 당연직 위원은 15명으로서 기획재정부장관, 과학기술정보통신부장관을 비롯한 13개 부처 장관, 대통령령으로 정하는 중앙행정기관의 장 등으로 한다. 위촉 위원은 20명 이내로 하며 대통령이 위촉한다(국가균형발전특별법제23조). 한편, 위원회에는 국가 각 분야별 전문위원회, 특별위원회, 자문위원회가 있으며, 시도 및 시군구에는 지역혁신협의회를 두고 있다.

제 2 절 수도권 집중과 불균형 지표

균형발전이란 지역 간의 균형이란 뜻을 내포하지만 기본적으로 비수도권과 서울을 중심으로 하는 수도권과의 격차를 전제로 사용되는 공간적인 개념이다. 그런데 양쪽의 극단적인 차이는 국민 전체의 삶의 질을 위협한다. 불균형을 판단하는 지표로는 여러 가지가 있겠지만 인구와 GRDP(지역총생산)가 대표적이다. 이 둘은 지역의 경제적 상황을 요약해서 보여주기 때문이다. 균형발전 정책을 추진해야 하는 이유를 지역별 인구 변동과 GRDP(지역총생산)를 중심으로 몇 가지 지표를 비교해 보자.

2.1 지역별 인구 변동

2.1.1 수도권 인구 집중

수도권으로의 인구 집중은 인구의 대부분이 수도권에 삶의 기반을 가지고 있다는 단순한 주거문제에만 한정되지 않는 심각한 사회경제적 문제를 초래하고 있다. 수도권 인구 증가는 성장 정책의 결과물이면서 증가 자체가 모든 정책을 수도권 중심으로 끌고 가는 핵심 요인이다. 한편, 이것은 지역에서 육성한 인재가 지역에 정착하지 못하고 개인의 의사와는 전혀 관계없이 수도권으로 갈 수밖에 없다는 점에서 지역의 삶을 피폐하게 만드는 주범이다.

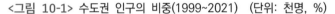

<그림 10-1> 수도권 인구의 비중(1999~2021) (단위: 천명, %)

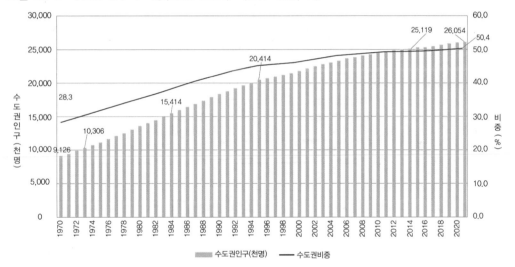

주: 1) 2013년 이후 통계청의 주민등록인구 기준과 일치
  2) 2000, 2001년에는 권역별 인구조사 미실시
자료: e-나라지표

경기도, 인천, 서울을 포함하는 수도권은 전체 국토 면적의 11.8%를 차지한다. 하지만 수도권 인구는 1970년에 913만 명, 전체 인구의 28.3%에서 2020년에 2,602만 명, 50.2%로 처음으로 절반을 넘어서고 2021년에는 2,605만 명으로 50.4%를 차지하게 되었다. 같은 기간에 우리나라 인구는 1,950만 명 증가했으므로 증가분의 87.8%에 해당하는 1,692만 명이라는 압도적 숫자가 수도권에 집중된 것이다.

그 결과 수도권의 인구밀도도 크게 증가하였다. ① 수도권의 인구밀도는 1970년 798명에서 2021년에 2,195명으로 전국 평균 515명의 4배를 넘는다. 한마디로 지난 50여년간 성장의 결과는 인구의 수도권 집중이라고 할 수 있다.

2.1.2 권역별 인구 변동

① 권역별 인구 비중

아래 <그림 10-2>의 광역별 인구 비중의 변화는 수도권으로의 인구 집중과 나머지 각 지역 인구의 상대적 감소를 보여준다.

<그림 10-2> 권역별 인구의 비중(1970~2021)　(단위: %)

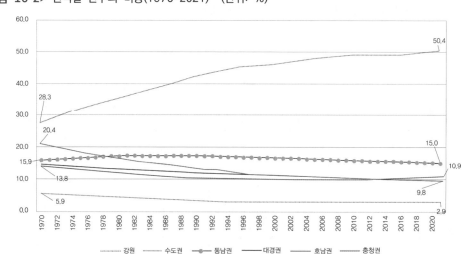

주: 제주도는 표시하지 않음
자료: e-나라지표

첫째, 1970~2021년에 수도권을 제외한 나머지 모든 지역의 비중은 감소했다. 지난 50년간 수도권은 인구를 빨아들이는 블랙홀이었다.

둘째, 가장 격심하게 비중이 감소한 지역은 호남권이다. ① 1970년 전체 인구의 5분의 1인 20.4%에서 2021년에는 10% 이하인 9.8%로 격감했다. ② 특히 인구 감소가 심각한 지역은 전남이다. 전남은 1970년만 하더라도 410만 명으로서 경북의 470만 명 다음으로 많았다. 당시에 경기도 인구는 344만 명이었다. 오늘날 전남은 180만 명이 채 안된다. ③ 호남 인구 감소의 심각성은 장기에 걸친 인구 수의 변동이 다른 권역과 크게 다르다는 점에서도 나타난다. 즉, 상주인구의 지속적 증가에 힘입어 수도권은 물론 동남권, 대구경북권, 충청권은 주민의 절대 수가 증가한 시기가 있지만, 호남권만은 예외적으로 지속적으로 감소했다. 그리하여 1970년에 호남권은 660만 명에서 2021년에는 505만 명으로 줄었다. ④ 최근에 새만금종합개발사업 등 호남지역 경제개발을 위한 정책이 추진 중이지만, 이러한 감소는 그동안 호남이 지역발전에서 장기간 소외되었음을 보여주는 지표라고 할 수 있다.

셋째, 수도권을 제외하고 가장 많은 인구를 포섭하던 부산·울산·경남의 동남권도 최근에는 인구 수 및 비중이 약간씩 감소하고 있다. ① 이 지역은 일제 강점기로부터 고도성장기에 형성된 경부성장축을 바탕으로 산업 발전과 함께 인구가 대거 유입되면서 인구가 크게 증가하였으나 최근에는 수도권 집중이 심화되면서 인구 감소가 본격화하는 것으로 보인다. 동남권의 인구는 1970년 512만 명에서 2000년대 초반에 780만 명대, 2011~2018년에 다시 780만 명대~790만 명이었으나 그 이후 감소로 돌아섰다. ② 인구에서 점하는 비중은 1970년 15.9%에서 1970년대 말~1980년대 전반에 17.4%까지 증가하였으나 2021년에는 15.0%이다. 특히 부산의 감소세가 심해서 1997년 380만 명에 이르던 인구는 2021년에는 330만 명을 겨우 넘기고 있으므로 조만간 300만 명대가 무너질 것으로 보인다. ③ 수도권을 제외하면 동남권은 인구가 가장 많다. 1970년에 동남권 인구는 수도권의 절반 이상의 비중을 차지했다. 그러나 수도권 대비 비중은 2006년 이후로는 3분의 1 이하로 감소하였고 2021년에는 30% 이하가 되었다.

넷째, 대구경북권은 1970년 14.5%에서 2019년 9.7%로 떨어졌다. 1970년 470만 명이던 인구는 2000년 530만 명까지 늘었지만 2021년 말 기준으로 503만 명으로서 강원도를 제외하고 권역별 인구 수가 가장 적다.

다섯째, 충청권은 최근 들어 수도권을 제외하고 유일하게 인구 수 및 인구 비중이 증가하고 있는 곳이다. 인구는 1970년 450만 명에서 2021년 565만 명으로 늘었다. 그러나 충청권도 1970년대 이후 전체 인구 대비 주민 비중이 13.2%에서 2021년 10.9%로 감소한 상태이다. 다만, 1990년을 기점으로 인구가 약간씩 증가하고 있으며 2007년을 기점으로 전체 대비 인구 비중도 도로 올라가고 있다. 수도권 경제의 확산 효과와 수노권과의 지리적 이점, 세종특별시 건설 등이 작용했을 것으로 보인다.

이같이 우리나라 인구의 수도권 일극 집중은 세계에서도 유례를 찾을 수 없을 정도로 극심하다. 수도권의 인구 비중을 국가별로 비교하면, 일본 34.5%, 영국 36.4%, 프랑스는 18.3%이다.[2]

---

2) 부산연구원 등, 『동남권발전계획수립 공동연구(안)』(지역균형뉴딜부울경포럼 발표자료), 2020.10, p.5.

② 연령별 인구

<그림 10-3> 수도권 및 비수도권의 연령별 · 시기별 비교 (단위: 명)

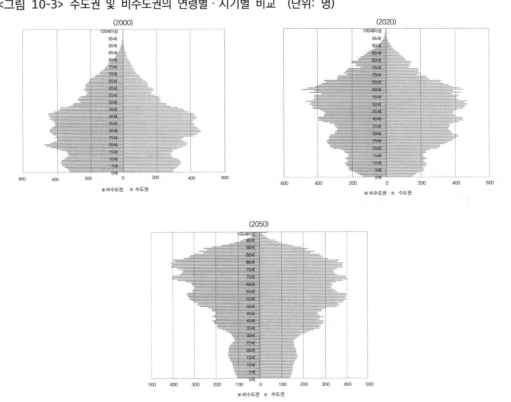

자료: 국가통계포털

수도권과 비수도권의 연령별 구조는 어떻게 변화할까? <그림 10-3>은 연령별 인구수를 시기별로 비교한 것이다.

첫째, 수도권과 비수도권은 시간이 흐름에 따라서 다 같이 고연령층이 늘어나고 있다. ① 2000년에 수도권과 비수도권을 합하면 항아리 모양으로 비슷한 인구구조를 지니고 있다. ② 그러나 2020년에는 양쪽 모두 중간 연령층이 늘어나 배가 불룩 나온 마름모꼴의 불안정한 모양을 하고 있다. ③ 2050년에는 고령화가 극단적으로 진행된 결과 역삼각형 형태를 하고 있다.

둘째, 2020년까지는 두 지역의 연령별 인구가 크게 차이가 나지 않지만, 2050년에는 68세 이하의 수도권 인구가 비수도권보다 많다. 이것은 생산 연령의 고령화가 수도권보다 비수도권이 상대적으로 심각하며, 유능하고 젊은 인재들이 수도권으로 몰리는 현상이 더

욱 가속화될 것임을 시사한다. 재정적 측면에서는 노령층에 대한 지방자치단체나 정부의
부담이 수도권보다 높아질 것이다.

2.2 GRDP 및 기타 비교

2.2.1 GRDP 및 사업체

<그림 10-4> GDP 대비 수도권 지역총생산(GRDP) 비중(1985~2019) (단위: %)

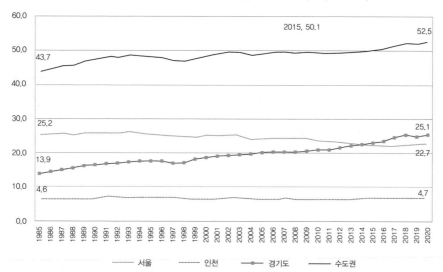

자료: 국가통계포털

　　GDP 대비 GRDP의 비중에서도 수도권은 꾸준히 증가하여 1985년 43.7%에서 2015년에
는 50.1%로 절반을 넘었고 2020년에는 52.5%를 점하고 있다. 특히 경기도는 1985년
13.9%에서 2021년에는 25.1%로 급성장하였다. 수도권을 제외한 권역에서는 충청권의 비
중이 약간 증가한 것 외에 나른 시역은 모두 삼소하였다. 이러한 추세의 지속은 비수도권
의 GDRP의 비중과 지역민의 소득 수준을 더욱 떨어뜨릴 것이다(<그림 10-4>).

<그림 10-5> 권역별 GRDP 비중(1985~2020) (단위: %)

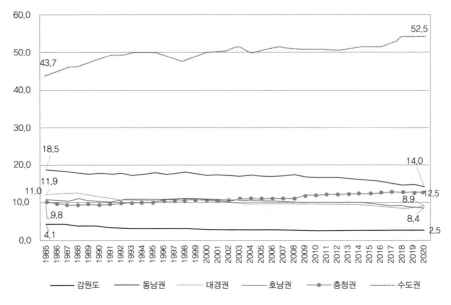

자료: 국가통계포털

<그림 10-5>에서 권역별 GRDP의 비중을 볼 수 있다. 수도권과 나머지 권역 사이에 전국 대비 GRDP 비중의 격차가 벌어지고 있다. 지역의 GRDP가 줄어드는 만큼 수도권이 부풀고 있는 것이다. 가장 많이 감소한 지역은 동남권이다. 다만, 충청권만은 1985년 9.8%에서 2020년에는 12.5%로 증가했다.

<그림 10-6>에서는 전국에서 수도권이 점하는 사업체 수 및 종업원의 비중(조사기반)을 알 수 있다.

첫째, ① 사업체 수는 2006년에 46.7%(전국 323만 개)에서 2019년에 47.0%(전국418만 개)로 증가했고, 종업원은 2006년 50.6%(전국 1,544만 명)에서 2019년에는 51.1%(전국 2,272만 명)로 미증했다. ② 등록기반의 통계에 따르더라도 2020년 수도권의 전국 사업체의 49.3%(603만 개), 종사자의 52.2%(전국 2,481만 명)를 점한다. 즉 사업체와 종사자의 절반이 수도권에 집중되어 있다.

둘째, 사업체 수가 차지하는 비중보다 종업원 수가 차지하는 비중이 높다. 이것은 대기업 및 유력 금융기관 등 좋은 일자리가 수도권에 집중되어 있음을 뜻한다.

<그림 10-6> 전국 대비 수도권 사업체 수 및 종업원 수 비중(2006~2019) (단위: %)

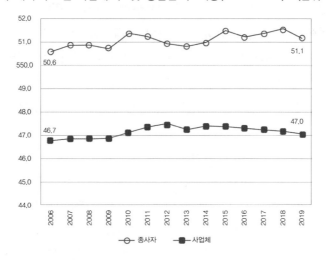

자료: 국가통계포털

2.2.2 금융지표

이러한 GRDP 및 사업체 수도권 집중도는 기업 및 금융 관련 지표에서 더욱 심하게 나타난다. 여기에서는 대표적 지표인 금융기관의 수신액에 대해서 본다.

<그림 10-7> 예금은행 및 비은행예금취급기관의 수신액(1997~2021) (단위: 조원, %)

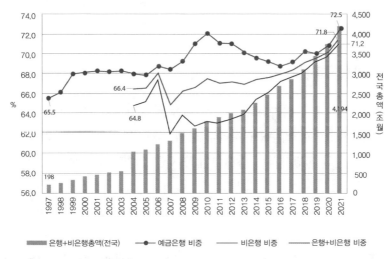

주: 비은행예금취급기관=상호저축은행, 신용협동기구, 우체국, 종합금융회사
자료: 한국은행경제통계시스템

예금은행과 비은행예금취급기관의 수신액은 2021년 말잔 기준으로 전자는 1,869조 원이고, 후자는 예금은행보다 많은 2,325조 원으로 총액 4,194조 원이다. ① 전체적으로 이 두 종류의 금융기관에서 수도권이 점하는 비중이 점차 증가일로에 있다. 수도권 비중은 2004년 66.4%에서 71.2%로 올랐다. ② 세부적으로 예금은행에서 수도권의 비중은 1997년 65.5%에서 2021년 72.5%로 압도적이다. ② 그런데 예금은행보다 수신액이 많은 비은행예금취급기관의 수신액에서도 수도권이 점차 증가하여 2004년 64.8%에서 2021년에는 71.2%이다.

이 외에도 50대 기업 본사의 92%, 1천대 기업 본사의 73.6%가 수도권에 소재하고 있으며, 신용카드 사용액의 81%, 1000대 기업 매출의 86.3%를 점하고 있다.3) 첨단기술 기업의 창업이나 기술개발에서도 지방은 저조하다. 2019년에 100억 이상 투자받은 스타트업은(start-up) 161개 중 92.5%에 해당하는 149개가 수도권에 소재하고 있으며,4) 연구개발투자비의 68.6%, 특허등록의 61.1%를 수도권이 차지하고 있다. 이처럼 4차 산업혁명 관련 기업의 창업도 수도권이 주도하고 있는 반면, 비수도권의 혁신도시 및 혁신클러스터 구축의 효과는 아직 미미한 수준이다.

스타트업(start-up)

신생 창업기업을 뜻한다. 미국 실리콘밸리에서 처음 사용된 용어로, 보통 혁신적인 기술과 아이디어를 보유하고 있는 신생기업은 자금력은 부족하지만 기술과 인터넷기반의 회사로 고위험·고수익·고성장 가능성을 가진 경우가 많다. 현재의 가치보다는 미래의 가치로 평가받을 수 있는 큰 잠재력과 성장가능성을 갖춘 기술 중심의 회사를 뜻한다.

2.3 지역소멸위험 지수의 상승

청년층이 선호하는 좋은 일자리나 문화적 여유를 누릴 수 있는 각종 시설 및 프로그램들도 수도권에 몰려 있어서 비수도권지역의 물적, 인적 자원을 빨아들이는 강한 흡인력으로 작용하고 있다. 특히 지방에서는 경제력의 수도권 집중화로 인해 단순히 인구감소가 아니라 지방소멸이란 용어가 나오고 있다.

<그림 10-8>은 2005년부터 2019년이란 단기간임에도 불구하고 어두운 색깔의 지역

---

3) 부산연구원 등, 『동남권발전계획수립 공동연구(안)』, p.5, 국가균형발전위원회, 『국가균형발전정책』 (발표자료), p.4.

4) 국가균형발전위원회 등, 『지역균형뉴딜 부울경포럼』(자료집), 2020.10.20., p.12.

이 크게 증가하고 있어서 전국적으로 인구소멸에 직면한 위험지역이 적지 않음을 보여준다. 자료에 따르면, 소멸위험 지자체(시·군·구)는 2013년 75군데에서 2019년에는 97군데로 늘었으며 전체 시군구 중 40%를 넘는 곳이 소멸위협을 받고 있다.

<그림 10-8> 소멸위험지수와 소멸위기 지역

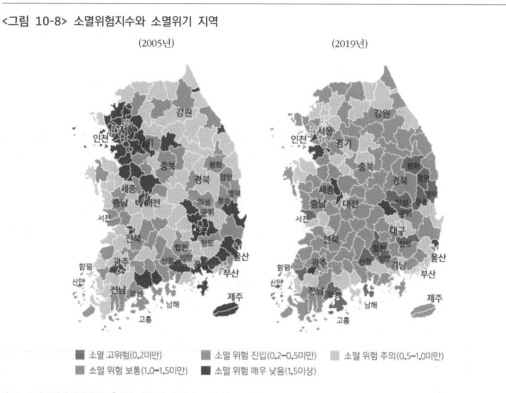

자료: 국가균형발전위원회, 『지역, 相生을 꿈꾸다』, 2020, p.44.

제 3 절 국가균형발전정책의 주요 내용과 특징

수도권으로의 경제력 집중이 문제가 된 것은 어제오늘의 일이 아니다. 이미 1970년대부터 지역의 예금을 비롯한 자금 및 인력의 유출, 기업 본사의 이전 등의 문제가 끊임없이 지적되어 왔다. 이 문제를 시정하기 위해서 제3차 경제개발계획에서는 지역개발정책이 도입되었지만 지역정책은 일관성이나 구체성이 크게 부족했다. 균형발전정책의 내용과 전개과정에서 나타난 특징을 비교하여 살펴보자.

3.1 제1차 국가균형발전5개년계획(2004~2008)

수도권 집중을 억제하고 지역 간 균형발전을 도모하는 정책이 본격적으로 도입된 것은 2004년의 노무현 정부 시절이다.

첫째, 제1차 계획은 국가균형발전을 통한 "제2의 국가도약"을 비전으로 채택하였는데, 가장 눈에 띄는 점은 지역혁신체제(RIS: Regional Innovation System)를 통해 지역 발전을 도모했다는 점이다. ① 지역혁신체제란 대학·연구기관·기업·지자체 등 혁신주체가 상호 네트워킹을 통해 공동학습·공동연구개발 등을 실시하고 그 결과를 활용하여 지역발전을 도모하는 지역수준의 협력체계를 말한다. ② 다시 말해, 이것은 지방정부, 대학, 기업, 시민단체, 연구소, 금융기관, 언론 등 지역 내 다양한 혁신주체들이 연구개발, 신제품 생산, 제도개혁, 기업지원, 문화활동 등 다양한 영역에서 역동적으로 협력하고 학습함으로써 혁신을 창출하고 이를 통해 지역 발전을 도모하는 체계이다. ③ 이것은 경제개발5개년계획과 같은 요소투입형 성장모델의 한계에서 탈피하여 지역경제를 담당하는 혁신주체들 간의 소프트웨어적 인프라를 강화함으로써 지역 주도의 성장을 달성하려는 최초의 시도라 할 수 있다.

둘째, 제1차 계획은 전략으로서 지역혁신체제에 기반한 혁신주도형 발전기반 및 네트워크형 국토구조의 형성, 낙후지역의 자립기반 조성, 수도권의 질적 발전을 채택하였다. 제1차 계획은 혁신기반(지역혁신체제구축, 혁신클러스터 육성, 미래형 혁신도시 건설)을 구축하게 되면 제2차 계획에서 혁신성과를 극대화하고, 제3차 계획에서는 혁신의 질적 고도화를 달성하여 초일류 원천기술의 개발 및 글로벌 경쟁력을 확보하게 되어 세계적 일류 클러스터와 경쟁하게 될 것을 기대했다. 구체적으로는 지역경제 활성화와 관련하여 지역별 특화사업에 걸림돌이 되는 관련 규제를 철폐하고 지역별로 차별화되는 향토 자원의 개발 및 관광, 이벤트 사업의 기획·개발, 특성화된 지역문화 육성에 지역에 밀착된 산업의 발전을 목표로 세우고 지원하고자 했다.

셋째, 제1차 계획에서 시행된 정책으로서 가장 주목되는 것은 지역별로 혁신클러스터를 육성하고 서울에 집중되어 있는 수도권 기능을 지방으로 분산하려 했다는 점이다. 그 주요한 내용은 신행정수도의 건설, 권역별 특성을 감안한 미래형 혁신도시 개발, 수도권 지연성(地緣性)과 민간기관 성격이 없는 모든 공공기관의 비수도권 이전, 수도권 소재 기업의 지방 이전 지원 등이다. 이 중에서 특히 신행정수도의 건설, 공공기관 이전 등에 대해서는 반발이 적지 않았다. 그렇지만 현재까지 행정부의 많은 기관은 세종특별시로 이전한 상태이고, 이전 대상 공공기관 또한 각 지역으로 이전함으로써 지역인재의 채용과 지역경제의 활성화에 크게 기여하고 있다. 혁신클러스터, 혁신도시의 건설 등이 진행되고 있고, 공공기관 2차 이전이 추진되고 있다는 점에서 제4차 국가균형발전계획의 기본틀은 이미 제1차 계획 때 완성되었다고 할 수 있다.

표 10-1 균형발전정책의 비교

	제1차 국가균형발전 5개년계획 (2004~2008)	지역발전 5개년계획 (2009~2013)	지역발전계획 (2014~2018)	제4차 국가균형발전5개년계획 (2018~2022)
비전	균형발전을 통한 "제2의 국가도약"	• 지역경제의 글로벌 경쟁력 확보 • 삶의 질이 보장되는 지역공동체 창조	"국민에게 행복을, 지역에 희망을!"	지역이 강한 나라, 균형잡힌 대한민국
목표	지역혁신체계(RIS)에 기반한 역동적 지역발전		• 주민이 실생활에서 행복과 희망을 체감 • 행복한 삶의 기회를 고르게 보장 • 자발적 참여와 협의로 동반자관계 • 어느 곳에서나, 정책 사각지대 해소	지역주도 자립적 성장기반 구축
전략	• 혁신주도형 발전기반 구축 • 낙후지역 자립기반 조성 • 수도권의 질적 발전 추구 • 네트워크형 국토구조 형성	• "5+2" 광역경제권 ⇒ 성장잠재력확충 • 163개 시·군 기초생활권 ⇒ 제적한 생활환경조성 • 4+α 초광역개발권 ⇒ 개방·협력의 촉진 • 지방분권·규제 합리화 ⇒ 지역주도 상생발전	• 지역행복생활권구현 • 맞춤형·패키지지원 • 지역주도및협업강화	균형발전지원체계 <3대 전략> • 사람(안정되고 품격있는 삶) • 공간(방방곡곡 생기도는 공간) • 산업(일자리가 생겨나는 혁신)
과제	• 지식·기술의 창출·확산·활용 • 지역별 혁신클러스터의 육성 • 지역간 격차시정 • 도·농간의 상생발전 • 수도권의 합리적 개선 • 수도권의 경쟁력 증진 • 동서간격제의 대동맥 형성 • 국내외 지역의 교류·협력 확대	<중앙부처 계획> • "5+2" 광역경제권 구축: 선도산업, 인재양성, 선도 프로젝트 등을 집중 지원, 광역경제권발전위원회설립 • 163개 시·군 기초생활권 형성: 도시성, 도농연계형, 농산어촌형 유형화, 정주촉진지역·특수상황 • 4+α 초광역개발권: 동·서·남해안, 남북 접경지역 및 내륙 벨트 등 기본구상, 벨트별 발전계획 수립 • 지방재정 확충-비정상비에 대한 도입 등, 기업투자 장애가 되는 핵심규제에 대한 맞춤형 규제개선	<중점추진안> • 지역행복생활권 활성화 • 일자리 창출을 통한 지역경제활력 제고 • 교육여건 개선 및 창의적 인재양성 • 지역문화 융성, 생태복원 • 사각 없는 지역 복지·의료	• 지역인재-일자리 선순환 교육체계 • 지역자산을 활용한 특색 있는 문화·관광 • 기본적 삶의 질 보장을 위한 보건·복지체계 • 매력있게 되살아나는 농산어촌 • 도시재생 뉴딜 및 중소도시 재도약 • 인구감소지역을 거주강소지역으로 • 혁신도시 시즌2 • 지역산업 혁신 • 지역 유휴자산의 경제적 자선화

자료: 국가균형발전위원회·산업통상자원부, 『제1차 국가균형발전5개년계획』, p.6.
지역발전위원회·지식경제부, 『지역발전5개년계획(안)』, 2009, p.5.
지역발전위원회·산업통상자원부, 『지역발전5개년계획(2014~2018』, 2014, p.2, p.7.
국가균형발전위원회·산업통상자원부, 『제4차 국가균형발전 5개년계획(2018~2022)』, p.5.

3.2 지역발전5개년계획(2009~2013)

제1차 국가균형발전5개년계획은 2009년에 지역발전5개년계획으로 명칭이 바뀌었다. 사실상 제2차 계획인데, 1차 계획의 기본노선이 크게 바뀌고 정책 내용도 상당히 달라졌다. 국가균형발전위원회도 지역발전위원회로 바뀌었다.

첫째, 지역발전5개년계획은 중앙정부, 광역경제권발전위원회 및 지자체 간의 협력을 바탕으로 산·학·연 전문가, 민간기관의 광범위한 참여를 통해 수립되었다. 4대 부문별 전략과 "5+2" 광역경제권별 발전계획을 바탕으로 지역발전5개년계획을 작성하였다. 제2차 계획의 가장 큰 특징은 광역경제권을 단위로 경제를 활성화한다는 것이다. 제2차 계획은 4대 발전전략으로서 "5+2" 광역경제권 구축, 163개 시·군 기초생활권 형성, $4+\alpha$ 초광역개발권구상, 지방분권·규제합리화의 추진이 수립되었다. 4대 부문별 전략 중에서 가장 중요한 핵심은 "5+2" 광역경제권 구축이다. "5+2" 광역경제권은 충청권, 호남권, 대경권, 동남권, 수도권의 5대 광역경제권과 강원권, 제주권의 2대 특별경제권을 가리킨다. 광역경제권 발전을 위하여 광역경제권별로 특성 및 성장잠재력을 반영한 비전을 설정하고, 광역권 자원의 공동이용 활성화 및 글로벌 경쟁력 확보를 위한 세부과제를 추진하도록 하였다.

둘째, 수도권의 기능 분산이 정책에서 제외되고, 지역에 내재한 인적, 물적 자원에 기반하여 발전계획을 수립·추진한 것이 특징이다. 제1차 계획이 수도권과 비수도권 간의 격차를 줄이기 위하여 지역균형을 추구했다면, 제2차 계획은 광역 단위로 글로벌 경쟁력을 확보함으로써 지역발전을 추구하고자 했다. 제2차 계획은 1차 계획의 지역발전정책이 행정구역 단위의 소규모 분산투자, 산술적 균형에 집착한 나눠주기식 사업으로 유사·중복지원 등 비효율성 초래, 중앙 부처가 제시한 국고 사업의 예산확보·단순집행에 치중하는 등 지역잠재력과 특성을 살린 창조적 지역발전을 제약했다고 비판적으로 평가한다. 제2차 계획은 구체적으로 광역화를 통한 글로벌 경쟁력 확보, 특성화된 지역발전, 분권과 자율, 협력과 상생을 통한 동반 발전 등을 강조하였다. 따라서 제2차 계획에서는 지역혁신체계, 수도권의 기능 조정과 지방 분산이 정책의 전면에서 완전히 사라지고 시장기능을 중시하는 경쟁력 강화로 정책의 중점이 이동하였다.

3.3 지역발전5개년계획(2014~2018)

지역발전5개년계획(2014~2018)은 지역발전위원회와 기획재정부 등 18개 정부 부·청 및 17개 시도가 협력하여 중앙부처의 부문별 발전계획안 중 지역발전정책과 광역지자체 시도의 시도발전계획을 기초로 수립되었다.

첫째, 이 3차 계획은 과거의 지역발전정책들이 중앙정부 주도의 하향식, 부처별·산발적 정책이어서 지역과 주민이 안고 있는 문제를 해결하지 못했다고 평가하고, 지역행복생활권을 정책단위로 주민과 지자체가 주도하는 지역주도의 맞춤형·패키지정책으로 지원하는 방식을 채택하였다.

표 10-2 지역발전5개년계획(2014~2018)의 5대 분야 실천과제 및 주요 생활권사업

분야	실천과제	생활권사업
지역생활권 활성화	• 지역주도 협력사업 확충 • 주민 체감 생활인프라 구축 • 지역 중심지 활력 증진 • 지역 교통·물류망 개선	도심 낙후지역 정비/농어촌 상하수도 보급/버스 정보제공/석면슬레이트 지붕철거/지방도로 구조개선 등
일자리 창출을 통한 지역경제 활력 제고	• 일자리 창출 중심의 지역대표산업 육성 • 지역투자 촉진 기반 확대 • 산업단지 고도화로 창조경제 구현 • 지역기반 연구 활성화로 창조경제 지역확산 • 지역성장 거점도시 조성 • 농산어업 경쟁력 강화	도시 유휴인력과 농어촌연계/귀농·귀촌 활성화 서비스/노후 산단 구조고도화/산업혁신지원센터 구축 등
교육여건 개선 및 창의적 인재양성	• 지방 초·중교 교육환경 개선 • 창의적 인재를 키우는 지방대학 육성 • 일과 학습 병행을 통한 지역인재 양성 • 100세 시대 지역 평생학습체제 구축	농어촌 거점별 우수학교 선정/읍면동 행복학습센터 운영/지방기업 맞춤형 R&D 인력양성 등
지역문화 융성, 생태 복원	• 지역 문화역량 강화 및 특성화 지원 • 맞춤형 문화서비스를 통한 문화격차 해소 • 지역 관광산업 육성 • 생태·자연환경 보전·활용	작은도서관·생활문화센터 운영/문화특화지역조성/위생적인 폐기물시설 설치/지방하천 생태복원 등
사각 없는 지역 복지·의료	• 주민밀착형 복지전달체계 구축 • 수혜자 특성을 반영한 맞춤형 복지시책 추진 • 취약지역 응급의료체계 구축 및 응급의료 인프라 확충	복지전달체계 강화/복지담당 공무원 6천명 확충/ 응급의료 네트워크 강화 등

자료: 지역발전위원회·산업통상자원부, 『지역발전5개년계획(2014~2018)』, p.5, p.26.

둘째, 중앙정부는 지역이 발굴한 생활권 및 특화발전 프로젝트를 지원하기 위해 규제완화 및 제도개선(규제합리화, 지역도시재생 추진, 귀농귀촌 활성화), 인센티브 강화(지역사업 재정지원 및 세제지원 강화 등), 거점개발 촉진(혁신도시 활성화, 기업도시 개발촉진)을 추진하도록 했다.

셋째, 주민의 삶의 질 개선과 지역경쟁력 강화를 위해서 주민생활기반 확충과 지역발전역량 강화, 지역산업 육성 및 일자리 창출 등 지역경제 활성화, 지역의 교육여건 개선과

인재 양성 및 과학기술 진흥, 지역발전 거점 육성과 교통·물류망 확충, 문화·관광 육성 및 환경 보전, 지역의 복지 및 보건의료 확충, 1차 계획에서 추진된 공공기관 등의 지방 이전, 성장촉진지역 및 농산어촌 등의 개발촉진 등을 추진하였다.

이같이 제3차 계획은 지역행복생활권을 단위로 지역경제 활성화, 교육여건 개선 및 창의적 인재양성, 사각없는 지역 복지·의료의 추진 등을 추진하여 지역경쟁력을 강화하고자 했다. 특히 제2기의 정책이 "5+2"의 광역경제권 중심의 정책이었던 것에 비해서 56개의 지역행복생활권을 기반으로 그 지역에 맞는 개발을 지원하고자 했다는 점이 특징이다. 그렇지만 지역행복생활권 내의 경제 활성화 및 지역경쟁력 강화를 규제 완화 등을 통해 달성하려 한 것은 제2차 계획과 상당히 유사한 점이라 하겠다.

3.4 제4차 국가균형발전5개년계획(2019~2023)

지역발전위원회는 2018년 3월에 국가균형발전위원회로 환원되고 지역발전5개년계획도 원래의 명칭을 되찾았다. 국가균형발전위원회와 산업통상자원부는 2019년 1월에 종전의 지역발전계획 대신에 제4차 국가균형발전5개년계획을 발표했다. 이 계획의 수립에는 20개 관계부처, 17개 시도가 참여하였으며, 2018년부터 2022년까지 5년간 총 175조 원(국비 113조 원, 지방비 42조 원, 민자 등 20조 원)의 투자를 계획하였다.

첫째, 제4차 계획은 계획 수립의 배경으로서 지역 간 불균형의 지속과 중앙정부 주도 문제해결 방식의 한계를 지적하고 있다. 전자와 관련해서는 ① 다양한 지역정책의 추진에도 불구하고 인구·경제력, 생활서비스 접근성 측면에서 지역 간 불균형이 지속되고, ② 주력 산업의 침체로 지역경제 여건이 악화되는 가운데 일부 지역은 혁신역량 미흡으로 자립적 성장의 기반 마련에 한계가 드러난다고 지적한다. 후자에 대해서는 ① 중앙정부 주도 방식으로는 저성장, 양극화, 저출산, 지방소멸 등의 당면한 국가적 과제 해결에 한계가 있으므로, ② 지방자치 경험 및 자산이 축적되고, 국민의 참여욕구가 증대된 만큼 지역실정에 밝은 지방정부 주도의 문제해결이 필요하다고 본다.

둘째, 제4차 계획은 "지역주도 자립적 성장기반 마련"을 목표로 설정하고 이를 실현하기 위한 가치를 분권, 포용, 혁신에 두었다. 그리고 가치 실현을 위한 세부 목표로서 ① 자치분권에 맞춰 지역이 주도하고 중앙부처는 지원하는 분권형 균형발전을 추진하고(분권), ② 균형발전 지원체계를 재정립하고 어디서든 안정되고 품격있는 삶을 누릴 수 있도록 국가균형발전체계를 발전적으로 복원하며(포용), ③ 지역 주도 혁신성장으로 지역의 자립적 성장기반을 마련하는 것(혁신)을 설정하였다.

셋째, 균형발전을 달성하기 위한 체계에는 ① 국가균형발전 프로젝트 추진, ② 균형발전총괄지표 개발 및 지역차등지원, ③ 생활밀착형 SOC사업 확대, ④ 지역발전투자협약(계획협약) 본격 추진, ⑤ 국가균형발전특별회계 개편, ⑥ 지역혁신체계 구축이 포함되었다.

표 10-3 제4차 국가균형발전계획의 구성

구분		[핵심과제]	[관계기관]
균형발전 지원체계		1. 국가균형발전 프로젝트 추진	기재부, 국토부, 산업부 등
		2. 균형발전총괄지표 개발 및 지역차등지원	균형위, 기재부 등
		3. 생활밀착형 SOC사업 확대	국조실, 국토부, 문체부 등
		4. 지역발전투자협약(계획협약) 본격 추진	균형위, 국토부 등
		5. 국가균형발전 특별회계 개편	균형위, 기재부 등
		6. 지역혁신체계 구축	균형위, 행안부, 산업부 등

3대 전략			
(사람) 안정되고 품격 있는 삶	1. 지역인재-일자리 선순환 교육체계	교육부 등
	2. 지역자산을 활용한 특색 있는 문화·관광	문체부 등
	3. 기본적 삶의 질 보장을 위한 보건·복지체계 구축	복지부, 여가부, 국토부 등
(공간) 방방곡곡 생기도는 공간	4. 매력있게 되살아나는 농산어촌	농식품부, 해수부, 산업부 등
	5. 도시재생 뉴딜 및 중소도시 재도약	국토부 등
	6. 인구감소지역을 거주강소지역으로	행안부, 농식품부 등
(산업) 일자리가 생겨 나는 지역혁신	7. 혁신도시 시즌2	국토부 등
	8. 지역산업 혁신	산업부, 중기부, 과기부 등
	9. 지역 유휴자산의 경제적 자산화	기재부, 산림청, 해수부 등

자료: 국가균형발전위원회·산업통상자원부, 『제4차 국가균형발전 5개년계획(2018~2022)』, p.5.

넷째, 균형발전 지원체계를 설명하면 다음과 같다. ① 국가균형발전 프로젝트는 지역경제 활성화를 위해 경제적 파급효과가 큰 공공투자 사업을 추진하고 선정된 사업에 대해 예비타당성 조사 면제, 사업 착수비용 지원 등을 통해 조기에 사업을 착수하도록 지원하는 것이다. 여기에는 광역권 교통과 물류망 조성, 물류·관광 인프라 조성, 일자리창출 기반인 지역 전략산업 R&D 투자 지원, 지역 내 교통여건의 개선·의료 및 환경시설 확충을 통한 주민 삶의 개선 등이 포함된다. ② 생활밀착형 SOC사업 확대는 보육, 의료, 복지, 교통, 문화, 체육시설, 공원 등 일상에서 국민이 편익을 증진시키는 모든 시설을 지역이 주도하고 중앙정부가

지원하는 것이다. ③ 국가균형발전특별회계 개편은 지방이 주도적으로 사업을 할 수 있도록 실질적 재정분권을 추진하는 것이다. ④ 지역혁신체계의 구축은 지역혁신협의회를 중심으로 혁신주체들의 활동을 결집하여 지역주도의 발전전략을 수립하고 사업을 발굴하는 것을 말한다. 지역 특화 및 전략산업 육성계획이나 지역 주도형 사업 기획, 부처 공모사업의 우선순위 조정 등에 대해 지역혁신협의회의 컨트롤 타워 역할을 강화함으로써 중앙부처 중심의 지역혁신 사업을 지역 중심으로 개편하는 것을 목표로 하고 있다.

이같이 제4차 국가균형발전5개년계획은 그 앞의 계획보다 지역주도와 지역혁신체계의 중요성을 강조하고 있다. 2, 3차 계획이 지역특화발전을 통한 지역경쟁력의 향상에 중점을 두었다면, 4차 계획은 이를 포함하면서도 지역 간 균형발전과 자립적 성장기반 마련을 포괄하고 있다는 점이 특색이라고 하겠다.

제 4 절 국가균형발전정책의 성과와 재정립 방안

4.1 의의와 성과

4.1.1 국가균형발전정책의 의의

먼저 균형정책의 의의와 대표적인 성과를 평가해 보자.

첫째, 국가균형발전정책은 법률에 의거한 법정계획 이라는 점에서 매우 획기적이다. 이에 비해 우리가 잘 알고 있는 경제개발5개년계획은 행정계획이다. 행정계획은 행정 주체가 일정한 행정 활동을 위한 목표를 설정하고 서로 관련성 있는 행정 수단의 조정과 종합화의 과정을 통하여 목표를 설정한다. 이에 비해 국가균형발전정책은 국가균형발전특별법에 의해 실행이 정해진 정책이므로 법률이 폐기되지 않는 한 지속되어야 하며, 균형발전 및 지역발전 전용 계획이라는 점에서 경제개발5개년계획에서 제시된 지역개발 정책보다 훨씬 장기적 · 지속적 종합정책이다.

둘째, 국가균형발전계획은 추진과정에서 정책의 기본 골격이 바뀌기도 했지만, 처음에 제시된 균형발전정책의 상당 부분은 그대로 지속되었다. 명맥을 유지하게 된 가장 큰 배경은 국가균형발전계획이 법정계획이라는 점이었다. 제2차 및 3차 계획은 시장친화형 규제 개혁과 지역특화 개발을 통해 경쟁력을 강화하려 했다는 점에서 1차 계획과 명칭뿐만 아니라 철학이 근본적으로 다르고 정책의 성격도 달랐다. 그럼에도 1차 계획에서 제시된 기본 노선과 목적, 그리고 많은 정책은 폐기 수순을 밟지 않았다. 무엇보다 지역 주도에 의한 발전이라는 사고가 정책마다 강조되었고, 지역산업 육성, 지역인재 양성 및 지방대학 육성, 지역 간 협력과 상생, 종횡축 및 순환도로망 개설, 혁신도시 건설, 산학연네트워크 구축, 공공기관 분산 이전, 지역문화관광 육성 등의 용어는 표현만 약간씩 다를 뿐 각 계획에서 대체로 유지되었다. 이 중에서 지역대표산업 육성, 혁신도시건설 및 혁신클러스터 구축, 지역인재의 채용과 지방대학의 육성, 공공기관의 지방분산, 도로교통망의 건설, 마을 단위의 재생사업, 원도심 재생 등은 지역경제의 활성화에 나름대로 기여하고 있다. 이와 같이 제1차 국가균형발전계획은 종합적인 발전정책의 기본틀을 제시했다는 점에서 매우 혁신적이었다.

4.1.2 국가균형발전정책의 성과

균형정책의 여러 가지의 성과 중에서 중요한 두 가지를 종합하여 정리하면 다음과 같다.

첫째, 혁신도시 및 혁신클러스터의 구축이다. 혁신도시는 이전공공기관을 수용하여 기업·대학·연구소·공공기관 등이 상호 긴밀하게 협력할 수 있는 혁신 여건과 수준높은 주거·교육·문화 등의 정주환경을 갖추도록 한 미래형도시이다.

① 혁신도시는 각종 기관과 지역 내 산·학·연·관의 네트워킹을 통해 혁신을 창출하고 지역발전을 견인하는 거점으로서 건설되고 있다.

② 혁신클러스터(Innovative Cluster)는 산업, 기업 관련 기관 및 협회 등과 대학 및 연구소 등의 지식생산조직이 집적되어 있어 네트워킹을 통한 경쟁우위를 확보한 지역을 말한다. 즉, 혁신클러스터는 전·후방 연계관계에 있는 산업, 관련 대학 및 연구소 등 지식생산조직 및 기업관련 협회 등과 연계, 벤처캐피털이나 컨설팅기관과 같은 지원기관의 집적과 이들 간의 네트워킹 및 정보와 지식의 공유를 통해 지속적으로 혁신이 일어나고 경쟁우위를 확보한 지역을 의미한다.

클러스터내의 산·학·연 혁신주체들은 상호협력을 통해서 새로운 성장동력을 제공할 수 있는 유망 대표산업을 선정하여 클러스터를 육성한다. 정부는 지역 주도의 클러스터육성을 위해 평가를 통해 우수 거점에 집중 지원하는 방식을 동원한다. 이와 같이 혁신도시는 공공기관 혹은 금융기관 등을 단순히 집중하는 데 그치지 않고 지역산업을 대표하는 미래 신산업과 혁신클러스터, 지역인재 육성, 혁신주체들의 네트워킹 등이 매우 밀접한 관계를 맺고 있는 미래성장거점으로 기대되고 있다. 국가혁신클러스터의 지정현황은 <그림 10-9>와 같다.

<그림 10-9> 국가혁신클러스터 지정 현황

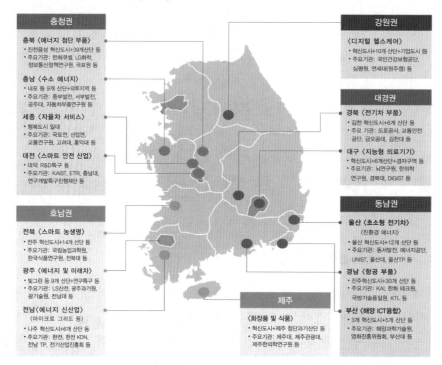

자료: 송우경, "지역산업클러스터에서 국가혁신클러스터까지", 국회심포지움발표자료, 2019.7.5., p.21.

둘째, 제1차 계획에서 추진된 대표적인 성과 중의 하나가 공공기관의 지방 이전이다. 이를 정리하면 다음과 같다.

표 10-4 공공기관 이전 현황(2020년 6월 기준)

지역	계	소속기관	지방이전 공공기관 (109개)		
			공기업	준정부기관	기타공공기관
전체	153	44	18	47	44
혁신도시	112	32	15	39	26
부산	13	해양수산, 금융산업, 영화진흥 등			
대구	10	산업진흥, 교육·학술진흥, 가스산업 등			
광주전남	16	전력산업, 정보통신, 농업기반, 문화예술 등			
울산	9	에너지산업, 근로복지, 산업안전 등			
강원	12	광업진흥, 건강생명, 관광 등			
충북	11	정보통신, 인력개발, 과학기술 등			
전북	12	국토개발관리, 농업생명, 식품연구 등			

지역	계	소속기관	지방이전 공공기관 (109개)		
			공기업	준정부기관	기타공공기관
경북	12	도로교통, 농업기술혁신, 전력기술 등			
경남	11	주택건설, 중소기업진흥 등			
제주	6	국제교류, 교육연수, 국세관리 등			
개별이전	22	오송(5), 아산(4), 기타(13)			
세종	19	–			

자료: 국토교통부(https://innocity.molit.go.kr/v2/submain.jsp?sidx=6)

제1차 계획 당시에 국가균형발전특별법 상 중앙행정기관을 포함한 공공기관은 전국적으로 409개로서 이 중 약 85%인 345개가 수도권에 소재하고 있었다.[5] 국가균형발전위원회는 심의를 거쳐 수도권 소재 345개 공공기관 중 175개 기관을 이전 대상 기관으로 선정하였는데, 공기업 선진화 방안 등으로 통폐합 및 부설기관 독립에 따른 신규 지정으로 153개(혁신도시 115개 + 개별이전 19개 + 세종시 19개)로 조정되었다. 2020년 6월까지 혁신도시 112개를 포함하여 153개의 공공기관이 이전을 완료한 상태이다. 특히 공공기관의 이전은 해당 지역의 대졸자를 중심으로 각 기관 정원의 30%를 목표로 지역 인재를 채용함으로써 지역 대학의 발전과 지역경제에 크게 기여하고 있다. 지자체에서는 현재 공공기관의 2차 이전을 추가적으로 요청하고 있다.

4.2 국가균형발전정책의 재정립 방안

균형발전정책이 제대로 된 성과를 내기 위해서는 균형발전전략이나 정책을 보다 정밀하고 종합적으로 재정립할 필요가 있다. 물론 균형발전정책은 부침을 겪으면서도 혁신도시 건설이나 클러스터 형성, 공공기관 이전 등 나름대로 지역경제의 활성화에 기여한 바를 부정할 수 없다. 이마저 없었다면 지역 간 불균형은 현재보다 더욱 심화되었을 것이다. 그러나 국가균형발전정책이 목적한 바의 성과를 충분히 거두었는가에 대해서는 회의적일 수밖에 없다. 다시 말해, 수도권 집중을 원화히기니 역전시킬 정도로 이직은 충분한 성과를 거두었다고 보기 어려운 것이다.

---

5) 국가균형발전특별법 제18조 및 같은 법 시행령 제16조 규정에 따라 중앙행정기관(세종 특별자치시 이전), 수도권을 관할구역으로 하는 기관, 수도권 안의 낙후지역과 폐기물 매립지에 소재한 기관, 공연·전시·도서·지역문화복지·의료시설 등 수도권 주민의 문화·복리 증진에 기여하는 시설을 관리하는 기관, 수도권 안에 소재한 문화유적지, 묘지, 매립지, 남북출입장소, 철도역, 공항 등을 관리하는 기관, 구성원 상호간의 상호부조, 권익향상 등을 목적으로 설립된 기관, 그밖에 수도권 내 소재가 불가피하다고 인정되는 기관은 혁신도시 이전 대상에서 제외되었다.

그러므로 여기서는 균형발전정책의 재정립 방안을 정리해 보고자 한다. 이 방안들은 역으로 해석하면 그간 실시되었던 균형발전정책의 문제점이기도 하다.

4.2.1 예산 확보의 시급성

① 균형발전예산 총액의 허구성

무엇보다 제대로 된 예산을 확보하는 일이 가장 시급하다. 균형발전예산의 부족이야말로 균형발전정책이 목적한 바의 큰 성과를 내지 못한 첫 번째 원인이다. 그동안 정부는 계획마다 5년간 1백 수십조 원의 방대한 자금을 투입한다고 발표해 왔다. 하지만 그 내용을 살펴보면 상당히 과장되어 있다. 균형발전에 실제로 투입되는 자금은 발표 액수보다 크게 적다. 게다가 사업의 성격상 균형발전과는 전혀 관계없는 자금도 항목에 들어가 있다. 먼저, 충분한 재원을 투입했는지를 검토해 보자.

표 10-5 균형발전예산과 통합재정 증가액 비교 (단위: 조원)

	1차계획('04)	2차계획('09)	3차 계획('14)	4차 계획('19)
균형발전예산	132	161	165	175+α
통합재정 총지출 증가액(5년간)	62.6	72.6	87.6	148.4(3년간)

주: 1) 통합재정은 결산기준
 2) 4차 계획의 통합재정 총지출 증가액은 2019~2021년의 3년간임
자료: 국가통계포털

<표 10-5>는 균형발전예산과 각 계획과 시기를 일치시킨 통합재정 총지출 증가액을 비교한 것이다.

첫째, 공표된 균형발전예산은 상당히 과장되어 있다. ① 균형발전예산은 1차 때 135조 원에서 증가하여 4차에서는 175조 원+α이다. ② 그런데 1차 계획부터 3차 계획까지 균형발전 예산액은 통합재정 총지출 증가액의 2배에 이른다. ③ 단, 4차 계획에서 2019~2021년 3년간 재정 규모가 148.4조 원 늘었지만, 여기에는 코로나19 유행에 대한 대응자금 지출이 상당액 포함되어 있다.[6] ④ 더욱이 통합재정 증가액에는 특정 목적을 위해 지출하는 기금이 포함되어 있다. 예를 들면, 2차 계획 기간 중인 2011~2013년에 기금은 22.2조 원, 3차 계획 기간에는 29.8조 원이 늘었다. 3차 계획 기간 동안에 통합재정 증가액에는 기금 지출 증가분이 30%를 차지한다. 이것을 빼면 통합재정의 실질증가액은 크게 줄어든다.

---

6) 코로나19 유행이 본격화한 2020년에는 53.3조 원이 늘었고, 2021년에는 40.1조 원 증가하였다.

그러므로 정부 예산에 새로이 편성된 균형발전예산 항목을 통합재정 증가분으로 충족했다고 볼 수 없다. 즉, 각 계획에서 제시된 균형발전예산의 총투입 규모는 균형발전을 위해 새로이 편성된 예산의 순수증가분이 아니다. 더욱이 국가재정은 물가상승, 임금상승, 사업확장, 신규사업을 고려한 각종 지출 증가가 있기 때문에 기금을 제외한 재정 증가분에서 균형발전정책에 실제로 투입되는 자금은 훨씬 더 줄어들 것이다.

둘째, 어떻게 이렇게 방대한 규모의 균형발전예산 규모를 맞출 수 있었을까? 정부의 중앙 부처에서 기존에 지출하던 지방 관련 예산을 균형발전예산에 이전·편입하여 작성했을 것이다. 다만, 중앙 부서의 기존 지출 항목 중 어떤 것이 균형예산에 들어갔는지는 발표가 없으므로 확인할 수 없다. 예산의 우선 순위를 조정하거나 예산을 절감하여 균형발전예산에 넣는다 하더라도 그것은 극히 일부분에 지나지 않는다. 즉, 예산투입 규모가 과장되어 있다. 예산을 실질적으로 확대할 수 있도록 재원을 확보할 필요가 있다.

표 10-6 제4차 국가균형발전5개년계획상의 연차별 재원 소요 계획(2018~2022) (단위: 조원)

	2018	2019		2020		2021		2022
	5개년 계획	5개년 계획	시행 계획	5개년 계획	시행 계획	5개년 계획	시행 계획	5개년 계획
총투자액	25.5	34.0	34.8	34.0	39.2	36.7	39.0	35.5
국비	17.7	20.4	20.7	22.5	18.3	22.7	20.2	21.6
지방비	6.4	8.4	12.2	8.8	16.2	8.8	15.2	8.6
민자	1.4	5.2	1.9	2.7	4.7	5.2	3.6	5.2
지방비(%)	25.1	24.7	35.1	25.9	41.3	24.0	39.0	24.2
지방비+민자(%)	30.6	40.0	40.5	33.8	53.3	38.1	48.2	38.9

주: 1) 5개년 투자액은 생활SOC 투자액을 제외
   2) 지자체 자체재원 사업의 투자액(지방비와 민자)을 포함
자료: 국가균형발전위원회, 산업통상자원부, 2021 국가균형발전 시행계획(안)

더욱이 국가균형발전예산에는 중앙정부의 예산뿐만 아니라 지방자치단체가 부담하는 지방비와 민자도 적지 않은 비중을 차지하고 있다. 가령, 제4차 계획(2018~2022)의 경우, 지방비는 5개년 계획에서 대체로 25%였는데 실제의 시행계획에서는 2019~2021년 사이에 35.1%~41.3%를 부담하도록 되었다. 더욱이 시행계획에서 지방비와 민자를 합한 비중은 40%~53%를 점하고 있다. 이렇게 높은 비중은 균형발전의 이름 아래 재정 부담을 지방자치단체와 지방민에 과도하게 떠넘기는 것을 의미한다.

② 균형발전특별회계의 부족

국가균형발전을 위해 실제적으로 투입되는 전용 예산은 국가균형발전특별회계(이하 균특회계)이다. 국가균형발전특별법은 국가균형발전계획과 관련 사업을 효율적으로 추진하기 위하여 ① 균특회계를 설치하고(제30조), ② 회계는 기획재정부장관이 관리·운영하며, ③ 회계는 지역자율계정, 지역지원계정, 제주특별자치도계정 및 세종특별자치시계정으로 구분하도록 규정하고 있다. ④ 지역자율계정은 지방정부가 예산을 자율적으로 편성하여 집행하며, 지역지원계정은 중앙정부가 직접 예산을 편성해서 지방정부에 주는 계정이다.

다음의 <표 10-7>은 균특회계의 구성 및 추이를 통합재정 및 GDP와 비교한 것이다.

표 10-7 균특회계 재정투자 추이(2005~2021)   (단위: 조원)

	지역 자율	지역 지원	제주· 세종	균특 합계	통합 재정	GDP
2005	4.1	1.3	–	5.4	183.5	957.4
2008	5.8	1.7	0.4	7.9	229.4	1,154.2
2009	3.8	5.4	0.4	9.6	250.4	1,205.3
2010	3.7	5.8	0.4	9.9	251.1	1,322.6
2011	3.6	5.8	0.4	9.8	269.8	1,388.9
2012	3.5	5.5	0.4	9.4	286.9	1,440.1
2013	3.4	6.2	0.3	9.9	302.0	1,500.8
2014	3.5	5.5	0.3	9.4	311.5	1,562.9
2015	4.5	5.4	0.5	10.4	330.5	1,658.0
2016	4.6	4.9	0.5	10.0	342.6	1,740.8
2017	4.7	4.7	0.4	9.8	363.7	1,835.7
2018	5.2	4.3	0.4	9.9	389.6	1,898.2
2019	5.5	4.8	0.4	10.7	436.7	1,924.5
2020	2.3	6.6	0.3	9.2	490.0	1,940.7
2021	2.5	7.5	0.3	10.3	538.0	2,071.7

주: 통합재정은 총지출 결산 기준
자료: 국가균형발전위원회, 『2022년 국가균형발전특별회계 예산편성에 관한 의견(안)』, 2022. 7. p.2.
　　　국가통계포털

첫째, 균특회계가 크게 부족하다는 사실을 보여 준다. ① 균특회계는 2005년에 5.4조 원으로 시작하여 2009년 9.6조 원으로 늘었다. 그러나 그 이후 2021년까지 10조 원 전후이다. 2022년에도 10조 원 정도다. 균특회계가 9조 원대가 된 2009년을 기준으로 해도 GDP는 1.7배로 늘었고 통합재정 총지출(결산기준)은 2.1배로 증가하였다. 사실상 균특회계는 상대적 의미에서 감소한 것이다. 담당 부처에서 재정분권에 따라서 균특회계 중 일부가 지방으로 이양되었다고 하지만 예산 삭감이나 다를 바 없는 상태가 바뀌지 않는다. ② 사실 10조 원 전후의 예산 자체가 균형발전을 이룩하기에는 턱도 없이 부족한 규모이다. 10조 원의 균특회계를 6개 광역시와 9개 도로 단순히 나누면 1개 광역자치단체에 대한 지원액이 6,300억 원에도 못 미친다.

둘째, 균형발전5개년계획은 하나같이 지역 주도를 강조하고 있지만, 예산은 지역을 주도한 지방정부의 역할을 제약하고 있다. 지역의 사회경제적 사정을 가장 정통하게 알고 있는 것은 중앙정부가 아니라 지방정부이다. 이 지방정부의 역할을 강화하기 위해서 지역자율계정이 국가균형발전특별법에도 명시되어 있지만, <표 10-7>에서는 중앙정부가 통제하는 지역지원 계정이 대체로 절반을 넘고 크고 특히 2020년부터는 압도적 비중을 차지한다. 지역자율 계정은 2019년에 53.4%에서 2020~2021년 25~25.8%에 지나지 않는다(제주·세종계정 제외). 보도에 따르면, 2022년에는 22% 수준으로 더욱 떨어졌다(이데일리, 2022.12.18.).

③ 과도한 수도권의 비중

균특회계에서 수도권의 비중이 과도하게 차지하고 있다. 국가균형발전위원회의 자료에 따르면, ① 2020년 균특예산 중 지역지원계정에서 수도권 예산은 24.5%이다. ② 또한 2020년에 광역철도 건설 예산 6,274억 원에서 수도권은 5,934억 원, 94.6%이고 2021년에는 8,218억 원 중 7,707억 원으로 93.8%를 점한다. ③ 2008년에 균특회계 총액에서 9.3%였던 수도권 비중은 2015년 12.9%, 2022년에 16.8%로 증가해 왔다(이데일리, 2022.12.18.). 이러한 예산 배분은 수도권에 비해 취약한 비수도권의 경쟁력 강화와 지방민의 삶의 기반을 확보한다는 취지와 어긋난다. 균형발전의 목적에 맞게 수도권 예산의 비중을 줄이고 비수도권의 비중을 증가시켜 균특회계 본연의 기능에 맞게 예산을 조정할 필요가 있겠다.

4.2.2 효율적인 예산의 편성

① 방향성의 확립

균특회계를 들여다보면, 균형발전과 관련 없는 항목이 적지 않게 들어가 있다. 균형발전을 이끌어 가야 할 핵심 정책의 방향도 모호한 측면이 강하다. 다시 말해, 균형발전에 효과적으로 작용할 수 있는 예산 편성의 정체성 확립이 요구된다. 다음은 국가균형발전위원회의 홈페이지에 게시된 균특회계를 중심으로 주요 예산 항목을 분석한 것이다.

표 10-8 국가균형특별회계 예산의 주요 항목 비교(2020, 2021) (단위: 억원, %)

	금액 (억원)		비중 (%)	
	2020	2021	2020	2021
균특회계	94,343	106,530	–	–
R&D	16,936	18,798	18.0	17.6
(순R&D)	(12,866)	(14,476)	(13.6)	(13.6)
도로 건설	7,235	7,877	7.7	7.4
광역철도	6,274	8,218	6.7	7.7
상하수도확충,정비등	6,239	6,082	6.6	5.7

2020년과 2021년의 균특회계 예산은 경제는 물론 복지, 문화, 예술 등 광범한 분야에 걸쳐 자금이 배분되어 있다. <표 10-8>은 그중에서 몇 가지 분야를 뽑아서 정리한 것이다.

첫째, 지역의 균형발전과 별로 관련 없는 항목들이 포함되어 있다. 이는 정부의 각 부처들이 제출한 지역 관련 예산들을 단순 합산하여 작성한 결과로 보인다. 예를 들면, ① 임도 건설, 상하수도 확충 및 정비 등이다. 이것들은 비수도권 주민의 삶과 전혀 무관하지는 않겠으나 균형발전과는 하등 관련이 없다. ② 중앙정부에서 담당해야 할 도로 건설비(산단 진입도로 포함), 광역철도 건설비도 포함되어 있다. 앞에서 보았듯이, 광역철도 건설비의 거의 전부는 수도권에 사용되는 돈이었다. 물론 이 계정의 포함 여부는 정책의 성격이나 정책 당국자의 판단에 따라 다를 수 있다. 그러나 굳이 균형발전정책이 아니라도 당연히 투자해야 할 정부의 정책을 여기에 끼워 넣는 것이 균형발전 본래의 취지에 맞는가를 재고해 볼 대목이다.

둘째, R&D 예산의 내용을 재정비하여 대폭 늘일 필요가 있다. R&D는 지역 기업의 경쟁력을 강화하는 핵심이다. 우량 중소기업, 즉 중견기업의 육성이야말로 지역경제의 발전 및 균형발전의 토대이기 때문이다. ① 균특회계에서 R&D 예산은 17~18%를 차지하고 있다. 그러나 여기에는 R&D와는 관계없는 거액의 자금이 포함되어 있다. 이를 빼고 순수한 R&D 예산을 계산한 바에 의하면 13.6%이다. R&D 이름을 달고 있지만 학교기업지원사업, 전문대학혁신지원(이상 교육인적자원부) 등의 대학구조조정, 산학융합지구조성사업(산업통상자원부) 등은 균형발전과 관련이 없다. ② 또한 R&D 항목에는 건물 등 공간 조성비, 기관 지원 등도 포함된다. 산학연고도화지원사업(교육인적자원부, 4,306억 원)에는 LINK(산학협력선도대학) 육성, 지역선도대학 육성 등 사실상의 교육비 및 기술인력 양성, 지원단, 융합센터 건설 등이 포함되어 있다.

이 항목을 제외한 나머지 액수를 15개 광역자치단체(6개 광역시, 9개 도)로 나누면 1지역당 실질 R&D 지원액은 1천억 원에도 못미치는 965억 원이다. 지역 테크노파크의 연구개발비 내역에 순수한 연구비보다 시설비가 상당 부분인 것을 고려할 때 수많은 중소기업의 경쟁력을 강화하기에는 역부족이라 하지 않을 수 없다.

국가균형발전정책이란 다양한 분야에서 지역 주민에게 균질적인 삶의 기회를 제공하기 위한 것이다. 하지만 이를 위해서는 균형발전 선도 부문에 대한 집중적 투자가 전제되어야 한다. 즉 지역경제 활성화 및 경쟁력 강화를 위한 투자가 균형발전정책의 중심이 되어야 한다. R&D 예산을 비롯하여 실질적으로 경제 부문의 불균형을 시정할 수 있도록 예산 계획이 선행되어야 할 것이다.

② 균형발전 펀드의 조성

기업지원 금융의 탈중앙화가 시급하다. 지역 맞춤형 지원 금융을 통해 기업의 R&D는 물론이고 기술창업, 기업 유치를 촉진할 필요가 있다. 물론 생활밀착형 SOC사업 및 문화시설의 건설, 도시재생사업, 보건·복지체계의 구축, 지역대학의 육성은 여전히 매우 중요하다. 그러나 지방소멸의 우려가 나오는 것은 기본적으로 노동 연령층이 선호하는 좋은 일자리가 없기 때문이다.

해방 이후 우리나라는 지역의 교육기관들이 수많은 인재를 양성했으나 그들의 상당 부분은 서울에서 일자리를 찾았다. 지역에 그들이 정착할 만한 일자리의 부족이 원인이었다. 다양한 분야에 대한 지원정책을 지속하면서도 균형발전정책의 중심에 지역의 경제 활성화가 자리 잡아야 하는 이유라고 하겠다.

<그림 10-10>은 창업 이후 기업의 생존 유지가 수도권과 극히 몇몇 광역시를 제외하면 매우 어렵기 때문에 30년을 넘기기가 극히 힘들다는 것을 보여주고 있다. 그리고 이것을 앞의 <그림 10-8>의 소멸위기 지역도와 비교해 보면, 인구소멸 위험도가 낮은 지역과 생존 기업의 밀도가 높은 지역이 거의 일치한다. 기업의 존재와 지역산업의 혁신이 나머지 요인을 결정하는 요인임을 이해할 수 있다.

어떠한 명칭이든 균형발전을 위한 지역 맞춤형 금융지원체제를 위해서는 다음과 같은 점들이 충족되면 바람직할 것이다.

첫째, 광역자치단체별로 기업지원 금융펀드를 조성해서 지방정부기 지역의 금융기관과 협력하여 운영할 필요가 있다. 다양한 업종에 걸친 중소기업의 R&D 자금의 지원을 중심으로 연구인력의 양성에 주력하면 좋을 것이다.

<그림 10-10> 존속기간별 생존기업 분포

• 존속기간 5년 이하

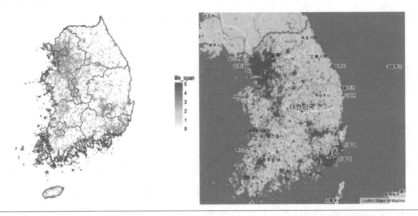

• 존속기간 30년 이하

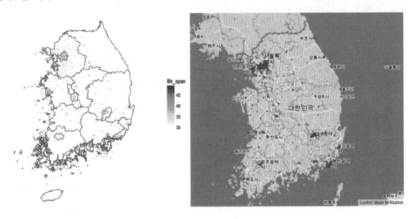

자료: 국가균형발전위원회, 『지역, 相生을 꿈꾸다』, 2020, p.59.

둘째, 창업기업은 물론 창업 후 어느 정도 성장한 기업을 지원하는 금융지원체계의 확립이 시급하다. ① 비수도권에서는 창업 활성화를 위한 벤처투자인프라가 절대적으로 부족하다. 최근 창업투자회사의 지역 소재 비중은 8.7%(지역 13개/ 전국 149개)로서 수도권 소재 비율이 압도적이다.7) ② 한편, 지역에서 창업하거나 오랫동안 생산활동을 한 중소기업이 어느 정도 성장한 후 수도권으로 이전해 가는 경우가 적지 않다. 창업기업이 초기투자 유치 이후 탄생 지역에서 후속 자금의 확보가 쉽지 않은 것이 가장 큰 이유이다. 자금이 풍부한 수도권으로의 기업 이전은 지역 인재의 유출을 가속화하고 지역경쟁력을 약화시키는 원인으로 작용하고 있다. 따라서 지역에 기반을 둔 투자펀드의 조성이 시급한 과제이다. 기업지원 금융을 탈중앙화하고 지역의 전략산업 및 기업의 성장단계를 고려하여 지원

7) 부산테크노파크, 『지역균형 뉴딜펀드 설립 및 운영』, 2020, p.4.

하는 지역맞춤형 펀드의 조성과 운영이 필요하다고 하겠다.

셋째, 혁신도시의 건설에서도 지역 맞춤형 펀드는 중요한 역할을 하게 될 것이다. 혁신도시의 건설이 지역발전을 견인하기 위해서는 기존의 단순한 공단 조성의 수준을 벗어나야 한다. 공공기관의 유치는 지역 인력의 일부분을 고용하기 때문에 지역경제의 발전역량 구축에 제한적이다. 재화와 용역을 공급하고 사람을 고용하는 민간기업의 유치와 육성이 균형발전의 핵심 동력이다.

그 외에도 지방자치단체의 정책에는 아직도 보완해야 할 점이 적지 않다. 세제 혜택을 비롯한 중앙정부의 각종 지원과 더불어 산·학·연네트워킹을 통한 연구개발, 기술 및 금융적 지원 등의 실질적으로 기업 경영에 필요한 종합적 대책이 지역 차원에서 보다 정밀하게 실시되어야 할 것이다.

4.2.3 초광역·권역 간 연계체제의 확립

지역 소재 기업들이 광역경제권 간의 연계 강화를 통해 시장에서 규모의 경제를 누릴 수 있도록 정책을 전환할 필요가 있다. 예를 들면, 이를 위한 인프라로써 전국적 연계 교통망, 특히 광역경제권 간의 연계를 강화할 필요가 있다. 인구와 지역총생산의 50% 이상이 집중한 수도권은 금융, 창업기업, 기업육성기금 등에서도 압도적 비중을 차지하고 있다. 이것은 지역경제 활성화나 균형발전이 광역권 내부의 경제적, 행정적 통합 정도로 과연 목표를 달성할 수 있을 것인가에 대해서 의문을 제기한다. 수도권과 비수도권의 경제적 격차가 확대되고 있으므로 균형정책을 보다 거시적 측면에서 추진할 필요성이 있는 것으로 보인다.

광역경제권을 형성을 위한 노력이 경주되고 있다. 인접 지역 시도 간의 갈등을 극복하고 협력체제를 확립한다면 지역경제 활성화에 적지 않게 도움이 될 것이다. ① 그러나 남한 면적의 8분의. 1도 안되는 수도권의 인구가 2,600만 명인 데 비하여, 동남권 780만 명, 대경권 500만 명, 호남권(전라남북도) 500만 명, 충청권 570만 명, 강원 150만 명으로 가장 인구가 많은 동남권조차 수도권 대비 30%에 불과하다. 다시 말해, 광역권의 시장 규모가 작은 것이다. ② 더욱이 광역권 간의 교통연계망은 매우 부실하다. 이것만으로도 비수도권 기업은 불리할 수밖에 없는 조건이며, 우량 기업이 지역에 있지 않고 수도권으로 가버리는 충분한 이유가 된다. 따라서 지역의 기업들이 보다 넓은 시장을 대상으로 경제 활동을 펼칠 수 있는 환경을 만드는 일이 시급하다. 광역권 단위가 아니라 비수도권 전체를 보다 용이하게 연결시키는 정책의 개발을 검토해 볼 필요가 있을 것이다. 광역권 간을 연결하는 철도교통인프라의 구축은 이러한 정책의 하나가 될 수 있다.

전국 교통, 물류망의 건설에 대해서는 이미 제1차 국가균형발전5개년계획에서 「ㅁ자형·방사형 고속교통망」 조기구축, 동서 횡축 국가간선도로망 완성이 계획되었고,[8] 그 이후 제4차 계획에 이르기까지 주요 정책으로 등장하고 있다. 그러나 그것은 광역권 내 복선전철 혹은 광역(도시)철도이거나 고속도로 건설을 대상으로 하고 있고, 광역권과 광역권을 잇는 철도망 건설은 배제되어 있다. 철도망 건설은 대량 운송 및 관광 인프라의 구축이라는 점에서 광역권 시장을 확대하는 데 매우 중요한 수단이 될 수 있다.

우리나라의 철도 노선을 한마디로 표현한다면 서울 지배적 물류유통체계이다. 철도노선은 일제강점기의 노선에서 크게 벗어나지 못하고 있다. ① 수도권에서는 전국 각지로 철도가 연결되고 있으나 비수도권에서는 광역권 간의 연결이 매우 부실하다. ② 가령, 고속열차를 이용하는 광주~부산 노선은 없으며 굳이 환승하면 광주~오송~부산의 노선 이용이 가능할 뿐이다. 재래식 열차로는 부산~광주 노선에 새벽 열차가 1회 운행하며 5시간 40분, 부산~목포에는 6시간 40분 걸린다. ③ 또한 부산~강릉은 고속열차를 서울에서 환승해야 하고 재래식 열차로는 태백산맥 서쪽 노선을 타야 하는데 매우 많은 시간이 걸린다. 경북과 강원도 일부의 동해안 지역은 우리나라에서 접근하기 가장 어렵고 외진 곳이다. ④ 반면, 서울과 강릉 간에는 관광용 고속열차로 왕복이 가능하다.

현재의 전국 철도노선은 광역권 간의 인적·물적 교류를 가로막고 있다. 광주~부산 노선의 복선화, 동해안의 노선의 완전 연결은 협소한 권역별 시장의 확대뿐만 아니라 남해안 및 동해안 관광산업의 발전에 크게 기여할 것이다.

<그림 10-11> 철도노선도

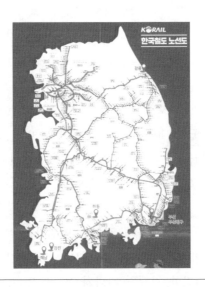

---

8) 국가균형발전위원회, 산업자원부, 『제1차국가균형발전5개년계획(2004~2008)』, p.23

최근에는 광역권 내 철도망 건설이 추진되고 있으나 광역권을 뛰어넘어 이들을 원활하게 연결하는 철도망의 건설도 추진할 필요가 있다. 중앙정부가 지역의 입장에서 철도망 구성을 다시 한번 검토해야 하는 이유이다.

4.2.4 균형발전지원체계의 확립

균형발전 지원체계가 지닌 가장 중요한 문제는 균형발전정책을 추진하는 강력한 기구가 없다는 점이다. 현재 기획재정부, 국토교통부, 산업통상자원부, 교육인적자원부, 문화관광체육부, 보건복지부 등 각 부처는 균형발전계획 중 각자의 고유 업무와 관련있는 부분만을 분산적으로 실행에 옮기고 있다. 예를 들면, 국가균형발전 프로젝트는 기획재정부, 국토교통부, 산업통상부가 협력하고, 생활밀착형SOC사업은 국무조정실, 국토교통부, 문화관광체육부 등이, 지역인재는 교육부 등이 맡는 식으로 난립하고 있다(<표 10-3> 참조). 그 결과 정부의 각 부서의 정책이 서로 중복되거나 실행력이 떨어지는 등 효율성이 훼손되고 있다. 국가균형발전위원회가 있지만 대통령의 자문기구이기 때문에 균형발전계획의 수립과 예산 편성, 정책 실행 등에 많은 한계를 노정하고 있다. 정책 실행 주체의 분산에서 빚어지는 비효율을 예방하기 위한 체계의 확립이 요청된다 하겠다.

둘째, 지역의 주장을 국가정책에 효과적으로 반영할 수 있도록 광역자치단체들이 모인 협의기구의 실질화 노력이 필요하다. 예산 집행권을 중앙정부가 쥐고 있기 때문에 지방정부는 중앙정부의 눈치를 보는 수동적 입장이다. 오히려 정부에서 제시하는 예산을 배정받기 위해서 광역자치단체 간에 갈등이 조장되는 경우가 적지 않다. 지역의 요구를 중앙정부에 펼치기 위해서라도 이해관계를 조정하는 등 지방정부 간의 협조는 필수적이다. 이를 바탕으로 광역자치단체의 협의체에서 결정된 사항을 중앙정부에 직접 전달할 수 있는 체계를 구축할 수 있을 것이다.

셋째, 지방자치단체와 정부의 각 부처는 협력하되 지자체가 주도적으로 지역정책을 펼칠 수 있도록 체계를 확립할 필요가 있다. 지방자치단체는 여러 부처에서 지원을 받지만 혁신도시나 여러 형태의 클러스터를 혁신주체들과 자율적으로 관리하는 등 주도적으로 정책을 추진할 수 있어야 한다. 지역사정을 가장 잘 아는 것은 지역의 정부이기 때문이다.

마지막으로 지역사업에 대한 예비타당성조사 방식의 변경을 심각하게 고려할 필요가 있다. 예비타당성조사는 예산의 낭비를 막고 집행의 효율성을 제고하기 위해 도입되었으나 여러 가지 문제점을 노정하고 있다. 특히 과도하게 높게 설정된 경제성 평가의 비중은 국가 지원을 받고자 하는 지역 사업들이 넘기 힘든 벽이다. 기존의 불리한 조건을 전제로 평가하기 때문에 당연한 결과라 할 수 있다. 반면, 수도권 사업에서는 예비타당성 통과를 우려하는 목소리를 듣기 어렵다. 현재의 평가 방식은 경쟁력이 약한 지역의 경쟁력을 강화하기 위한 균형발전정책의 목표와 오히려 배치되는 측면이 강하다. 평가 방식에 대한 다양한 검토가 요청된다.

　지방에 대한 투자를 비능률과 낭비를 초래하는 비용이라는 시각이 존재하는 한 균형발전은 달성하기 어려운 목표가 될 수밖에 없다. 서울이나 수도권이 처음부터 국제적 경쟁력을 갖춘 지역이 아니었음은 주지의 사실이다. 수도권 중심의 정책이 사람을 불러 모으고 이에 대응하여 각종 인프라의 공급이 반복되는 과정에서 오늘날의 수도권 일극체제가 확립된 것이다. 중앙정부와 수도권 주민의 포용적 자세가 요청되는 이유이다. 그러나 가장 중요한 것은 균형발전을 이루겠다는 지방자치단체와 지역 주민의 관심과 노력이다. 균형발전을 위한 각 지방자치단체의 협력과 연대가 전제조건이며, 각 지역의 주민들 또한 상호 간 관용하고 포용하는 자세를 가질 필요가 있다 하겠다.

/11/

또 하나의 성장 동력
남북 경제협력

11 또 하나의 성장 동력 남북 경제협력

통일은 우리 사회가 반드시 완수해야 할 역사적 과업이다. 남북한 경제협력은 서로 간 공통의 이해관계를 형성한다는 점에서 평화통일의 기반이다. 그러므로 남북 경제협력은 단순히 물질적으로만 계산할 수 없는 반드시 가야 할 길이다. 하지만 경제적 측면에서 볼 때 경제협력이 서로에게 커다란 도움을 주고 윈윈할 수 있는 성장 동력이라는 점을 부인할 수 없다.

한국전쟁으로 인해 한반도는 엄청난 인적, 물적 피해를 입었다. 인적 피해만 하더라도 사망, 부상, 실종, 포로 등을 합하여 양측은 공식통계로 약 330만 명이고, 이산가족도 수백만 명이다.[1] 막대한 피해에도 불구하고 휴전 이후 남북한은 나름대로 성장을 거듭하였다. 그러나 북한 경제는 1970년대 초부터 남한에 크게 뒤처지기 시작했다. 북한 경제의 어려움은 갈수록 심해져서 1990년대에는 고난의 행군(1995~1999년)을 겪기도 했다. 현재 북한은 식량 부족과 에너지난, 외화난으로 경제적으로 심각한 어려움에 빠져 있다. 한편, 남한도 4차 산업혁명 시대를 맞이하여 급격한 산업구조의 조정과 성장률 하락을 경험하고 있다. 남한과 북한이 현재의 남북교류 전면 중단 사태를 극복하고 경제교류 및 협력을 다시 추진할 수 있다면 상호 간에 커다란 도움이 될 것이다.

북한의 천연자원과 우수한 인적 자원이라는 경제적 잠재력과 남한의 자본과 기술력이 결합한다면 상호 간에 윈윈할 수 있는 계기가 될 것이 분명하다. 북한과의 통일비용은 우리나라의 국가재정으로서는 단독으로 감낭하기 힘들 정도로 막내한 자금이 소요될 것으로 예측되고 있다. 따라서 통일에 대비하기 위해서라도 북한 경제의 연착륙은 반드시 달성되

---

1) 공식 추계로는 사망, 부상, 실종, 포로 등 인적 피해는 양측을 합하여 330만여 명인데, 민간인 99만명, 국군 약 16만 명, 경찰 약 2만 명, UN군 약 55만 명, 북한군 64만 명(혹은 약 61만 명, 80만 명), 중공군 97만 명이지만, 북한군, 중공군, 소련군측은 구체적인 피해 자료를 제시하지 않고 있다(북한군, 중공군, 소련군의 부상자는 제외). 남한 측 사망자는 UN군 약 6만 명을 포함하여 44만여 명이고, 북한군은 52만 명(혹은 약 51만 명), 중공군은 약 15만 명이다. 참전국은 자국의 피해를 축소하고 과장하는 것이 통상적이어서 피해규모를 정확하게 집계하기가 곤란하다(국방군사연구소, 『한국전쟁피해통계집』, 1996, p.33, p.67, p.81, p.85, p.110, pp.142-145.).

어야 한다. 그러한 의미에서 남북한 경제의 교류 및 협력은 평화통일의 출발점이라고 할 수 있다.

제1절 **남북 경제협력의 필요성**

1.1 경제협력의 의의

남북한 경제협력의 필요성에 대한 경제적 측면의 고려는 정치적인 측면과 따로 분리해서 생각할 수 없다. 경제교류협력 자체가 정치적 행위이고, 정치적 합의와 결단은 경제협력의 토대이기 때문이다. 그렇지만 남북 경제협력이 가지는 의의를 경제적인 측면을 중심으로 정리해 보면 다음과 같다.

먼저, 남북한 경제협력은 한반도의 정치군사적 대립의 완화 및 평화적 분위기의 조성에 도움이 될 것이다. 한반도는 세계에서도 보기 드물게 대규모 군사력이 밀집한 지역이다. 각종 대량살상무기나 첨단무기는 물론이고 비무장지대를 경계선으로 북한군 130만 명, 국군 60만 명의 정규군이 대치하고 있으며, 남북한을 합한 예비병력은 1천만여 명에 이른다. 남북한 간 경제교류와 협력은 상호 간 경제적 이익을 추구하게 함으로써 공통의 이해관계를 형성하여 군사적 충돌 가능성을 낮출 수 있는 중요한 수단이 될 수 있다.

남북한은 비무장지대 내 감시초소를 철수시켰지만 군사적 대치를 종식시키기 위해서는 보다 근본적인 조치의 실행이 요구된다. 그중의 하나가 경제의 교류 및 협력을 통한 상호 이익 추구 시스템의 구축이다. 이것은 군사적 긴장 완화뿐만 아니라 남북한의 신뢰 구축, 국가신인도의 향상, 외국자본의 유치 등 보다 유리한 상황을 이끌어 낼 수 있다. 또한 동북아시아 전체가 군사력이 증강되고 있는 것이 현실이다. 남북한과 주변 4대 강국의 군사력을 합치면 엄청난 파괴력이 한반도를 포위하고 있다. 경제협력을 통해 상호 간의 군사충돌 가능성을 제거하고 평화체제를 구축하는 일은 동북아시아 지역은 물론 인류 전체의 평화와 번영에도 기여하는 길이기도 하다.

둘째, 남북 경제협력은 한반도 전체의 통일비용을 절감할 것이다. 통일비용에 대해서는 정의, 연구 방법, 통일 시점을 어떻게 잡느냐에 따라 견해가 달라지기 때문에 정확한 수치를 제시하기가 쉽지 않다. 2004년의 어떤 보고서는 통일비용을 최소액인 500억 달러 정도라고 하는가 하면 최대 5조 달러로 추정하는 견해도 있다. 2014년 말에 나온 국회예산정책처의 보고서는 통일비용의 부담을 2016년을 시작점으로 하여 2060년까지 가정한 45년간의 부담 규모를 1경 428조 원, 실질가치로 환산된 총통일비용을 약 4,700조 원 정도로 추산하고 있다.[2] 2022년 남한의 재정 규모가 679조 원 정도이고 북한의 재정 규모는 이보다 훨씬 적으므로 도저히 남북한 정부의 재정만으로는 감당할 수 없다. 남북 상호 간의 협력을 통해서 통일비용을 줄일 수 있도록 기반을 구축해 둘 필요가 있다.

셋째, 한반도 전체가 새로운 성장 동력으로서 부상할 수 있다. 북한의 지하자원 및 우수한 노동력과 남한의 자본 및 기술의 결합은 해방 이후 남한과 북한의 고속성장 경험을 다시 한번 되살릴 수 있는 기회가 될 것이다. 세계적 투자가인 Jim Rogers(로저스홀딩스회장, 1969년 퀀텀펀드 창업자)는 북한이 향후 10~20년간 투자자들에게 가장 주목받는 지역이 될 것이라고 한반도 통일의 경제적 가치에 대해서 강조한 바가 있다.[3]

1.2 경제협력의 이점

1.2.1 남한

경제교류와 협력은 남북한에게는 구체적으로 각각 어떤 이점이 있을까? 먼저 우리 경제에 미칠 수 있는 긍정적인 효과에 대해서 살펴보자.

첫째, 군사적 대립 및 긴장 완화를 통해서 경제적 불확실성을 제거하여 정치사회적 대립을 완화하고 사회를 안정시킬 수 있다.

둘째, 산업구조의 개선에 도움을 줄 것이다. 예를 들어, 개성공단 입주 기업은 대부분 의류, 봉제 등을 비롯한 노동집약적 산업에 종사하는 기업이었다. 2012년도에 개성공단 노동자 1인당 월평균 임금은 약 130달러로서 15만 원 정도였다(조선일보, 2012.10.8.). 개성공단 입주 기업에게 개성공단은 동남아시아 지역으로의 이전보다 지리적으로 상당히 유리한 측면이 있었다. 경제교류가 이루어진다면, 남한의 한계산업이 북한에 진출함으로써 산업구조를 보다 용이하게 조정할 수 있을 것이다.

셋째, 북한의 노동력은 저임금이면서도 교육제도도 나름대로 잘 정비되어 있어 질적으로도 우수하다. 더욱이 언어 장벽이 없으므로 의사 소통이 자유로워서 생산 현장을 보다 효율적으로 관리할 수 있다.

---

2) 국회예산정책처, 『한반도 통일의 경제적 효과』, 2014.12, p.요약1, p.130.
3) Rogers는 Warren Buffett, George Soros와 함께 세계 3대 투자가로 손꼽히는 인물로서 북한을 매력적인 투자처로 꼽아왔다(한국경제, 2020.4.17., 연합뉴스, 2019.2.12.).

<그림 11-1> 남북한의 경제활동참가율(1990~2020) (단위: %)

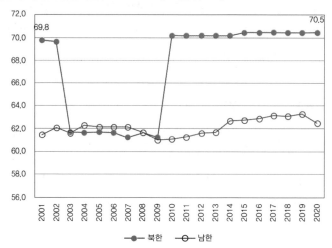

주: 남한: 1999년까지는 구직 1주 기준, 2000년 이후는 구직 4주 기준. 군인, 사회복무요원, 의무경찰, 형 확정 교수도 수감자 제외
　　북한: 군인 제외, 2003년 이후 16세 이상 기준 작성
자료: 국가통계포털

　　<그림 11-1>은 남북한의 경제활동참가율을 비교한 것이다. 남북한의 통계는 작성 기준
이 조금 다르다. 하지만 전체적인 추세는 이해할 수 있다.[4] ① 2000년대에 북한은 경제적 어
려움으로 경제활동참가율이 62% 이하로 떨어진 적이 있다. 하지만 그 후에는 70%를 넘고 있
으며 남한의 경제활동참가율보다 7~9% 정도 높다. ② 이와 다른 World Bank의 통계에 따르
면, 북한 전체의 경제활동참가율은 남한보다 20% 가량 높다. 특히 북한 여성의 경제활동참가
율은 남한 남성보다 높고 남한 여성보다는 대체로 25% 이상 높았다. ③ 그런데 북한은 산업구
조상 농림어업 부문이 전산업에서 20% 이상(남한은 2% 이하)을 차지하고 있으므로 경제협력이
이루어진다면 이 부문 종사자의 노동력을 상당 부분 고용할 수 있을 것이다. 또한 군사적 긴
장 완화에 따라 현재 130만 명에 이르는 군인 숫자의 감소로 인한 노동력 공급 효과를 기대할
수 있다. 2020년 기준 남한의 경제활동인구는 2,800만 명, 북한은 1,435만 명에 이른다.
　　넷째, 남북한 인구를 합하면 7,500만 명에 달하기 때문에 시장의 확대에 따른 규모의
경제를 누릴 수 있다.
　　다섯째, 북한의 낙후한 인프라를 개선하기 위한 대규모의 SOC투자 확대, 고속철도망
및 고속도로망 건설, 노후 항만 개선, 관광인프라 조성 등에 참여할 수 있다.

---

4) World Bank의 통계에 따르면, 북한의 경제활동참가율은 1990년 이후 81% 이상~82% 이상으로서 위의
　수치보다 10% 가량 높고 2000년대에도 60%대로 하락하지 않는다. 여기서는 남의 통계청과 북의 관계기
　관 자료를 정리한 통계청 자료를 이용하였다.

여섯째, 풍부한 광물자원을 보다 용이하게 확보하고 이용할 수 있다. 북한의 주요 광물 및 생산원료의 도입에 운송비를 대폭적으로 절감할 수 있다.

일곱째, 아시아 대륙과 직접 연결되는 통로의 확보가 가능하다. 남한은 북쪽이 비무장 지대로서 절벽처럼 가로막고 삼면이 바다인 섬과 같은 존재이다. 대륙과의 통로 확보는 시베리아 지역의 천연가스, 석유 등 에너지 자원 도입, 중앙아시아 지역의 시장개척, 유럽 시장과의 물류비용 절감 등 여러 가지 면에서 커다란 이익을 가져다줄 것이다.

1.2.2 북한

남북 경제협력은 북한 경제의 안정과 발전에도 적지 않은 기여를 할 것이다.

첫째, 북한의 입장에서는 정치적 부담을 줄이면서 경제적 난관을 극복할 수 있는 방안이 될 수 있고, 경제적 지원이나 원조액도 대폭 증가할 수 있어 경제개발에 따른 재정적 부담을 줄일 수 있는 측면이 있다. 북한이 현재 겪고 있는 가장 큰 어려움을 식량 부족, 에너지 부족, 외화 부족으로 요약할 수 있다. 북한은 특히 1990년대 '고난의 행군' 시기에 극심한 식량 부족으로 고통을 겪은 후 현재는 나아졌지만 여전히 상황이 어려운 것으로 알려지고 있다. 또한 에너지 및 원자재의 부족도 심각하여 공업 생산에 차질이 빚어지고 있다. 에너지난을 해결하기 위해서는 국내의 탄광 개발을 비롯하여 원유의 도입도 이루어져야 하나 외화 부족은 이를 제약하는 악순환의 고리를 이루고 있다. 외부적으로는 북미 간의 갈등으로 인한 대외 봉쇄가 원인으로 작용하고 있지만, 근본적으로는 70여 년간 지속된 폐쇄적인 계획경제가 초래한 결과라고 할 수 있다. 남북 경협은 기본적으로 북한이 직면한 이 세 가지 난관을 짧은 시간 안에 해소할 수 있도록 할 것이다.

둘째, 빠른 시일 내에 낙후한 산업구조를 개선하고 산업경쟁력을 제고할 수 있다. 북한의 산업구조는 농업 비중이 매우 높고, 공업도 중공업 비중이 높으나 기술 수준이나 생산물의 품질이 낮아서 전체적으로 경쟁력을 갖추지 못하고 있다. 경제협력은 경쟁력을 제고하고 경제를 활성화하여 자본 형성에 크게 기여할 것이다.

셋째, 북한의 풍부한 광물자원을 보유하고 있으나 자본 부족으로 제대로 개발하지 못하고 있다. 국회예산정책처의 2014년 보고서에 의하더라도 그 잠재가치는 57,503억 달러, 6,586조 원에 달한다.[5] 첨단소재 산업의 필수 자원인 희토류도 수천만 톤 매장되어 있는

---

5) 국회예산정책처, 『한반도 통일의 경제적 효과』, 2014, p.126. 물론 이 수치는 확실한 것은 아니다. 자료에 따라서 북한 광물의 잠재가치를 3,200조원(조선일보, 2017.10.1.), 3200조~6,500조 원(『월간중앙』, 2018 06호, 2018.5.)으로 보는 등 여러 가지이다. 다만 품위가 낮은 광물도 있어서 과장되어 있다는 지적도 있으나, 전체적으로 광물자원의 잠재력이 풍부한 것은 사실이다. 남한은 고령토와 활석을 제외하면 북한의 각종 매장량과 비교할 만한 것이 없다.

것으로 알려져 있는데, 남한에서 연간 필요로 하는 수요는 3,200톤이다.[6] 이와 같은 자산을 한국과 주변국에 수출함으로써 외화를 가득하고 국제수지를 개선할 수 있을 것이다.

표 11-1 북한의 주요 광물 매장량(2021)

금속									
금 (톤)	은 (톤)	동 (천톤)	연 (천톤)	아연 (천톤)	철 (억톤)	중석 (천톤)	몰리브덴 (천톤)	망간 (천톤)	니켈 (천톤)
2,000	5,000	2,900	10,600	21,100	50	246	54	300	36
비금속								석탄	
인상흑연 (천톤)	석회석 (억톤)	고령토 (천톤)	활석 (천톤)	형석 (천톤)	중정석 (천톤)	인회석 (억톤)	마그네사이트 (억톤)	무연탄 (억톤)	갈탄 (억톤)
2,000	1,000	2,000	700	500	2,100	1.5	60	45	160

자료: 국가통계포털

넷째, 남한 기업의 진출을 적절히 허용함으로써 기업 경영의 노하우를 학습하고 생산방식의 개선 등을 이룩할 수 있다. 초기에는 남한에서 진출하는 기업의 업종이 노동집약적 산업이 다수이겠지만, 시간이 지나 신뢰가 굳어지면 고기술의 업종들도 진출하게 되어 첨단산업을 구축할 수도 있겠다.

다섯째, 북한의 수려한 경치, 자연 자원, 문화유산 등을 관광자원으로 활용할 수 있다. 이것은 이미 개성 및 금강산관광에서 증명되었고, 평양, 원산 등 유서깊은 도시는 물론이고 백두산, 묘향산, 개마고원 등 손에 꼽을 수 없을 정도로 관광자원이 풍부하여 산업으로 발전시킬 수 있는 잠재력이 크다.

여섯째, 성장률을 높임으로써 일자리를 창출하는 등 경제적 잠재력을 극대화할 수 있다.

제 2 절　북한 경제의 전개와 현황

2.1 북한의 경제정책

북한은 해방 이후 사회주의적 소유를 바탕으로 계획경제체제를 구축하고자 했다. 북한

---

6) 북한 희토류가 매장되어 있는 광산은 철산, 룡포, 선암, 몽금포, 압동, 김화, 덕달광산인 것으로 알려지고 있다(경향신문, 2018.5.3.).

은 1946년 8월에 기업 및 공장, 광산, 발전소, 철도, 운수, 은행 등 중요 시설을 국유화하였으며, 1946년 3월 토지개혁을 실시한 후 다시 농업집단화를 추진하여 생산수단에 대한 사회주의적 개조를 1958년에 완료하였다.[7] 북한은 이같은 국유화를 바탕으로 사회주의적 경제발전정책을 강력하게 실시하였다.

표 11-2 북한의 산업별 국유화(1949~1958.8) (단위: %)

	1949	1953	1956	1957	1958.8
공업	90.7	96.1	98.0	98.7	100
상업	1.9	5.2	68.8	85.7	100
농업	56.5	67.5	87.3	87.9	100

자료: 허문영, 전강수, 남기업, 『통일대비 북한토지제도 개편방향 연구』, 통일연구원, 2009, p.50.

북한의 산업정책은 기본적으로 중공업 우선 정책, 자립적 민족경제 건설, 농공병진정책을 중심으로 추진되어 왔다. 북한은 이를 위해 일찍부터 경제개발계획에 착수하였다.

북한은 해방이 되자 경제계획을 작성하여 1950년까지 3차에 걸친 계획을 수행함으로써 사회주의적 경제구조를 정착시키고자 했다. 휴전된 다음 해인 1954년에는 전후복구 3개년계획에 착수하였으며, 1957년에는 5개년계획을 시작하여 중공업 우선의 사회주의적 공업화를 추진하였다. 그리고 1962년부터 제1차 7개년계획(1961~1970)을 실시하였는데 이 기간에 경제성장률은 12.8%로서 이전보다는 둔화되었지만 상당히 높은 성장률을 달성하였다. 북한은 1960년대 중반까지 일정한 성과를 거두었는데, 당시에 사회주의 국가들의 경제적 지원, 계획경제 초기에 동원된 생산수단은 성장률을 끌어올리는 역할을 했다. 그러나 북한은 1960년대 후반에 들어서자 공업 생산에서 정체된 모습을 보이기 시작했다.

표 11-3 북한의 국가건설 초기 주요 경제정책

시기	과업	계획목표
1차 1개년계획 (1947)	• 기업소 복구 • 국영상공업 확대 • 생산의 급속한 증대와 생활 개선	• 공업총생산: 1946년 대비 약 2배 • 곡물수확고: 1946년 대비 30만 톤 증산
2차	• 공업의 편파성 극복	• 공업총생산: 1947년 대비 41% 증가

---

7) 1946년 3월 5일에 「북조선토지개혁에 대한 법령」을 공포하고 무상몰수·무상분배 원칙의 토지개혁을 단행하였다. 몰수토지는 소작농, 고용농, 소토지소유농민에게 분배되었다. 1946년 8월 10일에는 「산업, 교통운수, 체신, 은행 등의 국유화에 대한 법령」을 채택하고, 중요 산업시설의 국유화를 단행하였다(홍순직·이석기 외, 『통일 후 남북한 산업구조 재편 및 북한 성장산업 육성방안』, 대외경제정책연구원, 2017, p.29).

1개년계획 (1948)	• 생산품의 품질 제고 및 원가 절하	• 곡물수확고: 1947년 대비 13.5% 증가
2개년계획 (1949~50)	• 낙후된 산업과 농업의 발전 • 전 지역의 경제복구 토대 조성	• 국영산업총생산: 1948년 대비 194% • 곡물총생산: 1946년 대비 158%
전후복구 3개년 계획 (1954~56)	• 한국전쟁 이전 수준 도달	• 국민소득: 1953년 대비 75% 증대 • 공업총생산: 2.6배 • 곡물수확고: 1949년 대비 119%

자료: 홍순직·이석기 등, 『통일 후 남북한 산업구조 재편 및 북한 성장산업 육성방안』, 대외경제정책연구원, 2017, p.31.

1971년에는 6개년계획(1971~1976년)을 실시하였으며, 1978년에는 제2차 7개년계획(1978~1984년)을 실시하였다.8) 그리고 1987년에는 제3차 7개년계획(1987~1993년)을 실시하였지만 목표치를 채우지 못하고 실패하였다.9) 3차 계획이 실패로 귀결되자 완충기 경제계획(1994~1996년)을 수립하고 3대 제일주의를 강조한다. 3대 제일주의란 농업제일주의, 경공업제일주의, 무역제일주의로 특히 1990년대 중반에 극대화된 경제위기 상황에서 식량난과 인민소비품에 대한 국가공급의 한계, 그리고 대외무역을 통해 경제위기를 극복하고자 한 것이다.10) 북한이 1990년대 중반에 커다란 경제위기에 봉착한 것은 기본적으로 사회주의 계획경제체 비효율성, 자립경제 노선의 폐쇄성이 산업발전을 가로막는 요인으로 작용하였기 때문이다. 1990년대 초에는 사회주의의 몰락으로 체제 위기가 가중되었으며, 1990년대 중반의 자연재해로 극심한 식량난이 초래되고 배급제가 붕괴되었다.

이리하여 북한에서는 1970년대 중반 이후 급격하게 떨어진 성장률이 1980년대에 더욱 하락하고, 1990년에 들어서자 마이너스를 기록하기 시작하였다. 1994년에 완충기 계획이 나온 것도 제3차 계획이 의도한 바의 성과를 거두지 못했기 때문이었으며, 완충기에 3대 제일주의를 내세운 것도 북한 경제가 위기에 봉착했기 때문이다.

2000년대 들어서 극단적인 경제위기에서 약간씩 벗어나자 북한은 산업의 정상화를 위해 에너지 부족, 공장 및 기업소 가동률의 둔화, 시장의 확장 등을 해소하고자 했다. 그러나 미국을 중심으로 국제사회의 경제제재가 강화되어 어려움이 가중되고 있다.

2011년 김정일 국방위원장 사망 이후 2013년 경제건설 및 핵무력건설 병진노선을 채택하였다. 2016년에는 인민경제발전5개년전략을 제시하여 농수산업의 과학화를 통한 생산 증대, 철도망의 정비, 건재분야 발전 등 산업의 근간을 정비할 것을 강조하였다. 동시에 대외경제관계의 확대·발전, 신용 존중, 특정국에 대한 편향성 지양, 무역구조 개선, 경제개발구사업과 관광사업의 중요성을 강조하고 있으며, 기본적으로는 여전히 대외관계 개선

---

8) 양문수, "북한의 경제발전전략 70년의 회고와 향후 전망", 『통일정책연구』, 제24권 제2호, 2015, p.36.
9) 홍순직 외, 『통일 후 남북한 산업구조 재편 및 북한 성장산업 육성방안』, 2017, p.35.
10) 3대 제일주의에 대한 자세한 내용은 홍순직 외, 위의 책, pp.35−36.

을 통한 경제발전 전략을 포기하지 않고 있다.

2.2 북한경제의 개황

2.2.1 경제성장률과 산업구조

① 경제성장률

먼저 인구를 비교해 보자. 휴전이 성립된 1953년에 남한 인구 2,150만여 명, 북한 인구는 약 1,000만 명으로서 남한 인구가 북한의 약 2.2배였다. 인구 비율은 2000년까지 2.1~2.3배이다가 2001년부터 2배를 유지하고 있다.

표 11-4 남북한의 인구 및 GNI(1990~2021)   (단위: 만명, 조원, 만원, 배)

	인구(만명)		명목GNI(조원)			1인당GNI(만원)		
	남한	북한	남한	북한	남/북(배)	남한	북한	남/북(배)
1990	4,287	2,022	200	16	12.2	467	81	5.8
1995	4,509	2,172	435	17	25.4	966	79	12.2
2000	4,701	2,270	647	19	34.1	1,377	84	16.5
2005	4,819	2,356	951	25	38.3	1,973	105	18.8
2010	4,955	2,419	1,325	30	44.1	2,673	124	21.5
2015	5,102	2,478	1,663	35	48.2	3,260	139	23.4
2016	5,122	2,490	1,747	36	48.0	3,411	146	23.3
2017	5,136	2,501	1,843	37	50.3	3,589	146	24.5
2018	5,161	2,513	1,906	36	53.1	3,693	143	25.9
2019	5,171	2,525	1,941	36	54.6	3,754	141	26.7
2020	5,178	2,537	1,958	35	56.0	3,777	138	27.4
2021	5,174	2,548	2,095	36	57.8	4,048	142	28.4

자료: 한국은행경제통계시스템

인구의 상대적 비율에 변화가 없는 데에 비하면 경제 부문에서의 차이는 크게 벌어지고 있다.

첫째, 1990년에 남한의 GNI규모는 북한의 14.4배였는데, 2000년에는 34.1배, 2010년 34.1배, 2021년에는 57.8배이다.

둘째, 달러 베이스로 계산한 공식통계(국가통계포털)에 따르면, 1970년대 초까지 북한의 1인당 GNI는 남한보다 높았다. 그러나 남한의 1인당 GNI는 1990년 북한의 5.8배, 2000년 16.5배, 2010년 21.5배, 2021년 28.4배로 차이가 벌어지고 있다. 특히 1990년 이후에 차이가 크게 벌어졌는데, 이것은 북한 경제가 1990년대에 매우 어려운 상황에 있었음을 나타낸다.[11] 1990~2021년에 남한의 1인당 GNI는 약 8배 증가한 데 비해 북한은 0.8배가 증가한 것에 지나지 않는다.[12]

<그림 11-2>에는 남북한의 경제성장률을 그려 놓았다. 북한 자료는 남한의 가격, 부가가치율 등을 적용하여 산출하였기 때문에 정확하게 비교되지 않겠지만 대강의 추세는 파악할 수 있다.

<그림 11-2> 남북한의 경제성장률 비교(1971~2021) (단위: %)

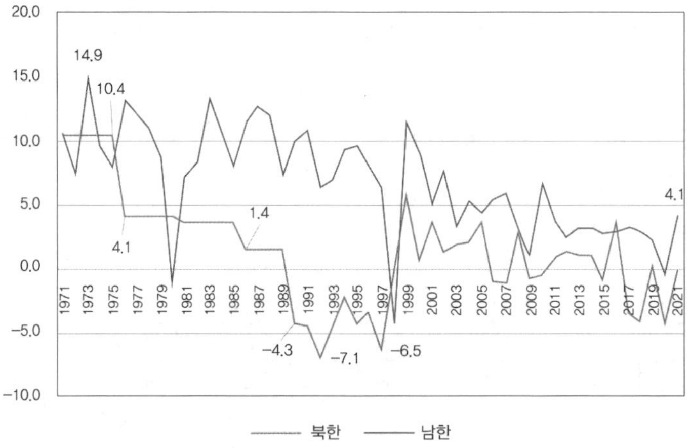

자료: 국가통계포털

첫째, 1971~1975년에 10.4%의 높은 성장률을 지속하던 북한 경제는 1976년에 4.1%로 급락한 후 성장률을 전혀 회복하지 못하고 있다. 경제성장률은 1986년에 1.4%로 더 떨어진 후 1990부터 1998년의 장기에 걸쳐 마이너스 성장률을 기록하였다. 특히 북한은 1995~1999년에 최소 수십만 명의 아사자가 발생하는 최악의 식량난이란 혹독한 경제위기를 겪어야 했다.

둘째, 2000년 이후 성장률은 1990년대에 비해 약간 회복하고 있지만, 저성장에 진입한 남

---

11) 북한 통계 입수 및 평가의 어려움 때문에 북한 경제에 대한 정확한 통계 작성은 사실상 불가능하다. 하지만 국제기구가 제시하는 기준 등을 원용함으로써 대체적인 경향은 파악할 수 있다(김영찬 외, 『통일 후 남북한경제 한시분리운영방안』, 대외경제정책연구원, p.69.).

12) 국가통계포털의 달러 기준 1인당 GNI를 비교하면, 1975년까지 북한이 높게 나타난다. 이것은 1970년대 초까지 북한의 1인당 소득수준이 남한보다 높았다는 것을 의미한다. 다만, 이 자료는 2010년대 말까지 <표 11-4>의 북한 대비 남한의 GNI 배수보다 상당히 높게 나타난다.

한보다도 성장률이 낮은 데다가 마이너스인 해가 잦다. 가령, 2006~2007년, 2009~2010년에 성장률은 마이너스이다.

셋째, 북한은 2019년 0.4%를 제외하고 2017~2021년에 줄곧 마이너스 성장률을 기록하고 있다. 가장 최근인 2020년에 −4.5%, 2021년에 −0.1%인데 이는 코로나19에 대응하기 위한 강력한 봉쇄정책으로 인한 것으로 보인다. 북한의 성장률이 낮은 것은 기본적으로 사회주의 계획경제체제가 가지고 있는 비효율성이란 내부적인 요인에 기인하고 있지만, 핵 문제를 둘러싼 미국의 경제제재도 주요 원인이라고 할 수 있다.

넷째, 남북한의 경제성장률 추이를 비교하면, 북한은 1976년 이후로 남한의 1980년 광주민주화운동, 1998년 아시아 외환위기, 그리고 2016년의 세 차례를 제외하면 모두 성장률이 남한보다 낮다. 한편, 김대중 정부가 1998년부터 추진한 대북화해협력정책(일명 햇볕정책)으로 남북한 교류가 활성화되면서 1988년, 1989년부터 남북경제교류가 사실상 단절된 2016년까지 성장률 그래프는 대체로 동조하고 있음이 주목된다.

② 산업구조

(가) 각 부문의 비중

북한은 중공업 우선 정책을 취했기 때문에 광공업 부문이 지속적으로 확대된 반면, 농림어업과 서비스업에 속하는 상품유통 분야는 감소 추세가 이어졌다. 전체 생산에서 공업이 차지하는 비중은 1946년 23.2%에서 1953년 30.7%, 1960년 57.1%, 1970년 65.0%로 확대되었다. 이에 따라 공업구조에서도 변화가 동반되었는데, 공업생산액에서 중공업(생산수단 생산)의 비중은 1955년 51.7%에서 1980년 63.9%로 크게 증가하였다.[13] 그러나 군수공업을 상당 부분 포함하고 있었기 때문에 산업 생산의 증대에 그다지 기여하지 못했던 것으로 보인다. 농업은 1946년 59.1%에서 1953년 41.6%, 1960년 23.6%, 1970년 20.0%로 축소되었다.

1990년 이후의 산업구조를 살펴보면 다음과 같다.

표 11-5　북한의 산업구조(1990~2021)　　　　　　　　　　　　　　　　(단위: %)

| | 농림어업 | 광공업 | | | | | 서비스업 | 건설업 | 전기·가스·수도업 |
| | | 합계 | 광업 | 제조업 | | | | | |
				소계	(경공업)	(중화학)			
1990	27.4	40.8	9.0	31.8	6.2	25.6	18.0	8.6	5.1
1995	27.6	30.5	8.0	22.5	6.8	15.7	30.3	6.7	4.8
2000	30.4	25.4	7.7	17.7	6.5	11.2	32.5	6.9	4.8
2005	25.0	28.9	9.9	19.0	6.7	12.4	32.2	9.6	4.3

---

13) 홍순직 외, 『통일 후 남북한 산업구조 재편 및 북한 성장산업 육성방안』, 2017, pp.32−33.

	농림어업	광공업					서비스업	건설업	전기·가스·수도업
		합계	광업	제조업					
				소계	(경공업)	(중화학)			
2010	20.8	36.3	14.4	21.9	6.6	15.3	31.0	8.0	3.9
2015	21.6	32.7	12.2	20.4	7.0	13.4	32.2	9.0	4.5
2016	21.7	33.2	12.6	20.6	6.9	13.7	31.1	8.8	5.2
2017	22.8	31.8	11.7	20.1	6.8	13.3	31.7	8.6	5.0
2018	23.3	29.4	10.6	18.8	6.8	12.0	33.0	8.9	5.4
2019	21.2	29.6	11.0	18.7	7.0	11.7	34.1	9.7	5.4
2020	22.4	28.1	10.8	17.3	6.9	10.5	33.8	10	5.6
2021	23.8	28.3	10.0	18.3	6.2	12.1	32.9	10.2	4.8

자료: 국가통계포털

북한은 제3차 7개년계획(1987~1993년)이 실패로 끝난 후 완충기 경제계획 시기(1994~1996년)에 농업 증산, 경공업 우선, 무역 확대를 통해 위기를 극복하고자 했다.

첫째, 1990년대의 위기 상황에서 북한은 식량난 타개에 최선의 노력을 기울인 것으로 보인다. 1990년 농림어업은 전산업의 27.4%에서 2000년에 30.4%로 증가한 것은 이러한 위기를 극복하기 위해서 보인 노력의 결과라 할 수 있다. 그러나 다시 줄어들어 2021년에는 23.8%이다.

둘째, ① 광공업의 비중 역시 1990년 40.8%에서 2021년 28.3%로 크게 줄었는데, 이 중에서 제조업(공업)은 1970년 65%에서 1990년 31.8%, 2021년 18.3%로 크게 감소하였다.[14] ② 제조업의 감소는 중화학공업이 축소했기 때문이다. 특히 1990년대에 중화학공업의 비중이 크게 줄었는데, 외화 부족과 에너지난 및 원자재난으로 인해 산업 가동률이 급격하게 하락한 것과 관계가 깊다. ③ 중화학공업의 비중은 1990년에는 경공업의 4배를 넘었다. 최근에는 약간 줄었지만, 중화학이 경공업의 대체로 2배 정도로서 여전히 중화학공업이 제조업의 중심임을 보여준다.

셋째, 서비스업은 1990년 18.0%에서 2021년 32.9%로 크게 증가하였다. 서비스업은 정부와 기타로 나누어지는데, 정부 부문은 1990년 11.0%에서 2021년 25.0%로 증가하여 서비스 부문의 확대를 이끌었다. 서비스업에서 정부의 확대는 암시장의 확대와 배급제도의 붕괴 속에서 인민 생활 안정을 위한 국가적 지원이 증대된 결과라 할 수 있다.[15]

한편, 남북한의 산업구조를 2021년을 기준으로 비교하면 다음과 같다.

첫째, 남한의 농림어업 비중은 2% 정도이나 북한은 20% 이상으로서 매우 높다.

둘째, 북한은 서비스업이 증가하고 있지만 남한의 62.5%에 비해 절반 수준에 지나지

---

14) 1970년 수치와 그 이후의 것은 자료가 달라서 단순연결은 곤란하지만 공업 비중이 크게 감소한 것은 사실이다.

15) 홍순직 외, 위의 책, p.37.

않는 32.9%이다. 더욱이 서비스업에서 정부가 차지하는 비중(전 산업에서 26.0%)은 압도적이지만 그 내역은 매우 단순한 것으로 보인다. 현재 지식정보산업의 발전과 함께 4차 산업혁명 관련 서비스산업이 발전하고 있는 남한과는 내용상 근본적으로 다르다 하겠다.

셋째, 광업의 비중이 높고 제조업의 비중은 남한보다 오히려 낮다는 점이다. 남한의 광업은 0.1% 지나지 않고 북한은 10.0%이지만, 제조업 비중에서는 남한이 27.9%로서 북한의 18.3%보다 높다. 남한의 광업 비중이 거의 의미가 없을 정도로 낮은 것은 기본적으로 지질적 요인 때문이다. 그러나 북한이 중화학공업 중심의 정책을 펼쳤음에도 그 비중이 1990년대 초에 남한보다 낮아진 것은 앞에서 지적한 바대로 오늘날의 북한이 어떠한 어려움에 처해 있는지를 짐작하게 해 준다.

(나) 에너지 및 전력 생산

북한이 겪고 있는 어려움 중의 하나가 에너지 문제이다. 에너지 부족은 북한 산업의 발전을 제약하는 가장 큰 원인이다.

표 11-6 1차 에너지 공급량 및 1인당 공급량(1985-2020) (단위: 천TOE, TOE, 배)

	북한		남한		남한/북한 (배)	
	총공급량 (천TOE)	1인당 공급량 (TOE)	총공급량 (천TOE)	1인당 공급량 (TOE)	총공급량	1인당 공급량
1985	24,940	1.3	56,296	1.4	2.3	1.1
1990	23,963	1.2	92,931	2.2	3.9	1.8
1995	17,280	0.8	149,841	3.3	8.7	4.2
2000	15,687	0.7	193,240	4.1	12.3	6.0
2005	17,127	0.7	229,301	4.8	13.4	6.5
2010	15,662	0.7	264,053	5.3	16.9	8.2
2015	8,700	0.4	286,921	5.6	33.0	16.1
2016	9,910	0.4	293,778	5.7	29.6	14.4
2017	11,240	0.5	302,490	5.9	26.9	13.1
2018	13,960	0.6	307,557	6.0	22.0	10.6
2019	10,560	0.4	303,092	5.9	28.7	14.0
2020	11,380	0.5	292,076	5.6	25.7	12.5

주: TOE(Ton of Oil Equivalent): 석유로 환산한 단위(석유 1톤을 연소할 때 발생하는 에너지)
자료: 국가통계포털

북한의 에너지 총공급량은 1985년 약 2,500만 TOE였지만 1993년에 2,000만 TOE로 떨어졌다. 그리고 2020년에는 1985년 대비 절반 이하로 감소하였다. 1인당 공급량도 마찬가지 추세이다. 1인당 공급량은 2020년에 1985년의 40%에도 미치지 않는다.

에너지 총공급량을 비교하면, 1985에 북한은 남한의 43% 정도였지만 2020년에는 4%

도 안된다. 1인당 공급량의 비교는 더 심각하다. 1985년에 북한은 남한의 90%였지만 2020년에는 8%가 되지 않는다.

표 11-7 남북한 총발전 전력량 비교(1980~2020)   (단위: 억kwh, %, 배)

	북한				남한										남/북 (배)
	총발전량	수력	화력		합계	수력		화력		원자력		대체에너지			
			발전량	%	총발전량	발전량	%	발전량	%	발전량	%	발전량	%		(총전력량)
1980	212	106	106	50.0	372	20	5.4	318	85.5	35	9.4	–	–		1.8
1985	251	123	128	51.0	580	37	6.4	376	64.8	167	28.8	–	–		2.3
1990	277	156	121	43.7	1,077	64	5.9	484	44.9	529	49.1	–	–		3.9
1995	230	142	88	38.3	1,847	55	3.0	1,122	60.7	670	36.3	–	–		8.0
2000	194	102	92	47.4	2,664	56	2.1	1,518	57	1,090	40.9	–	–		13.7
2005	215	131	84	39.1	3,646	52	1.4	2,127	58.3	1,468	40.3	–	–		17.0
2010	237	134	103	43.0	4,747	65	1.4	3,196	67.3	1,486	31.3	–	–		20.0
2015	190	100	90	47.4	5,281	58	1.1	3,402	64.4	1,648	31.2	173	3.3		27.8
2016	239	128	111	46.4	5,404	66	1.2	3,522	65.2	1,620	30.0	196	3.6		22.6
2017	235	119	116	49.4	5,535	70	1.3	3,738	67.5	1,484	26.8	243	4.4		23.6
2018	249	128	121	48.6	5,706	73	1.3	4,018	70.4	1,335	23.4	281	4.9		22.9
2019	238	110	128	53.8	5,630	62	1.1	3,774	67.0	1,459	25.9	313	5.6		23.7
2020	239	128	111.6	46.6	5,522	71	1.3	3,466	62.8	1,602	29.0	311	5.6		23.1

자료: 국가통계포털

첫째, ① 북한의 전력 생산은 수력과 화력의 두 가지로 나누어지고 남한에 비해 풍부한 수량과 지하자원을 보유하고 있어서 이 둘은 최근에 대체로 비슷한 비율을 유지하고 있다. ② 북한은 1980년에 212억 KWH였는데 전력 부족을 해결하기 위한 노력에도 불구하고 2019년에도 238억 KWH로서 전력 생산이 정체 상태에 가깝다.

둘째, 반면, 남한의 수력은 1%에 지나지 않고 화력이 3분의 2 가량을 차지하고 있다. 원자력은 2016년 이후 30% 이하로 감소하고 대체전력의 비중이 점차 커지고 있다.

셋째, 북한의 전력 생산이 정체된 반면, 남한은 1980년 대비 2021년까지 약 14배가 증가하였다. 이에 따라 북한 대비 남한의 총전력량은 1980년 1.8배에서 2021년에는 23배로 격차가 벌어졌다.

2.2.2 무역

① 수출입과 무역수지

남북 경제력의 격차는 무역에서 여실히 드러난다. 북한의 무역은 2010년대 중반을 정점으로 오히려 감소하고 있다.

표 11-8 남북한의 무역 추이(1990~2021)   (단위: 억달러, 배)

| | 북한 | | | | 남한 | | 남/북(배) |
	무역총액	수출	수입	무역수지	무역총액	무역수지	(무역총액)
1990	42	17	24	−7	1,349	−48	32
1995	21	7	13	−6	2,602	−101	127
2000	20	6	14	−9	3,327	118	169
2005	30	10	20	−10	5,457	232	182
2010	42	15	27	−11	8,916	412	214
2015	63	27	36	−9	9,633	903	154
2016	65	28	37	−9	9,016	892	138
2017	55	18	38	−20	10,522	952	190
2018	28	2	26	−24	11,401	697	401
2019	32	3	30	−27	10,456	389	322
2020	9	1	8	−7	9,801	449	1,136
2021	7	1	6	−5	12,595	293	1,766

주: 남북 교역액 불포함
자료: 국가통계포털

<그림 11-3> 북한의 수출입(1990~2021) (단위: 억달러)

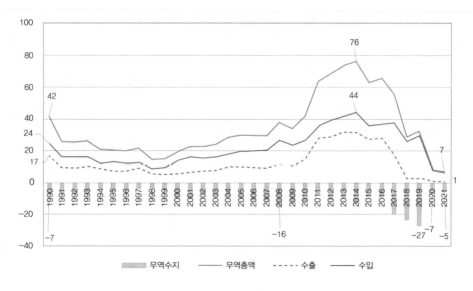

자료: 국가통계포털

첫째, ① 북한의 무역액은 1990년 42억 달러에서 감소하는데 고난의 행군을 거치면서 1999년에 수출 5억 달러, 수입 15억 달러, 무역액 15억 달러로 줄어들었다. 2014년에 76억 달러를 달성하였지만 그 후로 급감하였다. 특히 코로나19 국면인 2020~2021년에는 극도의 봉쇄 조치와 대북 제재 강화로 인해 10억 달러 이하로 떨어졌다. ② 수출도 급감하여 2020~2021년에는 1억 달러도 안된다.

둘째, 북한의 무역액은 남한과 비교가 되지 않을 정도로 적다. 1990년 남한의 무역액은 북한의 32배였지만 2017년에는 190배, 그리고 2018~2019년에는 300~400배로 급증했다. 이것은 역시 미국의 대북 제재로 인하여 북한의 무역액이 2017년 55억 달러에서 30억 달러 정도로 급감했기 때문이다. 그리고 2020년, 2021년에 남한의 무역액은 북한의 1,100배, 1,700백 배를 넘는다.

셋째, 북한의 무역수지는 항상 적자이다. 2018년, 2019년 수출은 겨우 2억달러, 3억 달러인데 무역적자는 24억 달러, 27억 달러나 된다. 수출입이 거의 막혀버린 2020년, 2021년에도 무역적자는 7억 달러, 5억 달러이다. 우리 입장에서 20억 달러 정도면 그리 큰 액수가 아니나 폐쇄경제인 북한의 경제 규모에서는 결코 만만찮은 부담이다. 지속적인 무역적자는 북한이 달러 부족과 이로 인한 산업생산 저하로 겪고 있는 고통의 단면을 보여 준다.

② 높은 중국 의존도

표 11-9 북한의 10대 무역국의 무역 비중(2000~2021)　　　　(단위: %)

	중국	베트남	인도	태국	홍콩	방글라데시	에티오피아	모잠비크	나이지리아	탄자니아
2000	24.78	–	8.55	10.55	5.83	2.04	–	–	0.09	0.01
2001	32.48	0.03	6.95	5.73	3.55	1.72	0.07	–	0.00	0.02
2002	32.65	–	8.46	9.58	2.26	1.45	0.04	–	0.18	0.02
2003	42.78	–	6.67	10.63	1.20	0.78	0.00	–	0.15	0.02
2004	48.48	–	4.73	11.55	0.59	0.41	0.07	–	0.62	0.02
2005	52.65	–	1.21	10.97	0.49	0.64	0.08	–	0.68	0.00
2006	56.73	–	3.89	12.49	0.36	0.64	0.00	–	0.00	0.00
2007	67.12	–	4.30	7.77	0.60	0.00	0.00	–	0.00	0.00
2008	73.05	–	3.15	2.01	1.06	0.57	0.00	–	0.04	0.00
2009	78.53	–	1.77	1.30	1.65	1.05	0.02	–	0.00	0.00
2010	83.02	–	1.40	1.23	0.74	0.88	0.12	–	0.00	0.00
2011	88.55	0.12	0.80	0.57	0.32	0.70	–	–	–	–
2012	88.27	–	1.11	0.91	1.64	0.32	0.16	–	–	–
2013	89.13	0.05	1.33	1.30	0.44	0.36	0.15	0.12	–	0.04
2014	90.19	0.08	1.16	1.01	0.24	0.69	0.07	0.07	–	0.00
2015	91.34	–	1.22	0.80	0.32	0.08	–	0.06	–	–
2016	92.72	–	0.90	0.76	0.15	0.05	0.05	0.13	–	0.02

	중국	베트남	인도	태국	홍콩	방글라데시	에티오피아	모잠비크	나이지리아	탄자니아
2017	94.75	–	0.99	0.04	0.17	0.07	0.11	0.11	–	0.02
2018	95.76	–	0.76	0.04	0.06	0.11	0.04	0.07	0.06	0.05
2019	95.36	0.86	0.36	0.03	0.04	0.10	0.06	0.03	0.08	0.04
2020	88.16	1.80	0.70	0.22	0.08	0.20	0.12	0.29	0.52	0.23
2021	95.56	1.69	0.36	0.27	0.19	0.17	0.17	0.15	0.15	0.12

주: 1) 2021년 기준으로 정렬
   2) 남북한 교역액은 불포함
자료: 국가통계포털

<표 11-9>는 2021년에 북한의 10대 무역국에 속한 나라들이 북한의 무역액(수출액 +수입액)에서 차지했던 비중을 정리한 것이다.

첫째, 가장 눈에 띄는 것은 북한의 무역에서 중국의 비중이 획기적으로 증가했다는 점이 다. 2000년까지만 하더라도 북한 무역액에서 4분의 1정도를 차지하던 중국은 2005년도에 약 53%, 2014년에는 90%를 넘어섰고 2018년 이후에는 대체로 95% 이상을 점하고 있다.

둘째, 나머지 나라들은 10위 안에 들었지만, 중국이 모두 다 차지한다고 해도 과언이 아니기 때문에 10대 무역국이라는 표현도 사실상 무의미하다. 2021년에 2위인 베트남조차 1.7%가 안되고 2000년에 약 8.6%를 차지하던 인도는 2021년에 제3위의 교역국이지만 겨 우 0.36%이다.

대북 체재가 계속되는 한 북한의 대중국 교역 비중은 압도적일 수밖에 없을 것이며, 이 것은 북한 경제에 대한 중국의 영향력이 커지는 것을 의미한다.

③ 수출입 품목의 성격

한편, 북한의 10대 무역품을 보면 북한의 산업구조를 어느 정도 이해할 수 있다. 먼저 수출 품목이다. 2016년까지 광물성 연료가 수출의 40% 이상으로서 10억 달러 이상을 수 출하였는데 미국의 트럼프 행정부가 들어선 2017년부터 순위에서 밀려 2019년에는 10위 이내에서 제외되었고, 전기기기의 수출도 사라졌다. 2018~2019년에 철강, 시계, 광학 등 제조업 제품이 보이지만 대북 제재로 수출액이 2~3억 달러로 급감할 때이므로 제조업 발 전과는 무관하다. 전체적으로 볼 때 북한의 수출 품목은 광물성연료 및 광물유, 광·슬랙· 회, 아연, 소금·황·토석류 및 석고·석회·시멘트, 어류, 과실, 의류, 조제우모, 신발류 등 주로 제1차 산품과 노동집약적 경공업 제품 위주로 되어 있어서 수출 품목의 구조가 전혀 개선되지 않고 있다.

수입 품목 역시 산업구조의 후진성을 보여 준다. 북한의 수입에서 가장 중요한 위치를 차지하는 것은 광물성 연료로서 원유가 대부분을 차지한 것으로 보인다. 남한도 가장 중요한 수입품이 원유라는 점에서는 마찬가지이지만, 북한의 수입액은 2015년 이후에 가장 많은 5억 달러어치 내지 3억 달러 정도에 지나지 않고 있다. 이 액수는 북한이 석유를 비롯한 중화학공업 원료와 에너지난에 극심하게 시달리고 있음을 보여준다. 그 외에도 동식물성유지, 전기기기, 플라스틱 및 그 제품, 차량 및 부품, 인조필라멘트섬유, 비료, 의류 등을 수입하고 있다.

북한은 제1차 산품과 노동집약적 경공업제품을 수출하고, 에너지자원과 제조업 제품을 수입하는 구조가 정착되어 있다고 하겠다.

④ 원유 수입

북한 경제의 고통을 가중시키는 에너지 수입 문제를 간단히 보자.

표 11-10 남북한 원유 수입량 및 정제능력(1980~2020)　　　　　　(단위: 천배럴, 천BPSD, 배)

	북한		남한		남한/북한(배)	
	원유수입량 (천배럴)	정제능력 (천BPSD)	원유수입량 (천배럴)	정제능력 (천BPSD)	원유수입량	정제능력
1980	15,393	70	182,861	640	11.9	9.1
1985	14,369	70	198,313	790	13.8	11.3
1990	18,472	70	308,368	840	16.7	12.0
1995	8,063	70	624,945	1,818	77.5	26.0
2000	2,851	70	893,943	2,438	313.6	34.8
2005	3,834	70	843,203	2,735	219.9	39.1
2010	3,870	70	872,415	2,845	225.4	40.6
2011	3,856	70	927,044	2,934	240.4	41.9
2012	3,834	70	947,292	2,949	247.1	42.1
2013	4,237	70	915,075	2,949	216.0	42.1
2014	3,885	70	927,524	3,009	238.7	43.0
2015	3,885	70	1,026,107	3,059	264.1	43.7
2016	3,885	70	1,078,119	3,064	277.5	43.8
2017	3,885	70	1,118,167	3,105	287.8	44.4
2018	3,885	70	1,116,281	3,204	287.3	45.8
2019	3,885	70	1,071,923	3,204	275.9	45.8
2020	3,885	70	980,259	3,204	252.3	45.8

주: BPSD(Barrel per Stream Day): 연간 총 처리 물량을 연간 실지 가동 일수로 나눈 값
자료: 국가통계포털

1980년 1,500만 배럴을 넘던 북한의 원유 수입량은 1993년부터 1천만 배럴 이하로 떨어지기 시작해서 최근에는 4백만 배럴에 못 미친다. 북한은 2020년에 남한의 수입량 약

10억 배럴의 0.4%에도 미치지 못하는 수준이고 정제 능력 또한 2% 정도에 지나지 않는다.

또한 북한은 심각한 식량난을 겪고 있다. 2018년에는 수입 품목 중에 5위였던 비료는 2021년에도 같은 순위이다. 곡물 생산에 필수적인 비료의 수입에는 매년 수천만 달러씩 지출하는데 2018년에는 8,500만 달러, 2019년 4,300백만 달러어치를 수입했다. 곡물과 제분공업의 생산품도 수입한다. 곡물은 중국으로부터 대부분을 수입하는데 2019년에 약 1억 6,000만 달러, 다음 해 3,700만 달러어치를 수입했다(국가통계포털). 2021년에 곡물 수입 액수가 많이 줄기는 했지만 북한 경제에 상당한 부담을 준 것으로 보인다.

제 3 절 남북 경제협력

3.1 남북 경제협력 개황

남북한 간의 교역은 1988년 7월 노태우 대통령 정부의 7·7선언(민족자존과 통일번영을 위한 특별선언) 이후 발표된 「남북물자교류에 대한 기본지침」에 따라 시작되었다.[16] 1991년 12월에는 남북기본합의서가 채택되고 1994년 11월에는 대북경협활성화조치가 취해졌다. 그렇지만 북한이 1992년 11월 남북공동위원회 가동을 거부하고, 1993년 3월 핵확산금지조약 및 IAEA탈퇴, 1996년 9월 북한 잠수정 침투사건 등이 일어나면서 정치군사적 불안 요인이 지속되었다.

남북 경협의 본격적 추진은 화해·협력정책을 펼친 김대중 대통령 정부 때부터이다. 1998년 11월 금강산관광은 남북 경협에 물꼬를 터는 계기로 작용하였다. 2000년 6·15 남북정상회담은 개성공단을 시작하는 계기가 되었으며, 2000년 8월 현대 아산과 북한 조선아시아태평양위원회가 맺은 「개성공단 건설 및 운영합의서」와 동년 12월 「남북경협 4대 합의서」 서명은 남북 경협 활성화를 위한 제도적 기반을 마련하였다. 뒤이은 노무현 대통령 정부에서는 2003년 6월에 개성공단을 착공했고, 2007년 10·4 제2차 남북정상회담이 개최되고 같은 해 11월에는 「남북경제협력 공동위원회 구성·운영에 관한 합의서」가 채택되어 남북 경협사업의 외연을 확대하는데 합의가 이루어졌다.

---

16) 주요 내용은 남북 주민의 상호 교류를 허용하고 남북 교역에 대한 문호 개방과 민족 내부거래로 간주한 다는 것이다(이승열, "남·북경제협력의 현황과 재개방안", 『이슈와 논점』, 제1487호, 2018.7.19., p.1.).

표 11-11 남북 교역 현황(1989~2021)   (단위: 건, 개, 백만달러)

	합계			반입			반출		
	건수 (건)	품목수 (개)	액수 (백만달러)	건수 (건)	품목수 (개)	액수 (백만달러)	건수 (건)	품목수 (개)	액수 (백만달러)
1989	67	25	19	66	24	19	1	1	0.07
1990	83	26	13	79	23	12	4	3	1
1995	2,644	244	287	976	109	223	1,668	167	64
2000	7,394	578	425	3,952	204	152	3,442	527	273
2005	21,165	775	1,056	9,337	381	340	11,828	712	715
2010	84,202	795	1,912	39,800	448	1,044	44,402	740	868
2011	73,918	702	1,714	33,762	363	914	40,156	676	800
2012	81,815	731	1,971	36,504	377	1,074	45,311	705	897
2013	46,128	674	1,136	20,566	359	615	25,562	644	521
2014	86,158	718	2,343	38,460	349	1,206	47,698	697	1,136
2015	100,907	742	2,714	45,640	362	1,452	55,267	718	1,262
2016	11,424	489	333	5,352	226	186	6,072	447	147
2017	4	61	1	1	1	0	3	60	1
2018	699	412	31	212	238	11	487	410	21
2019	434	294	7	49	82	0	385	292	7
2020	45	137	4	2	2	0	43	137	4
2021	4	4	1	−	−	0	4	4	1

자료: 국가통계포털

<그림 11-4> 반입, 반출 및 교역 총액(1989~2021) (단위: 백만달러)

자료: 국가통계포털

남북한 간의 거래에서는 수출과 수입 대신에 반출과 반입이란 용어를 사용한다. 반출이란 물품이 남한에서 북한으로 통관 절차를 통해서 나가는 것을, 반입은 북한에서 남한으로 통관 절차를 통해서 들어오는 것을 말한다. 그러므로 남북한의 수출입액에는 남북한의 교역액을 포함시키지 않는다.

첫째, <표 11-11>은 1988년 7.7선언 이후 남북 간의 교역 확대를 보여 준다. ① 시작 단계였던 1989년에 교류 품목 수는 25개, 합계(반입+반출)약 1,900만 달러어치였는데, 1997년까지 365개 품목, 3억 달러로 증가하였다. ② 1998년 외환위기 때 전년 대비 72%까지 교역액이 줄었지만 다음 해에 곧바로 회복한 후 2015년에는 최대 27억 달러까지 증가하였다. ③ 눈에 띄는 것은 남한에서 반출되는 품목의 수가 북한에서 들어오는 반입 품목 수의 2배가 될 정도로 훨씬 많다는 점이다.

둘째, ① 남북한 간의 교역총액을 북한의 무역액과 비교하면, 2006~2010년에는 남한과의 교역액이 북한 교역의 거의 절반을 차지하고 있으며 2011년 이후에도 2013년을 제외하고 북한 무역액의 약 30~50% 정도를 점하고 있다. ② 이것은 남한은 대북한 교역에 그리 영향을 받지 않지만, 북한의 대외교역에서는 남한의 비중이 상당히 커서 남북한 경제협력이 북한에 상당한 도움이 될 수 있음을 의미한다. 다만, 정점에 달했던 2015년의 교역액은 개성공단의 중단으로 2016년에 급감하였다.

사실 이 기간 동안에는 연평해전(1999년 6월), 제2연평해전(2002년 6월), 여러 차례에 걸친 북한의 핵실험,[17] 대청해전(2009년 11월), 천안함 침몰(2010년 3월), 5·24대북제재조치(2010년 5월), 연평도포격(2010년 11월) 등이 있었지만 남북한 경제협력은 지속되었다. 가령, 5·24조치는 대북 제재로서 개성공단과 금강산 제외 방북 불허, 남북교역 중단, 대북 신규 투자 금지, 북한 선박의 우리 해역 운항 불허, 대북 지원사업의 원칙적 보류, 인도적 지원까지 모든 지원을 차단하는 것이 핵심이다. 이 조치는 비록 인도적 목적의 사업이라도 사전에 정부와 협의를 거치도록 하여 엄격한 제한을 가하고자 한 것이다. 그러나 정부는 이 조치 시행 초기에는 규제를 엄격하게 적용하다가 이듬해부터 투자자산 점검 방북 허용, 선급지급 잔여 물자 및 임가공품 반입 허용, 밀가루·의약품 등 지원 품목 확대, 종교·문화인 방북 허용 등 어느 정도 유연성을 보였다. 또한 남·북·러 물류 협력사업인 나진-하산프로젝트는 5·24조치의 예외로 인정하였으며, 2015년 4월에는 5·24조치 이후 처음으로 민간단체의 대북 비료 지원을 승인했고, 5월에는 지방자치단체와 민간단체의 남북교류를 허용하는 방안을 발표하기도 했다.

---

17) 북한의 핵실험은 제1차(2006년 10월), 제2차(2009년 5월), 제3차(2013년 2월), 제4차(2016년 1월), 제5차(2016년 9월), 6차(2017년 9월)에 걸쳐 실시되었다.

북한도 2000년 6월 제1차 남북정상회담에 응하여 경제협력을 통하여 민족경제를 균형적으로 발전시키고 사회·문화·체육·보건·환경 등 제반 분야의 협력과 교류를 활성화하여 상호 신뢰를 다져 나가기로 하는 「6·15남·북공동선언문」에 합의하였다. 또한 2002년에는 7·1조치, 2012년 6·28조치를 통해 기업보조금 축소 및 폐지, 독립채산제 강화, 수익 중심의 기업경영 방식 변화, 기업 재정 운용권 확대, 은행 대출 허용 등 시장경제적 요소를 제한적이나마 일부 도입하기도 하였다.[18] 즉, 북핵문제를 중심으로 남북한 간의 군사적 긴장에도 불구하고 남북한은 경제교류 및 협력에 대해서는 나름대로 현상 유지 입장을 완전히 폐기하지 않았던 것이다. 그러나 2016년 이후에 남북한 간 교역액이 급감하였다. 이것은 2016년 2월 10일 개성공단에서 남한기업의 철수로 남북 간의 경제협력이 사실상 중단되었기 때문이다.

표 11-12 유형별 남북 교역액(2004~2021) (단위: 백만달러)

	반입				반출			
	합계	일반교역·위탁가공	경제협력	비상업적 거래	합계	일반교역·위탁가공	경제협력	비상업적 거래
2004	258	258	0	–	439	89	89	261
2005	340	320	20	0	715	99	250	366
2006	520	441	77	1	830	116	294	421
2007	765	646	120	0	1,033	146	520	367
2008	932	624	308	0	888	184	596	108
2009	934	499	435	0	745	167	541	37
2010	1,044	334	710	0	868	101	744	23
2011	914	4	909	1	800	–	789	11
2012	1,074	1	1,073	–	897	–	888	9
2013	615	1	615	–	521	–	518	3
2014	1,206	0	1,206	0	1,136	–	1,132	4
2015	1,452	0	1,452	0	1,262	–	1,252	10
2016	186	0	185	–	147	–	145	2
2017	0	–	–	0	1	–	–	1
2018	11	–	–	11	21	–	–	21
2019	0	–	–	0	7	–	–	7
2020	0	–	–	0	4	–	–	4
2021	–	–	–	0	1	–	–	1

자료: 국가통계포털

---

18) 박철수 외, 『통일 수 남북한경제 한시분리운영방안: 국유자산 분야』, 대외경제정책연구원, 2016, p.175.

남북 교역에서 반입의 위탁가공은 남한에서 북한으로 원부자재, 인건비, 가공료를 주고 위탁가공한 제품을 반입하는 것이고, 반출의 위탁가공은 물품의 위탁가공을 위하여 원부 자재를 반출한 것을 의미한다. 경제협력은 개성공단, 금강산관광, 경공업협력, 기타를 포함하고, 비상업적 거래는 정부 및 민간의 지원, 사회문화협력, 경수로사업을 의미한다.

반입에서는 경제협력 및 일반교역·위탁가공이 대부분이다. 반출에서는 경제협력이 가장 많으며, 일반교역·위탁가공과 함께 반입에는 거의 없는 비상업적 거래, 즉 지원사업이 상당액 포함되어 있다.

표 11-13 위탁가공 교역 현황(1989~2021) (단위: 백만달러, %)

	합계			반입			반출		
	교역 전반	위탁 가공	위탁가공 비중(%)	교역 전반	위탁 가공	위탁가공 비중(%)	교역 전반	위탁 가공	위탁가공 비중(%)
1989	19	–	–	19	–	–	0	–	–
1990	13	–	–	12	–	–	1	–	–
1995	287	46	16.0	223	21	9.5	64	25	38.4
2000	425	129	30.4	152	72	47.2	273	57	21.0
2005	1,056	210	19.9	340	131	38.6	715	79	11.0
2010	1,912	318	16.6	1,044	223	21.3	868	95	10.9
2011	1,714	4	0.2	914	4	0.4	800	–	–
2012	1,971	–	–	1,074	–	–	897	–	–
2013	1,136	–	–	615	–	–	521	–	–
2014	2,343	–	–	1,206	–	–	1,136	–	–
2015	2,714	–	–	1,452	–	–	1,262	–	–
2016	333	–	–	186	–	–	147	–	–
2017	1	–	–	0.008	–	–	1	–	–
2018	31	–	–	11	–	–	21	–	–
2019	7	–	–	0.206	–	–	7	–	–
2020	4	–	–	0.006	–	–	4	–	–
2021	1	–	–	–	–	–	1	–	–

자료: 국가통계포털

위탁가공은 기본적으로 북한의 낮은 임금을 이용하기 위해서 북한에 원부자재를 보내고 가공이 끝난 품목을 받아들이는 것이다. 경제협력이 진행되면서 저렴한 임가공비를 이용한 위탁가공의 반입 물품의 비중이 반출보다 훨씬 컸다는 것을 확인할 수 있다(<표 11-13>).

마지막으로 반출과 반입의 품목에 대해서 간단히 요약한다(국가통계포털). ① 반출에서는 교류가 활발할 때 약 40%에 이를 정도로 섬유류의 비중이 가장 높았는데 대체로 20%

대~30%대를 차지했다. ② 교류가 지속되면서 후기에는 전자전기제품의 비중이 높아져서 2009~2015년에 26.4%~38.2%를 차지했다. ③ 그 외 농림수산물, 철강금속제품, 기계류 등도 일정한 비율을 차지하고 있었다.

반입에서는 농수산물이 2001년에 반입액의 절반을 차지하였으며 2009년까지 20% 이상을 차지했는데 아마도 수산물이 대부분이었던 것으로 보인다. 섬유류는 1996년 반입액의 약 4분의 1을 차지했는데 2010년에는 거의 절반을 점했다. 섬유류의 비중이 높은 것은 임가공 후 도입하기 때문이고 전자전기제품의 반입도 상당 비중을 차지했다.

이같이 남북 교역에서 농수산물을 제외한 섬유류, 전기전자제품, 기계류, 철강금속제품, 섬유류, 생활용품 등 모든 공업제품의 반출입은 남한의 노동집약적인 기업들이 북한의 저임금을 이용하기 위해서 진출한 결과였다.

3.2 개성공단

개성공단사업은 남북 경제협력사업을 대표하는 사업으로서 개성시 봉동리 일대에 개발한 공업단지이다. 김대중 대통령과 북한 김정일 국방위원장 간에 맺어진 2000년 6·15공동선언에 기초하여 2000년 8월 9일 현대 아산과 북쪽의 조선아시아태평양평화위원회 및 조선민족경제협력연합회 간 체결된 「개성공업지구건설운영에 관한 합의서」가 공단 조성의 계기를 마련했다.

북한은 개성공단 건설을 위해 2002년 11월 27일 「개성공업지구법」을 공포하였다. 북한의 「개성공업지구법」에 따르면, 개성공업지구는 국제적인 공업, 무역, 금융, 관광지역이다.

남한에서는 2007년 5월 「개성공업지구지원에 관한 법률」을 제정하였고, 동년 12월 개성공업지구지원재단이 출범하였으며, 2010년 7월에는 개성공업지구 기업책임자회의가 창립되었다. 남한에서는 한국토지공사와 현대아산이 공단 조성을 맡아서 2004년 4월에 공장구역 1단계 100만 평 부지조성공사에 착수하였으며, 2,000만 평에 공단과 배후단지를 조성하고자 했다.

이 사업은 남한이 제공한 자본과 기술을 북한의 토지 및 노동력과 결합했다는 점에서 남북 교류협력의 새로운 장을 마련한 역사적 사업이라 할 수 있다.

개성공단의 남북 경제협력사업은 2004년 6월 시범단지 18개 입주업체 선정 및 계약을 체결하고 동년 12월에 생산 제품을 처음으로 반출함으로써 본격적으로 막이 올랐다. 개성공단의 교역액은 시작 단계인 2004년에는 교역 전반에서 6%에 지나지 않았지만 2009년 56.0%, 그리고 2011년 이후에는 99.1% 이상으로 빠르게 증가하여 남북 경제협력의 거의 전부를 차지했다. 특히 반입에서는 2014년 이후 100%로서 개성공단이 남북경제협력 전부를 차지하였다. 그러나 이것은 다른 한편으로 북한에 많은 경제특구가 있음에도 여러 가지 사정으로 한 지역에만 치우쳐 있었음을 뜻한다.

표 11-14 개성공단 사업(2004~2016)   (단위: 백만달러, %)

	교역 총액			반입			반출		
	교역전반	개성공단	%	교역전반	개성공단	%	교역전반	개성공단	%
2004	697	42	6.0	258	0.1	0.0	439	42	9.5
2005	1,056	177	16.7	340	20	5.8	715	157	21.9
2006	1,350	299	22.1	520	76	14.6	830	223	26.8
2007	1,798	441	24.5	765	101	13.2	1,033	339	32.9
2008	1,820	808	44.4	932	290	31.1	888	518	58.4
2009	1,679	941	56.0	934	418	44.7	745	523	70.2
2010	1,912	1,443	75.5	1,044	705	67.6	868	738	84.9
2011	1,714	1,698	99.1	914	909	99.5	800	789	98.6
2012	1,971	1,961	99.5	1,074	1,073	99.9	897	888	99.0
2013	1,136	1,132	99.7	615	615	99.9	521	518	99.4
2014	2,343	2,338	99.8	1,206	1,206	100.0	1,136	1,132	99.6
2015	2,714	2,704	99.6	1,452	1,452	100.0	1,262	1,252	99.2
2016	333	330	99.3	186	185	100.0	147	145	98.5

자료: 국가통계포털

표 11-15 개성공단 입주기업 수 및 노동자 수(2005~2015)   (단위: 개, 명)

	입주기업 수(개소)	북측노동자(명)	남측노동자(명)
2005	18	6,013	507
2006	30	11,160	791
2007	65	22,538	785
2008	93	38,931	1,055
2009	117	42,561	935
2010	121	46,284	804
2011	123	49,866	776
2012	123	53,448	786
2013	123	52,329	757
2014	125	53,947	815
2015	125	54,988	820

자료: 국가통계포털

개성공단의 입주 기업 수는 2005년 18개소에서 2016년 2월 철수할 때까지 125개소로 늘었고 북측 노동자는 6,000명에서 시작하여 2015년 55,000명에 이르렀다.

남북한이 합의하여 조성한 개성공단과 우리 기업인들이 훈련시켜 놓은 기술 인력을 북한에 두고 철수한 것은 철수한 기업의 입장에서나 개성공단이 남북 화해 및 협력에 가지고 있는 중대성을 생각할 때 아쉬운 일이라 아니할 수 없다. 급작스러운 공단 철수로 인해 우리 기업이 입은 피해는 공장 미가동 외에 투자자산과 유동자산 등을 합치면 1조 5천억 원을 넘는다고 한다. 개성공단에서 기업 전체 생산의 절반 이상을 의존했던 기업들은 부도가 났거나 영업을 중단한 곳이 상당수에 이르고 있다.[19]

제4절 | 남북 경제교류의 방향

남북한 경제협력은 단기적으로 북한 경제의 조기 회생과 산업 정상화 및 남한과의 분업구조 구축을 통한 산업경쟁력의 제고에 초점을 두고 공통의 이해관계를 구축하는 데 두어야 할 것이다. 그리고 중장기적으로는 한반도의 균형발전과 지역 간 협력 확대, 나아가 남북 경제공동체 형성과 남북한 경제통합은 물론 동북아경제권 형성과의 연계도 염두에 두고 추진해야 할 필요가 있다. 이를 위해 향후 남북 경제교류 및 협력의 방향을 다음과 같이 정리할 수 있을 것이다.

첫째, 현재 남북 간에 경제협력이 완전히 단절된 상태이지만 이러한 사태가 언제까지나 지속되지는 않을 것이다. 무엇보다 우리 스스로 교류 협력의 기회를 만들기 위한 노력을 포기하지 말아야 한다. 만약 협력의 기회가 포착되면 어느 일방이 자의적으로 교류를 중단하거나 되돌아갈 수 없도록 빠른 속도로 교류를 진행하여야 할 것이다. 물론 북핵문제를 비롯하여 한반도를 둘러싼 정치군사적 상황이 남한만의 노력으로 이루어지기 어려운 것은 사실이다. 트럼프 미국 대통령과 김정은 북한 국무위원장의 극단적 대립과 3차에 걸친 북미정상회담(2018년 6월 12일 싱가포르회담, 2019년 2월 27~28일 하노이회담, 2019년 6월 30일 판문점회담)의 실패는 한반도를 둘러싼 긴장완화가 얼마나 어려운지를 보여준다.

그러나 남북한 모두 이러한 난제들을 극복하기 위한 지속적 노력이 남북 화해와 경제협력의 전제조건이다. 이를 위해서는 남북한 모두 경제협력을 제도적으로 뒷받침하기 위

---

19) 연합뉴스, 2020.2.9.

한 연구를 진행하고 사전에 철저하게 준비해 둘 필요가 있겠다.

둘째, 중단된 금강산관광과 개성공단을 빠른 시일 내에 재개할 수 있도록 모든 노력을 경주해야 한다. 금강산관광은 1998년 11월 18일 시작되어 관광객이 2008년 7월 11일 북한군 피격으로 사망한 사건 이후로 지금까지 중단되고 있다. 금강산관광사업의 재개가 필요한 것은 이 사업이 남북 경제협력의 상징으로서 남북 경제협력사업의 시발점이었기 때문이다.

특히 개성공단에 입주했던 기업들은 지금도 공단의 재개를 기대하고 있다. 개성공단 입주 기업 108곳을 대상으로 재입주 의사를 타진한 결과에 따르면, 무조건 재입주하겠다는 응답이 56.5%에 달하고 있다. 개성공단이 남북관계 복원의 마지막 끈이었다는 점을 잊지 말아야 할 것이다.

셋째, 북한 측의 경제협력에 대한 입장과 경제발전 구상을 잘 고려할 필요가 있다. 남북 경제협력이 재개되고 확대되기 위해서는 북한의 입장에서 무엇을 필요로 하는지를 잘 파악해야 한다. 북한은 2010년에 대풍그룹의 북한 개발 외차유치 10개년 계획안(2010~2020년)을 발표한 바가 있다. 북한에는 5개의 경제특구와 22개의 경제개발구가 지정되어 있다. 이것은 외자 유치와 경제협력을 위한 북한의 의지를 보여 주는 것으로 생각된다. 북한이 경제특구나 경제개발구를 지정한 것은 자기들 힘만으로는 정상 가동이 불가능하기 때문이다. <그림 11-5>에서 보듯이, 경제특구들이 국경이나 연안 지대에 배치되어 있는 것이 이를 시사한다. 특별지구의 성격이나 적합성을 미리 잘 파악해 둘 필요가 있겠다.

<그림 11-5> 북한의 경제특구(5개) 및 경제개발구(22개) 설치 현황

자료: 원동욱·이현태 등, 『남·북·중 경제협력 방안연구』, 대외경제정책연구원, 2019, p.47.

넷째, 이상의 내용을 바탕으로 대내외적인 상황을 고려한 로드맵을 구축해 둘 필요가 있다. 현재 대북 제재는 매우 중첩되고 복합적인 형태로 진행되고 있다. 제재의 범위도 매우 광범위하여 거의 모든 남북 경협사업에 영향을 끼친다. 유엔안보리의 제재가 해제되어도 미국의 독자적 제재는 자동적으로 풀리지 않는다. 미국의 제재는 국내법의 적용을 받아서 상당수의 법적 제재는 의회의 동의를 얻어야 하기 때문이다. 북한의 비핵화 조치, 제재의 완화와 해제, 남북 경제협력 아이템 등 구체적인 로드맵이 단계별로 제시되어야 할 것이다.[20]

다섯째, 남북한의 물류, 유통 및 금융 분야의 협력 방안도 미리 마련해두어야 한다. 특히 금융은 북한 개발에 필요한 자금을 공급한다는 점에서 대단히 중요하다. 상업금융의 활성화, 금융기관의 신용도 제고, 사금융의 양성화, 국내은행 점포망의 진출 등의 협력 방안을 수립해 둘 필요가 있다.[21]

여섯째, 북한에 대한 지원과 투자가 일방적인 퍼주기라는 인식을 바꿔야 한다. 남북 경제협력은 단순히 북한의 경제적 난관을 도와주는 일이 아니라 우리에게도 막대한 경제적 이익을 가져다주는 사업이다. 이에 더하여 남북 경협은 양측의 화해를 넘어 평화체제를 구축하는 초석이라는 점을 이해할 필요가 있다. 남북 경제공동체 형성과 평화체제 구축, 통일은 한반도의 미래, 즉 우리의 삶과 생존양식을 결정하는 문제이다. 무조건 북한을 규제한다고 해서 북한이 쉽게 붕괴되지는 않을 것이다. 무엇보다도 북한의 붕괴는 우리에게 재앙을 불러올 수 있다. 앞의 <표 11-9>에서 보았듯이, 제재가 강화되고 외부와의 경제협력이 단절될수록 북한의 대중국 의존도만 높아질 뿐이다.

북한은 포전담당제,[22] 사회주의 기업경영책임제 등 개혁과 개방정책을 부분적이나마 도입하고 있다. 연구에 따르면, 북한 가계소득 중 70~90%는 시장경제 활동에서 얻는 수입이고 가계의 79% 정도가 이러한 활동에 참여하고 있다. 시장화는 크게 진전되었지만 내용적으로는 아직 초보 단계로 평가된다. 그렇지만 공식시장만 460개가 넘고 소위 간이시장이나 메뚜기시장까지 더하면 그 수가 공식시장의 몇 배에 이를 정도라고 한다.[23] 경제협력을 통해 한반도가 단일시장으로 통합되어 간다면 우리 기업들도 북한 시장에서 막대한 수익을 창출하게 될 것이다.

---

20) 이종규, "지속가능한 남북경협의 조건". 『북한경제리뷰』, KDI, 2018년 12월호, pp.31-32.

21) 이유진, "물류, 산업, 금융교류: 남북한 시장 단일화의 구심력", 『북한경제리뷰』, KDI, 2018년 12월호, pp.26-28.

22) 포전(圃田, 구획을 나누어 놓은 경작지)담당제란 협동농장의 말단 단위인 분조(分組)를 세분화해 4~5명의 인원으로 축소한 가족 단위 규모로 운영되는 영농방식을 뜻한다(통일부, 북한정보포털).

23) 조동호, "남북경협과 하나의 시장 형성 방안", 『북한경제리뷰』, KDI, 2018년 12월호, pp.5-6.

통일은 우리가 반드시 달성해야만 하는 역사적 과제이다. 남북 경협은 북한 경제를 연착륙시킬 수 있는 핵심적 사업이며, 이것은 남한 경제에도 남는 사업이다. 경제협력은 남북한 모두 하강 곡선을 그리고 있는 경제성장률을 끌어올리고 한반도를 성장지대로 다시 일어날 수 있도록 기회를 제공하는 새로운 동력이다. 남북 간 화해와 협력을 통해서 평화통일을 지향하는 일, 이를 위한 가장 중요한 수단이 경제협력이다. 경제협력이야말로 통일의 출발점이다.

찾아보기

저자 약력

김 호 범

부산대학교 경제학부 교수

(주요 논저)

- 『한국경제해설』, 2020, 박영사.
- 소비지출 불평등에 관한 연구(공저), 『경제발전연구』, 제25권 제1호, 2019, 한국경제발전학회.
- 1인 가구 소비지출의 특징과 결정요인 분석(공저), 『지역사회연구』, 제27권 제2호, 2019, 한국지역사회학회.
- 미국 지배하 필리핀의 자유무역과 소작제 확대에 관한 연구, 『경제연구』, 제36권 제4호, 2018, 한국경제통상학회.
- 필리핀 CARL 및 CARPER Act에 나타난 실패 요인에 대한 재검토, 『농업경제연구』, 제58권 제2호, 2017, 한국농업경제학회.
- 필리핀 식민지기 토지법의 성격에 대한 연구, 『경제사학』, 제41권 제3권(통권 65호), 2017, 경제사학회.
- 『경제사개설』, 2015, 박영사.
- 필리핀과 한국 토지개혁법령의 특징(1955년~1988년): 토지개혁의 유형 및 필리핀 실패의 근본 원인, 『경제연구』, 제34권 제4호, 2014, 한국경제통상학회.
- 대졸자 첫 직장 입직 소요기간 결정요인 분석(공저), 『산업혁신연구』, 제30권 제4호, 2014, 경성대학교 산업개발연구소.
- 『한국전쟁과 부산경제: 경부성장축의 강화』(공저), 2010, 도서출판 해남.
- 『부산의 기업과 기업가단체, 1900－1945』(공저), 2010, 도서출판 해남 등.

한국경제론

초판 발행   2023년 2월 25일

지은이   김호범
펴낸이   안종만·안상준

편 집   배근하
기획/마케팅   정성혁
표지디자인   BEN STORY
제 작   고철민·조영환

펴낸곳   ㈜ **박영사**
             서울특별시 금천구 가산디지털2로 53, 210호(가산동, 한라시그마밸리)
             등록 1959. 3. 11. 제300-1959-1호(倫)

전 화   02)733-6771
f a x   02)736-4818
e-mail   pys@pybook.co.kr
homepage   www.pybook.co.kr
ISBN   979-11-303-1696-3   93320

* 이 과제는 부산대학교 기본연구지원사업(2년)에 의하여 연구되었음.
* 파본은 구입하신 곳에서 교환해 드립니다. 본서의 무단복제행위를 금합니다.
* 저자와 협의하여 인지첩부를 생략합니다.

정 가   28,000원